I0597042

MULLER
RELIEUR · NANCY
1995

CORRESPONDANCE GÉNÉRALE

DE

CARNOT

Par arrêté en date du 18 juillet 1890, le Ministre de l'instruction publique et des beaux-arts a ordonné la publication, dans la collection des Documents inédits relatifs à la Révolution de 1789, de la *Correspondance générale de Carnot*, par M. Étienne CHARAVAY.

M. Albert SOREL, de l'Institut, membre du Comité des travaux historiques et scientifiques, a été chargé de surveiller cette publication en qualité de commissaire responsable.

————

SE TROUVE À PARIS

À LA LIBRAIRIE ERNEST LEROUX,

RUE BONAPARTE, 28.

CORRESPONDANCE- GÉNÉRALE

DE

CARNOT

PUBLIÉE

AVEC DES NOTES HISTORIQUES ET BIOGRAPHIQUES

PAR

ÉTIENNE CHARAVAY

ARCHIVISTE-PALÉOGRAPHE

TOME III

AOÛT — OCTOBRE 1793

PARIS

IMPRIMERIE NATIONALE

M DCCC XCVII

AVERTISSEMENT.

Le tome III de la *Correspondance générale de Carnot* comprend la correspondance militaire du Comité de salut public, du 16 août au 31 octobre 1793.

Carnot avait été adjoint, le 14 août 1793, au Comité de salut public, pendant qu'il revenait de conférer avec le général Houchard. Le 16 août, il prit la direction des affaires militaires. Il ne l'abandonna que deux fois, du 25 au 28 septembre, pour porter des instructions au nouveau général en chef de l'armée du Nord, Jourdan, et du 6 au 20 octobre, pour faire exécuter le plan de campagne qui aboutit à la glorieuse victoire de Wattignies et au déblocus de Maubeuge.

Au point de vue militaire, le Comité de salut public correspondait directement avec le ministre de la guerre, avec les généraux en chef et avec les représentants du peuple près les armées. Il recevait aussi de nombreuses lettres des généraux de brigade et de division, des chefs d'état-major, des commandants de place, des fonctionnaires militaires de tout ordre, qui s'adressaient au Comité pour les affaires publiques ou pour leurs intérêts privés. Enfin il examinait les dépêches et les rapports adressés par les généraux au ministre de la guerre et transmis par celui-ci au Comité.

La correspondance du ministre, des généraux et du personnel des armées était remise à Carnot; les lettres des représentants en mission, distribuées à d'autres membres du Comité,

IMPRIMERIE NATIONALE.

lui revenaient aussi quand les questions militaires primaient les questions politiques.

Carnot retenait les dépêches les plus importantes et confiait à ses secrétaires les lettres administratives, en ayant soin d'écrire en tête un canevas de réponse.

Ensuite il rédigeait les minutes des réponses aux lettres réservées et les communiquait à ses collègues; après approbation, il recopiait de sa main les plus confidentielles et s'en remettait pour les autres à ses secrétaires.

D'autre part, il examinait les minutes préparées, les corrigeait et parfois même en refaisait le texte. Il les rendait ensuite aux secrétaires, mais non sans avoir le plus souvent mis sa signature comme un visa au bas de ces brouillons.

Les lettres mises au net passaient à la signature. Les accusés de réception et les documents administratifs ne comportaient que deux signatures, avec la mention : *Les membres du Comité de salut public chargés de la correspondance*, et Carnot y apposait la sienne, en compagnie de Prieur (de la Côte-d'Or), ou de Billaud-Varenne, ou de Collot-d'Herbois.

Les lettres militaires ou confidentielles étaient revêtues des signatures de plusieurs membres du Comité et expédiées par des courriers spéciaux.

La besogne personnelle de Carnot consistait donc, outre la confection des plans de campagne et la rédaction des instructions et des arrêtés concernant les armées, à lire la correspondance militaire et à y répondre ou faire répondre[1].

---

[1] Carnot assistait régulièrement aux séances du Comité et j'ai mentionné en note sa présence d'après le recueil Aulard. Il rédigeait un certain nombre d'arrêtés, dont les originaux sont aux Archives nationales et dont le texte a été reproduit par M. Aulard. J'ai mentionné ces arrêtés autographes pour montrer la part de travail de Carnot et sa féconde activité. A la Convention on n'ignorait pas que Carnot tenait souvent la plume. Dans la séance du

Le Ministère de la guerre était alors occupé par Bouchotte. Né à Metz le 25 décembre 1754[1], entré au service comme soldat en 1773, capitaine en 1788, lieutenant-colonel le 26 janvier 1793, Jean Bouchotte était commandant temporaire de Cambrai quand Dumouriez livra aux Autrichiens le ministre de la guerre Beurnonville. Le 4 avril 1793, sur la proposition du Comité de défense générale[2], la Convention procéda à l'élection, par appel nominal, du successeur de Beurnonville, et l'unanimité des suffrages se porta sur Bouchotte[3].

Le nouveau ministre prit séance au Conseil exécutif le 11 avril[4] et choisit les six adjoints chargés de diriger les six divisions de son département[5]. Malgré des plaintes formulées

18 septembre 1793, Hérault-Séchelles ayant déclaré qu'un décret présenté n'émanait pas du Comité de salut public et en ayant appelé à Prieur et à Carnot, Jeanbon Saint-André s'écria : «Hérault a tort d'en appeler à eux, car le projet de décret est écrit de la main de Carnot.» (Cf. *Moniteur*, XVII, 697.)

[1] Cf. t. II, p. 104, note 1.

[2] Cf. Aulard, III, 57 et 63. — C'est Barère qui lut le projet de décret, au nom du Comité de défense générale.

[3] Cf. *Moniteur*, XVI, 64. — Bouchotte écrivit de Valenciennes, le 7 avril 1793, au ministre des affaires étrangères Le Brun, chargé de l'intérim de la guerre, pour lui annoncer son acceptation. (*Moniteur*, XVI, 94.) Cette lettre fut lue dans la séance de la Convention du 9 avril.

[4] Cf. Aulard, III, 190.

[5] Ces six adjoints, acceptés par le Conseil exécutif sur la proposition de Bouchotte, dans sa séance du 16 avril (Aulard, III, 284), étaient les suivants : 1re division, Bouchotte, commissaire des guerres; 2e division, Ronsin, commissaire ordonnateur en chef de l'armée de la Belgique; 3e division, Aubert, commandant temporaire à Cambrai; 4e division, Prosper Sijas, chef aux bureaux de la guerre; 5e division, Français, juge au tribunal de Lille; 6e division, Xavier Audouin, commissaire des guerres.

Le 5 mai, Aubert, nommé adjudant général chef de brigade, et Français, appelé à l'administration de la régie de l'habillement, furent remplacés par le chef de brigade Muller et par Deforgues, chef de bureau du Comité de salut public (cf. Aulard, III, 612).

Le 7 juillet, Muller, ayant donné sa démission pour se rendre à l'armée des Pyrénées occidentales, fut remplacé par Dupin, chef de bataillon au corps du génie (cf. Aulard, V, 201).

contre lui et même une disgrâce momentanée, il était resté en fonctions, et c'est avec lui que Carnot et le Comité furent en relations constantes de correspondance.

Le Comité de salut public transmettait au ministre de la guerre copie des lettres se rapportant à l'administration ou contenant des réclamations [1]. Bouchotte, de son côté, donnait des explications ou en demandait, et envoyait copie de certaines dépêches de généraux [2]. Il ne craignait pas de défendre ses bureaux contre les attaques fréquentes dont ils étaient l'objet [3].

Carnot et Bouchotte étaient tous les deux dans la force de l'âge, et ils avaient une égale et prodigieuse faculté de travail. Tous deux étaient essentiellement des hommes de cabinet, acharnés à une besogne toujours croissante et voulant tout voir et tout faire par eux-mêmes. Bouchotte n'avait pas l'envergure d'esprit de Carnot; il s'attachait plus aux détails qu'à l'ensemble et n'exécutait pas toujours avec assez de promptitude et de vigueur les plans du Comité. Mais, quoi qu'il en soit, c'était un travailleur infatigable, qui rédigeait lui-même

---

Enfin le 2 août 1793, Gauthier, chef de la 2ᵉ division, remplaça Ronsin, nommé général de brigade, et Didier Jourdeuil, chef de bureau, Deforgues, nommé ministre des affaires étrangères (cf. Aulard, V, 448).

Donc, au moment où Carnot entra au Comité de salut public, les adjoints au ministre de la guerre étaient : pour la 1ʳᵉ division, Bouchotte; pour la 2ᵉ, Gauthier; pour la 3ᵉ, Dupin; pour la 4ᵉ, Sijas; pour la 5ᵉ, Jourdeuil; pour la 6ᵉ, Xavier Audouin.

[1] Cf. comme type la lettre du Comité à Bouchotte en date du 17 août 1793, à la page 7. — Il faut observer que ni le Comité, ni Bouchotte ne se dessaisissaient des originaux des lettres qu'ils recevaient, mais en envoyaient seulement des copies, le plus souvent certifiées conformes.

[2] Les généraux en chef correspondaient directement avec le Comité et avec le ministre de la guerre. Souvent ils envoyaient à l'un et à l'autre en même temps les mêmes nouvelles, avec plus ou moins de détails. Parfois aussi ils écrivaient seulement au ministre, en le priant de transmettre leur lettre au Comité.

[3] Cf. la lettre de Bouchotte au Comité, du 19 août 1793, à la page 24.

les minutes de sa correspondance et annotait de son écriture droite, fine et serrée, le volumineux courrier qui chaque matin emcombrait sa table[1]. C'est à lui aussi qu'incombait la nomination des généraux, et les nombreuses suspensions prononcées alors par les représentants ou par le ministre rendaient cette tâche aussi ardue que délicate[2].

En somme, Carnot trouva dans Bouchotte un collaborateur un peu lent, mais exact et fidèle, pour la réorganisation de l'armée et la défense nationale.

Les généraux en chef correspondaient directement avec le Comité. Les armées de la République étaient, dans la période d'août à octobre 1793, au nombre de dix, à savoir : 1° l'armée des Alpes et d'Italie, commandée successivement par Kellermann et Doppet; 2° l'armée des Ardennes, commandée par Ferrand sous les ordres de Jourdan; 3° l'armée des Côtes de Brest, commandée par Canclaux et Rossignol; 4° l'armée des Côtes de la Rochelle, devenue bientôt armée de l'Ouest, commandée par Rossignol et L'Échelle; 5° l'armée d'Italie, commandée par Brunet, Carteaux et du Merbion; 6° l'armée de la Moselle, commandée par Balthazar Schauenburg, de Launay et Hoche; 7° l'armée du Nord, commandée par Houchard et Jourdan; 8° l'armée des Pyrénées occidentales, commandée par de Prez de Crassier et Léonard Muller; 9° l'armée des Pyrénées orientales, commandée par Puget-Barbantane, Dagobert, d'Aoust et Turreau; 10° l'armée du Rhin, commandée par Alexandre de Beauharnais, Landremont, Carlenc et Pichegru. Il y avait de plus l'armée révolutionnaire, dont Ronsin, ancien adjoint de Bouchotte, était général en chef.

---

[1] Carnot était presbyte, et Bouchotte était myope. L'inspection de leur écriture révèle les différences de leur œil et de leur nature.

[2] Cf. le remarquable tableau que M. Arthur Chuquet a fait de Bouchotte et de son administration dans *Hondschoote*, chap. I.

Des chefs d'état-major, comme Giacomoni (armée des Pyrénées orientales), Laroche (armée des Pyrénées occidentales), Demont (armée du Rhin), des généraux de division et de brigade en activité ou suspendus, des commandants de place, des adjudants généraux envoyaient aussi des lettres particulières au Comité.

Cet ensemble, qui s'accroissait encore d'une partie de la correspondance des représentants près les armées, constituant la correspondance militaire du Comité et le lot particulier de Carnot, on trouve donc dans le présent recueil :

1° La correspondance du Comité de salut public avec le ministre de la guerre, les généraux et le personnel militaire, et les réponses de ceux-ci [1].

2° La correspondance particulière de Carnot avec les généraux et avec ses collègues.

3° Les lettres du Comité aux représentants près les armées, dont les minutes ont été écrites ou corrigées par Carnot.

La correspondance des représentants avec le Comité ayant été publiée par M. Aulard, je me suis borné à signaler les pièces nécessaires à l'annotation. Toutefois j'ai reproduit intégralement quelques dépêches intéressantes pour l'histoire militaire, qui n'avaient été qu'analysées dans le *Recueil des actes du Comité de salut public* [2].

---

[1] Je n'ai pu trouver, ni aux archives du Ministère de la guerre, ni aux Archives nationales, de registre contenant le texte ou au moins le résumé des lettres adressées par le Comité de salut public au ministre de la guerre et aux généraux. C'est là une lacune fâcheuse, qui se trouve comblée partiellement par les lettres du ministre et des généraux au Comité.

[2] On trouvera de cette façon jour par jour le travail de Carnot et du Comité pour la partie militaire. J'ai continué à donner des notices sommaires sur les généraux, à mesure qu'ils apparaissaient dans la correspondance. Les dates des états de service ont été contrôlées sur les documents conservés dans les archives administratives du Ministère de la guerre.

J'ai publié *in extenso* tous les documents importants et j'ai seulement analysé les autres. J'ai aussi donné, à titre de pièces justificatives, mais à leur ordre chronologique, quelques lettres adressées au ministre de la guerre et communiquées par lui au Comité. Telles les lettres de Jourdan écrites avant, pendant et après la bataille de Wattignies, et destinées autant au Comité qu'au ministre.

Enfin j'ai jugé opportun de réunir tous les documents se rapportant à la bataille de Wattignies, qui est un des épisodes les plus glorieux de notre histoire militaire et de la vie de Carnot[1].

Les sources de mon travail ont été surtout, comme pour les deux volumes précédents, les archives historiques et administratives du Ministère de la guerre et les Archives nationales[2]. Le recueil de correspondance, où Carnot a fait copier toutes les lettres et tous les arrêtés qu'il considérait comme son œuvre personnelle, m'a été des plus précieux. Grâce à ce répertoire, qui a été mis gracieusement à ma disposition par Mme veuve Hippolyte Carnot, je suis assuré de ne pas omettre de document capital. J'ai d'ailleurs retrouvé dans les archives publiques la plupart des originaux des lettres dont ledit recueil nous fournit les copies, et j'ai pu ainsi vérifier l'exactitude du texte.

---

[1] J'ai publié, en *Pièces justificatives*, le rapport de Carnot sur la manufacture extraordinaire d'armes établie à Paris, bien qu'il fût du 13 brumaire an II (3 novembre 1793), parce qu'il explique et complète les lettres de Carnot relatives à la fabrication des armes.

[2] Toute la correspondance militaire adressée au Comité de salut public était numérotée, puis inscrite avec une courte analyse sur un registre, actuellement conservé aux archives historiques du Ministère de la guerre. — Les dossiers de la série AF II des Archives nationales, qui concernent les représentants en mission, l'administration de la guerre et le personnel des armées, m'ont fourni un grand nombre de documents.

Enfin j'ai usé des Mémoires autographes et inédits de Jourdan, conservés au Ministère de la guerre [1].

Étienne CHARAVAY.

[1] Je ne saurais trop renouveler ma gratitude à Mme Hippolyte Carnot et à M. le capitaine Sadi Carnot qui m'ont ouvert leurs archives de famille avec tant de libéralité; à M. le commandant Margueron, chef du bureau des Archives historiques du Ministère de la guerre, et à MM. Brun et Martinien; à M. Léon Hennet, sous-chef du bureau des Archives administratives du Ministère de la guerre; à M. Gustave Servois, directeur des Archives nationales, et à ses collaborateurs MM. Émile Compardon, Rocquain et A. Tuetey; à mes amis MM. A. Aulard et Arthur Chuquet; et enfin à M. Albert Sorel, que je suis heureux d'avoir pour commissaire responsable. Je tiens aussi à exprimer mes remerciements à M. le Directeur de l'Imprimerie nationale, et à M. Héon, chef du service des travaux typographiques, et à ses collaborateurs, qui m'ont facilité ma tâche avec la plus parfaite obligeance.

CORRESPONDANCE GÉNÉRALE
DE CARNOT.

COMITÉ DE SALUT PUBLIC.

CORRESPONDANCE MILITAIRE À DATER DU 16 AOÛT 1793.

[Le 12 août 1793 le représentant Gossuin s'exprima en ces termes au début de la séance de la Convention :

«Déjà six puissances coalisées ont envahi une partie des départements du nord; déjà Condé et Valenciennes sont en leur pouvoir; Cambrai est cerné et elles marchent en ce moment sur Péronne. Nos forces sont encore supérieures à celles de l'ennemi, mais elles ne sont pas commandées; nous n'avons pas de généraux. Le ministre de la guerre n'est qu'un mannequin, qui ne fait rien par lui-même. Il ne prend conseil que des clubs; il s'adresse aux Jacobins, il les trompe et leur dit : Je suis patriote. Pendant ce temps l'ennemi s'avance et le ministre ne fait rien pour l'arrêter.

«Je demande que les membres du Comité de salut public, le ministre de la guerre et tous les ministres se rendent dans l'assemblée; que le Comité déclare s'il croit le ministère capable de sauver la France. S'il en est autrement, il faut s'occuper de choisir un ministre capable; les circonstances l'exigent impérieusement; enfin il faut prendre des mesures pour que l'ennemi ne passe pas Péronne. Je demande aussi que les membres absents du Comité de salut public soient remplacés. Prieur et Saint-André sont en commission, Hérault est au fauteuil et les autres sont obligés de se rendre à l'assemblée. Il faut, au reste, que le ministre rende compte, séance tenante, de ce qu'il a fait et de ce qu'il peut faire pour sauver la patrie.»

Delacroix (d'Eure-et-Loir) appuya la proposition de Gossuin, mais demanda que le Comité de salut public fît un tableau de la situation actuelle de la République et donnât son opinion sur le ministre de la guerre Bouchotte. «Quant aux autres ministres, je ne crois pas leur présence nécessaire; il doivent rester à leur poste.» Malgré l'insistance de Gossuin sur la nécessité de la présence de tous les ministres, la Convention adopta la proposition de Delacroix.

Dans la journée, Barère fit, au nom du Comité de salut public, le rapport exigé par le décret du matin. Il parla de Bouchotte en termes élogieux. «Si vous voulez, dit-il, savoir l'opinion particulière du Comité sur Bouchotte, il vous dira qu'il reconnaît en lui un républicanisme assuré, une exacte probité, un homme considérablement laborieux; mais il vous dira aussi que jamais l'administration de la guerre n'a présenté des travaux si immenses.» Puis il donna connaissance des lettres reçues sur l'état des armées et dit : «J'ajouterai que le Comité a arrêté un plan de campagne et que le militaire qui l'a rédigé est chargé de le porter au général Houchard.»

Ce militaire était Carnot, récemment rentré de sa mission dans le Nord [1], et qui venait en effet de repartir pour exposer au général Houchard le plan de campagne qui avait pour objectif de délivrer Dunkerque et de reprendre les autres villes occupées par l'ennemi [2].

Le 13 août, Hérault-Séchelles, qui présidait alors la Convention, rappela que le Comité de salut public devait être renouvelé en entier: mais Delacroix (d'Eure-et-Loir) s'écria : «Ce serait une calamité publique que de renouveler en entier, ou même en partie, un comité dont les membres tiennent dans ce moment le fil de tous les plans militaires. Je demande que les membres actuels du Comité soient prorogés à un mois.» La Convention décréta aussitôt cette proposition.

Le 14 août, Barère fit adjoindre au Comité de salut public Carnot et Prieur de la Côte-d'Or [3], et les deux nouveaux membres, dont le premier venait de rentrer à Paris [4], assistèrent aussitôt à la séance du Comité [5]. Carnot fut spécialement chargé des opérations militaires et du personnel des armées, et Prieur, des armes, des munitions et des hôpitaux. Ils entrèrent aussitôt en fonctions et dès le 16 août Carnot rédigea la correspondance qui lui incombait.

Le Comité de salut public se composait donc, au 14 août 1793, de onze membres : Barère, Carnot, Couthon, Hérault de Séchelles, Jeanbon Saint-André, Robert Lindet, Prieur de la Côte-d'Or, Prieur de la Marne, Robespierre, Saint-Just et Thuriot [6].]

[1] Cf. t. II, p. 447.

[2] Carnot était reparti le 11 août. (Cf. t. II, p. 451.)

[3] La minute du décret de la Convention, écrite de la main de Barère, est ainsi conçue : «La Convention nationale, après avoir entendu le rapport du Comité de salut public, lui adjoint les citoyens Carnot et Prieur de la Côte-d'Or.» (Orig., Arch. nat., C 264.)

[4] Cf. t. II, p. 452.

[5] Cf. Aulard, V, 544.

[6] Le Conseil exécutif provisoire se composait alors des six ministres suivants : Gohier, pour la justice; d'Albarade, pour la marine; Deforgues, pour les affaires étrangères; Garat, pour l'intérieur (remplacé le 20 août 1793 par Paré); Bouchotte, pour la guerre; Destournelles, pour les contributions publiques.

1. Paris, 16 août 1793 [1].

LE COMITÉ DE SALUT PUBLIC AU MINISTRE DE LA GUERRE BOUCHOTTE.

Paris, le 16 août 1793, l'an II de la République française.

LES REPRÉSENTANTS DU PEUPLE, MEMBRES DU COMITÉ DE SALUT PUBLIC,
AU CITOYEN MINISTRE DE LA GUERRE.

Citoyen ministre,

Le citoyen Vergnes [2], général de brigade et chef de l'état-major de l'armée des Côtes de Brest, nous a envoyé copie de la lettre qu'il nous a adressée en date du 4 de ce mois, relative aux officiers du régiment du Cap, dernièrement débarqués à Auray, qui s'obstinent à entrer dans le 2ᵉ bataillon du 106ᵉ régiment, malgré l'arrêté des représentants du peuple délégués près cette armée, qui les place dans le 1ᵉʳ bataillon. Par cette lettre, il paraît encore que les soldats de ce corps regardent ces officiers comme des contre-révolutionnaires, puisqu'ils ont fait contre eux une dénonciation qui contient une foule de faits très graves. Nous vous prions instamment de prendre cette affaire en considération : elle nous paraît très urgente, vu les circonstances actuelles où les ennemis de la liberté emploient tous les moyens de lui nuire. Vous voudrez bien nous informer sans délai des mesures que vous aurez prises pour maintenir l'exécution de l'arrêté des représentants du peuple et ramener à la loi des hommes qui veulent s'y soustraire. Par

[1] Carnot assiste à la séance du Comité de salut public (Aulard, VI, 2). Le même jour, le Comité de la guerre charge Guillemardet et Châteauneuf-Randon d'examiner une machine de guerre présentée par le citoyen Guirard, de Nancy, et de se concerter à ce sujet avec Carnot et Prieur de la Côte-d'Or. (Arch. nat., AF II 14.)

[2] Jacques-Paul Vergnes, né à Tonneins (Lot-et-Garonne) le 19 avril 1755, élève à l'école du génie de Mézières le 31 janvier 1773, lieutenant le 18 janvier 1775, capitaine le 19 mars 1786, adjudant général lieutenant-colonel le 15 novembre 1792, et colonel le 2 février 1793, général de brigade le 5 mai 1793, chef d'état-major de l'armée des Côtes de Brest, suspendu de ses fonctions le 23 vendémiaire an II (14 octobre 1793), admis au traitement de réforme le 13 novembre 1800, préfet de la Haute-Saône en mai 1802, retraité le 11 juin 1811, mort à Marmande (Lot-et-Garonne) le 12 février 1841.

cela seul, ils se rendent très suspects et donnent beaucoup de poids aux griefs dont ils sont accusés [1].

Les membres du Comité de salut public,

L. CARNOT, SAINT-JUST, THURIOT.

(Orig., Arch. de la guerre, armée des Côtes de Brest.)

PARIS, 16 AOÛT 1793.

LE MINISTRE DE LA GUERRE BOUCHOTTE AU COMITÉ DE SALUT PUBLIC.

Analyse. — Prière de lui envoyer sur le champ l'expédition de l'arrêté pris par le Comité pour la répartition des trois mille hommes tirés des armées du Rhin et de la Moselle et destinés à l'armée du Nord.

(Orig., Arch. de la guerre, armée du Nord.)

PARIS, 16 AOÛT 1793.

LE GÉNÉRAL DE BRIGADE ALEXANDRE BERTHIER [2] AU COMITÉ DE SALUT PUBLIC.

Analyse. — Envoyé par les commissaires de la Convention près l'armée des

[1] On lit en marge cette note autographe de Bouchotte : «Écrivez à Canclaux de prendre les moyens nécessaires pour que l'arrêté des représentants ait son plein et entier effet. Écrivez-moi ce qui se sera passé.»

[2] Louis-Alexandre Berthier, né à Versailles (Seine-et-Oise) le 20 novembre 1753, ingénieur géographe le 1er janvier 1766, lieutenant dans la légion de Flandre le 24 mars 1772, capitaine le 2 juin 1777, sous-aide maréchal général des logis surnuméraire de l'armée de Rochambeau aux États-Unis le 1er janvier 1781, aide-maréchal général des logis le 2 décembre 1787, rang de lieutenant-colonel le 11 juillet 1789, commandant à Versailles par intérim le 27 décembre 1789, adjudant général colonel le 1er avril 1791, maréchal de camp le 22 mai 1792 et chef d'état-major de l'armée du Nord le 26 du même mois, suspendu le 20 septembre 1792, volontaire à l'armée des Côtes de l'Ouest le 11 mai 1793, requis par les représentants de remplir les fonctions de chef d'état-major de l'armée des Côtes de la Rochelle le 12 juin 1793, envoyé en mission à Paris le 1er juillet 1793, réintégré comme général de brigade et chef d'état-major de l'armée des Alpes et d'Italie le 5 mars 1795, général de division le 13 juin 1795, chef d'état-major de l'armée des Alpes le 8 octobre 1795 et de l'armée d'Italie le 2 mars 1796, général en chef de l'armée d'Italie le 9 décembre 1797, chef d'état-major de l'armée d'Angleterre le 8 mars 1798 et de celle d'Orient le 10 mai suivant, ministre de la guerre le 10 novembre 1799, général en chef de l'armée de réserve le 2 mars 1800, ministre de la guerre du 8 octobre

Côtes de la Rochelle [1] au Comité de salut public avec le général Dutruy [2] à l'effet de demander les moyens nécessaires pour frapper un coup décisif sur les rebelles de la Vendée, il reste dans l'inaction, quand il devrait combattre. Il expose ses services. «Je suis loyal; mon cœur est pur et je n'ai jamais connu l'intrigue; j'ai constamment suivi la ligne de mes devoirs et mes principes de liberté, d'égalité et de respect pour la souveraineté nationale.»

(Impr. de 8 p. in-4°, coll. de M. Étienne Charavay.)

---

16 AOÛT 1793.

LES GÉNÉRAUX BEAUREGARD ET SABOUREUX ET LES ADJUDANTS GÉNÉRAUX LUCE, DUVERGER ET THÜRING DE RHYS AU COMITÉ DE SALUT PUBLIC.

Analyses. — 1° Le général Beauregard [3] écrit de Paris pour solliciter une audience qui lui permette de s'expliquer sur la querelle que lui a suscitée l'intrigue

1800 au 9 août 1807, maréchal de l'Empire le 19 mai 1804, prince de Neuchâtel et de Valangin le 30 mars 1806, vice-connétable de l'Empire le 9 août 1807, prince de Wagram le 15 août 1809, pair de France le 4 juin 1814, mort à Bamberg (Bavière) le 1er juin 1815.

[1] Par une lettre de Bourbotte et de Turreau, en date du 1er juillet 1793.

[2] Jacques d'Utruy, né à Genève (Suisse) le 20 novembre 1762, entré au régiment suisse de Sonnenberg le 3 novembre 1782, congédié le 31 mars 1788, engagé dans le régiment suisse de Vigier le 18 septembre 1788, capitaine de la 1re compagnie des chasseurs nationaux en 1792, chef du 19e bataillon d'infanterie légère le 27 février 1793, général de brigade le 13 juin 1793, suspendu le 19 thermidor an II (6 août 1794), remis en activité à l'armée de l'Ouest le 24 brumaire an IV (15 novembre 1795), réformé le 1er vendémiaire an V (22 septembre 1796), remis en activité à l'armée d'Angleterre le 9 nivôse an VIII (30 décembre 1799), envoyé à Saint-Domingue le 2 frimaire an X (23 novembre 1801), rentré en France, en non-activité le 3 nivôse an XI (24 décembre 1802), commandant de la Légion d'honneur le 25 prairial an XII (14 juin

1804), employé dans la 7e division militaire le 9 brumaire an XIII (31 octobre 1804), baron de l'Empire le 18 août 1809, commandant du département de Jemmapes le 5 mai 1813, mis en non-activité en juin 1814, commandant les gardes nationales du Finistère en juin 1815, retraité le 24 juillet 1816, mort à Choisy-le-Roi (Seine) le 27 avril 1836.

[3] Pierre-Raphaël Paillot de Beauregard, né à Saint-Palais (Charente-Inférieure) le 14 février 1734, fils d'un avocat, cadet dans le régiment de Noailles-Cavalerie en 1755, lieutenant de dragons de Clermont le 16 mai 1758, aide-major le 15 décembre suivant, réformé le 1er janvier 1760 et redevenu lieutenant de dragons, capitaine d'infanterie le 21 mai 1766 et de dragons le 29 février 1768, capitaine en second au régiment de Penthièvre le 9 décembre 1776, lieutenant-colonel de chasseurs et chevalier de Saint-Louis le 8 avril 1779, maréchal de camp le 1er mars 1791, général de division à l'armée des Ardennes le 15 mai 1793, suspendu le 17 octobre 1793, arrêté et emprisonné à Arras le 20 du même mois, mis en liberté le 12 fructidor (29 août 1794), retraité le 23 brumaire an III (13 novembre 1794), employé à l'armée de l'Ouest le

du général Kilmaine et au sujet de laquelle il a été mandé par le ministre de la guerre [1]. (Analyse, Arch. de la guerre, reg. du Comité de salut public, C, p. 382.) — 2° Le général Saboureux [2], commandant à Calais, rend compte des ressources que cette place devrait renfermer pour soutenir un siège de six mois, et en réclame l'envoi. (Analyse, Arch. de la guerre, corr. gén.) — 3° Le commandant temporaire de Maubeuge [3] envoie un état de l'arsenal de cette place et demande trente pièces de canon. (Analyse, *id.*) — 4° L'adjudant général chef de bataillon Duverger [4], faisant fonctions de chef d'état-major, écrit du quartier général du camp de la Madeleine pour se plaindre du grand nombre d'officiers généraux employés aux armées et de la manière dont on les choisit. Il dénonce plusieurs abus de la division de Lille et sollicite le grade de chef de brigade [5]. (Analyse, *id.*) — 5° Thüring de Rhys [6], ex-adjudant général à l'armée du Nord, écrit de Paris qu'il a été déchargé par le tribunal révolutionnaire des griefs qu'on lui reprochait. Il donne l'état de ses services et demande à être employé de nouveau. (Analyse, *id.*)

---

14 fructidor an III (31 août 1795), autorisé à prendre sa retraite le 11 nivôse an IV (1er janvier 1796), retiré à Saintes. Le général Paillot de Beauregard avait fait les campagnes d'Allemagne de 1757 à 1762.

[1] Le général Kilmaine avait écrit de Carignan, le 10 juillet 1793, à Sauviac (Orig. aut., Arch. adm. de la guerre, dossier Beauregard) : «Tâchez, au nom de Dieu, de me défaire de ce vieux général Beauregard; c'est un vrai procureur de l'ancien régime, un vil intrigant, qui me met toute la division en désordre. Je ne peux plus faire le bien de la République en servant avec lui... Qu'on l'ôte d'ici ou qu'on m'en ôte; je servirai partout la patrie avec zèle, mais avec un intrigant qui, joint à cela, radote, je ne réponds plus de rien...» — De son côté, le général Beauregard envoya, le 12 août 1793, au ministre de la guerre un mémoire contre Kilmaine.

[2] Cf. t. II, p. 18.

[3] Édouard Luce, âgé de 63 ans, commandant de la garde nationale de Maubeuge, avait été nommé commandant temporaire de cette place le 6 août 1793. (Cf. lettre du 24 août 1793, Arch. de la guerre, armée du Nord.) Il était chevalier de Saint-Louis et remit sa croix à la municipalité le 13 septembre suivant. (Cf. Foucart et

Finot, II, 214.) — La ville de Maubeuge était alors bloquée sur la rive gauche de la Sambre par les Autrichiens, et la municipalité, d'accord avec le général Gudin, commandant de la place, prenait les mesures nécessaires pour la défense et renvoyait les bouches inutiles. (Cf. Foucart et Finot, II, 211.)

[4] Alexis-Jean-Henri Duverger, né à Étampes (Seine-et-Oise) le 14 décembre 1755, gendarme à la compagnie des Anglais le 3 mars 1770, exempt des gardes de la connétablie le 23 avril 1781, lieutenant en premier des grenadiers du bataillon de garnison de Flandre le 14 octobre 1788, capitaine dans Royal-Vaisseaux le 15 septembre 1791, adjudant général chef de bataillon le 8 mars 1793 et chef de brigade le 8 germinal an II (28 mars 1794), général de brigade le 7 avril 1795, commandant de la Légion d'honneur le 14 juin 1804, chevalier de Saint-Louis le 30 août 1814, prévôt de la cour prévôtale de Colmar le 10 janvier 1816, lieutenant général honoraire le 16 septembre 1818, mort à Paris le 13 janvier 1830.

[5] Cf. une lettre adressée le même jour au ministre de la guerre par Duverger. (Arch. de la guerre, armée du Nord.)

[6] Cf. t. II, p. 91.

2. PARIS, 17 AOÛT 1793 [1].

LE COMITÉ DE SALUT PUBLIC AU MINISTRE DE LA GUERRE BOUCHOTTE.

Paris, le 17 août 1793, l'an II de la République.

LE COMITÉ DE SALUT PUBLIC AU MINISTRE DE LA GUERRE.

Nous vous faisons passer, citoyen ministre, copie de la lettre que nous a écrite le général de division commandant en chef l'armée du Haut-Rhin [2], par laquelle il se plaint de n'avoir reçu aucune réponse aux différentes missives qu'il vous a adressées pour vous demander des secours de tout genre pour cette partie des frontières où il commande.

Il est bien étonnant que les ordres que vous avez sûrement donnés n'aient pas été exécutés dans vos bureaux. Cette négligence prouve combien il est essentiel que vous surveilliez les individus qui les composent. Nous vous recommandons instamment cette vigilance pour ne garder que les sujets vraiment attachés à la cause de la Révolution et qui, par leurs actions et par leur civisme, feront connaître leur amour pour la liberté et l'égalité [3].

Vous voudrez bien aussi nous informer sans délai des mesures que vous aurez prises pour faire parvenir très promptement tout ce qui est nécessaire pour la défense de la frontière du Rhin, menacée par les tyrans coalisés contre la République française [4].

Les membres du Comité de salut public
chargés de la correspondance,

L. CARNOT, SAINT-JUST, THURIOT.

(Orig., Arch. de la guerre, armée du Rhin.)

[1] Carnot assiste ce jour-là à la séance du Comité. (Cf. Aulard, VI, 13.)

[2] Le général Falck (cf. t. I, p. 76). Dans une lettre du 19 août, Bouchotte déclara que ce général prenait indûment le titre de commandant en chef de l'armée du Haut-Rhin (voir p. 24).

[3] Nous retrouvons ici les mêmes reproches que Carnot adressait l'année précédente avec tant de véhémence aux bureaux de la guerre, sous le ministère de Pache.

[4] Cf. à la page 24 la réponse de Bouchotte au Comité de salut public, en date du 19 août 1793.

3. PARIS, 17 AOÛT 1793.

LE COMITÉ DE SALUT PUBLIC AU MINISTRE DE LA GUERRE BOUCHOTTE.

Paris, le 17 août 1793, l'an ii de la République française.

LES REPRÉSENTANTS DU PEUPLE MEMBRES DU COMITÉ DE SALUT PUBLIC
AU CITOYEN MINISTRE DE LA GUERRE.

Vous trouverez ci-joint, citoyen ministre, une lettre du citoyen Lautremange, colonel du ci-devant régiment de Namur, supprimé par un arrêté des représentants du peuple. Cet officier, autorisé par le même arrêté à solliciter un nouvel emploi dans les armées de la République, retrace les services qu'il a rendus à la Révolution et demande son remplacement. Vous voudrez bien examiner la réclamation de ce citoyen, et s'il est doué des qualités que l'on doit exiger d'un franc républicain, nous croyons qu'il est dans le cas d'obtenir ce qu'il sollicite. Vous prendrez cependant avant tout les précautions que dicte la prudence pour ne pas confier à un intrigant des fonctions importantes dont on ne doit charger qu'un véritable ami de la liberté et de l'égalité [1].

Les membres du Comité de salut public
chargés de la correspondance,

L. CARNOT, SAINT-JUST, THURIOT.

(Orig., coll. de M. Étienne Charavay.)

[1] En tête on lit ces mots de la main de Bouchotte : «6ᵉ division. Répondu au Comité que s'il se présente une occasion, j'emploierai le citoyen Lautremange, que je crois cependant qu'il est mieux de ne pas employer d'étrangers.» On trouve aussi cette mention : «R. (répondu) le 26 août 93.» — Les armées de la République comptaient en effet dans leurs rangs un certain nombre d'officiers étrangers, et notamment plusieurs Belges entrés au service de la France après l'échec de la révolution de Brabant. On cherchait à s'en débarrasser, car la présence d'étrangers sur notre territoire était généralement considérée comme un véritable danger. Le 1ᵉʳ août, Cambon avait demandé et obtenu de la Convention que, par mesure de sûreté générale, on pût provisoirement arrêter tous les étrangers suspects, et, le 3, le représentant Bréard avait fait décréter l'arrestation de tous ceux résidant en France. La note de Bouchotte est un écho de la préoccupation des esprits à ce sujet.

17 AOÛT 1793. — RAPPORT DU GÉNÉRAL RONSIN AU CONSEIL EXÉCUTIF.

RAPPORT DU CITOYEN RONSIN [1], *ENVOYÉ PAR LE CONSEIL EXÉCUTIF À L'ARMÉE DU NORD, LE 13 AOÛT, ET REVENU LE 17, SUR LA SITUATION DE CETTE ARMÉE ET DE LA FRON TIÈRE* [2].

On peut consulter Billaud-Varenne et Niou [3] sur le choix de ceux qu'il serait avantageux d'attacher à cette armée. Chasles [4] nous a paru propre à animer le courage des soldats, à surveiller les officiers suspects et à imprimer un grand mouvement à cette armée qu'on a laissée trop longtemps dans l'inertie. Niou serait d'une grande utilité dans la Flandre maritime, où l'ennemi semble projeter une incursion.

Le général en chef Houchard passe pour un excellent militaire, mais il nous a paru facile et un peu lent; il importe de mettre à côté de lui des hommes aussi actifs que révolutionnaires.

Le général, autant qu'on peut le croire, est incapable de félonie; mais profi-

<hr>

[1] Charles-Philippe Ronsin, né à Soissons (Aisne) le 1er décembre 1751, fils d'un maître tonnelier, soldat au régiment d'Aunis le 7 octobre 1768, surnommé *Darius*, acheta son congé le 16 mai 1772 et vint à Paris, où il s'adonna à la poésie dramatique et fit représenter plusieurs pièces. Capitaine-commandant dans la garde nationale parisienne en juillet 1789, il devint commissaire du pouvoir exécutif le 29 août 1792 et commissaire des guerres le 15 novembre suivant. Le 22 du même mois il alla en cette dernière qualité à l'armée de Belgique, fut adjoint au ministre de la guerre Bouchotte le 16 avril 1793 et envoyé comme commissaire du Conseil exécutif à l'armée des Côtes de la Rochelle le 9 mai. Il entra dans l'armée le 1er juillet 1793 comme capitaine au 13e chasseurs à cheval et fut promu chef d'escadron le 2, adjudant général chef de brigade le 3 et général de brigade le 4 juillet. Général de division le 2 octobre 1793 et commandant de l'armée révolutionnaire en Vendée, il fut décrété d'arrestation le 27 frimaire an II (17 décembre 1793) et remis en liberté le 14 pluviôse (2 février 1794). Arrêté de nouveau le 24 ventôse (14 mars 1794), il fut con-

damné à mort le 4 germinal (24 mars 1794) avec Hébert, Momoro, Vincent, Anacharsis Cloots, etc., et exécuté. (Cf. Arch. nat., W 339, n° 617.)

[2] Je publie ce document parce qu'il a été le point de départ des changements opérés dans le personnel de l'état-major de l'armée du Nord, changements que nous trouverons successivement signalés dans la correspondance militaire du Comité de salut public. En effet, presque tous les officiers, dont Ronsin dénonce l'incivisme ou l'incapacité, furent destitués, même Houchard, qui, malgré le jugement plutôt favorable du commissaire du Conseil exécutif, dut céder son commandement à Jourdan et périt sur l'échafaud.

[3] Billaud-Varenne et Niou avaient été envoyés par le Conseil exécutif dans le département du Nord le 29 juillet 1793. (Cf. Aulard, V, 413.)

[4] Pierre-Jacques-Michel Chasles, né à Chartres (Eure-et-Loir) le 9 juin 1753, chanoine, député d'Eure-et-Loir à la Convention, commissaire à l'armée du Nord le 1er août 1793, blessé à Wervicq le 13 septembre 1793, admis à l'hôtel des Invalides en l'an IV, mort à Paris le 21 juin 1826. Il signait *Châles*.

tera-t-il de tous les moyens de succès que les circonstances lui présentent? N'emploiera-t-il pas à délibérer et à tracer ses plans d'attaque ou de défense un temps précieux? C'est ce qu'on craint.

État-major. — Il est à peine formé; deux hommes paraissent jouir, quant à présent, de la confiance du général en chef : Vernon [1] et Berthelmy [2].

Vernon n'a aucune des qualités qui caractérisent le républicain; il est dissimulé et astucieux : il était fort avant dans la confiance de Custine; tous les patriotes le craignent.

Berthelmy aime à dominer; il a de la suffisance et, sous certains rapports, a beaucoup de ressemblance avec Vernon. Tous deux se sont emparés du général Houchard; aussi excitent-ils l'envie de deux autres officiers de l'état-major, Thüring et Chénier [3]. Ceux-ci ont de l'esprit et tous les moyens qui en dérivent; mais sont-ils bien sûrs? J'en doute, surtout de Chénier. Un tiers parti rompt encore davantage l'unité qui devrait exister autour du général. Le général de brigade d'Avaine [4],

[1] L'adjudant général Gay de Vernon. (Cf. t. II, p. 453.)

[2] Étienne-Ambroise Berthelmy, né à Vauvillers (Haute-Saône) le 24 septembre 1764, ingénieur des ponts et chaussées dans le département de la Corrèze, élu capitaine de grenadiers au 1er bataillon de la Corrèze le 10 octobre 1791, adjudant général chef de bataillon le 29 avril 1793 et chef de brigade le 20 juillet suivant, général de brigade le 30 juillet 1793, chef d'état-major de l'armée du Nord, suspendu par le Conseil exécutif le 22 septembre 1793 et emprisonné, mis en liberté le 18 thermidor an II (5 août 1794), employé à l'armée des Pyrénées occidentales le 10 brumaire an IV (1er novembre 1795), député de la Corrèze au Conseil des Cinq-Cents le 22 germinal an VI (11 avril 1798), membre du Tribunat le 4 nivôse an VIII (25 décembre 1799), chevalier de Saint-Louis le 19 juillet 1814, admis au traitement de réforme le 20 août suivant, mort à Paris le 24 juin 1841.

[3] Louis-Sauveur de Chénier, né à Galata, faubourg de Constantinople, le 27 novembre 1761, frère d'André et de Marie-Joseph, cadet au régiment de Bassigny le 16 novembre 1780, a quitté le 1er août 1784, lieutenant de gendarmerie le 19 juin 1791, licencié le 13 août 1792, capitaine adjoint aux adjudants généraux le 6 sep-

tembre 1792, adjudant général chef de bataillon en décembre 1792 et chef de brigade en septembre 1793, sous-inspecteur aux revues le 22 décembre 1803, quitte ses fonctions le 1er septembre 1815, mort à Paris le 14 décembre 1823.

[4] Jean-Baptiste d'Avaine, né à Roulairs (Belgique) le 15 juin 1733, de parents français, entra au régiment d'Egmont-dragons, assista au siège de Maestricht (1748), devint brigadier en 1749, maréchal des logis en 1752, et quitta le service. Inspecteur en chef des haras de Flandre (cf. aux Arch. adm. de la guerre lettre de lui au ministre de la guerre, du 7 août 1793), il se mit à la tête des patriotes flamands en 1789, s'empara de Gand, devint major-commandant le 19 octobre 1789, lieutenant-colonel du 1er dragons en décembre suivant et colonel le 2 mars 1790. Il quitta la Belgique en novembre 1790 et s'installa à Melun avec sa femme et ses deux fils. Après le 10 août 1792 on lui donna les fonctions d'inspecteur général des chevaux de la nation. Maréchal de camp provisoire le 19 février 1793, confirmé le 7 mars, général de division le 30 juillet, il fut mis en arrestation par un arrêté du représentant Duquesnoy le 7 brumaire an II (28 octobre 1793), pour n'avoir pas exécuté les ordres du général en chef lors de l'expédition

le colonel Lamy [1] (tous deux Belges) et le général Landrin [2], artilleur, sont extrêmement liés entre eux et censurent déjà le nouvel état-major. Ils n'aiment ni Vernon, ni Berthelmy, ni Coquebert [3], chef de l'artillerie, ni Thüring, ni Chénier. En sorte que si le bon esprit du général ne le préserve pas des suites funestes que doit produire la rivalité, je puis dire l'antipathie de ces hommes, obligés de communiquer journellement avec lui, il ne sera occupé que de leurs petites querelles personnelles, et la chose publique en souffrira.

Quel remède apporter à cet état de choses?

dans la Flandre maritime, et fut traduit devant le tribunal révolutionnaire et condamné à mort le 15 ventôse an II (5 mars 1794). (Cf. Arch. nat., W 335, n° 585.)

[1] Charles-François-Joseph de Lamy, né à Charleroi (Belgique) le 9 janvier 1736, fils d'un officier supérieur du génie, volontaire de cette arme en 1750, enseigne le 6 mai 1760, sous-lieutenant le 20 avril 1761, lieutenant-ingénieur le 16 mai 1764, capitaine-lieutenant le 24 mars 1773, capitaine en pied le 12 février 1778, major le 10 décembre 1789, il fut nommé le 2 juillet 1790, par le Congrès belgique, colonel et directeur du corps du génie et, en novembre 1790, maréchal de camp du génie. Il entra au service de France comme chef de bataillon de cette arme par un arrêté des représentants à l'armée du Nord le 4 octobre 1792, fut promu chef de brigade par Dumouriez le 30 du même mois, mais n'obtint sa confirmation que le 24 mai 1793. Les représentants Trullard et Berlier l'élevèrent, le 3 septembre 1793, au grade de général de brigade, qui lui fut confirmé le 22 du même mois. Il commanda le génie à l'armée d'Italie et fut réformé le 25 prairial an III (13 juin 1795). Admis au traitement de réforme le 25 vendémiaire an VII (16 octobre 1798), il se retira à Charleroi, où il vivait encore en 1814.

[2] Jean-Noël Landrin, né à Paris le 22 mai 1752, fils d'un architecte, canonnier à Saint-Domingue en 1767, sergent en 1768, licencié en 1774 avec son corps, sous-lieutenant dans la milice bourgeoise de Saint-Domingue la même année, rentré en France en 1779, capitaine de canonniers de la section des Enfants-Rouges à Paris le 1er avril 1792, passé au 1er bataillon de Saint-Denis le 20 septembre suivant, chef de ce bataillon le 15 avril 1793, général de division le 30 juillet 1793, suspendu de ses fonctions par les représentants près l'armée du Nord le 13 septembre, arrêté le 18 frimaire an II (8 décembre 1793), mis en liberté le 28 thermidor (15 août 1794), réintégré le 21 germinal an III (10 avril 1795) pour être employé dans le grade de capitaine d'infanterie, attaché comme capitaine à la 54e demi-brigade le 7 fructidor (24 août 1795), suspendu par l'effet de la loi du 3 brumaire an IV (25 octobre 1795), réintégré le 19 ventôse (9 mars 1796), autorisé à se retirer dans le département de l'Oise le 4 prairial an IX (24 mai 1801).

[3] Antoine-Romain Coquebert de Montbret, né à Saint-Germain-en-Laye (Seine-et-Oise) le 6 avril 1767, fils d'un conseiller du roi, correcteur en la Chambre des comptes; sous-lieutenant à l'École de Mézières le 1er janvier 1784, lieutenant en second le 1er janvier 1786 et en premier le 1er avril 1791, capitaine le 15 juillet 1791, aide de camp du général Custine le 9 mai 1792, lieutenant-colonel. Après une altercation avec son général, qu'il accusait de trahison, et une tentative de suicide au commencement d'avril 1793, il fut envoyé à Paris, traduit le 12 de ce mois devant le comité de la guerre et acquitté le 7 mai. Fait prisonnier dans la nuit du 6 au 7 septembre 1793 (cf. lettre de Houchard, du 13 septembre, Arch. de la guerre, armée du Nord, et Foucart et Finot, II, 97), il devint fou pendant sa longue captivité. (Cf. A. Chuquet, *L'expédition de Custine*, 260 et 261.)

C'est aux représentants du peuple qui se trouveront auprès de l'état-major à prendre un grand ascendant sur tous ceux qui le composeront et à s'emparer d'autorité de la confiance du général, sinon en matière militaire, du moins pour contrebalancer chacun de ces trois partis. Un homme habile peut tirer avantage de cette rivalité et la diriger vers la prospérité des armes de la République.

GÉNÉRAUX.

Le Veneur [1]. — On le dit ami de Custine et professant les mêmes principes.

Lamarche [2]. — Il passe pour ivrogne, et depuis la journée du 23 mai [3] il a perdu la confiance de tous les patriotes éclairés.

D'Hangest [4]. — Lieutenant général d'artillerie, aristocrate, accusé par les canonniers d'avoir voulu les faire passer à l'ennemi lorsqu'ils étaient à Saint-Amand. Il a auprès de lui Sabrevois [5], Belmont [6] et de Roche, qui professent les mêmes principes.

---

[1] Cf. Étienne Charavay, *Le général Alexis Le Veneur*, p. 43. Les commissaires du Conseil exécutif, Cellier et Varin, avaient dénoncé Le Veneur, le 14 juillet 1793, comme ami de Custine.

[2] Cf. t. II, p. 108.

[3] Cf. t. II, p. 264.

[4] Louis-Augustin Lamy d'Hangest, né à Wissignicourt (Aisne) le 28 août 1731, surnuméraire au corps de l'artillerie le 1er janvier 1742, officier pointeur le 4 juin 1745, commissaire extraordinaire le 2 février 1747, capitaine le 1er mai 1756, aide-major de l'équipage d'artillerie de l'armée d'Allemagne le 27 mars 1760, chevalier de Saint-Louis le 3 novembre 1761 pour sa belle conduite à l'affaire de Clostercamp, commandant en second l'école des élèves d'artillerie à Bapaume le 26 février 1769, major et chef de brigade titulaire le 24 juillet 1770, major de Bapaume le 13 mars 1771, breveté lieutenant-colonel le 21 juillet 1773, lieutenant-colonel du régiment d'artillerie de Toul le 1er janvier 1777, breveté colonel le 3 juin 1779, colonel du régiment d'artillerie de Grenoble le 5 avril 1780, brigadier d'infanterie le 1er janvier 1784, maréchal de camp le 9 mars 1788, réformé le 1er juin 1791, inspecteur général du corps de l'artillerie le 29 juillet 1791, employé à l'armée du Nord en 1792, lieutenant général le 7 septembre 1792, employé à l'armée de Belgique le 1er novembre 1792 et à l'armée du Nord le 31 mai 1793, suspendu le 25 juillet 1793, arrêté le 24 août suivant et détenu à Chauny, mis en liberté le 7 avril 1794, relevé de sa suspension et autorisé à prendre sa retraite le 13 décembre 1794, pensionné le 28 juillet 1795, inspecteur aux revues de la 20e division militaire le 2 octobre 1802, membre de la Légion d'honneur le 26 mars 1804, retraité le 19 juillet 1805, mort à Wissignicourt le 21 novembre 1819.

[5] Jacques-Henri de Sabrevois, dit *Sabrevois d'Oyenville*, né à Tancrainville (Eure-et-Loir) le 10 décembre 1727, surnuméraire d'artillerie en décembre 1746, officier pointeur le 6 février 1747, capitaine par commission le 15 janvier 1762, capitaine en second le 5 avril 1762 et en premier le 15 octobre 1765, capitaine d'ouvriers le 29 mai 1767, chevalier de Saint-Louis le 20 août 1771, chef de brigade le 1er janvier 1777, lieutenant-colonel le 3 juin 1779, colonel par commission le 22 mai 1781, colonel titulaire le 4 juillet 1784, commandant d'artillerie le 1er avril 1791, général de brigade le 15 mai 1793, suspendu le 25 juillet 1793, autorisé à prendre sa retraite le 10 prairial an III (29 mai 1795), retiré à Oyenville (Eure-et-Loir).

[6] Probablement le chef de bataillon d'artillerie Bollemont, qui devint chef

Champmorin [1]. — Il est un de ceux qui se sont plaints le plus hautement de l'arrestation de Custine et qui ont excité des soldats à le redemander. Il est d'ailleurs gendre de Malus [2].

Dardenne [3]. — Créature de Dumouriez; il a servi chez les Autrichiens; il a été mandé à Paris.

Devrigny [4]. — Il importe d'interroger sur la trahison de Custine cet officier qui, étant porte-étendard au régiment de Lauzun, a provoqué la sédition de Belfort en 1790, a émigré ensuite et est rentré en 1792, a été fait capitaine des guides dans l'armée de la Moselle, puis colonel et commandant à Landau, où il a été dénoncé plusieurs fois par la société populaire de cette ville, comme escroc et contre-révolutionnaire. Il a été enfin chassé de Landau par la garnison et, depuis, employé dans cette armée par Custine. On le croit à Paris dans ce moment.

Kermorvan [5], général de brigade.

Antoine [6], général de brigade.

Gobert [7], commandant à Givet.

Desponchés [8], général de brigade.

---

de brigade le 15 août 1793 et général le 25 octobre suivant.

[1] Cf. t. II, p. 257.

[2] Le fameux commissaire-ordonnateur à l'armée de Belgique en 1792.

[3] Charles-Ambroise Dardenne, né à Mairy (Ardennes) le 26 octobre 1756, fils d'un entrepreneur des subsistances et convois militaires, élève à l'école du génie de Mézières, entré au régiment d'artillerie de Toul en septembre 1778, fit la campagne d'Amérique d'avril 1779 à août 1782 et quitta le service à son retour en France. Il entra comme sous-lieutenant dans les chasseurs belges le 15 juin 1792, devint lieutenant le 22 septembre, aide de camp du général Rosières le 27 octobre, capitaine le 27 novembre et lieutenant-colonel le 25 janvier 1793. Nommé par Dampierre adjudant général chef de bataillon le 5 avril 1793, confirmé le 15 mai suivant, il fut suspendu le 30 juillet 1793. Réintégré le 19 prairial an II (7 juin 1794), Dardenne fut promu adjudant général chef de brigade le 25 prairial an III (13 juin 1795) et général de brigade le 4 vendémiaire an VIII (26 septembre 1799). Il mourut à Paris le 11 octobre 1802.

[4] Cf. t. II, p. 411.

[5] Cf. t. II, p. 330.

[6] François-Louis Antoine, né à Versailles le 7 mai 1744, fils d'un garçon ordinaire de la chambre du roi et d'une femme de chambre de Madame Adélaïde, cornette au régiment de Vogüé (cavalerie) le 30 janvier 1761, passé par incorporation au régiment Royal-Cavalerie le 1er décembre 1761, sous-aide-major le 1er mars 1763, aide-major le 4 août 1771, capitaine le 22 décembre 1775, réformé le 11 juin 1776, capitaine en second le 12 mai 1779, capitaine commandant le 20 août 1779, chevalier de Saint-Louis le 28 janvier 1787, chef d'escadron le 1er mai 1788, lieutenant-colonel au 9e de cavalerie le 25 juillet 1791, passé au 1er régiment des carabiniers le 4 avril 1792, colonel le 16 mai 1792, adjudant général employé à l'avant-garde de l'armée de la Moselle le 1er octobre 1792, général de brigade à l'armée du Nord le 8 mars 1793, commandant la cavalerie le 15 mai 1793, suspendu le 19 août 1793, autorisé à prendre sa retraite le 3 février 1795, retraité le 7 mai 1795. Le général Antoine avait fait, avant la Révolution, les campagnes de 1761 et de 1762 en Allemagne et de 1763 en Brabant. Il vivait encore à Paris en août 1820.

[7] Cf. t. II, p. 93.

[8] Charles-Joseph-Paul Leiris Despon-

Malgaron [1], général de brigade.
Baussancourt [2], général de brigade.
Saint-Germain [3], général de brigade.
Chérin [4], général de brigade.
Jarry [5], général de brigade.
Saint-Martin [6], adjudant général.

chés, né à Alais (Gard) le 19 juillet 1756, sous-lieutenant sans appointements dans le régiment de Flandre-Infanterie le 19 octobre 1776, sous-lieutenant le 28 août 1777, lieutenant en second le 2 juin 1782 et en premier le 19 juin 1786, capitaine en second le 27 mai 1789, lieutenant-colonel au 19ᵉ d'infanterie le 5 février 1792, colonel le 29 juin suivant, maréchal de camp à l'armée du Nord le 8 mars 1793, suspendu de ses fonctions le 25 juillet 1793, réintégré le 13 prairial an III (1ᵉʳ juin 1795), admis au traitement de réforme le 5 fructidor (22 août 1795), président du collège électoral d'Alais en 1806, adjoint au maire de cette ville en 1808, chevalier de Saint-Louis le 24 octobre 1814, retraité le 6 mars 1815. Le général Desponchés avait fait la campagne d'Amérique en 1782 et 1783.

[1] Je n'ai pu identifier ce personnage, dont le nom ne figure ni dans les généraux titulaires, ni dans les généraux provisoires.

[2] François de Baussancourt, né à Andelot (Haute-Marne) le 17 septembre 1742, volontaire dans le régiment de Hainaut en 1759, réformé et employé dans les recrues en 1763, admis aux Invalides le 5 mai 1763, capitaine au régiment provincial de Châlons le 12 août 1771, réformé en 1773, passé en Pologne en 1775, major dans l'armée de Lithuanie le 16 septembre 1776, admis aux Invalides le 8 juillet 1777, capitaine au corps des volontaires étrangers de la marine en 1778, chevalier de Saint-Louis en 1779, capitaine provisoire d'artillerie de la marine en décembre 1780, commandant des milices de saint Vincent le 2 juin 1782, rentré en France en 1783, lieutenant-colonel du 3ᵉ bataillon de la Marne le 7 septembre 1791, nommé général de bri-

gade provisoire par Dampierre le 12 avril 1793, suspendu le 2 août 1793, détenu à Barbonne (Marne), mis en liberté le 8 frimaire an III (28 novembre 1794). Il mourut en octobre 1795, car le 3 brumaire an IV (25 octobre 1795) le représentant Beffroy demanda un secours pour la veuve du général Baussancourt, destitué par Bouchotte, dit-il, «sur la simple motif de la liaison de cet ancien officier avec moi (nous avions fait la guerre ensemble en Pologne)». — Baussancourt avait fait les campagnes d'Allemagne de 1759 à 1762 et d'Amérique de 1779 à 1783. Il avait reçu deux blessures, le 22 juillet 1760 et en septembre 1762.

[3] Je n'ai pu identifier ce personnage, car il n'y a aucun général de ce nom-là en 1793.

[4] Cf. t. II, p. 108.

[5] Probablement Étienne-Anatole-Gédéon Jarry, né à Nozeroy (Jura), le 10 octobre 1764, sous-lieutenant au régiment du Vivarais le 15 septembre 1791, lieutenant le 1ᵉʳ juillet 1792, capitaine le 1ᵉʳ mars 1793, adjudant général chef de bataillon à l'armée du Nord le 1ᵉʳ avril 1793. On ne trouve pas d'officier général de ce nom, et c'est par erreur sans doute que Ronsin lui donne le titre de général de brigade. Jarry n'obtint ce dernier grade que le 21 février 1807 et mourut à Lons-le-Saulnier le 23 janvier 1819. Ce qui semble justifier l'identification du personnage, c'est que ce Jarry fut suspendu le 19 août 1793 pour avoir refusé d'aller déposer contre son ancien général Custine.

[6] Alexis Saint-Martin, né à Luxeuil (Haute-Saône) le 5 novembre 1722, soldat au régiment de Tournaisis le 22 février 1742, sergent le 2 mars 1748, sous-lieutenant de grenadiers le 7 décembre 1760,

Leblanc, adjoint à l'état-major.
Des Bruslys [1], ancien chef de l'état-major.
Van Mirthe, adjoint à l'état-major.
Drouhot [2], colonel du 6ᵉ régiment de chasseurs.

premier lieutenant en 1776, capitaine en second le 8 avril 1779, chevalier de Saint-Louis le 13 novembre 1779, capitaine commandant le 1ᵉʳ juillet 1787, retraité le 3 février 1788, lieutenant-colonel du 2ᵉ bataillon des Hautes-Alpes le 28 novembre 1791, commandant du château de Namur en décembre 1792, adjudant général chef de bataillon le 31 mai 1793, général de brigade le 30 juillet 1793, commandant de Maubeuge le 20 octobre 1793, admis à prendre sa retraite le 9 pluviôse an II (28 janvier 1794), commandant de Luxeuil le 30 messidor an IV (18 juillet 1796), réformé le 11 brumaire an V (1ᵉʳ novembre 1796). Le général Saint-Martin avait assisté au siège de Prague en novembre 1741 et fait les campagnes de 1742 et 1743 en Bohême, de 1745 à 1748 en Italie et de 1757 à 1762 en Hanôvre. Il avait été blessé à la bataille de Plaisance le 16 juin 1746.

[1] Nicolas Ernault des Bruslys, né à Brive (Corrèze) le 7 août 1757, fils du receveur des tailles de l'élection de Brive, aspirant d'artillerie aux corps des mineurs à Verdun le 28 septembre 1774, garde du corps du roi le 25 septembre 1775, lieutenant en second au 3ᵉ d'artillerie le 14 juillet 1780 et en premier le 1ᵉʳ septembre 1783, capitaine dans les troupes coloniales en mai 1786, démissionnaire de l'emploi de lieutenant d'artillerie le 13 octobre suivant, rentré dans l'artillerie comme lieutenant en second le 27 janvier 1788, lieutenant en premier le 11 avril 1791, aide de camp du premier inspecteur de l'artillerie le 8 août 1791, capitaine en second le 6 février 1792, adjoint à l'état-major de l'armée du Centre le 8 du même mois, adjudant général lieutenant-colonel provisoire le 1ᵉʳ septembre 1792, adjudant général colonel provisoire le 8 octobre suivant, chef d'état-major de l'armée des Ardennes le 26 janvier 1793, confirmé adjudant général chef de brigade le 8 mars suivant, général de brigade provisoire le 7 avril 1793 et chef d'état-major des armées du Nord et des Ardennes le 15, confirmé dans son grade le 15 mai 1793, suspendu et arrêté le 10 août 1793, transféré à Paris, mis en liberté le 19 thermidor an II (6 août 1794), arrêté de nouveau le 26 thermidor an II (13 août), mis en liberté le 19 frimaire an III (9 décembre 1794), réintégré le 17 germinal an III (6 avril 1795), passé au département de la marine le 9 fructidor an XI (27 août 1803), général de division le 13 juillet 1808, lieutenant du général Decaën à l'île Bonaparte, ci-devant Bourbon, où il se suicida le 25 septembre 1809 plutôt que de rendre cette place aux Anglais. Le général des Bruslys avait fait les campagnes de 1781 et 1783 dans les Indes et rempli en 1786 et 1787 une mission en Turquie et en Perse. Il avait été blessé d'un éclat d'obus à la jambe gauche le 6 novembre 1792 devant Namur, d'un boulet à la main droite au siège de Maestricht le 27 février 1793, et avait été frappé aux côtés de Feraud dans la salle de la Convention le 1ᵉʳ prairial an III (20 mai 1795).

[2] Pierre-Nicolas Drouhot, né à Volon (Haute-Saône) le 29 juin 1772, hussard dans la légion de Lauzun le 2 juillet 1783, cadet le 11 octobre suivant, sous-lieutenant le 9 août 1789, lieutenant le 24 juillet 1792 et capitaine le 23 novembre, chef d'escadron au 6ᵉ chasseurs à cheval le 11 avril 1793, confirmé dans ce grade le 29 juillet, adjudant général chef d'escadron provisoire le 1ᵉʳ germinal an II (21 mars 1794), réformé le 25 prairial an III (13 juin 1795), réintégré et nommé adjudant général chef de brigade le 20 pluviôse an IV (9 février 1796), adjudant-

Tous ces officiers, nobles ou étrangers, ont été la plupart attachés au parti de Dumouriez et, depuis, à celui de Custine. Il est important de remplacer ces hommes, dont les plaintes continuelles sur l'arrestation de Custine et dont les exagérations sur le nombre de nos ennemis tendent à jeter dans l'armée l'esprit de découragement et de désorganisation.

Commissaires des guerres. — Plaintes sans nombre et des plus graves contre la plupart d'entre eux.

Ollivier, commissaire ordonnateur à Lille. C'est une créature du ci-devant Monsieur. Je l'avais déjà désigné comme un homme suspect.

Petitjean [1]. — Il est connu par ses liaisons intimes avec Dumouriez, Malus et Miranda; il serait à souhaiter qu'il fût non seulement destitué, mais arrêté, pour lui faire rendre compte des millions qui ont été mis à sa disposition pour l'approvisionnement de l'armée pendant que Custine la commandait. L'ordonnateur Lambert me paraît le plus propre à remplacer Petitjean à l'armée du Nord; on connaît ses lumières et son patriotisme. Le Boursier remplacerait Ollivier: c'est un franc républicain.

Plaintes du soldat. — Depuis plus d'un an on ne règle point de décomptes; il se plaint de l'inexécution de la loi sur le mode d'avancement : l'amalgame n'a point encore eu son effet.

Belges et Liégeois. — On leur reproche leur titre d'étrangers, on les accuse d'être contre-révolutionnaires; je n'ai pas la moindre preuve sur ce point, mais je crois qu'il faut s'en défier.

Hussards de Chamborant. — Ce corps, par une fatalité remarquable, est presque entièrement démonté; plusieurs soldats sont mal vêtus et sans chaussures; il est indispensable et instant de lui fournir des chevaux et des objets d'équipement. Il devrait être de mille hommes, il n'est pas de la moitié; il a deux ou trois cents chevaux au plus. Je recommande ce brave régiment, tant au Comité de salut public qu'au ministre. Il y a dans le Calvados plus de quatre mille chevaux, propres au service de la cavalerie légère; il faut les mettre en réquisition. Il y a aussi dans les charrois de toutes les armées plus de dix mille chevaux propres au service de la cavalerie légère : on pourrait s'en emparer.

Subsistances. — On n'est pas sans inquiétude sur ce point. Les réquisitions des représentants du peuple aux quatre départements du Nord n'ont pas produit tout l'effet qu'on pouvait en attendre, malgré les cinq millions mis à la disposition du commissaire ordonnateur Petitjean.

La loi du maximum est regardée comme une des causes les plus funestes du

---

commandant le 22 septembre 1805, retraité le 25 septembre 1813, mort à Volon le 27 juillet 1817.

[1] Cf. t. II, p. 32. Petitjean fut arrêté le 29 août 1793 et périt sur l'échafaud l'année suivante.

manque de subsistances dans nos armées. Une grande partie des approvisionnements faits pour l'armée du Nord dans le département de l'Aisne a été enlevée pour Paris. La loi qui déclare propriété nationale la récolte de cette année n'aura d'effet que dans six semaines. Les formes de la trésorerie sont surtout nuisibles à l'approvisionnement des armées : ces formes sont trop lentes et trop multipliées : il est instant de les changer.

Munitions de guerre. — Il paraît que l'armée n'est pas suffisamment pourvue : le Comité de salut public et le ministre doivent se hâter de donner les ordres les plus précis à tous les arsenaux pour compléter l'approvisionnement de l'armée du Nord. L'artillerie surtout est incomplète. Il faut des armes, de la poudre.

Complètement de l'armée. — Il est reconnu que l'armée du Nord n'est pas assez nombreuse pour faire tête aux armées ennemies : il faudrait, pour la mettre en mesure, un renfort de vingt mille hommes d'infanterie et de dix mille de cavalerie. Sans cette augmentation la campagne sera infructueuse, et le général en chef ne pourra que se tenir sur la défensive. Il importe cependant, pour réveiller l'ardeur du soldat et soutenir son courage, de faire quelque entreprise hardie.

État des caisses. — Il est à craindre qu'une économie déplacée ne préjudicie au service et que les formes de la trésorerie n'entravent les opérations. Il est essentiel que le Comité et le ministre fournissent promptement tous les fonds qui leur seront demandés. Cet objet doit être pris dans la plus grande considération.

Les circonstances difficiles où se trouve l'armée du Nord, la rareté et la chèreté de tous les objets nécessaires, l'avarice et la malveillance des fournisseurs, tout concourt à multiplier les dépenses et à les accroître à un point effrayant : mais il n'y a pas à délibérer ni à calculer, à moins qu'on ne veuille sacrifier par de misérables vues l'intérêt et la gloire d'une grande nation.

Espionnage. — Il n'y a point de système formé, et l'on peut douter que jusqu'à ce jour les généraux et les représentants aient entretenu des intelligences utiles et sûres pour connaître les mouvements et les dispositions de l'ennemi. C'est un point qu'on ne saurait trop recommander aux représentants du peuple et pour lequel il ne faut pas regretter les sacrifices pécuniaires.

ESPRIT PUBLIC DANS LES DÉPARTEMENTS.

1° *Nord.* — Il est nul et même perverti dans les campagnes par le fanatisme, l'intérêt et la peur ; il est, dans les villes, évidemment mauvais.

2° *Pas-de-Calais.* — Il est moins faible que dans celui du Nord.

Sociétés populaires. — Elles sont, à l'exception de celle d'Arras, sans la moindre influence.

Mesures à prendre pour éclairer et réchauffer l'opinion. — Si l'on ne joint à la force militaire celle de l'opinion, il est à craindre que les résultats de la campagne ne soient faibles et incertains. C'est aux représentants du peuple à s'occuper de cet important objet. Qu'ils fréquentent les sociétés populaires, qu'ils répandent l'instruction dans les campagnes par la voie de bons journaux et des écrits patriotiques.

Il conviendrait d'établir un journal particulier pour les deux départements du Pas-de-Calais et du Nord, auquel on joindrait un bulletin de l'armée. Ce journal serait rédigé sous les yeux des représentants du peuple et de l'état-major et s'afficherait dans toutes les campagnes.

ÉTAT DES VILLES MENACÉES.

1° *Lille.* — L'approvisionnement est presque complet; on continue à s'en occuper et l'on espère être en état, avant quinze jours, de soutenir un siège assez long.

2° *Douai.* — Cette ville est moins bien approvisionnée par la négligence du directoire du département. Elle demande deux millions qu'on ne pourra lui refuser.

3° *Cambrai.* — Cette ville s'est bien conduite, malgré la tiédeur de ses habitants et les manœuvres d'une foule d'aristocrates, royalistes et agents de Pitt, qui s'y trouvaient lors du dernier blocus. Elle a promis de se défendre encore mieux, si l'ennemi reparaissait.

4° *Arras.* — La société populaire et les administrateurs étant passables, il s'ensuit qu'en cas d'attaque les citoyens se joindront à la garnison; mais la ville n'est pas assez fortifiée pour soutenir un siège; elle a besoin d'artillerie et de troupes; elle renferme des magasins considérables.

5° *Maubeuge, Avesnes, Landrecies, le Quesnoy et Bouchain.* — Il paraît que ces villes sont en état de faire quelque résistance, Maubeuge surtout.

Administrateurs du Nord. — Ils ne paraissent pas sûrs et ne doivent rester en place que sous la plus exacte surveillance.

Administrateurs du Pas-de-Calais. — Ils inspirent plus de confiance, et cependant doivent être surveillés.

Situation de l'ennemi. — Suivant plusieurs rapports, les armées combinées sont en mésintelligence et ne s'accordent ni sur le plan ni sur le but de la guerre. L'Anglais voudrait la faire régulièrement et avec une apparence de modération; par une hypocrisie des plus raffinées, on a persuadé aux soldats anglais qu'ils se battaient pour opérer la réunion fraternelle des deux peuples et confondre sous un régime commun tous les intérêts de commerce, de politique et autres; d'où il s'ensuit que dans l'armée anglaise on lit et on vante notre constitution. Le but et l'ambition du duc d'Yorck serait de s'emparer de la Flandre maritime.

L'Autrichien est dans le plus grand dénuement, en désordre, vit mal avec l'Anglais qu'il déteste et dont il se croit méprisé, pille, brûle, dévaste et laisse partout des traces de sa brutalité. Son état-major paraît plus occupé de vengeance que de conquêtes : il est devenu plus enragé, plus indiscipliné, plus cruel depuis la traduction d'Antoinette devant les tribunaux [1].

Le Prussien a l'air de n'agir que faiblement et d'épier l'occasion d'une retraite absolue.

Ces conjectures sont fondées sur des relations naïves et vraies de quelques villageois conduits devant les différents chefs et interrogés par eux.

L'Autrichien leur demande : la Reine est-elle jugée? Il leur reproche la mort du Roi. L'Anglais leur fait amitié, les traite avec douceur, les appelle frères. Le Prussien ne leur demande et ne leur dit rien.

La marche rétrograde de l'ennemi vient : 1° de cette mésintelligence; 2° de la connaissance qu'il a de l'énergie française et des dispositions qu'on prend pour les chasser; 3° de l'épuisement et du dégoût du soldat, ou peut-être de la connaissance qu'il aura eue du mouvement ordonné pour s'emparer de Furnes et brûler le port d'Ostende.

Anecdote importante. — On présume que depuis près de deux ans il existe entre les traîtres de l'intérieur et les puissances coalisées un concordat, ou marché de vente, pour réunir les deux départements du Nord et du Pas-de-Calais à la Belgique. Une foule de circonstances appuyent cette présomption, entre autres la levée du camp de César et l'espèce de déroute qui en a été la suite. Cette levée ressemblait à celle du camp de Famars et la déroute à la retraite de la Belgique.

Un des représentants du peuple s'entretenant avec Kilmaine, général provisoire, et lui manifestant avec franchise son étonnement et ses soupçons, ce général répondit : «Nous nous trouvions dans une alternative telle qu'il fallait opter entre la conservation de l'intérieur ou celle de deux départements.»

Cette réponse, faite en présence du commissaire Varin et de Des Bruslys, ne confirme-t-elle pas le soupçon et la presque certitude d'une transaction perfide?

Je tiens pour démontré que la maison d'Autriche espérait voir la Flandre et l'Artois agrandir ses possessions en Belgique, sauf les parties maritimes, dont l'Angleterre se serait accommodée.

Levée du camp de César. — Cette journée devait ou pouvait être la dernière de la République : il serait difficile de peindre le désordre de l'armée, l'insouciance des chefs, les mouvements des malveillants; l'artillerie, les charrois, tout en général se reportait sur Arras, comme pour y attirer l'ennemi et faire brûler les magasins. Pendant deux ou trois jours les routes ont été couvertes de soldats er-

---

[1] Le 1ᵉʳ août 1793 la Convention avait renvoyé Marie-Antoinette devant le tribunal extraordinaire.

rants, qui recherchaient leurs drapeaux et leurs chefs. Si le génie tutélaire de la France n'avait rallié l'armée, non seulement c'en était fait des deux départements. mais le passage dans l'intérieur était si facile et si bien préparé que, sans un prodige, Paris ne pouvait échapper à l'invasion. L'armée était sans général, sans état-major, remplie de traîtres, de lâches et d'espions. Malgré tant de causes de dissolution totale, elle existe encore aujourd'hui; elle est dans d'excellentes dispositions, on peut garantir que sous le commandement d'un chef actif et brave, qui entretiendrait en elle le feu sacré du patriotisme, cette armée peut repousser l'ennemi, reprendre Valenciennes, délivrer la frontière et pénétrer dans la Belgique, tout cela avant trois mois.

P.-S. Au moment de mon départ, le 16, les espions ont rapporté que Ihler vers le Quesnoy avait battu l'ennemi, que plus de deux mille Autrichiens étaient restés sur le champ de bataille, et que sur la route de Mons on avait rencontré un grand nombre de voitures chargées de blessés.

Le général de brigade adjoint au ministre de la guerre,

RONSIN.

(Orig., Arch. de la guerre, armée du Nord.)

GAVRELLE, 17 AOÛT 1793.

LE GÉNÉRAL HOUCHARD AU COMITÉ DE SALUT PUBLIC.

Analyse. — La masse de son armée est derrière la Lys; 3,000 hommes à Mons-en-Pevèle et 7,000 entre Douai et Lille. L'ennemi concentre ses forces vers Tournay, ce qui fait redouter que les Anglais combinent les attaques par mer et par terre et veuillent s'emparer de Dunkerque [1].

(Analyse, Arch. de la guerre, armée du Nord.)

---

17 AOÛT 1793.

LES GÉNÉRAUX FAVART, LA BAROLLIÈRE ET O'MORAN AU COMITÉ DE SALUT PUBLIC.

Analyses. — 1° Le général Favart [2] expose la pénurie de subsistances où se trouve la ville de Lille. (Analyse, Arch. de la guerre, reg. C du Comité de salut public, fol. 414.) — 2° Le général La Barollière [3] écrit de Paris pour être

---

[1] Le même jour Houchard écrivit deux lettres au ministre de la guerre. (Orig., Arch. de la guerre, armée du Nord.)

[2] Cf. t. II, p. 104.

[3] Jacques-Marguerite Pilotte de La Barollière, né à Lunéville (Meurthe-et-Moselle) le 28 novembre 1746, fils du capitaine général des chasses du roi Stanislas,

entendu du Comité et fournir des renseignements curieux sur l'armée de la Vendée. (Analyse, *id.*, Corr. gén.) — 3° Le général O'Moran [1] écrit d'Amiens pour réclamer contre son arrestation et se justifier par l'exposé de ses services et de sa conduite : «Quelques heures avant mon arrestation, dit-il, j'ai remis au citoyen Carnot, représentant du peuple, l'état de situation des troupes composant ma division. Je lui ai communiqué en même temps un avis qui m'annonçait que l'ennemi était renforcé de 6,000 hommes à Ypres et autant à Poperinghe. Je lui ai exposé qu'il était indispensable de faire parvenir à Cassel 6,000 hommes, vu que le camp n'était composé que de 2,500, et qu'avec si peu de monde il n'était possible d'en détacher qu'un très faible secours pour renforcer le point qui pourrait être attaqué.» (Impr., Arch. de la guerre, armée du Nord.)

STRASBOURG, 18 AOÛT 1793 [2].

LE GÉNÉRAL ALEXANDRE BEAUHARNAIS AU COMITÉ DE SALUT PUBLIC.

Strasbourg, le 18 août 1793, l'an 1 de la République française.

Je vous préviens, citoyens représentants, que je suis tombé malade à Strasbourg, où je m'étais rendu avec un de vos collègues pour me concerter avec le reste de la députation et les corps administratifs sur les besoins de l'armée et l'ap-

exempt dans les gardes du corps de ce dernier le 10 avril 1757, volontaire au régiment de Navarre en 1761, sous-lieutenant au régiment de la Vieille-Marine le 5 juin 1763, élève du corps de l'état-major général de l'armée en 1768, rang de capitaine le 17 juin 1770, passé à la légion royale le 5 mai 1772, capitaine en second au régiment Mestre de camp général-dragons le 16 juillet 1776, capitaine au 1er chasseurs à cheval le 12 mai 1779, capitaine commandant le 7 septembre 1780, chevalier de Saint-Louis le 19 août 1781, major du 3e chasseurs à cheval le 15 avril 1784, lieutenant-colonel au 9e chasseurs le 1er mai 1788, colonel le 25 juillet 1791, maréchal de camp le 6 décembre 1792, général de division le 6 mai 1793, démissionnaire le 30 juillet 1793, cesse ses fonctions le 1er septembre suivant, remis en activité le 6 thermidor an III (24 juillet 1795), employé à l'armée des Côtes de l'Océan en ventôse an IV (février 1796), réformé le 13 vendémiaire an VI (4 octobre 1797), remis en activité le 26 frimaire an VIII (17 décembre 1799) et pourvu du commandement de la 13e division militaire, puis de la 14e (Caen) en 1800, retraité le 10 prairial an XI (30 mai 1803), baron de l'Empire le 25 mars 1810, confirmé dans ce titre le 25 janvier 1815, mort à Nîmes (Gard) le 1er décembre 1827. Il avait fait, sous l'ancien régime, les campagnes d'Allemagne de 1761 et 1762 et de Corse de 1768 et 1769. Il signait *La Barollière* et *La Barolière*. La première forme est celle de l'acte de baptême.

[1] Cf. t. II, p. 81.

[2] Carnot assiste à la séance du Comité de ce jour. (Cf. Aulard, VI, 19.) Il rédige un arrêté allouant 3,000 livres au citoyen Cayol pour les frais de sa mission. C'est le premier arrêté autographe de Carnot publié par M. Aulard.

provisionnement des places. C'est le général Landremont [1] qui commande provisoirement l'armée à ma place. Il devient plus important que jamais, citoyens représentants, ou que vous confirmiez cette mesure ou que vous fassiez un autre choix, mais enfin que j'aie un successeur nommé par la Convention, car, ainsi que je l'ai déjà écrit si souvent, il m'est impossible de continuer à commander l'armée [2]. Déjà la division du Haut-Rhin s'est désorganisée par la méfiance dont on a entouré les chefs qui étaient de la classe des ci-devant; j'ai dû prévenir la désorganisation de l'armée active en sollicitant moi-même mon exclusion [3].

L'état des choses sur les frontières du Bas-Rhin et de la Moselle mérite toute votre attention. Les troupes de Ketterich et d'Ebellbronn, qui font partie de l'armée de la Moselle, ont été repoussées par les Prussiens jusqu'à Bitche [4]; ils se trouvent maîtres du revers des Vosges dans cette partie et menacent de prendre l'Alsace à revers. Je m'empresserai, citoyens représentants, de vous transmettre

[1] Charles-Hyacinthe Le Clerc de Landremont, né à Fénestrange (Meurthe) le 21 août 1739, fils d'un capitaine, dragon au régiment de Schonberg le 18 avril 1759, cornette le 23 août 1760, blessé au combat de Bidingen et fait prisonnier le 2 mars 1761, lieutenant en second le 3 octobre 1761, lieutenant en premier le 1er décembre 1763, capitaine le 5 mai 1772, commandant le dépôt des recrues le 17 juin 1776, capitaine commandant le 5 avril 1780, chevalier de Saint-Louis le 16 janvier 1785, chef d'escadron le 1er mai 1788, lieutenant-colonel le 23 novembre 1791, colonel le 12 juillet 1792, maréchal de camp à l'armée de la Moselle le 5 octobre 1792, général de division à l'armée du Rhin le 15 mai 1793, commandant en chef par intérim de l'armée du Rhin le 18 août 1793, confirmé provisoirement par les représentants le 23 du même mois, suspendu le 29 septembre 1793, arrêté le 4 octobre et enfermé à l'Abbaye le 18, mis en liberté le 29 août 1794 (Arch. nat., AF II 307), relevé de sa suspension et autorisé à prendre sa retraite le 13 octobre 1794, inspecteur général des troupes à cheval et des remontes dans la 17e division militaire (Paris) le 24 mai 1795, commandant des départements du Nord et du Pas-de-Calais le 5 juin 1795, destitué le 14 décembre suivant, retraité le 27 juin 1796, mort à Nancy le 26 septembre 1818. (Cf. A. Chuquet, *Wissembourg*, p. 114.)

[2] Cf. A. Chuquet, *Wissembourg*, p. 111.

[3] Alexandre de Beauharnais avait cependant fait des professions de foi nettement républicaines, témoin la déclaration suivante dont je possède l'original et qui, quoique dépourvue de date, a dû être écrite en juin 1793 :

«Zélé partisan de la République, constamment attaché à la cause du peuple, je n'ai jamais cessé de défendre ses droits dans les sociétés populaires où des milliers de mes concitoyens attesteront qu'avec courage j'ai attaqué le trône, les prêtres, les nobles, les Feuillants, les modérés et enfin tout ce qui mettait obstacle à la révolution la plus complète ou pouvait seulement faire transiger sur le bonheur public. Tel je serai toujours, citoyens administrateurs. Soldat de ma patrie, je combattrai pour elle jusqu'à la mort, et quand la philosophie vous commande de ne plus voir dans les hommes que leurs vertus ou leurs vices personnels, accordez votre confiance à celui qui vous la demande pour récompense de son dévouement, à celui dont le dernier soupir sera pour le bonheur de l'humanité, la liberté des peuples et la gloire du nom français.

«*Le général commandant en chef l'armée du Rhin,*

«Alexandre Beauharnais.»

[4] Le 17 août 1793. (Cf. sur ces revers de l'armée du Rhin A. Chuquet, *Wissembourg*, 99.)

les nouvelles que je recevrai du général Landremont et les mesures qu'il aura prises pour arrêter les progrès des ennemis.

Agréez, je vous prie, citoyens représentants, l'hommage de mon respect et de mon attachement fraternel [1].

ALEXANDRE BEAUHARNAIS.

(Orig., Arch. de la guerre, armée du Rhin.)

[1] Le 18 août 1793 Alexandre Beauharnais écrivit dans le même sens au ministre de la guerre et à la Convention nationale, et demanda la confirmation de la nomination du général Landremont au commandement de l'armée du Rhin. En marge de la lettre à la Convention, Bouchotte a mis cette note : «La démission est acceptée; il est remplacé par Gilot, si la Convention l'agrée.» (Orig., Arch. de la guerre, armée du Rhin.) — Alexandre Beauharnais avait d'ailleurs offert deux fois sa démission aux représentants du peuple par ses lettres des 3 et 13 août. On lisait dans cette dernière : «Je vous ai écrit, citoyens représentants, une autre lettre par laquelle je vous conjurais de nommer un autre officier au commandement de l'armée du Rhin; mais cette lettre ne vous sera sans doute pas parvenue, car je n'ai vu aucune feuille publique qui en fit mention. Le temps n'a point changé ma résolution; elle est inébranlable. J'ai le malheur de faire partie d'une classe ci-devant privilégiée, et, quand l'opinion publique a élevé sur toute la caste une méfiance légitimée par un si grand nombre de ceux qui en faisaient partie, je dois provoquer moi-même l'ostracisme et vous solliciter de me permettre de prendre rang comme simple soldat parmi les braves républicains de cette armée. Je suis si résolu dans ce parti que je ne cesserai de vous adresser journellement mes sollicitations… Faites donc droit à ma demande, je vous en conjure, et comptez que rien ne pourra affaiblir ma détermination de servir la République par mon sang, par mes écrits et par mon attachement à la Constitution.» (Cf. *Moniteur*, XVII, 420.) — Le 23 août les représentants Milhaud et Ruamps acceptèrent en ces termes la démission de Beauharnais (copie certifiée conforme par Borie, Arch. de la guerre, armée du Rhin) :

«Au nom du salut du peuple,

«Les représentants du peuple près l'armée du Rhin, considérant que le général en chef de l'armée Beauharnais réitère à chaque instant l'offre de sa démission de vive voix et par écrit;

«Considérant que, d'après ses aveux multipliés, il n'a ni la force ni l'énergie morale nécessaire à un général en chef d'une armée républicaine;

«Considérant que son état de faiblesse et de langueur, qui l'a éloigné de l'armée pendant trois jours de combat, ne peut que jeter la méfiance et le découragement dans l'état-major et dans l'armée,

«Arrêtent que sa démission est enfin acceptée et qu'il sera tenu de s'éloigner dans l'espace de six heures à vingt lieues des frontières, dans un séjour dont il nous donnera connaissance, ainsi qu'à la Convention nationale;

«Arrêtent en outre que le général Landremont remplira provisoirement les fonctions de général en chef de l'armée du Rhin et que le présent arrêté sera envoyé par un courrier extraordinaire au Comité de salut public et au ministre de le guerre.

«Fait à Wissembourg le 23 août 1793, l'an II de la République une et indivisible et l'an 1 de la Constitution populaire.

«J.-B. MILHAUD, RUAMPS.

«J'étais à Haguenau pour requérir le district de faire sonner le tocsin, au moment où l'arrêté a été pris. Je l'approuve et j'aurais été de l'avis de l'arrestation.

«BORIE.»

PARIS, 18 AOÛT 1793.

LE GÉNÉRAL CHARLES HESSE [1] AU COMITÉ DE SALUT PUBLIC.

Analyse. — Il demande à entretenir le Comité tant sur Orléans [2] que sur la guerre de la Vendée.

(Analyse, Arch. de la guerre, reg. du Comité de salut public, C.)

PARIS, 19 AOÛT 1793.

LE MINISTRE DE LA GUERRE BOUCHOTTE AU COMITÉ DE SALUT PUBLIC.

Paris, 19 août 1793, l'an II de la République une et indivisible.

*LE MINISTRE DE LA GUERRE AUX REPRÉSENTANTS DU PEUPLE
MEMBRES DU COMITÉ DE SALUT PUBLIC.*

J'ai reçu, citoyens représentants, avec votre lettre du 17, copie de celle du général Falck [3], qui prend le titre de général en chef de l'armée du Haut-Rhin et qui se plaint que je n'ai pas pourvu aux besoins de son armée.

La division que commande cet officier général faisant partie de l'armée du Rhin aux ordres du général Beauharnais, c'est à ce dernier qu'il devait s'adresser pour ses besoins. Il n'a pas dû prendre le titre de commandant en chef de l'armée du Haut-Rhin, puisqu'il n'est pas en chef et qu'il n'y a pas d'armée du Haut-Rhin [4].

Je vous prie de croire que les demandes en tout genre qui me sont faites sont examinées autant que les besoins l'exigent et que les circonstances le permettent, enfin que les bureaux y mettent la plus grande exactitude. S'il se trouvait encore parmi les individus qui sont employés quelques hommes qui ne fussent pas atta-

[1] Charles-Constantin de Rothenbourg, prince de Hesse-Rhinfels, né à Rothenbourg le 10 janvier 1752, capitaine commandant au régiment Royal-Allemand le 28 avril 1768, capitaine titulaire le 5 mai 1772, rang de mestre de camp le 19 octobre 1773, lieutenant-colonel le 18 avril 1776, mestre de camp le 8 avril 1779, commandant du régiment Esterhazy le 26 février 1783, brigadier le 1er janvier 1784, chevalier de Saint-Louis le 9 novembre 1785, maréchal de camp le 9 mars 1788, lieutenant général le 22 mai 1792, commandant d'Orléans le 25 juillet 1793, suspendu le 12 novembre 1793, réintégré le 22 nivôse an III (11 janvier 1795),

réformé par l'organisation du 25 prairial an III (13 juin 1795), déporté à l'île d'Oléron le 3 janvier 1801, après le complot de la machine infernale, expulsé de France en 1803, mort à Francfort le 19 mai 1821.

[2] Il avait été chargé, le 16 mai 1793, d'organiser à Orléans les troupes tirées des armées du Nord et des Ardennes pour les envoyer au secours des départements de l'Ouest.

[3] Cf. t. 1, p. 76.

[4] Le 20 août 1793 Bouchotte écrivit à Alexandre Beauharnais de pourvoir aux besoins de la division du général Falck. (Minute, Arch. de la guerre, armée du Rhin.)

chés à la cause de la Révolution, je me hâterais de les éliminer dès qu'on me les aurait fait connaître. Ma surveillance à cet égard est très sévère.

Le Ministre de la Guerre.

(Minute, Arch. de la guerre, armée du Rhin.)

— — —

PARIS, 19 AOÛT 1793.

LE MINISTRE DE LA GUERRE BOUCHOTTE AU COMITÉ DE SALUT PUBLIC.

Analyse. — Prière de renvoyer au général Houchard [1] les plans et mémoires qui ont été saisis sur l'adjudant général Gay-Vernon et transportés à Paris [2].

(Orig., Arch. de la guerre, armée du Nord.)

———

PERPIGNAN, 19 AOÛT 1793 [3].

PUGET-BARBANTANE [4], GÉNÉRAL EN CHEF DE L'ARMÉE DES PYRÉNÉES ORIENTALES [5], AU COMITÉ DE SALUT PUBLIC.

Analyse. — Il le prie d'accélérer les moyens qui pourront augmenter la force de l'armée des Pyrénées-Orientales : «Je joins ici des pièces qui vous prouveront

---

[1] Cf. lettre de Houchard à Bouchotte du 16 août 1793. (Orig., Arch. de la guerre, armée du Nord.)

[2] On lit en bas cette annotation autographe de C.-A. Prieur : «S'adresser directement aux représentants du peuple à l'armée du Nord.»

[3] Carnot assiste à la séance du Comité de salut public de ce jour. (Cf. Aulard, VI, 24.)

[4] Hilarion-Paul-François-Bienvenu du Puget, marquis de Barbantane, né à Paris le 8 mars 1754, sous-lieutenant au régiment d'Orléans-Cavalerie le 11 avril 1770, rang de capitaine le 18 mars 1776, mestre de camp en second du régiment Royal-Marine le 13 avril 1780 et du régiment de Neustrie le 27 janvier 1782, commandant du régiment d'Aunis le 10 mars 1788, chevalier de Saint-Louis le 18 mai 1788, maréchal de camp le 6 octobre 1791, lieu-

tenant général le 7 septembre 1792 et employé à l'armée du Midi, passé à l'armée d'Italie le 8 mars 1793 et à celle des Pyrénées orientales le 10 avril suivant, général en chef provisoire de cette armée le 7 août 1793, destitué le 18 septembre 1793, réintégré et employé à l'armée d'Italie le 29 brumaire an IV (20 novembre 1795), destitué le 2e jour complémentaire an IV (18 septembre 1796), remis en activité à l'armée de Rhin-et-Moselle le 21 fructidor an V (7 septembre 1797), commandant la 2e division militaire, du 21 vendémiaire au 1er ventôse an VI (12 octobre 1797 au 19 février 1798), réintégré et admis au traitement de réforme le 15 fructidor an VI (1er septembre 1798), retraité le 10 août 1809, mort à Paris le 27 mars 1828. Le général Barbantane avait publié ses *Mémoires* en 1827.

[5] Depuis le 7 août 1793.

que je ne cesse d'être voué à la cause de la liberté, que j'adopte de cœur et d'âme la nouvelle constitution républicaine et que je suis tout dévoué à la représentation nationale [1]. »

(Orig., Arch. de la guerre, armée des Pyrénées orientales.)

4. PARIS, 20 AOÛT 1793 [2].

CARNOT AU CONSEIL GÉNÉRAL DE LA COMMUNE DE DUNKERQUE.

Analyse. — Annonce de l'envoi d'une somme de 100,000 livres que le Comité de salut public met à la disposition de la commune de Dunkerque pour payer les frais d'achat et de confection d'effets militaires d'habillement, d'équipement et de campement [3].

(Arch. mun. de Dunkerque, reg. du Conseil général, séance du 22 août 1793.)

[1] Le même jour il fit au ministre de la guerre un rapport sur son armée et sur les forces et positions de l'ennemi. (Orig., Arch. de la guerre, armée des Pyrénées orientales.) — Puget-Barbantane envoyait au Comité la proclamation qu'il venait d'adresser à son armée en réponse aux propositions publiques de désertion que le général espagnol Antonio Ricardos avait faites, le 15 août 1793, aux soldats français. (Cf. le texte de cette proclamation dans le *Moniteur* du 2 septembre 1793, XVII, 539.)

[2] Cette lettre ne nous est connue que par le passage suivant du registre des délibérations du Conseil général de la commune de Dunkerque, séance du 22 août 1793 : « Est arrivé un courrier extraordinaire porteur de dépêches du Comité de salut public. Lecture faite d'icelles, a été reconnu que c'était un mandat sur le payeur de guerre, qui met à la disposition de la municipalité une somme de 100,000 livres pour continuer les travaux pour l'équipement des troupes et effets de campement; et une lettre du citoyen Carnot, membre dudit Comité, qui annonce l'envoi du mandat et prévient qu'il a parlé au ministre de l'intérieur pour accorder à

la ville le remboursement de 207,000 livres qu'elle a avancées à l'hôpital. A été arrêté d'écrire au citoyen Carnot pour lui marquer la reconnaissance de la commune et lui faire part du moment critique dans lequel se trouve la ville. » (Arch. mun. de Dunkerque. — Cf. Foucart et Finot, *La défense nationale dans le nord de la France*, t. II, p. 59.)

Voici le texte de l'arrêté du Comité de salut public, en date du 20 août 1793 et écrit de la main de Carnot (Arch. nat., AF II 244) : « Les représentants du peuple composant le Comité de salut public arrêtent que le payeur de la guerre à Dunkerque tiendra une somme de 100,000 livres à la disposition des officiers municipaux de cette ville pour acquitter les frais d'achat et de confection des effets militaires d'habillement, d'équipement et de campement qui sont ou qui doivent être exécutés par eux, en vertu de réquisition des représentants du peuple près l'armée du Nord, à la charge par lesdits officiers municipaux de justifier de l'emploi de cette somme. Laz. CARNOT. » (Cf. Aulard, VI, 40.)

[3] Carnot assiste à la séance du Comité de salut public de ce jour (Cf. Aulard, VI, 38). M. Aulard publie sept arrêtés au-

PARIS, 20 AOÛT 1793. — LE MINISTRE DE LA GUERRE BOUCHOTTE
AU COMITÉ DE SALUT PUBLIC.

Analyse. — Envoi de la copie d'une lettre du général Brunet [1], où celui-ci déclare que l'armée d'Italie ne peut envoyer 4,000 hommes en Corse, faute de bâtiments de transport, et sans exposer les départements méridionaux aux plus grands dangers, au moment où cent voiles ennemies croisent sur nos côtes.

(Analyse, Arch. de la guerre, reg. du Comité de salut public, C.)

SARREBRUCK, 20 AOÛT 1793. — LE GÉNÉRAL BALTHAZAR SCHAUENBURG [2]
AU COMITÉ DE SALUT PUBLIC.

Analyse. — Le général Balthazar Schauenburg, commandant provisoire de l'armée de la Moselle [3], rend compte des affaires qu'a eues son avant-garde à Limbach le 13 août et à Saint-Imbert le 17. Ce dernier combat dura de quatre heures et demie du matin à dix heures, et l'ennemi a été repoussé grâce aux bonnes dispositions prises par les chefs de brigade Radot [4] et Guil-

tographes de Carnot sur les subsistances de Landrecies, un courrier extraordinaire du Comité, une somme à envoyer à Dunkerque, une somme à payer aux officiers municipaux de Lillers, l'achat de chevaux d'artillerie, les approvisionnements d'Avesnes et de Landrecies et l'envoi à l'armée du Nord du général Brune et de l'adjudant général chef de brigade Calandini.

[1] Gaspard-Jean-Baptiste Brunet, né à Valensoles (Basses-Alpes) le 14 juin 1734, entré au service dans l'artillerie en 1755, lieutenant dans les gardes lorraines le 9 novembre 1755, capitaine au régiment de Lorraine-Infanterie le 31 mars 1759, aide-major le 13 mai 1759, chevalier de Saint-Louis en 1773, capitaine de grenadiers en 1776, major du régiment provincial d'Auxonne le 28 mars 1778, lieutenant-colonel le 8 avril 1779, maréchal de camp le 1er mars 1791 et retraité, administrateur du département des Basses-Alpes et commandant général de la garde nationale de ce département, rappelé à l'acti-

vité sur la demande du général Montesquiou le 18 septembre 1792, commandant provisoire de l'armée du Var le 25 décembre 1792, lieutenant général le 8 mars 1793, général en chef de l'armée d'Italie le 25 avril 1793, confirmé dans ces fonctions par la Convention le 26 mai suivant, destitué le 10 septembre 1793, transféré à la Conciergerie le 18 brumaire an II (8 novembre 1793), condamné à mort et exécuté à Paris le 24 du même mois (14 novembre 1793). — Cf. le dossier de son procès aux Archives nationales, W 295, n° 245.

[2] Cf. t. II, p. 475.

[3] Depuis le 3 août 1793.

[4] Pierre-Nicolas Radot, né à Pont-à-Mousson (Meurthe) le 29 juin 1744, cavalier au régiment de Rhingrave le 30 septembre 1760, brigadier à Royal-Cavalerie le 23 avril 1763, maréchal des logis le 1er septembre 1767, fourrier le 1er septembre 1769, quartier-maître le 1er juin 1772, quartier-maître trésorier avec le grade de lieutenant le 11 juin 1776, lieu-

laume [1]. L'armée de la Moselle compte 30,000 hommes et occupe un espace de 18 lieues depuis Bitche jusqu'à Frémerdorff [2].

(Orig., Arch. de la guerre, armée de la Moselle.)

PERPIGNAN, 20 AOÛT 1793.

LE GÉNÉRAL DE BRIGADE GIACOMONI [3], CHEF D'ÉTAT-MAJOR DE L'ARMÉE

DES PYRÉNÉES–ORIENTALES, AU COMITÉ DE SALUT PUBLIC.

Analyse. — Envoi des états demandés. Les souliers manquent absolument, car il n'y en a pas une paire en magasin. Les chevaux de l'armée n'ont pas eu d'avoine depuis quinze jours.

(Orig., Arch. de la guerre, armée des Pyrénées orientales.)

---

tenant en pied le 1er janvier 1791, chevalier de Saint-Louis le 10 avril 1791, capitaine le 25 janvier 1792, aide de camp du général Valence le 1er mai 1792, lieutenant-colonel de la légion Kellermann le 1er juillet 1792, chef de brigade du 14e dragons le 14 octobre 1792, retraité le 13 mars 1796, sous-inspecteur aux revues le 27 février 1800, démissionnaire et remis en jouissance de sa pension le 27 octobre 1800, mort à Metz (?) le 26 janvier 1825. Il avait fait, sous l'ancien régime, les campagnes de Hanovre en 1761 et 1762 et de Brabant en 1763. Il avait eu devant Charleroi, le 16 juin 1794, le bras gauche cassé et une côte enfoncée par un boulet de canon.

[1] Paul Guillaume, né à Courcelles-Chaussy (Moselle) le 4 mai 1744, fils d'un pàysan, entré dans les mineurs en juin 1760 et au régiment d'artillerie de Toul en 1764, professeur et examinateur des élèves de l'artillerie et du génie en Prusse en 1772, rentré en France en 1782, où il devint professeur pour la partie militaire au corps de la gendarmerie française, retiré à Vaudoncourt, procureur de la Commune et commandant de la garde nationale du district après la Révolution, commandant la 1re compagnie franche de la Moselle le 31 mai 1792, chef de brigade provisoire le 16 juillet 1793, nommé général de brigade provisoire par les représentants à l'armée de la Moselle le 5 septembre 1793, mis en arrestation le 6 octobre suivant, employé à l'armée des Pyrénées orientales le 8 août 1794, confirmé dans son grade et employé à l'armée d'Italie le 13 juin 1795, mort à Brescia (Italie) le 23 ventôse an VII (13 mars 1799). Il eut pour fils le général et écrivain militaire baron Frédéric-François-Guillaume de Vaudoncourt, né en 1772 et mort en 1845.

[2] Cf. un état, signé par le chef d'état-major Hédouville le 26 août 1793, des troupes fournies par l'armée de la Moselle à celles du Rhin et du Nord. (Orig., Arch. de la guerre, armée de la Moselle.) Hédouville transmit le même jour cet état au Comité de salut public.

[3] Gaspard-Vincent-Félix Giacomoni, né à Savone (Piémont) le 17 décembre 1750, volontaire au régiment d'Anhalt-Infanterie le 1er mars 1768, sous-lieutenant dans Royal-Corse le 22 février 1770, lieutenant le 23 juillet 1770, capitaine au 2e de grenadiers le 8 avril 1779, en mission à Naples pour l'organisation de l'ar-

20 AOÛT 1793.

LE GÉNÉRAL DE BRIGADE LEBLANC-DELISLE ET LE CHEF DE BATAILLON ROCHETTE

AU COMITÉ DE SALUT PUBLIC.

Analyses. — 1° Le général Leblanc-Delisle [1] propose de remplacer par des troupes de nouvelle levée les garnisons qui ne sont pas en première ligne, et de créer des corps de chasseurs à pied avec les dépôts de cavalerie inactifs faute de chevaux. (Analyse, Arch. de la guerre, corr. gén.) — 2° Le chef de bataillon Rochette [2], commandant temporaire à Avesnes, écrit de cette ville pour rendre compte du combat du 17 août, dans lequel l'ennemi s'est emparé de la forêt de Mormal et a forcé le général Ihler à se replier sur Maubeuge. Le Quesnoy est en-

mée le 20 juillet 1787, passé aux chasseurs corses le 14 mai 1788, chevalier de Saint-Louis le 7 février 1791, lieutenant-colonel du 1er bataillon d'infanterie légère le 23 novembre 1791, adjudant général lieutenant-colonel le 13 mai 1792, colonel du 27e d'infanterie le 22 juillet 1792, aide de camp du général Montesquiou le 29 du même mois, adjudant général colonel le 15 septembre 1792, général de brigade provisoire à l'armée des Pyrénées orientales le 7 juin 1793, chef d'état-major de ladite armée le 9 août 1793, général de division provisoire le 12 septembre 1793, suspendu le 24 décembre 1793, remis en activité comme adjudant général à l'armée d'Italie le 13 juin 1795 jusqu'au 4 avril 1796, autorisé à prendre sa retraite le 26 septembre 1796, pensionné comme colonel le 19 juillet 1803, lieutenant général honoraire le 27 mars 1816, retraité le 7 mai 1816, prévôt de la cour prévôtale du département du Var le 27 mai 1816, baron le 12 février 1817, mort à Aix (Bouches-du-Rhône) le 30 juillet 1818.

[1] Paul-Alexandre Leblanc-Delisle, né à Saint-Montant (Ardèche) le 27 juin 1734, entré au service dans les volontaires de Saluces le 6 avril 1750, volontaire dans Royal-Cavalerie le 1er septembre 1759 et dans le régiment Bourbon le 1er mai 1764, brigadier le 1er septembre 1764, maréchal des logis le 15 octobre 1765, rang de sous-lieutenant le 17 juin 1770, porte-étendard le 29 décembre 1772, lieutenant en se-

cond le 1er septembre 1786, lieutenant surnuméraire le 1er mai 1788, capitaine le 15 septembre 1791, lieutenant-colonel le 8 juillet 1792, colonel du 3e dragons le 26 octobre 1792, général de brigade le 8 mars 1793, réformé le 1er juin 1793, remis en activité comme surveillant temporaire des troupes à cheval des armées des Alpes et d'Italie le 21 prairial an II (9 juin 1794), a cessé ses fonctions le 20 frimaire an IV (11 décembre 1795), retraité le 31 mars 1808, mort à Melun (Seine-et-Marne) le 1er décembre 1811. Il signait ordinairement *Delisle*. Il avait fait les campagnes d'Allemagne de 1757 à 1762 et avait été blessé de deux coups de sabre à la bataille de Rosbach, le 5 novembre 1757, et d'une balle au bras à Saint-Juvin, la veille de la retraite de Grandpré, le 14 septembre 1792.

[2] Laurent-Melchior Rocher, dit *Rochette*, né à Romans (Drôme) le 26 août 1740, soldat au régiment Royal-Infanterie le 8 octobre 1756, admis aux Invalides le 22 novembre 1779, capitaine dans la garde nationale de Givet en février 1793, chef de bataillon et commandant temporaire à Avesnes, puis à Philippeville le 25 ventôse an II (15 mars 1794), suspendu le 30 germinal an II (19 avril 1794), autorisé à prendre sa retraite le 4 floréal an III (23 avril 1795), mort à Givet le 3 frimaire an IV (24 novembre 1795). Il avait fait les campagnes de Hanovre de 1757 à 1759.

tièrement bloqué et Landrecies n'a qu'une porte de libre. Avesnes peut être bloqué en trois heures et n'a ni l'artillerie, ni les munitions, ni les subsistances nécessaires pour se défendre. (Orig. aut., Arch. de la guerre, armée du Nord.)

PARIS, 21 AOÛT 1793 [1].

LE MINISTRE DE LA GUERRE BOUCHOTTE AU COMITÉ DE SALUT PUBLIC.

Analyse. — Envoi des dépêches qu'il vient de recevoir du général Houchard, et dans lesquelles celui-ci annonce que l'ennemi s'est porté sur Maubeuge, la forêt de Mormal, Landrecies et la Flandre maritime.

Minute autographe, Arch. de la guerre, armée du Nord.)

SARREBRUCK, 21 AOÛT 1793.

LE GÉNÉRAL BALTHAZAR SCHAUENBURG AU COMITÉ DE SALUT PUBLIC.

Analyse. — Il envoie le rapport de l'attaque tentée sans succès le 20 août par le chef de brigade La Goublaye [2] pour reprendre le Ketterich [3].

(Orig., Arch. de la guerre, armée de la Moselle.)

---

[1] Il n'y eut pas de séance au Comité de salut public ce jour-là. (Cf. Aulard, VI, 47.)

[2] François-Louis de la Goublaye, né à Lamballe (Côtes-du-Nord) le 17 octobre 1753, sous-lieutenant dans Royal-Vaisseaux le 10 juillet 1771, lieutenant en second le 28 avril 1778, capitaine de remplacement le 17 septembre 1784, capitaine en second le 3 septembre 1787, lieutenant-colonel au 1er dragons le 13 septembre 1792, colonel du 4e régiment de cavalerie le 4 novembre 1792, retiré le 21 pluviôse an II (9 février 1794).

[3] Cf. aux Arch. de la guerre le rapport de ce chef de brigade, en date du 20 août 1793 et A. Chuquet, *Wissembourg*, p. 100. Le Ketterich, près de Pirmasens, avait été pris par le duc de Brunswick le 17 août sur la brigade Reubell, qui perdit tous ses équipages et un canon et rentra à Bitche dans le plus grand désordre. Le général en chef Schauenburg ordonna alors au général Pully de reprendre cette position. Le 20 août le chef de brigade La Goublaye surprit les Prussiens qui, au nombre de quatre-vingts, gardaient le Ketterich et les en chassa; mais le duc de Brunswick fit de nouveau attaquer le village, et La Goublaye, ayant vu démonter deux de ses pièces et craignant d'être cerné, dut à son tour battre en retraite devant des forces supérieures et abandonner deux canons aux hussards ennemis lancés à sa poursuite. — Le 24 août, le général Balthazar Schauenburg fit une proclamation pour engager les habitants compris dans l'arrondissement de son armée à se lever en masse pour renverser l'ennemi. (Impr. en français et en allemand, Arch. de la guerre, armée de la Moselle.)

21 AOÛT 1793.

LES GÉNÉRAUX BÉCOURT, FERRIER ET VERGNES AU COMITÉ DE SALUT PUBLIC.

Analyses. — 1° Le général Bécourt [1], commandant à Péronne, signale la présence d'émigrés dans plusieurs maisons et déclare faux le bruit de l'investissement de Cambrai. (Analyse, Arch. de la guerre, corr. gén.) — 2° Le général Ferrier [2] mande qu'ayant donné avis au ministre de la guerre de son incapacité de commander en chef l'armée de la Moselle [3], les représentants l'ont envoyé à l'armée du Rhin, où il est dans l'inaction [4]. (Analyse, Arch. de la guerre, reg. du Comité de salut public, C., p. 424.) — 3° Le général Vergnes écrit de Nantes pour adresser la situation de l'artillerie de l'armée des Côtes de Brest et l'état de ses besoins. (Orig., Arch. de la guerre, armée des Côtes de Brest.)

GAVRELLE, 22 AOÛT 1793 [5].

LE GÉNÉRAL HOUCHARD AU COMITÉ DE SALUT PUBLIC.

A Gavrelle, le 22 août 1793, l'an 1ᵉʳ de la République.

LE GÉNÉRAL HOUCHARD AUX CITOYENS REPRÉSENTANTS DU PEUPLE COMPOSANT LE COMITÉ DE SALUT PUBLIC.

Je suis très sensible, citoyens représentants, aux reproches que vous me faites de ne pas correspondre avec vous et de ne pas vous donner régulièrement des nouvelles de ce qui arrive à l'armée dont le commandement m'est confié. J'ai fait les rapports les plus détaillés au ministre de la guerre, le priant de vous communiquer mes dépêches; mes occupations dans un pays que je connais à peine ne me donnant pas le temps d'avoir des correspondances trop étendues. J'étais tranquille parce que je savais que le ministre, qui a toute votre confiance, vous communique toutes les nouvelles qu'il reçoit de toutes les armées.

---

[1] Cf. t. II, p. 37.

[2] Cf. t. I, p. 85.

[3] Ferrier avait été nommé général en chef de l'armée de la Moselle le 1ᵉʳ août 1793 en remplacement de Houchard, appelé au commandement de l'armée du Nord et des Ardennes. (Cf. Aulard, V, 443.)

[4] Le 28 août, Bouchotte écrivit aux représentants Borie, Milhaud et Ruamps, à l'armée du Rhin : «Je vous préviens que le général Ferrier, ayant donné sa démission de commandant de l'armée de la Moselle, a obtenu, d'après la demande qu'il m'a faite, de retourner à l'armée du Rhin pour y reprendre son poste de général divisionnaire.»

[5] Carnot est présent au Comité de salut public (cf. Aulard, VI, 60). Il rédige et écrit trois arrêtés : 1° pour mettre 300,000 livres à la disposition de la ville de Cambrai; 2° pour excepter de la réquisition les ouvriers des manufactures d'armes; 3° pour employer le citoyen Bouin comme courrier extraordinaire.

Vous savez que l'ennemi a divisé ses forces en deux grandes armées, l'une qui est dans la Flandre maritime, et l'autre qui opère en avant du Quesnoy et dans la forêt de Mormal. Je joins ici les mêmes détails que je viens de donner au ministre.

Je viens d'apprendre que les ennemis se portent toujours en force du côté de Dunkerque; les avant-postes de Bergues ont été attaqués vivement et tous repliés. Le général Barthel n'a pas eu le temps de me donner des détails, mais je sais que l'ennemi s'est porté jusque sur la chaussée de Bergues à Lille. Le général Jourdan [1]

[1] Jean-Baptiste Jourdan, né à Limoges (Haute-Vienne) le 29 avril 1762, fils d'un chirurgien, soldat au dépôt des colonies à l'île de Ré le 2 avril 1778, incorporé dans le régiment d'Infanterie-Auxerrois le 10 décembre 1778, fit la campagne d'Amérique, assista au siège de Savannah (septembre 1779) et rentra en France pour cause de maladie le 1er janvier 1782. Réintégré dans son régiment le 12 novembre 1783, il fut réformé le 26 juillet 1784 et alla s'établir mercier à Limoges, où il se maria le 22 janvier 1788. Dès la formation de la garde nationale en juillet 1789, il devint capitaine de chasseurs, puis fut élu, le 9 octobre 1791, chef du 2e bataillon des volontaires de la Haute-Vienne. Il était membre de la Société des Amis de la constitution de Limoges. Il servit sous Dumouriez, Dampierre et Custine à l'armée du Nord, et fut promu général de brigade le 27 mai 1793, et de division le 30 juillet suivant. Il commanda successivement en chef les armées des Ardennes (11 septembre 1793), du Nord (22 septembre 1793), de la Moselle (20 ventôse an II-10 mars 1794) et de Sambre-et-Meuse (25 prairial an III-13 juin 1795). Remplacé par Beurnonville le 9 septembre 1796 et nommé provisoirement au commandement de l'armée du Nord, il fut élu député de la Haute-Vienne au conseil des Cinq-Cents le 23 germinal an V (12 avril 1797), présida deux fois cette assemblée (19 septembre 1797 et 23 septembre 1798), fut remplacé à l'armée du Nord par Hatry le 15 juillet 1798 et donna sa démission le 22 vendémiaire an VII (13 octobre 1798) pour prendre le commandement en chef de l'armée du Danube (14 oc-

tobre). Il quitta l'armée le 14 germinal an VII (3 avril 1799), pour raison de santé, et fut remplacé par Masséna. Réélu député au conseil des Cinq-Cents le 24 germinal (13 avril 1799), inspecteur général de l'infanterie le 8 floréal (27 avril), il fut exclu du conseil le 19 brumaire an VIII (10 novembre 1799). Sous le Consulat, il devint inspecteur général d'infanterie et de cavalerie le 1er pluviôse an VIII (21 janvier 1800), administrateur général du Piémont le 5 thermidor an VIII (24 juillet 1802), grand officier de la Légion d'honneur et chef de la 16e cohorte le 23 messidor an X (12 juillet 1802), membre du conseil d'État le 10 frimaire an XI (1er décembre 1802) et général en chef de l'armée d'Italie le 5 pluviôse an XII (26 janvier 1804). Maréchal de l'Empire le 19 mai 1804, grand cordon de la Légion d'honneur le 2 février 1805, gouverneur de Naples le 17 mars 1806, major général de l'armée d'Espagne en juillet 1808, rentré en France en novembre 1809, gouverneur de Madrid le 8 juillet 1811, chef d'état-major du roi Joseph du 16 mars 1812 au 7 août 1813, commandant supérieur de la 15e division militaire (Rouen) le 30 janvier 1814, chevalier de Saint-Louis le 2 juin 1814, créé comte par Louis XVIII, pair de France le 2 juin 1815, gouverneur de Besançon et commandant supérieur de la 6e division militaire le 4 juin, général en chef de l'armée du Rhin le 26 juin 1815, gouverneur de la 7e division militaire (Grenoble) le 10 janvier 1816, pair de France le 5 mars 1819, chevalier-commandeur des ordres royaux le 30 mai 1825, commissaire provisoire au ministère des affaires étrangères le

me marque [1] qu'il marche avec sa division légère au secours du général Barthel, et j'espère qu'il rétablira les choses et repoussera l'ennemi [2]. J'ai fait partir hier une autre division pour rester au camp de Cassel, de sorte que l'armée aux ordres du général Barthel, depuis Dunkerque jusqu'à Cassel, se trouve complète et portée environ à vingt mille hommes. Mais les places de Calais, Gravelines, Béthune et le poste de Boulogne sont pour ainsi dire sans garnisons, et il est pressant que des gardes nationales s'y portent pour y faire le service, pendant que nos troupes se battront avec l'ennemi.

Le général Jourdan ne reviendra qu'au moment où l'armée de la Moselle arrivera pour composer derrière la Lys l'armée exterminatrice, qui sera directement sous mes ordres. Maubeuge, avec ce qu'il a déjà et les dix mille hommes de l'armée de la Moselle qui lui sont destinés, travaillera l'ennemi sur le flanc droit.

De l'arrivée des troupes de la Moselle dépend donc le moment de l'attaque générale, car il ne reste plus au camp de Biache qu'environ douze mille hommes, avec lesquels je dois couvrir Douai et Arras, qui sont sans garnisons.

J'avais envoyé un adjudant général du côté de Philippeville à la rencontre des troupes de la Moselle, croyant qu'elles venaient le long de la frontière. Je vais envoyer un courrier à cet officier pour qu'il se rende à Soissons et se concerte avec l'adjudant général que vous y avez envoyé pour la distribution des troupes.

Je n'ai encore aucune nouvelle sur les détails de l'affaire de la forêt de Mormal. J'en attends à chaque instant.

On a fait une bien mauvaise disposition en faisant laisser à beaucoup de troupes venant de la Moselle leurs canons dans ce pays. J'en suis si dépourvu que l'autre jour le poste de Linselles n'a pu être repris, faute de canons de bataille dont les troupes manquaient.

J'ai envoyé au ministre l'état du parc, pour lui faire connaître combien il est pauvre et combien il est éloigné de convenir à une armée de 60,000 hommes comme celle qui doit agir. Il nous manque des chevaux, et si vous avez, citoyens représentants, des ressources pour m'en faire passer, je vous prie de le faire promptement, car il est temps de frapper sur ces ennemis orgueilleux et de faire mordre la poussière à tout partisan du despotisme qui ne voudra pas quitter la terre de la liberté.

J'ai fait la demande au ministre de vingt pièces de 4 de bataille.

Vous savez, citoyens représentants, que le scellé a été mis sur les papiers des citoyens Vernon et Lemonnier. Comme ces papiers ne renfermaient que des mé-

---

2 août 1830, gouverneur de l'Hôtel des Invalides le 11 août 1830, Jourdan mourut à Paris le 23 novembre 1833.

[1] Le 19 août, Jourdan avait rendu compte à Houchard de l'attaque des villages de Blaton et de Linselles par les Anglais et les Hollandais. (Orig., Arch. de la guerre, armée du Nord.)

[2] Le 23 août, le général Barthel écrivit de Cassel à Houchard qu'il avait attaqué l'ennemi le 22, aux environs de Wormhoudt, afin de rétablir ses communications avec Bergues, mais que malgré ses efforts il n'avait pu le débusquer de ses positions. En conséquence, le 26 août, Houchard ordonna à Jourdan de se rendre sur-le-champ au camp de Cassel pour remplacer Barthel, nommé au commandement de Saint-Quentin. (Arch. de la guerre, armée du Nord.)

moires et plans militaires qui me sont nécessaires et qui allaient m'être remis par le citoyen Gay-Vernon, je vous prie de me les renvoyer de suite; ils me sont indispensables. Quant à ceux qui regardent le citoyen Lemonnier, ils sont le fruit de son travail et lui sont si nécessaires que ce serait le priver du bien le plus précieux que de ne pas les lui renvoyer le plus promptement possible. Cet officier n'a jamais eu aucune relation avec Custine; on ne l'a vu que très rarement chez lui, et publiquement; c'est le citoyen Gay-Vernon qui avait engagé les représentants du peuple à le nommer chef de brigade adjudant général, pour remplir les fonctions concernant la partie militaire, vu qu'il n'y avait aucun officier à l'état-major pour remplir ces fonctions importantes. Cet officier a repris ses fonctions de capitaine du génie. On peut dire avec vérité que personne n'a un patriotisme plus pur, ni une sagesse plus grande que le citoyen Lemonnier. Quant à ses talents militaires, peu d'officiers en réunissent autant que lui, mais ils sont couverts d'une modestie rare.

Le général en chef des armées du Nord et des Ardennes,

HOUCHARD.

(Orig., Arch. de la guerre, armée du Nord.)

PARIS, 22 AOÛT 1793.

LE GÉNÉRAL DES BRUSLYS AU COMITÉ DE SALUT PUBLIC.

Analyse. — Il demande à sortir de la prison de l'Abbaye, puisqu'on a conclu qu'il n'y avait pas lieu à accusation contre lui pour l'affaire du général Custine.

(Analyse, Arch. de la guerre, reg. du Comité de salut public, C, p. 400.)

---

23 AOÛT 1793 [1].

LES GÉNÉRAUX BERTHELMY, DEVRIGNY ET GOBERT

AU COMITÉ DE SALUT PUBLIC.

Analyses. — 1° Le général Berthelmy écrit de Gavrelle pour mander qu'il a fait remplacer le général O'Meara dans ses fonctions, en attendant que de plus amples renseignements montrent le degré de confiance qu'on peut avoir en lui [2]. (Orig.

---

[1] Carnot est présent au Comité (cf. Aulard, VI, 68) et rédige de sa main l'arrêté portant que l'armée revenant de Mayence se rendra à Nantes, et de là près des côtes de Brest. — Le même jour, Carnot rédige le fameux décret de la Convention mettant les Français en réquisition permanente. (Cf. Aulard, VI, 72.) La minute de ce décret est écrite en grande partie par Carnot, et amendée et complétée de la main de Barère. (Orig., Arch. nat., C 264.)

[2] Le même jour, 23 août 1793, le duc d'York somma la ville de Dunkerque de se

aut., Arch. de la guerre, armée du Nord.) — 2° Le général Devrigny écrit de Paris pour solliciter le Comité de l'employer dans les armées. (Analyse, Arch. de la guerre, reg. du Comité de salut public, C, p. 425.) — 3° Le général Gobert [1] envoie de Paris un exposé de sa conduite [2] et demande un passe-port pour se rendre chez son père à Corbeil. (Analyse, *ibid.*, p. 409.)

CAMBRAI, 23 AOÛT 1793.

DESCHAMPS, BÉCARD ET QUINCY, COMMISSAIRES DANS LE NORD [3],

AU COMITÉ DE SALUT PUBLIC.

Analyse. — Partis de Paris le 18 août à 6 heures du soir, ils sont arrivés le lendemain à Péronne, où ils ont constaté le mauvais état des fortifications. «Le commandant Bécourt est patriote, mais nous le croyons trop faible en cas de siège, vu la contradiction où il est avec les habitants de la ville, dont il ne possède pas la confiance.» — Ils ont quitté Péronne le 20 et sont arrivés à Cambrai. L'esprit public n'est pas excellent dans cette ville, bien qu'il s'y trouve de bons républicains. Le 21, ils ont visité les fortifications avec le commandant temporaire Soyez et le général Declaye [4]. Ils ont fait une enquête sur la situation des ennemis. Les

rendre, mais le général O'Meara répondit : «Investi de la confiance de la République française, j'ai reçu votre sommation de rendre une ville importante. J'y répondrai en vous assurant que je saurai la défendre avec les braves républicains que j'ai l'honneur de commander.» (Cf. Arch. nat., C 265, et Foucart et Finot, 67 et 69.) Malgré cette énergique attitude, O'Meara, dénoncé au Comité de salut public, fut destitué le 7 septembre 1793.

[1] Cf. t. II, p. 93, et Étienne Charavay, *Le général Alexis Le Veneur.*

[2] Général de brigade depuis le 7 mai 1793, destitué le 30 juillet suivant.

[3] Le 15 août 1793, le Comité de salut public avait envoyé à l'armée du Nord les citoyens François Deschamps et Bécard «pour s'y procurer des renseignements sur l'état des places, sur l'état de l'armée et sur celui de l'ennemi.» L'arrêté spécifiait que les deux commissaires devaient se rendre tour à tour, tous les huit jours, auprès du Comité pour rendre compte de leur mission. (Cf. Aulard, V, 555.) Le 17 août le Comité alloua à ces deux citoyens une somme de 3,000 livres pour

leurs frais. (Cf. Aulard, VI, 13.) — Quant à Joseph Quincy, qui signe aussi cette lettre, il ne fut reconnu officiellement pour commissaire par le Comité de salut public que le 12 septembre. (*Id.*, VI, 460.)

[4] Nicolas Declaye, né à Liège (Belgique) le 8 juin 1758, volontaire au régiment de Berwick le 12 juillet 1774, adjudant écrivain de place à l'état-major de Saint-Martin-de-Ré en septembre 1787, adjudant instructeur aux gardes liégeoises le 12 octobre 1789, aide-major le 12 novembre 1789, major le 4 mai 1792, lieutenant-colonel de la légion belge le 12 août 1792, aide de camp du général Rosières le 7 avril 1793, commandant temporaire de Cambrai en mai 1793, général de brigade le 30 juillet 1793 et maintenu dans ses fonctions. (Cf. Foucart et Finot, I, 628.) Arrêté à Cambrai le 15 septembre 1793, remplacé le 18 par le général Chapuy, et conduit à Paris, Declaye se justifia auprès du Comité et devint commandant temporaire de Lyon le 9 brumaire an II (30 octobre 1793), général de division le 13 ventôse (3 mars 1794), et commandant d'armes au Mont-Cenis en prairial (juin

Autrichiens se sont montrés cruels et ont dévasté beaucoup de villages. Les Anglais sont moins féroces et essayent de gagner les Français à leur politique, qui est de faire couronner le duc d'York roi de France; mais les paysans ne sont pas dupes de la politique anglaise. «Le général Declaye, qui commande la place de Cambrai, paraît bon républicain. Sa réponse à la sommation qui lui fut faite par l'ennemi de rendre la ville est une preuve de son civisme, et d'ailleurs il veille avec la plus grande activité à sa défense. Il fait faire différents travaux sur les fortifications, qui annoncent son génie et l'envie de servir la République.» La garnison est dans les bons principes, mais pas assez considérable. Le général fait évacuer tous les gens suspects et les bouches inutiles. «Tous les moyens de sûreté et de défense générale sont pris avec enthousiasme. Les chefs et les soldats sont prêts à périr à leurs postes.» — Ils proposent de faire un camp entre Cambrai et Péronne. Le 21 ils ont quitté Cambrai à trois heures de l'après-midi et sont arrivés à Saint-Quentin à sept heures et demie du soir. Ils ont assisté à une séance du club. Le 22 ils ont visité les fortifications et ont constaté que cette ville ne pourrait supporter un siège, vu la faiblesse de ses remparts et de sa garnison et le manque d'artillerie. En effet, Saint-Quentin n'a que 1,500 hommes de troupes. — Le 22 au soir ils repartirent pour Cambrai, et à deux lieues de cette ville ils virent les avant-postes de l'ennemi. Deschamps, l'un d'eux, se rend à Paris et remettra lui-même cette lettre au Comité. — Ils viennent d'apprendre la prise de Cateau-Cambrésis. Le Quesnoy est bloqué et tous les grains des environs sont enlevés par l'ennemi, qui renferme les paysans dans les églises tandis qu'il emmène son butin. «Les ennemis sont lâches et, pour peu qu'on ait des forces en cavalerie, nous les repousserions aisément. Hâtez, citoyens, le départ de la levée, et la République ne tardera pas à triompher de tous ses ennemis.»

(Orig., Arch. de la guerre, armée du Nord.)

1794). Il fut arrêté de nouveau trois mois plus tard, et prévint aussitôt Fouché par une lettre écrite de Charenton le 26 fructidor an II (12 septembre 1794). Fouché s'entremit auprès du Comité, et Carnot, le même jour, signa l'ordre de mise en liberté du général. (Arch. nat., AF II, 307.) La 4ᵉ sans-culottide an II (20 septembre 1794) le Comité l'autorisa à se retirer où bon lui semblerait, mais à vingt lieues au moins de Paris et des frontières. (Arch. nat., AF II, 308.) Declaye commanda la garde nationale de Nevers en brumaire an IV (octobre 1795), redevint commandant de place le 12 thermidor an IV (30 juillet 1796) et fut réformé le 12 brumaire an V (2 novembre 1796). Il rentra au service comme chef de bataillon à la 82ᵉ demi-brigade de ligne, le 6 thermidor an VII (24 juillet 1799), commanda la place de Vannes le 6 brumaire an VIII (28 octobre 1799) et le 1ᵉʳ bataillon franc le 16 ventôse suivant (7 mars 1800). Il s'adonna à la littérature, et Quérard mentionne de lui le *Citateur anti-britannique*, publié à Hambourg en l'an XII (1804). Dans une lettre écrite à Berthier de Paris, le 1ᵉʳ complémentaire an XIII (18 septembre 1805), Declaye se déclare l'auteur de l'opéra *le Triomphe de Mars* et d'un hymne guerrier dédié à l'armée de Boulogne. (Orig., Arch. adm. de la guerre, dossier Declaye.) — M. H. Wallon a consacré à ce général, dans la *Revue Bleue* du 8 août 1891, un article intitulé : *Le général Declaye, commandant de place à Cambrai et à Lyon en 1793.*

DUNKERQUE, 23 AOÛT 1793 [1].

BOURG [2], COMMANDANT TEMPORAIRE, AU COMITÉ DE SALUT PUBLIC.

A Dunkerque, ce 23 août 1793, l'an ii de la République.

LE CITOYEN BOURG, COMMANDANT TEMPORAIRE,
AUX CITOYENS REPRÉSENTANTS DU PEUPLE COMPOSANT LE COMITÉ DU SALUT PUBLIC.

Au reçu de votre lettre, j'étais au conseil de guerre [3]. Je vous préviens que le 21, au matin, tous nos postes dans les environs de Bergues, à deux lieues d'ici, ont été vivement attaqués et repoussés, et que sur les huit à neuf heures le camp de Ghyvelde, à deux lieues de Dunkerque, près de Furnes, a été aussi attaqué; mais nous n'avons pas perdu un pouce de terrain [4]. La nuit du 21 au 22, les ennemis ont fait des approches jusqu'auprès de Bergues, nous ont coupé la communication de Cassel à Bergues et ont investi et sommé ladite ville de se rendre; mais le citoyen Carrion [5], général de brigade, qui commande la place, leur a répondu

[1] Cette lettre, lue dans la séance de la Convention du 25 août 1793, a été insérée au *Moniteur* du 27 août, sous le nom erroné de *Burke*, avec la date fautive du 22 août et plusieurs erreurs assez graves. Le *Journal des Débats* (n° 341, p. 339) ne donne qu'une courte analyse de cette lettre, mais avec le nom véritable de son auteur.

[2] Barthélemy Bourg, né le 1er février 1739, soldat dans Colonel-Général le 10 novembre 1758, caporal le 25 septembre 1766, sergent le 23 août 1770, sergent-major le 16 juin 1776, porte-drapeau le 24 octobre 1784, sous-lieutenant le 1er avril 1791, adjudant-major le 15 septembre 1791, lieutenant-colonel du 3e d'infanterie le 14 janvier 1793 et du 16e le 8 mars suivant, commandant temporaire de Dunkerque, où il fut remplacé par Hudry, et de la place de Bailleul par arrêté du représentant Florent Guiot, le 25 pluviôse an ii (13 février 1794).

[3] On lit dans le procès-verbal du conseil général de la commune de Dunkerque, à la date du 22 août : «A dix heures se sont présentés le commandant temporaire, commandant d'artillerie, ingénieur en chef et autres officiers militaires. Le commandant temporaire a communiqué une réquisition du commandant de Bergues de lâcher les eaux de mer pour former une

inondation; a été observé que le Conseil n'avait rien à y opposer, que c'était au commandant à prendre ses mesures.» — Vers les quatre heures et demie arrivèrent les dépêches du Comité de salut public mettant à la disposition de la municipalité une somme de 100,000 livres pour l'équipement et le campement des troupes. (Cf. Foucart et Finot, II, 55 et 59.)

[4] Le camp de Ghyvelde était commandé par le général Souham. Le corps anglo-hanovrien du maréchal Freytag occupa, le 21 août, Oost-Cappel et Hondschoote, et poussa des reconnaissances sur Houtkerque, Herzeele, Bambecque et Rexpoëde, occupés par des détachements français, qui se replièrent sur Bergues et sur Cassel. Le 22, le duc d'York entama une canonnade avec le général Souham.

[5] Martin-Jean-François de Carrion, né à Gand (Belgique) le 9 mars 1762, d'une famille d'origine espagnole, dragon dans le régiment Mestre-de-camp-général le 14 mars 1779, congédié le 8 mai 1784, entré au régiment de Champagne le 18 janvier 1785, caporal le 2 avril et sergent le 19 août de la même année, congédié comme gentilhomme le 28 septembre 1788, procureur de la commune de Carvin-Épinoy et commandant de la garde nationale, élu capitaine au 1er bataillon du Pas-de-Calais le 26 septembre 1791, lieu-

qu'il était républicain ainsi que toute sa garnison, et qu'il préférait mourir plutôt que de se rendre [1].

Je ne sais encore quelle est la force de l'ennemi; je crois qu'il nous coupe à deux lieues d'ici la communication de Bourgbourg, qui aboutit à Saint-Omer. Le conseil de guerre a arrêté que la ville est en état de siège, qu'elle n'est qu'un camp retranché. La garnison n'est composée que de 14 à 1,500 hommes; le camp de Ghyvelde, à peu près de 4,000 hommes. Voilà ce que nous avons à opposer à l'ennemi. A onze heures du matin, heure de la marée montante, l'on a levé les écluses pour inonder les environs de Bergues et l'on continue ce soir jusqu'à grande inondation. La nuit du 22 au 23, le camp de Ghyvelde s'est replié sur la ville, craignant d'être coupé par l'ennemi et pour mieux garder la communication de Dunkerque à Bergues.

Nous avons reçu, la nuit, une lettre du général Houchard, qui nous prévient qu'il envoie un renfort à Cassel. Nous espérons que l'on fera lever le siège de Bergues. La garde citoyenne de Dunkerque est composée de neuf bataillons; chaque bataillon est à peu près de 2 à 300 hommes bien disposés à défendre la ville.

Je suis avec fraternité votre concitoyen.

Le commandant temporaire,
BOURG [2].

(Orig., Arch. nat., C 270, classé au 16 septembre 1793.)

---

tenant-colonel en second le 4 février 1792 et en premier le 16 septembre suivant, passé au 3ᵉ bataillon des grenadiers de la réserve le 8 novembre 1792, rentré au 1ᵉʳ bataillon du Pas-de-Calais le 1ᵉʳ avril 1793, général de brigade à l'armée des Côtes de Cherbourg le 15 mai 1793, employé à l'armée du Nord le 2 août, commandant la place de Bergues, puis le camp sous Dunkerque, démissionnaire le 28 octobre 1793, emprisonné à Béthune et mis en liberté après le 9 thermidor, commissaire du Directoire près l'administration municipale du canton de Carvin en l'an VII, maire d'Oignies en l'an X, adjudant major de la 2ᵉ légion du Pas-de-Calais en 1806, mort à Oignies le 28 septembre 1824. Carrion avait fait les campagnes d'Amérique de 1779 à 1782. Il était parent de Carrion-Nisas. Il signait, en 1809, *Carrion de Loscondes.* (Cf. *Résumé expositif de la conduite révolutionnaire de Martin-Jean-François Carrion, ex-général de brigade;* Douai, 1794, 39 p. in-4°, aux Archives adm. de la guerre, dossier Carrion.)

[1] Le 22 août 1793, le général Carrion écrivit à Bouchotte que la ville de Bergues venait d'être sommée de se rendre par le comte de Walmoden, mais qu'il avait répondu : «Le général français, qui sert sa patrie à Bergues, est un franc et fier républicain; ses camarades qu'il commande lui ressemblent; ils ont fait le serment de vaincre et de mourir, et ils ont en horreur le parjure. En conséquence, tant en leur nom qu'au sien, il déclare au général ennemi, qui le somme de rendre la ville, que ses co-républicains et lui sont tous disposés à montrer l'exemple du véritable héroïsme.» (Orig., Arch. de la guerre, armée du Nord.) — Voir la lettre du Comité à la date du 7 septembre 1793.

[2] Cet officier cessa bientôt ses fonctions de commandant temporaire par suite de la nomination du général Souham au commandement de la place de Dunkerque. Le 29 août 1793, le conseil général de la commune lui délivra un certificat de bonne conduite. (Cf. Foucart et Finot, II, 81.)

LA PAPE, 24 août 1793 [1].

LE GÉNÉRAL EN CHEF KELLERMANN AU COMITÉ DE SALUT PUBLIC.

Au quartier général de la Pape, le 24 août 1793, l'an II de la République.

LE GÉNÉRAL D'ARMÉE DES ALPES ET D'ITALIE
AUX REPRÉSENTANTS DU PEUPLE COMPOSANT LE COMITÉ DE SALUT PUBLIC.

Citoyens représentants,

Vous m'avez nommé général des armées des Alpes et d'Italie parce que vous aviez confiance en moi sans doute [2]. Cette confiance était fondée sur l'opinion que vous aviez conçue de mon civisme et des qualités militaires qui pouvaient me rendre utile à la République. J'ai lieu de croire que les preuves que j'en ai données depuis le commencement de la Révolution et particulièrement l'année dernière doivent justifier cette opinion.

Cependant on ose élever des nuages sur ma conduite, on cherche à la rendre suspecte; du moment que j'ai cessé de plaire à mes concitoyens, je ne puis plus servir. Je vous prie donc, citoyens représentants, d'accepter ma démission. Je n'en continuerai pas moins d'obéir aux réquisitions de vos collègues et d'exercer mes fonctions jusqu'à ce que vous m'ayez nommé un successeur ou que j'aie forcé Lyon à l'obéissance. J'en ai fait le serment à la République; je le tiendrai. Ma santé d'ailleurs est altérée par les fatigues, les peines et les chagrins que des malveillants veulent me faire éprouver. Au reste, je sacrifierai avec joie ce qui m'en reste à la République, s'il se présentait une occasion de lui être utile.

KELLERMANN.

Kellermann a pensé qu'il était de la vertu, du devoir même d'un général républicain qui, lorsque des perfides ennemis du bien public cherchent à lui ravir la confiance de ses concitoyens par les écrits les plus odieux et qu'ils ont surpris la religion du Comité de salut public au point de l'engager à mander aux représentants de son armée de le surveiller, et même le suspendre lorsqu'ils le jugeraient à propos, de donner sa démission. Il le fait dans la bonne foi d'une âme pure et

---

[1] Carnot est présent au Comité. (Cf. Aulard, VI, 84.) On trouve trois arrêtés écrits par lui : 1° Rassemblement des grains nécessaires à la subsistance de Paris; 2° Permission au général des Brushys de communiquer avec son frère; 3° Ordre aux administrateurs des subsistances militaires de donner des renseignements au Comité.

[2] Kellermann avait été nommé général en chef des armées réunies des Alpes et d'Italie le 20 mai 1793. (Cf. Aulard, IV, 240, 249, 264, 265.)

d'une conduite sans reproche. Au reste, de la manière dont sa démission est motivée, on peut juger de ses regrets de s'y croire forcé [1].

KELLERMANN.

(Orig., coll. de M. Étienne Charavay.)

------

5. PARIS, 25 AOÛT 1793 [2].

LE COMITÉ DE SALUT PUBLIC À DELBREL, LE TOURNEUR ET CHÂLES.

AUX REPRÉSENTANTS DU PEUPLE À ARRAS.

Citoyens collègues,

Nous avons partagé votre douleur et votre indignation en apprenant de vous l'échec reçu par nos troupes près de Bergues, et nous ne pouvons qu'applaudir à la résolution que vous manifestez de faire punir avec la plus extrême rigueur les traîtres et les lâches [3].

[1] Ce post-scriptum est de la main de Kellermann. — Le général fut destitué le 10 septembre 1793 et remplacé par Doppet. (Cf. Aulard, VI, 401.)

[2] Carnot est présent à la séance du Comité de ce jour. (Cf. Aulard, VI, 96.)

[3] Voici le texte de la lettre des représentants du peuple au Comité de salut public. (Orig., Arch. de la guerre, armée du Nord):

«Au quartier général à Gavrelle, 23 août 1793, l'an ii de la République française, une et indivisible.

«*Les représentants du peuple à l'armée du Nord à leurs collègues membres du Comité de salut public.*

«Citoyens nos collègues,

«Nous vous envoyons copie de trois lettres qui vous instruiront du malheureux événement arrivé à Bergues. Nous ne saurions trop vous recommander de nous faire passer avec rapidité les troupes de la Moselle, sans lesquelles nous ne pouvons agir. Le général Houchard vient d'être prévenu par le ministre que les carabiniers n'arriveront à Péronne que le 6 du mois prochain. D'où vient cette lenteur? Vous voyez partout que nos postes se laissent surprendre. Le général nous observe que cette inexactitude vient de la part des officiers qui, au lieu de veiller, sont souvent dans les villes, et que ceux que le ministre a nommés sont souvent deux mois et plus sans se rendre à leur poste. La plupart sont des intrigants qui, lorsqu'ils ont obtenu leurs brevets, s'inquiètent fort peu si la machine ira ou non. Les officiers nommés par ancienneté de grade peuvent être de fort honnêtes gens, mais souvent hors d'état de commander et souvent timides ou ineptes. Il y a longtemps qu'on vous envoie des observations de ce genre. Pesez-les dans votre sagesse. Que la Convention soit sévère envers ses officiers et les commandants lâches, les plus dangereux de tous; qu'elle ordonne que tous officiers qui n'auront pas surveillé les postes soient fusillés à l'instant, surtout lorsqu'ils abandonnent les caissons et les canons, comme ils ont fait lâchement dans cette malheureuse affaire. Enfin nous ne saurions trop vous répéter qu'il faut des mesures sévères et surtout punir ceux qui ont contrarié la marche de

L'armée du Nord étant au moins de 100,000 hommes, indépendamment des garnisons, ou de 140,000 hommes au moins, tout compris, nous ne vous dissimulons pas que nous sommes étonnés que vous ayez un besoin de renfort si pressant pour vous défendre. Il paraît que le vice est plutôt dans la mauvaise disposition de vos forces, trop disséminées, que dans la faiblesse du nombre. Cependant nous [ne] négligeons rien pour hâter les secours que vous désirez; des chevaux d'artillerie en assez grand nombre et cinq à six mille hommes de cavalerie ont dû vous parvenir ou vous parviendront au premier moment. Enfin, le peuple entier se lève. Que faut-il donc de plus? Du courage et la punition des traîtres.

Les 30,000 hommes qui vous ont été envoyés ont dû être tirés tous de l'armée de la Moselle, et celle du Rhin a rempli le vide laissé par cette marche dans celle de la Moselle. Si ces 30,000 hommes étaient partis en masse, le vide eût été trop grand tout d'un coup, et cette masse énorme eût manqué de subsistances en route.

Nous pensons, citoyens collègues, que le plus sûr moyen d'obtenir du succès serait de couper l'armée ennemie en deux, en attaquant avec de grandes forces le cours de la Lys, par Lille; après quoi il serait facile de la prendre à revers, soit du côté de la Flandre maritime, soit du côté du Hainaut. Il faut surtout sauver Bergues et Maubeuge et jeter une grande quantité de subsistances dans ces places.

(Minute aut. de Carnot, Arch. de la guerre, armée du Nord.)

nos troupes, parties de la Moselle d'après l'ordre de Prieur et Jeanbon Saint-André, nos collègues. Si nous sommes attaqués ici avant que nous puissions rallier nos forces, nous vous assurons que nous saurons mourir, mais qu'aussi nous saurons punir sur-le-champ avec la plus grande sévérité tous les lâches, dussions-nous les exterminer nous-mêmes.

«Nous ne saurions trop vous répéter combien nous sont funestes les retards que l'on pourrait avoir mis à l'arrivée des renforts qui nous viennent de la Moselle. Pourquoi en a-t-on pris une partie dans l'armée du Rhin? Pourquoi ce renfort nous vient-il morcelé et non en masse? Pourquoi nous vient-il par des détours d'une longueur infinie, au lieu de nous arriver directement? Ils auront beaucoup à se reprocher, ceux qui causent tant de lenteur. Hâtez-vous de prendre tous les moyens d'activer la marche des troupes qui nous sont annoncées. L'ennemi, qui en sent l'approche, fait tous ses efforts pour nous battre avant que le secours nous arrive, et nous serons toujours battus tant que la masse de nos forces ne sera pas assez considérable pour que nous puissions prendre l'offensive sur tous les points.

«DELBREL, LE TOURNEUR, CHÂLES.»

6. paris, 25 août 1793.

LE COMITÉ DE SALUT PUBLIC AUX REPRÉSENTANTS RICORD ET ROBESPIERRE JEUNE.

Paris, le 25 août 1793, l'an ii de la République.

LES REPRÉSENTANTS MEMBRES DU COMITÉ DE SALUT PUBLIC
AUX CITOYENS RICORD ET ROBESPIERRE JEUNE, REPRÉSENTANTS DU PEUPLE.

Citoyens nos collègues,

Nous avons donné à votre lettre du 16 toute l'attention qu'elle mérite [1], et vous ne devez pas douter que l'on ne s'occupe ici avec autant d'empressement que de chaleur des mesures rigoureuses qu'il convient de prendre contre les rebelles de Marseille et que la conduite du général Brunet sera sévèrement examinée [2].

LES MEMBRES DU COMITÉ DE SALUT PUBLIC
CHARGÉS DE LA CORRESPONDANCE.

(Minute avec corrections autographes de Carnot, Arch. nat., AF ii 184.)

---

7. paris, 25 août 1793.

LE COMITÉ DE SALUT PUBLIC AU CONSEIL GÉNÉRAL DE LA COMMUNE DE PARIS.

Analyse. — Envoi d'un exemplaire de sa lettre aux quarante-huit sections de Paris. (Cf. la lettre du 29 août 1793, p. 59.) «Veuillez contribuer de tous vos efforts à l'exécution des dispositions qui y sont contenues et veillez à leur accélération.»

(Orig. sig. par Carnot, C.-A. Prieur et Hérault, Arch. nat., DXLII, carton 1.)

---

[1] Cf. dans Aulard, VI, 10, la lettre de Ricord et de Robespierre jeune en date de Sault, 16 août 1793. Cette pièce porte l'annotation suivante de Carnot : «Accuser la réception de cette lettre. Répondre qu'on s'occupe des mesures vigoureuses à prendre contre les rebelles de Marseille, que la plainte contre Brunet sera examinée. Leur recommander la plus grande sévérité envers les traîtres.»

[2] Le général Brunet fut destitué le 10 septembre 1793, traduit devant le tribunal révolutionnaire, condamné et décapité le 14 novembre suivant.

25 AOÛT 1793. — LE GÉNÉRAL CARTEAUX [1] AU COMITÉ DE SALUT PUBLIC.

Analyse. — Il donne des détails sur la défaite des rebelles marseillais et répond de ne pas laisser passer les Anglais à Toulon.

(Analyse, Arch. de la guerre, reg. C du Comité de salut public, p. 445.)

8. PARIS, 26 AOÛT 1793 [2].

LE COMITÉ DE SALUT PUBLIC AU MINISTRE DE LA GUERRE BOUCHOTTE.

Paris, ce 26 août 1793, l'an II de la République française.

LES REPRÉSENTANTS DU PEUPLE, MEMBRES DU COMITÉ DE SALUT PUBLIC,
AU MINISTRE DE LA GUERRE.

Nous vous envoyons, citoyen ministre, une lettre du citoyen Dau-

[1] Jean-François Carteaux, né à Goulhenans (Haute-Saône) le 31 janvier 1751, enfant de corps au régiment de Thianges-Dragons en 1759, a quitté en 1765, volontaire au régiment de Bourbonnais-Infanterie le 28 septembre 1767, congédié le 5 avril 1770, volontaire au régiment de Saintonge-Infanterie le 6 février 1772, employé aux recrues en 1774, a quitté en 1779, peintre du roi, élève de Doyen (cf. Bellier de la Chavignerie), aide de camp du général de La Salle le 14 juillet 1789 et de La Fayette le 16 du même mois, lieutenant à la 29e division de gendarmerie le 6 novembre 1789, chevalier de Saint-Louis le 15 janvier 1792, adjoint aux adjudants généraux du camp de Meaux le 7 septembre 1792, adjudant général lieutenant-colonel surnuméraire le 27 octobre 1792, adjudant général chef de bataillon le 8 mars 1793 et chef de brigade le 15 mai 1793, général de brigade provisoire à l'armée des Alpes le 21 juin 1793, général de division le 19 août 1793, général en chef de l'armée destinée à réduire les rebelles du Midi le 7 septembre 1793, de l'armée d'Italie le 13 septembre et de celle des Alpes le 3 novembre 1793, destitué le 16 décembre 1793, incarcéré à Paris le 24 du même mois, mis en liberté le 8 août 1794, réintégré et employé à l'armée des Côtes de Cherbourg le 26 novembre 1794, non compris dans l'organisation du 13 juin 1795, remis en activité comme commandant de la 18e division militaire à Dijon le 12 octobre 1795, commandant à Lyon le 9 janvier 1796, passé à l'armée des Alpes le 21 février 1796, réformé le 23 février 1797, remis en activité dans la 17e division militaire (Paris) le 26 avril 1797, commandant la 9e division militaire à Montpellier le 1er août 1797 et la 25e à Liège le 14 janvier 1800, employé à l'armée de Batavie le 1er juillet 1800, admis au traitement de réforme le 21 mai 1801, administrateur civil et commandant de la principauté de Piombino le 9 septembre 1803, remis au traitement de réforme le 31 mai 1805, retraité le 8 août 1810, mort à Paris le 12 avril 1813.

[2] Carnot est présent à la séance du Comité. (Cf. Aulard, VI, 114.) On trouve deux arrêtés écrits par lui : 1° Ordre de remplacer le général O'Meara (qui commandait la place de Dunkerque); 2° Ordre de délivrer aux représentants Briez et Cochon une copie de la relation du siège de Valenciennes.

vers, chirurgien aide-major près l'armée du Nord [1], portant une dénonciation contre le général O'Meara, qu'on lui a dit avoir remplacé le général O'Moran dans le commandement du camp de Cassel [2]. Nous vous invitons à vérifier le plus promptement possible les faits contenus dans cette lettre; les trahisons sans cesse renaissantes des officiers des armées doivent vous faire sentir combien il est important de prendre sur leur compte tous les renseignements qu'exige le salut de la patrie [3].

Les membres du Comité de salut public chargés de la correspondance,

Laz. Carnot, Hérault, Robespierre.

(Orig., Arch. de la guerre, armée du Nord.)

[1] La lettre du chirurgien Dauvers, jointe à celle du Comité de salut public, est datée de Lille, le 12 août 1793. On y lit que le bruit court que le général O'Meara est un ancien colonel dans les Suisses et qu'il a trois frères émigrés. — Ce même Dauvers avait, dans une brochure parue le 15 juillet précédent, fait l'éloge de Custine. (Cf. A. Chuquet, *Valenciennes*, 195.)

[2] On lit en marge de ce paragraphe l'annotation suivante de la main de Bouchotte : «Accuser la réception. O'Meara a été suspendu il y a plusieurs jours déjà. J'ai reçu l'avis du chef d'état-major qu'il a reçu les lettres de suspension. Ainsi O'Meara est hors de Dunkerque, selon toutes les apparences.» — Le 26 août, le Comité de salut public arrêta en effet qu'O'Meara serait mandé sur-le-champ par le ministre de la guerre et remplacé. (Arrêté aut. de Carnot, Arch. nat., AF II 244. — Publié par Aulard, VI, 116.)

[3] Bouchotte a écrit en regard de ce paragraphe : «Répondre qu'il est impossible de se procurer ces renseignements sans avoir des commissaires aux armées, qui, armés d'un pouvoir, puissent se défendre de la malveillance, et que le décret les a tous supprimés.» — Le 29 août 1792, Bouchotte répondit la lettre suivante au Comité (Orig., Arch. de la guerre, armée du Nord) :

«Paris, 29 août 1793, 1er de la République française, une et indivisible.

« Le ministre de la guerre aux représentants du peuple, membres du Comité de salut public.

«J'ai reçu, citoyens représentants, avec votre lettre celle du citoyen Dauvers contre le général O'Meara, en m'observant que les trahisons des officiers doivent me faire sentir combien il est important de prendre sur leur compte tous les renseignements qu'exige le salut de la patrie. J'ai eu jusqu'à présent des commissaires aux armées qui m'ont procuré ces renseignements, et c'est d'après leur travail qu'O'Meara se trouve suspendu. J'ai déjà reçu l'avis du chef de l'état-major que les lettres de suspension sont remises à cet officier et que, suivant toute apparence, il est rentré dans l'intérieur.

«Vous voyez, citoyens représentants, que je n'ai pu prendre ce parti et que je ne pourrai continuer de remplir cet objet de surveillance, dont je sens comme vous toute l'importance, qu'autant que j'aurai des commissaires aux armées, revêtus d'un pouvoir qui puisse les défendre de la malveillance. Il est donc de toute nécessité que vous obteniez le rapport du décret qui les a tous supprimés.

« Le ministre de la guerre,

« J. Bouchotte.»

9. PARIS, 26 AOÛT 1793.

Paris, ce 26 août 1793, l'an ii de la République française.

LES REPRÉSENTANTS DU PEUPLE, MEMBRES DU COMITÉ DE SALUT PUBLIC,
AU MINISTRE DE LA GUERRE.

Nous vous adressons, citoyen ministre, une lettre de la citoyenne Sainte-Marie, en date de Troyes, le 5 août du courant, relative à des propos incendiaires tenus par la deuxième colonne de l'armée de Mayence [1]. Nous vous invitons à prendre des renseignements sur leur conduite et à la surveiller avec le plus grand soin et la plus grande activité. Pénétrez-vous de toute l'importance de cet objet. Si l'armée de Mayence est animée du vrai républicanisme, le flambeau de la guerre civile est éteint dans la Vendée; si des malveillants ont réussi à l'égarer, la guerre de la Vendée est mille fois plus dangereuse [2]. Ainsi, nous vous le répétons, surveillez cette seconde colonne; que les traîtres

[1] La lettre de la citoyenne Sainte-Marie au Comité du salut public est datée de Troyes, le 16 août 1793 (et non le 5, comme le dit la lettre du Comité), et elle porte en tête la mention : « Reçu le 17 août. » En voici un fragment :

« Je me hâte bien vite d'avertir le Comité de salut public des propos incendiaires qu'a tenus la dernière colonne de l'armée de Mayence en passant dans la ville de Troyes, qui peuvent avoir des suites cruelles si l'on n'y remédie sur-le-champ. Peu satisfaits du petit dédommagement qu'on leur a donné d'après tout ce qu'ils ont souffert, ils n'ont pas caché leur incivisme en disant hautement à qui voulait les entendre : « Au « diable la nation! nous sommes dégoûtés « de servir une patrie ingrate. L'on veut nous « envoyer à la Vendée; que ceux qui nous « en imposent la loi y aillent eux-mêmes, « simon nous sommes plus de six mille dis- « posés de passer de l'autre côté par petite « partie. Des f..... arbres de la liberté, « multipliés par où nous passons, mais sans « racines, ne tiendront jamais pour assurer « la République. Les généraux nous ont sa- « crifiés à leur ambition, à leur cupidité; ce

« n'est pas eux qui ont souffert, c'est nous. « Nous sommes si las du service que nous le « dirons partout. L'on veut nous faire endos- « ser l'habit bleu des gardes nationaux, habit « déshonoré, que nous ne pouvons supporter « de vue qu'avec horreur. Nous résisterons « pour ne vouloir jamais le porter. » Je puis attester la vérité de tous ces infâmes propos, qu'il est fort urgent d'empêcher qu'ils ne soient mis à exécution..... »

[2] En marge, on lit cette note autographe de Bouchotte : « Envoyez copie des deux lettres à Merlin, à la Vendée, en le priant de scruter les esprits de la seconde division de la garnison de Mayence et de faire poursuivre devant le tribunal les auteurs des propos, s'ils ont été tenus. Il sentira qu'une telle précaution est doublement nécessaire dans une guerre comme celle de la Vendée, qui n'est que le produit de la corruption des opinions. Lui observer que Westermann, envoyé par un décret à un tribunal militaire, se promène dans toutes les villes; qu'il conviendrait de faire terminer son affaire et de ne pas le laisser vaguer ainsi, attendu qu'il ne prêche pas patriotisme. »

soient arrêtés, que les soldats égarés soient ramenés à leurs devoirs et que l'amour de la patrie devienne la divinité de tous.

Les membres du Comité de salut public
chargés de la correspondance,

Laz. Carnot, Hérault, Robespierre.

(Orig., coll. de M. Richard Jaques, de Londres.)

---

10. PARIS, 26 AOÛT 1793. — LE COMITÉ DE SALUT PUBLIC
AUX ADMINISTRATEURS DU DÉPARTEMENT DU PAS-DE-CALAIS.

Paris, le 26 août 1793, l'an ii de la République française.

LES REPRÉSENTANTS DU PEUPLE, MEMBRES DU COMITÉ DE SALUT PUBLIC,
AUX ADMINISTRATEURS DU DÉPARTEMENT DU PAS-DE-CALAIS, À ARRAS.

Nous avons reçu, citoyens administrateurs, votre lettre en date du 4 du courant, et votre délibération du jour précédent. Nous avons vu avec satisfaction les mesures salutaires que vous ont dictées votre amour pour la patrie et le danger où elle se trouve. Si toutes les autorités constituées déployaient la même énergie, la France serait bientôt délivrée de tous ses ennemis[1].

Les membres du Comité de salut public
chargés de la correspondance,

Laz. Carnot, C.-A. Prieur, Hérault,
Prieur, *député de la Marne.*

(Orig., Arch. du Pas-de-Calais, série LII, Arras.)

---

[1] Depuis la trahison de Dumouriez, le département du Pas-de-Calais se faisait remarquer par son ardeur patriotique et justifiait le décret du 5 avril 1793 qui avait déclaré que les départements du Nord et du Pas-de-Calais avaient bien mérité de la patrie. En raison de sa qualité de député du département, Carnot s'occupait particulièrement de tout ce qui concernait cette région.

PARIS, 26 AOÛT 1793.

LE MINISTRE DE LA GUERRE BOUCHOTTE AU COMITÉ DE SALUT PUBLIC.

Paris, le 26 août 1793, l'an 1ᵉʳ de la République une et indivisible.

LE MINISTRE DE LA GUERRE

AUX MEMBRES DU COMITÉ DE SALUT PUBLIC DE LA CONVENTION NATIONALE.

Le département de Seine-et-Marne, citoyens, s'est empressé de rassembler des forces pour aller combattre les rebelles de la Vendée; déjà il a fourni un bataillon et est prêt à compléter le second [1]. Ce département ne se trouve arrêté que par le défaut de fonds, attendu les avances déjà faites par son payeur général, tant pour la solde des volontaires composant ces bataillons, à raison de 30 sous par jour, que pour l'indemnité de 150 livres qu'il a jugé convenable d'accorder à chacun desdits volontaires.

Il a été, à la vérité, établi un rôle de contribution pour subvenir à cette dépense extraordinaire; mais le recouvrement s'en faisant très difficilement, et les besoins de cette administration augmentant chaque jour, elle réclame le secours d'une somme de 150,000 livres, tant pour rembourser les avances faites par son payeur général que pour soutenir les dépenses qui restent encore à faire. Le directoire de ce département offre au surplus de restituer le prêt de ces 150,000 livres sur le produit de la contribution qu'il a établie.

Ne pouvant faire droit à cette demande sans y être spécialement autorisé par un décret de la Convention, je ne peux que vous engager, citoyens, à vous concerter avec le Comité de la guerre et celui des finances, pour proposer à la Convention de rendre un décret qui autorise à faire verser dans la caisse du payeur général du département de Seine-et-Marne la somme de 150,000 livres, à titre d'avance, remboursable sur le produit de sa contribution, et qui sera destinée à l'acquittement des dépenses occasionnées par la levée des deux bataillons envoyés par ce département dans la Vendée.

J. BOUCHOTTE.

(Orig., Arch. de la guerre, corr. générale.)

---

[1] Le premier bataillon des volontaires de Seine-et-Marne destiné à la Vendée était parti le 17 mai 1793. Un arrêté du conseil général du département, en date du 26 juillet, demanda un nouveau contingent et fixa pour ceux qui s'enrôleraient dans la huitaine une haute paye de quinze sous par jour et une gratification de cent cinquante livres. (Cf. Arch. dép. de Seine-et-Marne, série L, nᵒˢ 47 et 49, reg. du directoire du département, aux dates des 17 mai et 2 septembre 1793.)

CASSEL, 26 août 1793.

LE REPRÉSENTANT DUQUESNOY AU COMITÉ DE SALUT PUBLIC [1].

Cassel, 26 août 1793, l'an II de la République.

LE REPRÉSENTANT DU PEUPLE ENVOYÉ PRÈS L'ARMÉE DU NORD
AUX REPRÉSENTANTS DU PEUPLE COMPOSANT LE COMITÉ DE SALUT PUBLIC.

Citoyens mes collègues,

Des officiers municipaux de Dunkerque me sont venus hier exposer les dangers que courait cette place; ils me demandèrent des secours, ainsi que la ville de Bergues. Je fus avec eux chez les généraux et, après un conseil de guerre tenu, il fut arrêté que le général Jourdan partirait sur-le-champ avec toute sa division et irait s'emparer en passant du poste de Watten, où il laisserait un bataillon avec deux pièces de canon et un détachement de chasseurs; qu'il filerait ensuite le long du canal de Gravelines, pour rester maître des écluses; qu'il jetterait dans cette place un bataillon, deux dans Dunkerque et un dans Bergues, et qu'avec le reste de sa division il se tiendrait à peu de distance de Dunkerque, où il serait à portée de faire entrer tous les secours dont cette place pourrait avoir besoin.

Les officiers municipaux de cette ville ont dit n'avoir point du tout de confiance dans les talents militaires du général O'Meara, qui commande en cette place. Le général Houchard arriva dans ce moment avec son adjudant et les rassura, en leur disant de leur envoyer un autre général et qui devait déjà y être rendu.

Nous eûmes un second conseil de guerre dans lequel on arrêta des mesures contre mon opinion qui, si elles ne sont mauvaises, sont au moins très hasardées; car si le général Houchard ne réussit pas son expédition, je regarde le département du Nord et celui du Pas-de-Calais comme à peu près envahis.

Voici quel est son projet : il doit attaquer demain le camp de Menin avec 30,000 hommes partant de dessous Lille; s'il réussit, il poussera jusqu'à Ypres, Poperinghe et Furnes, et coupera par ce moyen la retraite aux Anglais et leurs alliés qui se trouvent devant Dunkerque, Bergues et ailleurs. Si ce projet réussit, nous serons maîtres avant la fin de septembre des Pays-Bas, mais si au contraire le coup manque, je vous le répète, les deux départements du Nord coureront de grands dangers. Ce fut son adjudant général Vernon, ci-devant aide de camp de Custine, qui proposa ce plan et le fit adopter; il a infiniment de connaissance et d'activité dans ce qu'il fait, mais il a des yeux qui ne me plaisent pas.

Salut et fraternité.

DUQUESNOY.

P. S. La Convention nationale vient de rappeler mon collègue Le Bas; vous

---

[1] Le recueil de M. Aulard (VI, 119) n'ayant donné qu'une analyse de cette lettre, je la reproduis *in extenso* à cause de ses détails militaires.

voudrez bien aussi me faire donner un successeur. Le Comité se souviendra que, si je suis retourné en commission, ce n'a été que parce que j'étais sûr que les principes de Le Bas concordaient avec les miens.

(Orig. aut., Arch. de la guerre, armée du Nord.)

RENNES, 26 AOÛT 1793.

LE GÉNÉRAL BEYSSER [1] AU COMITÉ DE SALUT PUBLIC.

Rennes, le 26 août 1793, l'an ii de la République française.

J.-M. BEYSSER, GÉNÉRAL DE BRIGADE, COMMANDANT TEMPORAIRE DE LA VILLE DE NANTES, AUX REPRÉSENTANTS DU PEUPLE COMPOSANT LE COMITÉ DE LA CONVENTION NATIONALE.

Conformément aux instructions que vous m'avez données [2], j'ai recueilli sur ma route tous les renseignements que j'ai pu me procurer sur les troubles qui se sont élevés dans les départements voisins de ceux de la ci-devant Bretagne. Je m'empresse de mettre sous les yeux le résultat. Je désire qu'il remplisse votre objet et qu'il vous offre une nouvelle preuve de mon dévouement à la Convention nationale.

J'ai trouvé l'administration de la Mayenne presque entièrement dispersée; la cause de cette terreur subite était le passage à Laval du 11ᵉ de Seine-et-Oise. J'ai causé avec quelques administrateurs restés à leur poste; j'ai causé avec le peuple et le militaire. J'ai trouvé ce premier, comme il l'est partout, plein de zèle pour la liberté et dans les meilleures dispositions; il s'en faut bien que je puisse rendre le même témoignage à l'esprit de l'administration et de la classe fortunée de cette

[1] Jean-Michel Beysser, né à Ribeau-villé (Haute-Alsace) le 4 novembre 1753, enrôlé au régiment de Lorraine (dragons) le 8 octobre 1769, congédié le 11 mars 1778, chirurgien-major avec brevet de capitaine au régiment suisse Meuron au service de la compagnie des Indes néerlandaises le 1ᵉʳ juin 1781, rentré en France en 1788, major des dragons nationaux de Lorient le 17 juillet 1789, lieutenant-colonel le 1ᵉʳ juillet 1790, capitaine dans la gendarmerie du Morbihan le 10 décembre 1791, chevalier de Saint-Louis le 27 mars 1792, adjudant général lieutenant-colonel le 10 février 1793, chef de brigade au 21ᵉ chasseurs à cheval le 7 mars 1793, adjudant général chef de brigade le 6 mai 1793, général de brigade à l'armée des Côtes de Brest le 30 juin 1793, général en chef de l'armée des Côtes de la Rochelle en remplacement de Biron le 12 juillet 1793, mandé à la barre de la Convention le 18 juillet 1793, rétabli dans ses fonctions le 19 août, arrêté le 19 septembre 1793, condamné à mort et exécuté à Paris avec Arthur Dillon, Chaumette, Gobel, etc., le 24 germinal an ii (13 avril 1794).

[2] Le 20 août 1793, le Comité de salut public avait chargé le général Beysser de surveiller en Bretagne l'exécution des décrets rendus contre les Girondins, et de dissiper le reste de la force armée des rebelles. (Cf. Chassin, *La Vendée patriote*, II, 481 et suiv.)

ville; en général, il est très mauvais; on s'y félicite hautement des succès des ennemis de la République; on y ose former des vœux de les voir bientôt maîtres de la France entière. Le 13ᵉ bataillon de la formation de Soissons a des querelles avec les jeunes gens de cette ville, par l'impudeur des propos aristocratiques qu'ils tiennent dans les cafés.

J'ai remarqué avec la plus vive satisfaction que le peuple écoutait avec plaisir la justice que je rendais à la Convention nationale. Cependant ce peuple est malheureux; il n'a que du mauvais pain qu'il paye à un prix excessif; encore craint-il d'en manquer. L'administration impute cette disette à la loi sur la taxe des grains, qui est exécutée dans ce département, tandis qu'elle ne l'est pas dans le département voisin, où l'espoir d'une vente avantageuse fait abonder les denrées. Il ne m'appartient pas de juger de l'effet politique de cette loi; c'est un fait que j'ai cru devoir mettre sous les yeux du Comité de salut public. Ayant appris que le président et le procureur général syndic s'étaient soustraits par la fuite à l'exécution d'un mandat d'arrêt décerné contre eux par le Comité de sûreté générale de la Convention, j'ai donné ordre au commandant de la gendarmerie de les arrêter, et, s'il réussit, je réponds de faire exécuter les ordres de la Convention.

A l'égard des troubles qui agitent les districts de Laval, de Fougères et de Vitré, la terreur a beaucoup grossi le mal. Cette prétendue avant-garde de l'armée chrétienne se réduit à une bande de forçats renvoyés ou échappés des galères, de ci-devant contrebandiers ou employés réformés, qui se sont faits voleurs de grand chemin et qui affichent l'aristocratie pour anoblir le métier, grossir la troupe et la présenter sous un aspect moins révoltant. Des prêtres, qui se sont associés avec eux, les servent merveilleusement, et rendent non le combat, car ils ne veulent pas se battre, mais leur poursuite extrêmement difficile, en leur ouvrant des asiles chez les paysans généralement tous fanatisés et esclaves de leur superstition. J'ai trouvé à Vitré, à Laval et à la Gravelle divers corps de troupes envoyés pour s'opposer à leurs progrès. Après avoir pris sur la position des brigands des renseignements aussi précis qu'il est possible de les prendre sur des bandits qui sont en troupes peu nombreuses et qui sont sans cesse en mouvement, j'ai concerté avec l'adjudant général Chamberting [1] une battue qui aura lieu le mercredi 28. La partie de la forêt dans laquelle ils sont actuellement sera percée à la fois dans tous les sens, par huit ou dix colonnes de troupes. Je me flatte que la chasse sera heureuse. J'ai fait sur-le-champ une proclamation aux habitants des campagnes. J'espère qu'elle aura un bon effet, mais je ne dois pas vous le dissimuler, les ci-devant nobles, les riches, les prêtres travaillent en tous sens nos malheureuses campagnes. Une foule de communes rurales refusent de fournir leurs contingents pour le recrutement de l'armée et de se former en garde nationale, de porter la cocarde tricolore, et affichent la plus grande haine pour la Révolution. Il est impossible de ne pas y reconnaître l'effet des suggestions de leurs ci-devant

---

[1] François-Marie-Julien Chamberting, né à Jemeppe (Belgique) le 28 juillet 1755, sous-lieutenant au régiment de La Marck en 1782, capitaine le 1ᵉʳ juillet 1792, adjudant général chef de bataillon le 25 mai 1793 et chef de brigade en vendémiaire an III. (Cf. Chassin, *La Vendée patriote*, III, 322.)

nobles et grands propriétaires. J'ai reçu à cet égard une forte dénonciation de la part des patriotes de Vitré, qui sont d'autant plus ardents qu'ils sont en plus petit nombre. La situation actuelle de cette ville m'a paru nécessiter des mesures extraordinaires de sûreté, et j'ai pris sur moi de mettre provisoirement en arrestation et en état de surveillance quelques femmes ci-devant nobles, accusées de correspondances suspectes et propos contre-révolutionnaires. J'ai fait aussi arrêter un ci-devant seigneur, homme immensément riche et dont presque toutes les possessions sont en état de révolte, et qui par sa conduite artificieuse m'a paru un des plus dangereux ennemis de la liberté, quoiqu'il n'existe contre lui aucun délit légalement prouvé. Ses sentiments ne m'ont point échappé à travers l'ambiguïté de ses réponses et les vains prétextes dont il colorait sa conduite. J'ai fait mettre les scellés sur les papiers et rendrai compte de ce qui pourrait [se] découvrir aux représentants du peuple près de l'armée des Côtes de Brest, qui, s'ils m'en croient, le tiendront en état de surveillance jusqu'à ce que les campagnes de ce canton soient rentrées dans l'ordre et le devoir.

Arrivé ici depuis deux heures, je ne puis rien vous dire de positif sur l'esprit qui y règne. Je me suis déjà occupé de la mission que vous m'avez donnée pour cette ville, et j'ai tout préparé pour le succès d'une autre bien plus importante dont vous m'avez chargé. Je n'oublierai rien pour l'assurer et pour donner à la Convention nationale des preuves de ma reconnaissance et de mon dévouement.

Le général de brigade,

J.-M. BEYSSER.

P. S. Je viens de voir les canonniers. La dénonciation faite contre eux est une odieuse calomnie. Les officiers qui les commandent sont chez moi dans ce moment; ils m'ont juré sur leur honneur qu'ils n'ont jamais été requis, qu'ils n'ont jamais refusé le service et sont prêts à marcher à la première réquisition [1].

(Orig., Arch. de la guerre, armée des Côtes de Brest.)

PARIS, 26 AOÛT 1793.

LE GÉNÉRAL GOBERT AU COMITÉ DE SALUT PUBLIC.

Analyse. — Il demande les motifs de sa suspension.

(Analyse, Arch. de la guerre, reg. du Comité de salut public, C, p. 419.)

---

[1] Il s'agit des canonniers de Rennes, qui, accusés d'actes contre-révolutionnaires et notamment d'avoir arraché un prêtre coupable au glaive de la loi, se justifiaient auprès du général Beysser. (Cf. Chassin, *La Vendée patriote*, II, 483.)

PARIS, 27 AOÛT 1793 [1].

CARNOT PROPOSE L'ENVOI DE DEUX COMMISSAIRES DANS LE NORD.

[A la séance de la Convention du 27 août 1793, Carnot prend la parole en ces termes :]

Vous savez que Dunkerque est assiégé; vous savez avec quelle vigueur les citoyens et la garnison de cette ville ont répondu à la sommation qui leur a été faite de rendre la ville. Ils demandent que la Convention leur envoie deux de ses membres pour soutenir le courage des habitants de ce pays. En conséquence, le Comité de salut public vous propose d'envoyer dans le département du Nord les citoyens Trullard [2] et Berlier [3].

[La proposition de Carnot est décrétée [4].]

PARIS, 27 AOÛT 1793.

LE MINISTRE DE LA GUERRE BOUCHOTTE AU COMITÉ DE SALUT PUBLIC.

Analyse. — Il annonce qu'il a donné l'ordre de tenir prêtes à partir pour l'armée du Nord quatre brigades complètes des équipages et charrois.

(Orig., Arch. de la guerre, armée du Nord.)

---

[1] Carnot assiste à la séance du Comité (cf. Aulard, VI, 127) et écrit de sa main un arrêté portant de remettre 400,000 livres aux administrateurs du district de Calais.

[2] Narcisse Trullard, né à Seurre (Côte-d'Or) le 29 octobre 1738, officier du génie, député de la Côte-d'Or à la Convention, commissaire du Directoire, mort le 12 décembre 1805.

[3] Théophile Berlier, né à Dijon (Côte-d'Or) le 1er février 1761, avocat, député de la Côte-d'Or à la Convention, membre du Comité de salut public le 15 fructidor an III (1er septembre 1795), député au Conseil des Cinq-Cents, conseiller d'État sous l'Empire, comte le 26 avril 1808, mort à Dijon le 12 septembre 1844.

[4] La minute du décret est écrite et signée par Carnot (Arch. nat., C 264). — Carnot avait choisi deux de ses compatriotes pour remplir cette délicate mission. Les représentants Trullard et Berlier arrivèrent à Dunkerque le 4 septembre 1793, et ils se rendirent au conseil général de la commune où ils présentèrent leur commission. On les mit aussitôt au courant de la situation de la ville. (Cf. Foucart et Finot, II, 88.) On pourra consulter dans le recueil de M. Aulard la correspondance de ces deux députés avec le Comité de salut public.

GAVRELLE, 27 AOÛT 1793.

LE GÉNÉRAL BERTHELMY À L'ADJUDANT GÉNÉRAL HOCHE.

Au quartier général de Gavrelle, le 27 août 1793, l'an ii de la République.

LE GÉNÉRAL DE BRIGADE, CHEF DE L'ÉTAT-MAJOR DE L'ARMÉE [1],
À L'ADJUDANT GÉNÉRAL HOCHE [2].

Ce que vous me mandez est bien étonnant, citoyen. Le chef de l'état-major général de l'armée est à proprement parler le donneur d'ordres. Ceux des généraux Souham [3] et O'Meara n'auraient pas dû être méconnus du Conseil de guerre, et la résistance d'O'Meara est bien certainement la conviction des soupçons fondés sur lui. Je lui donne un nouvel ordre d'évacuer la ville dans le délai d'une heure; il recevra ma lettre en même temps que vous celle-ci; répondez-moi s'il s'y conforme. Le général Barthel est coupable de n'avoir pas donné à Souham ses ordres et ses instructions par écrit, et c'est au moins de sa part une insouciance coupable. Il faut que Souham entre sur-le-champ en activité, qu'il voie les troupes, qu'il élève leur courage, qu'il recherche minutieusement tous les officiers qui n'auraient pas le patriotisme et le nerf nécessaires pour bien défendre leur poste. Tous les moyens de défense qu'il prendra seront bons, pourvu qu'il arrive à son but. Il faut qu'il se concilie, avec la confiance des troupes, celle des habitants de Dunkerque; mais il faut en même temps qu'il se prémunisse contre une condescendance trop aveugle [4]. Les Anglais ne se sont pas portés sur Dunkerque sans y

[1] Berthelmy exerçait ces fonctions auprès du général Houchard. Il avait, le 26 juin 1793, refusé d'être employé à l'armée du Rhin comme général de brigade. «Je désirerais, écrivait-il à Bouchotte, rester à l'armée de la Moselle près le général Houchard, avec lequel j'ai constamment servi pendant cette guerre. J'ai l'habitude du travail avec lui, et j'ai la conviction intime d'être plus utile dans le poste et le grade que j'occupe actuellement que je ne pourrais l'être avec le grade de général de brigade. Je suis assez jeune pour attendre et, si dans un autre temps je parviens au même rang, je l'aurai mieux mérité et je serai plus en état d'en remplir les devoirs.» (Orig., Arch. adm. de la guerre.) Berthelmy suivit, en effet, Houchard à l'armée du Nord et, dans l'espace de dix jours, fut nommé, grâce à son chef, adjudant général chef de brigade et général de brigade (20 et 30 juillet 1793).

[2] Hoche, adjudant général chef de bataillon depuis le 15 mai 1793, venait d'être acquitté par le tribunal criminel de Douai le 20 août et envoyé à Dunkerque. (Cf. Étienne Charavay, *Lazare Hoche*, p. 3.)

[3] Joseph Souham, né à Lubersac (Corrèze) le 30 avril 1760, enrôlé au régiment des Cuirassiers du roi le 17 mars 1782, congédié à la fin de 1786, élu lieutenant-colonel en second du 2e bataillon des volontaires de la Corrèze le 15 août 1792, lieutenant-colonel en premier le 19 septembre 1792, général de brigade le 30 juillet 1793 et de division le 13 septembre suivant, comte de l'Empire le 4 juin 1810, retraité le 11 juin 1832, mort à Paris le 28 avril 1837. — Souham remplaçait à Dunkerque le général O'Meara.

[4] Le 23 août 1793, Berthelmy avait écrit à Souham la lettre suivante, conçue

avoir envoyé préalablement des émissaires et sans s'être assurés de l'aristocratie de la ville. Lisez ma lettre à la société populaire, prémunissez tous les sans-culottes contre les aristocrates de leur ville. J'engage les représentants du peuple d'en faire sortir toutes les personnes suspectes.

Le général O'Meara est supendu de ses fonctions[1]. Le Conseil exécutif lui en transmet l'ordre par le général Houchard; peut-être lui est-il déjà parvenu. O'Meara est Irlandais d'origine, et c'est lui précisément qui se trouve placé à Dunkerque pour défendre cette place contre ses concitoyens. O'Meara, par-dessus tout, est aristocrate, et il est déjà connu du Conseil exécutif et du Comité de salut public. Dites-le au conseil de guerre.

Le déserteur qui vous est arrivé est, je le gagerais, pour ainsi dire gagné par le duc d'York, pour venir exagérer ses forces, augmenter son parti et disposer en cas d'événement à une capitulation. Je vous donne l'ordre d'envoyer ce déserteur sur-le-champ à vingt lieues des frontières et de l'armée, de le faire escorter par la gendarmerie nationale et de le mettre en lieu de sûreté, en se faisant expédier un reçu par un commandant militaire quelconque. Vous userez de la même mesure envers tout autre déserteur, aussitôt que vous en aurez reçu leur déclaration. Vous les ferez partir sans qu'ils puissent communiquer avec les habitants. Tout parlementaire qui se présenterait de la part de l'ennemi sera arrêté aux premiers avants-postes, où on prendra sa dépêche en lui donnant reçu. Dans aucun cas il ne pourra pénétrer dans la ville et jamais il ne sera admis à rien communiquer de bouche. Le commandant Souham, à qui vous remettrez cette lettre après l'avoir lue, la gardera et elle lui servira d'ordre et de règle dans sa conduite pour les cas qui sont prévus. Prémunissez-vous contre les attaques de vive force; vous devez être continuellement en surveillance et, si vous recevez bien l'ennemi la première fois qu'il se présentera, cela le rendra circonspect. On est diablement fort derrière de bons retranchements et quand on le veut bien on n'y est pas forcé. De la vigueur, toute celle dont vous êtes susceptible, et tout ira bien!

Souham! La devise du 1er bataillon de la Corrèze sera la vôtre; point de quar-

dans les termes les plus pressants (copie certifiée par le général Souham, Arch. nat., W 296, n° 250):

Quartier général de Gavrelle, le 23 août 1793, l'an II de la République française.

«Au général de brigade Souham,

«Il vous est ordonné, citoyen général, de partir sur-le-champ et en poste pour arriver sans perdre de temps au camp de Cassel, près Dunkerque, où vous prendrez les ordres du général de division Barthel.

«Vous aurez à défendre le camp retranché de Dunkerque et vous pouvez vous y couvrir de gloire. Il est moins question de faire de savantes dispositions militaires que d'y montrer le nerf et le courage dont vous êtes également susceptible. Prévenez vos troupes, rappelez-leur qu'elles se battent pour la liberté, et vous en obtiendrez tout ce que vous voudrez. Vous aurez avec vous l'adjudant général Hoche, dont vous pouvez tirer le plus grand parti; il se rencontrera sans doute chez le général Barthel. Vous recevrez les instructions particulières de ce général. Si l'ennemi se présente devant votre camp retranché et qu'il y soit bien reçu, alors, si vous le voyez plier, il faut devenir audacieux et profiter de votre première réussite. Mais c'est trop vous en dire; partez et marchez nuit et jour.

«Berthelmy.»

[1] Depuis le 25 août 1793.

tier avec les tyrans, point de capitulation. Il ne faut pas survivre à la honte; on meurt alors un million de fois. Du sang et toujours du sang.

Le général de brigade, chef de l'état-major de l'armée,

BERTHELMY.

(Orig., Arch. de la guerre, armée du Nord.)

---

11. PARIS, 28 AOÛT 1793[1].
LE COMITÉ DE SALUT PUBLIC AU GÉNÉRAL HOUCHARD.

Paris, le 28 août 1793.

Citoyen général,

D'après les faits importants que vous nous avez communiqués sur les mouvements de l'ennemi, nous ne pouvons douter qu'ils n'attachent la plus haute importance à la conquête des villes de Bergues et de Dunkerque. Il est aisé de sentir, en effet, que Pitt n'a pas d'autre moyen de soutenir son crédit chancelant et de consoler sa nation des frais énormes de la guerre et de la perte totale de son commerce. Si nous sauvons ces deux villes, la révolution la plus complète est inévitable en Angleterre. Si nous les perdons, le plus affreux découragement parmi nous en sera la suite infaillible. Ce n'est donc pas précisément sous le point de vue militaire qu'il faut envisager l'attaque dirigée sur ce point si important de notre frontière, c'est principalement sous le point de vue politique. Il faut sauver avant tout Bergues et Dunkerque, parce qu'il faut sauver avant tout l'honneur de la nation qui est là. Portez-y des forces immenses; que l'ennemi soit chassé de la Flandre maritime; qu'il en soit chassé, à quelque prix que ce puisse

---

[1] Carnot est présent à la séance du Comité. (Cf. Aulard, VI, 140.) On trouve quatre arrêtés écrits par lui : 1° traitement des commissaires envoyés dans les départements pour la conversion des cloches en canons; 2° versement de 50 milliers de poudre dans les places de Schelestadt, Belfort et Huningue; 3° établissement d'ateliers à forge pour la fabrication des armes sur l'esplanade des Invalides; 4° versement de 60,000 livres à la municipalité de Gravelines. — Le même jour, 28 août, Carnot proposa à la Convention nationale, au nom du Comité de salut public, et fit adopter un projet de décret en vertu duquel toutes les terres et matières salpétrées dans l'étendue de la République sont mises à la disposition du Conseil exécutif provisoire, et le prix du salpêtre est fixé à 24 sous la livre.

être. C'est le moment, citoyen général, de justifier le choix glorieux que la nation a fait en vous confiant le commandement de sa principale armée, et nous espérons que vous ne démentirez pas la haute réputation que vous ont méritée vos talents et vos vertus républicaines [1].

(Minute aut. de Carnot, Arch. de la guerre, armée du Nord. — Registre de Carnot, arch. de la famille Carnot.)

------

12. PARIS, 28 AOÛT 1793.

LE COMITÉ DE SALUT PUBLIC AUX DÉFENSEURS DE BERGUES ET DE DUNKERQUE.

Paris, 28 août 1793, l'an 11 de la République une et indivisible.

LES REPRÉSENTANTS DU PEUPLE COMPOSANT LE COMITÉ DE SALUT PUBLIC
À TOUS LES BRAVES QUI DÉFENDENT LES VILLES DE BERGUES ET DE DUNKERQUE.

Frères et amis,

Lorsque l'armée du tyran des Anglais se dirigea vers vos murs, Pitt, inépuisable en perfidie, fit précéder sa marche par la plus atroce calomnie; il annonça que vous ne vouliez pas vous défendre. Il espérait ainsi ralentir l'intérêt que la République met à la conservation de vos boulevards. Il a été trompé dans ses calculs : le courage que vous avez montré depuis le commencement des attaques dirigées contre vous donne aux bataillons de l'armée du Nord le temps de venir à votre secours. De notre côté, nous employons toutes les ressources qui sont en nos mains pour vous seconder. Sauver les places de Bergues et de Dunkerque, c'est renverser le ministère perfide qui a égaré le peuple

[1] Le même jour, Bouchotte écrivit à Houchard : «Les nouvelles que nous avons reçues ici, général, nous apprennent que les Anglais ont des desseins sur Dunkerque et qu'ils y attachent une importance qui leur fera faire des efforts marqués pour s'en emparer. Ils espèrent que, maîtres de cette place, ils auraient l'une des clefs de notre territoire et pourraient influer à leur gré nos affaires intérieures. Il importe de faire échouer ce projet et de réduire à zéro les calculs politiques de Pitt. Dunkerque manqué, la campagne est perdue pour eux. Cette circonstance mérite toute votre méditation; votre patriotisme, votre courage et votre expérience y verront la possibilité de rendre de grands services à la République et de vous préparer des souvenirs satisfaisants pour l'avenir.» (Minute aut., Arch. de la guerre, armée du Nord.)

anglais, c'est briser la coalition des tyrans, c'est consolider à jamais la République.

Laz. Carnot, C.-A. Prieur, B. Barère, Hérault.

(Orig. aut. de Carnot, Arch. mun. de Dunkerque, A 34, pièce n° 34.)

---

13. PARIS, 28 AOÛT 1793.

LE COMITÉ DE SALUT PUBLIC AU GÉNÉRAL TILLY [1],

COMMANDANT DANS LE DÉPARTEMENT DE LA MANCHE [2].

Paris, 28 août 1793.

Citoyen,

C'est surtout dans leur origine qu'il importe d'étouffer les mouvements contre-révolutionnaires; alors, avec moins d'efforts, on prévient

[1] Jacques-Louis-François de Tilly, né à Vernon (Eure) le 2 février 1749, fils d'un capitaine, soldat au régiment de Soissonnais le 1er mars 1761, congédié le 20 juin 1767, admis dans la gendarmerie de France le 12 août 1767, sous-lieutenant au bataillon de garnison d'Aunis le 1er février 1781, sous-lieutenant de remplacement au régiment de Bretagne le 8 janvier 1786, sous-lieutenant en pied le 5 avril 1787, capitaine au bataillon de garnison de la marine le 18 mars 1788, chevalier de Saint-Louis le 18 mai 1790, réformé le 20 mars 1791, capitaine au 6e régiment de cavalerie le 10 mai 1792, lieutenant-colonel du 14e dragons le 17 juin, colonel le 26 octobre, passé au 6e dragons le 29 novembre 1792, commandant à Gertruydenberg le 8 mars 1793, général de brigade à l'armée des Côtes de Cherbourg le 21 avril, commandant à Cherbourg le 2 mai, général de division le 2 décembre 1793, suspendu le 9 février 1794 et autorisé à prendre sa retraite le 23 novembre, confirmé dans son grade et employé à l'armée des Côtes de Brest le 18 janvier 1795, commandant les départements de la Belgique le 19 janvier 1796, chef d'état-ma-

jor provisoire de l'armée du Nord le 13 septembre 1796, inspecteur général le 8 octobre 1797, commandant en chef par intérim des divisions françaises stationnées dans la République Batave du 26 juillet au 19 août 1798, chef d'état-major de l'armée de l'Ouest en janvier 1800, commandant en chef par intérim de cette armée le 11 octobre suivant, inspecteur général d'infanterie le 16 mai 1802, membre de la Légion d'honneur le 11 décembre 1803 et commandant le 14 juin 1804, commandant la division de cavalerie du 6e corps de la grande armée le 29 août 1805, employé à l'armée d'Espagne le 17 octobre 1808, chevalier de l'Empire le 25 mars 1809, baron le 23 avril 1812, rentré en France le 31 juillet 1813, inspecteur général de cavalerie le 19 octobre 1813, comte le 21 janvier 1814, grand-officier de la Légion d'honneur le 27 décembre 1814, retraité le 4 septembre 1815, mort à Paris le 10 janvier 1822. Le général Tilly avait fait, sous l'ancien régime, les campagnes d'Allemagne de 1761 et 1762, et assisté au siège de Mahon en 1781 et à celui de Gibraltar en 1783.

[2] Depuis le 2 mai 1793.

de grands maux. Concertez-vous sans délai avec les représentants du peuple dans les départements qui éprouvent ces mouvements, et terrassez sans pitié ces nouveaux ennemis. Les ressources de la patrie sont inépuisables; partout où elle sera bien servie elle triomphera [1].

(Minute, Arch. nat., AF ii 267.)

LA PAPE, 28 AOÛT 1793.
LE GÉNÉRAL KELLERMANN AU COMITÉ DE SALUT PUBLIC.

Analyse. — Envoi du bulletin de l'armée devant Lyon (lequel est joint à la lettre). «Vous verrez que les braves canonniers de la République bombardent cette ville avec succès, et je ne doute pas que très incessamment je pourrai vous apprendre la reddition de cette ville rebelle [2].»

(Orig., Arch. de la guerre, armée du siège de Lyon.)

---

14. PARIS, 29 AOÛT 1793 [3].
LE COMITÉ DE SALUT PUBLIC AU COMITÉ DE LA GUERRE [4].

Analyse. — Le Comité de salut public attire l'attention de ses collègues du Comité de la guerre sur le plan que le citoyen Grivet, de

---

[1] Par une lettre datée de Cherbourg, le 25 août 1793, le général Tilly avait transmis au Comité une copie d'une lettre des administrateurs du directoire du district d'Avranches, annonçant que les ennemis de la liberté n'ont pas encore abandonné leurs projets perfides.

[2] Le 31 août, à onze heures du soir, Kellermann quitta le château de la Pape et alla, en passant par Grenoble, Chambéry et Montmélian, établir son quartier général aux Marches. (Cf. Krebs et Moris, *Campagnes dans les Alpes pendant la Révolution*, Paris, 1891, t. I, p. 277.)

[3] Carnot assiste à la séance du Comité (cf. Aulard, VI, 162). On trouve trois arrêtés écrits de sa main : 1° envoi de 500,000 livres aux administrateurs du département du Bas-Rhin; 2° envoi de 60,000 livres à la ville de Maubeuge; 3° expériences sur les bouches à feu. — Carnot rédige aussi le même jour deux décrets de la Convention : 1° les fournitures de sel qui doivent être faites aux Suisses en vertu des traités ne sont pas comprises dans celles qui sont défendues par la loi sur les accaparements; 2° la résine, les brays et les goudrons sont réputés denrées de première nécessité, et en conséquence compris dans celles dont l'accaparement est défendu par la loi. (Orig. aut., Arch. nat., C 264.)

[4] Le Comité de la guerre, établi par le décret du 2 octobre 1792, se compo-

Rochefort, lui a envoyé pour s'emparer de la ville de Montaigu et des environs, centre du rassemblement des révoltés. — Le mémoire est joint à la lettre.

(Orig. sig. par Carnot, C.-A. Prieur, Barère et Prieur de la Marne, Arch. de la guerre, armée des Côtes de la Rochelle.)

---

15. PARIS, 29 AOÛT 1793.
LE COMITÉ DE SALUT PUBLIC À LA COMMUNE DE PARIS.

Paris, ce 29 août 1793, l'an II de la République une et indivisible.

LE COMITÉ DE SALUT PUBLIC DE LA CONVENTION À LA COMMUNE DE PARIS.

Le Comité vous fait passer ci-incluse la circulaire adressée aux quarante-huit sections, d'après les dispositions de laquelle vous voudrez bien nommer dans votre sein six membres, qui, adjoints aux vingt-quatre commissaires des sections, se transporteront chez le ministre de la guerre, à l'effet d'y discuter d'une manière avantageuse pour les intérêts de la République tous les travaux et matières nécessaires à la fabrication des armes.

Les membres du Comité de salut public,

Laz. CARNOT; C.-A. PRIEUR; B. BARÈRE; THURIOT; PRIEUR, député de la Marne.

(Orig., Arch. nat., DXLII, carton 1.)

PARIS, 29 AOÛT 1793.
LE MINISTRE DE LA GUERRE BOUCHOTTE AU COMITÉ DE SALUT PUBLIC.

Analyse. — 1° En réponse à la lettre du 26 août (cf. p. 43) sur le général O'Meara, il demande qu'on rétablisse les commissaires aux armées. (Orig., Arch.

sait de quatorze membres et était divisé en deux sections, l'une chargée d'examiner toutes les demandes, et l'autre de contrô-ler toutes les inventions. Carnot en avait fait partie, avant d'entrer au Comité de salut public.

de la guerre, armée du Nord. — Voir le texte de cette lettre à la page 44, note 3.) — 2° Envoi d'une lettre du citoyen Houel, chargé du transport des 30,000 hommes qui devaient être tirés des armées du Rhin et de la Moselle pour renforcer celle du Nord. Il paraît que ces forces ne dépassent pas 22,000 hommes. «Ceci va contrarier le général Houchard, qui comptait sur 30,000.» (Orig., Arch. de la guerre, armée du Rhin.)

PARIS, 29 AOÛT 1793.

LE MINISTRE DE LA MARINE D'ALBARADE AU COMITÉ DE SALUT PUBLIC.

Analyse. — Il l'informe que les subsistances destinées à l'armée navale et à celle d'Italie, ainsi qu'aux départements du Var et des Bouches-du-Rhône, ont été saisies sur le Rhône par le général Carteaux, sur les ordres du représentant Albitte.

(Analyse, Arch. de la guerre, reg. C du Comité de salut public. p. 427.)

PARIS, 29 AOÛT 1793.

LE GÉNÉRAL RONSIN AU COMITÉ DE SALUT PUBLIC.

Paris, le 29 août 1793, l'an II de la République une et indivisible.

RONSIN AUX CITOYENS REPRÉSENTANTS COMPOSANT LE COMITÉ DE SALUT PUBLIC.

Je vous envoie, citoyens, le plan tracé pour l'attaque des rebelles sur tous les points [1], et je pense que l'avantage que présentent ces dispositions vous fera sentir le nécessité de révoquer l'arrêté qui enjoignait à l'armée de Mayence de se porter à Nantes. Bourbotte [2] a dû vous exposer tous les dangers qui résulteraient d'une pareille mesure, et je reçois à l'instant des représentants Merlin et Reubell une lettre qui m'annonce que le général de brigade Joly [3] a été envoyé par eux près

---

[1] Le plan de campagne, daté de Tours, le 25 août 1793, et signé par Ronsin, est joint à la lettre.

[2] Pierre Bourbotte, né à Vaux (Yonne) le 5 juin 1763, député de l'Yonne à la Convention, décapité à Paris le 16 juin 1795.

[3] Thomas Joly, né à Bayonne (Basses-Pyrénées) le 10 août 1748, fils d'un huissier au sénéchal de Bayonne, soldat au régiment d'Auxerrois le 17 septembre 1775, sergent le 1er janvier 1776, quartier-maître

trésorier le 1er novembre 1782, capitaine le 15 septembre 1791, chevalier de Saint-Louis le 18 décembre 1791, chef du 4e bataillon de la formation d'Orléans le 24 mai 1793, général de brigade provisoire le 15 juin 1793, confirmé le 30 juillet suivant, suspendu le 18 septembre 1793, réintégré comme chef de bataillon le 4 floréal an III (23 avril 1795), administrateur et vice-président de la ville de Dreux (Eure-et-Loir) de l'an IV à l'an VIII, retraité comme chef de bataillon le 28 ven-

de vous, à l'effet de vous inviter à donner contre-ordre sur la marche de l'armée de Mayence [1].

Le général,

Ronsin.

(Orig., Arch. de la guerre, armée des Côtes de la Rochelle

GAVRELLE, 29 AOÛT 1793.

LE GÉNÉRAL HOUCHARD AU COMITÉ DE SALUT PUBLIC.

Au quartier général de Gavrelle, le 29 août 1793, l'an 1 de la République française.

LE GÉNÉRAL EN CHEF HOUCHARD
AUX REPRÉSENTANTS DU PEUPLE COMPOSANT LE COMITÉ DE SALUT PUBLIC.

J'ai effectué, citoyens représentants, la diversion dont je vous avais parlé dans ma dernière dépêche avec un corps de 15,000 hommes, les seules troupes disponibles que j'aie pu ramasser aux environs de Lille [2]. J'ai attaqué tous les postes avancés de l'ennemi ; les villages de Roncq, Tourcoing, Roubaix, Wattrelos et Lannoy ont été attaqués par nos troupes à 5 heures du matin. Tous ces postes ont été emportés après des fusillades terribles. Le poste de Tourcoing était le principal ; ce gros village, enveloppé de bois épais et auquel on ne peut arriver que par une chaussée sur laquelle l'ennemi avait fait des retranchements garnis d'artillerie, renfermait 4,500 hommes d'infanterie hollandaise, dont deux régiments suisses. L'attaque s'en est faite en tirailleurs et a duré quatre heures. Nous y avons été cruellement maltraités, le fourré du bois et des haies ne nous permettant pas de joindre l'ennemi. Nous avons eu près de 400 blessés, sans compter les morts que je ne connais pas encore. L'ennemi doit avoir considérablement perdu.

L'attaque de Tourcoing étant extrêmement longue, le camp de Menin a eu le temps de se porter sur Roncq et de le reprendre ; un bataillon du Finistère, en se retirant, a lâchement abandonné ses pièces et canons. Nous avons pris un obusier dans Tourcoing. Une fausse attaque a été dirigée de Pont-à-Marcq sur le camp de

---

tôse an VII (18 mars 1799), maire de Dreux en 1801, chevalier de la Légion d'honneur, mort à Paris le 9 janvier 1820. Le général Joly avait fait les campagnes d'Amérique de 1778 à 1783 et y avait reçu deux blessures, l'une à l'attaque de Sainte-Lucie le 18 décembre 1778, et l'autre à la surprise de Saint-Eustache le 2 juin 1781.

[1] Le 14 septembre suivant Ronsin et les commissaires nationaux écrivaient de Saumur au ministre de la guerre pour accuser Joly de mollesse et de mauvais vouloir dans l'affaire du 12 septembre et conclurent en ces termes : « Nous croyons que cet homme ne peut pas être employé dans les armées de la République. » (Orig., Arch. adm. de la guerre, dossier Joly.) Sur cette dénonciation Joly fut suspendu le 18 septembre.

[2] Cf. Foucart et Finot, *La défense nationale dans le Nord*, II, 32 et suiv.

Cisoing. Nos troupes avaient commencé à y avoir du succès; mais s'étant laissés épouvanter par la cavalerie ennemie, nous avons eu le malheur de perdre trois pièces de canon.

Après la prise de Tourcoing, je comptais rassembler toutes mes colonnes et marcher sur le camp de Menin; mais les troupes se sont livrées dans le village de Tourcoing à un tel excès de pillage et d'ivrognerie, qu'il m'a été impossible de rien faire et que j'ai été forcé de me retirer sur Mouveaux, dans la crainte que l'ennemi, ne revenant en force, ne me trouvât dans ce désordre épouvantable. Si les troupes, commandées par le général de brigade Dupont[1], avaient écouté sa voix, elles auraient eu un succès complet; mais, après avoir emporté le village à la baïonnette, la vue de deux pelotons de cavalerie les a mis en désordre et les a fait retirer, de sorte qu'il a fallu recommencer l'attaque. Plusieurs corps se sont fort bien conduits. Le ci-devant régiment d'Auxerrois, après avoir entré dans le village par la droite, en est sorti pour se mettre en bataille. Je prendrai des connaissances exactes de la conduite particulière de tous les corps, afin de vous en rendre compte.

Je vous le déclare, citoyens représentants, si dès l'instant il n'est pas pris des moyens sûrs et prompts de réprimer le brigandage et faire renaître la discipline et l'obéissance, il est impossible de conduire les troupes à la victoire. Les dragons et un des représentants du peuple, qui travaillaient avec moi pour empêcher le pillage et faire sortir les troupes du village, ont été couchés en joue par des volontaires. Assignats, lits, meubles de toute espèce ont été enlevés, malgré mes efforts et ceux des représentants du peuple, dans un village français que nous venions d'arracher des mains des satellites des despotes. Il est indispensable qu'un général en chef, et tout commandant une expédition, puisse former dans l'instant, où il le jugera convenable, un conseil de guerre composé d'un petit nombre d'officiers, sous-officiers et soldats, pour juger et exécuter sur l'heure les pillards et les indisciplinés[2].

[1] Pierre Dupont, né à Chabanais (Charente) le 4 juillet 1765, officier d'artillerie au service de Hollande de 1787 à 1790, sous-lieutenant au 12ᵉ d'infanterie le 21 juillet 1791, capitaine au 24ᵉ le 12 janvier 1792, lieutenant-colonel le 18 septembre 1792, adjudant général chef de brigade le 15 mai 1793, général de brigade provisoire le 26 août 1793, confirmé le 31 octobre 1795, général de division le 2 mai 1797, comte de l'Empire en juin 1808, arrêté après la capitulation de Baylen le 22 septembre 1808, destitué le 1ᵉʳ mars 1812, ministre de la guerre du 13 mai au 3 décembre 1814, destitué par Napoléon le 3 avril 1815, ministre d'État le 19 septembre 1815, retraité le 13 avril 1832, mort à Paris le 7 mars 1840.

[2] Le 2 septembre 1793, Houchard donna les ordres suivants pour essayer de rétablir la discipline (Arch. de la guerre, armée du Nord, reg. XIII bis, fol. 83 v°):

«Il est défendu, sous peine de suspension, aux officiers et sous-officiers de mettre des malles et des ballots sur des chariots; ces voitures ne sont destinées qu'à porter les effets de campement.

«Il est défendu aux femmes de soldats de monter sur lesdites voitures, sous peine d'être barbouillées de noir, promenées à la tête du camp et renvoyées.

«Il est défendu aux soldats de mettre sur les mêmes voitures leurs sacs, marmites, bidons et autres effets de campement, sous peine de quinze jours de garde de camp, et, s'ils récidivent, punis comme

Nous avons fait environ 120 prisonniers, dont 5 officiers. J'en aurais fait plus de deux mille, si j'avais eu un corps de 25,000 hommes. Cette attaque a produit le bon effet de jeter l'épouvante chez les ennemis et de porter le camp de Lille plus en avant pour nous préparer aux grandes attaques que je médite aussitôt que les troupes de la Moselle seront arrivées.

La position actuelle des ennemis demande que je change les projets d'attaque que j'avais médités. Les forces que les ennemis ont portées devant Dunkerque me forcent à diriger ma principale attaque du côté de Menin, pour marcher de là, après avoir passé la Lys, sur le flanc gauche des Anglais du côté d'Ypres. En conséquence je vais poster le plus promptement possible 24,000 hommes d'infanterie et 4,000 de cavalerie, pour organiser une armée de 50,000 hommes, à la tête de laquelle je me mettrai moi-même; les autres 10,000 hommes de l'infanterie de la Moselle et le reste de la cavalerie seront portés sur Maubeuge et Cambrai pour attaquer Cobourg. Telles sont les dispositions générales que je puis vous présenter dans ce moment et qui pourront varier suivant la position de l'ennemi.

Je fais au ministre le tableau du parc d'artillerie. Il est instant qu'il me procure les objets que je lui ai demandés, et qu'il m'envoie surtout 24 pièces de quatre dont je lui ai déjà fait la demande. Je lui écris aussi de m'envoyer de la poudre, des obus de 6 pouces pour Lille et Maubeuge. Que le tout se rende en poste, car la chose presse.

Les derniers rapports qu'on m'a envoyés de Dunkerque disent que l'ennemi a fait sa première parallèle, de sorte qu'il faudrait que sous huit jours je fusse en mesure de pouvoir marcher avec les grandes forces que vous me destinez. Malheureusement le 2ᵉ régiment de carabiniers ne sera pas encore arrivé. Cela me fait beaucoup de peine; s'il y a un moyen de le faire avancer plus vite, je prie le ministre de l'employer. Je lui recommande de tâcher de m'envoyer au moins 3,000 chevaux d'artillerie. Nous avons beaucoup de pièces qui ne peuvent marcher, faute de chevaux. On estime à 50,000 hommes les troupes qui sont devant Dunkerque et Bergues. Quant à Cobourg, il tient toujours la forêt de Mormal et enveloppe le Quesnoy [1].

désobéissant aux ordres donnés par le général en chef.

« Les bataillons ne pourront avoir, sous aucun prétexte, plus de cinq voitures des charrois à leur suite, et il est défendu expressément aux chefs de donner des réquisitions pour avoir des voitures. Les chefs seront responsables en leur propre et privé nom, et, s'il s'en trouve plus de cinq, le chef payera 36 livres par jour au profit de l'administration des charrois.

« Les officiers de l'armée ne pourront plus prendre individuellement leur viande ; elle doit être délivrée à tous les officiers de la même compagnie ensemble. L'administration des viandes est autorisée à la leur refuser. On donnera une garde suffisante à l'administration. »

[1] Le 30 août, le ministre de la guerre Bouchotte invita Houchard à réprimer le brigandage des troupes et à secourir Dunkerque au plus tôt : « Secourez Dunkerque, ne laissez pas tomber cette clef importante de la mer dans les mains de nos ennemis. Détruisez leurs magasins, leurs munitions, enfin faites échouer leur campagne, et qu'ils n'hivernent pas sur notre territoire. Ayez un succès, et les ennemis se détruisent d'eux-mêmes, les alliés se dispersent et la paix est demandée par le peuple anglais. » (Minute, Arch. de la guerre, armée du Nord.)

Les Prussiens font beaucoup de mouvements; on dit qu'ils vont en Alsace, mais je me défie de ces ruses et je n'y crois pas encore. Les Hollandais sont environ au nombre de 20,000 hommes devant Menin et ces parages-là.

Lorsque j'ai reçu les dépêches du ministre concernant le général O'Meara, une de mes dépêches a dû lui dire les moyens que j'avais pris pour le remplacer. Cependant, comme les ordres pour Souham n'étaient signés que par Berthelmy, le conseil de guerre a jugé à propos de ne pas reconnaître Souham comme commandant de la place. En conséquence, hier matin, j'ai expédié de nouveaux ordres au général Souham avec ordre au général Jourdan de faire arrêter O'Meara, s'il ne sortait pas de Dunkerque. Une heure après l'expédition de cet ordre est arrivée la lettre de suspension d'O'Meara que j'ai envoyée au général Jourdan pour la lui faire tenir. J'espère que ces mesures vous tranquilliseront et que Dunkerque sera vaillamment défendu [1].

Comme il n'y avait pour ingénieur dans cette place que le citoyen Farconet, j'y ai envoyé ce matin Casimir Poitevin [2], qui est un jeune officier plein d'intelligence et de bravoure, et que je recommande au ministre.

---

[1] Le 30 août le général Berthelmy écrivit la lettre suivante à Souham (copie certifiée par Souham, Arch. nat., W 296, n° 250) :

Quartier général de Gavrelle,
le 30 août 1793, l'an II de la République.

« *Au citoyen Souham, général de brigade.*

« Je vous adresse, mon cher Souham, une lettre que vous fermerez et que vous remettrez au général O'Meara, s'il était encore à Dunkerque. Sa présence dans votre ville étant absolument inquiétante, vous lui ordonnerez d'en sortir sur-le-champ; et, à la moindre difficulté que vous éprouveriez, je vous donne l'ordre de le faire conduire à Paris sur-le-champ par la gendarmerie nationale. Que faites-vous en ce moment? L'ennemi a-t-il fait des progrès? Vos troupes sont-elles disposées comme vous, c'est-à-dire à une vigoureuse défense? Souvenez-vous que, sous aucun prétexte, vous ne devez vous rendre, qu'il n'y a aucune raison pour que vos troupes et vous surviviez à la prise de la place de Dunkerque. Avec ce dévouement, l'ennemi n'obtiendra rien, et il faut vous y résoudre. Tous les yeux de l'armée, tous ceux de la République sont fixés sur vous et votre garnison; nous marchons à votre secours, et vous ne tarderez pas à entendre notre canon. Quand vous l'entendrez ronfler, c'est alors qu'il faudra redoubler d'audace et, de concert avec nous, tomber sur l'ennemi à corps perdu. Écrivez-nous; vos lettres nous trouveront en route. Je vous embrasse.

« BERTHELMY. »

Le même jour, le général Souham fit une proclamation pour annoncer aux membres du conseil général de la commune de Dunkerque qu'il allait prendre des mesures vigoureuses pour rétablir la discipline parmi les troupes. Le maire Emmery invita, de son côté, les citoyens de se conformer aux ordres du général. (Impr., Arch. de la guerre, armée du Nord.)

[2] Jean-Étienne-Casimir Poitevin, né à Montpellier (Hérault) le 14 juillet 1772, élève sous-lieutenant du génie à l'école de Mézières le 12 février 1792, lieutenant le 15 février 1793, capitaine le 1er juin 1793, chef de bataillon provisoire le 27 août 1794, confirmé le 17 janvier 1795, chef de brigade le 7 juin 1797, sous-directeur des fortifications le 28 mars 1800, directeur le 24 novembre 1801, officier de la Légion d'honneur le 14 juin 1804, général de brigade le 25 décembre 1805, baron le 18 mars 1808, lieutenant général le 26 avril 1814, commandeur de la

J'ai représenté au ministre que les bataillons, surtout ceux de volontaires, n'attachent aucun intérêt à leurs pièces de canon, et qu'ils les abandonnent souvent à l'ennemi sans les défendre. Il faut prendre là-dessus les moyens les plus violents et attacher une marque de déshonneur à tout bataillon qui aurait laissé prendre ses canons par l'ennemi. Comme cette conduite lâche tient principalement à la conduite des officiers, il faudrait destituer le chef et les capitaines de tous les bataillons qui n'auraient pas défendu leurs canons et ne les auraient pas disputés avec acharnement à l'ennemi.

Le général en chef des armées du Nord et des Ardennes,

HOUCHARD.

(Orig., Arch. de la guerre, armée du Nord.)

16. PARIS, 3o AOÛT 1793 [1].

LE COMITÉ DE SALUT PUBLIC AUX REPRÉSENTANTS PRÈS L'ARMÉE DU NORD [2].

Paris, le 3o août 1793, l'an II de la République française.

LES REPRÉSENTANTS DU PEUPLE MEMBRES DU COMITÉ DE SALUT PUBLIC
AUX REPRÉSENTANTS DU PEUPLE ENVOYÉS PRÈS L'ARMÉE DU NORD.

Nous avons reçu, citoyens nos collègues, vos deux lettres écrites d'Arras en date du 2o août. Par la première, vous nous donnez des avis utiles sur Custine, neveu du général; par la seconde, vous nous envoyez votre arrêté du 19 courant relatif aux mesures que vous avez cru devoir prendre pour ne pas laisser les armées manquer de subsistances. Il serait difficile de ne pas approuver vos soins à surveiller les hommes qui peuvent devenir suspects et à pourvoir aux besoins des citoyens qui se dévouent au salut de la patrie.

Les membres du Comité de salut public,

LAZ. CARNOT, C.-A. PRIEUR.

(Orig., Arch. dép. du Nord, L, liasse 1411. — Publ. par MM. Foucart et Finot, II, 37.)

Légion d'honneur le 23 août 1814, vicomte de Maurcillan le 17 août 1822, grand-officier de la Légion d'honneur le 23 mai 1825, mort à Metz le 19 mai 1829.

[1] Le nom de Carnot ne figure pas parmi les présents au Comité. (Cf. Aulard, VI, 184.) Cependant on trouve à cette date deux arrêtés écrits par lui : 1° payement de 160 livres au citoyen Berkem; 2° autorisation donnée à la Trésorerie d'échanger les assignats démonétisés qui se trouveraient dans les caisses des corps militaires.

[2] Hentz et Duquesnoy. — Cette lettre ne figure pas dans le recueil de M. Aulard.

17. PARIS, 30 AOÛT 1793.

LE COMITÉ DE SALUT PUBLIC AU MINISTRE DE LA GUERRE BOUCHOTTE.

Paris, le 30 août 1793, l'an II de la République française.

Nous vous renvoyons ci-jointe, citoyen ministre, une lettre des membres du comité de sûreté générale de la commune de Maubeuge, qui nous dénoncent comme gens suspects le général de division Gudin [1] et plusieurs officiers du 38ᵉ régiment d'infanterie campés près de cette ville [2].

Les membres du Comité de salut public
chargés de la correspondance,

Laz. CARNOT, C.-A. PRIEUR, THURIOT.

(Orig., coll. de M. Étienne Charavay.)

SARREBRUCK, 30 AOÛT 1793.

LE GÉNÉRAL BALTHAZAR SCHAUENBURG AU COMITÉ DE SALUT PUBLIC.

Analyse. — Il va ordonner l'arrestation du chef du 102ᵉ régiment, dont la

[1] Étienne Gudin, né à Ouroux (Nièvre) le 15 octobre 1734, fils d'un conseiller du roi en l'élection de Château-Chinon, soldat au régiment d'Artois le 1ᵉʳ octobre 1752, sergent le 1ᵉʳ avril 1756, lieutenant le 6 mars 1757, sous-aide-major le 1ᵉʳ février 1763, aide-major le 7 juin 1765, ayant rang de capitaine le 20 avril 1768, capitaine commandant le dépôt des recrues en 1776, capitaine de la compagnie colonelle le 29 mai 1778, chevalier de Saint-Louis le 1ᵉʳ mai 1780, capitaine de chasseurs le le 20 août 1780, capitaine de grenadiers dans le régiment d'Artois le 14 juin 1786, major du régiment des grenadiers royaux de la Normandie le 3 février 1788, réformé la même année, commandant la garde nationale de Montargis en août 1789, lieutenant-colonel commandant le 1ᵉʳ ba-

taillon des volontaires du Loiret le 9 octobre 1791, général de brigade le 27 mai 1793 et de division le 22 juillet suivant, arrêté en septembre 1793 et détenu quatorze mois, autorisé à prendre sa retraite le 8 vendémiaire an IV (30 septembre 1795), mort à Saint-Maurice-sur-Aveyron (Loiret) le 23 septembre 1820. Le général Gudin avait fait les campagnes de Portugal en 1762 et 1763 et celle d'Amérique en 1783. (Cf. Arch. adm. de la guerre et Arch. nat., AF II 309.)

[2] En tête on lit ces mots de la main de Bouchotte :

«Répondu au Comité que j'écris à Houchard pour relever Gudin et que j'ai déjà mandé ici les officiers du 38ᵉ qui sont un objet de discorde.

«Écrire à Houchard que Gudin demande

conduite a amené l'échec du 20 août au Ketterich [1]. Le 27 août, l'avant-garde du corps des Vosges a canonné à deux heures du matin le camp ennemi sur les hauteurs de Deux-Ponts, et l'affaire s'est terminée à notre avantage.

(Orig., Arch. de la guerre, armée de la Moselle.)

ARRAS, 3o AOÛT 1793.
LE GÉNÉRAL BRUNE [2] AU COMITÉ DE SALUT PUBLIC.

Analyse. — Il annonce son arrivée à Arras. Cette place est sans défense, et le commandant Tricotel [3] est peu propre à remplir ses fonctions. Le général Duval [4] paraît désireux d'obtenir un emploi à l'intérieur, à cause de ses anciens rapports avec Dumouriez. Les employés aux vivres sont suspects d'espionnage au profit des Autrichiens.

(Analyse, Arch. de la guerre, reg. du Comité de salut public, C, p. 44o.)

DUNKERQUE, 3o AOÛT 1793.
L'ADJUDANT GÉNÉRAL HOCHE AU COMITÉ DE SALUT PUBLIC.

Dunkerque, 3o août 1793, l'an 1 de la République une et indivisible.

L'ADJUDANT GÉNÉRAL HOCHE AUX MEMBRES COMPOSANT LE COMITÉ DE SALUT PUBLIC.

Le Comité a dû recevoir dernièrement la lettre que lui envoya le général Souham, commandant à Dunkerque. Depuis cette lettre, la garnison est augmentée d'environ 2,600 hommes, ce qui la porte à 8,000.

à n'être plus chargé du commandement de la division de Maubeuge; que Ihler ne peut pas davantage en être chargé, parce qu'il ne réunit pas une assez grande confiance, qu'il envoie quelqu'un pour relever Gudin qui soit bien prononcé en courage et en patriotisme. Faites partir cette lettre avec le courrier d'Houchard.»

En effet, Bouchotte invita, le 3 septembre, Houchard à remplacer Gudin par un général courageux et actif, mais non par Ihler, qui ne réunit pas une assez grande confiance. (Arch. de la guerre, armée du Nord.)

[1] Cf. A. Chuquet, *Wissembourg*, p. 1oo.

[2] Guillaume-Marie-Anne Brune, né à Brive (Corrèze) le 13 mars 1763, imprimeur et publiciste, adjudant-major du 2e bataillon de Seine-et-Oise en décembre 1791, adjoint aux adjudants généraux le 5 septembre 1792, adjudant général colonel surnuméraire le 16 octobre 1792, général de brigade le 18 août 1793 et de division le 17 août 1797, confirmé dans ce dernier grade le 7 novembre 1797, maréchal de l'Empire le 19 mai 18o4, assassiné par les royalistes à Avignon le 2 août 1815.

[3] Cf. t. II, p. 44.

[4] Cf. t. I, p. 123.

Si l'on examine que la garnison a deux forts à garder qui sont très éloignés de la place, qu'en outre elle doit garder un poste extérieur éloigné d'une lieue, qu'elle doit pourvoir à la sûreté du port et qu'enfin le développement des fortifications est plus considérable que ne l'est celui de Lille, que cette place n'a que de fort mauvais ouvrages et qu'en plusieurs endroits le fossé n'est même pas revêtu, l'on se convaincra que, sans un nombreux secours, elle ne pourra résister longtemps aux efforts des nombreux ennemis qu'elle a devant elle. Cette place est de la plus grande importance, son artillerie est considérable, sa perte pourrait entraîner celle de Bergues, qui serait suivie de celle de Gravelines, place forte, mais qui n'est point armée [1].

Le Comité peut attendre de la part de la garnison la plus vigoureuse résistance. La place sera brûlée avant d'être rendue, mais nous avons à craindre d'être forcés par un assaut qui s'effectuerait à marée basse. Citoyens, qui voulez sauver la République, veillez sur ce point. Je n'aurai point à me reprocher de n'avoir point fait mon devoir, mais je ne puis offrir à mon pays que mon travail et ma vie qui, dans tous les cas, sera vendue bien chèrement.

L'adjudant général,

L. HOCHE.

(Orig., Arch. de la guerre, armée du Nord.)

18. PARIS, 31 AOÛT 1793 [2].

LE COMITÉ DE SALUT PUBLIC AU MINISTRE DE LA GUERRE BOUCHOTTE.

Analyse. — Il le prie d'examiner un plan de défense générale de la France présenté par le citoyen Closquinet [3].

(Orig. sig. par Carnot, Prieur de la Marne et C.-A. Prieur, Arch. de la guerre, corr. générale.)

---

[1] Cf. le procès-verbal du conseil général de la commune de Dunkerque, dans Foucart et Finot, II, 78.

[2] Le nom de Carnot ne figure pas parmi les présents au Comité. (Cf. Aulard, VI, 201.) Cependant on trouve à cette date trois arrêtés écrits par lui : 1° achats de bœufs en pays étranger pour le service des armées; 2° autorisation au ministre de la guerre de faire faire 300,000 redingotes pour les troupes; 3° fixation du minimum des salaires pour les ouvriers de la manufacture d'armes de l'île de la Fraternité (ci-devant Saint-Louis). — Carnot rédige aussi le même jour deux décrets de la Convention : 1° Changement de termes dans l'article 7 du décret du 25 août pour l'exploitation des salpêtres; 2° Autorisation donnée au ministre des travaux publics de nommer un quatrième régisseur général des poudres et salpêtres. (Orig. aut. sig., Arch. nat., C 264.)

[3] La lettre du citoyen Closquinet au Comité de salut public est datée de Paris, le 19 août 1793. Le plan de défense générale de la France, présenté par lui, y est joint. (Orig., Arch. de la guerre, corr. gén.)

19. PARIS, 31 AOÛT 1793.

LE COMITÉ DE SALUT PUBLIC AU REPRÉSENTANT LEGOT [1],

MEMBRE DU COMITÉ DE LA GUERRE.

Analyse. — Il serait difficile de ne pas se rendre à la proposition qu'il a faite d'employer l'obus et la bombe à ricochet contre la cavalerie ennemie. « L'usage en a paru des plus utiles. Nous vous prévenons que déjà l'on travaille avec activité à la confection de cette espèce d'arme [2]. »

(Minute, Arch. nat., AF ii 238.)

---

20. PARIS, 1er SEPTEMBRE 1793 [3].

LE COMITÉ DE SALUT PUBLIC AU MINISTRE DE LA GUERRE BOUCHOTTE.

Analyse. — Envoi d'une copie de la lettre des représentants à l'armée du Nord, relative au commissaire ordonnateur Petitjean [4].

(Minute, Arch. nat., AF ii 238.)

---

[1] Alexandre Legot, né à Falaise (Calvados) le 21 octobre 1747, homme de loi, député du Calvados à la Convention et au Conseil des Cinq-Cents, exclu après le 18 brumaire, avoué près le tribunal de cassation, mort en 1813.

[2] La lettre de Legot au Comité est datée de Paris, 18 août 1793. Il y expose les terribles effets de l'obus, dont les ennemis ont fait contre nous, dans cette guerre, un usage si efficace. « Eh bien! dit-il, nous n'avons pas daigné les imiter. Est-ce par une criminelle insouciance? Est-ce par trahison? Ces deux motifs pourraient s'être réunis aux mille et un moyens qu'on emploie journellement pour étouffer notre liberté naissante. Si cependant une des parties belligérantes avait besoin de faire usage de cette invention, ce serait certainement nous, puisque le motif de la supériorité actuelle de nos ennemis vient de leur innombrable cavalerie, et que l'obus

est l'arme la plus meurtrière qu'on puisse employer contre une troupe à cheval. Ce n'est pas le tout : personne n'ignore que la bombe à ricochet met en déroute la cavalerie la plus ferme et la mieux disciplinée, et nous avons négligé d'en faire usage...» (Orig., Arch. nat., AF ii 238.) — En marge du résumé de cette lettre, Carnot a écrit : « Répondre qu'on travaille avec activité à la confection des armes proposée. »

[3] Carnot est présent à la séance du Comité. (Cf. Aulard, VI, 215.) On trouve un arrêté écrit par lui pour mettre 60,000 livres à la disposition de la ville d'Aire, menacée par l'ennemi. — Carnot rédige aussi le décret de la Convention du 1er septembre enjoignant aux représentants du peuple près les armées de nommer des commissaires pour remplir les fonctions des administrations des villes investies par l'ennemi. (Orig. aut., Arch. nat., C 268.)

[4] Collombel et Le Tourneur avaient

21. PARIS, 1ᵉʳ SEPTEMBRE 1793 [1].

LE COMITÉ DE SALUT PUBLIC À PHILIPPEAUX [2].

Citoyen collègue,

Le Comité n'a pas été peu surpris du ton d'aigreur et de reproche avec lequel vous lui manifestez vos soupçons, vos craintes et vos vœux [3]. Si tel était le caractère de nos communications réciproques, bientôt le concours de nos efforts ne présenterait qu'une lutte fâcheuse qui substituerait les résultats de la mésintelligence à ceux d'une heureuse et nécessaire harmonie.

Le Comité n'a rien changé aux plans proposés le 23 [4]. Il pense que l'armée de Mayence doit être aux ordres du général Canclaux [5],

écrit d'Arras, le 25 août 1793, au Comité pour l'avertir qu'ils avaient maintenu dans ses fonctions le commissaire-ordonnateur Petitjean, destitué par le ministre de la guerre. En marge se trouve cette annotation autographe de Carnot : «A communiquer au ministre de la guerre. Répondre que le ministre a nommé Pinthon, commissaire ordonnateur, pour remplacer Petitjean.» Une lettre conforme fut envoyée aux représentants le 1ᵉʳ septembre. (Arch. nat., AF ɪɪ 238.)

[1] La pièce est sans date, mais Philippeaux dit, dans son *Compte rendu*, 3ᵉ partie, p. 31, qu'elle était du 1ᵉʳ septembre.

[2] Pierre Philippeaux, né à Ferrières (Seine-Inférieure) le 9 novembre 1754, avocat, député de la Sarthe à la Convention, décapité à Paris le 5 avril 1794.

[3] La lettre de Philippeaux au Comité, datée de Tours, le 30 août 1793, trois heures de l'après-midi, contenait des plaintes véhémentes sur le changement du plan de campagne du 23 août. «Depuis ma dernière missive, écrivait-il, expédiée par le courrier ordinaire, une lettre de Ronsin nous annonce que, cédant aux observations de Bourbotte, vous avez changé de fond en comble le plan de campagne du 23. J'ignore si Bourbotte a su descendre jusqu'à protéger une ligue infâme qui vous

déshonore et perdra la République; mais, en tous cas, votre rétractation, si elle existe, ne peut que vous compromettre essentiellement et vous faire soupçonner même de vouloir favoriser nos ennemis, qui certes, dans cette hypothèse, auraient tout l'avantage. Si c'est un mensonge de Ronsin, il est bien barbare à lui de consterner tous les hommes de bien qui veulent sincèrement sauver leur patrie. Cette nouvelle nous a pétrifiés, comme si on nous eût appris la perte de deux batailles... Si elle est réelle, vous pouvez dire adieu à la ci-devant Bretagne. Les patriotes, qui avaient poussé des cris d'allégresse lorsqu'ils voyaient l'armée de Mayence descendre vers eux, vont être glacés d'indignation et de désespoir. Les fédéralistes, les fanatiques et les aristocrates vont triompher. Vous pouvez concevoir dans quel abîme vous auriez plongé toutes les contrées occidentales de la République...» (Cf. Aulard, VI, 193.)

[4] Cf. Chassin, *La Vendée patriote*, III, 19.

[5] Cette phrase est de la main de Carnot. — Jean-Baptiste-Camille de Canclaux, né à Paris le 2 août 1740, fils d'un conseiller au grand Conseil, volontaire au régiment de Fumel-Cavalerie le 1ᵉʳ juin 1756, cornette le 1ᵉʳ février 1757, rang

mais il n'a pas dû s'attacher assez à une opinion isolée pour lui sacrifier des opinions contraires qui méritaient aussi de sa part de grandes
considérations. Nous avons donc jugé convenable qu'il y eût à Saumur
une réunion des représentants du peuple pour concerter et arrêter
définitivement les mesures qui doivent enfin rétablir le règne de la
liberté dans cette partie de la République [1].

Vous concevez comme nous, citoyen collègue, que le meilleur plan
sera celui qui, formé par l'amour de la liberté, sera exécuté avec un
concert plus parfait [2].

(Minute avec corrections autographes de Carnot, Arch. nat., AF ɪɪ 267. — Publ. par Aulard, VI, 94.)

PARIS, 1ᵉʳ SEPTEMBRE 1793.

LE MINISTRE DE LA GUERRE BOUCHOTTE AU COMITÉ DE SALUT PUBLIC.

Analyse. — Il a reçu communication de la lettre anonyme arrivée de l'armée
de la Moselle et signalant les vices de la composition des avant-gardes. «Il n'est
pas étonnant qu'il y aït des recrues dans les corps qui servent aux avant-gardes,
puisque l'on en a versé dans tous les corps des armées; mais les chefs doivent les

de capitaine le 30 mai 1760, réformé en
avril 1763, aide-major le 11 avril 1763,
major du régiment de Conti-Dragons le
12 décembre 1768, rang de mestre de
camp le 26 janvier 1773, chevalier de
Saint-Louis le 3 mars 1774, brigadier
le 1ᵉʳ janvier 1784, maréchal de camp le
10 mars 1788, lieutenant général le 7 septembre 1792, commandant en chef de
l'armée des Côtes le 10 avril 1793, suspendu le 10 vendémiaire an ɪɪ (1ᵉʳ octobre
1793), réintégré et nommé commandant
en chef de l'armée de l'Ouest le 17 vendémiaire an ɪɪɪ (8 octobre 1794), cesse
ses fonctions le 12 fructidor an ɪɪɪ (29 août
1795), autorisé à prendre sa retraite le
24 vendémiaire an ɪᴠ (16 octobre 1795),
commandant la 14ᵉ division militaire le
14 frimaire an ᴠɪɪɪ (5 décembre 1799),
inspecteur général de cavalerie le 5 thermidor an ɪx (24 juillet 1801), membre de
la Légion d'honneur le 19 frimaire an xɪɪ
(11 décembre 1803) et commandant le

25 prairial (14 juin 1804), sénateur le
30 vendémiaire an xɪɪɪ (22 octobre 1804),
commandant des gardes nationales des départements de la Seine-Inférieure et de la
Somme, comte de l'Empire en mars 1808,
commissaire extraordinaire dans le département d'Ille-et-Vilaine le 26 décembre
1813, pair de France le 4 juin 1814,
commandeur de l'ordre de Saint-Louis le
23 août 1814, pair de France le 2 juin
1815, refuse ce poste, rayé par ordonnance du 24 juillet 1815, mais reprend
son siège le 10 août suivant, mort à Paris
le 27 décembre 1817.

[1] La réunion des représentants et des
généraux eut lieu à Saumur le 2 septembre 1793. (Cf. Savary, *Guerres des Vendéens et des Chouans*, II, 90, Aulard, VI,
262, et Chassin, *La Vendée patriote*, III,
23.)

[2] Cf. dans Aulard, VI, 263, la réponse
de Philippeaux en date de Saumur, le
3 septembre 1793.

faire exercer et instruire, et ne les jamais placer dans des postes importants. Je vais recommander la plus grande attention et la plus grande surveillance. J'en avais déjà écrit circulairement, il y a un mois, aux généraux des armées. »

(Orig., Arch. de la guerre, armée du Nord.)

1er SEPTEMBRE 1793.

LE GÉNÉRAL HOUCHARD AU MINISTRE DE LA GUERRE BOUCHOTTE.

LE GÉNÉRAL EN CHEF AU CITOYEN MINISTRE DE LA GUERRE [1].

Je vous rends compte, citoyen ministre, des événements arrivés depuis ma dernière dépêche: les ennemis, bien décidément, ont divisé leurs forces en deux grands corps d'armée, dont l'un agit sur la Flandre maritime et l'autre sur les places du Hainaut.

Le rapport ci-joint du général Ihler vous fera voir qu'il a été forcé d'évacuer la forêt de Mormal et de se retirer par Avesnes sur Maubeuge, comme je lui avais donné l'ordre de le faire, au cas qu'il fût forcé de faire sa retraite. En effectuant cette retraite, il a jeté dans Landrecies la garnison nécessaire à sa défense. Le commandant de cette place ne m'avait rendu aucun compte des objets qui peuvent lui manquer; je n'ai pu donc les lui faire fournir; la poudre y est en petite quantité, mais vous savez que cette espèce de munition manque totalement dans cette partie de la frontière.

Les ennemis ont aussi fait des attaques multipliées du côté de Lille; plusieurs actions ont eu lieu dans cette partie, où les troupes de la République ont toujours eu l'avantage sur celles des tyrans. Le dernier combat, dont vous verrez le détail dans le rapport du général Jourdan que je vous envoie, aurait été une des actions les plus brillantes, si nos troupes, au sein de la victoire, avaient resté fermes et disciplinées. Ce fatal exemple d'une terreur panique qui s'empara des esprits au milieu des succès est la cause de presque toutes les défaites que nous éprouvons. Combien il est douloureux de voir passer dans les mains des ennemis notre superbe artillerie que celle prise sur eux ne peut pas remplacer, à cause de la différence des calibres des boulets! Il faut que nous la reconquérions; et j'espère que les troupes qui l'ont abandonnée répareront ce malheur. Je vais faire filer du côté de Lille une autre division, afin que si décidément Dunkerque est menacé, comme cela est probable, nous ayons une armée capable non seulement de résister, mais de battre les ennemis. Nous étions extrêmement faibles dans cette partie de la Flandre maritime : depuis Bailleul jusqu'à Dunkerque, la masse totale ne va pas, y compris les garnisons, à plus de 17,000 hommes, et vous savez que Dunkerque ne peut être considéré que comme un camp retranché à la défense duquel il faut beaucoup de troupes.

---

[1] On lit en tête ces mots autographes de Bouchotte : « Secrétariat. Faites à l'instant une copie pour le Comité de salut public. »

La prochaine arrivée des troupes de la Moselle m'a facilité dans l'envoi des troupes nécessaires pour la défense de la Flandre maritime. J'y ai donc envoyé trois divisions : une, commandée par le général Romanet [1], occupe le camp de Mons-en-Pévèle et assure la communication de Douai à Lille; la seconde, commandée par le général Jourdan, se porte sur tous les points menacés pour y combattre l'ennemi. Je ne puis que me louer de la conduite brave et intelligente de ces deux généraux; la troisième va être commandée par le général Landrin; elle se portera entre Dunkerque et Cassel. Dans cet état de choses il me reste peu de monde au camp de Biache, et il est instant que les troupes de la Moselle viennent me recomposer une armée avec laquelle j'espère marcher à la victoire. Je pense que 10,000 hommes d'infanterie et 2,000 hommes de cavalerie venant de la Moselle doivent rester entre Philippeville et Maubeuge pour agir conjointement avec les deux divisions du camp retranché de Maubeuge; les autres 14,000 hommes d'infanterie et 4,000 de cavalerie me joindront au camp de Biache, pour former le corps d'armée que je commanderai particulièrement [2]. Les troupes qui sont dans la Flandre maritime formeront une masse qui agira de ce côté. Telles sont les dispositions que j'entrevois, citoyen ministre, et dont je vous prie de faire part de suite au Comité de salut public, n'ayant pas le temps de lui envoyer une dépêche particulière; j'y joins les deux rapports du général Ihler et du général Jourdan. Je n'ai encore reçu aucuns détails particuliers sur les différentes actions.

Le général en chef de l'armée du Nord et des Ardennes,

HOUCHARD.

P.-S. Il est pressant, citoyen ministre, que vous me fassiez passer avec la plus grande diligence vingt pièces de canon de bataille avec tous leurs accessoires.

(Orig., Arch. de la guerre, armée du Nord.)

---

[1] Joseph Romanet, chevalier du Caillaud, né à Limoges (Haute-Vienne) le 4 décembre 1748, soldat au régiment de Périgord-Infanterie le 1ᵉʳ mai 1764, sous-lieutenant le 18 août 1766, lieutenant le 17 août 1770, lieutenant de la compagnie colonelle le 17 juillet 1774, capitaine en second au régiment de la Marche le 24 juin 1780, chevalier de Saint-Louis le 5 octobre 1788, capitaine-commandant le 22 juin 1789, lieutenant colonel du 45ᵉ régiment d'infanterie le 2 juin 1792, colonel provisoire le 7 avril 1793, général de brigade à l'armée du Nord le 15 mai 1793, suspendu le 15 septembre 1793, réintégré et employé à l'armée de l'intérieur le 13 juin 1795, autorisé à prendre sa retraite le 19 octobre 1795, pensionné le 31 mars 1796, membre de la Légion d'honneur le 4 février 1810 et officier le 12 octobre 1814, mort à Paris le 11 décembre 1829. Le général Romanet avait fait sous l'ancien régime les campagnes de la Martinique de 1769 à 1773, des côtes de Normandie en 1779, et de Belle-Isle en 1781 et 1782.

[2] Houchard, on le voit, comptait sur un renfort de trente mille hommes tirés de l'armée de la Moselle, mais on ne lui en envoya que vingt-deux mille (cf. p. 60).

PARIS, 1ᵉʳ SEPTEMBRE 1793.

L'EX-GÉNÉRAL STENGEL [1] AU COMITÉ DE SALUT PUBLIC.

Des prisons de l'Abbaye, à Paris, ce 1ᵉʳ septembre 1793, l'an ii de la République française.

LE CITOYEN STENGEL, CI-DEVANT GÉNÉRAL DE BRIGADE, AUX CITOYENS REPRÉSENTANTS DU PEUPLE COMPOSANT LE COMITÉ DE SALUT PUBLIC DE LA CONVENTION NATIONALE DE FRANCE.

Citoyens,

Traduit comme général de brigade au tribunal révolutionnaire pour la retraite d'Aix, à laquelle je n'étais qu'agent en sous-ordres, mon innocence a été reconnue par l'unanimité du juré de ce tribunal, et le peuple présent à ma justification y a applaudi avec un enthousiasme dont je puis tirer une démonstration flatteuse de la pureté de mes principes et de ma conduite [2].

Rendu à la liberté avec une sorte de gloire qui m'a dédommagé des humiliations que je devais à l'erreur et à la calomnie, je reçois peu de jours après une lettre du ministre Bouchotte, qui me suspendait de mes fonctions [3]. Cette lettre, qui me plonge dans l'indigence, m'a ravi tous les avantages que j'espérais de trente-trois années de services rendus à la France, et m'éloigne du prix que la nation bien informée m'accordera lorsqu'on lui aura rappelé que c'est moi qui ai eu la plus grande part à la journée du 20 septembre, et que, si les ennemis ont été arrêtés l'année passée en Champagne, c'est principalement aux braves troupes que j'ai commandées que le succès en est dû [4]; et les représentants du peuple ne voudront pas qu'il soit dit qu'un officier qui a conquis pour la République, l'année passée, la ville de Malines [5] avec des effets pour la valeur de 14 millions, est réduit aujourd'hui à l'indigence et, ce qui est pis, qu'il est privé de sa liberté.

Malade et infirme, je traînais ici une existence pénible, espérant cependant que,

[1] Henri-Christian-Michel de Stengel, né à Neustadt (Palatinat) le 11 mai 1744, entré au service de France comme sous-lieutenant au régiment d'Alsace-Infanterie le 13 février 1760, lieutenant le 1ᵉʳ mai 1765, capitaine aux hussards de Chamborant le 11 mai 1769, capitaine commandant le 11 mars 1781, chevalier de Saint-Louis le 9 novembre 1785, chef d'escadron le 20 mai 1788, major des hussards de Chamborant le 15 juin 1788, lieutenant-colonel le 25 juillet 1791, colonel du 9ᵉ dragons le 13 avril 1792 et du 1ᵉʳ hussards le 16 mai suivant, maréchal de camp à l'armée du Nord le 13 septembre 1792, général de division le 13 juin 1795, blessé à la bataille de Mondovi le 21 avril 1796, mort le 28 du même mois. (Cf. Jacques Charavay, *Les généraux morts pour la patrie*, p. 32.)

[2] Stengel avait été arrêté avec le général La Noüe à cause de la déroute d'Aix-la-Chapelle; mais tous deux, renvoyés le 12 avril 1793 devant le tribunal révolutionnaire, avaient été acquittés le 28 mai.

[3] Le 1ᵉʳ juin 1793.

[4] Stengel avait en effet pris une part des plus actives à la bataille de Valmy. (Cf. A. Chuquet, *Valmy*, p. 217, et Étienne Charavay, *Le général Alexis Le Veneur*, p. 56.)

[5] Le 15 novembre 1793.

lorsque ma santé serait rétablie, le ministre aurait pu recueillir des renseignements sur mon compte dans les régiments qui avaient servi sous mes ordres, et
je ne devais pas douter que le témoignage de tant de braves gens le dispose à
m'employer; cette idée me faisait redoubler de soins pour recouvrer ma santé,
lorsque le 31 juillet je fus prévenu que je serais arrêté. Je me suis rendu alors
au Comité de salut public, et de là à la mairie, sans pouvoir apprendre la raison
pourquoi l'orage grondait encore sur ma tête. Dans la nuit de ce même 31 juillet,
je fus arrêté dans mon lit à l'hôtel Grange-Batelière, et les scellés mis sur mes
papiers; et je fus conduit ici, à l'Abbaye, où je vis couvert par l'assurance que
donne la conviction de l'innocence, mais pas moins assiégé par les horreurs et
l'inquiétude d'une détention, dont j'ignore les motifs et le terme.

On m'assure, citoyens, que vous seuls pouvez à cet égard me tirer d'incertitude. Mon innocence est-elle de nouveau attaquée? Qu'on la juge encore; je suis
aussi certain de son second triomphe, que je le suis de l'intégrité des juges. Mais
s'il n'y avait point de plaintes fondées contre moi, je vous supplie, citoyens, au
nom des droits sacrés de l'homme et du citoyen, après que l'on m'a tout ravi,
après avoir été proscrit dans mon pays natal et avoir été mis au ban de l'Empire
pour me punir de ma constance à servir dans les armées de la République, faites-
moi rendre du moins le seul bien qui me reste : la liberté [1].

Le citoyen STENGEL,
ci-devant général de brigade.

(Orig. aut., coll. de M. Étienne Charavay.)

1ᵉʳ SEPTEMBRE 1793.

LE GÉNÉRAL DU MUY [2] AU COMITÉ DE SALUT PUBLIC.

Analyse. — Il est surpris de sa suspension et il fait passer copie des témoignages d'estime et d'attachement de ses frères d'armes.

(Analyse, Arch. de la guerre, reg. C du Comité de salut public, p. 463.)

---

[1] Stengel ne fut réintégré dans son
grade de général de brigade que le 1ᵉʳ mars
1795.

[2] Jean-Baptiste-Louis-Philippe de Félix
d'Ollières, comte du Muy, né à Ollières
(Var) le 25 décembre 1751, neveu du
maréchal du Muy, d'abord comte de Saint-
Maine, chevau-léger surnuméraire le 16 décembre 1766, sous-lieutenant au régiment
de cavalerie Mestre-de-camp le 16 juillet
1769, rang de capitaine le 5 mai 1772,
colonel du régiment de Soissonnais le
29 juin 1775, chevalier de Saint-Louis le
2 avril 1782, brigadier le 1ᵉʳ janvier 1784,
maréchal de camp le 9 mars 1788, commandant en chef en Bretagne le 19 février
1791, lieutenant général le 6 février 1792,
suspendu le 19 août 1793, autorisé à
prendre sa retraite le 7 pluviôse an III
(26 janvier 1795), réintégré le 25 ventôse

22. PARIS, 2 SEPTEMBRE 1793 [1].

LE COMITÉ DE SALUT PUBLIC AU MINISTRE DE LA GUERRE.

Paris, le 2 septembre 1793, l'an II de la République française.

LES REPRÉSENTANTS DU PEUPLE, MEMBRES DU COMITÉ DE SALUT PUBLIC,
AU MINISTRE DE LA GUERRE.

Nous vous adressons, citoyen ministre, une lettre de la société populaire du département de la Seine-Inférieure. Elle expose que chaque commune de ce département a équipé un cavalier, conformément à la loi, que cette troupe est dans ses foyers et qu'elle serait plus utile à nos armées, à celle du Nord par exemple. Nous vous invitons à vérifier le fait et à le prendre en grande considération [2].

Les membres du Comité de salut public,

L. CARNOT, C.-A. PRIEUR, THURIOT,
PRIEUR, député de la Marne.

(Orig., coll. de M. Étienne Charavay.)

an III (15 mars 1795), commandant en chef l'expédition destinée aux Indes occidentales le 22 germinal an III (11 avril 1795), inspecteur général de l'infanterie de l'armée de Sambre-et-Meuse le 13 germinal an IV (2 avril 1796), destitué le 5 brumaire an V (26 octobre 1796), acquitté à Düsseldorf le 13 nivôse an V (2 janvier 1797), réintégré le 7 pluviôse an V (26 janvier 1797), embarqué pour l'Égypte le 30 floréal an VI (19 mai 1798), rentré en France le 1er messidor an VIII (20 juin 1800), commandant la 21e division militaire (Poitiers) le 27 vendémiaire an IX (19 octobre 1800), et la 12e (Nantes) en vendémiaire an XI (septembre 1802), membre de la Légion d'honneur le 19 frimaire an XII (21 décembre 1803) et commandant le 25 prairial an XII (14 juin 1804), commandant la subdivision de Seine-et-Oise le 21 ventôse an XIII (12 mars

1805, envoyé à la Grande Armée le 23 novembre 1806, gouverneur général de la Silésie le 28 janvier 1807, commandant la 7e division militaire (Grenoble) le 17 novembre 1808, et la 8e (Marseille) le 14 avril 1809, baron le 30 août 1811, grand-officier de la Légion d'honneur le 29 juillet 1814, commandeur de Saint-Louis le 23 août 1814, pair de France le 17 août 1815, comte et pair héréditaire le 31 avril 1817, mort à Paris le 3 juin 1820.

[1] Carnot est présent à la séance du Comité. (Cf. Aulard, VI, 235.) On trouve un arrêté écrit par lui pour autoriser la municipalité de Saint-Omer à délivrer des passeports à la veuve Roper, anglaise.

[2] En tête de la lettre on lit cette note autographe du ministre de la guerre Bouchotte : «5e division. Prenez des mesures pour rassembler cette cavalerie et l'envoyer au Nord.»

23. PARIS, 2 SEPTEMBRE 1793.

LE COMITÉ DE SALUT PUBLIC AU MINISTRE DE LA MARINE.

Paris, le 2 septembre 1793, l'an II de la République française.

LES REPRÉSENTANTS DU PEUPLE, MEMBRES DU COMITÉ DE SALUT PUBLIC,
AU MINISTRE DE LA MARINE.

Nous vous adressons, citoyen ministre, trois lettres de la société populaire de Calais. Elle sollicite l'échange de nos prisonniers, parce que l'Angleterre en arme des vaisseaux, ou demande que nous en usions de même à l'égard de nos ennemis.

Elle expose en outre que les quatre paquebots offerts par les citoyens Félix Mouron frères, pour servir de navires de cartel, pouvaient être armés en corsaires; elle demande qu'on les munisse comme tels, après avoir procédé à l'estimation par expert. Nous vous invitons à prendre ces deux objets en considération.

Les membres du Comité de salut public,

Laz. CARNOT, C.-A. PRIEUR,
PRIEUR, député de la Marne, THURIOT.

(Orig., coll. de M. Étienne Charavay.)

---

24. PARIS, 2 SEPTEMBRE 1793.

LE COMITÉ DE SALUT PUBLIC AU REPRÉSENTANT DELBREL.

Paris, le 2 septembre 1793, l'an II de la République française.

LES REPRÉSENTANTS DU PEUPLE MEMBRES DU COMITÉ DE SALUT PUBLIC
AU CITOYEN DELBREL, REPRÉSENTANT DU PEUPLE,
ENVOYÉ PRÈS L'ARMÉE DU NORD.

Il a été suffisamment pourvu, citoyen notre collègue, aux besoins de l'armée du Nord, puisqu'il a été mis pour cet objet 62 millions par mois à la disposition des administrateurs des subsistances militaires.

Vous pouvez donc vous adresser à l'administration pour les fonds dont vous avez besoin.

Les membres du Comité de salut public,

Laz. Carnot, C.-A. Prieur.

Il a, de plus, été arrêté qu'on ferait passer dix millions sur-le-champ à l'armée du Nord pour l'objet en question [1].

(Orig., Arch. dép. du Nord, L, liasse 1411. — Publ. par MM. Foucart et Finot, II, 38.)

MONTREUIL, 2 SEPTEMBRE 1793.
LE GÉNÉRAL D'URRE [2] AU COMITÉ DE SALUT PUBLIC.

Analyse. — Il mande que les citoyens d'Abbeville, brûlant du désir de voler au secours de Dunkerque, viennent de former un bataillon composé de cinq cents à six cents braves républicains, bien armés et équipés, et que, sur la réquisition d'André Dumont, il a expédié à cette troupe un ordre de route pour la frontière [3].

(Orig., Arch. de la guerre, armée du Nord.)

---

25. PARIS, 3 SEPTEMBRE 1793 [4].

LE COMITÉ DE SALUT PUBLIC AUX REPRÉSENTANTS PRÈS L'ARMÉE DU NORD.

Paris, le 3 septembre 1793, l'an II de la République française.

LES REPRÉSENTANTS DU PEUPLE, MEMBRES DU COMITÉ DE SALUT PUBLIC,
AUX REPRÉSENTANTS DU PEUPLE PRÈS L'ARMÉE DU NORD [5].

Citoyens collègues,

En accordant des pouvoirs illimités à ses commissaires, la Convention nationale a eu confiance qu'ils n'en useraient que pour le salut

---

[1] Ce post-scriptum est de la main de Carnot. Il ne figure pas dans le texte publié par M. Aulard (VI, 239), d'après les Archives nationales, AF II 36.

[2] Cf. t. II, p. 244.

[3] Cette lettre fut lue dans la séance de la Convention du 5 septembre. Elle porte en marge cette annotation autographe de Carnot : «A communiquer à la Convention nationale.»

[4] Carnot est présent à la séance du Comité. (Cf. Aulard, VI, 249.) Il rédigea et écrivit deux arrêtés : 1° La Trésorerie nationale mettra un million à la disposition des officiers municipaux de la ville de Dunkerque; 2° La Trésorerie mettra 400,000 livres à la disposition des administrateurs du district de Bergues.

[5] Les représentants étaient alors réunis en comité à Arras.

de la patrie. Le Comité est persuadé que l'amour de la République dirige toutes vos opérations. Vos lumières et votre civisme lui garantissent l'utilité, la nécessité des arrêtés que vous avez pris les 19 et 20 août dernier [1]. Sauvons la patrie et nous aurons bien mérité d'elle [2].

Les membres du Comité de salut public,

Laz. Carnot, C.-A. Prieur.

(Orig., Arch. dép. du Nord, L, liasse 1411. — Publ. par MM. Foucart et Finot, II, 38.)

---

26. paris, 3 septembre 1793.

LE COMITÉ DE SALUT PUBLIC

AUX MEMBRES DU CONSEIL GÉNÉRAL DU DISTRICT D'ARRAS.

Paris, le 3 septembre 1793, l'an II de la République française.

LES REPRÉSENTANTS DU PEUPLE MEMBRES DU COMITÉ DE SALUT PUBLIC
AUX MEMBRES DU CONSEIL GÉNÉRAL DU DISTRICT D'ARRAS.

Nous avons reçu, citoyens, l'arrêté que vous avez pris le 23 du mois dernier, relativement aux ci-devant nobles, prêtres et agents suspects. Nous applaudissons à vos mesures et vous engageons de vous concerter avec nos collègues députés près de nos frontières qui ont les pouvoirs de faire arrêter les personnes suspectes.

Les membres du Comité de salut public,

Laz. Carnot, C.-A. Prieur.

(Orig., Arch. dép. du Pas-de-Calais, série L, district d'Arras.)

---

[1] Il s'agit vraisemblablement des deux arrêtés pris par les représentants du peuple le 21 août 1793 et publiés dans l'ouvrage de MM. Foucart et Finot, II, 28. Par le premier, «voulant prévenir les suites funestes de l'invasion des armées ennemies sur les frontières de la République et leur ôter les moyens d'enlever les subsistances nécessaires aux armées et aux citoyens de la République», ils ordonnaient le transport des grains et avoines dans les places fortes ou dans les villes de l'intérieur. Par le second, ils réduisaient à quatre les dépôts particuliers de cavalerie des armées du Nord et des Ardennes, à savoir Beauvais pour la cavalerie, Châlons pour les hussards, Rethel pour les chasseurs, et Soissons pour les dragons.

[2] Cette lettre n'est pas dans le recueil de M. Aulard.

27. paris, 3 septembre 1793.

LE COMITÉ DE SALUT PUBLIC AU REPRÉSENTANT DENTZEL, À LANDAU.

Paris, le 3 septembre 1793, l'an ii de la République française.

*LES REPRÉSENTANTS DU PEUPLE MEMBRES DU COMITÉ DE SALUT PUBLIC
AU CITOYEN DENTZEL, REPRÉSENTANT DU PEUPLE À LANDAU.*

Citoyen collègue, nous partageons la confiance que vous inspirent la bravoure de la garnison de Landau et le civisme du chef qui la commande. Cette place opposera enfin une barrière au torrent du despotisme qui nous environne. Assurez ces braves républicains que la Patrie, sensible et reconnaissante, compte leurs peines et récompensera leur généreux dévouement.

Votre conduite ferme à l'égard du général Delmas [1] est digne d'un républicain [2]. Vos dispositions, citoyen collègue, inspirent au Comité la plus grande confiance.

Les membres du Comité de salut public,

Carnot, C.-A. Prieur.

(Bibl. nat., *Rapport fait à la Convention nationale par Dentzel, député du Bas-Rhin*, p. 35.)

---

[1] Antoine-Guillaume Delmas, né à Argentat (Corrèze) le 3 janvier 1766, fils d'un ancien capitaine, chevalier de Saint-Louis, cadet-gentilhomme au régiment de Touraine-Infanterie le 3 janvier 1781, sous-lieutenant le 18 avril 1784, lieutenant en second le 30 mai 1787, destitué le 18 janvier 1788, lieutenant dans la gendarmerie de la Corrèze le 19 juin 1791, chef du 1er bataillon des volontaires de la Corrèze le 14 septembre 1791, général de brigade à l'armée du Rhin le 30 juin 1793 et de division le 19 septembre suivant, général en chef provisoire de l'armée du Rhin en remplacement de Landremont le 24 septembre 1793, mais ne peut remplir ces fonctions, étant enfermé dans Landau, non compris dans l'organisation du 13 juin 1795, remis en activité et employé à l'armée de Rhin et Moselle le 27 octobre 1795, général en chef par intérim de l'armée d'Italie du 1er février au 6 mars 1799, admis au traitement de non-activité le 23 septembre 1801, inspecteur général d'infanterie le 25 décembre 1801, réformé le 16 mars 1802, retraité en 1811, remis en activité le 10 avril 1813, membre de la Légion d'honneur le 3 juin 1813, blessé à la bataille de Leipzig le 18 octobre 1813 et mort le 30 du même mois à l'hôpital de Leipzig.

[2] Le représentant Dentzel avait fait arrêter le général Delmas le 14 août 1793 pour avoir communiqué, le 11, avec un trompette ennemi, et il l'avait remplacé par Emmanuel Serviez, le plus ancien chef de brigade de la garnison. (Cf. Rapport de Dentzel, p. 7.)

PARIS, 3 SEPTEMBRE 1793.

LE MINISTRE DE LA GUERRE BOUCHOTTE AU COMITÉ DE SALUT PUBLIC.

Analyse. — Envoi du rapport du chef de brigade Reubell [1] au général Pully [2] sur l'affaire de Ketterich [3].

(Analyse, Arch. de la guerre, reg. du Comité de salut public, C, fol. 465.)

[1] Henri-Thomas Reubell, né à Colmar (Haute-Alsace) le 7 mars 1742, fils d'un avocat au conseil supérieur d'Alsace, lieutenant dans le bataillon de milice d'Alsace le 1er juin 1760, sous-lieutenant au régiment Royal-Suédois le 28 mai 1761, sous-lieutenant de grenadiers le 19 juin 1765, lieutenant le 28 juin 1766, capitaine en second le 4 juillet 1777, chevalier de Saint-Louis le 22 mai 1783, capitaine commandant le 31 décembre 1783, lieutenant-colonel du 96e régiment le 25 juillet 1791, colonel le 26 octobre 1792, général de brigade le 26 août 1793, suspendu le 22 septembre 1793 et emprisonné, mis en liberté le 7 frimaire an II (27 novembre 1793), réintégré le 16 brumaire an III (6 novembre 1794), général de division le 16 frimaire an IV (7 décembre 1795), retraité le 9 nivôse an VIII (30 décembre 1799), mort à Paris le 24 juillet 1804. Le général Reubell avait fait les campagnes de Hanovre de 1760 à 1762 et d'Espagne de 1781 à 1783. Il était le frère aîné du directeur.

[2] Charles-Joseph Randon de Malboissière de Pully, né à Paris le 18 avril 1751, volontaire au régiment des hussards de Berchény le 22 avril 1768, admis dans la première compagnie des mousquetaires de la garde du Roi le 14 janvier 1769, capitaine-commandant en la compagnie du Mestre-de-camp le 11 avril 1770, pourvu d'une compagnie le 5 mai 1772, capitaine en second à la formation du 8 juin 1776, capitaine-commandant le 8 juin 1780, chef d'escadron le 1er mai 1788, lieutenant-colonel du régiment Royal-Cravattes le 17 mai 1789, chevalier de Saint-Louis le 29 mai 1789, colonel le 5 février 1792, maréchal de camp à l'armée de la Moselle le 19 septembre 1792, général de division le 8 mars 1793, suspendu le 1er août 1793, autorisé à prendre sa retraite le 14 avril 1795, employé à l'armée du Nord du 13 juin au 26 septembre 1795, commandant la 15e division militaire le 9 janvier 1800, membre de la Légion d'honneur le 11 décembre 1803, commandant le 14 juin 1804, inspecteur général de cavalerie pour les armées de Naples et d'Italie le 6 octobre 1807, comte de l'Empire le 15 août 1809, gouverneur du palais de Meudon le 5 janvier 1812, colonel du 1er régiment des gardes d'honneur le 8 avril 1813, grand officier de la Légion d'honneur le 23 août 1814, retraité le 4 septembre 1815, rappelé à l'activité le 7 février 1831, mort à Paris le 20 avril 1832.

[3] Cf. le rapport du chef de brigade Reubell, daté du camp d'Hornbach, 22 août 1793, aux Archives de la guerre, armée de la Moselle. — Reubell était accusé d'avoir abandonné la position qui lui était confiée. Suspendu de ses fonctions le 22 septembre 1793 et emprisonné, il se justifia par une lettre adressée le 12 brumaire an II (2 novembre 1793) au ministre de la guerre. (Orig., Arch. adm. de la guerre, dossier Reubell.) En conséquence, il fut mis en liberté le 7 frimaire an II (27 novembre 1793).

LILLE, 3 SEPTEMBRE 1793.

LE GÉNÉRAL HOUCHARD AU MINISTRE DE LA GUERRE BOUCHOTTE.

Lille, le 3 septembre 1793, l'an 1ᵉʳ de la République française.

LE GÉNÉRAL EN CHEF HOUCHARD AU CITOYEN MINISTRE DE LA GUERRE.

Depuis ma dernière dépêche, citoyen ministre, il ne s'est rien passé de nouveau. Les progrès des ennemis devant Dunkerque ne sont pas considérables encore; leurs travaux consistent en une seule parallèle, éloignée de quatre cents toises de la place, dont la droite est appuyée par une batterie. Ils n'ont pas encore tiré un seul coup de canon sur Dunkerque, de sorte que cette place ne craint qu'une attaque de vive force. J'en ai fait renforcer la garnison par deux mille hommes au moins; les représentants du peuple et le général Jourdan ont fait sortir de la place tous les gens suspects et qui cherchaient à attiédir le courage de la garnison et des citoyens. Par ces dispositions Dunkerque ne court aucun risque, jusqu'au moment où j'aurai assemblé des forces pour tomber sur les Anglais.

De l'intérêt que Dunkerque doit nous inspirer par toutes les raisons qui m'ont été dites par vos lettres et celles du Comité de salut public, je me suis déterminé à agir directement pour délivrer cette place, au lieu de porter mes attaques du côté du Menin, à la rive droite de la Lys, pour de là prendre à revers l'armée qui attaque Bergues et Dunkerque; j'ai fait le rassemblement des troupes sur Cassel, et nous nous porterons directement sur les ennemis. Je ne me dissimule pas la difficulté de cette entreprise dans un pays tout couvert de haies, coupé par des canaux dans tous les sens, et dont tous les postes occupés par l'ennemi sont fortifiés par la nature et par l'art; mais je compte sur l'audace des troupes de la République, et je ferai tous mes efforts pour leur assurer la victoire. Cependant, citoyen ministre, je suis cruellement entravé dans tous les détails de l'exécution; l'arrestation du commissaire général[1], au moment où il était occupé à pourvoir à tous les besoins de l'armée pour rendre ses mouvements possibles, produit un mal horrible[2]. Vous savez que mes besoins en tout genre sont énormes; sans les représentants du peuple les subsistances auraient manqué, et je ne puis pas assurer dans ce moment que nous n'en manquerons pas. Nous sommes forcés de tirer nos vivres des places; ce grand malheur vient de l'égoïsme qui gouverne et les villes et les districts et les départements, de sorte que les administrations ne concourant pas à l'envi à la subsistance et au besoin de l'armée, il est impossible de faire des opérations promptes et rapides. La partie des fourrages est une chose affreuse et dés-

---

[1] Petitjean avait été dénoncé par Ronsin (cf. p. 16) et décrété d'arrestation le 29 août 1793.

[2] Les représentants Levasseur, Bentabole et Chasles exprimèrent, le même jour, au Comité de salut public une opinion analogue à celle de Houchard sur les inconvénients du remplacement de Petitjean. (Cf. Foucart et Finot, II, 91, et Aulard, VI, 257.)

espérante; depuis quinze jours, les chevaux de la cavalerie, de l'artillerie, etc. n'ont point d'avoine, et beaucoup meurent à défaut de nourriture suffisante. Ce malheur vient encore de ce que l'esprit public, étant pour ainsi dire nul dans ces contrées, on n'a pas pu parvenir à faire recueillir et battre les avoines pour l'armée. J'avoue qu'avec le nouveau commissaire général qui m'est donné et qui n'a aucune connaissance préliminaire, ni aucune base pour établir ses moyens d'une manière prompte et rapide, je ne sais pas comment je ferai, car il faut que la cavalerie soit pourvue d'avoine pendant quatre jours, vu que, dans les opérations de cette nature, la cavalerie n'a pas le temps de faire manger du foin. Il aurait été bien convenable de garder Petitjean sous sauvegarde pendant sept à huit jours, et lui laisser achever les opérations qu'il avait commencées; mais les représentants du peuple n'ont pas jugé à propos de prendre cette grande mesure sur eux et il est remplacé par un homme qui paraît peu actif et sans aucune connaissance locale.

Je vous répète jusqu'à l'ennui que mon parc d'artillerie est misérable; il me manque six cents chevaux pour conduire le peu de pièces que j'ai, et c'est encore une question pour moi de savoir comment je marcherai dans un pays si difficile avec si peu de chevaux.

Presque tous les bataillons de l'armée de la Moselle ont laissé leurs canons derrière eux, ce qui est un grand malheur. Les bataillons ont la plus grande répugnance à marcher sans canons; les dix que vous m'envoyez arrivent trop lentement; il aurait fallu les faire partir en poste.

La nouvelle que vous m'avez donnée, que j'aurai dix mille hommes de moins d'infanterie et que la marche des carabiniers était arrêtée, me fait faire la plus terrible grimace du monde. Si les carabiniers étaient arrivés le 1ᵉʳ, comme je le comptais, cela aurait fait un grand effet, surtout si j'ai le bonheur de mettre les ennemis en déroute. Je tâcherai de me passer de cet excellent renfort, mais la chose n'en ira pas aussi bien.

Il est certain que Beaulieu [1] avec 10,000 hommes, dont beaucoup de cavalerie, a remonté la Sambre et s'est reporté du côté de Beaumont. Cela dérange furieusement le projet de diversion que j'avais mandé au général Gudin d'exécuter. Il est bien fâcheux que la cavalerie que vous nous avez annoncée ne soit pas arrivée dans ce moment; cela dérange tout à fait les projets d'attaque et empêchera de convertir la défensive en offensive.

Je crois que je serai en mesure d'agir vers le 7; ce sera plus tôt, si je le peux.

J'ai reçu les dix millions que vous m'avez fait passer; je les ai remis au nouveau commissaire général; je désire bien que cette ressource, qui nous était indispensable, nous procure de l'avoine.

Je vous prie, citoyen ministre, de faire part de cette dépêche au Comité de salut public.

HOUCHARD.

(Orig., Arch. de la guerre, armée du Nord.)

[1] Jean-Pierre, baron de Beaulieu, général autrichien, né à Namur en 1725, mort à Linz le 22 décembre 1819.

6.

LILLE, 3 SEPTEMBRE 1793.

LE GÉNÉRAL FAVART AU COMITÉ DE SALUT PUBLIC.

Analyse. — Il donne des détails sur l'affaire qui a eu lieu le 18 août à Lomme, près de Lille [1]. Il expose l'insuffisance de la garnison et de l'armement de cette dernière ville et insiste sur la nécessité d'y établir une société de Jacobins.

(Analyse, Arch. de la guerre, reg. du Comité de salut public, C, p. 451.)

28. PARIS, 4 SEPTEMBRE 1793 [2].

LE COMITÉ DE SALUT PUBLIC AU MINISTRE DE LA GUERRE BOUCHOTTE.

Analyse. — Trois lettres : 1° Envoi d'une lettre du général Chapuis-Tourville [3] demandant sa mise à la retraite. « C'est à vous d'examiner la justice de cette demande que nous vous adressons. » (Orig. sig. par Carnot et C.-A. Prieur, Arch. adm. de la guerre, dossier Chapuis-Tourville.) — 2° Envoi de pièces relatives au citoyen Thouvenin, lieutenant de la gendarmerie à Toul. (Minute, Arch. nat., AF ii 36, dossier 293.) — 3° Envoi d'une lettre du chef du 5ᵉ bataillon de la Marne relative à une perte considérable de fusils et de gibernes brûlés dans un incendie qui a dévoré les cabanes faites par les volontaires pour reposer plus tranquillement. (Minute, Arch. nat., AF ii 36, dossier 293.)

---

[1] Lomme, canton d'Haubourdin. — Le matin du même jour, 18 août, le duc d'York avait fait attaquer par la division hollandaise le village de Linselles et l'avait enlevé aux Français. A midi ceux-ci reprirent leur position, mais, attaqués par les Anglais, ils durent abandonner Linselles après un sanglant combat. (Cf. *Victoires et conquêtes des Français*, I, 218.)

[2] Carnot est présent à la séance du Comité. (Cf. Aulard, VI, 270.) Il rédige de sa main un arrêté sur l'augmentation de la cavalerie. — Carnot rédige aussi le même jour le décret de la Convention enjoignant au représentant Joseph Le Bon de rester au sein de l'Assemblée et à son collègue André Dumont de terminer dans le département de la Somme les opérations commencées. (Orig. aut., Arch. nat., C 268.)

[3] Cf. t. II, p. 241. — Le général Chapuis-Tourville avait été suspendu le 31 juillet 1793. Il ne fut réintégré dans ses fonctions que le 24 mai 1795.

29. PARIS, 4 SEPTEMBRE 1793.

LE COMITÉ DE SALUT PUBLIC AUX REPRÉSENTANTS BENTABOLE ET LEVASSEUR, ENVOYÉS PRÈS L'ARMÉE DU NORD.

Analyse. — Il mande que les mesures ont été prises pour pourvoir autant que possible à l'armée du Nord [1].

(Minute, Arch. nat., AF II 238.)

PARIS, 4 SEPTEMBRE 1793.

LE MINISTRE DE LA GUERRE BOUCHOTTE À CARNOT.

Les occupations multipliées du Comité de salut public ne lui ayant permis, citoyen, de donner sa sanction définitive à l'instruction que je lui ai déjà présentée pour faciliter l'exécution de la loi du 23 août dernier [2], je vous prie de vouloir bien lui en présenter de nouveau le projet et de le faire approuver par le président du Comité et les membres qui s'y trouvent rassemblés, afin que je puisse aller en avant sur cette opération importante. Le Conseil exécutif l'a adopté.

Le ministre de la guerre,

J. BOUCHOTTE.

Au citoyen Carnot, représentant du peuple, membre du Comité de salut public.

(Orig., Arch. de la guerre, correspondance générale.)

PARIS, 4 SEPTEMBRE 1793.

LE MINISTRE DE LA GUERRE BOUCHOTTE AU COMITÉ DE SALUT PUBLIC.

Analyse. — Deux lettres : 1° Il a examiné le mémoire du citoyen Degaulle relatif à une nouvelle levée, mais il ne peut adopter des dispositions contraires à la loi du 23 août et qui nécessiteraient un décret changeant le mode de réquisition.

---

[1] La lettre de Bentabole et de Levasseur, datée de Lille, 1er septembre 1793, porte cette annotation autographe de Carnot : « Répondre qu'on a pourvu autant qu'il a été possible de le faire. »

[2] Le ministre de la guerre Bouchotte avait déjà écrit, le 1er septembre, sur ce sujet au Comité de salut public. (Orig., Arch. de la guerre, correspondance générale.)

Orig., Arch. de la guerre, corr. gén.) — 2° Il donne l'état des armes mises à la disposition du général en chef de l'armée d'Italie et assure que ces armes ont dû surpasser les besoins de l'armée. (Analyse, Arch. de la guerre, reg. du Comité de salut public, C, p. 563.)

30. PARIS, 5 SEPTEMBRE 1793 [1].

LE COMITÉ DE SALUT PUBLIC AU GÉNÉRAL HOUCHARD.

Paris, le 5 septembre 1793, l'an 1 de la République une et indivisible.

AU GÉNÉRAL HOUCHARD, COMMANDANT EN CHEF DE L'ARMÉE DU NORD ET DES ARDENNES, AU QUARTIER GÉNÉRAL DE GAVRELLE, PAR ARRAS.

Citoyen général,

Le ministre de la guerre nous a communiqué la lettre que vous lui avez adressée sur votre situation militaire [2]. Nous ne voyons pas sans peine que vous ayez abandonné le projet d'envelopper les ennemis qui sont devant Bergues et Dunkerque. En frappant ce grand coup, la

---

[1] Carnot est présent à la séance du Comité. (Cf. Aulard, VI, 282.)

[2] Cf., p. 82, la lettre de Houchard du 3 septembre 1793. — Le même jour, Bouchotte écrivait à Houchard : «J'ai communiqué, général, votre dépêche du 3 au Comité de salut public aussitôt qu'elle m'est parvenue. Elle a fait l'objet de ses réflexions, que vous trouverez dans une de ses lettres que mon courrier est chargé de vous remettre. Il m'a semblé que le Comité pensait avec raison qu'il ne pouvait pas vous prescrire telle ou telle opération, ni telle ou telle manière de l'exécuter. Il faudrait avoir des données sur la force, la position et les ressources de l'ennemi, qu'il n'a pas et qui ne peuvent lui parvenir que de l'armée. Ainsi il a arrêté qu'il ne vous serait envoyé que des réflexions, vous laissant du reste toute la latitude possible dans vos opérations. Le Comité s'est donc borné à examiner les objets principaux qui méritaient le plus prompt secours, et il a reconnu que Dunkerque et le Quesnoy avaient besoin plus particulièrement d'un effort de votre part. Il a pensé que le point de Maubeuge, très renforcé aujourd'hui, pouvait faire une diversion utile non seulement au Quesnoy, mais encore à l'expédition que vous projetez sur Bergues et Dunkerque. Ne pourriez-vous y envoyer Jourdan, ou tel autre qui le vaudrait, car Gudin parle beaucoup de ses infirmités et de l'impossibilité où il est de remplir ses fonctions? Le Comité avait paru fort content de votre projet de vous porter sur Menin et de couper la ligne des ennemis et d'empêcher les secours de venir troubler vos entreprises du côté de Dunkerque, lorsqu'ils auraient été pris à revers. La défaite des Anglais lui paraissait probable. Si vous prenez un autre chemin, c'est qu'il est nécessaire, et il le pense ainsi. Vous pouvez vous assurer que vous avez la confiance du Comité de salut public et du Conseil exécutif, et que les patriotes comptent beaucoup sur vous.» (Minute aut., Arch. de la guerre, armée du Nord.)

guerre eût peut-être été terminée; mais si vous avez pensé que le succès fût douteux, nous ne pouvons qu'approuver la résolution que vous avez prise. S'il était vrai néanmoins, comme on nous l'assure, que les ennemis eussent d'eux-mêmes abandonné leur entreprise et levé le siège, nous pensons qu'après vous être emparé du cours de la Lys, au lieu de tourner à gauche pour vous porter sur la Flandre maritime, comme les ennemis s'y attendent, vous pourriez au contraire, après avoir attiré leurs forces de ce côté, tourner brusquement sur votre gauche[1] pour attaquer Tournai et dégager le Quesnoy, duquel il est temps que vous vous occupiez très sérieusement. Au reste, citoyen général, c'est à vous à juger. Pleins de confiance dans vos talents militaires, votre civisme et votre expérience, nous ne voulons gêner aucun de vos mouvements et nous vous laissons la libre et entière disposition de vos troupes. Évitez leur morcellement qui vous paralyse et tâchez de porter à l'ennemi un coup terrible, sans cependant risquer aucune action décisive, pour peu qu'elle soit douteuse.

Nous usons de toutes nos ressources pour subvenir à vos besoins. C'est à vous de faire punir les traîtres et les lâches; vous en avez le moyen, puisque vous voilà autorisé à les faire juger par une commission militaire, comme les émigrés qui les soudoient[2].

(Minute aut. de Carnot, Arch. de la guerre, armée du Nord. — Reg. de Carnot, Arch. de la famille Carnot.)

---

[1] Il y a là un *lapsus calami;* 1 fallait écrire *droite.* (Note communiquée par M. A. Chuquet.)

[2] Le 6 septembre, Bouchotte écrivait à Houchard (Minute, Arch. de la guerre, armée du Nord):

«Paris, 6 septembre 1793, an 1er.

«*Au général Houchard.*

«Je vous prie de m'envoyer, général, par le retour de mon courrier, des nouvelles précises de la situation de l'armée du Nord et de celle des Ardennes. On débite ici que les Anglais devant Dunkerque sont environnés de l'inondation, et qu'il est difficile qu'ils se tirent aisément de la position qu'ils ont prise imprudemment.

«D'un autre côté, la trouée par Solesmes, entre Cambrai et Landrecies, se trouve absolument libre, et l'ennemi pousse de gros corps de cavalerie qui, sans nul obstacle, vont ravager tout le plat pays jusqu'à Saint-Quentin. Le général Beaurgard, qui commande dans le département de l'Aisne, a chassé les ennemis de la Thiérache, et il paraît certain que la colonne de Beaulieu n'a pas pu se faire jour par la trouée de la Capelle. C'est la cavalerie qui cerne les environs de Landrecies qui a fait des pointes et commis des dégâts dans tout le plat pays. Le 3 septembre, les ennemis ont ravagé le beau pays en avant de Saint-Quentin. Ils ont emmené les bestiaux, emporté les blés, avoines, fourrages, depuis Villers-Outréau jusqu'à Bellicourt, et depuis Prémont jusqu'à Fonsomme et Fontaine-Utertre. Il faut

31. paris, 5 septembre 1793.

le comité de salut public au général en chef de l'armée des ardennes [1].

Paris, le 5 septembre 1793.

LES REPRÉSENTANTS DU PEUPLE COMPOSANT LE COMITÉ DE SALUT PUBLIC
AU GÉNÉRAL EN CHEF DE L'ARMÉE DES ARDENNES.

Citoyen général,

Une expédition importante vous a été proposée; le succès en paraît certain, si elle est conduite avec vigueur et sagesse. Il s'agit d'enlever une quantité immense de fer forgé ou coulé qu'on assure se trouver dans les mines de l'abbaye d'Orval [2]. Vous savez quels sont nos be-

prendre des mesures pour couvrir cette frontière, de manière qu'aucun corps ennemi ne puisse impunément franchir les lignes de notre défense et que la retraite lui soit invinciblement coupée.

« Vous voyez, général, que la division de Beaulieu, que je supposais, d'après vos avis, s'être portée du côté de Vervins, ne s'y est pas présentée, et que ce sont les troupes cantonnées au Cateau et dans les environs qui ont commis tant de pillages dont on s'est plaint. Il vous serait possible de combiner un mouvement des garnisons de Cambrai, Landrecies, Avesnes et Maubeuge, qui couperait la retraite à tous ces corps avancés et qui les détruirait entièrement.

« Mais il vous reste toujours à combiner le mouvement de la colonne ennemie. Avec l'immensité de forces qui se dirigent sur les frontières, il faut reprendre l'offensive d'une manière très prononcée sur tous les points et, en établissant un camp de réserve sur nos derrières, entre l'Oise et la Somme, nous nous mettrons à couvert de toute espèce d'inconvénients.

« J'ai envoyé le général Belair reconnaître toutes les positions de la ligne de réserve; je lui marque de vous rendre compte du résultat de ses travaux, afin de couvrir d'une manière invincible la deuxième ligne de défense de la République. Étudiez toutes ces positions en arrière, afin que, par des précautions sages, nous nous trouvions par cette campagne à l'abri de toute espèce d'accident. »

[1] Houchard commandait alors les armées du Nord et des Ardennes. Cette dernière avait eu pour général en chef Lamarche, qui venait d'être destitué et qui fut remplacé, le 11 septembre 1793, par Jourdan.

[2] Abbaye de Cisterciens, fondée en 1124 dans le duché de Luxembourg. Elle avait été récemment détruite, si on en croit la correspondance suivante, envoyée d'Aix-la-Chapelle, le 22 juillet 1793, au *Moniteur* et insérée dans le n° du 5 août (XVII, 395) : «Les invasions des Français dans le Luxembourg ne sont pas interrompues : il y a quelque temps qu'un parti de troupes irrégulières est tombé sur un poste avancé d'Autrichiens et en a enlevé la plus grande partie. Plusieurs villages ont été pris, et la belle abbaye d'Orval, si souvent dévastée par l'ennemi, a été enfin détruite de fond en comble; l'église a été abattue par le canon, après que les Français en ont eu emporté l'orgue, l'autel et les colonnes de marbre.»

soins et notre pénurie à cet égard; il n'y a donc pas à hésiter, si la chose n'est pas absolument impossible, et il paraît que loin de là elle est très praticable.

Quant au mode d'exécution, nous l'abandonnons à votre prudence et nous vous recommandons de vous concerter à cet égard avec le citoyen Viger [1], porteur de cette lettre, qui a des connaissances locales infiniment précieuses et qui s'est chargé de vous donner beaucoup de renseignements essentiels.

(Registre de Carnot, Arch. de la famille Carnot.)

---

32. PARIS, 5 SEPTEMBRE 1793.

LE COMITÉ DE SALUT PUBLIC AU MINISTRE DE LA GUERRE BOUCHOTTE.

Analyse. — Envoi d'un mémoire de Girardot [2], second lieutenant-

[1] Philippe Viger avait été nommé commissaire du pouvoir exécutif près l'armée du Nord le 28 mai 1793. (Cf. Aulard, IV, 355.)

[2] Michel Girardot, né à Aubepierre (Haute-Marne) le 23 mars 1759, soldat au régiment du roi le 23 mars 1779, congédié le 18 juillet 1789, sous-lieutenant au 19ᵉ bataillon de Paris le 11 septembre 1792, second lieutenant-colonel le 23 du même mois, avait été suspendu de ses fonctions à l'affaire d'Arlon le 9 juin 1793 par le général Beaurgard. Il vint alors à Paris et expliqua son affaire au ministre de la guerre par une lettre du 24 août 1793, en marge de laquelle Bouchotte mit cette annotation : «Écrivez-lui que la Convention peut seule lever la suspension des représentants. Qu'il s'adresse au Comité militaire, au citoyen Guillemardet ou à tel autre bon patriote. Il pourra s'employer pour faire finir son affaire.» Girardot envoya alors, le 30 août 1793, un mémoire justificatif au Comité de salut public, qui transmit le document au ministre de la guerre et insista, le 10 septembre, sur la solution à donner à cette affaire. (Cf. à la page 121.) Girardot récidiva le 23 nivôse an II (12 janvier 1794) et, le 1ᵉʳ pluviôse (20 janvier), le Comité de salut public le déclara bon patriote et arrêta que le ministre de la guerre le rétablirait dans son grade. (Cf. Arch. nat., AF II 304, dossier de pluviôse an II.) En conséquence il obtint enfin, le 8 messidor an II (26 juin 1794), la place de centurion instructeur d'infanterie à l'école de Mars. Il fut rappelé à l'activité, le 17 germinal an III (6 avril 1795), comme capitaine au 7ᵉ bataillon du Bas-Rhin. Il fut blessé au siège de Kehl le 2ᵉ jour complémentaire an IV (18 septembre 1796). Passé à la 68ᵉ demi-brigade, il tomba, le 17 floréal an VIII (7 avril 1800), au pouvoir des Autrichiens et ne rentra en France que le 3ᵉ jour complémentaire an VIII (20 septembre 1800). Admis à l'hôpital militaire de Nice, Girardot succomba, le 10 brumaire an IX (1ᵉʳ novembre 1800), aux suites des mauvais traitements subis pendant sa captivité. (Renseignements fournis par M. Léon Hennet.)

colonel du 19ᵉ bataillon de Paris, dit du Pont-Neuf, relatif à sa suspension par le général Beaurgard [1].

(Minute, Arch. nat., AF ɪɪ 36, dossier 293.)

---

33. PARIS, 5 SEPTEMBRE 1793.
LE COMITÉ DE SALUT PUBLIC AU MAIRE DE PARIS [2].

Paris, le 5 septembre 1793, l'an ɪɪ de la République française.

LE COMITÉ DE SALUT PUBLIC DE LA CONVENTION NATIONALE AU MAIRE DE PARIS.

Citoyen,

En vertu du décret de la Convention nationale du 23 août dernier, qui met tous les Français en réquisition pour combattre les ennemis de la République, nous vous prévenons que les architectes ci-après nommés, savoir : les citoyens Vignon [3], Glise, Hubert [4], Mouton [5], Poyet [6], Piron, Poidevin [7], Signy [8], Vachette, Delespine [9], De Wailly [10] et Roucelle [11], chargés de la construction des forges et ateliers néces-

---

[1] Cf. lettre du Comité de salut public au ministre de la guerre, à la date du 10 septembre 1793.

[2] Jean-Nicolas Pache, ex-ministre de la guerre, élu maire de Paris le 14 février 1793, remplacé par Lescot-Fleuriot le 21 floréal an ɪɪ (10 mai 1794).

[3] Barthélemy Vignon, élève de Poyet, né à Lyon en 1762, mort à Paris le 26 juillet 1846.

[4] Auguste Hubert, élève de Peyre le jeune, grand prix d'architecture en 1784, collaborateur de David pour les fêtes nationales. .(Cf. Ad. Lance, *Dictionnaire des architectes français*, I, 365.)

[5] Adrien Mouton, né à Marseille en 1741, grand prix d'architecture en 1764. (Cf. Ad. Lance, ɪɪ, 162.)

[6] Bernard Poyet, né à Dijon le 3 mai 1742, élève de Charles de Wailly, membre de l'Académie d'architecture le 1ᵉʳ mai 1786 et de l'Académie des beaux-arts le 19 décembre 1818, mort à Paris le 6 décembre 1824.

[7] Cet architecte acheva la construction de l'abattoir Montmartre à Paris. (Cf. Ad. Lance, II, 217.)

[8] Louis Signy, architecte expert depuis 1779, électeur dù département de Paris en 1791, membre de la Société des amis de la Constitution. (Cf. Étienne Charavay, *Assemblée électorale de Paris de 1791*, p. 17.)

[9] Pierre-Jules Delespine, né à Paris le 31 octobre 1756, membre de l'Académie des beaux-arts le 26 juin 1824, mort à Paris le 16 septembre 1825.

[10] Charles de Wailly, né à Paris le 9 novembre 1729, membre de l'Académie d'architecture le 21 mai 1767 et de celle de peinture le 27 avril 1771, membre de l'Institut le 20 novembre 1795, mort à Paris le 2 novembre 1798.

[11] Bertrand-Eugène Roucelle, né en 1759, architecte du département de la guerre, électeur du département de Paris en 1790 et en 1791. (Cf. Étienne Charavay, *Assemblée électorale de Paris de 1790 et de 1791*.)

saires à la fabrication des armes de Paris, pourront employer à ces édifices tous les citoyens maçons, charpentiers, menuisiers, plâtriers, etc., dont ces travaux exigeront l'industrie et les fournitures[1].

Ces ouvriers seront payés sur le taux des prix courants des ouvrages et des journées déterminés pour les travaux du mois d'août dernier.

Nous invitons tous les ouvriers, amis du bien public et qui veulent sincèrement le salut de la patrie, de se réunir pour contribuer à faire accélérer ces travaux importants.

Nous invitons les sections de Paris, le conseil municipal, le directoire du département, toutes les autorités constituées, à user de tout leur pouvoir pour la prompte construction de ces immenses ateliers qui produiront les foudres qui doivent exterminer les tyrans.

Les membres du Comité de salut public,
Laz. CARNOT, C.-A. PRIEUR, THURIOT.

(Orig., Arch. nat., DXLII, carton 1.)

PARIS, 5 SEPTEMBRE 1793.

LE MINISTRE DE LA GUERRE BOUCHOTTE AU COMITÉ DE SALUT PUBLIC.

Analyse. — Deux lettres : 1° Il demande l'autorisation d'employer provisoirement dans des corps de cavalerie quelconques les chefs d'escadron et capitaines nommés dans les nouveaux escadrons, qui sont momentanément sans traitement ni emploi. — 2° Il renvoie trois mémoires des citoyens Deffès et Guilliot et d'un volontaire anonyme sur les moyens d'effectuer la levée en masse, parce que les dispositions proposées ne feraient qu'entraver les mesures générales adoptées par le Comité.

(Or'g., Arch. de la guerre, correspondance générale.)

---

[1] Le Comité de salut public montrait, par l'organe de Carnot et de C.-A. Prieur, la plus grande sollicitude pour cette importante question de la fabrication des armes, dont il s'était occupé à diverses reprises ; il avait donné à cet effet au ministre de la guerre l'autorisation de faire construire à Paris des ateliers d'ajusteurs-monteurs de fusils et de platineurs aux architectes Piron (28 août 1793), Hubert, Poidevin, Roucelle, de Wailly (29 août), Delespine, Mouton (30 août), Glise (31 août), Signy (3 septembre). — Cf. Aulard, VI, 145, 166, 167, 188, 205, 251.

CASSEL, 5 SEPTEMBRE 1793.

LE GÉNÉRAL HOUCHARD AU MINISTRE DE LA GUERRE BOUCHOTTE.

Au quartier général de Cassel, le 5 septembre 1793,
l'an 1ᵉʳ de la République française, 4 heures après midi.

LE GÉNÉRAL HOUCHARD AU MINISTRE DE LA GUERRE.

Aussitôt que j'ai su le départ du général Souham [1], j'ai pourvu à son remplacement par le général Ferrand. Je regrette cependant que le premier en ait été tiré, car malgré ce qu'il a écrit au Comité de salut public sur la résistance qu'il limitait pour la défense de Dunkerque, j'ai lieu de croire, d'après ce qu'on m'en a dit, qu'il n'était nullement disposé à rendre la place. Il aura ouï dire de quelques officiers du génie, qui raisonnent toujours mathématiquement sur les opérations de guerre et d'après d'anciens calculs établis lors des guerres de roi à roi, que la place ne devait tenir que cinq jours, et il l'aura répété; il ne l'eût pas fait, s'il avait eu plus d'expérience et plus de moyens. Je voudrais, citoyen ministre, vous voir ici pour que vous puissiez vous-même juger nos généraux et vous convaincre de l'espèce d'inanition dans laquelle ils se trouvent par la crainte de leur responsabilité. Alors vous sentiriez véritablement notre misère et notre embarras sur ce point. Rarement il se donne un ordre qu'il ne soit suivi de refus d'accepter un commandement trop étendu, ou d'observations minutieuses sur les détails des opérations. Je voudrais bien pouvoir vous indiquer dans l'armée trois ou quatre bons généraux de division, et le double de généraux de brigade. Ceux annoncés n'arrivent pas ou n'arrivent que pour dire qu'ils ne sont bons à rien. Je n'ai personne absolument à envoyer à Maubeuge à la place du général Gudin. Je sens néanmoins, comme vous, qu'il faut de nécessité absolue le remplacer. Si vous ne trouvez personne, je n'ai à vous proposer de cette armée que le jeune général de brigade Dupont [2]. C'est le seul capable de faire des dispositions en grand et de donner de la vigueur au corps d'armée de Maubeuge. Il vient de vous être tout récemment proposé pour le grade de général de brigade par les représentants du peuple. Il laissera un grand vide au camp de la Madeleine, et je serai dans le même embarras pour l'y remplacer.

Demain matin nous allons faire un déjeuner à l'anglaise. Je vous rendrai compte de l'issue. Nos corps de troupe se rassemblent aujourd'hui sur les différents points de départ des colonnes. Nos avant-postes ont été attaqués ce matin sur tout notre front. Je présume qu'on voulait nous reconnaître et prendre des notions sur nos forces et nos dispositions. L'ennemi a été repoussé partout, à l'exception d'un

----

[1] Cf. lettre de Berthelmy à Hoche, du 27 août 1793.

[2] Pierre Dupont, âgé de vingt-huit ans, nommé général provisoire le 26 août 1793 par les représentants du peuple à l'armée du Nord, s'était emparé, le 28, de Tourcoing et avait pris cent hommes et un obusier. (Cf. *Notes historiques du conventionnel Delbrel*, publiées par Aulard; Paris, 1893, in-8°, p. 48.)

poste où le 36ᵉ régiment ne s'était pas levé aussi matin qu'il en avait reçu l'ordre. Ce régiment a fait quelques pertes, qui ne sont pas néanmoins très considérables. Je vais en ce moment faire sentir au chef qu'il aurait dû être plus vigilant.

Parmi les pertes de l'ennemi, on compte un colonel anglais, dont la riche dépouille a passé à nos tirailleurs.

HOUCHARD.

(Orig., Archives de la guerre, armée du Nord.)

LILLE, 5 SEPTEMBRE 1793.

LE GÉNÉRAL FAVART AU COMITÉ DE SALUT PUBLIC.

Analyse. — Détails sur la situation de Lille et sur les moyens qu'il a employés pour mettre cette place en état de défense.

(Analyse, Arch. de la guerre, reg. du Comité de salut public, C, fol. 469.)

---

34. PARIS, 6 SEPTEMBRE 1793 [1].

LE COMITÉ DE SALUT PUBLIC À CAVAIGNAC, REPRÉSENTANT DU PEUPLE

PRÈS L'ARMÉE DES CÔTES DE BREST.

Paris, 6 septembre 1793.

Citoyen collègue,

Le Comité n'a pas demandé votre rappel; il ne doute pas que votre présence près l'armée des Côtes de Brest soit utile à la République. Le zèle que vous témoignez ajoute encore à sa confiance [2].

(Minute, Arch. nat., AF ɪɪ 267.)

[1] Carnot est présent à la séance du Comité. (Cf. Aulard, VI, 295.) Il rédige et écrit deux arrêtés : 1° Le général Souham reprendra provisoirement le commandement de Dunkerque; 2° Payement d'une indemnité au citoyen Vandick. — Cf. aussi dans Aulard, VI, 299, les lettres du Comité de salut public aux représentants à l'armée du Nord sur la réponse faite par O'Meara aux Anglais qui sommaient Dunkerque, et aux représentants à l'armée des Alpes sur la nécessité de terminer au plus tôt le siège de Lyon. Il est vraisemblable que Carnot a été le rédacteur ou au moins l'inspirateur de ces lettres.

[2] Par une lettre datée de Saumur, le 3 septembre 1793, Cavaignac avait déclaré au Comité qu'il resterait volontiers à l'armée des Côtes de Brest. (Cf. Aulard, VI, 264.) En marge, Carnot avait écrit : «Répondre à Cavaignac qu'on n'a pas demandé son rappel.»

35. paris, 6 septembre 1793.

LE COMITÉ DE SALUT PUBLIC AU MINISTRE DE LA GUERRE BOUCHOTTE.

Analyse. — Deux lettres : 1° Envoi de deux lettres qu'il a reçues, le 25 août, de Petiet [1], commissaire ordonnateur en chef de l'armée des Côtes de Brest [2]. (Minute, Arch. nat., AF ii 267.) — 2° Il le prévient que l'ordonnateur général ayant presque dépourvu Cambrai de subsistances, il importe d'envoyer dans cette ville les approvisionnements nécessaires. (Analyse, Arch. de la guerre, reg. R, fol. 124.)

---

6 septembre 1793. — LES GÉNÉRAUX LANDREMONT ET LA BOURDONNAYE

AU COMITÉ DE SALUT PUBLIC.

Analyse. — Le général Landremont écrit de Wissembourg pour exposer que son armée n'est composée que de 18,000 hommes, et qu'il n'a que 3,000 hommes de cavalerie, tandis que l'ennemi en a 12,000. Il annonce que le roi de Prusse paraît ennuyé de la guerre. (Analyse, Arch. de la guerre, reg. du Comité de salut public, C, fol. 476.) — 2° Le général La Bourdonnaye présente des observations sur l'emploi des vingt ou trente mille hommes qu'on destine à défendre les frontières du Nord et des Ardennes. (Analyse, Arch. de la guerre, *idem*, fol. 480.)

---

[1] Claude-Louis Petiet, né à Châtillon-sur-Seine (Côte-d'Or) le 9 février 1749, subdélégué de l'intendance de Bretagne en 1774, commissaire ordonnateur des guerres à l'armée des Côtes de Brest, député d'Ille-et-Vilaine au Conseil des Anciens le 25 vendémiaire an iv (17 octobre 1795), ministre de la guerre du 19 pluviôse an iv (8 février 1796) au 16 messidor an v (4 juillet 1797), député de la Seine au Conseil des Cinq Cents le 25 germinal an vii (14 avril 1799), conseiller d'État le 4 nivôse an viii (25 décembre 1799), mort à Paris le 25 mai 1806.

[2] Le même jour, le Comité de salut public accusa réception au commissaire ordonnateur en chef des guerres Petiet de ses deux lettres. (Minute, Arch. nat., AF ii 267.) — Cf. dans Aulard, VI, 313, une lettre des représentants Reubell, Gillet et Ruelle, en date du 6 septembre 1793, où ils évaluent à 18 millions les fonds nécessaires pendant huit mois à l'armée des Côtes de Brest et à celle de Mayence, et demandent que le ministre de la guerre verse 4 millions pour les premiers besoins. Le Comité de salut public leur répondit qu'il avait transmis cette demande au ministre de la guerre afin que la somme nécessaire fût envoyée sans retard. « Nous serons attentifs, ajoutait le Comité, à seconder de tout notre pouvoir le zèle qui vous anime pour le salut de la République. » (Arch. nat., AF ii 267.)

36. PARIS, 7 SEPTEMBRE 1793.

LE COMITÉ DE SALUT PUBLIC À PHILIPPEAUX, REPRÉSENTANT DU PEUPLE

PRÈS L'ARMÉE DES CÔTES DE LA ROCHELLE.

Paris, 7 septembre 1793.

Citoyen collègue,

Lorsque l'amour de la République règle tous les mouvements des représentants du peuple, les différentes vues ne sont que des moyens différents de servir la patrie. La confiance réciproque conduit à des développements qui l'affermissent, et bientôt l'unité de moyens est le fruit de l'unité de sentiments. En concourant avec vous au triomphe de la liberté, le Comité se persuade que vous y contribuerez beaucoup par votre zèle [1].

(Minute, Arch. nat., AF ii 267.)

37. PARIS, 7 SEPTEMBRE 1793 [2].

LE COMITÉ DE SALUT PUBLIC AUX ADMINISTRATEURS DU DISTRICT DE BERGUES

ET AU GÉNÉRAL CARRION.

Paris, le 7 septembre 1793, l'an ii de la République française.

LES REPRÉSENTANTS DU PEUPLE MEMBRES DU COMITÉ DE SALUT PUBLIC

AUX ADMINISTRATEURS DU DISTRICT DE BERGUES ET AU GÉNÉRAL CARRION [3].

Nous avons reçu, citoyens, votre lettre du 28 août dernier et la pièce qui y était jointe [4]. Nous applaudissons à la fermeté avec laquelle

[1] Cf. dans Aulard, VI, 263, la lettre de Philippeaux au Comité de salut public, en date de Saumur, le 3 septembre 1793. Cette pièce porte cette annotation autographe de Carnot : «Répondre que nous avons reçu avec plaisir les explications qu'il nous donne, que nous faisons des vœux pour le prompt succès de nos armes et que nous comptons qu'il y contribuera beaucoup par son zèle.»

[2] Carnot est présent à la séance du Comité. (Cf. Aulard, VI, 323.)

[3] Cf. lettre de Bourg, commandant temporaire de Dunkerque, en date du 23 août, p. 37.

[4] Le ministre de la guerre Bouchotte avait écrit au général Carrion, le 25 août 1793 : «Bergues est fort intéressant pour la défense de nos départements maritimes; employez à le défendre tous les efforts de votre courage et de votre intelligence. Que l'amour de la patrie soit toujours le mobile de vos actions; songez à tout ce que vous devez à vos concitoyens. Je ne peux me

vous avez accueilli les propositions de l'ennemi; nous vous invitons à continuer de développer le même courage, la même énergie. Qu'il sera doux, qu'il sera honorable pour votre cité d'avoir, par une généreuse résistance, contribué si efficacement au salut de la patrie! Elle vous offrira des couronnes civiques et elle s'empressera d'indemniser tous les citoyens qui auront essuyé des pertes de la part de l'ennemi[1].

Les membres du Comité de salut public
chargés de la correspondance,

B. Barère, Billaud-Varenne, Carnot, C.-A. Prieur,
Prieur (de la Marne).

(Arch. adm. de la guerre, impr. dans le *Résumé expositif de la conduite révolutionnaire de Martin-Jean-François Carrion, ex-général de brigade*, p. 34.)

PARIS, 7 SEPTEMBRE 1793.

LE MINISTRE DE LA GUERRE BOUCHOTTE AU COMITÉ DE SALUT PUBLIC.

Analyse. — Il demande à ne pas appliquer l'arrêté du Comité en date du 28 août, qui prescrit l'emploi des bœufs pour les transports et charrois militaires à l'extérieur[2]. Il propose de remplacer par des chevaux de trait les chevaux tirés des charrois pour la cavalerie.

(Orig., Arch. de la guerre, correspondance générale.)

---

défendre d'avoir en vous beaucoup de confiance..... Votre réponse au général anglais est bonne et ferme.» (Cf. *Résumé expositif de la conduite révolutionnaire de Martin-Jean-François Carrion*, p. 30.)

[1] Bouchotte félicita, le 15 septembre, Carrion d'avoir contribué à la défaite des Anglais. Le 6 octobre, le conseil général de la commune de Bergues délivra au général un certificat relatant les services rendus par lui à la ville pendant qu'elle était cernée par l'ennemi. Enfin, le 11, le général en chef Jourdan, les généraux Favereau, Lemaire, Parant et Ernouf constatèrent officiellement leurs regrets de la re-

traite de Carrion, nécessitée par son origine noble, et déclarèrent que «sa conduite et ses sentiments sont irréprochables, que son opinion est celle d'un républicain décidé, qu'il a toujours montré un courage héroïque à défendre la République, une haine implacable aux tyrans, aux modérés et à tous ceux dont les sentiments et les actions n'ont pas pour but le bien et les intérêts de la République.» (Cf. *Résumé expositif*, p. 31, 36 et 37.)

[2] Cf. Aulard, VI, 141. — L'arrêté du Comité portait que les chevaux remplacés pa r les bœufs devaient être envoyés sur-le-champ à l'armée.

MONT-LIBRE, 7 SEPTEMBRE 1793.

LE GÉNÉRAL DAGOBERT [1] AU COMITÉ DE SALUT PUBLIC [2].

Mont-Libre [3], le 7 septembre 1793, l'an II de la République française.

LE GÉNÉRAL EN CHEF DE L'ARMÉE CENTRALE DES PYRÉNÉES
AUX MEMBRES COMPOSANT LE COMITÉ DE SALUT PUBLIC DE LA CONVENTION NATIONALE.

Citoyens représentants,

Si je n'ai pas communiqué avec vous plus tôt, ne l'attribuez qu'à l'extrême embarras où je me suis trouvé et où je me trouve encore. Envoyé dans cette partie le 10 août dernier, en vertu d'un arrêté des représentants du peuple près l'armée des Pyrénées orientales, pour empêcher ou tout au moins retarder le siège du Mont-Libre, commander une armée qui n'existait pas, et qui devait s'organiser au moyen des troupes de réquisition, je n'avais, pour toute ressource, que quelques bataillons, dispersés sur les différents points par où l'ennemi aurait pu pénétrer. J'avais proposé depuis longtemps de faire une diversion en entrant sur le territoire espagnol; je fus désigné par les représentants pour cette entreprise,

[1] Luc-Siméon-Auguste Dagobert, dit *Dagobert de Fontenille*, né à la Chapelle-Enjuger (Manche) le 8 mars 1736, lieutenant au régiment de Tournaisis-Infanterie le 9 mars 1756, capitaine commandant la compagnie du lieutenant-colonel le 18 juin 1768, titulaire d'une compagnie le 31 janvier 1774, passé par incorporation au régiment Royal-Italien le 29 juin 1775, capitaine commandant le 6 juin 1776, chevalier de Saint-Louis le 29 juillet 1781, major le 17 mai 1787, major du bataillon de chasseurs royaux du Dauphiné le 1er mai 1788, lieutenant-colonel le 1er janvier 1791, colonel du 51e d'infanterie le 27 mai 1792, maréchal de camp provisoire et commandant l'avant-garde de l'armée du Var le 12 octobre 1792, confirmé dans son grade et employé à l'armée d'Italie le 8 mars 1793, passé à l'armée des Pyrénées orientales le 10 mai 1793, général de division le 15 mai 1793, commandant des troupes cantonnées depuis Olette jusqu'à la Garonne le 7 août 1793, général en chef provisoire de l'armée des Pyrénées orientales le 13 septembre 1793, a cessé ces fonctions le 29 du même mois, suspendu par les représentants le 17 novembre 1793, réintégré et employé à l'armée des Pyrénées orientales le 2 février 1794, commandant la division de Cerdagne le 29 mars 1794, mort à Puycerda le 18 avril 1794. Le général Dagobert avait fait, sous l'ancien régime, les campagnes d'Allemagne de 1757 à 1762, et de Corse en 1768 et 1769. Il avait été blessé quatre fois : 1° d'un coup de feu à la joue à la prise de Minden le 9 juillet 1759; 2° à la main gauche à l'affaire d'Ober-Weimar le 2 septembre 1759; 3° à l'épaule à la prise de Wetzlar en 1759; 4° de deux coups de feu, dont un au pied droit, près de Wesel le 17 octobre 1760. Le 30 avril 1794, la Convention décréta que le nom du général Dagobert serait inscrit sur la colonne élevée au Panthéon.

[2] Dans la séance de la Convention du 13 septembre 1793, on lut une lettre de Dagobert, écrite de Mont-Libre, 4 septembre 1793, et dont les termes sont un résumé de la seconde partie de la lettre publiée ici. Il est probable qu'il y a au *Moniteur* du 15 septembre une erreur de date.

[3] Nom républicain de Montlouis-sur-Tet, ville de l'arrondissement de Prades.

III.   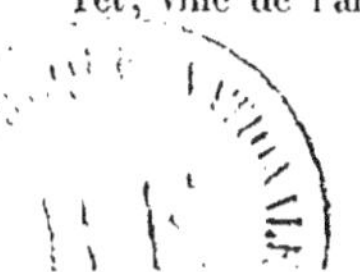   7

IMPRIMERIE NATIONALE.

qui était d'autant plus difficile que l'ennemi avait un camp en face du Mont-Libre et à la portée du canon. Avant mon arrivée dans cette place, j'avais adressé des réquisitions dans les départements de l'Ariège, Haute-Garonne et le district de Quillan pour obtenir des forces. Plus de dix jours se passèrent sans que j'aie reçu aucune réponse. Ennuyé d'attendre des réquisitions qui n'arrivaient pas, affligé de l'insolence de l'ennemi qui nous bravait, je me déterminai à l'attaquer dans son camp le 28 août dernier. Il avait huit pièces de canon bien servies; notre artillerie était en partie prise sur les remparts de cette place, c'est-à-dire des pièces pesantes et difficiles à manœuvrer. Dès le commencement de l'affaire, plusieurs furent démontées. Je n'avais pas un homme de cavalerie : il avait 600 dragons. Ma colonne de droite restait sans rien faire; les braconniers montagnards, qui faisaient partie de celle du centre, avaient pris la fuite dès le commencement du combat. Pendant que 300 chevaux chargeaient de front la colonne de gauche, 300 autres la tournaient par derrière; une quatrième colonne, composée de miquelets, avait reçu l'ordre de tourner la montagne pour aller s'emparer du général ennemi dans son quartier général, et était restée ventre à terre dans le bois. Dans cette circonstance critique, je fus assez heureux pour inspirer quelque énergie à la colonne de gauche; je me mis à sa tête; la cavalerie fut repoussée et presque entièrement détruite; on força ensuite à la baïonnette l'ennemi à prendre la fuite; le camp, les huit pièces de canon, le bagage, quantité d'armes et de munitions, tout resta en notre pouvoir. L'ennemi a perdu beaucoup de monde dans cette journée; nous lui avons fait soixante prisonniers, dont quinze officiers. Dès le même jour, je m'approchai assez de Puycerda pour que l'ennemi, frappé d'épouvante, en délogeât aussitôt. Le lendemain je m'emparai de cette place, de même que de Belver. Je descendis, sans perdre de temps, le long de la gorge de Ségre jusqu'à trois lieues d'Urgel, sans pouvoir joindre l'ennemi. Nous avons trouvé dans Puycerda quantité de magasins de toute espèce, ce qui indique assez les grands projets des Espagnols sur les départements voisins. Ainsi, citoyens représentants, vingt-quatre heures ont suffi pour chasser les satellites du despotisme de la Cerdagne française, de la vallée de Carol qu'ils avaient envahie, et pour soumettre aux armes de la République toute la Cerdagne espagnole.

Je m'occupai sans relâche des expédients que je pourrais employer pour, avec la petite armée que je commande, pousser plus loin nos conquêtes. J'étais allé reconnaître sur les montagnes lequel me serait le plus facile de pénétrer sur Ribes, Ripoll ou Campredon, lorsqu'une ordonnance vint m'apporter la nouvelle qu'un corps de 5,000 hommes s'était emparé, le 3, de notre camp sur Olette et se dirigeait avec un train d'artillerie considérable sur le Mont-Libre. Je revins promptement et me mis en marche, le 4, dès les trois heures du matin, avec un corps de 2,000 hommes. J'attaquai avec tant d'impétuosité qu'après un feu de mousqueterie des plus vifs, qui a duré près de deux heures, l'ennemi fut mis pleinement en déroute et forcé d'abandonner toute son artillerie, composée de quatre obusiers, deux pièces de 16, deux de 12, deux de 8 et six de 4, tout son bagage, une quantité très considérable d'armes et de munitions, douze caissons, près de cent chevaux ou mulets d'artillerie, 300 prisonniers, dont 30 officiers. Cette journée, citoyens, est encore plus avantageuse à la République que celle du

28 août, puisque vingt-quatre heures plus tard Mont-Libre était assiég., sans qu'il eût été possible de l'empêcher, à raison de nos peu de moyens et des positions avantageuses que l'ennemi aurait prises. Je dois les plus grands éloges aux corps qui composaient ma petite armée; tous les officiers et les soldats se sont distingués. Ceux qui à la journée du 28 avaient fui ou étaient restés en arrière, parce qu'ils n'avaient jamais vu le feu, ont effacé, le 4, d'une manière éclatante cette tache faite à leur gloire [1].

Salut et fraternité,

DAGOBERT.

(Orig., Arch. de la guerre, armée des Pyrénées orientales.)

———————

PARIS, 7 SEPTEMBRE 1793. — DU BOIS DU BAIS [2] À CARNOT.

Paris, ce 7 septembre 1793, l'an II de la République une et indivisible.

Je vous adresse ci-joint, mon cher Carnot, la preuve bien manifeste de ce que je vous ai écrit à l'égard du général Gudin, commandant la division de Maubeuge [3]. C'est lui-même qui, par délicatesse, reconnaît qu'il n'est point en état de commander un corps de troupes de quelque importance; et en cela il est infiniment louable. Lisez donc ce qu'il m'écrit et la copie de la lettre qu'il a écrite au ministre de la guerre, et vous jugerez s'il est possible de lui confier plus longtemps le commandement d'un des postes les plus importants de la République [4]. Je le connais et il n'a véritablement plus besoin que de sa retraite. Je ne conçois donc guère comment, d'après les preuves qui en ont été données depuis longtemps, on persiste à vouloir lui confier les postes les plus difficiles. J'ajouterai encore que par une lettre particulière on me mande que toute la division de Maubeuge va m'adresser une réclamation pour que le commandement soit définitivement ôté à Gudin. On indique le général Ihler [5] comme étant celui sur les connaissances et l'activité duquel l'on peut compter pour ce commandement. Le général Gudin

<hr>

[1] En tête on lit : «Reçu le 19 septembre.» — En marge Carnot a écrit ces mots : «Détails intéressants sur les opérations de l'armée des Pyrénées orientales.»

[2] Député du Calvados à la Convention. Il avait récemment rempli les fonctions de commissaire à l'armée du Nord et avait résidé à Maubeuge. C'est pourquoi il fournit à Carnot des renseignements sur le commandant de cette place et sur la capacité des divers généraux.

[3] Je n'ai pas trouvé le texte de cette première lettre à Carnot.

[4] Cf. lettre du Comité de salut public à Bouchotte, en date du 30 août 1793, p. 66. — Dès le 30 juillet, du Bois du Bais avait écrit de Maubeuge au Comité pour demander de bons généraux : «Je vous proteste qu'il en a été nommé un de la division d'ici pour commander l'armée des Côtes de la Rochelle, nommé Gudin, qui n'a rien, mais absolument rien de ce qu'il faut pour obtenir la moindre confiance; son moindre défaut est d'être infirme.....» (Orig., Arch. de la guerre, armée du Nord.)

[5] Cf. t. II, p. 329.

l'indique lui-même; quant à moi, je ne le connais pas, mais il paraît, par ce qu'on m'en a dit et écrit, que l'on pourrait lui confier le commandement général de cette division [1].

Il y a deux généraux auxquels il faut nécessairement donner la retraite, qui sont Gudin et Fontbonne [2], tous deux infirmes et peu capables. J'indique à leur place Desjardin [3], lieutenant-colonel du 2ᵉ de Mayenne-et-Loire, et Pinteville [4], lieutenant-colonel du 2ᵉ de Seine-et-Marne [5]. Je les ai déjà indiqués au ministre de la guerre comme des hommes distingués par leur républicanisme très prononcé, leur énergie militaire et leurs connaissances; ils sont de l'espèce qu'il nous en faut.

[1] Le général Ihler fut suspendu le 14 septembre 1793.

[2] Alexandre-Louis de Fontbonne, né à Étoile (Drôme) le 13 juin 1750, fils d'un capitaine, sous-lieutenant d'Auvergne-Infanterie le 26 juin 1769, lieutenant le 16 juillet 1776, 1ᵉʳ lieutenant le 15 avril 1778, capitaine en 2ᵉ le 8 janvier 1780, capitaine commandant le 22 décembre 1786, chevalier de Saint-Louis le 29 juin 1788, lieutenant-colonel du 18ᵉ d'infanterie le 28 avril 1792 et colonel le 12 septembre suivant, général de brigade à l'armée des Ardennes le 8 mars 1793, suspendu de ses fonctions par les représentants en juillet 1793, général de division à l'armée d'Italie le 14 messidor an III (2 juillet 1795), autorisé à prendre sa retraite le 4 ventôse an IV (23 février 1796), assassiné d'un coup de feu dans la forêt de l'Esterel, près de Fréjus, le 20 germinal an IV (9 avril 1796), en se rendant de Nice à Paris. Le général de Fontbonne avait fait campagne dans les colonies de 1775 à 1783. Son nom manque dans la *Biographie du Dauphiné*, d'Adolphe Rochas.

[3] Jacques Jardin, dit *Desjardin*, né à Angers (Maine-et-Loire) le 18 février 1759, fils d'un voiturier, soldat au régiment du Vivarais le 8 décembre 1776, caporal le 1ᵉʳ février 1781, sergent le 17 juin 1788, renvoyé le 5 février 1790, chef instructeur dans la garde nationale d'Angers le 20 février 1790, adjudant général de cette milice le 5 août 1791, élu lieutenant-colonel du 2ᵉ bataillon des volontaires de Maine-et-Loire le 19 août 1792, général de brigade à l'armée du Nord le 3 sep-

tembre 1793, général de division le 29 ventôse an II (19 mars 1794), commandant en chef de l'armée des Ardennes le 20 prairial an II (8 juin 1794), mis en disponibilité le 1ᵉʳ vendémiaire an X (23 septembre 1801), commandant de la Légion d'honneur le 14 juin 1804, blessé à la bataille d'Eylau le 8 février 1807, et mort le 11, à l'ambulance de Landsberg.

[4] Memie Pinteville, né à Châlons-sur-Marne (Marne) le 18 octobre 1745, volontaire dans le régiment de Picardie du 16 avril 1762 au 16 décembre 1763, cavalier d'octobre 1765 à octobre 1770, gendarme dans les gendarmes du roi du 10 janvier 1778 au 20 décembre 1780, 2ᵉ lieutenant-colonel du 2ᵉ bataillon de la Marne le 7 septembre 1791 et 1ᵉʳ lieutenant-colonel le 28 décembre 1792, chef de la 171ᵉ demi-brigade de ligne en juillet 1793, général de brigade le 27 septembre 1793, suspendu et mis en arrestation par les représentants Bar et Hentz à Maubeuge le 14 brumaire an II (4 novembre 1793), emprisonné à la Conciergerie à Paris, mis en liberté le 1ᵉʳ fructidor an II (18 août 1794). Pinteville rentra au service le 1ᵉʳ prairial an III (20 mai 1795) comme lieutenant dans la gendarmerie de la Marne et fut promu capitaine le 22 prairial an V (10 juin 1797). Cet ex-général fut retraité en cette qualité le 30 septembre 1807. Il vivait encore en 1817. Il avait fait la campagne de Hanovre en 1762 et s'était distingué à Jemappes, dans la retraite de Belgique et au blocus de Maubeuge.

[5] Pinteville commandait le 2ᵉ bataillon de la Marne et non de Seine-et-Marne.

Ainsi, selon moi, mon cher Carnot, il faudrait nommer, d'après ce qu'on en dit :

1° Ihler, commandant général de la division ;

2° Meyer[1], général de brigade commandant le camp ;

3° Desjardin, lieutenant-colonel, en faire un général de brigade pour commander les avant-postes ;

4° Pinteville, lieutenant-colonel, en faire un général de brigade pour commander la place.

Retraite à Gudin et Fontbonne, infirmes.

Comme cette division est considérablement augmentée, il serait peut être nécessaire qu'il y eût un général de plus. Alors j'indiquerais Basquiat[2], bon républicain, colonel du 18° régiment, qui prit si courageusement une redoute à l'ennemi pendant mon séjour à Maubeuge.

Je vous supplie, mon cher Carnot, de prendre en considération l'objet de ma lettre qui n'a que celui de mettre la République dans le cas d'être bien servie[3].

Votre collègue,

Du Bois du Bais.

[1] Pierre-Arnould Meyer, né à Gap (Hautes-Alpes) le 22 septembre 1762, fils d'un marchand, fabricant de bas de soie, volontaire à la compagnie de chasseurs du régiment de Champagne le 10 août 1782, caporal le 17 janvier 1788, congédié par ancienneté le 10 août 1790, instructeur dans la garde nationale des Hautes-Alpes, élu lieutenant-colonel en second du 2° bataillon des volontaires de ce département le 28 novembre 1791, commandant de ce bataillon le 1er août 1793, général de brigade le 27 août et de division le 25 septembre 1793, commandant de la division de Maubeuge le 29 octobre suivant, destitué le 26 brumaire an II (16 novembre 1793), mis en liberté le 29 thermidor (16 août 1794), Meyer fut réintégré comme chef d'escadron au 8° de cavalerie le 23 frimaire an III (13 décembre 1794), devint adjudant général à l'armée du Rhin le 5 vendémiaire an VI (26 septembre 1797), pour sa participation au coup d'État du 18 fructidor, servit l'année suivante à l'armée d'Helvétie et fut envoyé dans le département de la Lozère en l'an IX. Il mourut en l'an X. Il avait été blessé à la bataille de Jemappes. Le nom de ce général a été omis dans la *Biographie du Dauphiné*,

d'Adolphe Rochas. (Cf. aux Arch. adm. de la guerre une brochure intitulée : *L'ex-général de division Meyer à ses concitoyens*, et aux Archives nationales, AF II 306, à la date du 29 thermidor an II, une autre brochure intitulée : *Pétition du frère du général Meyer à la Convention nationale.*)

[2] François-Léonard de Basquiat, né à Saint-Sever (Landes) le 29 janvier 1750, soldat au régiment de Navarre-Infanterie le 10 mars 1768, sous-lieutenant au régiment d'Auvergne le 17 mai 1772, lieutenant le 26 août 1777, capitaine le 16 novembre 1781, capitaine de grenadiers le 15 novembre 1791, lieutenant-colonel au 18° d'infanterie le 9 mai 1792, chef de brigade provisoire le 8 mars 1793.

[3] Les indications données par du Bois du Bais furent en partie suivies. Si le général Gudin ne fut pas immédiatement mis à la retraite, le ministre de la guerre lui envoya le général Chancel pour le seconder. Bouchotte prévint, le 11 septembre 1793, le général Gudin par la lettre suivante (Minute aut., Arch. de la guerre, armée du Nord) :

« Je vous préviens, général, que le Conseil exécutif provisoire, connaissant le patriotisme, le courage et l'expérience du citoyen

Je vous envoie aussi une lettre qui m'a été écrite des départements de l'Ouest. Vous y trouverez des détails intéressants sur l'esprit public qui y règne et qu'il importe que le Comité de salut public connaisse. Je serais bien aise que vous me fissiez repasser mes lettres sans me répondre, parce que vous n'en avez pas le temps. Vous les mettrez seulement sous enveloppe à mon adresse, rue Verneuil, n° 416.

(Orig. aut., Arch. de la guerre, armée du Nord.)

MAUBEUGE, 7 SEPTEMBRE 1792.

LUCE, COMMANDANT TEMPORAIRE DE LA VILLE, AU COMITÉ DE SALUT PUBLIC.

Analyse. — Il expose les excès et l'indiscipline des troupes de la division et annonce l'arrivée des représentants Gossuin[1] et Collombel[2]. Une canonnade semble annoncer que l'ennemi est devant le Quesnoy.

(Analyse, Arch. de la guerre, reg. du comité de salut public, C, fol. 492.)

Chancel, général de division, l'envoie à Maubeuge pour vous aider dans le commandement de la division et les opérations que vous serez en état d'entreprendre. Le Conseil espère que vos soins réunis procureront l'avantage de la République et que vous vous ꞁentendrez pour faire triompher ses armes.

«Le Conseil a également accordé, il y a environ quinze jours, le grade de général de brigade au citoyen Meyer, chef d'un bataillon des Hautes-Alpes, et à Desjardin, chef d'un bataillon de Seine-et-Marne (lisez : *Mayenne-et-Loire*). S'ils n'avaient pas reçu leur brevet et leurs lettres de service, cela proviendrait de la difficulté des communications entre ꞁle quartier général et vous. Rien n'empêche qu'ils ne commencent les fonctions de leur nouveau grade.

«Fontbonne est suspendu depuis plus d'un mois. Je suis étonné qu'il n'ait pas reçu sa lettre. Ihler a donné sa démission; il peut se retirer en se conformant à la loi et présentant son mémoire en retraite...»

Le 13 septembre, le général Gudin répondit de Maubeuge à Bouchotte pour lui annoncer l'arrivée du général Chancel. «Les infirmités qui m'accablent me deviennent moins pénibles, pouvant me reposer sur un frère d'armes dont la capacité et le zèle promettent des succès à la patrie.» Il déclarait avoir déjà employé le général Meyer dans son nouveau poste et ajoutait que le général Fontbonne allait partir pour Paris et que le général Ihler se conformerait à la loi. (Orig., Arch. de la guerre, armée du Nord.)

[1] Gossuin avait été envoyé à l'armée du Nord le 10 mai 1793, en remplacement de Lequinio. (Cf. Aulard, IV, 85.)

[2] Pierre Collombel, né à Argueil (Seine-Inférieure) en septembre 1756, commerçant à Pont-à-Mousson, député-suppléant de la Meurthe à la Convention, avait été appelé à siéger le 11 juillet 1793 en remplacement de Salle, et envoyé à l'armée du Nord le 1er août. (Cf. Aulard, V, 443.) Il fut rappelé le 9 septembre 1793 (cf. Aulard, VI, 380), entra au Conseil des Cinq-Cents, puis à celui des Anciens, fut exclu après le 18 brumaire et mourut à Paris le 26 janvier 1841.

38. paris, 8 septembre 1793 [1].

le comité de salut public au représentant legendre de la nièvre [2].

Paris, le 8 septembre 1793, l'an ii de la République.

Votre lettre, mon cher collègue, nous jette dans une grande per-plexité [3]. Vous dites que vous n'êtes point partisan des établissements nationaux, et c'est parce que nous sommes pénétrés du même prin-cipe que nous avions jugé convenable de ne point mettre en régie la manufacture de Moulins. Nous ne prétendons pas pour cela que cette manufacture en soit moins florissante; nous ne voulons qu'éviter les voleries et le gaspillage, et nous ne voyons pas comment en venir à bout avec une régie. Au lieu, si c'est une entreprise particulière, l'État ne paye que ce qu'il reçoit.

Nous sentons qu'un grand établissement national pourrait être agréable au département de l'Allier, mais nous sommes représentants de la nation entière, et, en partant de votre principe que les établis-sements nationaux sont nuisibles à l'État, ce serait donc sacrifier l'in-térêt particulier. Il doit, d'ailleurs, être indifférent aux ouvriers de travailler pour des régisseurs ou pour des entrepreneurs. Les habi-

[1] Carnot est présent à la séance du Co-mité. (Cf. Aulard, VI, 351.)

[2] François-Paul Legendre, né à Donzy (Nièvre) le 25 janvier 1759, avocat, dé-puté de la Nièvre à la Convention et au Conseil des Cinq-Cents, proscrit en 1816, mort à Constance (Suisse) le 26 décembre 1817.

[3] Legendre de la Nièvre avait déjà rempli une mission auprès des manufac-tures d'armes de Paris (14 juin 1793). Le 23 août 1793 il avait été désigné pour aller faire exécuter la levée en masse dans les départements de la Nièvre et de l'Al-lier. Le 1er septembre, il écrivit de Moulins au Comité de salut public une lettre où il annonça son arrivée dans cette ville. «La manufacture d'armes à feu, disait-il, ne fait rien par la faute des entrepreneurs, qui ont cependant reçu des fonds de la Répu-blique jusqu'à la somme de 300,000 livres, et il y pour toute fabrication achevée cin-quante ou soixante fusils. Les ouvriers sont à la veille de manquer de subsistances. Je crois être obligé de prendre le parti de déclarer l'établissement national pour qu'il puisse être utile à la République, parce que je vois que, si nous ne recourons pas à ce moyen, c'est peine perdue de stimu-ler des hommes qui n'ont pas l'intention et la volonté de faire. Je vous préviendrai des mesures que je prendrai ultérieure-ment, mais je vous prie de me seconder de toutes vos forces.» Il attend, ajoutait-il, le maître canonnier Leclerc de Paris et il espère leur expédier avant quinze jours des lames ou maquettes de fusil. Il compte que Monge et Hassenfratz (membres de la commission des armes) vont lui envoyer le citoyen Clouet pour faire les essais d'étoffe pour l'arme blanche. (Orig., Arch. nat., AF ii 168.)

tants du pays ne peuvent donc rien gagner à la mesure que vous proposez [1].

Nous ne voyons pas aussi sans inquiétude que l'établissement que vous désirez paraisse fait pour l'avantage particulier du citoyen Villeneuve, ci-devant marquis, auquel on attribue l'inertie dans laquelle est demeurée jusqu'à ce jour la manufacture de Moulins [2]. Cette inertie, vous l'attribuez à l'entrepreneur, et il pourrait se faire que l'un et l'autre y eussent contribué. Quel est donc le moyen d'éviter et la paralysie de cette manufacture, d'une part, et le gaspillage, de l'autre? Il nous paraît que c'est de dire aux entrepreneurs : « Faites des fusils, faites-en le plus que vous pourrez, nous les prendrons tous au prix courant; et si vous n'en fournissez pas une quantité déterminée et suffisante, la nation rentrera dans ses bâtiments et vous lui rembourserez les avances qu'elle vous aura faites. »

Réfléchissez donc de nouveau, cher collègue, sur cet objet important. Nous attendons votre réponse pour prononcer définitivement; mais, nous vous en conjurons, écartez toute considération particulière et locale.

Nous vous rendons grâces de l'activité que vous mettez à nous rechercher du salpêtre, des maquettes et lames de canon de fusil. Nous attendons le plus grand effet de vos opérations. Ne perdez pas de vue que nous ne pouvons faire un pas sans vous.

A expédier : Laz. CARNOT.

(Minute aut. de Carnot, Arch. nat., AF II 168.)

[1] Dès le 15 juin 1793, le Comité de salut public s'était préoccupé de cette manufacture d'armes de Moulins et du ci-devant marquis de Villeneuve. On lit à ce sujet dans le procès-verbal de ce jour (cf. Aulard, IV, 571) : « Lecture faite d'une lettre des commissaires à l'établissement central de construction d'artillerie du département de l'Allier, par laquelle ils demandent, vu les circonstances urgentes qui les empêchent actuellement de se transporter à Paris, qu'il soit sursis à l'exécution de l'ordre donné au citoyen Villeneuve et à son départ jusqu'à la fin de leurs opérations. Le Comité arrête que ce sursis demeure quant à présent accordé, à la charge par lesdits commissaires de donner, trois jours après la réception du présent arrêté, connaissance au Comité de l'époque à laquelle le citoyen Villeneuve se rendra à Paris; sauf, en cas de silence, de prononcer la levée dudit sursis et d'arrêter ce qu'il appartiendra. »

[2] Le ci-devant marquis de Villeneuve fut mis en arrestation; mais, sur le rapport d'Amar, membre du Comité de sûreté générale, constatant que les dénonciations faites contre lui étaient de véritables calomnies, la Convention décréta la mise en liberté de ce citoyen le 16 du premier mois de l'an II (7 octobre 1793). — Cf. *Moniteur*, XVIII, 72.

39. PARIS, 8[1] SEPTEMBRE 1793.

LE COMITÉ DE SALUT PUBLIC À DELACROIX, LOUCHET[2] ET LEGENDRE[3], REPRÉSENTANTS DANS LA SEINE-INFÉRIEURE[4].

La découverte que vous avez faite, citoyens collègues, d'une fonderie près de Rouen est des plus intéressantes[5]; vous êtes autorisés à lui donner toute l'activité possible et à favoriser l'établissement de la manufacture des fusils; nous vous invitons de ne pas négliger ces grands moyens de défense. Nous vous observons seulement deux choses : la première, c'est que, voulant établir une grande manufacture d'armes à Paris, il faut que les mesures que vous pourrez prendre ne contrarient point cet établissement; la seconde, c'est que nous pensons qu'il ne faut point de régie en ce genre, mais des entreprises. Il faut que l'entrepreneur soit sûr qu'on lui achètera toutes les armes qu'il pourra fournir, en quelque nombre qu'elles soient, au prix courant, lorsqu'elles auront subi les épreuves convenables; mais point de privilèges, ni de conseils d'administration, qui ne sont que des moyens de gaspillage. Cependant, s'il était nécessaire de simples avances faites sans cautionnement, nous pensons que cela n'aurait aucun inconvénient. Nous vous le répétons, la loi du 23 août vous donne à cet égard toute latitude possible de pouvoirs, et vous êtes investis de la confiance.

(Minute aut. de Carnot, Arch. nat., AF ii 411.)

[1] Cette pièce n'est pas datée, mais comme elle répond à une lettre reçue par le Comité de salut public le 7 septembre, j'ai cru pouvoir la classer au 8 septembre,

[2] Louis Louchet, né à Longpré (Somme) le 21 janvier 1753, professeur au collège de Rodez, député de l'Aveyron à la Convention.

[3] Louis Legendre, né à Versailles le 22 mai 1752, marchand boucher, député de Paris à la Convention, membre du Conseil des Cinq-Cents, mort à Paris le 13 décembre 1797.

[4] Legendre et Louchet avaient été envoyés, le 15 août 1793, en mission dans le département de la Seine-Inférieure pour rechercher les causes de la disette des subsistances. Delacroix (d'Eure-et-Loir) leur fut adjoint le 29 du même mois. (Cf. Aulard, VI, 1 et 170.)

[5] Delacroix, Louchet et Legendre avaient annoncé au Comité de salut public, par une lettre datée de Rouen, le 6 septembre 1793, qu'ils avaient découvert à Rouen une excellente fonderie de canons. (Cf. Aulard, VI, 306.)

40. paris, 8(?) septembre 1793.

LE COMITÉ DE SALUT PUBLIC À CHOUDIEU [1] ET RICHARD [2],

REPRÉSENTANTS PRÈS L'ARMÉE DES CÔTES DE LA ROCHELLE.

Paris, septembre 1793.

LES REPRÉSENTANTS DU PEUPLE MEMBRES DU COMITÉ DE SALUT PUBLIC

AUX CITOYENS CHOUDIEU ET RICHARD,

REPRÉSENTANTS DU PEUPLE PRÈS L'ARMÉE DES CÔTES DE LA ROCHELLE.

Citoyens collègues,

Le Comité de salut public vous annonce que le ministre de la guerre a été chargé de pourvoir incessamment aux besoins que vous exposez dans votre lettre du 4 de ce mois. Du reste, il se repose sur votre zèle et sur votre application à lever tous les obstacles que vous pourrez rencontrer pour le succès des opérations qui vous ont été confiées [3].

Salut et fraternité,

LES MEMBRES DU COMITÉ DE SALUT PUBLIC

CHARGÉS DE LA CORRESPONDANCE.

(Minute, Arch. nat., AF ii 267.)

[1] Pierre-René Choudieu, né à Angers (Maine-et-Loire) le 26 novembre 1761, substitut au présidial de sa ville natale, député de Maine-et-Loire à l'Assemblée législative et à la Convention, proscrit en 1816, mort à Paris le 9 décembre 1838. Choudieu, commissaire à l'armée des Côtes de la Rochelle depuis le 30 avril 1793 (cf. Aulard, III, 540), avait envoyé de Tours au Comité de salut public, le 31 juillet 1793, un plan pour finir la guerre de la Vendée. Le 2 août 1793, le Comité arrêta de s'en rapporter pour l'exécution dudit plan à la sagesse des représentants (cf. Aulard, VI, 446). M. Ch.-L. Chassin a publié ce plan dans sa *Vendée patriote*, III, 4.

[2] Joseph-Étienne Richard, né à la Flèche (Sarthe) le 28 septembre 1761, avocat, député de la Sarthe à l'Assemblée législative et à la Convention, préfet de la Haute-Garonne et de la Charente-Inférieure sous l'Empire, baron en 1810, mort à Saintes (Charente-Inférieure) le 17 août 1834. Richard avait été envoyé à l'armée des Côtes de la Rochelle le 12 avril 1793. (Cf. Aulard, III, 215.)

[3] Les représentants Choudieu et Richard avaient écrit de Saumur, le 4 septembre 1793, au Comité pour lui exposer les besoins pressants de l'armée des Côtes de la Rochelle en fait d'artillerie. En marge de l'analyse de cette lettre, Carnot a écrit : «Accuser la réception et prévenir nos collègues Choudieu et Richard que le ministre a été chargé de pourvoir aux besoins qu'ils exposent.»

PARIS, 8 SEPTEMBRE 1793.

LE MINISTRE DE LA GUERRE BOUCHOTTE AU COMITÉ DE SALUT PUBLIC.

Analyse. — En vertu de l'arrêté du Comité, en date du 28 août[1], il lui fait passer l'état des emplacements désignés par lui pour les dépôts généraux de cavalerie dans chaque armée. Il fait observer qu'il n'est pas nécessaire de fixer quatre dépôts par armée, parce qu'il est des armées où la cavalerie est peu nombreuse et d'autres où il n'y en a pas, telles que celles d'Italie, des Côtes de Brest et de Cherbourg. Il propose de donner aux inspecteurs 6,000 livres, et aux adjoints 3,000[2].

(Orig., Arch. de la guerre, corr. générale.)

DUNKERQUE, 8 SEPTEMBRE 1793.

LES REPRÉSENTANTS TRULLARD ET BERLIER AU COMITÉ DE SALUT PUBLIC.

Dunkerque, le 8 septembre l'an ii de la République une et indivisible[3].

TRULLARD ET BERLIER, REPRÉSENTANTS DU PEUPLE, ENVOYÉS PRÈS L'ARMÉE DU NORD, À LEURS COLLÈGUES COMPOSANT LE COMITÉ DE SALUT PUBLIC.

Citoyens nos collègues,

Nous vous avons rendu compte de nos sorties des 6 et 7 de ce mois[4]; nous en avons aujourd'hui tenté une que la fatigue des troupes et le feu prodigieusement augmenté de l'ennemi sur les dunes n'ont pas permis de pousser bien avant. Quoi qu'il en soit et avant la fin de ce combat, l'on a remarqué de la tour que l'ennemi pliait ses tentes et faisait prendre à ses vivres et munitions le chemin de Furnes. Cet événement se lie sans doute avec les succès du général Houchard; ils sont considérables sans doute, car plusieurs rapports nous font connaître qu'on a pris dans ce point son artillerie, beaucoup de drapeaux, et qu'on a conduit à Bergues un grand nombre de prisonniers anglais et autrichiens.

On a aujourd'hui soir exécuté à Bergues un prêtre réfractaire et un émigré

[1] Cet arrêté chargeait le ministre de la guerre du soin de déterminer, pour chaque armée de la République, quatre arrondissements principaux où seraient réunis tous les dépôts particuliers des troupes à cheval de ces armées, et portait qu'il serait nommé, par arrondissement principal, un inspecteur et deux secrétaires.

[2] Le 16 septembre 1793, Bouchotte, n'ayant pas reçu de réponse, renouvela sa demande au Comité. (Orig., Arch. de la guerre, corr. gén.)

[3] Cette lettre n'a été qu'analysée dans le recueil Aulard.

[4] Cf. cette lettre dans le recueil Aulard, VI, 335.

arrêtés les armes à la main. C'est ce qu'on peut appeler prompte et bonne justice. Nous regardons Dunkerque comme sauvé et nous comptons demain nous mettre à la suite de l'ennemi.

Salut et fraternité.

TRULLARD, T. BERLIER.

P.-S. N'oubliez pas nos diverses demandes, surtout des habits et des souliers. Nous sommes ici absolument dénués de tout ce qui appartient à l'équipement [1].

(Orig., Arch. de la guerre, armée du Nord.)

NANTES, 8 SEPTEMBRE 1793.

LE GÉNÉRAL BEYSSER AU COMITÉ DE SALUT PUBLIC.

Analyse. — Chargé d'une expédition militaire, il ne peut continuer à remplir la mission politique dont le Comité l'avait chargé. Il va se mettre à la tête des troupes. «J'espère que je serai plus heureux à la poursuite des rebelles armés qu'à celle des chefs de parti qui se cachent. J'aime beaucoup mieux combattre [ceux-là] les armes à la main que déterrer [ceux-ci] dans les ténèbres où ils se cachent. Au surplus, quelque service que la République attende de moi, je serai toujours disposé à faire tout ce qui pourra montrer mon respect pour la Convention nationale et servir la cause de la liberté. »

(Orig., Arch. nat., AF ıı 46. — Publ. par Ch. L. Chassin, *La Vendée patriote*, II, 488.)

41. PARIS, 9 SEPTEMBRE 1793.[2]

LE COMITÉ DE SALUT PUBLIC AU COMITÉ DE SÛRETÉ GÉNÉRALE.

Paris, le 9 septembre, l'an ıı de la République.

LES REPRÉSENTANTS DU PEUPLE

MEMBRES DU COMITÉ DE SALUT PUBLIC DE LA CONVENTION NATIONALE

AU COMITÉ DE SÛRETÉ GÉNÉRALE.

Nous vous prévenons que le général Brune nous écrit de Péronne,

____

[1] Ce post-scriptum est de la main de Berlier.

[2] Carnot est présent à la séance du Comité. (Cf. Aulard, VI, 373.) Il écrit l'ordre d'arrestation des généraux Leygo-nyr et Quétineau. — Le même jour, il fait décréter par la Convention nationale une instruction pour la formation de l'armée révolutionnaire de Paris. (*Moniteur*, XVII, 624).

le 28 du mois dernier, que l'ex-constituant Folleville[1], royaliste connu, s'entoure de nombreux domestiques, et qu'il lui suppose des projets sur lesquels il croit qu'il faudrait envoyer des ordres, les autorités constituées n'ayant aucune énergie.

Les membres du Comité de salut public
chargés de la correspondance,

CARNOT, PRIEUR, BILLAUD-VARENNE.

Orig., Coll. de M. Étienne Charavay.)

---

42. PARIS, 9 SEPTEMBRE 1793.

LE COMITÉ DE SALUT PUBLIC AU REPRÉSENTANT FERAUD.

Paris, le 9 septembre, l'an II de la République.

LES REPRÉSENTANTS DU PEUPLE, MEMBRES DU COMITÉ DE SALUT PUBLIC DE LA CONVENTION NATIONALE, AU CITOYEN FERAUD [2], REPRÉSENTANT DU PEUPLE PRÈS L'ARMÉE DES PYRÉNÉES OCCIDENTALES [3].

Nous avons lu avec satisfaction, citoyen collègue, dans votre lettre du 17 août dernier [4], le compte que vous nous rendez de la bravoure et de la conduite républicaine de l'armée des Pyrénées occidentales. Le ministre de la guerre, à qui nous avons renvoyé extrait de votre dépêche, ne manquera pas sans doute de pourvoir aux besoins de cette armée.

Les membres du Comité de salut public
chargés de la correspondance,

CARNOT, BILLAUD-VARENNE, PRIEUR, député de la Marne.

(Orig., Arch. mun. de Bayonne.)

---

[1] Anne-Charles-Gabriel, marquis de Folleville, né au château de Manancourt (Somme) le 14 juillet 1749, lieutenant-colonel d'infanterie, député-suppléant de la noblesse du bailliage de Péronne aux États-généraux le 5 avril 1789, appelé à siéger le 26 décembre suivant, mort au château de Manancourt le 15 mai 1835.

[2] Jean-Marie-Hélène Feraud, né à Arreau (Hautes-Pyrénées) le 21 mai 1764, député des Hautes-Pyrénées à la Convention, assassiné à Paris le 2 prairial an III (21 mai 1795).

[3] Le conventionnel Feraud avait été envoyé en mission à l'armée des Pyrénées occidentales le 30 avril 1793. (Cf. Aulard, III, 540.)

[4] Cf. Aulard, VI, 18.

43. PARIS, 9 SEPTEMBRE 1793.

LE COMITÉ DE SALUT PUBLIC AUX ADMINISTRATEURS
DU DÉPARTEMENT DU PAS-DE-CALAIS.

Paris, le 9 septembre 1793, l'an II de la République française.

LES REPRÉSENTANTS DU PEUPLE MEMBRES DU COMITÉ DE SALUT PUBLIC
AUX ADMINISTRATEURS DU PAS-DE-CALAIS, À ARRAS.

Nous avons reçu, citoyens, votre lettre du 28 août dernier et les pièces qui y étaient jointes. Nous applaudissons à la surveillance et à l'activité que vous avez développées pour dissoudre le rassemblement contre-révolutionnaire qui s'était formé dans votre département.

> *Les membres du Comité de salut public*
> *chargés de la correspondance,*
>
> CARNOT, BILLAUD-VARENNE, PRIEUR, de la Marne.

(Orig., Arch. dép. du Pas-de-Calais, série LII, Arras.)

PARIS, 9 SEPTEMBRE 1793.

LE MINISTRE DE LA GUERRE BOUCHOTTE AU COMITÉ DE SALUT PUBLIC.

Analyse. — Il propose d'approuver un arrêté du directoire du département de la Somme portant qu'on ne rassemblera aux chefs-lieux des districts que les hommes non mariés ou veufs sans enfants, de dix-huit à vingt-cinq ans.

(Orig., Arch. de la guerre, armée du Nord.)

DUNKERQUE, 9 SEPTEMBRE 1793.

LES REPRÉSENTANTS TRULLARD ET BERLIER AU COMITÉ DE SALUT PUBLIC.

Dunkerque, le 9 septembre 1793, l'an II de la République une et indivisible.

TRULLARD ET BERLIER, REPRÉSENTANTS DU PEUPLE ENVOYÉS PRÈS L'ARMÉE DU NORD,
À LEURS COLLÈGUES COMPOSANT LE COMITÉ DE SALUT PUBLIC.

Nous nous empressons, citoyens collègues, de vous informer que le camp devant Dunkerque est décidément abandonné par l'ennemi, qui fuit du sol de la liberté; son entreprise lui a coûté cher, et il a perdu beaucoup de monde dans les sorties que nous avons faites pendant trois jours de suite.

Cependant et malgré la bravoure des troupes de la République et le zèle infatigable des habitants, cette importante place serait sans doute encore assiégée sans les grands mouvements et les heureuses attaques qui ont eu lieu ces jours-ci dans tous les points de l'armée; mais avec l'esprit qui animait les troupes et les habitants, Dunkerque, si elle eût été réduite, n'aurait offert aux ennemis qu'un monceau de cendres et de cadavres. C'est un juste témoignage que nous devons à tous ces bons citoyens et aux autorités civiles et militaires, dons nous avons été bien secondés, à l'exception toutefois du commandant de l'artillerie, que nous avons fait arrêter et dont la conduite doit être sévèrement examinée.

Nous devons beaucoup aussi au comité de surveillance que nous avons établi à Dunkerque, et qui nous avait mis à même de purger cette ville de quelques aristocrates, car il y en a partout.

Les généraux de brigade Ferrand, Souham et de Rocque [1] se sont en toutes occasions comportés en bons citoyens et en braves militaires; ils ont la confiance de leurs camarades d'armes et nous croyons qu'ils la méritent à tous égards.

Le chef de brigade Hoche [2] s'est aussi comporté avec une bravoure et une intelligence rares.

Enfin Dunkerque et Bergues ont réuni sous cet aspect ce qui a manqué en beaucoup d'autres points à la République.

Nous apprenons de Bergues que l'on a pris à l'ennemi hommes, chevaux, bagages, et que les Autrichiens, en fuyant comme des daims, ont laissé beaucoup de traîneurs. Cette place a pour commandants militaires les généraux Leclaire [3] et Carrion, dont le civisme et la bravoure sont généralement attestés.

---

[1] Nicolas de Rocque, né à Colmar (Haute-Alsace) le 15 février 1743, enseigne dans le régiment de Berg le 1ᵉʳ mars 1757, lieutenant en premier le 1ᵉʳ mai 1760, sous-aide-major le 12 avril 1762, aide-major le 29 février 1768, capitaine en second des grenadiers le 29 mai 1776, capitaine commandant le 7 août 1778, major du régiment de Darmstadt le 26 mars 1783, lieutenant-colonel le 13 février 1787, colonel le 20 décembre 1791, adjudant général chef de brigade le 16 mai 1792, général de brigade à l'armée des Ardennes le 15 mai 1793, suspendu le 15 septembre 1793, réintégré et nommé général de division le 25 prairial an III (13 juin 1795), cesse ses fonctions par suite de la suppression de l'armée des Côtes de l'Océan le 1ᵉʳ vendémiaire an V (22 septembre 1796), retiré à Colmar. Le général de Rocque avait fait les campagnes

d'Allemagne de 1757 à 1762 et de Corse en 1770.

[2] Les représentants ont écrit par erreur *de Rocque*, mais il s'agit évidemment de Hoche, dont le commissaire Deschamps parle dans les termes analogues (p. 113).

[3] Théodore-François-Joseph Leclaire, né à Termonde (Pays-Bas) le 18 octobre 1752, enfant de troupe au régiment d'Anhalt-Infanterie, sous-lieutenant le 17 juillet 1764, lieutenant en premier le 16 octobre 1768, lieutenant de grenadiers le 8 juin 1776, capitaine en second le 4 juillet 1777, premier capitaine en second le 1ᵉʳ septembre 1784, major du régiment de Bouillon-Infanterie le 5 novembre 1786, chevalier de Saint-Louis le 7 janvier 1787, lieutenant-colonel le 1ᵉʳ janvier 1791, colonel le 12 juillet 1792, général de brigade le 8 avril 1793 et de division le 22 septembre suivant, inspec-

Nous allons ramasser les magasins que l'on dit avoir été laissés par l'ennemi; l'on nous rapporte, entre autres choses, qu'il a abandonné un parc d'artillerie; cela viendrait fort à propos, car l'on a fait ici de grandes consommations en ce genre.

Nous ne pouvons terminer cette lettre sans vous peindre le dénuement où sont les braves défenseurs de la République, relativement à leur équipement : habits, chemises et souliers, tout cela manque, et il est instant d'y pourvoir; nous n'avons pas ici pour cela de ressources personnelles. L'énergie de ces braves gens n'en est pas diminuée, mais aussi la patrie doit acquitter sa dette envers eux.

Nous avons remarqué que les hôpitaux sont bien tenus et que le soldat est mieux nourri qu'habillé; c'est quelque chose sans doute, mais ce n'est pas tout ce qui lui est dû.

Une commission militaire, créée ici par nos collègues Hentz et Duquesnoy, va juger aujourd'hui une affaire dans laquelle plusieurs particuliers sont prévenus d'avoir donné des signaux nocturnes.

Adieu, collègues, ça ira.   T. Trullard, Berlier.

P.-S. Nous apprenons en ce moment que l'ennemi a laissé derrière lui quatorze canons du calibre de 24, que l'on amène en ce moment [1].

(Orig., Arch. de la guerre, armée du Nord.)

DUNKERQUE, 9 SEPTEMBRE 1793.

DESCHAMPS, COMMISSAIRE DU COMITÉ DE SALUT PUBLIC,

AU COMITÉ DE SALUT PUBLIC.

Dunkerque, le 9 septembre 1793,
l'an II de la République française une et indivisible.

Le lendemain du départ de mon collègue Becard pour Paris, j'ai quitté Lille pour me rendre à Dunkerque, où j'ai pensé que ma présence pouvait être plus utile, attendu que l'ennemi était sous ses murs. J'ai passé par Cassel, Saint-Omer et Gravelines. Cassel était dans une position bien avantageuse pour nous et les redoutes qui l'entourent le rendent formidable. Il y est arrivé 10,000 hommes le

---

teur général de l'infanterie à l'armée de Sambre-et-Meuse le 25 décembre 1796, commandant d'armes à Lille le 13 octobre 1800, membre de la Légion d'honneur le 12 décembre 1803 et commandant le 14 juin 1804, commandant de place à Strasbourg le 3 décembre 1804, mort à Strasbourg le 13 janvier 1811. Le général Leclaire avait fait la campagne de Corse de 1768 à 1770.

[1] Cette lettre a été publiée dans le *Moniteur* du 13 septembre 1793 (XVII, 631) et analysée dans le recueil de M. Aulard (VI, 381). Le Comité de salut public y répondit le 24 septembre. (Cf. Aulard, VII, 37.)

4 courant. Saint-Omer n'a point de garnison; la place est forte, surtout par ses eaux. On travaille à réparer les fortifications; on y arrête les gens suspects et tous les étrangers. Gravelines est très forte aussi par ses eaux. Il y a environ 2,500 hommes de garnison; on y arrête de même les gens suspects. Dunkerque, où je suis depuis cinq jours, était à mon arrivée en très mauvais état. Beaucoup de choses manquaient aux fortifications, la garnison avait été travaillée par les malveillants, elle n'observait aucune discipline, les chefs non plus. Mais à présent tout est changé. Les fortifications sont hérissées de canons, la troupe fait son devoir ainsi que les officiers, et les malveillants sont partis de la ville avec bonne et sûre garde. Les représentants du peuple Trullard, Berlier, et Hoche, adjudant général, ont constamment été sur pied pour rétablir l'ordre. Les généraux Ferrand, Souham et de Rocque ont partagé leurs travaux. Ils ont montré beaucoup de civisme et de talent militaire; surtout Souham, qui nous a paru vrai républicain, et sa suspension nous avait fait, ainsi qu'à tous les bons citoyens de la ville, une peine sensible. Ferrand est bon; c'est un ancien soldat de la ci-devant Franche-Comté, qui ne paraît pas être capable de nous trahir. Quant à de Rocque nous ne pouvons encore dire ce qu'il est, ni les représentants non plus, mais nous le surveillons de près.

Depuis que je suis à Dunkerque, nous avons fait trois sorties vigoureuses qui nous ont été très favorables. Hoche, adjudant général, a montré beaucoup d'intelligence et de bravoure. Les généraux se sont bien conduits. A la première sortie nous avons eu 120 hommes environ tant tués que blessés. L'ennemi en a perdu considérablement. A la seconde, nous n'avons eu que peu de tués et de blessés. L'ennemi, cette fois-là, a été vivement repoussé dans ses retranchements avec grande perte. La troisième, qui s'est faite hier, a été pour nous un triomphe; nous n'avons encore eu que peu de tués et de blessés, mais l'ennemi en a laissé des siens par centaines sur le champ de bataille. Ils ont levé leur camp, brûlé leurs magasins, laissé en notre disposition environ cent voitures de boulets et un magasin de toiles; et si nous les eussions poursuivis, nous leur aurions bien pris autre chose; mais, comme les chemins étaient extrêmement couverts, on n'a pas jugé à propos de le faire. Nous venons d'apprendre par un déserteur que, hier, nous leur avons tué 200 hommes dans un seul régiment de 600. Une lettre, trouvée sur un officier ennemi fait prisonnier, nous apprend qu'il y avait aux environs de Dunkerque, Bergues et Cassel, 40,000 hommes, et qu'une flotte anglaise, composée de trois vaisseaux de ligne et neuf frégates, a mouillé hier à neuf heures et demie du matin devant Gravelines. Cette flotte était le signal d'attaque. L'ennemi devait attaquer Dunkerque, secondé par cette flotte; mais quand ils ont appris que Wormhoudt était pris et qu'ils étaient repoussés de toutes parts, ils ont pris la fuite, laissant toutes les routes où ils passaient couvertes de leurs cadavres.

Les généraux Leclaire et Carrion, qui commandent à Bergues, ont aussi fait de fortes sorties, dans lesquelles ils ont attrapé plusieurs émigrés. Les colonnes, qui sont sorties de Cassel pour faire diversion, ont, le 7, fait cinq à six cents prisonniers, le 8 autant, et pris beaucoup de bagages à l'ennemi, qui a eu une colonne entière mise en déroute, tellement que les soldats se portaient du côté de

IMPRIMERIE NATIONALE.

Saint-Omer sans savoir où ils allaient. Bergues s'est bien conduit; les généraux sont bons. Il paraît que le plan du général Houchard a eu un plein succès. Il a eu une affaire à Hondschoote qui lui a très bien réussi [1] : il a fait sept à huit cents prisonniers, pris beaucoup de bagages et repoussé l'ennemi [2]; de sorte que nous

[1] La première nouvelle de la victoire de Hondschoote, livrée par Houchard le 8 septembre 1793, fut envoyée le jour même par le général Berthelmy au ministre de la guerre, qui la communiqua à la Convention dans la séance du 10. De leur côté les représentants Delbrel et Levasseur, qui avaient pris une part active à la bataille, écrivirent à la Convention la lettre suivante, qui n'arriva à Paris que e 11 (orig. aut. de Levasseur, Arch. de la guerre, armée du Nord) :

«Au quartier général de Hondschoote, le 8 septembre, l'an ii de la République.

«*Les représentants du peuple près l'armée du Nord à la Convention nationale.*

«Citoyens nos collègues,

«Depuis le 6 de ce mois l'armée réunie aux environs de Cassel bat les ennemis. Le 6 et le 7, nos troupes ont emporté plusieurs postes de vive force, malgré les obstacles multipliés qui s'opposent à la marche d'une armée dans un pays aussi difficile que celui-ci. Aujourd'hui 8, les troupes de la République se sont emparées de la ville de Hondschoote. Ce poste était occupé par 15,000 hommes; il a été vigoureusement défendu, mais rien n'a pu résister à la valeur de nos soldats. Après cinq à six heures de combats, le poste a été emporté à la bayonnette. Cette affaire, que nous avions d'abord considérée comme de peu de conséquence, est devenue très importante par le nombre des ennemis qui y étaient renfermés et retranchés et par la résistance qu'ils y ont faite. L'ennemi a perdu douze à quinze cents hommes blessés ou tués; le nombre des prisonniers se porte à six ou sept cents. Nous avons de notre côté quatre ou cinq cents blessés et peu de tués. Nos soldats ont pris des canons et des drapeaux. Nous vous ferons connaître les détails de cette expédition et

bientôt aussi les nouveaux avantages que nous promettent la valeur de nos troupes et les dispositions faites par le général.

«Bergues est dégagé. Si Dunkerque ne l'est pas encore, l'ennemi pourrait bien s'en repentir. Nous regrettons que la nécessité de pourvoir aux besoins de l'armée ne nous laisse pas le temps de retracer ici toutes les actions d'éclat et d'héroïsme dont nous avons été témoins depuis trois jours. C'est un devoir dont nous nous acquitterons au premier moment. Nous avons plusieurs corps et plusieurs individus à désigner à la reconnaissance publique.

«Delbrel, Levasseur, de la Sarthe.»

[2] Houchard n'écrivit au ministre que le 10 (cf. cette lettre à sa date). — Cf. sur Hondschoote les relations de Houchard en date des 11 et 29 septembre, publiées dans le présent volume; le récit rédigé en 1829 par M. A. de Boisdeffre, lieutenant d'état-major, et conservé aux Archives de la guerre; les *Mémoires* de Levasseur de la Sarthe; les *Notes historiques du conventionnel Delbrel*, publiées par Aulard; et A. Chuquet, *Hondschoote*, p. 186 et suiv. — Delbrel et Levasseur prirent une part active à la bataille de Hondschoote, bien qu'ils n'en aient rien dit dans la lettre publiée ci-dessus. Delbrel, dénoncé par les Cambrésiens, se justifia en ces termes (p. 55 de ses *Notes historiques*) : «Dans les rapports que j'ai faits, dans les lettres que j'ai adressées à la Convention nationale ou au Comité de salut public pour les instruire des opérations de l'armée, j'ai eu la délicatesse, la modestie de ne jamais parler de moi. Mais, puisque, par une dénonciation solennelle, la commune et le district de Cambrai ont voulu jeter du doute sur l'énergie et la pureté de mes sentiments, il doit m'être permis d'exposer franchement tout ce qui peut caractériser ma conduite.

espérons aller bientôt à Furnes leur faire danser *la Carmagnole* au son de *Ça-ira* et de «Vive la République!»

Voici la copie d'une lettre que le général Leclaire écrit au général Carrion, à Bergues :

«Tout va bien; force de voitures et de prisonniers; les chasseurs de Languedoc, de Cassel, sont reconnus sur ma droite. Mille ennemis doivent se trouver cernés. En effet tout arrive en abondance et leur cavalerie est parfaitement en déroute.»

Nous venons d'apprendre qu'au camp de Leffrinkhoucke l'ennemi avait abandonné quatorze pièces de canon de 24 et beaucoup d'avoine, qu'ils ne savent où porter leurs pas. La terreur est parmi eux: Vive la République!

Je n'ai pas quitté Dunkerque, attendu que j'y suis nécessaire, tant pour surveiller les malveillants que pour aider les représentants à réformer les abus qui y règnent.

Hier, le citoyen Trullard a vu tomber à deux pieds de lui un boulet ennemi de 17; mais l'esclave a respecté l'homme libre.

A tous moments il arrive ici de bonnes nouvelles et beaucoup de prisonniers et de déserteurs. Nous allons en avoir bien d'autres. Un renfort de 10,000 hommes vient d'entrer et nous allons tout de suite à la poursuite de ces bandes de cannibales.

Salut et fraternité.

DESCHAMPS; QUINCY, secrétaire.

Tout le monde ici est dans la plus grande joie de ce que l'ennemi est repoussé; la tranquillité règne et tout va bien. Un autre courrier vient de nous apprendre qu'on a découvert dans une église une quantité immense de poudre que l'ennemi a abandonnée.

(Orig., Arch. de la guerre, armée du Nord.)

Je dois donc dire qu'à la bataille d'Hondschoote mon collègue Levasseur (de la Sarthe) et moi avons fait preuve de courage. Levasseur eut un cheval tué sous lui. De mon côté, au moment où les troupes murmuraient de ce qu'on les retenait si longtemps dans l'inaction sous le feu des batteries d'Hondschoote, j'allai me placer à la tête de la colonne, entre deux pièces d'artillerie, les seules que nous pussions employer dans cette position. Je restai là pendant deux heures, monté sur un cheval blanc, servant de point de mire à l'artillerie ennemie. En m'exposant ainsi à une mort presque certaine, j'avais l'intention de contenir par mon exemple les troupes que je voyais prêtes à se débander. Elle est importante, la victoire d'Hondschoote, parce qu'elle rompit cette longue chaine de revers qui, depuis la déroute de la Belgique, flétrissait la gloire de nos armes. Elle est importante, puisque c'est par elle que commença cette nouvelle période de victoires dont le tableau, tracé par Carnot, fut publié en l'an III par la Convention nationale. Elle est importante, cette victoire, parce qu'elle força le duc d'York à renoncer aux sièges de Bergues et de Dunkerque, et que l'armée anglaise, campée sur les dunes, se retira avec précipitation, laissant en notre pouvoir toute son artillerie et des munitions immenses.»

8.

SAUMUR, 9 SEPTEMBRE 1793.

LE GÉNÉRAL EN CHEF ROSSIGNOL [1] AU COMITÉ DE SALUT PUBLIC.

Au quartier général à Saumur,
le 9 septembre 1793, l'an 11 de la République française une et indivisible.

LE GÉNÉRAL EN CHEF DE L'ARMÉE DES CÔTES DE LA ROCHELLE [2]
AUX CITOYENS COMPOSANT LE COMITÉ DE SALUT PUBLIC.

Citoyens,

Je viens de faire chasser l'ennemi des buttes d'Érigné et rétablir les communications du Pont-de-Cé, et assurer la route de Brissac. L'avant-garde, chargée de cette expédition, s'était portée dès la nuit du 7 près de ce point [3]. Trois coups

[1] Jean-Antoine Rossignol, né à Paris le 7 novembre 1757 (d'après son brevet de général de brigade) ou en 1759 (d'après ses *Mémoires*), fils d'un facteur à la messagerie de Lyon, apprenti orfèvre, engagé au régiment de Royal-Roussillon à Dunkerque le 14 août 1775 sous le nom de *Francœur*, congédié le 14 août 1783, ouvrier orfèvre, assiste à la prise de la Bastille, entré dans la compagnie des volontaires nationaux de la Bastille et officier provisoire en septembre 1789, fusilier dans la garde nationale le 20 août 1791, puis sergent, capitaine de gendarmerie en août 1792, lieutenant-colonel de la 35ᵉ division de gendarmerie le 9 avril 1793, adjudant général chef de brigade le 10 juillet 1793, général de brigade le 12 et de division le 15, commandant en chef de l'armée des Côtes de la Rochelle le 24 et confirmé le 27 juillet, suspendu par les représentants Bourdon de l'Oise et Goupilleau de Fontenay le 22 août 1793, rétabli dans ses fonctions par la Convention le 28 du même mois, général en chef de l'armée des Côtes de Brest le 1ᵉʳ octobre 1793, destitué le 28 floréal an 11 (17 mai 1794), décrété d'arrestation le 15 thermidor (2 août 1794) et le 5 prairial an 111 (24 mai 1795), mis en liberté le 3 brumaire an 1v (25 octobre 1795), arrêté le 22 floréal an 1v (11 mai 1796) comme

complice de Babeuf, acquitté par la haute-cour de Vendôme le 7 prairial an v (26 mai 1797), déporté aux îles Seychelles en vertu de l'arrêté consulaire du 14 nivôse an 1x (4 janvier 1801), mort à l'île d'Anjouan en avril 1802. Rossignol a laissé des *Mémoires*, dont M. Ch.-L. Chassin a donné une partie dans sa *Vendée patriote* (cf. t. I, p. 483 et t. II et III), et que M. Barrucand publie dans la *Revue blanche*.

[2] Rossignol avait été nommé général en chef de l'armée des Côtes de la Rochelle le 24 juillet. Le 31 du même mois il écrivait aux représentants du peuple : « Je voudrais pouvoir sauver ma patrie, qui m'est plus chère que tous les grades que la République m'a jusqu'à présent conférés. Mon peu de capacité pourrait, tout en voulant le bien, occasionner le mal, sans le vouloir ; mais je saurai mourir dans le combat et non sur l'échafaud. » Rossignol terminait sa lettre en demandant des brevets de général de division pour Ronsin et pour Santerre, puisque les sans-culottes remplacent enfin les intrigants et les traîtres. (Cf. Étienne Charavay, catalogue Benjamin Fillon, n° 2772.)

[3] Cette expédition eut lieu le 7 septembre 1793 et fut conduite par les généraux Salomon et Turreau. (Cf. Savary, *Guerres des Vendéens et des Chouans*, II, 125.)

de canon étaient le signal convenu pour prévenir les troupes du Pont-de-Cé de l'arrivée de l'armée, et pour qu'aussitôt elle raccommodât le pont, afin d'opérer la jonction des deux armées et attaquer les brigands en queue, pendant qu'on les chargerait en tête. Un peu de lenteur fut apportée à cette opération du côté du Pont-de-Cé, ce qui retarda la victoire qui se décidait déjà en notre faveur; car l'ennemi, profitant de cela, fit une vigoureuse résistance et débusqua d'une hauteur très avantageuse une partie des bataillons qui l'occupaient; mais bientôt cette position fut prise d'après les ordres du général Turreau [1]. Danican [2], colonel des hussards du 8ᵉ, s'y porta avec intrépidité, chassa l'ennemi, et par cette action décida absolument la victoire en notre faveur. L'ennemi fut repoussé deux lieues au delà; il perdit au moins 150 hommes, sans compter les prisonniers. Les repaires des rebelles furent incendiés, les moulins des royalistes et les communes d'Érigné et Murs furent livrés aux flammes, les bestiaux saisis. On n'épargna qu'un moulin appartenant à un patriote. Le 22ᵉ régiment de chasseurs, les gendarmes

---

[1] Louis-Marie Turreau, né à Évreux (Eure) le 4 juillet 1756, surnuméraire aux gardes d'Artois en 1786, commandant d'un bataillon de garde nationale en 1791, élu chef du 3ᵉ bataillon de l'Eure le 16 septembre 1792, adjudant général chef de brigade, général de brigade le 30 juillet 1793 et de division le 18 septembre suivant, commandant en chef de l'armée des Pyrénées orientales le 16 septembre 1793, envoyé à l'armée de l'Ouest le 14 brumaire an II (4 novembre 1793), suspendu le 24 floréal (13 mai 1794), commandant de la place de Belisle le 1ᵉʳ prairial (20 mai 1794), destitué le 22 fructidor (8 septembre), arrêté le 7 vendémiaire an III (28 septembre 1794), acquitté le 1ᵉʳ frimaire an IV (22 novembre 1794), employé à l'armée de Sambre-et-Meuse le 22 fructidor an V (8 septembre 1797) et à celle d'Italie en frimaire an VIII (décembre 1799), commandant du Bas-Valais le 5 brumaire an X (27 octobre 1801), ministre aux États-Unis de 1804 à 1811, baron de Linières le 13 mars 1812, commandant la 21ᵉ division militaire le 24 mars 1813, commandant par intérim la rive gauche de la Seine le 27 juin 1815, admis à la retraite le 4 septembre suivant, mort à Conches (Eure) le 10 décembre 1816. Il a laissé des *Mémoires* sur la guerre de Vendée.

[2] Louis-Michel-Auguste Thévenet, dit Danican, né à Paris le 28 mars 1764, fils d'un employé aux aides, volontaire de 1ʳᵉ classe sur la frégate *l'Amphitrite* du 7 juin 1779 au 7 février 1781, engagé au régiment de Barrois-Infanterie le 26 novembre 1782, congédié par grâce le 24 avril 1786, engagé au régiment de Quercy-Cavalerie le 17 décembre 1786, congédié par grâce le 20 septembre 1787, admis dans la compagnie des gendarmes de la Reine le 5 décembre 1787, réformé avec le corps le 1ᵉʳ avril 1788, entré dans la garde nationale parisienne non soldée le 14 juillet 1789, lieutenant dans la légion du Midi le 25 juillet 1792, lieutenant-colonel du corps des éclaireurs le 1ᵉʳ octobre 1792, chef de brigade le 28 mai 1793, général de brigade à l'armée de l'Ouest le 30 septembre 1793, suspendu de ses fonctions le 27 novembre suivant, réintégré et employé à l'armée des Côtes de Brest le 22 avril 1794, démissionnaire le 11 septembre 1795, un des chefs des sections royalistes le 13 vendémiaire an IV (5 octobre 1795), condamné à mort par contumace le 29 (21 octobre 1795), réfugié successivement à Hambourg, en Suisse, en Piémont et en Angleterre, mort à Itzehoe (duché de Holstein) le 17 décembre 1848. Danican avait publié à Londres en 1796 un livre intitulé : *Les brigands démasqués ou Mémoires pour servir à l'histoire du temps présent.*

nationaux, les hussards et plusieurs bataillons se sont parfaitement bien distingués. L'ennemi a été mis dans une déroute complète.

Après cette expédition, l'armée est revenue à Brissac, où il a été laissé un poste assez considérable pour protéger cet endroit. Il a été laissé également des troupes au Pont-de-Cé. Déjà le soldat, tout glorieux de ce succès, voulait continuer sa marche sur l'ennemi et ne lui donner aucune relâche; mais la nouvelle que je reçus de la défaite de la division de Tuncq[1] à Chantonnay[2], m'obligea de donner des ordres aux généraux de l'avant-garde de l'expédition du Pont-de-Cé, de faire entrer promptement l'armée à Doué, afin de porter des forces à celle de Thouarcé. Mes ordres furent exécutés aussitôt : une très grande partie de l'armée rentra; les généraux ne conservèrent que 2,000 hommes environ, avec 2,000 hommes de contingent, pour faire le lendemain l'expédition arrêtée le jour entre eux au Pont-de-Cé. Le 8, cette petite armée se porta en partie à Thouarcé, repaire des rebelles, où ils avaient leurs forces et leur comité, où se formaient les noyaux de leurs rassemblements; l'autre partie de l'armée resta au chemin coupé de la croix, pour protéger la retraite, en cas qu'on fût obligé de la faire. Le commandement de cette expédition fut confié à Danican, colonel des hussards, et à l'adjudant général Salomon[3]. A peine l'armée fut-elle arrivée que l'action s'engagea. On tua

---

[1] Augustin Tuncq, né à Conteville (Somme) le 27 août 1746, fils d'un tisserand, volontaire au régiment de Provence le 7 février 1767, sergent le 1er janvier 1768, a déserté le 30 juin 1770, cavalier de la maréchaussée de Guyenne le 8 mars 1773, démissionnaire le 19 octobre suivant, archer-garde dans la compagnie du prévôt général des monnaies le 13 mars 1774, capitaine de grenadiers dans la garde nationale de Chatou en août 1789, capitaine dans la légion des Pyrénées le 16 septembre 1792, adjudant général lieutenant-colonel le 16 février 1793 et chef de brigade le 11 mai suivant, général de brigade le 19 juin 1793, employé à l'armée des Côtes de la Rochelle le 23 du même mois, suspendu le 13 août 1793, maintenu dans ses fonctions et nommé général de division provisoire par les représentants le 14 et confirmé le 17 août, mis en arrestation le 12 septembre 1793, mis en liberté et réintégré dans son grade le 17 août 1794, employé à l'armée des Côtes de Brest le 6 août 1795, autorisé à prendre sa retraite le 1er janvier 1796, employé à l'armée de Rhin et Moselle du 4 mars au 17 septembre 1796, arrêté à Phalsbourg le 7 mars 1797, acquitté par le conseil de

guerre le 8 août, admis au traitement de réforme le 9 septembre 1797, employé dans la 15e division militaire le 21 août 1799, réadmis au traitement de réforme le 21 décembre suivant, mort à Paris à l'hôpital du Val-de-Grâce le 9 février 1800, des suites d'une chute de cheval.

[2] Cf. sur cette malheureuse affaire le rapport du général Lecomte au général Chalbos dans Savary, II, 117. — Le Comité de salut public mit le général Tuncq en arrestation le 12 septembre 1793 (cf. Aulard, VI, 444) et écrivit à Bourbotte : «L'événement de Chantonnay était de nature à fixer votre surveillance sur le général Tuncq. Vous avez pris à son égard des mesures dictées par la prudence. Il est en état d'arrestation; s'il est coupable, la loi le punira.» (Cf. Aulard, VI, 433.)

[3] Charles-Augustin Salomon, né à Bourg (Charente) le 23 février 1744, fils d'un trésorier de France à la généralité de Limoges, garde du corps du roi le 12 décembre 1765, sous-lieutenant au régiment de Jarnac-Dragons le 18 octobre 1772, lieutenant le 5 mars 1785, capitaine au 3e chasseurs à cheval le 25 janvier 1792, lieutenant-colonel le 1er septembre 1793, chef de brigade le 17 brumaire an II

plusieurs brigands sur les ponts; les autres prirent la fuite; on les poursuivit très loin, puis on revint à Thouarcé, où l'on mit le feu au comité qui se tenait à la cure. Toutes les rues étaient tapissées de proclamations de Louis XVII. Après avoir prévenu les femmes, les enfants et les vieillards de prendre leurs effets et de se retirer auprès de l'armée, le feu fut mis à ce repaire, qui fut entièrement détruit. Il fut mis également à des genêts et des haies, ainsi qu'à la maison du ci-devant marquis de Maillé-la-Tour-Landry, qui servait de retraite aux chefs des brigands et où ils tenaient aussi leur comité [1]. Cette maison était au milieu des bois. Les femmes, les enfants et les vieillards furent traités conformément aux décrets, avec tous les égards possibles. Il n'est pas un citoyen qui ne se soit empressé de porter des secours à ces malheureux.

L'ennemi avait enlevé de cet endroit toutes les provisions en disant aux habitants qu'ils allaient les porter plus loin, qu'ils venaient de nous battre aux buttes d'Erigné et avaient brûlé plusieurs de nos communes, qu'ils en allaient encore brûler d'autres, ce pourquoi il leur fallait des vivres.

Après cette nouvelle expédition l'armée est rentrée dans Doué. Le soir même j'ai fait donner aux femmes, aux enfants et aux vieillards de Thouarcé tous les secours dus à l'humanité. Je les ai logés et mis en subsistance provisoirement, jusqu'à ce que le Comité de salut public ait tracé la conduite que je dois tenir à cet égard.

Ces deux journées ont dû produire un bon effet, en jetant la terreur et l'épouvante chez l'ennemi et en mettant en garde contre eux les autres communes, et en leur faisant partager notre haine. L'armée, en général, a montré beaucoup d'intrépidité. Nous allons tâcher de réparer, par une marche simultanée et par une sorte d'invasion dans le pays ennemi, les revers qu'a éprouvés la division de Tuncq. La Vendée n'existera plus ou nous périrons.

Le général en chef,

ROSSIGNOL.

P.-S. Je prie le Comité de salut public de tracer la conduite que je dois tenir relativement aux citoyennes de Thouarcé qui se sont réfugiées à Saumur. J'observe que nos subsistances pourraient en souffrir, s'il nous en arrivait un grand nombre.

(Orig., Arch. de la guerre, armée des Côtes de la Rochelle. — Publ. par le *Moniteur* du 15 septembre 1793 [2].)

[1] Le 12 septembre, Bourbotte annonça au Comité de salut public la prise de ce gentilhomme, de sa femme et de ses enfants. (Cf. Aulard, VI, 434.)

(7 novembre 1793), autorisé à prendre sa retraite le 17 germinal an VII (6 avril 1799).

[2] Cette lettre fut lue dans la séance de la Convention du 13 septembre. Le texte publié par le *Moniteur* est incomplet du post-scriptum et a plusieurs erreurs de lecture : *buttes désignées*, au lieu de *buttes d'Erigné; Damian*, au lieu de *Danican; Thouars*, au lieu de *Thouarcé*.

ORLÉANS, 9 SEPTEMBRE 1793.

LE GÉNÉRAL DE DIVISION CHARLES HESSE AU COMITÉ DE SALUT PUBLIC.

Analyse. — Il développe au Comité un projet infaillible de défense pour les places frontières [1].

(Orig., Arch. de la guerre, corr. générale.)

44. PARIS, 10 SEPTEMBRE 1793 [2].

LE COMITÉ DE SALUT PUBLIC AU MINISTRE DE LA GUERRE BOUCHOTTE.

Analyse. — Envoi des extraits des pièces adressées au Comité par les représentants du peuple près l'armée du Rhin [3].

(Orig. sig. par Carnot et Billaud-Varenne, Arch. de la guerre armée du Rhin.)

[1] Le général Charles Hesse avait été chargé, le 4 août 1793, de recevoir à Orléans les troupes de la garnison de Mayence, qui étaient dirigées sur la Vendée, et le général Rossignol avait écrit à ce sujet à Bouchotte, le 8 août : «Je suis étonné qu'un prince étranger soit chargé d'organiser à Orléans l'armée que commande un sans-culotte. Tous les républicains pensent comme moi et vous conjurent d'envoyer un homme plus recommandable par sa naissance et surtout par ses principes.» (Cf. Chassin, *La Vendée patriote,* III, 12 et 13.)

[2] Carnot est présent à la séance du Comité. (Cf. Aulard, VI, 395.) Il rédige et écrit un arrêté accordant une indemnité aux ouvriers de la fabrique d'armes de l'esplanade des Invalides. — Ce même jour, Carnot fait prononcer la destitution des administrateurs de la manufacture d'armes de Moulins pour n'avoir pas, depuis dix-huit mois, fourni aucune arme à la République. (Cf. lettre du Comité à Legendre de la Nièvre, en date du 8 septembre 1793, (p. 103). Enfin il rédige le décret de la Convention résiliant le marché passé le 23 février 1792 entre le ministre Narbonne et l'entrepreneur de la manufacture d'armes de Moulins, supprimant le conseil d'administration de cette manufacture et ordonnant au ministre de la guerre de passer de suite un nouveau marché aux conditions les plus avantageuses à la République, lequel marché n'aura son effet qu'après sa ratification par le Comité de salut public. (Orig. aut. sig., Arch. nat., C 268.)

[3] Ces pièces sont les suivantes : 1° Lettre des représentants Boric, Milhaud et Ruamps au Comité de salut public, en date de Wissembourg, 25 août 1793. (Cf. Aulard, VI, 113.) — 2° Arrêté de Milhaud et Ruamps, en date de Wissembourg, 23 août 1793, acceptant la démission d'Alexandre Beauharnais et le remplaçant par Landremont. — 3° Lettre de Milhaud et Boric, en date de Wissembourg, 25 août 1793, transmettant une lettre du chef d'escadron Alexis Dubois, qu'ils ont nommé la veille général de brigade. — 4° Lettre du général Alexis Dubois aux représentants, en date de Haguenau, 25 août 1793.

En marge de la lettre, on lit cette mention autographe de Bouchotte : «Observer en général aux représentants du salut public que beaucoup des objets qu'ils renvoient portent des dates anciennes.»

45. PARIS, 10 SEPTEMBRE 1793.

LE COMITÉ DE SALUT PUBLIC AU MINISTRE DE LA GUERRE BOUCHOTTE.

Analyse. — Envoi d'une pétition adressée à la Convention par la société populaire de Saint-Omer concernant la destitution des ci-devant nobles des emplois civils et militaires [1].

(Orig. sig. par Carnot, Billaud-Varenne et Prieur de la Marne, Arch. de la guerre, armée du Nord.)

46. PARIS, 10 SEPTEMBRE 1793.

LE COMITÉ DE SALUT PUBLIC AU MINISTRE DE LA GUERRE BOUCHOTTE.

Paris, ce 10 septembre 1793, l'an II de la République.

AU CITOYEN MINISTRE DE LA GUERRE, SALUT ET FRATERNITÉ.

Le Comité vous adresse les réclamations du citoyen Girardot, officier destitué [2]. La section s'intéresse à son sort; elle nous a envoyé une députation pour demander la prompte solution de cette affaire. Nous vous invitons donc, citoyen ministre, à en prendre connaissance et à la terminer le plus tôt possible [3].

Les membres du Comité de salut public,

CARNOT, PRIEUR, député de la Marne.

(Orig., coll. de M. Étienne Charavay.)

[1] On lit en tête : «Répondu le 24 septembre.»

[2] Cf. lettre du Comité du 5 septembre 1793, p. 89.

[3] A la suite, on lit cette note autographe de Bouchotte :

«Je ne connais pas particulièrement le citoyen Girardot, chef du bataillon du Pont-Neuf, qui est en difficulté avec Beaurgard, général de brigade, et dont vous m'avez envoyé les pièces. J'ai vu aussi les marques de l'intérêt que la section prend à Girardot, lorsqu'il a été avancé en grade,

et qu'elle a répété depuis son affaire de suspension; ceci est en sa faveur.

«S'il n'était pas suspendu par Beaurgard, le Conseil exécutif pourrait y remédier; mais Beaurgard a fait confirmer cette suspension par les représentants. Dès lors c'est à la Convention seule qu'il appartient de l'infirmer.

«Je ne puis passer sous silence que plusieurs individus du bataillon qu'il commande ont écrit contre lui. Il est bien possible que l'intrigue ait produit ces plaintes, mais je crois qu'il conviendrait qu'il pré-

PARIS, 10 SEPTEMBRE 1793.

LE MINISTRE DE LA GUERRE BOUCHOTTE AU COMITÉ DE SALUT PUBLIC.

Analyse. — Envoi de pièces constatant les entraves que rencontre le service des vivres pour les hôpitaux. Il propose de réserver pour ce service important le cinquième ou telle autre quantité proportionnée des réquisitions en grains ou farines que les représentants du peuple sont autorisés à faire aux armées et dans les départements de l'intérieur de la République.

(Orig., Arch. de la guerre, corr. générale.)

DUNKERQUE, 10 SEPTEMBRE 1793.

LE GÉNÉRAL HOUCHARD AU MINISTRE DE LA GUERRE BOUCHOTTE.

Dunkerque, 10 septembre 1793, l'an 1 de la République.

Enfin les vœux de la nation sont remplis. Dunkerque n'a plus devant ses murs les soldats de la tyrannie. L'attaque du village de Hondschoote, qui s'est convertie en une bataille de la plus grande conséquence, a fini de mettre la déroute parmi nos ennemis, dans la nuit du 8 au 9. Voyant que nous étions maîtres de Hondschoote, ils ont fait leur retraite de devant Dunkerque à minuit. Il en était temps pour eux, car le général Landrin entrait à cinq heures dans Dunkerque pour se réunir à la brave garnison et pour leur livrer combat; si ce renfort n'avait pas suffi, je m'y serais transporté moi-même avec 10,000 hommes et j'aurais recommencé le combat le soir même. Ils ont évité cette peine aux troupes de la République et se sont retirés sur Furnes, laissant en notre possession les bouches à feu et munitions dont l'état est ci-joint. Jamais bataille n'a été plus complète et mieux méritée : les troupes de la République, en général, se sont conduites avec la plus grande valeur. Je vous donnerai des détails une autre fois, car je suis horriblement pressé et les rapports particuliers ne m'ont pas encore été envoyés : il y a eu de grands traits de valeur et sans une seule circonstance je n'aurais rien à reprocher aux soldats dont le commandement m'est confié. Les malheurs qui nous arrivent, je vous le répète sans cesse, viennent presque toujours des administrations. Nous avons été souvent sans pain, sans eau-de-vie et sans ambulance. Il faut

sentât une attestation de la majorité de ses frères d'armes qui témoignât en sa faveur. C'est donc à lui de presser la levée de sa suspension et de produire un certificat de ses frères d'armes, et dès lors il ira remplir les fonctions du nouveau grade auquel il a été destiné. »

Le 25 septembre 1793, Jourdeuil, adjoint au ministre de la guerre, fit connaître au Comité de salut public que le ministre avait renvoyé le lieutenant-colonel Girardot devant le tribunal militaire de l'armée des Ardennes. (Analyse, Arch. de la guerre, corr. gén.)

oublier tous ces maux maintenant et prendre des moyens pour qu'ils n'arrivent plus. Berthelmy vous a rendu compte de la journée du 8 [1]. A loisir, je vous donnerai des rapports circonstanciés.

Maintenant vous désirez sûrement savoir ce que je vais faire : j'ai beaucoup pensé à cela. Je ne pense pas qu'il faille me porter sur Furnes; c'est un pays abominable, où une pluie d'un jour enterrerait l'artillerie; en outre les ennemis y sont trop en force pour espérer de les y forcer; ils sont en aussi grand nombre que moi et ont pour eux tout l'avantage du pays. Il vaut mieux se mettre ici sur la défensive et me porter le long de la Lys pour battre les Hollandais et couper toute relation entre les Anglais et Cobourg. Les Hollandais battus à Menin, je contiendrai les Anglais par un corps de 20,000 hommes le long de la Lys et je me trouverai avec une armée de 30,000 hommes pour aller faire le siège du Quesnoy. Je regarde comme impossible que les Anglais puissent revenir après avoir perdu presque toute leur artillerie, leurs magasins, etc.

Je retournerai aujourd'hui à Hondschoote.

Le général HOUCHARD.

Je vous prie, citoyen ministre, de faire part de cette lettre mal écrite au Comité de salut public [2].

(Orig., Arch. de la guerre, armée du Nord.)

---

[1] Le général Berthelmy avait écrit de Hondschoote, le 8 septembre 1793, à Bouchotte (orig., Arch. de la guerre, armée du Nord): «Avec 18,000 hommes nous venons de forcer Hondschoote, qui était défendu par 15,000 ennemis, la plupart Anglais. Ils étaient bien retranchés et ce pays-ci est abominable pour la guerre; il est coupé de haies, de bois et de fossés; on ne voit pas à quatre pas devant soi; on ne se bat pas, on se poignarde, c'est le mot. Il est aisé d'imaginer que l'avantage est dans un tel pays pour celui qui attend. Nous avons pris aujourd'hui à l'ennemi trois ou quatre drapeaux, cinq pièces de canon, des bagages, tué beaucoup de monde et fait des prisonniers, dont plusieurs de marque, entre autres un général hanovrien. L'affaire a été longue et très chaude; elle a été terminée avec la baïonnette, comme celles des jours précédents. Ce moyen est infaillible avec les sans-culottes. Toutes les troupes ont bien donné; nous avons aussi des blessés, peu de tués. Parmi les blessés nous avons des hommes de tout grade, depuis les soldats jusques et compris les généraux. Les citoyens Delbrel et Levasseur ont été, dans toutes les affaires, soldats et représentants du peuple. Aujourd'hui Levasseur a eu un cheval tué sous lui. Delbrel a couru la même chance et, quoiqu'il montât un cheval blessé, il a été plus heureux. La Convention connaît l'esprit des soldats. Ils sont les sans-culottes des armées. Un nommé George, grenadier (vous saurez le nom de son régiment), ayant eu un bras emporté d'un boulet de canon, suivait les rangs et d'une voix de tonnerre chantait *la Carmagnole* et du ton le plus ferme criait : *Vive la République !* il offrait son autre bras à la patrie. Les officiers et généraux blessés ont tenu la même conduite.» — Cette lettre fut lue à la séance de la Convention du 10 septembre.

[2] Cette lettre fut lue à la séance de la Convention du 12 septembre. La veille

SIGEAN, 10 SEPTEMBRE 1793.

LE GÉNÉRAL GIACOMONI AU COMITÉ DE SALUT PUBLIC.

Analyse. — Il fait connaître la véritable situation de l'armée des Pyrénées orientales, quelque affreuse qu'elle soit. Les approvisionnements manquent partout, notamment les fourrages, malgré les efforts qu'il a faits pour le ravitaillement. — «L'état physique et moral de l'armée n'est pas consolant. Les chaleurs continuelles dans un pays malsain, les maladies ont affaibli sa force d'une manière affligeante. Des malveillants, d'autant plus difficiles à découvrir qu'ils se masquent du patriotisme, soufflent dans toutes les armées l'esprit de découragement et de défiance, au point qu'il ne nous est presque plus permis de rien oser. Il est urgent, citoyens représentants, il est urgent d'augmenter nos forces et de ne négliger aucuns moyens d'un prompt approvisionnement. Au reste, citoyens représentants, vous devez compter sur notre courage inébranlable. Nous saurons opposer à tout notre énergie et ce véritable amour de la République qui place ceux qu'elle anime au-dessus des événements et des circonstances [1]. »

(Orig., Arch. de la guerre, armée des Pyrénées orientales.)

---

le ministre de la guerre Bouchotte avait écrit en ces termes au général Houchard (minute autographe, Arch. de la guerre, armée du Nord) :

«11 septembre.

«La Convention nationale a entendu avec satisfaction les nouvelles de Berthelmy sur l'évacuation du territoire, le dégagement de Bergues et Dunkerque, et la perte qu'ont faite les ennemis; nous avons lieu d'espérer encore de plus grands succès et les sans-culottes menés par des sans-culottes auront raison. Vous vous préparez des souvenirs satisfaisants en travaillant de bon cœur à l'affermissement de la liberté; les efforts de nos frères d'armes vous secondent, c'est à qui mieux.

«Le député Gossuin, revenu de Maubeuge, a rapporté au Comité de salut public et au Conseil exécutif que vous aviez donné l'ordre à Gudin de faire une entreprise avec 15,000 hommes pour le dégagement du Quesnoy le 7, et que Declaye de Cambrai devait concourir en se portant avec 6,000 hommes sur Solesmes. Gudin n'a pu faire son mouvement le 7; il l'a projeté pour demain 12. Dans ces entrefaites, le Conseil, craignant que Gudin, qui a demandé sa retraite et qui n'éprouvera aucune difficulté, ne puisse pas suffire, lui a adjoint Chancel comme général de division. Je désire bien qu'ils aient les mêmes succès que vous et que la République soit partout triomphante.

«J'ai averti Belair, qui commande dans la Somme et l'Aisne, de se tenir en mesure dans ce moment-là. Du concert dans les opérations, tout comme il y en a dans les cœurs pour le système populaire, et tout ira bien.

«J'attends avec impatience des nouvelles ultérieures de vos mouvements et les détails des 6, 7 et 8.

«Salut et fraternité.»

[1] Le 11 septembre, le représentant Fabre annonça au Comité le remplacement du général Puget-Barbantane par Dagobert, et ajouta : «Giacomoni, qui remplit avec zèle la fonction de chef de l'état-major, la continuera.» (Cf. Aulard, III, 442.)

10 SEPTEMBRE 1793.

LES GÉNÉRAUX FAVART ET VERGNES AU COMITÉ DE SALUT PUBLIC.

Analyse. — 1° Le général Favart écrit de Lille au Comité pour le conjurer de faire remplacer les munitions de guerre qu'il envoie journellement au général en chef, à la division qui reste sous Lille et à Dunkerque. (Arch. du Nord, série 4, liasse 413, publ. par Foucart et Finot, II, 140.) — 2° Le général Vergnes écrit de Nantes pour se plaindre que le représentant Carrier ait requis le commandant temporaire de Saint-Malo de faire partir deux bataillons pris sur les trois qui forment la garnison de cette ville, sans informer de ce mouvement le général en chef (Canclaux), qui cependant est seul responsable de la protection de la côte. De cette façon, Saint-Malo est complètement dégarni. «Il est impossible d'y faire passer des troupes prises dans l'armée agissante, puisque les opérations sont commencées contre la Vendée. Voilà donc une ville très intéressante exposée aux insultes des Anglais [1].» (Orig., Arch. de la guerre, armée des Côtes de Brest.)

FONTENAY-LE-PEUPLE, 10 SEPTEMBRE 1793.

LES REPRÉSENTANTS BELLEGARDE [2] ET FAYAU [3] AU COMITÉ DE SALUT PUBLIC [4].

Fontenay-le-Peuple, 10 septembre, l'an II de la République une et indivisible.

LES REPRÉSENTANTS DU PEUPLE RÉUNIS À FONTENAY
À LEURS COLLÈGUES COMPOSANT LE COMITÉ DE SALUT PUBLIC.

Nous vous faisons passer, citoyens collègues, une lettre qui nous a été adressée hier par le général L'Échelle [5]; vous y verrez que ce brave sans-culotte, à son

[1] Le procureur de la commune de Saint-Malo fit part de ses inquiétudes au Comité de salut public, qui transmit sa lettre au ministre de la guerre le 20 septembre.

[2] Dubois de Bellegarde, député de la Charente, avait été adjoint à la commission près l'armée des Côtes de la Rochelle le 14 août 1793. (Cf. Aulard, VI, 547.)

[3] Joseph-Pierre-Marie Fayau, député de la Vendée, avait été chargé, en vertu du décret du 16 août 1793, de la levée en masse dans les Deux-Sèvres. Il était à Niort quand il apprit, le 7 septembre, la défaite de Chantonnay. Il partit aussitôt pour Fontenay. (Cf. Aulard, VI, 340.)

[4] Cette lettre n'a été mentionnée dans le recueil de M. Aulard que d'après une analyse des Archives nationales.

[5] Jean L'Échelle, né à Puyreaux (Charente) le 2 avril 1760 (acte de baptême publié par M. P. Boissonnade dans son *Histoire des volontaires de la Charente,* p. 32), fils d'un marchand, maître d'armes à Saintes au moment de la Révolution, chef du 1er bataillon des volontaires de la Charente le 17 octobre 1791, général de brigade à l'armée des Côtes de la

arrivée à l'armée de Luçon, a vengé l'insulte qu'on avait faite au drapeau tricolore dans la déroute de Chantonnay, et il est bien déterminé à ne pas en rester là. Nous avions la certitude que nos deux armées de Luçon et de Fontenay seraient attaquées hier dans le même temps; l'attaque du général L'Échelle aura sans doute dérangé les projets. Nous vous faisons passer aussi la relation du malheureux échec que nous avions eu d'abord à Chantonnay; elle vous instruira suffisamment de ce que vous avez à prononcer sur la conduite du général Tuncq. Pour nous, nous l'aurions fait arrêter si nous étions arrivés à temps; mais il s'est échappé et nous ignorons ce dont il est devenu [1].

Le rassemblement des habitants de la campagne se fait ici aussi bien qu'on pouvait l'espérer; il y a lieu de croire que, conformément au plan de campagne, dans quinze jours il n'existera plus de brigands dans la Vendée. Nous avons fait assembler l'armée hier au soir, nous l'avons haranguée, et nous avons eu la satisfaction d'y voir de vrais républicains qui ne respirent que la vengeance.

Comptez sur notre zèle, il sera toujours infatigable; nous périrons à notre poste, ou ça ira.

Salut et fraternité.

BELLEGARDE, J.-P.-M. FAYAU.

(Orig., communiqué par M. Noël Charavay.)

———

47. PARIS, 11 SEPTEMBRE 1793.

LE COMITÉ DE SALUT PUBLIC À LA COMMUNE DE PARIS.

Paris, le 11 septembre 1793, l'an II de la République une et indivisible.

LE COMITÉ DE SALUT PUBLIC DE LA CONVENTION NATIONALE À LA COMMUNE DE PARIS.

Il est juste que les fers, aciers, charbons de terre, que l'on vient d'arrêter chez les marchands de Paris et qui peuvent être utiles à la fabrication d'armes, soient payés leur valeur, sans léser la République. Le Comité vient, en conséquence, d'arrêter qu'il sera nommé deux arbitres pour fixer les prix de ces objets et que ces arbitres seront payés à raison de 10 livres par jour pendant toute la durée de l'arbitrage.

L'administration centrale devant nommer aussi des arbitres, nous vous invitons à faire promptement cette nomination; après quoi, vous

Rochelle le 17 août 1793, commandant la 12e division militaire le 20 septembre 1793, général en chef provisoire de l'armée des Côtes de l'Ouest le 29 septembre 1793, confirmé par la Convention le 1er octobre sous le titre de général en chef de l'armée de l'Ouest, mort à Nantes le 21 brumaire an II (11 novembre 1793). (L'acte de décès a été publié par M. Chassin dans la *Vendée patriote*, III, 249.)

[1] Cf. la lettre du général Rossignol, en date du 9 septembre, à la page 116.

voudrez bien la communiquer au ministre de la guerre et à l'administration centrale de la fabrication extraordinaire, quai Voltaire, n° 4.

Les membres du Comité de salut public,

Carnot, C.-A. Prieur, Prieur, député de la Marne.

(Orig., Arch. nat., DXLII, carton 1.)

---

48. PARIS, 11 SEPTEMBRE 1793 [1].

LE COMITÉ DE SALUT PUBLIC AU MINISTRE DE LA GUERRE BOUCHOTTE.

Le Comité de salut public invite le ministre de la guerre à lui faire savoir si le général Chancel [2] est parti pour sa nouvelle destination et à quelle heure, ou si il y a eu quelques obstacles [3].

Le 11 août [4], 11 h. 1/2.

Carnot, C.-A. Prieur, Thuriot.

(Orig. aut. de Prieur, coll. de M. Étienne Charavay.)

---

[1] Carnot assiste à la séance du Comité (cf. Aulard, VI, 415) Il rédige et écrit deux arrêtés : 1° Sommes allouées à des villes des départements de l'Aisne et du Nord; 2° Mise en liberté du citoyen Potter, chargé d'une mission pour la fabrication des armes.

[2] Cf. t. II, p. 106.

[3] On lit sur cette pièce une réponse autographe de Bouchotte dont les termes sont reproduits dans la réponse au Comité publiée à la page 128. — Le général Chancel, revenu à Paris après la reddition de Condé, avait écrit au ministre, le 2 septembre 1793, pour lui recommander ceux qui s'étaient distingués pendant le siège de cette ville. — « Je verrai avec plaisir, ajoutait-il, citoyen ministre, qu'il soit rendu compte à la Convention nationale de ma conduite et de celle de la garnison de Condé pendant le blocus. Malgré le malheur que nous avons éprouvé, j'affirme que cette brave garnison a bien mérité de la patrie. » (Orig., Arch. de la guerre, armée du Nord.) Bouchotte fit nommer Chancel général de division et l'envoya à Maubeuge pour seconder le général Gudin, accablé d'infirmités. Il le prévint par une lettre, le 11 septembre. (Arch. de la guerre, armée du Nord.) Chancel partit en effet avec les représentants Drouet, Isoré et Bar qui, en vertu d'un décret de la Convention du 9 septembre 1793, allaient remplacer à l'armée du Nord leurs collègues Delbrel, Collombel et Le Tourneur (cf. Aulard, VI, 379), et il arriva avec eux à Maubeuge le matin du 13 septembre. (Cf. lettre du général Gudin à Bouchotte et des représentants au Comité de salut public, en date du 13 septembre 1793, Arch. de la guerre, armée du Nord.)

[4] Prieur a écrit par erreur *août* au lieu de *septembre*. — Cf. ci-après la réponse de Bouchotte au Comité.

PARIS, 11 SEPTEMBRE 1793.

LE MINISTRE DE LA GUERRE BOUCHOTTE AU COMITÉ DE SALUT PUBLIC.

Paris, le 11 septembre, l'an 1 de la République une et indivisible.

LE MINISTRE DE LA GUERRE AUX REPRÉSENTANTS DU PEUPLE
MEMBRES DU COMITÉ DE SALUT PUBLIC.

J'ai vu cette nuit vers deux heures, citoyens députés, le général Chancel. Il m'a quitté pour faire ses dispositions de départ. Il est revenu à quatre heures me prévenir qu'il n'avait pas rencontré le citoyen Drouet. Je lui ai dit de partir en écrivant un mot au citoyen Drouet. J'ai lieu de le croire en route et je vais envoyer vérifier le fait à son domicile.

J. BOUCHOTTE.

(Orig., Arch. de la guerre, armée du Nord.)

———

HONDSCHOOTE, 11 SEPTEMBRE 1793.

RÉCIT DE LA BATAILLE DE HONDSCHOOTE PAR LE GÉNÉRAL HOUCHARD.

Au quartier général de Hondschoote,
le 11 septembre 1793, l'an 1er de la République une et indivisible.

EXPÉDITION DU GÉNÉRAL HOUCHARD CONTRE LES TROUPES DES ARMÉES ENNEMIES COMBINÉES
DEVANT BERGUES ET DUNKERQUE, AU NOMBRE DE 50,000 HOMMES AU MOINS.

L'armée française se trouva rassemblée au camp de Cassel le 5 au matin : dès ce jour même les dispositions furent faites pour attaquer les ennemis. Le général divisa son armée en trois corps principaux : celui de la droite, commandé par le général Dumesny [1] et fort d'environ 9,000 hommes, destiné à se porter devant

---

[1] Pierre-Michel-Joseph Salomon, dit Dumesny, né à Angoulême (Charente) le 17 janvier 1739, lieutenant dans le régiment de Mailly le 10 octobre 1755, capitaine le 5 avril 1762, réformé en 1763, capitaine commandant la compagnie du lieutenant-colonel du régiment de Guyenne le 4 août 1770, capitaine titulaire le 16 octobre 1771, capitaine en second de la compagnie lieutenant-colonel le 8 juin 1776, capitaine-commandant le 30 janvier 1778, chevalier de Saint Louis le 27 septembre 1781, lieutenant-colonel du 90e régiment le 6 novembre 1791, lieutenant-colonel du 54e le 23 mars 1792, colonel le 27 mai 1792, général de brigade provisoire le 7 avril 1793, confirmé le 15 mai suivant, suspendu le 27 septembre 1793, réintégré et employé comme général de division du 25 prairial an III au 5 frimaire an VI (13 juin 1795 au 25 novembre 1797), retraité en février 1801. Le général Dumesny avait fait les campagnes de 1756 à 1762. (Cf. Étienne Charavay, *Le général Dumesny*, dans *La Révolution française*, t. XXIV, p. 407.)

Ypres, pour couvrir le flanc droit des autres colonnes qui devaient agir sur l'ennemi et empêcher le camp de Menin de porter du secours.

L'avant-garde, forte de 12,000 hommes environ, était commandée par le général d'Hédouville [1]. Le corps d'armée était commandé par le général Houchard; les flanqueurs de gauche d'environ 5,000 hommes étaient commandés par le général Landrin.

Le 6, dès les trois heures du matin, toutes les colonnes se mirent en mouvement : le général d'Hédouville avec son avant-garde se porta sur Poperinghe, qu'il enleva : il fit beaucoup de prisonniers et prit beaucoup d'équipages à l'ennemi. Pendant le même temps, un détachement de l'avant-garde commandé par Vandamme attaquait le château de Reninghelst, où l'ennemi fut écrasé et obligé de l'évacuer. De là l'avant-garde se porta sur Rousbrugge, qu'elle prit. Là elle passa le pont d'Yser et, à neuf heures du soir, se trouva à Oost-Cappel; jamais marche de colonne n'a été plus rapide et plus triomphante.

Le corps d'armée du général en chef, dès les sept heures du matin, se trouva en présence des ennemis à Houtkerque. Le général Colaud, avec un petit corps détaché, y attaqua si vigoureusement les ennemis qu'il les força de faire leur retraite dans les bois de Saint-Six, d'où ils se sont sauvés. Le général Colaud, avec son corps, se porta alors jusqu'à Proven, où il fit sa réunion avec le général d'Hédouville.

Le corps d'armée, maître d'Houtkerque avec environ 7,000 hommes, se porta sur Herzeele, que l'ennemi occupait en force et où il s'était retranché.

Le général Jourdan enleva les premiers retranchements l'épée à la main et chassa les ennemis du village après un combat de feux assez vifs; néanmoins les ennemis revinrent à la charge et repoussèrent les troupes de la République hors du village.

Le général Houchard ordonna dans ce moment qu'une charge à la baïonnette fût faite sur toutes les rues du village, et cette charge s'exécuta avec la plus grande impétuosité et en criant «Vive la République!» Le général en chef, profitant de la belle disposition où se trouvaient les troupes, se porta sur le village de Bambecque où l'ennemi s'était retiré et avait pris une excellente position derrière l'Yser. L'attaque commença par du canon, et pendant une heure elle fut excessivement chaude. Une pluie abondante vint à tomber dans ce moment, qui nuisait infiniment aux progrès de l'attaque; le général Berthelmy proposa alors au général en chef de marcher aux ennemis la baïonnette en avant; les colonnes se formèrent et on marcha : les troupes passèrent l'Yser, partie sur le pont, partie par des gués, et forcèrent l'ennemi étonné à se retirer.

Les chemins étaient devenus affreux, les troupes étaient excessivement fatiguées et le général en chef aurait désiré borner les succès de cette journée à la possession du village de Bambecque; mais il se laissa aller à l'ardeur que montraient les troupes, ainsi que les officiers de son état-major, et au désir des représentants du peuple Levasseur et Delbrel, qui avaient vaillamment combattu pendant toute la journée au milieu des troupes de la République.

____

[1] Joseph d'Hédouville. Cf. t. II, p. 110.

Les troupes se mirent donc en marche et la colonne fut dirigée sur Rexpoëde; ce village est au milieu des bois et les ennemis n'y firent aucune résistance. La nuit étant survenue et le temps affreux, il fallut rester dans le village, dont la défense était facile; toutes les dispositions furent faites pour espérer d'y passer la nuit avec tranquillité; il n'en fut pas cependant ainsi. Dès les dix heures, l'ennemi, venant par la gauche et sur le devant du village du côté de Killem, il attaqua brusquement tous les postes; une batterie d'artillerie légère eut deux pièces de démontées, beaucoup de canonniers et beaucoup de chevaux tués; la terreur s'empara de beaucoup de troupes; malgré cela, il fut remédié à tout ce premier désordre; mais, vers les trois heures du matin, l'ennemi attaqua avec plus de vivacité; ils percèrent dans le village et mirent les troupes en déroute; elles furent ralliées derrière le village et en disposition de retraite. Quelques instants avant que d'être chassés du village, j'envoyai deux compagnies de grenadiers pour essayer de relever et d'emporter les deux pièces d'artillerie légère de 8 qui allaient tomber au pouvoir de l'ennemi; ces braves grenadiers remplirent leur mission avec le plus grand courage et me ramenèrent les deux pièces malgré le feu de l'ennemi.

La retraite se fit sur le village de Bambecque, où l'ennemi ne nous poursuivit point, à mon grand étonnement. J'attendis le jour et j'examinai s'il était possible de faire remarcher les troupes au combat. Jamais chose n'a été plus impossible; le soldat était sans pain, sans eau-de-vie, par la négligence et des commissaires des guerres et des commandants particuliers qui n'avaient pas exécuté les ordres. Une multitude de soldats était débandée et portée vers Cassel, et les chemins étaient si affreux qu'on pouvait à peine s'y tenir : dans cet état de choses, j'ordonnai la retraite sur Herzeele, et je fis arrêter et bivouaquer les troupes en attendant qu'on leur fît conduire des subsistances; ce fut alors que j'entendis un combat très vif du côté de Rexpoëde et les força à la retraite après un vif combat (*sic*). Dès le soir, il me donna avis de ses succès et il envoya le brave Vandamme affronter l'ennemi jusque sous Hondschoote, qui était le lieu dans lequel l'ennemi devait se retirer. Je me décidai moi-même à marcher sur Hondschoote le 8 au matin, pour attaquer l'ennemi dans le point le plus intéressant pour lui; nous nous y présentâmes sur plusieurs colonnes : le général Colaud tenait la droite, le général Jourdan le centre, le commandant Vandamme avec les flanqueurs de gauche attaquait la droite. Dès les premiers coups de canon, le général Leclaire sortit de Bergues et se dirigea sur Hondschoote le long du canal avec la plus grande intelligence. Jamais combat ne fut plus vif et plus chaud. Les ennemis étaient environ 18,000 hommes, et nous, nous allions environ à 16,000. Après quatre heures d'un feu terrible de mousqueterie et d'artillerie, je fis charger les troupes à la baïonnette; et le village fut emporté, c'est-à-dire la bataille gagnée. Il n'y eut pas moyen de poursuivre les ennemis dans un pays coupé et où on ne voit pas à deux pas de soi; d'ailleurs ils avaient eu le soin de couper le pont du canal à Houthem.

Il s'est passé pendant cette action de grands traits de valeur; un soldat du bataillon ci-devant d'Anjou, ayant perdu un bras, cria qu'il lui en restait un autre pour sa patrie; la division de gendarmerie aux ordres du général Leclaire, malgré le feu à mitraille de l'ennemi, monta dans un retranchement et lui enleva un drapeau; un soldat de la Corrèze, nouvellement arrivé, prit aussi un drapeau sur l'ennemi; mais, au milieu de ces actes héroïques de valeur, il est une chose qui fait ombre au tableau: une quantité assez considérable de mauvais soldats quittent le combat, se cachent dans les fossés et s'en vont au travers les haies; on est obligé de mettre sur tous les chemins de la cavalerie pour les arrêter, qui même ne peut les ramener au combat. Ce désordre épouvantable a lieu dans toutes les actions.

Le représentant du peuple Levasseur a eu un cheval de tué sous lui pendant l'action, d'un boulet. Le général Jourdan a été blessé à la poitrine d'un coup de biscaïen, au moment où il allait monter dans un retranchement : sa blessure n'est pas dangereuse. Le général Colaud a eu un biscaïen à travers la cuisse au moment où il forçait les [volontaires] du Doubs à charger à la baïonnette; sa blessure est dangereuse et il ne sera pas en état de servir de longtemps. Le citoyen Mengaud [1], commandant la 36e brigade, a été blessé aussi [2]. Le nombre de nos blessés ne peut être que considérable; il va peut-être à 700; je n'ai pas encore l'état des morts. Quant à l'ennemi, sa perte est énorme; presque tous ses généraux ont été tués ou blessés; parmi les blessés sont le prince Adolphe [3], fils du roi d'Angleterre, et le feld-maréchal Freytag [4]. Ce dernier l'est mortellement. Un général anglais a été tué; un général-major hessois, fait prisonnier [5].

[1] Antoine-Xavier Mengaud, né à Belfort (Haut-Rhin) le 9 avril 1752, fils d'un avocat au conseil d'Alsace, garde du corps du comte d'Artois, compagnie d'Alsace, le 15 janvier 1774, retiré le 1er octobre 1781, commandant une compagnie de volontaires à cheval à Belfort en juillet 1789, commandant de la garde nationale de Belfort en janvier 1790, procureur syndic en octobre 1790, juge au tribunal du district en janvier 1791, élu capitaine de grenadiers au 2e bataillon des volontaires du Haut-Rhin le 30 août 1791 et lieutenant-colonel en premier le 2 septembre suivant, général de brigade le 30 juillet 1793, nommé provisoirement par les représentants chef de la 36e demi-brigade le 1er septembre 1793, général de division le 25 septembre 1793, employé à l'armée de Rhin-et-Moselle le 13 juin 1795, réformé le 13 février 1797, remis en activité et nommé commandant de la 6e division militaire (Besançon) le 27 juillet 1799, employé à l'armée d'Italie le 8 décembre 1799, commandant à Tortone le 4 juillet 1800, réformé le 22 août suivant, sous-préfet de Belfort le 25 janvier 1805, baron de l'Empire le 12 mars 1811, remplacé le 22 août 1814, retraité le 26 janvier 1820, mort à Belfort le 30 décembre 1830.

[2] Il avait reçu le 7 septembre un coup de feu à la cuisse gauche.

[3] Adolphe-Frederick, duc de Cambridge, né le 24 février 1774, septième fils du roi d'Angleterre George III, était tombé le 6 septembre, à huit heures du soir, en compagnie du feld-maréchal Freytag, au milieu d'un piquet de cavalerie française, et tous deux avaient été blessés et faits prisonniers; mais le colonel Mylius était parvenu presque aussitôt à les délivrer. Ce prince mourut le 8 juillet 1850.

[4] Le feld-maréchal autrichien Henri-Guillaume de Freytag commandait l'armée d'observation. Le 6 septembre, il fut attaqué par Houchard et Jourdan et dut repasser l'Yser et se retirer sur Hondschoote. C'est en se portant le soir sur Rexpoëde pour rétablir ses communications avec l'armée anglaise qu'il fut blessé en même temps que le duc de Cambridge, fait prisonnier, puis délivré. Il céda alors le commandement au général de Wallmoden.

[5] Le général-major Cochenhausen, blessé mortellement et fait prisonnier le 8 septembre devant Hondschoote.

J'oubliais de dire qu'à l'affaire de la nuit de Rexpoëde j'ai eu le malheur que l'adjudant général Coquebert ait tombé entre les mains des ennemis, en voulant aller, par un excès de zèle, rejoindre la colonne du général Hédouville; l'adjoint aux adjudants généraux . . . . a été tué à côté du général d'Hédouville, en disant : «Je suis heureux de mourir pour la République.»

La perte des ennemis pendant les trois jours de combat doit avoir été énorme; on assure qu'elle va à 6,000 hommes tant tués que blessés : les gens du pays disent qu'ils en ont emporté 150 chariots.

Le combat d'Hondschoote, qui fut terminé à deux heures après-midi, décida l'ennemi à lever le siège de Dunkerque dès les cinq heures du soir. Ils firent filer pendant la nuit tous leurs bagages, de sorte qu'à la pointe du jour le général Landrin, à la tête de sa division, réunie à la garnison, voulant faire une sortie pour livrer combat à l'ennemi, n'en trouva plus. Ils ont abandonné dans la levée du siège, qui s'est faite avec une précipitation inconcevable, cinquante-deux bouches à feu en fer coulé, trois cents milliers de poudre et beaucoup d'autres objets.

J'ai beaucoup examiné leurs différents camps. Il paraît qu'ils étaient devant Dunkerque près de 40,000 hommes; ils se sont retirés derrière Furnes.

L'artillerie pendant toutes les affaires a donné des preuves de la plus grande intrépidité, et, toutes les fois que l'infanterie a chargé à la baïonnette, elle a remporté la victoire. Les troupes ont été cette fois-ci assez bien disciplinées; la cavalerie surtout se distingue pour son amour pour le bon ordre. Je mettrai au jour les faits remarquables particuliers, à mesure qu'ils me seront connus. Je ne saurais trop exprimer combien la présence des représentants du peuple influe sur le bon ordre et la décision des combats.

Les carmagnoles ont bien mérité de la patrie, et il n'y a rien de tel que les vrais sans-culottes.

HOUCHARD.

(Orig., Arch. de la guerre, armée du Nord.)

GIVET, 11 SEPTEMBRE 1793.

LE GÉNÉRAL ÉLIE AU COMITÉ DE SALUT PUBLIC.

Givet, le 11 septembre, 1er de la République une et indivisible.

LIBERTÉ.   ÉGALITÉ.   UNITÉ.

LE GÉNÉRAL DE DIVISION ÉLIE

AU COMITÉ DE SALUT PUBLIC DE LA CONVENTION NATIONALE.

Citoyens représentants,

Je vous préviens que je viens de recevoir, de la part du Conseil exécutif, une lettre d'avis de ma nomination au grade de général de division. Les actions d'un républicain parlent pour lui. Je laisse aux miennes à prouver si je suis digne de la nouvelle marque de confiance dont on m'honore. Je sais quelles sont les obligations qu'elle m'impose; je sais à quoi m'engage le serment que mon cœur a prononcé de mourir pour la liberté de ma patrie. Le même bras qui a été assez heureux pour contribuer à renverser la Bastille pourra peut-être apprendre aux satellites des despotes de quoi est capable la valeur républicaine.

Si la calomnie cherchait à me noircir, souvenez-vous, citoyens représentants, qu'Élie a toujours professé les principes d'un vrai sans-culotte, que l'unité et l'indivisibilité de la République n'ont point de plus ardent défenseur et qu'il a appris le métier des armes dans l'honorable profession de soldat. Si je commets des fautes, souvenez-vous que la carrière que je parcours est difficile, que l'erreur est attachée à la faiblesse humaine, mais qu'un soldat français craint plus le soupçon même de la trahison que la mort.

Le général de division
commandant à Givet et arrondissement.

ÉLIE [1].

P.-S. Je joins à ma lettre le rapport d'une expédition que j'ai ordonnée le 8 de ce mois [2].

(Orig., Arch. de la guerre, armée du Nord.)

---

[1] Jacob-Job Élie, né à Wissembourg (Bas-Rhin) le 26 novembre 1746, fils d'un officier au régiment d'Alsace, enrôlé au régiment d'Aquitaine-Infanterie le 2 décembre 1766, congédié le 2 décembre 1774, enrôlé au régiment de la Reine le 5 juillet 1781, sergent le 1er novembre suivant, porte-drapeau le 1er août 1788, coopère à la prise de la Bastille le 14 juillet 1789, capitaine au 5e bataillon de la 5e division de la garde nationale parisienne soldée le 1er septembre 1789, capitaine au 103e d'infanterie le 3 août 1791, obtient la décoration militaire le 27 novembre suivant, lieutenant-colonel le 7 février 1793, général de brigade à l'armée des Ardennes le 30 juillet 1793, commandant à Givet et à Charlemont, général de division le 3 septembre 1793, passé à l'armée de Sambre-et-Meuse le 2 juillet 1794, non compris dans l'organisation des états-majors arrêtée le 13 juin 1795, rappelé à l'activité le 28 février 1796, commandant de Lyon le 28 mars suivant, employé à l'armée des Alpes le 19 août 1796, commandant la Maurienne et la Tarentaise le 22 octobre 1796, réformé le 18 mars 1797, retraité le 21 juin 1811, mort à Varennes-en-Argonne (Meuse) le 6 février 1825. Le général Élie avait fait la campagne de Corse en 1769 et avait assisté aux bombardements de Sousse et de Biserte en 1770.

[2] Le représentant Massieu écrivit de Givet au Comité, le 11 septembre, pour lui annoncer la sortie faite par les citoyens et la garnison de cette ville, dans le but de favoriser l'entrée, dans la place, d'une cinquantaine de voitures de grains en gerbes et de fourrages, et l'heureuse issue de cette opération. Il ajoutait : «Le brave général de division, le vainqueur de la Bastille, Élie, qui commande en cette place, se propose de prouver aux satellites des tyrans qu'un sans-culotte général vaut bien un général ci-devant.»

PARIS, 12 SEPTEMBRE 1793 [1].

LE MINISTRE DE LA GUERRE BOUCHOTTE AU COMITÉ DE SALUT PUBLIC.

Paris, 12 septembre 1793, 1ᵉʳ de la République française.

LE MINISTRE DE LA GUERRE

AUX REPRÉSENTANTS DU PEUPLE MEMBRES DU COMITÉ DE SALUT PUBLIC.

J'ai reçu, citoyens, avec votre lettre du 7 celle du citoyen Dubreuil relative à des demandes de secours en armes et canons pour Saint-Quentin. Le commandant de la place tirera parti de toutes nos ressources. Déjà des dépôts ou détachements de cavalerie ont reçu ordre de couvrir cette trouée que le général Belair [2] est chargé spécialement de défendre. Au reste, j'observe qu'il ne faudrait pas armer indifféremment tous les bras de cette ville qui renferme des muscadins.

J. BOUCHOTTE.

(Orig., Arch. de la guerre, armée du Nord).

---

49. PARIS, 13 SEPTEMBRE 1793 [3].

LE COMITÉ DE SALUT PUBLIC AU GÉNÉRAL EN CHEF HOUCHARD.

Paris, le 13 septembre 1793, l'an 1 de la République une et indivisible.

Citoyen général,

Nous avons reçu, avec la plus vive satisfaction, la nouvelle de vos brillants succès. Nous ne pouvons cependant nous empêcher de regretter infiniment que le grand projet qui avait été formé d'abord

---

[1] Le 12 septembre, Carnot est présent au Comité (cf. Aulard, VI, 443), et il écrit un arrêté mettant 20,000 livres à la disposition du Comité de sûreté générale pour les indemnités à accorder aux commissaires des comités de surveillance des différentes villes.

[2] Alexandre-Pierre Julienne, dit Belair, né à Paris le 15 octobre 1747, fils d'un doreur, entré au service comme capitaine d'artillerie en second dans la légion de Maillebois le 28 avril 1785, réformé le 8 mai 1786, adjudant général chef de brigade et directeur du camp de Paris le 29 août 1792, général de brigade à l'armée du Nord le 4 août 1793 et de division à l'armée du camp intermédiaire le 7 septembre suivant, général en chef le 6 novembre 1793, cesse ses fonctions le 17 nivôse an II (6 janvier 1794), remis en activité à l'armée d'Italie le 28 prairial an VI (17 juin 1798), réformé en 1803, employé à Ostende le 18 août 1809, réformé le 25 décembre de la même année, mort à Villecresnes (Seine-et-Oise) le 25 mai 1819.

[3] Le 13, Carnot est présent au Comité (cf. Aulard, VI, 459).

d'envelopper entièrement l'armée anglaise et l'écraser, en marchant directement sur Furnes, Ostende et Nieuport, n'ait pas eu lieu; quoi qu'il en soit, il faut profiter du moment d'enthousiasme et vous hâter de faire lever le siège du Quesnoy[1]. Nous recevons les nouvelles les plus alarmantes de cette partie de la frontière; on nous assure que la garnison de Cambrai a été taillée en pièces[2]. Nous nous flattons que ces bruits fâcheux sont dénués de fondement et que vous arriverez bientôt au secours. C'est à vous de voir quelle marche peut vous promettre le succès le plus complet et s'il convient mieux de marcher directement sur le Quesnoy que de l'enfermer en emportant ses magasins et enveloppant les villes de Valenciennes et de Condé. Le Comité s'en repose sur votre courage et vous invite aux mesures les plus vigoureuses. Tombez en masse sur vos ennemis, profitez de l'énergie française et de la juste confiance que vous avez inspirée aux troupes que vous commandez.

(Minute aut. de Carnot, Arch. de la guerre, armée du Nord. — Reg. de correspondance de Carnot, Arch. de la famille Carnot.)

<hr>

50. PARIS, 13 SEPTEMBRE 1793.

LE COMITÉ DE SALUT PUBLIC AU MINISTRE DE LA GUERRE BOUCHOTTE.

Analyse. — Envoi d'un projet et d'un plan d'attaque de la place de Thionville, trouvés sur un Anglais à l'affaire de Linselles et Blaton, et transmis au Comité par les représentants près l'armée du Nord[3].

(Minute, Arch. nat., AF ii 238.)

<hr>

[1] Le Quesnoy, investi par les Autrichiens le 19 août 1793, bombardé le 2 septembre, avait capitulé le 10 de ce mois à six heures et demie du soir et les ennemis en avaient pris possession le 13, à 9 heures du matin. (Cf. Foucart et Finot, II, 157, et A. Chuquet, *Hondschoote*, 275.)

[2] Le 12 septembre. (Cf. la lettre des représentants Élie Lacoste et Peyssard, du 13 septembre, p. 140.)

[3] La lettre des représentants Levasseur et Bentabole est datée de Lille, le 25 août 1793. Elle porte cette annotation autographe de Carnot : «Accuser la réception.» Le Comité répondit le 12 septembre dans ces termes : «Nous avons reçu les plans d'attaque de Thionville que vous nous avez adressés. Ainsi la bravoure des Français et votre surveillance feront échouer les vains projets de nos ennemis.»

PARIS, 13 SEPTEMBRE 1793.

LE MINISTRE DE LA GUERRE BOUCHOTTE AU COMITÉ DE SALUT PUBLIC.

Analyse. — Le général en chef provisoire de l'armée de la Moselle (Schauenburg) déclare que la dénonciation faite contre le service des avants-postes à ladite armée est mensongère. L'avant-garde bivouaque depuis plus d'un mois, et ce n'est qu'avec la plus grande activité qu'elle a pu maintenir intactes près de vingt lieues de frontières. Il ajoute qu'il y a bien dans le nombre des officiers quelques paresseux et insouciants, mais qu'il les punit avec fermeté et exige d'eux le maintien de l'ordre et du service. «Le zèle et la quantité des bons nous sauve du mal que nous causent quelquefois la négligence et l'ignorance des mauvais.»

(Orig., Arch. de la guerre, armée de la Moselle.)

CASSEL, 13 SEPTEMBRE 1793.

LE GÉNÉRAL JOURDAN AU MINISTRE DE LA GUERRE BOUCHOTTE.

Cassel, le 13 septembre 1793, l'an 1 de la République une et indivisible.

LE GÉNÉRAL JOURDAN AU MINISTRE DE LA GUERRE.

J'ai reçu, citoyen ministre, les lettres de service de général en chef de l'armée des Ardennes que vous m'avez adressées et je tâcherai de répondre à la confiance du Conseil exécutif par mon zèle, mon courage et mon dévouement à la chose publique, et, quoique j'aie été blessé à Hondschoote, j'espère pouvoir partir dans trois ou quatre jours pour me rendre à ma nouvelle destination.

Comme il est essentiel au bien de la République et à la gloire d'un général qu'il soit entouré par des vrais républicains et des citoyens éclairés qui aient sa confiance, je vous prie de m'autoriser à mener avec moi pour mon adjudant général le citoyen Ernouf[1], adjudant général de la première division du Nord et

---

[1] Jean-Augustin Ernouf, né à Alençon (Orne) le 29 août 1753, lieutenant au 1ᵉʳ bataillon des volontaires de l'Orne le 24 septembre 1791, capitaine le 22 mars 1792, aide de camp du général Barthel à l'armée du Nord le 5 mai 1793, adjudant général chef de bataillon le 30 juillet 1793, puis chef de brigade, général de brigade provisoire et commandant du camp de Cassel par arrêté des représentants Duquesnoy et Hentz le 16 septembre 1793, confirmé le 20, chef d'état-major de l'armée du Nord le 30 septembre 1793, général de division le 22 brumaire an II (12 novembre 1793), suspendu en nivôse an II (décembre 1793), chef d'état-major de l'armée de Sambre-et-Meuse le 16 messidor an II (4 juillet 1794), directeur du dépôt de la guerre le 26 fructidor an V (12 septembre 1797), chef d'état-major de l'armée du Danube le 22 vendémiaire an VII (13 octobre 1798), inspecteur général d'infanterie le 5 thermidor an IX (24 juillet 1801), capitaine général de la

qui est employé à Cassel. J'espère que vous voudrez bien ne pas me refuser cette grâce à laquelle je mets le plus grand prix[1].

JOURDAN.

(Orig., Arch. de la guerre, armée du Nord).

DUNKERQUE, 13 SEPTEMBRE 1793.

LES REPRÉSENTANTS TRULLARD, BERLIER ET HENTZ AU COMITÉ DE SALUT PUBLIC.

Dunkerque, 13 septembre, l'an II de la République une et indivisible.

TRULLARD, BERLIER ET HENTZ, REPRÉSENTANTS DU PEUPLE PRÈS L'ARMÉE DU NORD, À LEURS COLLÈGUES COMPOSANT LE COMITÉ DE SALUT PUBLIC[2].

Nous vous invitons, citoyens nos collègues, de porter sérieusement votre attention sur l'événement dont nous allons vous entretenir.

Le lendemain de la déroute de l'ennemi nous allions dans le camp qu'il venait d'abandonner, nous occupant du soin de faire transporter dans la ville les canons, les caissons, etc., avec le citoyen Deschamps, envoyé comme commissaire du Comité de salut public[3], ainsi que le général Landrin et ses aides de camp et l'escorte militaire, sans laquelle quelques généraux affectent de ne jamais sortir. Nous fûmes étonnés, au milieu du chemin, de voir une troupe tumultueuse venir à nous; c'était le général Landrin qui faisait traîner devant lui comme un criminel le citoyen Deschamps, qu'il avait fait désarmer et démonter, quoique ce dernier

Guadeloupe le 17 ventôse an XI (8 mars 1803), membre de la Légion d'honneur le 15 pluviôse an XII (5 février 1804) et grand-officier le 25 prairial (14 juin 1804), rend la Guadeloupe aux Anglais le 6 février 1810, débarque à Morlaix le 27 avril 1811, mis en arrestation le 18 juillet suivant, relâché en juin 1813 et exilé à cinquante lieues de Paris, réhabilité le 25 juillet 1814, chevalier de Saint-Louis le 20 août suivant, inspecteur général d'infanterie le 3 janvier 1815, destitué par Napoléon le 26 avril 1815, rétabli dans ses droits et ses propriétés le 1er août 1815, député de l'Orne le 22 du même mois, baron et commandeur de Saint-Louis le 3 mai 1816, député de la Moselle le 4 octobre 1816, commandant de la 3e divion militaire (Metz) le 11 novembre 1816; retraité le 22 juillet 1818, mort à Paris le 12 septembre 1827.

[1] Au bas se trouve la réponse autographe de Bouchotte : «Le Conseil a entendu avec satisfaction la bonne conduite que vous avez tenue dans les attaques multipliées qui ont eu lieu depuis le 5 du mois; il savait en vous nommant général en chef de l'armée des Ardennes, qu'il avait fait un [bon] choix. Soyez bientôt rétabli de votre blessure; la chose publique ne peut qu'y gagner. Ernouf recevra une lettre de service pour l'armée des Ardennes.»

[2] Cette lettre toute militaire n'a été qu'analysée dans le recueil Aulard (VI, 465).

[3] Cf. sur ces commissaires du Comité de salut public la lettre du 23 août 1793, p. 35. — Deschamps était reparti pour l'armée du Nord le 12 septembre en compagnie de Joseph Quincy. (Cf. Aulard, VI, 460.)

lui eût dit qu'il était un envoyé du Comité de salut public et que sa mission avait pour objet des renseignements à donner sur les armées. Vous verrez, par la pétition que nous a adressée le citoyen Deschamps[1], les détails de la querelle. Mais, quoi qu'en soit le principe, en supposant même que ce jeune homme ait rempli sa mission avec morgue ou inconsidérément, ce qui est possible, nous ne pensons pas moins qu'il est dangereux de laisser une division entre les mains de Landrin.

Nous voyons dans sa conduite et dans celle de ses aides de camp une inquiétude, une aversion bien manifeste à l'occasion de la surveillance de leurs actions. L'homme qui fait bien aime à avoir des témoins, l'intrigant se soustrait aux regards. Nous y voyons un despotisme bien caractérisé, car, au lieu de se plaindre à nous, puisque nous étions à une centaine de pas, il a commencé par se faire justice en faisant arrêter lui-même l'homme dont il se prétendait insulté, l'homme revêtu d'un caractère qui ne le mettait pas dans sa dépendance.

Nous avons reconnu dans son langage l'animosité, la passion; il nous a dit que si nous ne punissions pas le jeune homme, qu'il voulait faire traîner en prison, il donnerait sa démission. Nous n'avons pas cru devoir statuer, au milieu du chemin, pour ne pas retarder l'opération plus importante qui nous occupait; nous avons fait rendre les armes et le cheval au jeune homme, qui est retourné à la ville, et voici notre détermination.

Nous n'hésiterions pas d'ôter le commandement de la division à ce général, mais nous ne savons qu'en faire, et puis nous ne connaissons pas assez les généraux de cette armée pour être sûrs du choix d'un successeur; enfin les nominations provisoires des représentants du peuple font un très mauvais effet, quand elles ne sont pas confirmées; nous aimons mieux que vous fassiez nommer par le ministre. Dans des temps ordinaires nous ne verrions pas de motifs suffisants pour la destitution de ce général, mais on nous a dit que cet homme était une âme damnée de Moreton et de Beurnonville; l'un de nous l'a vu dans l'état-major de Custine dans l'armée du Rhin; il s'est conduit avec beaucoup de morgue; tout cela doit nous faire craindre de rencontrer encore un de ces hommes audacieux qui ont tant abusé de l'autorité. Il vaut mieux sacrifier un homme à des soupçons, que d'exposer la chose publique[2]. C'est à vous à faire vérifier la conduite politique de cet homme jusqu'à présent[3].

---

[1] Le 10 septembre Deschamps avait écrit de Dunkerque aux représentants Trullard, Berlier et Hentz, pour leur exposer les détails de sa querelle avec le général Landrin. (Orig., Arch. nat., AF ii 238.)

[2] Le même jour, en effet, les représentants destituèrent le général Landrin et enjoignirent à celui-ci de remettre le commandement de sa division au général Carrion. (Arch. nat., AF ii 238.) Ils en avertirent aussitôt le Comité de salut public. «Des inquiétudes que l'on a données aujourd'hui sur l'état du camp commandé par ce général nous ont porté à le suspendre.» (Orig., Arch. nat.. AF ii 238.) Ils prévinrent également leurs collègues au quartier général de l'armée du Nord et leur exprimèrent leurs soupçons sur le civisme de l'adjudant général Gay de Vernon. (Cf. Foucart et Finot, ii, 127.)

[3] Le général Landrin écrivit, le 13 septembre, au Comité de salut public (orig., Arch. nat., AF ii 238) :

«Je viens de recevoir à l'instant votre lettre qui m'annonce ma suspension provi-

Nous vous indiquons les généraux de cette armée qui nous paraissent distingués. Le général Carrion, commandant à Bergues, est un général vraiment sansculotte; il a supérieurement monté l'esprit public dans la garnison de cette ville, qui s'est signalée dans l'attaque d'Hondschoote et devant les murs de la place; il est général de brigade. Le citoyen Lemaire[1], commandant d'un bataillon de volontaires qui est à Bergues, s'est montré dans les attaques avec une bravoure et un sang-froid que tout le monde admire et qui n'a pas peu contribué à nos succès. Le général Souham, qui est ici, ne mérite que des éloges pour son civisme et sa bravoure : quand votre première lettre l'avait destitué de ses fonctions de commandant à Dunkerque[2], il ne s'est pas moins dévoué à la défense de la place en sous-ordre et a bien laissé voir qu'il n'avait devant les yeux que la chose publique.

Salut et fraternité,

TRULLARD, T. BERLIER, HENTZ.

(Orig., Arch. nat., AF II 238.)

soire. Comme les motifs m'en sont inconnus, je ne crois pouvoir mieux faire que de m'adresser à vous pour les connaître. Élevé au grade de général, j'ai fait mon possible pour en remplir les fonctions et pour donner des preuves de mon attachement aux intérêts de la République. Aujourd'hui je me vois forcé de m'en séparer, en attendant que l'on me rende justice. Allant en ce moment prendre ma route sur Douai pour m'y fixer, je vous demande de pouvoir seulement aller vingt-quatre heures à Paris.

«Dunkerque, ce 13 septembre, 2ᵉ de la République une et indivisible.

«Salut et fraternité,

«Le républicain,

«LANDRIN.»

En tête de cette lettre, Carnot a écrit ces mots : «A placer.»

[1] Hippolyte Lemaire, né à Joinville (Haute-Marne) le 13 août 1763, fils d'un tanneur, soldat au régiment de Normandie le 3 janvier 1783, retiré en 1790, chef du 1ᵉʳ bataillon des volontaires de la Haute-Marne le 17 septembre 1791, destitué par Duquesnoy le 1ᵉʳ fructidor an II (18 août 1794) pour avoir frappé un volontaire pendant le siège du Quesnoy, ac-

quitté à Lille par le conseil de guerre le 3 ventôse an III (21 février 1795), réintégré le 18 thermidor an IV (5 août 1796).

[2] En effet, Souham, que Bouchotte soupçonnait de mollesse (cf. lettre à Houchard, du 3 septembre 1793, Arch. de la guerre, armée du Nord), avait été remplacé dans le commandement de Dunkerque par le général Ferrand. Houchard exprima ses regrets au ministre par une lettre du 5 septembre et constata avec mélancolie la situation délicate faite aux généraux. «Je voudrais, citoyen ministre, vous voir ici pour que vous puissiez vous-même juger nos généraux et vous convaincre de l'espèce d'inanition dans laquelle ils se trouvent par la crainte de leur responsabilité. Alors vous sentiriez véritablement notre misère et notre embarras sur ce point. Rarement il se donne un ordre qu'il ne soit suivi de refus d'accepter un commandement trop étendu ou d'observations minutieuses sur les détails des opérations.» (Orig., Arch. de la guerre, armée du Nord.) — Le 6 septembre le Comité de salut public, sur les explications fournies par Duquesnoy, arrêta que Souham reprendrait provisoirement le commandement de Dunkerque. (Cf. Aulard, VI, 295 et 296.)

ARRAS, 13 SEPTEMBRE 1793.

LES REPRÉSENTANTS ÉLIE LACOSTE[1] ET PEYSSARD[2] AU COMITÉ DE SALUT PUBLIC.

Arras, le 13 septembre 1793, 2ᵉ de la République.

LES REPRÉSENTANTS DU PEUPLE PRÈS L'ARMÉE DU NORD
AU COMITÉ DE SALUT PUBLIC[3].

Nous ne venions que d'arriver du camp de Gavrelle lorsque des députés du conseil de l'administration du district de Cambrai vinrent nous annoncer hier au soir la nouvelle que la garnison de cette ville, sortie presqu'en entier pour aller se réunir avec une partie de celle de Maubeuge, et quelques détachements de la garnison de Douai avaient été presque taillés en pièces entre Haspres et Avesnes-le-Sec. Cependant les mêmes députés nous disaient qu'un instant avant leur départ de Cambrai un caporal du 4ᵉ bataillon des fédérés, qui arrivait couvert de blessures, avait assuré que nos troupes, qui avaient été dans le plus grand désordre, s'étaient enfin ralliées sous le canon de la place de Bouchain[4].

---

[1] Élie Lacoste, né à Montignac (Dordogne) le 18 septembre 1745, médecin, député de la Dordogne à l'Assemblée législative et à la Convention, membre du comité de sûreté générale, mort à Montignac le 26 novembre 1806 (renseignements dûs à M. A. Kuscinski). Il avait été envoyé en mission à l'armée du Nord le 26 juillet 1793. (Cf. Aulard, V, 374.)

[2] Jean-Pascal Charles de Peyssard (Charles est le nom patronymique), né à Peyssard (Dordogne) le 9 septembre 1755, garde du corps, maire de Périgueux en 1790, député de la Dordogne à la Convention, mort à Peyssard le 25 octobre 1808 (renseignements fournis par M. A. Kuscinski). Il avait été envoyé à l'armée du Nord le 27 juillet 1793, en remplacement de Roux-Fazillac. (Cf. Aulard, V, 394.)

[3] Cette lettre n'a été qu'analysée dans le recueil Aulard, VI, 463.

[4] Voici le récit de cette malheureuse sortie du 12 septembre 1793, fait par le général Declaye lui-même (orig., Arch. de la guerre, armée du Nord) :

« *Rapport de l'affaire du 12 commandée par le général Declaye, d'après les ordres du général en chef Houchard et du général de division Gudin.*

« D'après les ordres du général, je suis sorti de Cambrai le 12 à minuit pour pouvoir attaquer à la pointe du jour, conformément aux ordres du général Gudin. J'avais avec moi environ deux mille cinq cents hommes d'infanterie et environ deux cent cinquante hommes de cavalerie; mes pièces de position consistaient en six pièces de 4 longues et deux obusiers de 8 pouces; mon infanterie était divisée en deux brigades, commandées : la première, par le chef de brigade Bocquet, du 83ᵉ, et la seconde, par le chef de brigade Dusaussay, commandant le bataillon de l'Aube. Comme aucun de mes bataillons n'avait de pièces de bataille, j'avais donné à chaque brigade une pièce de 4 longue et une de 4 de bataille, et comme je n'avais qu'un détachement de cavalerie et que je devais agir dans un pays très découvert, j'avais donné deux pièces de 4 au citoyen Raindre, capi-

Nous ajoutions d'autant plus de foi à cette seconde nouvelle, que nous ne pouvions pas nous imaginer que la maladresse et l'ignorance eussent fait sortir en entier une garnison composée de 4 ou 5,000 hommes et qu'on l'eût faite marcher sans la faire précéder de quelques détachements pour éclairer les mouvements de l'ennemi et la faire replier devant des forces supérieures. Cependant il nous restait quelque soupçon que le général Declaye, commandant la place de Cambrai, ne fût coupable de perfidie ou d'une ignorance véritablement criminelle. Son projet avait d'autant plus de publicité qu'une ordonnance qu'il nous avait envoyée avant-hier au soir annonçait cette sortie pour la nuit, et que l'ennemi, qui ne manque pas d'espions, pouvait être facilement instruit de la marche de nos troupes. Ces sorties combinées des différentes garnisons avaient pour but de faire

taine d'artillerie légère, pour les faire servir en artillerie légère; j'avais monté ses canonniers et tout disposé pour cet effet. J'ai rencontré l'ennemi entre Rieux et Avesnes-le-Sec; il ne me montrait que de la cavalerie.

«Je l'ai canonné vivement et l'ai forcé de quitter la position dont je me suis emparé de suite. Je l'ai chassé de poste en poste jusqu'à Villers-en-Cauchies, où il était plus nombreux, et sur la hauteur duquel il a fait son rassemblement. La canonnade les a forcés sur plusieurs points. Toujours mon petit corps de troupes marchait très en ordre et chassait l'ennemi avec beaucoup de vigueur. J'ai fait attaquer Villers-en-Cauchies; l'ennemi s'y défendait. Je me suis déterminé à l'enlever de vive force et je l'ai fait prendre la baïonnette au bout du fusil et à la charge. L'ennemi a été forcé et a fui de toute part et je me suis trouvé à la vue de leur camp; et, si j'eusse eu de la cavalerie nécessaire pour soutenir mon infanterie en plaine, j'étais sûr de les forcer dans leur camp; mais je n'avais en cavalerie que ce qu'il me fallait pour me faire éclairer et flanquer, et d'ailleurs, d'après le général, les ordres étaient de me borner à de fausses attaques vers le camp de Solesmes; et comme j'étais prévenu qu'il marchait à moi en force, surtout en cavalerie, et que ma position pouvait être tournée et ma retraite coupée, je me suis déterminé, d'après l'avis de plusieurs officiers supérieurs, à prendre la position d'Avesnes-le-Sec. Ma retraite

n'était que de deux cents toises : je l'ai ordonnée. Mes ordres étaient très précis de la faire très en ordre et d'une manière militaire. J'ai donné ordre aux pièces de position de mettre en batterie sur les points de ladite position; et, pour protéger mon infanterie qui devait passer dans un bas-fond, j'ai fait porter mon peu de cavalerie en avant avec les deux pièces d'artillerie légère. L'ennemi nous tournait par la droite et par la gauche; j'ai été attaqué par la cavalerie de toute part. L'infanterie s'est bien conduite, la cavalerie s'est de même bien comportée ainsi que l'artillerie, sauf quelques officiers et des canonniers de ce corps qui doivent essuyer de grands reproches, mais la plupart des charretiers sont des lâches; ils ont coupé les traits des chevaux, se cachaient sous les pièces en ne s'occupant que de leur fuite personnelle, et ont, par cette conduite lâche et criminelle, abandonné le peu de bouches à feu à l'ennemi, ce qui a jeté le désordre dans l'armée, qui n'a cessé de se montrer le mieux qu'il lui a été possible; mais, s'étant trouvée beaucoup inférieure en nombre, elle a été obligée de se retirer.

«Le conseil de guerre s'occupera de ceux qui, dans cette occasion, n'ont pas montré tout le courage et le zèle des républicains, pour les livrer sur-le-champ au glaive de la loi.

«Le général de brigade
commandant en chef
Cambrai et arrondissement.

«Declaye.»

faire une diversion du côté de Lille. Son utilité paraissait évidente, mais la perfidie a tourné à notre perte les mouvements qui devaient avoir le plus grand succès.

Vous trouverez ci-incluses les lettres que nous avons écrites au conseil général du district de Cambrai et au général d'Avaine, et la réponse que cet officier vient de nous faire sur le rapport de Ransonnet, l'un des chefs de brigade de la division de Gavrelle. L'on ne peut plus douter que la journée d'hier n'ait été très malheureuse. Vous verrez, dans la lettre de ce dernier officier, que le général Declaye est rentré à Cambrai et qu'une ordonnance a ajouté qu'on tenait un conseil de guerre à son égard[1].

Nous ferons tomber le voile qui couvre cette perfidie, car on ne peut pas se refuser de croire que la trahison n'ait occasionné ce désastre. C'est dans un ravin que nos troupes ont été presque toutes taillées en pièces, sans pouvoir se défendre. Il était facile de se replier sur la gauche et de faire une jonction avec les détachements de Maubeuge et de Douai.

Nous avons fait partir dans la nuit un courrier extraordinaire pour le général Houchard, qui est instruit des événements et qui ne manquera pas sans doute d'envoyer du renfort au restant de cette garnison, qui n'est que de trois à quatre cents hommes.

Nous avions demandé au général d'Avaine quinze cents hommes, dont la réunion avec le 7ᵉ bataillon de l'Yonne, la garde nationale et le reste de la garnison, pourrait défendre la place jusqu'à l'arrivée des nouvelles troupes que le général Houchard ne manquera pas d'envoyer. Le général d'Avaine nous observe avec

---

[1] Le général Declaye était, en effet, rentré le 12 septembre au soir à Cambrai. Le lendemain il dut venir rendre compte de sa conduite devant le comité cambrésien de salut public. Accusé d'impéritie par ses soldats échappés au massacre, par Cornu, commandant temporaire de Bouchain, par Marceaux, administrateur du district, qui l'avait accompagné, il essaya en vain de se disculper et de rejeter sur l'indiscipline des canonniers et la lâcheté des charretiers la responsabilité du désastre. Il n'en fut pas moins traduit devant un conseil de guerre, qui le fit arrêter et envoyer à Arras devant les commissaires de la Convention. Pendant ce temps, le ministre Bouchotte écrivit au général Declaye, le 16 septembre 1793, la lettre suivante (minute autographe, Arch. de la guerre, armée du Nord) :

«La défaite de la garnison de Cambrai, citoyen, a donné des inquiétudes aux patriotes, que vous devez désirer de voir dissiper. Du moins j'en juge ainsi, puisqu'on vous a représenté jusqu'à présent comme un citoyen attaché à la liberté. La Convention nationale envoie le citoyen Laurent, représentant du peuple, prendre connaissance des faits. Il convient que vous restiez en arrestation et que vous n'exerciez aucune fonction jusqu'à ce que les faits soient éclaircis. Ce sont les intentions du Conseil, auxquelles vous devez vous conformer. Le citoyen Chapuy, général de brigade, se rend à Cambrai pour prendre le commandement de la place. Vous voudrez bien lui remettre les papiers et renseignements qui en dépendent.»

Declaye fut conduit à Paris, mais, au lieu de le traduire devant le Tribunal révolutionnaire, le gouvernement lui confia, le 9 brumaire an II (30 octobre 1793), le commandement de la ville de Lyon. (Cf. H. Wallon, *Le général Declaye, commandant la place à Cambrai et à Lyon en 1793*, et A. Chuquet, *Hondschoote*, chap. XI.)

raison qu'il a des postes très importants à garder et qu'il ne peut pas détacher de ses forces, et nous allons en demander de la garnison de Douai, qui pourra fournir quelques détachements.

Au milieu des peines que nous causent ces malheureux événements, la nouvelle que vient de nous donner le colonel Antoine en adoucit un peu l'amertume. Cet officier nous rapporte qu'il y a eu une attaque d'observation du côté de Pont-à-Marcq. Le camp de Menin a été attaqué et forcé par les troupes du camp de la Madeleine. L'ennemi a battu en retraite[1]. Le 9e régiment de nos hussards a chargé les hussards noirs hollandais, dont un de nos braves soldats a enlevé l'étendard, qu'il a porté dans Lille[2]. L'ennemi est en déroute sur Pont-à-Marcq, Menin et Courtrai, et il a perdu beaucoup. Ces nouvelles nous sont données comme certaines par le colonel Antoine, qui est arrivé de l'affaire qui a eu lieu de ce côté.

Nous aurions désiré, citoyens nos collègues, être dans le cas de ne vous transmettre que l'histoire de nos triomphes; mais vous savez que la victoire ne se fixe pas toujours au gré des amis ardents de la liberté. Les dispositions des habitants de ces départements nous assurent pourtant que ces triomphes de l'ennemi ne seront pas de longue durée et que nous l'écraserons bientôt sous la masse de nos défenseurs[3].

Élie Lacoste, Peyssard.

(Orig., Arch. de la guerre, armée du Nord.) .

[1] Le 13 septembre 1793, les généraux d'Hédouville et Dumesny s'étaient emparés de Wervicq, et, solidement installés dans ce poste, avaient repoussé toutes les attaques des Impériaux, conduits par le prince Frédéric d'Orange, qui était tombé grièvement blessé. En même temps, le général Béru avait enlevé Halluin, et, culbutant tout sur son passage, il était entré dans Menin, chassant devant lui les Hollandais épouvantés par la furie française. Malheureusement nos troupes souillèrent leur victoire par le pillage et renouvelèrent les déplorables excès que nous avons déjà enregistrés lors de l'expédition de Furnes (cf. t. II, p. 297 à 299), et contre lesquels protestaient vainement les généraux et les représentants du peuple. (Cf. A. Chuquet, *Hondschoote*, 264 et suiv.)

[2] Ce drapeau fut pris par un chasseur du 6e, Léon Brunel, de Troyes.

[3] On lit en tête : «Reçu le 19 septembre.» — Le Comité de salut public répondit aux représentants en ces termes (minute, Arch. nat., AF ii 238) : «Le vrai patriote, citoyens collègues, ne se laisse jamais abattre et les revers, loin de le décourager, ne feront qu'enflammer de plus en plus son courage et l'élever au-dessus des obstacles, surtout quand il saura que l'on purge nos armées des traîtres qui les infestaient et qu'on les punit. Vous pouvez aisément juger de la désagréable sensation qu'a éprouvée le Comité à la lecture de votre lettre du 13 septembre et des pièces que vous y avez jointes. Il ne négligera aucune des mesures de sûreté qu'exigeront les circonstances; il compte sur votre constante application à pourvoir à tous les besoins de la République, suivant l'étendue des pouvoirs qui vous sont délégués.» — On trouvera dans Aulard, VI, 463, une autre rédaction de cette réponse du Comité aux représentants Élie Lacoste et Peyssard.

SARREBRUCK, 13 SEPTEMBRE 1793.

LE GÉNÉRAL BALTHAZAR SCHAUENBURG AU COMITÉ DE SALUT PUBLIC.

Analyse. — Il a visité tous les postes de Sarrebruck à Sarrelibre, et il a fa[it] sortir de cette dernière place pour camper sur un rang en arrière de Reling l[e] 2ᵉ bataillon du 103ᵉ régiment et mis la garde citoyenne en réquisition. La nou[velle levée du district de Sarrelibre est bonne; celle du district de Boulay est trè[s] faible. Il peut rendre un compte des plus satisfaisants des districts de Sarregue[mines] et de Morhange, qu'il a organisés le 10 et qui sont nombreux, nerveux[, bien disposés et presque un tiers armé de fusils. Il s'est rendu près des générau[x] du corps des Vosges et a fait avec eux les dispositions pour attaquer Ketteric[h] le 12, à quatre heures du matin. Il vient de recevoir un courrier du général Mo[reaux [1] annonçant que, le 12, il a rencontré l'ennemi à la jonction des routes d[e] Pirmasens à Deux-Ponts, par Fening et Ketterich, qu'il l'a repoussé et a ensuit[e] battu en retraite, sans être inquiété [2]. Un de ses émissaires lui a dit avoir vu [à] Kaiserslautern un camp de 12,000 Prussiens et Autrichiens. «Cet espion m'a en[core dit qu'il venait d'être défendu aux paysans de laisser boire leurs bestiau[x] aux puits établis dans les campagnes, attendu qu'on allait les empoisonner pou[r] l'arrivée des Français.» Le général Villionne [3] a attaqué l'ennemi à quatr[e] heures du matin et l'a débusqué de tous ses postes.

(Orig., Arch. de la guerre, armée de la Moselle.)

[1] Jean-René Moreaux, né à Rocroi (Ardennes) le 14 mars 1758, engagé au régiment d'Auxerrois-Infanterie le 1ᵉʳ mars 1776, grenadier le 1ᵉʳ janvier 1777, blessé d'un coup de feu à la jambe droite à l'affaire de Sainte-Lucie le 18 décembre 1778, congédié le 14 novembre 1779, entrepreneur de bâtiments et de travaux du génie militaire à Rocroi, commandant de la garde nationale de cette ville le 21 septembre 1789 et en second du 1ᵉʳ bataillon des volontaires des Ardennes le 20 septembre 1791, général de brigade le 15 mai 1793 et de division le 30 juillet suivant, commandant du corps des Vosges le 6 septembre 1793, général en chef provisoire de l'armée de la Moselle le 25 juin 1794, mort à Thionville le 22 pluviôse an III (10 février 1795). — Cf. Léon Moreaux, *Le général René Moreaux et l'armée de la Moselle;* Paris, 1886, in-18.

[2] Cf. sur cette affaire du 12 septembre 1793, Léon Moreaux, p. 44, et A. Chuquet, *Wissembourg,* p. 160.

[3] Pierre-Justin Marchand de Villionne[, né à Fontainebleau le 30 mai 1740, fi[ls] d'un entrepreneur des ponts et chaussées[, deuxième lieutenant des grenadiers posti[ches dans le régiment de Brulart le 26 jan[vier 1759, lieutenant au régiment de recrues de Sens le 1ᵉʳ octobre 1763, capi[taine le 30 octobre 1769, chargé, l[e] 2 novembre 1769, d'une mission secrèt[e] pour l'île Bourbon, part le 28 décembr[e] suivant et rentre à Brest le 13 mai 1773[, attaché aux troupes légères le 28 juille[t] 1773 et au 1ᵉʳ régiment de chasseurs l[e] 14 avril 1779, major du 4ᵉ chasseurs l[e] 21 août 1784 et du 9ᵉ chasseurs le 1ᵉʳ ma[i] 1788, colonel du 55ᵉ d'infanterie le 5 fé[vrier 1792, général de brigade le 8 mar[s] 1793, suspendu de ses fonctions le 4 oc[tobre 1793 par les représentants à l'armé[e] de la Moselle, autorisé à prendre sa re[traite le 9 frimaire an III (29 novembr[e] 1794), retraité le 20 pluviôse an III (8 fé[vrier 1795), mort à la Chapelle (Seine-et[-Marne) le 29 juin 1813.

SIGEAN, 13 SEPTEMBRE 1793. — LE GÉNÉRAL PUGET-BARBANTANE,
COMMANDANT DE L'ARMÉE DES PYRÉNÉES ORIENTALES [1],
AU COMITÉ DE SALUT PUBLIC.

Analyse. — Il mande qu'épuisé de fatigue, il a donné sa démission et va se rendre auprès du Comité [2]. Quelques habitants de Perpignan lui font le reproche

[1] Le 11 septembre 1793, le général Puget-Barbantane avait fait la proclamation suivante à ses soldats (copie, Arch. de la guerre, armée des Pyrénées orientales):

> «Au quartier général de Sigean,
> le 11 septembre 1793,
> l'an II de la République française.

«*Le général en chef de l'armée des Pyrénées orientales à ses frères d'armes composant ladite armée.*

«Soldats,

«Des prisonniers espagnols ont été maltraités; quelques-uns même sont tombés au milieu de vous, victimes de la fureur du premier mouvement. Combattre des ennemis, les exterminer, n'en pas laisser un debout sur le champ de bataille, est l'action d'un brave républicain; mais quiconque massacre un prisonnier attente à l'humanité, qui ordonne de ne voir qu'un homme dans un ennemi désarmé. Réprimez donc désormais de pareils excès et dénoncez-les à la sévérité militaire.

«Il est parmi vous, soldats français, un autre genre d'ennemis, qui doivent vous être encore plus en horreur; ce sont ceux qui, par de faux rapports et plus encore par leurs actions, cherchent à imprimer la frayeur dans l'esprit du soldat et répandre de tous côtés le désordre, par l'exemple de la plus honteuse lâcheté. Si le succès des armes de la République, votre salut, celui de ce que vous avez de plus cher vous tient à cœur, restez fermes à votre poste le jour du combat; entendez avec mépris et immobilité les cris tumultuaires des fuyards; c'est le courage tranquille, le bon ordre qui fixe la victoire, et d'ordinaire la victoire est peu sanglante; au contraire la mort marche avec la déroute; tout de-

vient des obstacles à des vaincus, et la peur, cette faiblesse trompeuse, conduit au mal qu'elle semblait faire éviter. Vous vous convaincrez aisément de cette grande vérité en jetant un coup d'œil sur nos revers et principalement sur la journée du 8, dont le malheureux succès est dû à quelques lâches qui, loin de fondre sur l'ennemi, ne se servirent de leurs chevaux que pour accélérer leur fuite. Je puis vous donner la satisfaction d'apprendre qu'une pareille conduite ne restera pas désormais impunie. Un tribunal militaire est organisé par les soins des représentants du peuple. Arrêtés, conduits à Narbonne avec humiliation, plusieurs d'entre eux vont bientôt subir les peines qu'ils ont méritées.

«Que vous êtes différents de ceux-là, braves républicains, à qui la privation ne coûte rien pour la liberté! Peut-on voir sans émotion le calme, la gaieté même avec laquelle vous supportez les rigueurs d'un bivouac prolongé? Votre dévouement sera connu de toute la République et ajoutera à la jouissance que vous en ressentez déjà. Pour moi, votre chef par la loi, votre camarade, votre frère d'armes par mes opinions et mes sentiments, je ne cesse de m'occuper avec les représentants du peuple de l'intérêt général de l'armée; je n'ai qu'un regret, c'est que l'obligation de m'y livrer entièrement m'empêche d'être nuit et jour à côté de vous. Comptez sur mon activité à mériter aussi bien de la patrie que vous le faites par votre zèle infatigable à la servir.

> «PUGET-BARBANTANE.»

[2] Le 12 septembre, Puget-Barbantane avait écrit aux représentants du peuple près l'armée des Pyrénées orientales, pour

d'avoir transféré de cette ville le quartier général. Il aurait cru trahir la République s'il n'avait pris ce parti.

(Orig., Arch. de la guerre, armée des Pyrénées orientales.)

---

13 SEPTEMBRE 1793.

LES GÉNÉRAUX BÉRU, FAVART ET GILOT AU COMITÉ DE SALUT PUBLIC.

Analyse. — 1° Le général Béru [1] annonce la prise de Menin et de Wervicq par nos troupes, et insiste sur la fermeté qu'il a fallu déployer pour empêcher le pillage de Menin [2]. (Analyse, Arch. de la guerre, reg. du Comité de salut public, C, p. 509). — 2° Le général Favart envoie de Lille un mémoire contenant trois dispositifs faits pour les cas d'incendie ou alarmes simples et de bombardement [3]. (Orig., Arch. de la guerre, armée du Nord). — 3° Le général Gilot [4] écrit de Strasbourg qu'après avoir été suspendu de ses fonctions [5] il est venu dans cette ville, d'où il gagnera Lunéville, dès qu'il sera rétabli. (Analyse, Arch. de la guerre, reg. du Comité de salut public, C, p. 508).

---

donner sa démission et recommander le général Dagobert pour son successeur. (Copie certifiée par lui, Arch. de la guerre, armée des Pyrénées orientales.) Le 13, il annonça à Bouchotte son départ pour Paris. Le 14, le Comité de salut public arrêta que le ministre de la guerre destituerait sur-le-champ le général Barbantane. (Cf. Aulard, VI, 479.) On le remplaça par le général Turreau.

[1] Cf. t. II, p. 105.

[2] Cf. Foucart et Finot, II, 137, et A. Chuquet, *Hondschoote*, 267. On trouve dans ce dernier volume le récit du pillage de la ville de Menin par les Français.

[3] Le mémoire du général Favart est joint à la lettre.

[4] Joseph Gilot, né à Chatenay (Isère) le 16 avril 1734, engagé au régiment d'artillerie de Bourgfelden le 22 janvier 1750, congédié par grâce le 19 septembre 1751, soldat au régiment Royal-Infanterie le 11 novembre 1751, grenadier le 6 mai 1753, sergent le 5 septembre 1759, fourrier le 1er septembre 1764, porte-drapeau le 14 avril 1767, sous-lieutenant le 7 juin 1776, lieutenant en second le 25 mai 1780 et en premier le 16 juin 1781, chevalier de Saint-Louis le 12 août 1787, capitaine le 1er juin 1789, capitaine en deuxième le 2 mai 1790 et en pied le 1er janvier 1791, capitaine de grenadiers le 15 septembre 1791, lieutenant-colonel du 22e d'infanterie le 5 février 1792, commandant temporaire de Landau le 1er juin 1792, maréchal de camp le 6 décembre 1792, général de division le 27 mai 1793, suspendu de ses fonctions le 11 septembre 1793, réintégré le 9 pluviôse an III (28 janvier 1795), commandant la 4e division militaire (Nancy) en l'an v, membre de la Légion d'honneur le 19 frimaire an XII (11 décembre 1803) et commandant le 25 prairial (14 juin 1804), mort à Nancy le 27 mars 1811. Le général Gilot avait fait les campagnes de 1756 à 1762 et avait été blessé en 1756, au siège de Mahon, d'un éclat de bombe à la jambe gauche.

[5] Le général Gilot avait en effet été suspendu, le 11 septembre, par un arrêté des représentants Mallarmé, Ruamps, Borie et Niou.

PARIS, 14 SEPTEMBRE 1793 [1].

LE MINISTRE DE LA GUERRE BOUCHOTTE AU COMITÉ DE SALUT PUBLIC.

Paris, 14 septembre 1793, l'an 1er de la République française une et indivisible.

LE MINISTRE DE LA GUERRE AUX REPRÉSENTANTS DU PEUPLE MEMBRES DU COMITÉ DE SALUT PUBLIC DE LA CONVENTION NATIONALE.

Citoyens représentants,

J'ai reçu avec votre lettre du 9 de ce mois le plan de campagne proposé par le citoyen Malassez, capitaine au 94e régiment et aide de camp du général Ihler. J'ai examiné ce plan que je vous envoie ci-joint et qui n'est autre chose qu'une vaste campagne d'hiver. Les difficultés que nous avons éprouvées l'année dernière pour les approvisionnements indiquent ce qui arriverait, si l'on voulait suivre la même marche.

L'essentiel est de repousser l'ennemi du territoire, de faire de simples entreprises pour détruire les magasins, car c'est par la faim qu'il faut le tuer et non pas en commençant une opération dont personne ne pourrait prévoir l'issue.

Un des grands moyens de prendre l'ennemi par derrière et qui est trop négligé, c'est de faire naître des insurrections.

L'armée française n'a paru perdre de son audace que parce que les généraux s'appliquaient à la comprimer et à lui donner sans cesse des inquiétudes sur ses moyens et sur ses positions, et vous voyez, citoyens, que les généraux sans-culottes savent retrouver l'audace française dans le cœur des soldats républicains [2].

J. BOUCHOTTE.

(Orig., Arch. de la guerre, armée du Nord.)

[1] Carnot est présent à la séance du Comité. (Cf. Aulard, VI, 477.) Il écrit un arrêté fixant le prix maximum de 1,000 livres pour chaque cheval de charroi. Il rédige aussi le même jour le décret de la Convention dispensant les officiers des troupes à cheval, qui se lèvent en vertu de la loi du 23 août, d'acheter des chevaux et de former des équipages de guerre. (Orig. aut., Arch. nat., C 269.)

[2] Les mesures de prudence édictées dans cette lettre par Bouchotte montrent qu'il ne s'agissait plus, comme l'année précédente, d'une guerre de conquêtes, mais d'une guerre de défense nationale. Il fallait sauver les villes menacées par l'ennemi et reprendre celles qui étaient tombées en son pouvoir. Le décret du 23 août avait sonné le clairon d'alarme et appelé sous les drapeaux la nation tout entière. Carnot, déployant une patriotique activité, dressait des plans de campagne, stimulait les généraux, organisait à Paris et dans les départements la fabrication des armes avec son compatriote Prieur, et déjà la victoire de Hondschoote et la délivrance de Dunkerque avaient été la récompense de ses efforts.

SAUMUR, 14 septembre 1793.

LE GÉNÉRAL EN CHEF ROSSIGNOL AU COMITÉ DE SALUT PUBLIC.

Au quartier général de Saumur, le 14 septembre 1793,
l'an II de la République française une et indivisible.

*ROSSIGNOL, GÉNÉRAL EN CHEF DES ARMÉES DES CÔTES DE LA ROCHELLE,
AUX REPRÉSENTANTS DU PEUPLE COMPOSANT LE COMITÉ DE SALUT PUBLIC.*

Vous apprendrez, avec la même satisfaction que nous, que l'échec éprouvé le 5 par l'armée stationnée à Chantonnay n'est pas, à beaucoup près, aussi considérable qu'on l'avait cru d'abord. Il paraît qu'il n'aura d'autre suite que d'inspirer aux troupes qui composent cette division le désir d'une prompte et terrible vengeance. Le général Chalbos [1] écrit qu'elle est plus que jamais en état d'agir et que les opérations qui ont été concertées ne seront pas un moment ralenties [2].

Les rebelles, pressés dans tous les sens et partout repoussés, commencent à sentir enfin tout l'embarras de leur position. On nous assure que la terreur se répand parmi eux. On ne leur donnera point un moment de relâche; toutes les divisions de l'armée sont en mouvement, et nous allons bientôt leur porter les

---

[1] Alexis Chalbos, né à Cubières (Lozère) le 6 mars 1736, enrôlé volontaire au régiment de Normandie-Infanterie le 1er avril 1751, congédié par grâce le 6 juillet 1755, volontaire au régiment du Roi-Cavalerie le 22 septembre 1756, fourrier en 1762, maréchal des logis le 15 mars 1763, porte-étendard le 31 juillet 1767, rang de lieutenant le 17 juin 1770, lieutenant d'une compagnie le 23 août 1772, lieutenant en second à la formation du 16 juin 1776, premier lieutenant le 9 septembre 1778, passé au 9e régiment de chevau-légers le 29 mai 1779, chevalier de Saint-Louis le 13 janvier 1788, passé au régiment de chasseurs de Guyenne le 15 mai 1788, capitaine le 7 juin 1789, adjudant général chef de bataillon à l'armée de l'intérieur le 9 septembre 1792 et chef de brigade à l'armée de la Vendée le 8 mars 1793, employé à l'armée des Côtes de la Rochelle le 30 avril 1793, général de brigade le 6 mai 1793 et de division le 22 du même mois, employé à l'armée de l'Ouest le 6 octobre 1793, commandant provisoire de cette armée le 28 du même mois, prend un congé le 14 novembre 1793, employé à l'armée du Rhin le 5 avril 1794, non compris dans l'organisation du 13 juin 1795, employé à l'armée des Côtes de Brest le 29 juillet 1795, admis à la retraite le 1er janvier 1796, remis en activité le 10 avril 1796, commandant temporaire de la place de Metz le 15 décembre 1799, commandant la 25e division militaire le 1er juillet 1800, admis à la retraite le 8 février 1801, commandant d'armes à Mayence le 6 juin 1801, mort à Mayence le 17 mars 1803. Le général Chalbos avait fait les campagnes d'Allemagne de 1757 à 1762.

[2] Le 14 septembre, le général Alexis Chalbos partit pour la Chataigneraie. (Cf. Mémoires inédits de Mercier du Rocher, cités par Ch.-L. Chassin, dans *La Vendée patriote*, III, 58.)

derniers coups. Nous aurons sans doute demain encore de nouveaux événements; tout nous fait espérer qu'ils seront heureux pour la République [1].

Le général en chef,

Rossignol.

(Orig., Arch. de la guerre, armée des Côtes de la Rochelle.)

DUNKERQUE, 15 SEPTEMBRE 1793 [2].

LES REPRÉSENTANTS TRULLARD, BERLIER, HENTZ ET DUQUESNOY

AU COMITÉ DE SALUT PUBLIC.

LES REPRÉSENTANTS DU PEUPLE ENVOYÉS PRÈS L'ARMÉE DU NORD À DUNKERQUE

AU COMITÉ DE SALUT PUBLIC.

Nous avons nommé provisoirement le citoyen Carrion commandant de l'armée qui est devant Dunkerque. Le citoyen Duquesnoy vient de nous donner sur cet homme des renseignements qui nous font bien changer d'opinion sur son compte [3].

1° Nous apprenons que c'est un ci-devant noble [4].

2° C'est un intrigant; des intrigants l'environnent. Il a vexé un patriote de

[1] Le même jour, le représentant Richard écrivit de Saumur à la Convention dans des termes analogues (cf. Aulard, VI, 484), et Rossignol écrivit au président de la Convention (orig., Arch. nat., C 270) et fit un rapport à Bouchotte sur les affaires du 11 et du 12. (Cf. Chassin, *La Vendée patriote*, III, 44.)

[2] Carnot est présent à la séance du Comité. (Cf. Aulard, VI, 487.)

[3] Le même jour, Berlier et Trullard avaient écrit au Comité que l'ordre était rétabli depuis que le général Carrion commandait le camp entre Furnes et Dunkerque. (Cf. Aulard, VI, 492.)

[4] Le 28 septembre 1793 le général Carrion écrivit à ce sujet du camp de Rosendael au ministre de la guerre (orig. nat., Arch. adm. de la guerre, dossier Carrion) : «L'on m'assure qu'un décret expulse les ex-nobles des armées de la République. J'ai la réputation de l'être, quoique mes parents n'aient jamais joui des prérogatives autrefois attachées à la noblesse. Il y a près de trois cents ans qu'ils exercent l'honorable métier de cultivateur et ils ont formé depuis ce temps des alliances avec cette classe que l'on traitait jadis si insolemment de roturière. Cependant l'opinion publique doit être respectée; on veut que je sois noble : eh bien je vous prie d'accepter ma démission. C'est un sacrifice bien grand pour moi d'être obligé de me refuser à servir la République que j'aime tant. La volonté du peuple est prononcée, je vais y obéir, espérant que quelque jour, fort de mes vertus, je rentrerai dans cette grande et courageuse société, triomphante d'un vain préjugé qui n'existerait plus sans la scélératesse de la grande majorité des ex-nobles, qui ne sont restés dans les armées de la République que pour mieux la trahir.» — On lit en tête de ce curieux document ces mots, de la main du ministre de la guerre Bouchotte : «Si la lettre de destitution n'est pas partie, il suffira de lui écrire que le Conseil accepte sa démission.»

Bergues; il l'avait fait emprisonner et il ne lui a donné sa liberté que sur des ordres exprès des citoyens Hentz et Duquesnoy, l'un de nous. Il a gardé à côté de lui, contre les ordres précis de nos mêmes collègues, un nommé Foucault, intrigant, vagabond, officier de ligne, qui n'était pas à son corps et qui se disait envoyé pour une mission secrète de Houchard, qu'il ne remplissait pas [1].

3° En dénonçant Landrin, il s'est mis en quelque façon en avant pour avoir sa place; il rejetait loin les autres officiers qu'on proposait [2].

4° Après avoir eu une parole aussi vague de nous, il a prôné qu'il était choisi général, et puis il est venu nous faire dire et nous dire à nous-mêmes que tout Bergues et Dunkerque étaient pleins de sa nomination, tandis qu'il savait qu'elle n'était que vaguement en projet, de sorte qu'il nous a en quelque façon forcés de le nommer. Il y a plus : sur les observations et les répugnances que l'un de nous a montrées de le nommer en la place de l'homme qu'il dénonçait, il a insisté en mendiant en quelque façon sa nomination.

5° Il est résulté d'une dénonciation, qui nous est parvenue aujourd'hui contre lui, qu'il a dit que les gendarmes nationaux, qui se sont si bien montrés, sont des motionneurs et qu'il serait fâché d'en avoir dans son armée.

Finalement le citoyen Duquesnoy, au bon sens et aux connaissances de qui nous ajoutons foi, nous assure que c'est un homme qui n'est avancé que par intrigue.

Ces considérations nous déterminent à vous presser de ne pas confirmer notre nomination provisoire, et même à la changer, si vous le jugez convenable d'après les indications que nous vous adressons [3].

TRULLARD, T. BERLIER, DUQUESNOY, HENTZ.

P.-S. Le citoyen Duquesnoy, qui connaît ici le local et les hommes, pense que, si vous aviez besoin de nommer des généraux divisionnaires en cette armée, vous pourriez jeter les yeux sur le général de brigade Souham et sur le citoyen Lépinay, capitaine du 3ᵉ régiment de chasseurs [4].

T. BERLIER.

Le 15 septembre, l'an II de la République une et indivisible.

(Orig., Arch. adm. de la guerre, dossier Carrion. — Analyse, Arch. nat., AF II 238.)

[1] Cf. sur l'adjudant général Foucault le *Résumé expositif de la conduite révolutionnaire de Martin-Jean-François Carrion, ex-général de brigade*, p. 12.

[2] Les représentants Trullard, Berlier et Hentz avaient suspendu le général Landrin de ses fonctions le 13 septembre et lui avaient enjoint de remettre le commandement au général Carrion (cf. *Résumé expositif*, p. 32).

[3] Cette lettre n'est pas mentionnée dans le recueil de M. Aulard. — Voir à la date du 30 septembre la lettre du Comité de salut public renvoyant ladite lettre au ministre de la guerre.

[4] Ce post-scriptum est de la main de Berlier. — La recommandation des représentants était superflue pour Souham, qui avait été promu divisionnaire le 13 septembre.

AMIENS, 15 SEPTEMBRE 1793.

LE GÉNÉRAL O'MORAN AU COMITÉ DE SALUT PUBLIC.

Analyse. — Il réclame contre sa destitution et sa détention.

(Analyse, Arch. de la guerre, correspondance générale.)

---

51. PARIS, 16 SEPTEMBRE 1793 [1].

LE COMITÉ DE SALUT PUBLIC AU MINISTRE DE LA GUERRE BOUCHOTTE.

Analyse. — Envoi d'une lettre du commissaire ordonnateur Mabile relative à des achats de couvertures pour les troupes [2].

(Minute, Arch. nat., AF II 238.)

SAUMUR, 16 SEPTEMBRE 1793.

LE GÉNÉRAL ROSSIGNOL AU COMITÉ DE SALUT PUBLIC.

Au quartier général à Saumur, le 16 septembre 1793,
l'an II de la République française une et indivisible.

AUX CITOYENS COMPOSANT LE COMITÉ DE SALUT PUBLIC.

Les vrais républicains doivent se soutenir pour déconcerter les projets des re-belles. J'ai fait tout mon possible pour que cette guerre soit finie, mais les ambitieux ont fait tous leurs efforts pour que la fin en soit retardée; car, d'après l'intention de tous les généraux qui ont fait la guerre dans le pays, il serait aisé de prouver qu'elle serait finie demain 17 ou qu'elle n'aurait pas passé le 20 du mois, si on avait adopté nos plans [3]. Le général Menou [4] vous démontrera, la carte

---

[1] Carnot est présent à la séance du Comité. (Cf. Aulard, VI, 511.) Il écrit un arrêté ordonnant de surseoir à la vente de la batterie de cuisine du citoyen Égalité.

[2] Le 6 septembre 1793, le représentant Royer, président du comité de surveillance des marchés, avait envoyé au Comité cette lettre du citoyen Mabile et, le 15, le Comité lui avait répondu que le ministre de la guerre était chargé de prendre les mesures nécessaires.

[3] Le même jour il écrivit dans des termes analogues à Bouchotte. (Arch. de la guerre, armée des Côtes de la Rochelle.)

[4] Jacques-François, baron de Menou, né à Boussay (Indre-et-Loire) le 3 septembre 1750, fils de René-François, maréchal de camp, volontaire au régiment des carabiniers du comte de Provence le 1er janvier 1766, rang de sous-lieutenant sans appointements le 20 avril 1768, sous-lieutenant d'infanterie dans la légion de Flandre le 12 novembre 1770, sous-lieutenant de dragons le 17 mai 1773, rang de capitaine au régiment de Lorraine-Dragons le 19 mai 1774, employé le 1er mai 1778, aide-maréchal des logis dans le corps d'état-major, avec rang de capitaine, le

sur la table, tout le mal qui pouvait en résulter et qui peut en résulter encore, sans l'intrépidité de tous nos soldats, qui se sont glorieusement battus, qui sont déterminés à le faire encore et qui les ont empêchés de faire une trouée jusqu'à présent dans l'intérieur. Le général Menou vous donnera d'autres détails. Je vous prie de lier une conversation avec lui. Personne mieux que lui ne peut vous donner des détails plus justes de la Vendée. J'aurais désiré, pour le bien de la République, que ce brave général fût resté avec moi jusqu'à la fin de cette guerre, qui ne peut durer plus de huit à dix jours. Je ne connais à ce général d'autre tort que d'être né dans une classe privilégiée, mais je dois vous dire qu'il s'est toujours montré, depuis que je suis dans la Vendée, en vrai républicain [1].

Le général en chef,

Rossignol.

(Orig., Arch. nat., DXLII, carton 3.)

13 juin 1783, rang de major le 1er janvier 1784 et de lieutenant-colonel le 2 décembre 1787, chevalier de Saint-Louis le 2 décembre 1787, rang de colonel le 16 novembre 1788, député de la noblesse du bailliage de Touraine aux États généraux le 29 mars 1789, réformé avec le corps d'état-major le 29 octobre 1790, adjudant général colonel le 1er avril 1791, colonel du 12e chasseurs à cheval le 21 octobre 1791, maréchal de camp le 8 mai 1792, employé à l'armée du Nord le 16 du même mois, commandant les volontaires nationaux rassemblés à Soissons le 17 juillet 1792, commandant la 17e division militaire (Paris) du 12 août au 8 septembre 1792, employé à l'armée de réserve le 8 mars 1793, chef d'état-major général le 6 mai 1793, général de division le 15 mai 1793, mandé à Paris le 12 septembre 1793, autorisé à prendre sa retraite le 12 septembre 1794, employé à l'armée des Alpes le 5 mars 1795, commandant la force armée à Amiens le 5 avril 1795, commandant militaire à Lyon le 11 mai 1795, commandant la 17e division militaire (Paris) le 20 mai 1795, général en chef de l'armée de l'intérieur le 12 juillet 1795, destitué le 5 octobre 1795, décrété d'accusation le 22 et acquitté le 27 octobre 1795, réformé le 12 mai 1797, employé à l'armée d'Orient le 6 mai 1798, com-

mandant des trois provinces d'Alexandrie, Rosette et Bakirch le 22 août 1799, général en chef provisoire de l'armée d'Orient le 15 juin 1800, confirmé le 6 septembre 1800, rentré en France en 1802, membre du Tribunat le 17 mai 1802, administrateur général du Piémont le 1er décembre 1802, membre de la Légion d'honneur le 11 décembre 1803 et grand officier le 14 juin 1804, commandant général des départements au delà des Alpes le 14 mai 1805, chevalier de l'ordre de la Couronne de fer le 23 décembre 1807, gouverneur général de la Toscane du 17 mai 1808 au 7 avril 1809, gouverneur de Venise le 28 septembre 1809, autorisé à entrer en France le 23 juillet 1810, mort à la villa Corneso, près de Mestre (Italie), le 13 août 1810. Le général Menou avait reçu trois coups de feu à la prise de Saumur le 10 juin 1793, et sept blessures au débarquement d'Alexandrie le 2 juillet 1799. — Les biographies, notamment le *Dictionnaire des Parlementaires*, renferment de nombreuses erreurs sur la carrière militaire de Menou.

[1] Le général Menou arriva en effet à Paris le 21 septembre, à midi, et alla aussitôt présenter au Comité de salut public la lettre de Rossignol. (Cf., à la date du 21 septembre 1793, la lettre de Menou au Comité.)

SARREBRUCK, 16 SEPTEMBRE 1793.

LE GÉNÉRAL BALTHAZAR SCHAUENBURG AU COMITÉ DE SALUT PUBLIC.

Au quartier général à Saarbruck, le 16 septembre 1793,
l'an 1ᵉʳ de la République française une et indivisible.

LE GÉNÉRAL DE DIVISION SCHAUENBURG, COMMANDANT PROVISOIRE DE L'ARMÉE DE LA MOSELLE, AUX CITOYENS REPRÉSENTANTS DU PEUPLE COMPOSANT LE COMITÉ DE SALUT PUBLIC.

Citoyens représentants,

J'ai à vous rendre compte que le 13, à huit heures du soir, j'ai reçu un courrier des représentants du peuple [1], qui se trouvaient à Hornbach, quartier général du corps des Vosges, qui était porteur d'une demande des représentants (d'après l'avis du conseil de guerre tenu à cet effet) consistant à envoyer sur-le-champ trois bataillons pour renforcer ce corps destiné à attaquer, le 14 à la pointe du jour, le camp de Pirmasens. Cette même lettre portait invitation à ce que je fasse faire une diversion par les avant-postes, depuis Hornbach jusqu'à une lieue au-dessous de Sarrelibre. Tous les ordres ont été expédiés sur-le-champ, n'ayant laissé ici au corps de bataille que trois bataillons et trois escadrons. Le 14, à la pointe du jour, l'avant-garde a attaqué, repoussé les ennemis à plus d'une lieue et demie. Le combat a duré jusqu'à onze heures et a coûté trois cents hommes tués aux ennemis. Nous y avons eu deux hommes tués et un cheval, et deux perdus dans un marais et dix-huit hommes blessés. Les troupes se sont conduites avec une valeur distinguée.

Le poste de Dudweiler s'est porté à une lieue en avant, pourchassant les ennemis. Ce combat nous coûte une pièce de 4, tombée dans un ravin très profond. Cette chute a été occasionnée par une roue cassée et l'inhabileté des charretiers, qui ne sont que des enfants. Nous y avons encore perdu un officier et trois soldats tués et dix blessés; les ennemis ont perdu à ce combat passé deux cents hommes. Nos troupes s'y sont également bien conduites.

Le poste de Kichenbach a attaqué à la même heure, a repoussé les ennemis, leur a tué une trentaine d'hommes et n'a eu qu'un chasseur de tué et quelques cavaliers de blessés.

Les troupes aux ordres du général Villionne ont attaqué conjointement avec une sortie de la ville de Sarrelibre. Ces troupes ont tué quelques hussards, brûlé un petit magasin de foin, pris des effets aux ennemis en fuite et ramené huit prisonniers.

L'avant-garde a fait quelques prisonniers et ramené six chevaux, Dudweiler également; somme totale, chacun à cette journée a fait son devoir et les ennemis

[1] Les représentants Ehrmann, Richaud et Soubrany. (Cf. A. Chuquet, *Wissembourg*, p. 160.)

ont essuyé, dans les parcs du prince de Nassau et de la Leyen, une chasse républicaine.

Ce que je vais vous dire, citoyens représentants, du corps des Vosges, vous affligera autant que moi. Hier, à sept heures du soir, est arrivé un délégué des représentants du peuple près cette armée, me dire que la division des Vosges s'était portée, le 14, à la pointe du jour, sur trois colonnes et avec toute la bravoure possible sur le camp de Pirmasens, qu'elle avait essuyé pendant douze minutes le feu de quarante canons, qu'elle était au moment de mettre le pied dans les retranchements des ennemis, qu'elle s'était vu enlever une victoire, méritée par la fermeté avec laquelle elle s'était approchée à une portée de fusil des retranchements; mais qu'un développement inattendu de la colonne de droite dans une gorge y avait entraîné les deux autres colonnes, d'où il avait été impossible de les tirer; que la cavalerie, qui était sur la gauche, se voyant abandonnée, avait suivi le même mouvement; que les troupes étaient rentrées en déroute au camp de Hornbach, qu'une grande partie des pièces de bataillon était au pouvoir des ennemis, ainsi que quatre pièces de position; que la perte connue en hommes pouvait s'évaluer à 800 hommes, tant tués qu'égarés, que cependant il rentrait encore du monde à chaque instant [1].

J'ai reçu une lettre sommaire du général Moreaux; comme elle ne portait aucun détail de ses dispositions, ni de l'affaire, je lui ai répondu sur-le-champ de me faire un rapport fidèle et signé, afin que je puisse vous l'adresser.

Comme la partie d'Hornbach peut se trouver très compromise, je laisse les trois bataillons de supplément. J'ai expédié les ordres nécessaires pour prendre de la garnison de Thionville une demi-brigade, de celle de Longwy deux bataillons, et de Sarrelibre un, afin d'avoir six bataillons frais pour remplacer six de ceux qui auront le plus souffert à Hornbach. Le chef de l'état-major a rangé le mouvement, de manière à ce qu'il ne se trouve aucune lacune sur ces places frontières. J'ai prié les représentants du peuple près cette armée de requérir le district de Metz pour se porter à Hornbach, afin de pouvoir placer celui de Sarreguemines dans les gorges de Bitche pour lier la droite et la gauche des deux armées d'une manière plus solide encore. Toutes ces mesures, citoyens représentants, pourront devenir utiles, si les ennemis en donnent le temps. Je me propose d'aller au camp d'Hornbach demain, si les circonstances me le permettent.

Balthasar Schauenburg.

(Orig., Arch. de la guerre, armée de la Moselle.)

[1] En effet, les Français, au nombre de 14,000, sous les ordres du général Moreaux, avaient, dans la nuit du 13 au 14 septembre, quitté le camp de Hornbach. Ils avaient attaqué, dans la matinée du 14, les Prussiens qui occupaient Pirmasens; mais, par ses habiles dispositions, le duc de Brunswick les avait repoussés et mis en déroute. (Cf. A. Chuquet, *Wissembourg*, 164.) Les opérations de Schauenburg avaient empêché Hohenlohe de couper la retraite de Moreaux.

RÉUNION-SUR-OISE (GUISE), 16 SEPTEMBRE 1793.

LE GÉNÉRAL BEAURGARD AU COMITÉ DE SALUT PUBLIC.

Analyse. — Il mande qu'il est entré au Cateau, mais qu'il n'a pas osé aller plus loin, n'ayant pas de troupe pour assurer sa retraite. Mesures prises pour la levée en masse du département de l'Aisne. Il s'engage à préserver ce département des incursions de l'ennemi.

(Orig., Arch. de la guerre, armée du Nord.)

---

52. PARIS, 17 SEPTEMBRE 1793 [1].

LE COMITÉ DE SALUT PUBLIC AUX REPRÉSENTANTS ROVÈRE [2] ET POULTIER [3].

Paris, le 17 septembre 1793, l'an II de la République.

LES REPRÉSENTANTS DU PEUPLE, MEMBRES DU COMITÉ DE SALUT PUBLIC, AUX CITOYENS ROVÈRE ET POULTIER, REPRÉSENTANTS DU PEUPLE DANS LES DÉPARTEMENTS MÉRI-DIONAUX.

Citoyens collègues,

Il importe à la République de voir multiplier les manufactures d'armes. Votre zèle doit tendre à favoriser cet établissement et vos pouvoirs sont suffisants pour faire sous cautionnement une avance de 20,000 livres.

Le Comité désire qu'il n'y ait pas en ce genre des régies auxquelles trop d'inconvénients sont attachés. Les simples entreprises, en donnant

---

[1] Carnot est présent à la séance du Comité. (Cf. Aulard, VI, 533.)

[2] Stanislas-Joseph-François-Xavier Rovère, né à Bonnieux (Vaucluse) le 16 juillet 1748, capitaine commandant des gardes-suisses à Avignon, député de Vaucluse à l'Assemblée législative (25 juillet 1792) et des Bouches-du-Rhône à la Convention, membre du Comité de sûreté générale, député de Vaucluse au Conseil des Anciens le 22 vendémiaire an IV (14 octobre 1795), proscrit après le 18 fructidor et déporté à la Guyane, mort à Sinnamary (Guyane) le 11 septembre 1798. Rovère avait été envoyé dans les Bouches-du-Rhône le 24 juin 1793. (Cf. Aulard, V, 70).

[3] François-Martin Poultier d'Elmotte, né à Montreuil-sur-Mer (Pas-de-Calais) le 31 décembre 1753, bénédictin, député du Nord à la Convention et au Conseil des Anciens, député du Pas-de-Calais au Conseil des Cinq-Cents le 25 germinal an VII (14 avril 1799), colonel et commandant d'armes à Montreuil-sur-Mer sous l'Empire, député du Pas-de-Calais le 13 mai 1815, proscrit en 1816, mort à Tournai (Belgique) le 16 février 1826. Poultier avait été envoyé dans les Bouches-du-Rhône le 27 juin 1793. (Cf. Aulard, V, 101.)

le même résultat, sont plus avantageuses à la République. Vous calculerez toujours ses plus grands intérêts; vos lumières nous répondent que vous choisirez les meilleurs moyens pour la servir utilement.

LES MEMBRES DU COMITÉ DE SALUT PUBLIC

CHARGÉS DE LA CORRESPONDANCE,

CARNOT.

(Minute sig. par Carnot, Arch. nat., AF ɪɪ 36, dossier n° 293.)

53. PARIS, 17 SEPTEMBRE 1793.

LE COMITÉ DE SALUT PUBLIC AUX MEMBRES DU COMITÉ DE LA GUERRE.

Analyse. — Envoi de pièces relatives au commissaire des guerres Bourgongne, détenu à Forbach par ordre des représentants près l'armée de la Moselle[1].

(Minute, Arch. nat., AF ɪɪ 238.)

54. PARIS, 17 SEPTEMBRE 1793.

LE COMITÉ DE SALUT PUBLIC AU GÉNÉRAL MONTALEMBERT[2].

Paris, le 17 septembre 1793, l'an ɪɪ de la République française[3].

Le Comité, citoyen, voulant mettre à profit pour le salut de la République les inventions qui peuvent y concourir, vous invite à lui

---

[1] Ces pièces avaient été transmises au Comité, le 8 septembre, par le représentant Couturier.

[2] Marc-René, marquis de Montalembert, né à Angoulême (Charente) le 16 juillet 1714, cornette au régiment de Conti-Cavalerie le 1ᵉʳ juin 1733, capitaine le 25 mars 1734, capitaine des gardes du prince de Conti le 28 février 1744, rang de mestre de camp de cavalerie le 8 octobre 1744, chevalier de Saint-Louis le 1ᵉʳ février 1746, associé libre de l'Académie des sciences en 1747, lieutenant général au gouvernement de Saintonge et Angoumois le 20 mars 1752, brigadier de cavalerie le 1ᵉʳ mai 1758, maréchal de camp le 20 février 1761, retiré le 9 avril 1783, remis en activité pour continuer ses travaux sur l'artillerie et les fortifications le 27 septembre 1793, général de division et autorisé à prendre sa retraite le 23 février 1796, admis au traitement de réforme le 19 octobre 1796, admis à jouir du traitement d'activité le 30 octobre 1797, mort à Paris le 28 mars 1800.

[3] Le même jour, 17 septembre, Mon-

communiquer, s'il vous est possible, le modèle en relief ou à son défaut le dessin côté de l'affût de canon que vous avez imaginé pour l'usage des vaisseaux [1].

LES MEMBRES DU COMITÉ DE SALUT PUBLIC
CHARGÉS DE LA CORRESPONDANCE.

(Minute aut. de Carnot Arch. nat., AF II 36, dossier n° 293.)

PARIS, 17 SEPTEMBRE 1793.
LE MINISTRE DE LA GUERRE BOUCHOTTE AU COMITÉ DE SALUT PUBLIC.

Paris, 17 septembre 1793, 2ᵉ de la République française une et indivisible.

LE MINISTRE DE LA GUERRE
AUX REPRÉSENTANTS DU PEUPLE MEMBRES DU COMITÉ DE SALUT PUBLIC.

J'ai reçu, citoyens représentants, votre lettre du 14, les deux lettres des 5 et 6, qui vous ont été adressées par le général Landremont concernant les forces et la situation de l'armée du Rhin. Je joins ici copie d'une lettre que je viens d'écrire à ce général et qui servira de réponse aux assertions erronées de ces deux lettres sur la force effective [2].

---

talembert avait envoyé au ministre de la guerre un mémoire intitulé : *Mémoire sur les moyens du nouvel état défensif pour rendre toutes les places infiniment plus fortes, par le citoyen général Montalembert.* (Orig., Arch. de la guerre, corr. gén.)

[1] Carnot rédigea le lendemain 18 un arrêté ordonnant au ministre de la marine de faire construire sans délai un affût d'après les principes de Montalembert. (Cf. Aulard, VI, 552). Il avait, dès 1787, exprimé son admiration pour le système de fortification du général (cf. *Mémoires sur Carnot*, par son fils, nouv. édit., 1, 146), qu'il protégea pendant la Révolution. Au mois de novembre Montalembert fut arrêté et aussitôt Carnot fit prendre par le Comité de salut public, le 9 frimaire an II (29 novembre 1793), la délibération suivante :

«Le Comité de salut public, instruit par le citoyen Montalembert, chargé de faire construire un affût de son invention pour la marine, qu'il a été mis en état d'arrestation sans pouvoir sortir de son cabinet, ni suivre le travail qui s'exécute dans la cour de sa maison, arrête que le citoyen Montalembert a provisoirement la faculté de se transporter sous la surveillance de ses gardes dans sa cour ou dans les autres parties de sa maison.» (Minute aut. sig. de Carnot, Arch. nat., AF II 412.)

Dans la séance du 27 septembre Thuriot avait présenté à la Convention l'ouvrage de Montalembert, intitulé : *L'art défensif supérieur à l'art offensif*, et Lakanal avait fait l'éloge du général, «notre meilleur officier du génie». (*Moniteur*, XVIII, 758.)

[2] La lettre adressée, le 17 septembre, par le ministre de la guerre Bouchotte au général Landremont exprime son étonnement de la désertion qui s'est manifestée dans son armée. (Arch. de la guerre, armée du Rhin.)

J'avais donné des ordres, il y a longtemps, pour faire sortir des hôpitaux les faux malades.

Les intéressés, propriétaires des maisons démolies autour de Strasbourg, en exécution de la loi du 10 juillet, ne devraient pas trouver un écho dans le général de l'armée pour faire parvenir des murmures qui ne partent pas de bons citoyens.

Ce général vous prie de faire rectifier une erreur dans le bulletin du 30 août; je pense que vous trouverez sa demande juste.

Quant à sa proposition de tâter le roi de Prusse pour le détacher de la ligue et lui faire reconnaître la République, j'y vois une politique peu éclairée et peu nerveuse. Les despotes ne traiteront jamais avec nous que dans l'espoir de nous tromper.

J. BOUCHOTTE.

(Orig., Arch. de la guerre, armée du Rhin.)

PARIS, 17 SEPTEMBRE 1793.

LE MINISTRE DE LA GUERRE BOUCHOTTE AU COMITÉ DE SALUT PUBLIC.

Analyse. — Envoi de la copie d'une lettre du commissaire des guerres Piet-Chambelle, datée de Luçon, le 6 septembre, et de la réponse faite par plusieurs commandants de corps à une lettre de Tuncq. «Vous verrez par la première le détail de la défaite de cette division et par la seconde les reproches que l'on fait à ce général de son absence de l'armée à l'époque où elle a été attaquée.»

(Orig., Arch. de la guerre, armée des Côtes de la Rochelle.)

WISSEMBOURG, 18 SEPTEMBRE 1793 [1].

LE GÉNÉRAL LANDREMONT AU MINISTRE DE LA GUERRE BOUCHOTTE.

Wissembourg, le 18 septembre 1793, l'an 1 de la République française une et indivisible.

LANDREMONT, GÉNÉRAL EN CHEF DE L'ARMÉE DU RHIN,
AU MINISTRE DE LA GUERRE.

Voici à peu près ce qui s'est passé à l'armée du Rhin le 11, le 12, le 13 et le 14 du présent mois. Mes occupations ne m'ont pas permis de vous en faire plus tôt le rapport détaillé.

---

[1] Carnot est présent à la séance du Comité. (Cf. Aulard, VI, 551.) Ce jour même il écrit de sa main deux arrêtés : 1° arrestation de Rouget de Lisle; 2° ordre au ministre de la marine (d'Albarade) de faire construire un affût de canon pour les vaisseaux d'après les principes du général Montalembert.

Depuis le peu de temps que je commande provisoirement en chef, je n'avais pu encore visiter tous les points que nous sommes obligés de couvrir et de défendre. Les gorges m'avaient inquiété par la disparition du général de brigade, nommé d'Arlandes[1], qui avait commandé pendant près de six mois les troupes de la République dans cette partie[2]. J'avais pris, conjointement avec les représentants du peuple, des mesures qui devaient me rassurer en confiant la défense de ce poste important, qu'occupe l'aile gauche entière de l'armée, au général Ferey[3], très ancien militaire, bon républicain, brave soldat, et à l'adjudant général Miribel.

J'ai tenu, le 8, un conseil de guerre, où ont assisté les six représentants du peuple, Milhaud, Ruamps, Borie, Mallarmé, Lacoste et Michaud. Il a été décidé dans ce conseil que l'armée ferait une attaque générale dans le haut, moyen et bas Rhin à jour fixe. En conséquence, le 12, j'ai ordonné le passage du Rhin et l'attaque sur tous les points à la même heure, quatre heures du matin. Le 11, qui était la veille de notre attaque projetée, j'apprends qu'à une heure du matin notre camp retranché de Nothweiler a été attaqué, surpris, que nos troupes ont été forcées, que cinq de nos canons ont été pris et que l'ennemi est déjà au Dahnbruck, près de Lembach. J'envoie des forces et je donne ordre d'attaquer, de reprendre le camp retranché, à quelque prix que ce soit. J'avertis le général Schauenburg, qui commande l'armée de la Moselle, de se tenir sur ses gardes et prêt à défendre le passage des gorges où l'ennemi avait pénétré. Je me rends le soir à Lembach, j'ai une conférence avec l'adjudant général Miribel et avec le général Ferey. J'étais alors pleinement assuré par différents rapports d'émissaires, de déserteurs ennemis et de nos soldats eux-mêmes, que le scélérat d'Arlandes,

[1] Louis-François-Pierre d'Arlandes, né à Tournon (Ardèche) le 10 mars 1752, volontaire au régiment de Bourbonnais-Infanterie le 1er mai 1769, sous-lieutenant le 16 avril 1771, lieutenant le 13 janvier 1777, lieutenant en premier le 3 juin 1779, capitaine en second le 8 octobre 1781, capitaine commandant le 3 juillet 1787, chevalier de Saint-Louis le 5 mai 1791, lieutenant-colonel le 17 juin 1792, général de brigade le 20 mai 1793, confirmé le 30 juillet suivant.

[2] D'Arlandes commandait le camp de Nothweiler; il avait abandonné ses troupes le 24 août 1793 et était passé dans le camp prussien. (Cf. A. Chuquet, *Wissembourg*, 145.)

[3] Claude-François Ferey, né à Gray (Haute-Saône) le 22 décembre 1723, fils d'un marchand de bœufs, lieutenant d'un régiment de Mareil le 12 avril 1743, lieutenant de Royal-Lorraine-Infanterie le 15 janvier 1744 et de grenadiers le 20 décembre suivant, lieutenant en premier le 12 janvier 1748, réformé avec le régiment en 1749, capitaine au bataillon de Dôle le 25 janvier 1750, capitaine de grenadiers le 1er janvier 1761, chevalier de Saint-Louis le 19 juillet 1763, retraité le 23 octobre 1783, capitaine, puis commandant de la garde nationale de Gray en 1789 et 1790, élu adjudant-major du 10e bataillon de la Haute-Saône le 7 août 1791, général de brigade provisoire le 26 août 1793, commandant de la place de Bitche par arrêté de Le Bas et Saint-Just le 5 frimaire an II (25 novembre 1793), cesse ces fonctions le 15 thermidor an III (2 août 1795), retraité le 11 prairial an IV (30 mai 1796), retiré à Gray, où il vivait encore en 1800. Le général Ferey avait fait les campagnes de Flandre de 1744 à 1748, d'Allemagne en 1761 et de Genève en 1783.

non disparu, mais bien émigré dans les jours de combat du 22 au 28 août, avait conduit les ennemis sur le camp retranché de Nothweiler et qu'après leur infâme victoire, due à la lâcheté et à la trahison, ils avaient crié : *Vive d'Arlandes!* Je ne suis pas peu surpris que d'entendre Miribel prendre en main la justification de ce traître et soutenir encore qu'il n'était pas émigré, s'efforcer de me persuader que tel chemin était coupé, comme il devait l'être, pour empêcher l'ennemi d'y passer, tandis que je savais des habitants qu'il ne l'était pas[1]. Ces discours et autres me rendirent Miribel plus que suspect, et je revins très promptement à Wissembourg auprès des représentants, à qui je fis part de mes soupçons et de mes vives alarmes; ils n'ont pas balancé et ont arrêté que Miribel était suspendu et serait mis sur-le-champ en état d'arrestation. J'ai fait exécuter diligemment cet arrêté et j'ai envoyé dans les gorges les deux adjudants généraux, Saint-Cyr[2] et Malet[3], qui, avec le général Ferey et Trentinian[4], commandant du 7ᵉ bataillon d'infanterie légère, se sont conduits en vrais républicains et avec toute la bravoure, l'intelligence et le concert que je pouvais attendre d'eux.

J'attaque le 12, à quatre heures du matin, comme il avait été décidé dans le conseil de guerre. L'aile gauche, aux ordres du général Ferey, repousse les enne-

---

[1] Cf. A. Chuquet, *Wissembourg*, p. 147 et suiv.

[2] Laurent Gouvion Saint-Cyr, né à Toul (Meurthe) le 13 avril 1764, fils d'un tanneur, volontaire au 1ᵉʳ bataillon des chasseurs de Paris le 1ᵉʳ septembre 1792, capitaine le 1ᵉʳ novembre 1792, adjudant général chef de bataillon à l'armée du Rhin le 11 septembre 1793, adjudant général chef de brigade le 21 nivôse an II (10 janvier 1794), général de brigade provisoire par arrêté du représentant Hentz le 17 prairial an II (5 juin 1794), confirmé le 22 (10 juin), général de division le 16 fructidor an II (2 septembre 1794), maréchal de l'Empire le 27 août 1812, ministre de la guerre du 9 juillet au 28 septembre 1815, ministre de la marine le 23 juin 1817, ministre de la guerre du 12 septembre 1817 au 19 octobre 1819, mort à Hyères (Var) le 17 mars 1830.

[3] Claude-François de Malet, né à Dôle (Jura) le 28 juin 1754, mousquetaire à la 1ʳᵉ compagnie le 27 décembre 1771, réformé le 15 décembre 1775, capitaine le 1ᵉʳ juin 1791, aide de camp du général Charles de Hesse le 1ᵉʳ août 1791, capitaine au 50ᵉ d'infanterie le 25 mars 1792, adjoint aux adjudants généraux

le 1ᵉʳ mai 1792, adjudant général chef de bataillon le 30 mai 1793 et chef de brigade le 24 germinal an IV (13 avril 1796), général de brigade provisoire le 26 thermidor an VII (13 août 1799), confirmé le 27 vendémiaire an VIII (19 octobre 1799), suspendu le 18 mai 1807, admis à la retraite le 31 mai 1808, fusillé à Paris le 29 octobre 1812.

[4] Jean-Jacques Trentignan, dit Trentinian, né à Montpellier le 18 juin 1739, fils d'un maître tailleur d'habits, volontaire au régiment de dragons de Jarnac en 1762, réformé le 1ᵉʳ août 1764, soldat dans la légion royale le 21 avril 1767, rang de sous-lieutenant le 16 octobre 1768, rang de capitaine le 14 janvier 1772, réformé avec le corps le 15 juillet 1776, attaché, comme capitaine, au 12ᵉ chasseurs à cheval le 8 avril 1779, chevalier de Saint-Louis le 28 décembre 1783, capitaine commandant au bataillon de chasseurs des Alpes le 23 septembre 1784, lieutenant-colonel du 7ᵉ bataillon d'infanterie légère le 5 février 1792, retraité le 8 juillet 1794, mort en septembre 1817. Cet officier avait fait sous l'ancien régime les campagnes de Corse en 1768 et d'Amérique de 1781 à 1783. Il signait *Trentignan* et *Trentinian*.

mis du Dahnbruck jusque sur le camp retranché de Nothweiler; mais là elle essuie la plus vigoureuse résistance et, malgré les efforts de courage que la difficulté des hauteurs presque inaccessibles n'a pu rebuter, les braves soldats qui les avaient gravies ont été forcés d'en redescendre en se couchant sur le dos, au milieu du feu le plus vif de l'ennemi placé devant eux.

Le 1er bataillon du 46e régiment, commandé par le citoyen Siscé[1], a soutenu avec une constance que rien n'a pu ébranler, depuis le matin jusqu'au soir, le feu le plus continuel de six bataillons ennemis et de leur artillerie; il n'a eu que six hommes de pris ou tués et dix-sept blessés. Le 1er bataillon de Lot-et-Garonne, commandé par le citoyen Campagnol[2], a chargé l'ennemi, l'a enfoncé et mis en déroute. Il n'a eu que deux hommes tués, seize braves soldats et un capitaine blessés. Le 2e bataillon de Rhône-et-Loire, commandé par le citoyen Desgrange[3], a soutenu pendant cinq heures un feu continuel, dont il a eu huit hommes tués

[1] Jean-Baptiste de Bressolles de Siscé, né à Auvillar (Tarn-et-Garonne) le 23 décembre 1753, fils d'un ancien brigadier des gardes du Roi, sous-lieutenant au régiment de Bretagne le 12 janvier 1771, sous-lieutenant de grenadiers le 4 juillet 1777, lieutenant en second le 28 avril 1778 et en premier le 8 août 1780, capitaine en second le 25 mai 1783, chef de bataillon le 21 août 1792, chef de brigade provisoire par les représentants près l'armée du Rhin le 7 septembre 1793, général de brigade provisoire le 26 prairial an II (14 juin 1794), confirmé et employé à l'armée de la Moselle le 25 prairial an III (13 juin 1795), employé à l'armée d'Angleterre le 16 août 1799, réformé le 20 février 1801, compris dans l'organisation du 29 mars 1801, en non-activité le 23 septembre 1801, commandant de la Légion d'honneur le 14 juin 1804, retraité le 23 octobre 1811, mort à Auvillar le 30 novembre 1838. Le général de Siscé avait pris part en 1781 au siège de Mahon, et en 1783 à celui de Gibraltar, où il avait reçu plusieurs contusions sur les fameuses batteries flottantes. Il fut blessé deux fois pendant les guerres de la Révolution, d'un coup de feu à la jambe droite à l'affaire du Schänzel, le 13 juillet 1794, et au bras gauche à Kehl le 10 janvier 1797. Il signait avant 1789 *Bressolles de Siscé*, et ensuite *Siscé*, ou *Bressolles Siscé*, ou *Siscé Bressolles.*

[2] David-Pierre de Lart, chevalier de Campagnol, né au château de la Coste, paroisse de Saint-Léger (Lot-et-Garonne), le 4 septembre 1734, engagé dans Royal-Artillerie le 4 septembre 1747, cadet le 10 décembre suivant, sous-lieutenant le 14 avril 1748, capitaine le 12 novembre 1763, chevalier de Saint-Louis en 1772, major le 5 avril 1780, lieutenant-colonel en premier du 1er bataillon de Lot-et-Garonne le 18 juin 1792.

[3] Antoine Grange, dit Desgrange, né à Lyon le 4 janvier 1757, engagé au régiment de Lescure-Dragons le 2 mars 1775, brigadier, congédié à Niort le 2 mars 1783, marchand de vin, fusilier, puis sergent-major de la milice bourgeoise de Lyon du 20 mars 1783 à 1790, élu capitaine des grenadiers au 2e bataillon de Rhône-et-Loire le 13 octobre 1791 et commandant le 1er juillet 1793, général de brigade provisoire par arrêté du représentant Hentz à l'armée du Rhin le 23 prairial an II (11 juin 1794), non compris dans l'organisation du 15 messidor an III (3 juillet 1795), admis à jouir du traitement de chef de brigade réformé le 27 vendémiaire an VII (18 octobre 1797), retraité comme adjudant-commandant le 6 juin 1811. Le général Desgrange était juge de paix du canton de Sainte-Colombe-lès-Vienne depuis 1808, et il demeurait à Loire (Rhône) en 1815.

et trente blessés, parmi lesquels un capitaine, un lieutenant et un sous-lieutenant, qui a été percé de sept coups de baïonnette. Ce capitaine et ce sous-lieutenant étant assaillis par six ennemis, furent secourus et délivrés par un seul volontaire, le brave Jubert, natif de Montbrison. Un autre capitaine du même bataillon, enveloppé par dix satellites autrichiens, a été secouru par un grenadier et quatre volontaires qui lui ont fait jour. Voici les noms de ces trois volontaires : Cherrier, caporal, natif de Meximieux ; Épinard et Léonard, fusiliers, tous deux natifs de Lyon. Le grenadier a trouvé une mort glorieuse un peu après cet acte de bravoure ; il se nommait Gauthier.

Les trois commandants de ces excellents bataillons ont montré dans cette journée qu'ils étaient dignes de commander de tels soldats, comme ceux-ci ont prouvé qu'ils étaient dignes d'avoir de tels chefs. Si leurs efforts n'ont pas été couronnés du succès, qui devait être la reprise du camp retranché de Nothweiler, c'est que les ennemis y étaient en forces trop supérieures. C'eût été déjà beaucoup de les avoir seulement arrêtés ; ils ont fait plus, en les repoussant et en les poursuivant avec impétuosité. Je n'ai pu savoir la perte de l'ennemi, parce que nos troupes étant obligées de se retirer dans leurs positions de Bobenthal, Climbach et Lembach, l'ennemi a dans la nuit relevé tous ses morts et blessés ; mais j'ai été bien informé que ce transport s'est fait par 323 charettes ou chariots, qui ont été fournis par les habitants.

Pendant que l'aile gauche de l'armée défendait si vigoureusement le passage des gorges, l'aile droite, commandée par les généraux Dubois[1], Desaix[2] et Michaud[3], attaquait les Autrichiens et les émigrés sur trois colonnes dans la

---

[1] Paul-Alexis Dubois, né à Guise (Aisne) le 27 janvier 1754, soldat au régiment de Lyonnais le 16 août 1770, brigadier le 5 avril 1780, maréchal des logis le 10 septembre 1784, adjudant le 29 décembre 1786, sous-lieutenant le 1er mars 1791, lieutenant le 17 juin 1792, lieutenant-colonel au 17e dragons le 26 janvier 1793, général de brigade provisoire le 24 août 1793, général de division provisoire le 10 mars 1794, confirmé le 30 du même mois, tué à la bataille de Roveredo le 4 septembre 1796. (Cf. L. Hennet, *Le général Alexis Dubois*, et Jacques Charavay, *Les généraux morts pour la patrie*, p. 36.)

[2] Louis-Charles-Antoine Desaix, chevalier de Veygoux, né au château d'Ayat (Puy-de-Dôme) le 17 août 1760, admis à l'école militaire d'Effiat le 18 octobre 1776, sous-lieutenant le 8 juillet 1784, lieutenant le 24 novembre 1791, capitaine le 23 mai 1792, adjudant général

chef de bataillon le 20 mai 1793, général de brigade provisoire le 20 août 1793, général de division provisoire le 20 octobre 1793, confirmé le 2 septembre 1794, tué à la bataille de Marengo le 14 juin 1800. (Cf. Jacques Charavay, *Les généraux morts pour la patrie*, p. 79.)

[3] Claude-Ignace-François Michaud, né à la Chaux-Neuve (Doubs) le 28 octobre 1751, fils du greffier de cette ville, volontaire au 5e chasseurs à cheval le 10 septembre 1780, congédié le 22 novembre 1783, capitaine au 2e bataillon des volontaires du Doubs le 9 octobre 1791, lieutenant-colonel le 29 décembre 1791, commandant temporaire à Délémont le 10 octobre 1792, puis à Porrentruy, général de brigade à l'armée du Rhin le 19 mai 1793, général de division le 25 septembre 1793, commandant en chef de l'armée du Rhin le 19 nivôse an II (8 janvier 1794), de l'armée d'Angleterre par intérim le 16 messidor an VII (4 juillet 1799)

forêt du Bienwald, du côté de Lauterbourg. La mitraille, les balles et les baïonnettes républicaines ont purgé cette forêt du souffle impur de deux mille de ces esclaves, qui ont mordu la poussière. Le reste de la horde a été mis en fuite. Plus de cent de leurs chevaux ont été tués; un boulet de huit leur a démonté une pièce de 25; un obus leur a fait sauter un caisson; deux batteries ont été emportées par les soldats qui combattent pour la liberté. Un obusier et trois canons ont été encloués; une compagnie d'artilleurs a été prise tout entière avec son commandant. Le général Dubois ne s'est vu dans le cas de se retirer dans ses retranchements de Lauterbourg que parce que ses munitions étaient épuisées par l'opiniâtreté d'un combat de douze heures, dans lequel on a distingué, parmi tous les bataillons qui ont signalé leur intrépidité, le 2ᵉ bataillon du 75ᵉ régiment, qui n'a pas perdu une seule occasion de faire des preuves de valeur.

Le centre de l'armée n'est pas resté dans l'inaction, quoique les batteries formidables des ennemis, et notamment les pièces de 25 et de 27, fussent les armes que ces lâches défenseurs du despotisme et de la tyrannie opposent dans cette partie à toutes les attaques des braves soutiens de la liberté. Les émigrés, qui étaient campés entre Barbelroth et Bleisweiler, ont pris la fuite à la première apparition des sans-culottes de la gauche du centre, qui, au premier coup de canon, leur ont fait sauter un caisson, dont l'explosion leur a fait perdre la tête; ils ont été poursuivis jusqu'à Niedersteinbach. Les hussards de la liberté sont venus fondre sur deux redoutes, les ont emportées le sabre à la main et ont chargé une cavalerie trois fois aussi nombreuse qu'eux, qui n'a pas osé les attendre. Un de ces hussards, assailli par dix hussards autrichiens, ne s'est pas effrayé de leur nombre : il s'est bien défendu, a donné et reçu plusieurs coups de sabre, et ses camarades ont eu le temps de venir le secourir en donnant la chasse aux hussards ennemis. Ce régiment de nouvelle création est un des meilleurs que nous ayons : il ne se passe aucune affaire où il ne signale sa valeur. Joseph Westerman [1], qui le commande, est un officier distingué par son zèle, sa bravoure et ses connaissances militaires. On ne peut lui refuser une part de l'honneur que ce régiment acquiert tous les jours.

Le 8ᵉ de chasseurs à cheval a perdu un officier, nommé Thiéry, et plusieurs chevaux, qui ont été tués par les boulets de 25 et 27. Dans un moment où ils se sont un peu trop abandonnés à leur ardeur, quelques chasseurs ont été blessés.

---

et de l'armée de Hollande le 27 fructidor an XIII (14 septembre 1805), gouverneur général des villes hanséatiques en novembre 1806 et de Magdebourg le 20 février 1808, inspecteur général d'infanterie le 14 avril 1813, retraité le 24 décembre 1814, mort à Luzancy (Seine-et-Marne) le 19 septembre 1835.

[1] François-Joseph Westerman, né à Fenestrange (Moselle) le 16 décembre 1743, entré au régiment de dragons de Schonberg le 28 mai 1761, brigadier-fourrier en 1764, porte-guidon le 12 juillet 1770, lieutenant en second le 17 novembre 1784, lieutenant en premier le 10 juillet 1787, décoré de l'ordre du Mérite militaire le 16 octobre 1791, capitaine le 25 janvier 1792, lieutenant-colonel du 7ᵉ dragons le 26 janvier 1793, chef de brigade au 7ᵉ hussard le 15 juin 1793, mis en arrestation le 18 brumaire an II (8 novembre 1793), retraité le 11 novembre 1796, mort le 28 juillet 1819. Joseph Westerman avait été blessé le 26 octobre 1796.

A la droite du centre de l'armée, le feu de la mousqueterie républicaine a commencé à trois heures et demie du matin, dans la partie de la forêt du Bienwald qui touche le village de Schaidt, et n'a cessé qu'à sept heures du soir. Le 2ᵉ bataillon d'Eure-et-Loir s'est répandu en tirailleurs dans cette forêt, n'a cessé de tirer sur les ennemis depuis la pointe du jour jusqu'à la nuit. On peut dire de ce bataillon que son bonheur a égalé sa constance et son courage, car il n'a éprouvé aucune perte.

Le 3ᵉ du Bas-Rhin n'a pas été moins intrépide, mais il a eu trois hommes tués et quatre blessés près de Bergzabern, derrière la seconde redoute des ennemis. Deux officiers aussi ont été blessés; j'ignore leurs noms. Un boulet est venu mourir sur le genou d'un officier des chasseurs du Rhin, d'une valeur distinguée, sans lui faire la moindre contusion. Cet officier se nomme Desprès. Un citoyen, directeur de la verrerie de Saint-Quirin, venu avec les braves Vosgiens, a été blessé d'un éclat d'obus à la jambe. Ce citoyen se nomme Schamo.

La perte de l'ennemi n'a pu être évaluée, mais elle est considérable. Il y a eu grand nombre d'émigrés, tués et blessés dans la forêt de Bienwald, et parmi eux beaucoup de porte-croix de Saint-Louis. M. le comte de Mauny, du nombre des porte-croix, a été fait prisonnier. Il a fait part des espérances des émigrés, qu'il a lui-même regardées comme non douteuses. Selon M. le comte, nous ne devions pas garder les lignes encore trois jours et avoir un roi avant quatre mois. Il a parlé de Custine comme d'un lâche, qui était mort *en capucin;* il a promis qu'il saurait mourir mieux que lui pour son roi et il a tenu parole. Pour mettre à même les émigrés de ne pas ignorer son sort, il a été ordonné que M. le comte serait fusillé à l'avant-garde, le 13 à six heures du soir. Sa dernière parole qu'il a souvent répétée fut *Vivent le Roi et la Maison de Bourbon*[1]! L'avant-garde a répondu *Vive la République!* et a répété longtemps après lui le cri si cher à l'armée du Rhin. Cet émigré a parlé aussi du scélérat d'Arlandes et a dit qu'il était méprisé comme un traître, *qui avait épousé la bonne cause trop tard;* il a témoigné qu'il estimait un patriote ferme dans son opinion. Il était, avant son émigration, capitaine au 13ᵉ régiment d'infanterie, ci-devant Bourbonnais; depuis il était parvenu au grade d'appointé parmi les chevaliers de la Couronne et se voyait à la veille d'y être caporal. Il a déclaré que, s'il n'avait pas cru défendre la bonne cause, il n'aurait pas, lui et ses confrères, enduré la faim et la misère qu'ils ont supportées, ne vivant que de pommes de terre et couchant dans la boue.

J'avais lieu, citoyen ministre, d'être fort content de la journée du 12, à laquelle il ne manquait, pour la couronner, que d'avoir repris le camp de Nothweiler, et j'attendais, pour suivre mes projets, que le passage du Rhin à Huningue, Strasbourg et fort Vauban, eût opéré la diversion que je devais en attendre; mais j'ai appris, le 13, que les bateliers de Strasbourg avaient en partie refusé d'obéir aux ordres du général Sparre[2] et que les autres avaient eu l'air

---

[1] Cf. A. Chuquet, *Wissembourg*, p. 157.

[2] Alexandre-Séraphin-Joseph, comte de Sparre, né à Lille le 6 septembre 1736, enseigne au régiment Royal-Suédois le 11 juillet 1743, capitaine le 24 mars 1745, colonel et propriétaire dudit régiment le 22 avril 1756, brigadier le 25 novembre 1766, maréchal de camp le 3 janvier

de vouloir les exécuter, sans rien effectuer, et que, remplissant mal ce qui leur était prescrit, ils avaient dirigé les troupes, qui devaient les aider et les soutenir, de manière qu'elles ont essuyé le feu des batteries ennemies et que plusieurs soldats ont été tués et blessés. J'ai recommandé la punition du conducteur de ces bateliers.

Le général Sparre n'en a pas moins chauffé le fort de Kehl en y envoyant des obus et des bombes, dont une a mis le feu au magasin à poudre, qui a fait explosion. Le feu des bâtiments allumé par nos batteries lui a paru se communiquer à la petite partie du pont attenant à leur terrain; il n'en a pas tenu compte, parce qu'elle est séparée du reste du pont et qu'il y a interruption de communication, mais, s'étant aperçu que le pont était goudronné et que le feu y faisait des progrès, il le fit couper à deux tiers de notre bord, sous la protection de notre canon, et fit retirer les bois de notre côté. Ayant été instruit par le commandant du fort Vauban, Chambarlhiac [1], qu'il avait vu partir, dans l'après-midi du 12, de l'infanterie, de l'artillerie et de la cavalerie ennemie qui remontait du côté de Kehl, il s'est décidé à brûler entièrement le fort et le village dans la journée du 13. Tout a été détruit.

Trois mille citoyens de la garde nationale de Strasbourg étaient réunis à nos troupes. Les uns et les autres ont montré le plus grand zèle et la plus grande ardeur. Les canonniers ont donné des preuves du courage le plus soutenu; ils n'ont pas quitté leurs batteries pendant trois jours et ont refusé d'être relevés; ils ont prouvé aussi qu'ils entendaient leur métier.

Il est bien flatteur pour moi, citoyen ministre, de pouvoir vous rendre un compte avantageux de la presque totalité de l'armée que je commande, et je regrette beaucoup de n'avoir rien à vous dire des troupes du fort Vauban. Les pontonniers ont absolument refusé leur service, ils ont fui et rien n'a été tenté. Si les bateliers de Strasbourg et les pontonniers du fort Vauban eussent été des républicains, ce jour était celui de la défaite de nos ennemis et d'un triomphe complet pour la République.

A Huningue, il n'y avait ni bateaux, ni attirails de pont, le tout ayant été transporté à Colmar par ordre de Beauharnais pour être réparé. En conséquence il était impossible de rien faire et il a bien fallu remettre la partie à un autre moment.

Il y avait déjà trois jours que le camp retranché de Nothweiler était au pouvoir des ennemis, qui comptaient bien tenir les gorges et espéraient tous succès des intelligences que le traître d'Arlandes s'était ménagées en émigrant; mais j'y avais alors Saint-Cyr et Malet, adjudants généraux, Trentinian, chef du 7e bataillon d'infanterie légère, et le général de brigade Ferey. Le 14, à la pointe du jour, le 1er bataillon de la Haute-Saône, le 10e des Vosges et le 7e d'infanterie

<hr>

1770, inspecteur des troupes en Alsace le 24 juillet 1778, lieutenant général le 1er janvier 1784, commandant en chef de l'armée du Centre en septembre 1792, commandant le moyen Rhin à Strasbourg le 24 mars 1793, suspendu le 19 septembre

1793, autorisé à prendre sa retraite le 13 frimaire an III (2 décembre 1794) et retraité le 16 germinal (5 avril 1795). Il avait fait les campagnes de 1746 à 1748 et de 1757 à 1762.

[1] Cf. t. I, p. 69.

légère sont sortis de Bobenthal et ont paru devant l'ennemi, qu'ils ont attaqué par la gauche dans le camp retranché. L'ennemi aussitôt y a porté des forces. En même temps, six autres bataillons l'ont attaqué par sa droite; l'une et l'autre aile a fait une vigoureuse résistance et le sort du combat était indécis, lorsque le 2ᵉ bataillon du Rhône-et-Loire et le 1ᵉʳ de Lot-et-Garonne ont gravi les hauteurs, pour attaquer le centre. Au même moment l'action est devenue des plus chaudes; l'ennemi, également pressé de toutes parts, s'est ébranlé. Le citoyen Bureau, lieutenant du 7ᵉ bataillon d'infanterie légère, a sauté le premier dans les retranchements; il a été bientôt suivi de ce brave bataillon et de tous les autres, qui ont fait un feu républicain et chargé ensuite l'ennemi à coup de baïonnettes et même de crosse de fusils. La déroute des esclaves a été complétée par la mitraille de nos pièces, portées à bras sur les hauteurs. Ils ont fui, en abandonnant leurs armes et tout ce qui existait dans le camp. Les soldats de la patrie les ont poursuivis jusqu'au delà de Bundenthal, où ils ont pris quinze cents fusils, deux pièces de canon, des sacs d'avoine et de sel, des gargousses pour pièces de 4, des marmites, des bidons, des sacs à peau, que nous avons reconnus pour être à nous, etc. Le camp retranché, le vallon qui est au bas, la route et le village de Bundenthal étaient jonchés de leurs morts. Le 15 on en a trouvé encore plusieurs dans les bois qui s'y étaient réfugiés et qui étaient morts de leurs blessures.

Le 1ᵉʳ bataillon du district de Mouzon-Meuse [1], département des Vosges, ayant pour commandant le citoyen Raoul [2], s'est trouvé à cette attaque et a eu part à la victoire [3]. Tout les chefs de bataillon, qui ont combattu à cette action, méritent les plus grands éloges, particulièrement Trentinian, Campagnol, Siscé et Des-

---

[1] Nom révolutionnaire de Neufchâteau. (Cf. A. Bouvier, *Les Vosges pendant la Révolution*, p. 220.)

[2] Charles-François Raoul, né à Lissolle-Grand (Vosges) le 5 avril 1759, enrôlé au régiment de Bassigny-Infanterie le 1ᵉʳ novembre 1776, caporal de chasseurs le 9 avril 1780, sergent de fusiliers le 20 décembre 1782, congédié le 9 novembre 1784, capitaine de grenadiers au 1ᵉʳ bataillon des Vosges le 30 août 1791, chef de ce bataillon le 2 septembre 1793, général de brigade à l'armée des Ardennes le 2 avril 1794, suspendu par les représentants le 3 juin suivant, réintégré dans ses fonctions et employé à l'armée des Pyrénées-Occidentales le 17 août 1794, employé à l'armée de l'Ouest le 10 août 1795 et à celle de Rhin-et-Moselle le 3 décembre 1795, réformé le 14 avril 1796, rappelé à l'activité et employé à l'armée des Alpes le 11 juillet 1799, employé à l'armée de Batavie le 18 décembre 1800, admis au traitement de réforme le 21 mai 1801, rappelé à l'activité à l'armée du Nord le 15 août 1809, admis à la retraite le 14 mars 1810, commandant le département des Vosges le 15 avril 1815, employé à Metz le 13 juin 1815, remis dans la position de retraite le 20 août 1815, mort à Neufchâteau (Vosges) en 1824.

[3] Le 1ᵉʳ bataillon des volontaires nationaux des Vosges fut formé le 28 août 1791. Il comprenait le contingent des districts de Neufchâteau et de Lamarche. (Cf. A. Bouvier, *Les Vosges pendant la Révolution*, p. 457.) — Le 25 septembre 1793, le général Ferey certifia que les deux bataillons d'agricoles de Mouzon-Meuse, commandés par le citoyen Raoul, s'étaient bien comportés tout le temps qu'ils avaient été attachés à sa brigade et avaient agi en bons patriotes et en vrais républicains. (Cf. Arch. adm. de la guerre, dossier Raoul.)

grange. Ce dernier a été frappé au front d'une balle amortie, qui ne lui a causé qu'un étourdissement dont il s'est remis aussitôt et qui ne l'a pas empêché de suivre son affaire.

Je dois aussi louer le général de brigade Ferey, qui s'est porté au milieu du feu et a montré autant d'activité que de zèle et de courage, malgré toute son ancienneté. Les adjudants généraux Saint-Cyr et Malet se sont aussi montrés capables et dignes de commander des soldats républicains. Le citoyen Malet, quoique souffrant des dents, ayant même un accès de fièvre, est resté à la tête des bataillons qui ont attaqué la gauche de l'ennemi, jusqu'après la victoire assurée. Le citoyen Saint-Cyr n'a pas peu contribué aux succès de l'attaque et à la reprise du camp retranché de Nothweiler.

Le général en chef de l'armée du Rhin.

LANDREMONT.

(Orig., Arch. de la guerre, armée du Rhin.)

PERPIGNAN, 18 SEPTEMBRE 1793.

LE GÉNÉRAL RESNIER [1], COMMANDANT TEMPORAIRE DE LA PLACE,

AU COMITÉ DE SALUT PUBLIC.

Analyse. — Il mande que le 17 septembre les Espagnols, campés à la hauteur de Peyrestortes, ont attaqué le poste du Vernet et s'en sont emparés, mais que le général d'Aoust [2] reprit ce poste le même jour à neuf heures du matin et, à cinq heures du soir, attaqua les Espagnols dans leur camp, dont il s'empara après un combat de cinq heures [3].

(Orig., Arch. nat., armée des Pyrénées orientales.)

---

[1] Cf. t. I, p. 252.

[2] Eustache-Charles-Joseph, marquis d'Aoust, né à Douai (Nord) le 27 février 1763, second sous-lieutenant surnuméraire sans appointements au régiment d'infanterie du Roi le 21 avril 1778, sous-lieutenant le 14 avril 1782, lieutenant en second le 23 avril 1786 et en premier le 16 août 1789, capitaine aide de camp de Rochambeau le 1er avril 1791, de Luckner le 21 avril 1792, et de Biron le 13 juillet suivant, colonel le 7 octobre 1792, général de brigade provisoire en juin 1793, chef d'état-major de l'armée des Pyrénées orientales, général de division provisoire le 7 août 1793, en remplacement de Puget-Barbantane, général en chef provisoire de l'armée des Pyrénées orientales le 16 septembre 1793, en attendant l'arrivée de Dagobert, appelé à Paris le 2 nivôse an II (22 décembre 1793), condamné à mort par le Tribunal révolutionnaire et décapité à Paris le 14 messidor an II (2 juillet 1794).

[3] Cf. sur la sanglante bataille de Peyrestortes, la lettre des représentants du peuple Cassanyès et Fabre, écrite de Perpignan à la Convention nationale le 18 septembre 1793 et reçue le 24. (Aulard, VI, 563.)

NICE, 18 SEPTEMBRE 1793.

LES REPRÉSENTANTS BARRAS, FRÉRON, RICORD ET ROBESPIERRE JEUNE AU COMITÉ DE SALUT PUBLIC [1].

Nice, ce 18 septembre 1793, l'an second de la République.

*LES REPRÉSENTANTS DU PEUPLE PRÈS L'ARMÉE D'ITALIE
AUX COMITÉS DE SALUT PUBLIC ET DE LA GUERRE RÉUNIS.*

Nous apprenons, citoyens collègues, que la Convention n'a point encore prononcé sur le sort d'Anselme [2], lorsque, séparant de sa cause celle du commissaire Férus [3], elle a déchargé celui-ci d'accusation.

Il est incroyable que personne n'ait entrepris d'éclairer la Convention nationale sur cette affaire, qui nous paraît malheureuse sous bien des rapports. Il est vraisemblable que ceux qui connaissent Anselme, qui ont été les témoins de son civisme, de sa bravoure et de sa probité, ont pensé qu'il n'y avait rien à ajouter à son mémoire justificatif et que cette pièce examinée avec impartialité suffisait pour

[1] Cette lettre ne figure pas dans le recueil de M. Aulard.

[2] Jacques-Bernard-Modeste d'Anselme, né à Apt (Vaucluse) le 22 juillet 1740, fils d'un capitaine au régiment de Souvré, lieutenant dans le régiment de Soissonnais le 27 septembre 1745, réformé le 6 août 1749, enseigne le 27 mars 1752, lieutenant le 1er février 1756, capitaine aide-major le 28 octobre 1760, chevalier de Saint-Louis le 18 avril 1770, major du régiment de Périgord le 20 février 1774 et du régiment du Maine le 26 avril 1775, lieutenant-colonel du régiment de Soissonnais le 17 juillet 1777, mestre de camp du second régiment provincial d'état-major le 1er janvier 1784, premier aide de camp du maréchal de Rochambeau le 1er avril 1791, maréchal de camp le 20 mai 1791, employé à l'armée des Pyrénées le 15 février 1792, commandant provisoire de la 10e division militaire le 3 avril 1792, lieutenant général à l'armée du Midi le 22 mai 1792, commandant en chef l'armée établie à Nice le 31 octobre 1792, mandé à Paris le 16 décembre 1792 et suspendu le 27 du même mois, a cessé ses fonctions le 8 janvier 1793, décrété d'accusation le 14 février 1793, autorisé à prendre sa retraite le 23 germinal an III (12 avril 1795), admis au traitement de réforme le 13 novembre 1797, inspecteur des troupes stationnées dans le Midi le 6 décembre 1798, retraité le 27 janvier 1801, membre de la Légion d'honneur le 29 mars 1805, mort à Paris le 17 septembre 1814. Le général d'Anselme avait fait les campagnes de Minorque en 1786, d'Allemagne de 1760 à 1762, de Corse en 1768 et 1769 et d'Amérique de 1780 à 1783.

[3] C'est le 14 février 1793 que la Convention, après avoir entendu le rapport des commissaires envoyés à Nice, décida, sur la proposition de Collot-d'Herbois, la mise en arrestation du général d'Anselme et du commissaire des guerres Férus. Ce dernier avait, du 20 au 24 octobre 1792, dirigé les réquisitions lors de la première expédition dans la Vésubie. (Cf. Krebs et Moris, *Campagnes dans les Alpes pendant la Révolution;* Paris, Plon, 1891-1895, 2 vol. in-8°, t. I, p. 138, note 2.) Le 19 août 1793 Férus fut mis en liberté. (Cf. *Moniteur,* XVII, 435.)

déterminer la justice de la Convention. Mais nous, qui sommes sur les lieux, qui avons parcouru divers départements, nous croyons de notre devoir de vous instruire de l'opinion publique à son égard.

Partout on nous a parlé d'Anselme comme d'un sans-culotte, ardent républicain, sans fortune, mais d'une probité à toute épreuve, n'étant parvenu à son grade que par sa bravoure et ses talents militaires acquis par quarante-cinq ans de services et plusieurs campagnes. Il est pourtant accusé de brigandage et présenté à toute la France comme un homme sans talents, sans moyens militaires. Cependant Anselme ne parle que le langage de la vérité, lorsqu'il dit, dans son mémoire [1], que le pillage existait à Nice depuis vingt-quatre heures lorsqu'il y est entré avec sa petite armée [2]; qu'il s'est empressé de faire une proclamation pour arrêter ce pillage sous les peines les plus sévères; que plusieurs soldats, entraînés par l'exemple des Niçards, ont été punis d'après ses ordres. Tous ces faits sont exactement vrais et d'une notoriété constatée.

Nous ajouterons que Nice, à l'époque où notre armée y est entrée, renfermait dans son sein une immensité de scélérats de tous les pays, qui devaient naturellement se porter à de grands excès; que les habitants de cette ville et de ce département sont ennemis des Français, et qu'à l'exception d'un très petit nombre ils dépouilleraient, s'ils l'osaient, nos soldats, qu'ils font assassiner journellement par leurs barbets, qui sont les paysans du pays. Il n'était donc guère possible qu'à l'arrivée de nos troupes il ne s'établît un désordre qui devait favoriser les malveillants, les fripons et compromettre la discipline de l'armée; tout cela est si naturel que nous défions l'homme le plus prévoyant d'avoir pu l'empêcher.

Mais, ce qui est encore très certain, c'est que les effets les plus précieux appartenant aux émigrés avaient été volés par les Niçards eux-mêmes, comme une propriété qui leur appartenait; il y a plus, c'est que les habitants de Nice qui avaient donné des preuves de civisme furent également pillés par les Niçards; il est facile d'avoir la preuve de ce fait.

Ce sont pourtant les Niçards avides de richesses qui ont l'impudeur de faire solliciter une indemnité; eux qui méprisent et discréditent publiquement nos assignats qui perdent ici 25 p. 100; eux dont la municipalité s'était avisée de taxer le foin à trente livres le quintal et que nous avons réduit à la moitié; eux qui ont encore des couvents de moines et de religieuses, que nous ferons disparaître aujourd'hui; eux, enfin, dont les paysans et les artisans assassinent journellement nos braves, nos intrépides soldats, que les aristocrates travaillent en tous sens.

Quant aux talents militaires d'Anselme, il suffit de comparer sa conduite, son plan de campagne avec ce qu'a fait le traître Brunet, pour juger lequel des deux méritait mieux la confiance nationale. Le premier avait repoussé les Piémontais avec une très petite perte; le second a été repoussé avec une perte énorme, car

---

[1] Le mémoire justificatif du général d'Anselme parut au mois de mars 1793. (Cf. *Moniteur*, XV, 728.)

[2] Le général d'Anselme entra en effet dans Nice le 29 septembre 1792, et c'est la veille que des marins et des portefaix, unis à la lie de la population, avaient mis au pillage les magasins de la douane et plusieurs maisons de la ville. (Cf. Krebs et Moris, I, 131.)

plus de cinq mille hommes ont péri par l'ineptie et la trahison de ce chef[1]. C'est pourtant là l'ennemi d'Anselme, celui qui a ourdi sa perte.

Pourquoi les dénonciateurs d'Anselme, lorsqu'ils ont été prodigues de calomnies, n'ont-ils pas instruit vos commissaires qu'Anselme disait publiquement, lorsqu'on calomniait les braves Parisiens, les jacobins et les patriotes de la Convention et qu'on voulait sauver Capet : «Qu'on m'appelle et je marche avec dix compagnies de grenadiers au secours des jacobins, de tous les patriotes, et j'exterminerai la royauté et tout ce qui tient à la royauté?»

Voilà, citoyens collègues, des observations que nous croyons devoir vous communiquer pour lever absolument tous vos doutes sur le compte d'Anselme et lui faire enfin rendre la justice qu'il mérite et qu'il attend depuis trop longtemps. S'il faut que les coupables soient punis, il faut aussi que les innocents triomphent[2].

Paul BARRAS, FRÉRON, RICORD, ROBESPIERRE jeune.

(Orig., Arch. adm. de la guerre, dossier Anselme.)

---

55. PARIS, 19 SEPTEMBRE 1793[3].

LE COMITÉ DE SALUT PUBLIC AU MINISTRE DE LA GUERRE BOUCHOTTE.

Analyse. — Envoi de pièces, à lui adressées par les représentants du peuple près l'armée du Nord et relatives à la destitution du général Landrin et aux nominations provisoires qui en ont résulté[4].

(Minute, Arch. nat., AF ii 238.)

PARIS, 19 SEPTEMBRE 1793.

LE MINISTRE DE LA GUERRE BOUCHOTTE AU COMITÉ DE SALUT PUBLIC.

Analyse. — Envoi de la copie du rapport du général Ihler sur l'attaque qui a eu lieu le 12 septembre en avant de Landrecies.

(Analyse, Arch. de la guerre, reg. du Comité de salut public, C, fol. 509.)

---

[1] Le général Brunet avait été arrêté après une troisième tentative malheureuse faite contre l'Authion le 29 juillet 1793. (Cf. Krebs et Moris, I, 296 et suiv.)

[2] Le Comité de salut public transmit au ministre de la guerre, le 12 octobre 1793, cette lettre des représentants. (Orig. signé par Collot-d'Herbois et Hérault-Sé-

chelles, Arch. adm. de la guerre, dossier Anselme.)

[3] Carnot est présent à la séance du Comité. (Cf. Aulard, VI, 565.)

[4] Cf. à la date du 13 septembre (p. 137) la lettre des représentants Trullard et Berlier au Comité sur les motifs de la destitution du général Landrin.

DUNKERQUE, 19 SEPTEMBRE 1793.

LES REPRÉSENTANTS TRULLARD ET BERLIER AU COMITÉ DE SALUT PUBLIC.

LES REPRÉSENTANTS DU PEUPLE ENVOYÉS PRÈS L'ARMÉE DU NORD À DUNKERQUE, À LEURS COLLÈGUES MEMBRES DU COMITÉ DE SALUT PUBLIC [1].

Citoyens collègues,

Des plaintes portées contre quelques individus de l'armée relativement au pillage nous ont engagés : 1° à envoyer dans le sein de l'armée même la commission militaire qui siégeait à Dunkerque; 2° à faire une proclamation aux troupes [2]; 3° à destituer un officier qui, à la tête de son bataillon, avait élevé la voix contre le général Carrion, faisant à ce sujet des remontrances.

Copie de nos trois arrêtés est ci-jointe. Nous y joignons également copie d'une lettre que nous avons écrite au général Gigaux [3]. Ce que nous y di-

---

[1] Cette lettre n'a été qu'analysée dans le recueil de M. Aulard et sous la date erronée du 13 septembre 1793 (VI, 465).

[2] Voici le texte de cette proclamation (copie certifiée par Trullard et Berlier, Arch. nat., AF II 238) :

« *Nous, représentants du peuple, envoyés près l'armée du Nord à l'armée commandée par le général Carrion.*

« Citoyens soldats,

« C'est avec la plus grande douleur que nous avons appris les brigandages commis par quelques individus renfermés dans votre sein. Nous sommes bien loin, braves défenseurs de la patrie, de vous confondre avec ces malheureux qui vous déshonorent en déshonorant le nom français, mais c'est à vous à nous les faire connaître; vous le devez au salut de la patrie. Vous savez, autant que nous, que le Français est invincible, quand il demeure soumis à la discipline; soyez-le donc: c'est au nom de la patrie que nous vous le demandons. Un pillard, un soldat qui n'obéit pas est toujours un lâche, et nous savons que vous seriez désespérés d'en conserver parmi vous.

« Au camp d'Adinkerque, le 18 septembre 1793, l'an II de la République française, une et indivisible.

« TRULLARD, T. BERLIER. »

[3] André Gigaux, né à Saint-Liguaire (Deux-Sèvres) le 31 janvier 1753, fils d'un fermier, soldat au régiment de Vintimille le 15 mars 1768, caporal le 20 février 1770, sergent le 27 août 1770, sergent-major le 11 novembre 1774, adjudant le 11 juin 1776, porte-drapeau le 12 février 1780, sous-lieutenant de grenadiers le 11 juin 1784 et lieutenant le 3 octobre 1785, adjudant-major le 1er mars 1791, capitaine de grenadiers au 49e régiment le 15 septembre 1791, lieutenant-colonel au 5e d'infanterie le 8 mars 1793, général de brigade provisoire, commandant à Bergues et à Hondschoote, confirmé le 30 septembre 1793, suspendu de ses fonctions le 17 ventôse an II (7 mars 1794), autorisé à prendre sa retraite le 1er thermidor an III (19 juillet 1795), admis à la solde de retraite le 23 floréal an VIII (13 mai 1800), maire de Hondschoote, chevalier de Saint-Louis, mort à Hondschoote (Nord) le 28 février 1817. — Cf. *Mémoire d'André Gigaux, ci-devant général de brigade*, daté de Ver, 12 fructidor an II (29 août 1794), 48 pages in-fol. (Arch. adm. de la guerre, dossier Gigaux.) Gigaux avait été, pendant qu'il était en garnison à Toul, reçu en 1785 membre de la loge des Neuf-Sœurs à l'Orient de Toul (cf. le brevet dans ma collection révolutionnaire). Il avait épousé, en octobre 1793

sons [1], relativement aux provisions de l'armée, était déjà exécuté en partie et l'on a aujourd'hui pressé d'autant plus cette mesure que, d'après les ordres de Houchard, les troupes de la République devaient évacuer Furnes et se replier pour procurer des forces aux autres parties de l'armée.

En attendant, nous avons retiré du pays ennemi les farines, avoines, etc., tout ce que la brièveté de l'intervalle et les mauvais chemins ont permis de transporter. Cela ne laisse pas que d'être considérable et nous vous en ferons incessamment parvenir l'état [2].

Salut et fraternité,   TRULLARD, T. BERLIER.

Le 19 septembre 1793, l'an II de la République, une et indivisible.

(Orig., Arch. nat., AF II 238.)

à Hondschoote, une veuve, Mme Coppens, dont le fils se maria en 1816 avec une sœur du grand poète Lamartine. (Cf. dans ma collection révolutionnaire le contrat de mariage passé à Hondschoote en la demeure du général Gigaux le 12 août 1816.)

[1] Voici le texte de cette lettre en date du 19 septembre 1793 (copie certifiée par Trullard et Berlier, Arch. nat., AF II 238) :

« Nous venons, citoyen général, de recevoir vos dépêches, et voici brièvement notre façon de penser sur le genre de guerre que nous faisons actuellement.

« Nous ne pensons pas que nous devions aujourd'hui faire la guerre en dupes, comme l'an dernier. Il nous faut vivre aux dépens du pays ennemi. Nous croyons que les grosses provisions de l'armée, les grains, fourrages, etc., peuvent être enlevés au profit de la République, ce qui peut être malheureux pour les particuliers, mais ce que nous pouvons faire en conquérants et sauf à ces particuliers à se faire indemniser par leurs gouvernements, comme le nôtre le fait en même occasion. Cette grande mesure serait même, à notre sens, d'autant meilleure qu'elle serait légalisée par des ordres supérieurs.

« Mais le pillage, selon nous aussi, est là où chacun se dispersant çà et là travaillerait à son profit et s'approprierait des effets mobiliers et autres choses qui ne peuvent constituer des objets propres aux besoins de l'armée, pillage qui serait une vraie débandade et entraînerait d'autant plus d'inconvénients qu'il n'y aurait plus d'armée et que, chacun travaillant pour soi d'une manière immorale, la République serait totalement oubliée et mal servie. Cette distinction nous semble surtout convenir dans un moment où il ne s'agit que d'un coup de main et où l'on ne peut commodément asseoir une contribution régulière.

« Voilà, citoyen général, notre avis; mais c'est à vous à juger si la première mesure, qui est la seule tolérable, peut s'accorder avec les mouvements de votre armée, le temps qui vous reste et les ordres que vous avez reçus.

« TRULLARD, T. BERLIER. »

[2] Le Comité de salut public répondit en ces termes aux représentants (minute, Arch. nat., AF II 238) :

« Le Comité de salut public, citoyens collègues, a reçu votre lettre du 19 septembre, ensemble les pièces que vous y avez jointes, et ne peut qu'applaudir aux vues solides que vous avez présentées au général Gigaux, ainsi qu'aux mesures vigoureuses que vous avez prises pour arrêter le pillage; car on doit réprimer soigneusement dans les armées tous les désordres et y établir une sévère discipline, et l'on ne peut parvenir à ce but qu'en mettant les lois en vigueur et en les faisant exécuter avec énergie. »

PARIS, 19 SEPTEMBRE 1793.

LE MINISTRE DE LA GUERRE BOUCHOTTE AU COMITÉ DE SALUT PUBLIC.

LE MINISTRE DE LA GUERRE AUX REPRÉSENTANTS DU PEUPLE,
MEMBRES DU COMITÉ DE SALUT PUBLIC.

Les réclamations multipliées, qui me sont adressées, citoyens, sur les dispositions du titre 7 de l'instruction relative à l'exécution de la loi du 23 août dernier, me mettent dans le cas de fixer votre attention sur la nécessité de donner plus de développement au titre dont il s'agit.

Plusieurs considérations infiniment importantes au bien du service me paraissent l'exiger impérieusement.

1° La promulgation des lois et de toutes les instructions que déterminent les circonstances présentes va se trouver sans action, si la loi du 2 septembre, qui met en réquisition tous les imprimeurs [1], n'est pas strictement observée, et si les ouvriers qui composent cette classe ne sont pas assujettis à rester à leur poste. Je puis citer à cet égard les ouvriers de l'imprimeur du département de la guerre, dont le service exige la plus grande célérité. Ne jugeriez-vous pas convenable de faire autoriser les membres du Conseil exécutif à mettre en réquisition cette classe d'artistes, sans le secours de laquelle les opérations du Conseil exécutif seraient absolument en stagnation?

2° Par une conséquence de ce principe, je penserais qu'il pourrait être également utile d'accorder aux membres du Conseil exécutif le droit de retenir près d'eux ceux des employés de leur administration qui, quoique dans l'âge de la première réquisition, sont chargés de détails difficiles à confier à des agents inexperts; car, si le Conseil a le droit de retirer des armées les agents qui peuvent être utiles au service public, il est incontestable qu'il doit avoir par le même motif le droit de retenir à leur poste les employés dont il s'agit. Le nombre ne peut, à la vérité, en être considérable, mais il est des agents très difficiles à remplacer dans certaines parties de l'administration.

J'ai cru devoir vous soumettre ces réflexions en vous engageant à les prendre en grande considération.

J. BOUCHOTTE.

(Orig., Arch. de la guerre, corr. générale.)

[1] Le 2 septembre, sur la proposition de Basire, la Convention avait mis à la disposition de l'Imprimerie nationale tous les ouvriers imprimeurs de Paris.

SARREBRUCK, 19 SEPTEMBRE 1793.

LE GÉNÉRAL BALTHAZAR SCHAUENBURG AU COMITÉ DE SALUT PUBLIC.

Analyse. — Il adresse la relation du général Moreaux sur la malheureuse affaire de Pirmasens[1] et expose la pénurie dans laquelle se trouve l'armée de la Moselle.

(Analyse, Arch. de la guerre, reg. du Comité de salut public, C, fol. 522.)

WISSEMBOURG, 19 SEPTEMBRE 1793.

LE GÉNÉRAL CLARKE[2], CHEF PROVISOIRE DE L'ÉTAT-MAJOR DE L'ARMÉE DU RHIN

AU COMITÉ DE SALUT PUBLIC.

Analyse. — Il expose que beaucoup de Français prisonniers sont forcés de prendre les armes contre la République, que la plupart adoptent ce parti pour avoir le moyen de déserter et de rentrer en France, mais qu'étant pris les armes à la main ils sont confondus avec les émigrés que la loi punit de mort. Il sollicite un amendement en faveur de ces Français, sauf à prendre les mesures de sûreté nécessaires.

(Analyse, Arch. de la guerre, reg. du Comité de salut public, C, p. 546.)

CHERBOURG, 19 SEPTEMBRE 1793.

LE GÉNÉRAL TILLY AU COMITÉ DE SALUT PUBLIC.

Analyse. — Il accuse réception de la lettre du 5 septembre, qui ne lui est parvenue que le 19, parce qu'elle lui avait été adressée par erreur à Avranches « Oui, citoyens, c'est dans les principes qu'il faut étouffer, anéantir les mouvements contre-révolutionnaires. Je porte partout où je commande l'œil de la surveillance. Les amis de la liberté m'aiment, les autres me craignent. Je veillerai

[1] En date du 15 septembre 1793.

[2] Henri-Jacques-Guillaume Clarke, né à Landrecies (Nord) le 17 octobre 1765, entré à l'École militaire le 17 septembre 1781, sous-lieutenant le 11 novembre 1782, capitaine au 16e dragons le 11 juillet 1790, lieutenant-colonel au 2e de cavalerie le 5 février 1792, général de brigade le 19 mai 1793 et de division le 7 décembre 1795, ministre de la guerre du 9 août 1807 au 3 avril 1814, comte d'Hunebourg le 24 avril 1808, duc de Feltre le 15 août 1809, pair de France le 4 juin 1814, ministre de la guerre du 28 septembre 1814 au 12 septembre 1817, maréchal de France le 3 juillet 1816, mort à Neuwiller (Bas-Rhin) le 28 octobre 1818.

sans cesse; je vous rendrai compte, ainsi qu'aux représentants près l'armée et au ministre, de tout ce qui se passera. Mais je vous déclare, citoyens représentants, que les demi-mesures ne faisant que du mal, je vous déclare, dis-je, que si j'aperçois quelques mouvements contraires aux principes de la liberté, contraires aux décrets de la Convention nationale, que je frapperai sans miséricorde les perfides jusqu'à ce qu'ils soient terrassés. »

(Orig., Arch. nat., AF ɪɪ 267.)

56. PARIS, 20 SEPTEMBRE 1793.
LE COMITÉ DE SALUT PUBLIC AU MINISTRE DE LA GUERRE BOUCHOTTE.

Analyse. — Envoi d'une lettre du procureur de la commune de Saint-Malo, où celui-ci exprime ses inquiétudes sur la position de cette ville, qui est dégarnie de troupes [1].

(Orig., Arch. de la guerre, armée des Côtes de Brest.)

57. PARIS, 20 SEPTEMBRE 1793. — LE COMITÉ DE SALUT PUBLIC
AUX ADMINISTRATEURS DU DÉPARTEMENT DE LA MEUSE.

Paris, le 20 septembre 1793, l'an ɪɪ de la République.

LES REPRÉSENTANTS DU PEUPLE, MEMBRES DU COMITÉ DE SALUT PUBLIC,
AUX ADMINISTRATEURS DU DÉPARTEMENT DE LA MEUSE.

Citoyens,

La loi du 23 août met tous les Français en état de réquisition; elle appelle aux frontières la première classe. La sollicitude de la Convention a dû se fixer sur les moyens d'armer les défenseurs de la patrie. Sans doute elle serait privée de ces moyens, si elle n'eût pourvu à ceux de conserver aux grandes forges et exploitations des mines de métaux toute leur activité. Ceux qui y sont employés doivent donc rester

---

[1] On lit en tête cette annotation autographe de Bouchotte : «5ᵉ division. Copie de la lettre du procureur de Saint-Malo au général Canclaux, en lui recommandant de donner une sérieuse attention à cette importante forteresse, et que les moyens qu'il a lui laissent la faculté de la pourvoir de ce dont elle a besoin.» — Cf. à la page 125 la lettre du général Vergnes au Comité sur le même sujet.

à leurs ateliers. Les exceptions portées en l'article premier de la loi du 2 avril dernier sont maintenues, puisqu'elles ne sont pas révoquées par la loi du 23 août. Les préposés et ouvriers employés aux grandes usines sont aussi dans une sorte de réquisition dont il serait dangereux de changer l'objet. Il suffit, citoyens, de vous avoir montré les besoins de la patrie et le vœu de la loi, pour être assuré que vous les seconderez de tout votre pouvoir.

LES MEMBRES DU COMITÉ DE SALUT PUBLIC

CHARGÉS DE LA CORRESPONDANCE.

(Minute, Arch. nat., AF II 36, dossier n° 293.)

DUNKERQUE, 20 SEPTEMBRE 1793.

LES REPRÉSENTANTS TRULLARD ET BERLIER AU COMITÉ DE SALUT PUBLIC.

Dunkerque, le 20 septembre 1793, l'an II de la République, une et indivisible.

LES REPRÉSENTANTS DU PEUPLE ENVOYÉS PRÈS L'ARMÉE DU NORD À DUNKERQUE, À LEURS COLLÈGUES, MEMBRES DU COMITÉ DE SALUT PUBLIC.

Nous vous envoyons, citoyens collègues, copie des demandes qui nous ont été faites touchant les bois et maisons à abattre autour de cette place, et des divers arrêtés préparatoires et définitifs que nous avons pris à ce sujet.

Les limites de la loi sont bien dépassées sans doute; mais la première loi, c'est le salut du peuple et, d'après le vœu des habitants et l'avis des militaires, vous approuverez sans doute les mesures que nous avons prises. Elles sont déjà à moitié de leur exécution et nous pensons que l'arrêté définitif sera rempli sous deux jours. Cette célérité ne saurait être nuisible, car les troupes de la République ont reçu ordre de se replier et il est physiquement possible que l'ennemi tente encore quelque chose sur cette place. Houchard écrit qu'elle doit s'approvisionner. Nous avons heureusement retiré de Furnes beaucoup de provisions; nous n'en avons pas encore l'état précis, sans quoi nous vous le transmettrions [1].

Salut et fraternité,

TRULLARD, T. BERLIER.

(Orig., Arch. nat., AF II 238.)

[1] Cette lettre n'est qu'analysée dans le recueil de M. Aulard (VI, 583). — On lit en tête cette annotation au crayon de la main de Carnot : «Accuser la réception, approuver les mesures, inviter les représentants à la plus stricte surveillance.» Le même jour, les représentants signalaient au Comité la présence de six cutters sortis de Nieuport et faisant route pour l'Angleterre.

20 SEPTEMBRE 1793.

LES GÉNÉRAUX DAGOBERT ET LANDREMONT AU COMITÉ DE SALUT PUBLIC.

Analyse. — 1° Le général Dagobert écrit de Perpignan qu'il promet de justifier la confiance du Comité, qui l'a fait venir de l'armée du Centre pour commander celle des Pyrénées orientales. (Analyse, Arch. de la guerre, corr. générale.) — 2° Le général Landremont écrit de Strasbourg pour se plaindre de l'état et de la faiblesse de son armée, et il affirme que Strasbourg ne peut pas tenir trois jours. (Analyse, Arch. de la guerre, *id.*)

20 SEPTEMBRE 1793.

LES GÉNÉRAUX BELAIR ET ALEXANDRE SPARRE AU COMITÉ DE SALUT PUBLIC.

Analyse. — 1° Le général Belair écrit de Péronne qu'il a pris des mesures pour faire parvenir dans Cambrai les secours en hommes et en artillerie dont cette place pourrait avoir besoin [1]. (Orig. aut., Arch. de la guerre, armée du Nord.) — 2° Le général Alexandre Sparre écrit du Pont-du-Rhin pour réclamer contre la nouvelle, rapportée par Barère à la Convention, qu'il était à la tête d'un complot pour livrer Strasbourg [2]. Il proteste de son attachement à la République et déclare que la ville de Bâle, d'où est partie la dénonciation, est pleine de traîtres qui ont quitté la France [3]. (Analyse, Arch. de la guerre, reg. du Comité de salut public, C, p. 527.)

[1] Le même jour, le représentant Laurent manda au Comité qu'il partait pour Cambrai avec le général Belair pour mettre cette place en état de défense. (Cf. Aulard, VI, 582.)

[2] Le 15 septembre, Barère avait lu une lettre écrite de Bâle, le 11, et où l'on rapportait le bruit de la trahison du général Sparre et de la garnison de Strasbourg. (Cf. *Moniteur*, XVII, 672.)

[3] Le même jour, le général Sparre protestait dans une lettre à la Convention. (Impr., Arch. adm. de la guerre, dossier Sparre.) Le 23 septembre il s'adressa au ministre de la guerre. Le 26, le conseil général du département du Bas-Rhin envoya une protestation contre la destitution de Sparre, tandis que la société populaire de Strasbourg écrivait dans le même sens au Comité de salut public. Le général Sparre se retira à Auxerre et il donna lecture aux citoyens de cette ville, le 6 octobre 1793, de certaines pièces, qu'il fit ensuite imprimer en une brochure de onze pages avec cet intitulé : «Alexandre Sparre, ayant été suspendu de ses fonctions de général de division par le Conseil exécutif, sans en savoir le motif, et jaloux de conserver l'estime et la confiance de ses frères les sans-culottes d'Auxerre, leur a fait lecture des pièces ci-après à la séance du 15° jour du 1er mois de l'an II de la République française, une et indivisible.» (Arch. adm. de la guerre, dossier Sparre.)

58. PARIS, 21 SEPTEMBRE 1793 [1].

LE COMITÉ DE SALUT PUBLIC À BOURBOTTE.

LE COMITÉ DE SALUT PUBLIC AU CITOYEN BOURBOTTE,
REPRÉSENTANT DU PEUPLE PRÈS L'ARMÉE DES CÔTES DE LA ROCHELLE.

Citoyen collègue,

L'événement de Chantonnay était de nature à fixer votre surveillance sur le général Tuncq. Vous avez pris à son égard des mesures dictées par la prudence; il est en état d'arrestation; s'il est coupable, la loi le punira [2].

L'objet des subsistances méritait toute votre sollicitude; nous renvoyons au ministère de la guerre vos observations sur cette partie [3]. Le désir de ne laisser échapper aucune occasion de servir la chose publique vous engage à vous transporter partout où vous croyez votre présence nécessaire; le Comité est persuadé que toutes vos démarches seront dirigées vers le plus grand intérêt de la patrie.

(Minute, Arch. nat., AF ii, 267. — Publ. par M. Aulard, mais sans date, VI, 433.)

---

59. PARIS, 21 SEPTEMBRE 1793.

LE COMITÉ DE SALUT PUBLIC AUX REPRÉSENTANTS TRULLARD ET BERLIER.

Paris, le 21 septembre 1793, l'an ii de la République une et indivisible.

AUX REPRÉSENTANTS DU PEUPLE À DUNKERQUE, TRULLARD ET BERLIER.

Nous venons d'être informés, chers collègues, qu'il se trame à Dunkerque un nouveau plan de conjuration tendant à livrer cette ville aux

[1] Le nom de Carnot ne figure pas parmi les membres présents à la séance du Comité (cf. Aulard, VI, 587), mais on trouve sa signature au bas d'arrêtés datés de ce même jour. De plus il fit décréter par la Convention que toutes les matières premières qui concourent à la confection des poudres, telles que la soude, le salin, le charbon, etc., sont en réquisition. (Cf. *Moniteur*, XVII, 718.)

[2] La lettre de Bourbotte était datée de la Rochelle, le 11 septembre 1793. — Le 20 septembre, le Comité écrivait aux représentants Bellegarde et Fayau une lettre analogue, et le 21, à Fayau, ce billet laconique : «La conduite du général Tuncq sera examinée avec soin. Croyez que s'il est coupable, il sera puni. Nous vous prévenons que déjà il est en arrestation.»

[3] Le 20 septembre 1793, le Comité avait transmis au ministre de la guerre les observations de Bourbotte.

Anglais. Il serait affreux qu'après les avoir ignominieusement chassés par la force, nous fussions victimes de la perfidie de ces implacables ennemis de la France [1]. Nous avons cru devoir vous prévenir de ce fait important, afin que vous soyez sur vos gardes et que votre sévérité redouble à l'égard des personnes suspectes. Nous vous invitons à vous entourer de patriotes irréprochables et capables de vous procurer les connaissances locales que vous n'avez pu acquérir encore dans un pays que vous habitez depuis si peu de temps.

Les plaintes graves qui nous sont parvenues contre l'état-major général de l'armée du Nord nous ont déterminés à prononcer la destitution de la plupart des officiers qui la composaient. Nous vous envoyons la nouvelle liste que nous avons arrêtée de concert avec le ministre de la guerre [2].

La multitude des traîtres, auxquels le sort de nos armées a été confié jusqu'à ce moment, doit nous rendre attentifs à connaître mieux le caractère des hommes que nous pouvons employer [3]. Nous vous engageons donc, chers collègues, à vous faire une étude particulière de cet objet majeur, et de recueillir tous les renseignements que vous pourrez acquérir sur les talents et le civisme des hommes qui peuvent être portés aux emplois supérieurs dans les armées. Attachez-vous surtout à découvrir le mérite modeste parmi les commandants de bataillon, ou même parmi les officiers d'un grade inférieur [4]; nous nous en reposons avec confiance sur votre zèle et votre dévouement.

(Minute aut. de Carnot, Arch. de la guerre, armée du Nord. — Reg. de corr., Arch. de la famille Carnot.)

---

[1] Le 17 septembre, le général Souham avait annoncé aux Dunkerquois la levée de l'état de siège. « Citoyens représentants, disait-il dans sa proclamation, les satellites des despotes ont fui de devant vos murs; votre courage a secondé celui des troupes; vous avez vaincu vos ennemis : votre territoire est libre comme vos personnes le seront toujours... » (Cf. Foucart et Finot, II, 131.)

[2] Le 20 septembre, le Comité de salut public avait ordonné l'arrestation du général en chef Houchard, des généraux Landrin, Dumesny, Demars, Joseph de Hédouville et Berthelmy, et de l'adjudant général Gay de Vernon (Cf. Aulard, VI, 577).

[3] Le Comité de salut public écrivit de nouveau, le 25 septembre, aux représentants près l'armée du Nord et insista sur la nécessité de surveiller les officiers suspects. (Cf. Aulard, VII, 56.)

[4] Les représentants du peuple suivaient sur ce point les recommandations du Comité de salut public. A l'armée du Rhin ils avaient élevé, le 20 septembre, le chef d'escadron Carlenc au grade de général de brigade.

60. PARIS, 21 SEPTEMBRE 1793.

LE COMITÉ DE SALUT PUBLIC AU MINISTRE DE LA GUERRE BOUCHOTTE.

Paris, le 21 septembre 1793, l'an II de la République une et indivisible.

LES REPRÉSENTANTS DU PEUPLE, MEMBRES DU COMITÉ DE SALUT PUBLIC,
AU CITOYEN MINISTRE DE LA GUERRE.

Nous recevons, citoyen ministre, votre lettre du 20 de ce mois, sur la nécessité de prendre des mesures pour la fourniture de 300,000 redingotes aux troupes de la République.

Quoique les administrateurs de l'habillement ne puissent point faire d'achats, vous ne manquez pas de moyens pour l'exécution de notre arrêté du 31 août [1], soit en chargeant les administrateurs de district ou les municipalités de la confection de ces redingotes, soit par d'autres voies quelconques. C'est à vous, citoyen ministre, à examiner quel moyen serait le plus avantageux à la République; mais il est de la plus grande instance que vous vous décidiez très promptement [2].

CARNOT, JEANBON SAINT-ANDRÉ,
C.-A. PRIEUR, COLLOT-D'HERBOIS, BILLAUD-VARENNE.

(Orig., Arch. nat., AF II 412.)

[1] Cet arrêté ordonnait de faire fabriquer sans délai 300,000 redingotes à l'usage des troupes (Cf. Aulard, VI, 202).

[2] On lit en tête : « Les corps administratifs sont déjà chargés d'habiller les volontaires de la réquisition; ils ne peuvent pas y satisfaire. On ne peut compter sur cette ressource que pour très peu. L'administration de l'habillement a beaucoup de drap bleu, mais elle sera obligée d'en faire l'emploi pour l'habillement que les départements ne pourront pas fournir; on ne peut donc l'employer pour redingotes. Le ministre veut-il proposer au Conseil de mettre en réquisition tous les draps de couleur propres à faire des redingotes, jusqu'à concurrence de la quantité nécessaire pour compléter le nombre que l'administration pourra fournir ou qui ne se trouve point dans les magasins militaires, ainsi que le Conseil vient de le faire pour les couvertures?» — La question de l'habillement et de l'équipement des troupes préoccupait justement le Comité de salut public. Les dilapidations de l'administration étaient telles que la Convention avait, le 3 août 1793, fait arrêter les gardes-magasins de l'habillement des troupes, tant à Paris que dans toute la France. On mit à l'ordre du jour de l'armée du Nord du 18 au 19 octobre 1793 : « Le ministre de la guerre prévient l'armée qu'il existe dans les magasins de la République 80,000 redingotes; elles sont destinées seulement pour les troupes qui, pendant l'hiver, resteront sous la tente ou bivouaqueront; mais, dans toute autre circonstance, nul ne pourra en obtenir. »

61. PARIS, 21 SEPTEMBRE 1793.

LE COMITÉ DE SALUT PUBLIC AU MINISTRE DE LA GUERRE BOUCHOTTE.

Analyse. — Envoi de la copie d'une commission donnée, le 6 septembre 1793, par le conseil général de la commune d'Amiens, à Gérard Scellier [1], officier municipal, et Lefèvre, notable, à l'effet de traiter avec les fondeurs de Rouen pour fournir du canon en échange du métal des cloches descendues [2].

(Minute, Arch. nat., AF ii 411.)

PARIS, 21 SEPTEMBRE 1793.

LE MINISTRE DE LA GUERRE BOUCHOTTE AU COMITÉ DE SALUT PUBLIC.

Analyse. — Il regrette que la Convention ait pris le décret du 20 septembre sur les enrôlements, et il envoie copie des lettres qu'il avait fait préparer pour assurer à la cavalerie un recrutement immédiat, abondant et choisi.

(Orig., Arch. de la guerre, corr. générale.)

21 SEPTEMBRE 1793.

LES GÉNÉRAUX CHAPUY, DE LAUNAY, GIACOMONI, MENOU ET RONSIN

AU COMITÉ DE SALUT PUBLIC.

Analyse. — 1° Le général Chapuy [3] écrit de Cambrai pour annoncer que l'ennemi a frappé de réquisition la paroisse de Carnières. Il mande que depuis

---

[1] Marchand de draps, député suppléant de la Somme à la Convention, appelé à siéger le 27 frimaire an ii (17 décembre 1793) en remplacement de Sillery.

[2] Cf. lettre des représentants Delacroix, Legendre et Louchet, datée de Rouen, le 12 septembre 1793, et celle des commissaires de la municipalité d'Amiens à ces représentants, en date du 11 septembre. (Arch. nat., AF ii 411.)

[3] René-Bernard Chapuy, né à Nancy le 18 juin 1746, soldat au régiment des colonies le 6 septembre 1765, sergent en novembre 1766, fourrier en décembre 1770, engagé au régiment de la Guadeloupe et embarqué pour les îles du Vent le 28 décembre 1772, sous-lieutenant le 1er mai 1775, lieutenant le 4 février 1779, aide de camp du gouverneur du Sénégal de 1783 au 1er janvier 1786, chef du 3e bataillon franc de l'armée du Nord le 1er août 1792, général de brigade à l'armée du Nord le 12 septembre 1793, blessé de deux coups de sabre et fait prisonnier le 7 floréal an ii (26 avril 1794), rentré en France par échange le 1er vendémiaire

la levée en masse, on voit beaucoup de jeunes gens de dix-huit à vingt-cinq ans émigrer pour prendre parti avec les Autrichiens. (Orig., Arch. de la guerre, armée du Nord.) — 2° Le général de Launay [1] se plaint des malversations qui se commettent dans les fournitures de fourrages et mande que depuis six semaines on fait observer à la cavalerie de l'armée de la Moselle des jeûnes qui ne sont pas prescrits par le calendrier de la Convention. (Analyse, Arch. de la guerre, reg. du Comité de salut public, C, fol. 529.) — 3° Le général Giacomoni écrit de Perpignan que, le 17 septembre, la position du Vernet et le camp de Peyrestortes ont été enlevés. Cette journée, décisive pour le succès des armes de la République, est due en entier à la valeur de nos troupes. «Cette victoire, dans les circonstances où elle est remportée, va produire un grand effet sur tous les esprits. Elle ranime la confiance, terrasse les coupables espérances des ennemis de la patrie, et l'odieuse aristocratie, le vil égoïsme, la trahison perfide cachent leurs têtes insolentes que les sans-culottes achèveront bientôt d'écraser [2].» (Orig., Arch. de la guerre, armée des Pyrénées orientales.) — 4° Le général Menou écrit de Paris qu'il est arrivé à midi dans cette ville, de l'armée des Côtes de la Rochelle, par ordre du ministre de la guerre; qu'il s'est présenté aussitôt au Comité pour lui remettre les lettres des représentants et du général Rossignol, mais qu'il n'a pas été reçu. Il attend en conséquence les ordres du Comité. (Orig. aut., Arch. nat., DXL ii, carton n° 3.) — 5° Le général Ronsin mande qu'il y a pénurie de chevaux à l'armée du Nord et qu'il faut remonter les corps de cavalerie. (Analyse, Arch. de la guerre, reg. du Comité de salut public, C, fol. 505.)

---

an iv (23 septembre 1795), réintégré en brumaire an iv (octobre 1795), admis à la retraite le 3 nivôse an vii (23 décembre 1798), mort à Étain (Meuse) le 15 avril 1809. Le général Chapuy avait fait sous l'ancien régime les campagnes d'Amérique de 1778 à 1782.

[1] Jacques-Charles-René de Launay, né à Saint-Pierre-sur-Dives (Calvados) le 24 avril 1738, fils d'un docteur en médecine, entré au service dans les gendarmes écossais le 27 décembre 1756, dragon au régiment d'Orléans le 25 avril 1760, maréchal des logis en septembre 1761, porte-guidon le 1er mars 1763, congédié le 1er octobre 1766, rentré dans les gendarmes de la garde le 13 avril 1768, réformé le 15 décembre 1775, capitaine à la suite de l'infanterie le 29 mai 1778, attaché au régiment de Limousin le 3 juin 1779, premier capitaine de remplacement le 20 novembre 1784, chevalier de Saint-

Louis le 23 décembre 1787, réformé le 1er mai 1788, élu lieutenant-colonel du 4e bataillon des volontaires de la Moselle le 25 août 1791, général de brigade le 30 juillet 1793 et de division le 20 septembre suivant, général en chef provisoire de l'armée de la Moselle le 1er octobre 1793, destitué le 8 brumaire an ii (29 octobre 1793), réintégré le 13 floréal an iii (2 mai 1795), commandant de la citadelle de Strasbourg le 10 messidor an iii (28 juin 1795), retraité le 13 pluviôse an iv (2 février 1796), chevalier de la Légion d'honneur le 29 mars 1805, grand prévôt à Aix le 29 janvier 1810, mort à Ouville (Calvados) le 11 janvier 1825. Le général de Launay avait fait sous l'ancien régime les campagnes de Hanovre de 1757 à 1762. Il signait *René Launay* ou *René Delaunay*.

[2] On lit en tête : «Reçu le 1er octobre.»

BAYONNE, 21 SEPTEMBRE 1793.

L'ADJUDANT GÉNÉRAL CHEF DE BRIGADE LAROCHE [1] AU COMITÉ DE SALUT PUBLIC.

Analyse. — Il mande qu'on vient de lui déférer le commandement de la ville et citadelle de Bayonne et qu'il s'efforcera de s'en rendre digne. Il s'est occupé de rechercher les malveillants. «Le commerçant regrette les sacrifices momentanés qu'il est obligé de faire. En le stimulant en faveur de la chose publique, je cherche à lui persuader que sa sûreté personnelle dépend du salut général. Ces malheureux mercenaires exercent le despotisme le plus affreux sans doute (celui des richesses) sur la plus intéressante portion de la société et l'influencent très dangereusement. J'espère que les mesures qui viennent d'être prises, sans compter celles qui sont à prendre, déjoueront leurs cupides projets et ranimeront l'esprit public. Avant-hier la tête d'un prêtre réfractaire a tombé, et, pour imprimer la terreur dans le cœur des conspirateurs, j'ai entouré cette exécution de tout l'appareil possible en y envoyant toute la garnison. Plusieurs arrestations ont été faites; le maire a été transféré à la maison d'arrêt de Tarbes. Déjà la société populaire s'épure; elle réduit au silence ces hommes de boue qui, ne calculant jamais que leur intérêt personnel, aliénaient par leurs discours spécieux l'opinion de ces braves sans-culottes qui, avec leur gros bon sens, tendent toujours au bien public [2].»

(Orig., Arch. de la guerre, armée des Pyrénées occidentales.)

[1] Antoine Laroche, né à Condom (Gers) le 16 décembre 1757, fils d'un propriétaire, dragon au régiment de Monsieur le 1er juillet 1774, a quitté le 3 novembre 1778, volontaire dans la légion de Nassau le 1er avril 1779 et aide de camp du prince de Nassau-Siegen, passé dans la gendarmerie le 22 mai 1779, rayé des contrôles le 5 octobre 1779, entré dans la légion de Luxembourg en 1780, capitaine aide-major, passe au service de la Hollande, avec la légion, prend part à la défense de Ceylan, retenu prisonnier à Batavia, relâché et rentré à Paris, licencié le 1er juillet 1789 avec la légion de Luxembourg, élu chef du 4e bataillon des volontaires des Landes en septembre 1792, adjudant général chef de brigade provisoire à l'armée des Pyrénées occidentales le 8 juillet 1793, commandant la place de Bayonne le 12 septembre 1793, général de brigade le 11 vendémiaire an II (2 octobre 1793) et chef d'état-major de l'armée des Pyré-nées occidentales, suspendu le 21 prairial an II (9 juin 1794), confirmé et employé à l'armée des Pyrénées orientales le 21 thermidor an II (8 août 1794), suspendu le 24 prairial an III (12 juin 1795), remis en activité et envoyé à l'armée de Rhin-et-Moselle le 14 ventôse an IV (4 mars 1796), général de division le 12 thermidor an VII (39 juillet 1799), réformé le 7 vendémiaire an IX (29 septembre 1800), réintégré dans son grade le 12 nivôse an IX (2 janvier 1801), membre de la Légion d'honneur le 19 frimaire an XII (11 décembre 1803) et commandant le 25 prairial an XII (14 juin 1804), retraité le 18 janvier 1808, mort à Vic-Fezensac (Gers) le 21 juin 1831. Le général Laroche avait fait sous l'ancien régime les campagnes de Jersey en 1779 et 1780 et de l'Inde en 1781 et 1782.

[2] L'adjudant général chef de brigade Laroche écrivit le même jour dans les mêmes termes au ministre de la guerre.

62. PARIS, 22 SEPTEMBRE 1793 [1].

LE COMITÉ DE SALUT PUBLIC AU MINISTRE DE LA GUERRE BOUCHOTTE.

Analyse. — Il lui envoie une lettre du maire de Croisic, qui fait part de ses inquiétudes sur la position actuelle de Belle-Isle, à cause de la trop faible garnison de cette place [2].

(Orig. sig. par Carnot, C.-A. Prieur et Hérault de Séchelles, Arch. de la guerre, armée des Côtes de Brest.)

PARIS, 22 SEPTEMBRE 1793.

LE MINISTRE DE LA GUERRE BOUCHOTTE AU COMITÉ DE SALUT PUBLIC.

Analyse. — Il communique au Comité sa lettre relative à la suspension du général Berthelmy.

(Analyse, Arch. de la guerre, armée du Nord.)

PARIS, 22 SEPTEMBRE 1793.

LE REPRÉSENTANT LAURENT LE COINTRE À CARNOT.

Paris, 22 septembre 1793, l'an II de la République une et indivisible.

Laurent Le Cointre, député à la Convention nationale, au citoyen Carnot, député à la Convention, au Comité de salut public.

De grâce, mon cher collègue, du pain pour Stettenhoffen [3]; c'est le rapport seul de son affaire qui peut lui en procurer. Tu en es chargé : fais-le, au nom de la patrie.

Depuis le 1er juin il n'a rien touché; il vient de vendre ce qui lui reste pour payer ce qu'il doit. Si on l'abandonne et que tu ne lui fasses pas rendre justice, il ne lui reste que la mort à désirer ou à se procurer.

Ses appointements lui sont dus comme général de brigade jusqu'à ce qu'on

---

[1] Carnot est présent à la séance du Comité (cf. Aulard, VII, 1).

[2] En marge de la lettre du Comité on lit cette note autographe du ministre de la guerre Bouchotte : «5e division. Envoyer copie au général de l'armée des Côtes de Brest, qui me rendra compte des mesures qu'il aura prises pour mettre Belle-Isle en sûreté.»

[3] Cf. sur le général Stettenhoffen, suspendu de ses fonctions le 1er juin 1793, t. I, p. 347 et 377.

prononce sur sa retraite. Les décrets veulent qu'un officier suspendu sans cause, accusé sans motif, reçoive ses appointements et une indemnité proportionnée à la perte qu'on lui a fait éprouver. En rétablissant Stettenhoffen le 13 août, sa suspension est jugée injuste. Qu'on lui paye donc ce qui lui est dû, qu'on lui assigne un lieu où il puisse vivre tranquille et mourir content, c'est son désir [1].

Salut et fraternité.

(Copie, Arch. de la guerre, armée du Nord.)

WISSEMBOURG, 22 SEPTEMBRE 1793.

LE GÉNÉRAL LANDREMONT AU COMITÉ DE SALUT PUBLIC.

Au quartier général à Wissembourg, le 22 septembre 1793,
l'an II de la République une et indivisible.

LANDREMONT, GÉNÉRAL EN CHEF DE L'ARMÉE DU RHIN,
AUX CITOYENS REPRÉSENTANTS DU PEUPLE, MEMBRES DU COMITÉ DE SALUT PUBLIC.

Une armée supposée, qui n'existe que dans l'idée ou dans les projets, ne bat pas l'ennemi. Je ne cesserai de vous parler, citoyens représentants, de l'armée réelle, effective, combattante, qui est sous mes ordres. Je sais aussi enfler mes forces, pour donner le change à l'ennemi; mais, quand il s'agit de l'attaquer ou de lui faire face lorsqu'il attaque, les chimères et les ombres disparaissent; le plus fort l'emporte. Je ne vous dissimule pas que tout homme qui connaît les lignes de Wissembourg et les gorges regardera comme un prodige et comme autant de batailles gagnées toutes les attaques où l'ennemi a été repoussé. Maurice de Saxe, qui nous valait bien tous pour les connaissances militaires, a soutenu qu'il fallait 40,000 hommes dans les lignes et autant dans les gorges pour en défendre l'accès. Il n'aurait pas pris sur lui de les garder avec de moindres forces. Je n'en ai pas la moitié, depuis que je commande l'armée, et je ne me suis pas laissé entamer. J'ai même attaqué et repoussé les ennemis. Je dois mes succès autant à mon bonheur qu'à la valeur de nos soldats républicains et aux efforts constants des bons généraux et chefs de troupes, qui veillent bien, m'avertissent à temps et payent de toute leur personne, quand il s'agit soit d'attaquer ou de se défendre. L'ennemi a essayé de nous forcer sur tous les points, l'un après l'autre; il a trouvé la même résistance à chaque tentative, opposée par les mêmes braves, que j'envoie tantôt à la droite, tantôt à la gauche, tantôt au centre. Si j'ai défendu tous les points, c'est que j'ai toujours jeté mes forces sur le point menacé. *J'ai mis,* comme on dit, *tous mes œufs dans un panier.* J'ai réussi, c'est

---

[1] Cf. la réponse de Carnot au représentant Laurent Le Cointre à la date du 23 septembre, p. 194. — Le général Stettenhoffen fut rappelé à l'activité et nommé général de division le 15 frimaire an II (5 décembre 1793).

fort bien; mais je ne peux pas répondre que je réussirai toujours. Il est impossible que je chasse l'ennemi, tant qu'il m'opposera 45,000 hommes à 31,000, dont je ne peux employer qu'un tiers à livrer combat. J'ai essayé de faire une diversion. L'ennemi, fort des intelligences qu'il s'est toujours ménagées avec les traîtres qui nous environnent, avait porté presque toutes ses forces sur les lignes. J'ai alors voulu passer le Rhin et tirer tous les avantages possibles de cette expédition. Mon passage a manqué; je me suis trouvé n'avoir ni pont, ni bateaux, ni bateliers, ni pontonniers, qui sont des traîtres et des lâches. Si j'avais passé, l'ennemi était obligé de diviser ses forces pour porter du secours sur son territoire envahi; je l'attaquais alors avec des forces presque égales et j'avais lieu d'espérer une victoire complète. Ses projets manqués, rompus, sa défaite, ses pertes le rejetaient bien loin et anéantissaient les espérances de la ligue des tyrans [1].

Aujourd'hui, je ne peux plus attendre le même succès du passage du Rhin. Il sera plus difficile, et l'ennemi ne sera pas surpris par une tentative à laquelle il s'attend et contre laquelle il s'est mis en mesure, en me tenant en échec par ma droite si je veux pousser en avant. Je n'ai pas assez de forces pour le tourner, et je suis obligé de me tenir strictement sur la défensive, car des 31,000 hommes qui composent l'armée que je commande il y en a 7,000 dans les gorges, qui n'en peuvent pas bouger, ayant à craindre les entreprises des Prussiens qui sont devant eux. Reste donc à 24,000, dont 4,000 de cavalerie, qui forme le tiers environ de la cavalerie ennemie.

Le compte que je vous rends, citoyens représentants, de la force des troupes que je commande est le résultat du compte que je me suis fait rendre particulièrement par tous les généraux, le seul exact, le seul d'après lequel je puis opérer.

L'armée du Rhin a fourni 15,000 hommes à celle du Nord; la garnison de Mayence n'a pas laissé que d'attirer, en passant, bien des officiers et soldats attachés au corps, qui en faisaient partie. Les pertes journalières, quoique peu considérables, les maladies vraies ou fausses de ceux qui vont aux hôpitaux, les recrutements, pour l'artillerie et même pour la cavalerie, de soldats qui vont s'instruire aux dépôts, la formation d'un corps de pionniers, pris sur tous les bataillons, les réformes et les désertions, peu fréquentes il est vrai, toutes ces circonstances réunies causent un affaiblissement sensible et réduisent à 24,000 combattants une armée qu'on suppose de 150 à 200,000 hommes.

Les départements de la Meurthe et des Vosges se sont levés et ont consterné les généraux du despote autrichien, qui étaient dans l'attente d'un grand événement; ils ont fait évacuer tous les gros équipages et construit plusieurs ponts sur le Rhin pour assurer leur retraite, parce qu'ils ne se croyaient pas capables de résister aux efforts d'un peuple libre, levé tout entier pour les poursuivre, la pique dans les reins. Mais, lorsqu'ils ont été avertis par les espions et les traîtres que la résolution de les combattre intrépidement n'était pas commune à tous les citoyens levés en masse, qu'un grand nombre (du district d'Haguenau principa-

----

[1] L'essai infructueux du passage du Rhin avait eu lieu le 12 septembre (cf. A. Chuquet, *Wissembourg*, 127).

lement) fuyaient chez eux le lendemain de leur arrivée à l'armée, que ceux qui étaient restés n'avaient pas généralement une contenance ferme et ne montraient pas une vive ardeur de tomber sur eux; lorsqu'ils ont vu arriver des pelotons d'infâmes habitants du pays, qui, mêlés avec les bataillons dans la forêt du Bienwald, ont déserté avec leurs armes et ont montré des dispositions toutes contraires à celles qu'on leur supposait, alors les généraux autrichiens se sont rassurés et se sont préparés à une vigoureuse résistance.

Le 18, à trois heures après-midi, nous les avons attaqués sous un feu très vif de leurs batteries. La division de droite, avec ordres du général Dubois, s'est battue jusqu'à sept heures, avant de pouvoir remporter aucun avantage; enfin elle s'est emparée de leur première redoute et du village de Berg, dont elle les a chassés. Ils ont alors travaillé toute la nuit, comme de coutume, à établir des batteries pour repousser nos troupes le lendemain matin et leur faire abandonner la position qu'elles avaient prise.

Le général Dubois a fait des batteries de son côté, et l'attaque a recommencé vigoureusement à cinq heures du matin. Le combat a duré jusqu'à deux heures après midi; mais l'ennemi, ayant reçu de nouvelles forces et de l'artillerie, nous démonta deux pièces de canon et un obusier, nous fit sauter trois caissons, et le général Dubois, chauffé très vivement, s'est vu forcé d'abandonner sa position et de rentrer dans ses retranchements, ce qu'il a exécuté dans le plus grand ordre. Il a perdu à cette affaire une trentaine d'hommes et autant de chevaux, et il a eu près de trois cents blessés; il a essuyé tout le fort de l'attaque des ennemis, qui avaient porté leurs principales forces de son côté.

Le centre de l'armée avait gagné ce même jour et la veille, sans presque faire aucune perte, une lieue de terrain en avant, et s'y était maintenu; mais il a fallu l'abandonner le 20 [1].

Le général Desaix, qui commande le camp retranché de Nothweiler, a parcouru près de deux lieues en avant, à la tête d'un gros de troupes, sans trouver d'ennemis: ce qui me porte à croire qu'ils s'étaient portés sur Pirmasens pour s'opposer aux entreprises du général Schauenburg; mais depuis ils sont revenus devant le camp de Nothweiler et y ont été repoussés dans une petite attaque qu'ils ont tentée hier.

Le 20, nous avons été attaqués au centre devant nos lignes par dix-huit bataillons de 1,800 hommes chacun, qui forment plus de 32,000 hommes. J'avais à leur opposer huit mille hommes d'infanterie et quatre mille de cavalerie, ne pouvant toucher ni à la division de droite, composée de 10,000 hommes, ni à celle de gauche, qui n'est forte que de 7 à 8,000.

La cavalerie ennemie était aussi très nombreuse. Ils ont essayé une charge pour tomber sur nos redoutes, mais heureusement ils ont été repoussés de toutes parts avec une perte assez considérable. Nous avons eu, de notre côté, cinquante hommes tués et une centaine de blessés, parmi lesquels se trouvent plusieurs officiers, entre autres le citoyen Desprès, officier des chasseurs du Rhin, qui a eu

[1] Cf. sur les combats des 18, 19 et 20 septembre, A. Chuquet, *Wissembourg*, 183 à 185.

une cuisse emportée par un boulet de canon et le gras de l'autre jambe emporté du même coup. C'est le même officier à qui un boulet vint mourir sur le genou à l'affaire du 14. Je l'ai visité; il m'a demandé avec beaucoup d'intérêt si l'on ne parviendrait pas à chasser les ennemis du bois.

Vous voyez, citoyens représentants, que nous avons résisté jusqu'à présent de toutes nos forces et que nous avons même attaqué les ennemis. Nous avons défendu les lignes et nous sommes résolus de les défendre jusqu'à la dernière extrémité; mais nous ne pouvons rien entreprendre.

Je vous envoie ci-joint copie d'un état des forces de l'ennemi, trouvé sur un capitaine d'artillerie, tué dans une redoute que nous avons emportée. Vous verrez qu'elles y sont portées à 80,000 hommes, tant devant les gorges que devant les lignes.

Je ne peux pas répondre des lignes, si vous ne m'envoyez pas des forces. L'ennemi, en m'attaquant sur tous les points à la fois, fera une trouée d'un côté ou de l'autre, et les deux départements seront envahis.

Strasbourg n'est pas dans le cas de tenir trois jours. Malgré toutes mes demandes, malgré tous les ordres que je ne cesse de donner, cette place est absolument dépourvue de vivres et n'a pas un cinquième de son approvisionnement de siège en poudre [1]. A l'armée nous n'avons point d'obus, et vous verrez par la lettre dont je vous adresse copie ci-jointe que le directeur des forges Dieudé [2] a dû en fournir depuis longtemps, et que la destination en a été détournée.

Point de forces, point de munitions de guerre, point de vivres, telle est la position où je me trouve, à la barbe de l'ennemi. L'armée elle-même ne se nourrit qu'au jour le jour, et, sans l'infatigable activité et toutes les ressources et les

----

[1] Ce passage de la lettre du général Landremont offusqua particulièrement le Comité de salut public. On lit en effet dans une lettre que le Comité adressa le 25 aux représentants à l'armée du Rhin (Cf. Aulard, VII, 57) : «Le Comité vous renvoie un mémoire du général Landremont, destitué. Ce mémoire, daté du 22 de ce mois, nous a paru rédigé d'une manière propre à confirmer tous les soupçons conçus contre ce général. Ce qu'il annonce sur la détresse de l'armée nous a paru devoir être fort exagéré, surtout pour ce qui concerne Strasbourg. Comment pourrions-nous croire que cette place, dans laquelle le ministre de la guerre nous assure qu'il y a sept cents milliers de poudre et un grand approvisionnement de subsistances, ne puisse tenir que trois jours? Nous avons remarqué que Landremont, en atténuant toutes les ressources, ne dit pas un mot des représentants du peuple près de cette armée. Cette affectation, ce silence nous ont paru confirmer nos soupçons sur sa perfidie.»

[2] Jean-Pierre-Alexandre Dieudé, né à Archail (Basses-Alpes) le 27 mars 1743, fils d'un conseiller au siège de Digne, aspirant au corps d'artillerie le 10 décembre 1759, élève le 31 janvier 1761, sous-lieutenant le 16 février 1762, lieutenant en premier le 15 octobre 1765, capitaine par commission le 6 novembre 1771, capitaine en second le 1er juillet 1777, capitaine en second de sapeurs le 9 mai 1778, capitaine de canonniers le 13 juin 1779, lieutenant-colonel le 1er avril 1791, général de brigade provisoire et commandant l'artillerie de la partie droite de l'armée de la Moselle le 2 messidor an II (20 juin 1794), confirmé dans ce grade le 16 brumaire an II (6 novembre 1794), admis à la retraite le 3 floréal an V (22 avril 1797), mort à Metz le 1er avril 1819.

moyens du commissaire ordonnateur en chef Villemanzy [1], nous nous serions déjà trouvés sans pain [2].

J'espère, citoyens représentants, que vous sentez trop l'urgence de nos besoins pour ne pas sur-le-champ faire donner les ordres les plus prompts et employer les moyens les plus courts pour qu'il soit fourni à l'armée du Rhin des forces en infanterie et en cavalerie, des subsistances et des munitions de guerre. Les seules choses dont nous sommes approvisionnés pour longtemps, c'est un grand courage, un grand amour de la patrie et un grand désir de faire triompher la République en exterminant ses ennemis [3].

Le général en chef,

LANDREMONT.

(Copie certifiée conforme par Landremont, Arch. de la guerre, armée du Rhin.)

---

[1] Jacques-Pierre Orillard de Ville-manzy, né à Amboise (Indre-et-Loire) le 5 janvier 1751, élève commissaire des guerres le 1er août 1768, commissaire à Dunkerque le 5 septembre 1777, attaché le 1er mars 1780 à l'expédition de Rochambeau en Amérique, commissaire ordonnateur grand-juge à Strasbourg le 1er octobre 1791, commissaire général le 26 mars 1792, inspecteur en chef aux revues le 10 brumaire an VIII (1er novembre 1799), commandant de la Légion d'honneur le 11 juillet 1807, sénateur le 14 décembre 1809, comte le 9 mars 1810, pair de France le 4 juin 1814, grand-officier de la Légion d'honneur le 23 août 1814, retraité le 10 décembre 1814, grand'croix de la Légion d'honneur le 22 mai 1825, mort à Paris le 3 septembre 1830. (Cf. *Fastes de la Légion d'honneur*, IV, 356.)

[2] Cf. *Compte rendu à la Convention nationale par Ruamps, Borie, Milhaud, Guyardin, Mallarmé et Niou, représentants du peuple, envoyés près l'armée du Rhin, de leurs travaux...*; 1794, in-8°, p. 141.

[3] Le 24 septembre 1793 Landremont, que son origine noble et la trahison de son lieutenant d'Arlandes avaient rendu suspect, fut destitué du commandement de l'armée du Rhin et remplacé par le général Delmas; mais comme ce dernier était enfermé dans Landau, le doyen des divisionnaires, Munnier, prit provisoirement le commandement, qu'il céda, le 2 octobre, à Carlenc, que les représentants avaient élevé en dix jours du grade de chef d'escadron à celui de général de division. (Cf. Chuquet, *Wissembourg*, 193, et Étienne Charavay, *Le général Carlenc.*) La destitution de Landremont, qui avait eu lieu en même temps que celle des généraux Houchard et Schauenburg, amena des protestations au sein de la Convention. Le député Du Roy, ancien commissaire à l'armée du Rhin, affirma, dans la séance du 24 septembre, que le général Landremont avait rendu de grands services à la République et qu'il l'avait toujours vu se conduire en excellent patriote et en bon républicain. Mais Barère expliqua, le 25, les motifs du Comité. «Nous avons voulu, dit-il, ôter des armées les nobles, les Irlandais, les gens suspects. Nous l'avons fait avec les connaissances qu'a le ministre de la guerre dans ses bureaux, avec celles qu'ont recueillies Carnot et quelques autres membres du Comité de salut public, ainsi que les représentants du peuple délégués à cette armée, enfin avec les notions que les bons citoyens s'empressent de nous donner sur tel ou tel militaire. Il ne reste plus à l'Assemblée qu'à examiner la note que nous publions de ces nominations et de ces destitutions.» La Convention donna raison au Comité de salut public, qui annonça, le 25, aux représentants près l'ar-

63. paris, 23 septembre 1793.[1]

LE COMITÉ DE SALUT PUBLIC AUX REPRÉSENTANTS DU PEUPLE
PRÈS LES ARMÉES DES ALPES ET D'ITALIE.

2 vendémiaire an ii de la République une et indivisible.

LE COMITÉ DE SALUT PUBLIC AUX REPRÉSENTANTS DU PEUPLE
PRÈS LES ARMÉES DES ALPES ET D'ITALIE [2].

Nous avions cru, chers collègues, nous être suffisamment expliqués sur la conduite à tenir envers la République de Gênes, pour qu'il ne pût vous rester aucun doute à cet égard. Nous sentons, comme vous, combien les conjectures où nous nous trouvons sur la frontière d'Italie sont délicates. Quelque parti que l'on prenne, il présente des inconvénients majeurs, et cependant il faut bien adopter un plan quelconque de conduite. Celui que nous avons adopté, et que nous avons constamment manifesté dans toutes nos instructions, a été de respecter le territoire génois, de ne point y entrer les premiers, à moins que ce ne soit du consentement du gouvernement de Gênes, mais de nous tenir sur les confins et toujours prêts à nous y porter en force, dès le moment où ce territoire aurait été violé par les ennemis. Nos motifs sont que, si nous pénétrons de force les premiers dans ce pays neutre, déjà si vivement pressé par les coalisés, d'après ce que vous nous dites, de se déclarer, nous le forçons à remplir en effet le vœu des ennemis et à se décider contre nous qui aurions commencé les hostilités, surtout si, comme vous paraissez le croire, le gouvernement génois est mal disposé à notre égard; car alors nous sommes fondés à croire qu'il n'attend qu'un prétexte pour se ranger du côté de nos ennemis, et nous le lui fournissons; nous fournissons au Sénat une réponse pour fermer la bouche au peuple, en supposant que celui-ci penchât pour nous; et enfin nous accréditons les reproches que nos ennemis affectent de disséminer, que nous foulons aux pieds le droit des gens et qu'il n'est rien de sacré pour les Français.

Si, au contraire, nous respectons le territoire génois, alors ou les

mée du Rhin la destitution de Landremont, «que plusieurs motifs de suspicion attaquaient à la fois.» (Cf. Aulard, VII, 56.)

[1] Carnot est présent à la séance du Comité (cf. Aulard, VII, 13). Il écrit un arrêté ordonnant la levée des scellés apposés sur la caisse du collège anglais à Saint-Omer.

[2] Ricord et Robespierre jeune, par arrêtés des 19 et 21 juillet 1793.

ennemis le violeront eux-mêmes, ou ils le respecteront comme nous. Dans ce dernier cas, vos craintes à l'égard de la prise de Savon s'évanouissent; dans le premier, nous marchons contre eux, non seulement pour notre propre sûreté, évidemment compromise, mais comme amis et auxiliaires du peuple génois, qui alors, s'il penche en notre faveur, devra se déterminer sur-le-champ, autant indigné, sans doute, de la perfidie des ennemis que sensible à la loyauté française. Et que pourrait répondre à cela le Sénat de Gênes, sans s'avilir aux yeux du peuple et de toutes les nations du monde?

Nous devons ajouter que Savone étant une place forte, il n'est point certain qu'en vous présentant devant elle elle vous ouvrît à l'instant ses portes. Si le Sénat est contre vous, il n'aura pas manqué de confier le commandement de la place à quelqu'un qui ne vous la livrera pas. Il faudra enfin l'attaquer en règle, et alors l'ennemi vient au secours; s'il est le plus fort, il la délivre et nous sommes obligés de nous retirer avec la honte d'avoir gratuitement violé un territoire neutre; et si nous sommes les plus forts, eh bien! laissons les ennemis se présenter eux-mêmes devant Savone, et à l'instant marchons comme auxiliaires pour la délivrer; et en attendant, saisissons-nous, autant que possible, de tous les défilés et de toutes les avenues qui sont sur le territoire des Piémontais; et même engageons le gouvernement génois à nous confier, dans les conjonctures, et autant pour sa sûreté que pour la nôtre, la garde de cette place importante, attendu que ses forces ne suffisent pas pour y faire assez de résistance.

Il en serait de même, si vous aviez la certitude que Savone vous ouvrirait ses portes en vous présentant devant elle, car alors il ne faudrait pas hésiter à vous en emparer comme poste de sûreté, en faisant de suite, à l'égard du gouvernement génois, toutes les démarches nécessaires pour le convaincre que cette expédition ne doit point être considérée comme une violation de territoire, mais comme un moyen nécessaire à opposer aux entreprises hostiles des ennemis. Mais le succès de cette opération paraît peu vraisemblable, et, s'il n'avait pas lieu, il n'en pourrait résulter que les plus fâcheux effets.

Remarquez enfin, chers collègues, que si nous violons le territoire génois, les ennemis en obtiennent à l'instant ce qu'ils veulent, comme nous l'avons déjà dit, c'est-à-dire la déclaration de guerre contre nous; car, pour les forcer à se déclarer, ils bloqueraient de suite la ville même de Gênes, par terre et par mer, de manière qu'il ne pourrait plus ni entrer de subsistances dans cette ville, ni sortir aucune barque de son port, que nous n'en pourrions rien tirer du tout; au lieu qu'au moins, dans le système de neutralité, les vivres arrivent à Gênes sans difficulté, et qu'il ne reste plus que celle de la mer qui, dans tous les cas, existe.

Nous avons déjà dit, chers collègues, que nous sentions très bien les inconvénients de ce système; mais, comme le système contraire nous paraît en présenter encore davantage, nous croyons devoir nous arrêter à celui que nous indiquent la loyauté et l'intérêt même des Génois, qui ne peut être que celui de la neutralité, puisque c'est le seul qui leur conserve les avantages de leur commerce avec nous et qui les mette à l'abri de la vengeance que tôt ou tard nous pourrions tirer d'eux, s'ils adoptaient le système honteux de la perfidie.

Ces instructions, chers collègues, sont dans le sens de celles que nous avons déjà données soit par nos lettres, soit par les représentants du peuple dernièrement envoyés près l'armée d'Italie, soit enfin par l'envoyé qui doit relever Tilly à Gênes, et avec lequel il est essentiel que vous ayez la correspondance la plus suivie qu'il vous sera possible [1].

Nous vous invitons, chers collègues, à vous défier d'un système semblable à celui qui déjà a été employé et cent fois reproduit avec astuce, pour nous entraîner dans une guerre avec les Suisses. Les ennemis ont constamment cherché à jeter des alarmes sur la frontière

---

[1] Tilly avait été envoyé à Gênes comme chargé d'affaires de la République française en mars 1793 et était arrivé le 20 avril dans cette ville. Il faut rapprocher de la lettre du Comité le passage suivant des instructions données à Tilly, le 8 mars 1793, par le ministre des affaires étrangères Le Brun (Arch. des affaires étrangères, Gênes, t. 167, p. 94): «Il est vraisemblable que nous serons forcés d'emprunter le territoire de Gênes pour envoyer des troupes en Piémont. La république de Gênes, dont les frontières sont couvertes de troupes sardes et autres à la solde du roi de Sardaigne, serait sans doute fondée à requérir notre assistance pour opposer à ces troupes des forces suffisantes pour se garantir d'une invasion présumée. Il serait à propos d'insinuer au gouvernement la nécessité de recourir à nous dans cette conjoncture; mais, si l'effet de cette insinuation n'était pas à peu près certain, il faudrait s'abstenir d'en faire la proposition pour éviter, dans le cas où elle ne serait pas acceptée, que les Génois n'en tirassent la conséquence qu'ils doivent eux-mêmes pourvoir à la défense de leurs places avec des moyens suffisants pour nous résister à nous-mêmes avec avantage, lorsque le moment serait venu de franchir de force les passages par lesquels nos troupes devraient entrer en Piémont.» — La République de

du Rhin, par leurs rassemblements vrais ou prétendus, qu'ils ont maintes fois formés aux portes de Bâle, en publiant qu'ils allaient forcer les cantons à se déclarer ou violer leur territoire. Or, quel était leur but? Uniquement de nous engager à le violer nous-mêmes les premiers. Combien de fois cette tentative n'a-t-elle pas été faite? Combien peu s'en est-il fallu qu'elle ne réussît, et combien n'avons-nous pas à nous louer d'avoir perpétuellement lutté contre ces perfides insinuations de nos ennemis?

Nous ne voulons établir en aucun sens de parité entre les Suisses et les Génois, mais au moins l'analogie des circonstances doit-elle nous autoriser à une juste défiance.

Vous ne nous dites pas si vous avez fait raser les forts de Saorgio. C'est une chose très instante.

Nous venons d'apprendre la victoire remportée par l'armée des Alpes, près le fort Mirabouck. Il en sera fait demain lecture à la Convention [1]. Il est essentiel que vous envoyiez des forces à Marseille, conformément à notre arrêté du 4.

Salut et fraternité.

C.-A. Prieur, Bréard, Carnot, Lindet, Treilhard,
J.-F.-B. Delmas, Fourcroy, P.-A. Laloy,
Eschassériaux, Merlin (de Douai), Charles Cochon, Thuriot.

(Minute aut. de Carnot, Arch. de la guerre, armée d'Italie.)

Génes eut peu de temps après maille à partir avec la France. Le 5 octobre 1793, trois vaisseaux anglais et deux frégates entrèrent dans le port de Gênes et attaquèrent à l'improviste une frégate française, *la Modeste*, dont l'équipage fut en partie massacré. Tilly protesta, le même jour, par la note suivante adressée au secrétaire d'État (Arch. des affaires étrangères, t. CLXVII, p. 377) : «Le chargé d'affaires de la République française apprend qu'il vient de se commettre une atrocité contre ceux de sa nation. Il demande si la république de Gênes continue de vouloir la paix. On commence la guerre avec celle de France en souffrant que les propriétés soient envahies et les Français égorgés dans son port et sous ses yeux.» L'émotion fut très vive en France. Le 13 octobre, Robespierre jeune et Ricord adressèrent au sénat de Gênes une protestation contre cette violation du droit des gens et le sommèrent de «tirer une juste et éclatante vengeance de l'assassinat commis, dans son port et sous ses canons, envers le genre humain, dans la personne des membres de la société française». (Cf. *Moniteur*, XVIII, 328.)

[1] Il s'agit sans doute de la lettre des représentants du peuple Philippe Simond et Dumaz, écrite de Chambéry au Comité de salut public le 18 septembre et lue le 23 dans la séance de la Convention. (Cf. Aulard, VI, 562.)

---

64. PARIS, 23 SEPTEMBRE 1793.

CARNOT AU REPRÉSENTANT LAURENT LE COINTRE.

Paris, ce 23 septembre 1793.

CARNOT À LE COINTRE.

Le rapport que tu me demandes [1], cher collègue, sur Stettenhoffen ne peut se faire et me paraît non seulement inutile, mais nuisible peut-être au brave général. Il ne peut se faire, parce que je n'ai rien d'officiel sur sa conduite dans la Belgique, et c'est sur ce point qu'il est attaqué par ses ennemis. Il est inutile, parce que Stettenhoffen ne demande point de service, mais une pension de retraite. Or le ministre convient qu'il a droit à cette pension et il doit la proposer au premier jour. Enfin le rapport peut lui nuire; car il a des ennemis, tu ne l'ignores pas, et la justice peut se trouver étouffée par la haine. Comme il n'y a que moi qui puisse rendre témoignage au civisme et aux qualités militaires de Stettenhoffen, puisqu'il n'y a que moi qui ait été à même d'observer sa conduite, il m'est impossible d'inspirer aux autres l'intérêt que la justice et l'humanité me commandent à moi-même.

CARNOT.

(Impr. dans Laurent Le Cointre, *Les crimes de sept membres des anciens comités de salut public et de sûreté générale,* p. 161, note 1.)

---

65. PARIS, 23 SEPTEMBRE 1793.

LE COMITÉ DE SALUT PUBLIC À ROBERT LINDET, À CAEN.

AU REPRÉSENTANT DU PEUPLE LINDET, À CAEN.

La Convention nationale, cher collègue, ayant supprimé tous les commissaires du Conseil exécutif, ceux qui étaient chargés de la fabrication des piques ont dû être compris dans cette suppression; mais depuis lors la Convention a autorisé les ministres à nommer des agents : ils peuvent donc reprendre leur mission.

[1] Cf. la lettre de Le Cointre à la date du 22 septembre, p. 184.

Quant à la nature de cette mission, elle a été jugée utile, puisqu'elle a été ordonnée par décret et qu'il faut bien suppléer de quelque manière à la pénurie des fusils. L'expérience prouve d'ailleurs que l'arme blanche réussit très bien entre les mains des Français. On ne peut donc discontinuer la fabrication des piques sans un motif puissant, tel que serait par exemple celui qui la fait suspendre à Paris. Ce motif, c'est la fabrication extraordinaire de fusils qui absorbe tous les fers et tout le temps des ouvriers. Si donc la même raison avait lieu dans votre arrondissement, il serait à propos de changer de même la destination des fers, qui seraient plus utilement employés à faire des fusils. C'est à vous, cher collègue, de prendre à cet égard des renseignements comme de décider des formes que vous jugerez les plus convenables à donner aux fers des piques, si vous en faites fabriquer. Ici l'on a adopté celle du maréchal de Saxe, mais rien n'empêche que vous n'en adoptiez une autre, si vous la jugez plus avantageuse [1].

Salut et fraternité.

A expédier : CARNOT.

(Minute aut. de Carnot, Arch. nat., AF ii 267.)

---

66. PARIS, 23 SEPTEMBRE 1793.
LE COMITÉ DE SALUT PUBLIC AUX REPRÉSENTANTS PRÈS L'ARMÉE DU NORD.

Votre lettre, citoyens collègues, a dû nous étonner, puisqu'elle paraît prouver que vous avez perdu de vue l'objet de votre mission. Les circonstances étant devenues de plus en plus aggravantes, nous ne pouvons que persister dans la mesure que vous aurez à faire exécuter. Cette mesure consiste dans un secours *partiel,* au moins de trente mille hommes, pris dans les deux armées de la Moselle et du Bas-Rhin et dirigés vers Cambrai pour se réunir à l'armée du Nord, afin de former toutes ensemble une masse assez imposante pour repousser les troupes de Cobourg, qui menacent dès à présent Paris et par con-

[1] Par une lettre datée de Caen, le 20 septembre 1793, Oudot et Robert Lindet avaient demandé au Comité si les commissions données pour la fabrication des piques étaient comprises dans le décret rappelant les commissaires.

séquent la République entière, dont on peut presque dire que l'existence actuelle dépend de la sûreté de Paris.

Voilà ce que vous ne pouvez négliger, citoyens collègues, malgré les raisons qui vous ont été et vous seront encore alléguées pour ne pas découvrir les frontières de la ci-devant Alsace et Lorraine.

Nous savions et vous saviez avant votre départ que la mesure de la marche *partielle* des armées de la Moselle et du Bas-Rhin serait sujette à de vives réclamations et même à des objections fortes. Mais nous devons voir avant toutes choses l'établissement de la République. Notre but est de chercher un remède sûr et prompt pour tout le corps politique, sans nous laisser détourner par les plaintes de telle ou telle partie qui se croit plus ou moins endommagée. A 100 lieues de distance les frontières sont intactes, et avec une simple défensive elles résisteraient encore longtemps; à 40 lieues songez que nous avons deux places prises et une vigoureuse attaque à repousser.

Nous vous engageons donc, citoyens collègues, à porter au conseil de guerre qui va se tenir à Bitche la résolution de donner à la ligne du Nord un secours effectif et tellement nombreux que tous les esprits soient rassurés et que la République voie en même temps appliquer à sa plaie un remède efficace et très prompt.

Les douze mille hommes organisés dans les armées du Rhin et de la Moselle dont vous nous parlez, qui sont encore sans armes, mais que nous allons nous occuper d'armer, peuvent être jetés dans les places frontières de la Moselle et du Rhin, mais ne doivent pas marcher et faire nombre dans le secours que nous demandons pour la ligne du Nord; car à peine arrivés, il faudra vraisemblablement se battre. Ainsi le secours, s'il est partiel, doit du moins être composé des troupes les mieux armées et les plus aguerries.

Quant à ce que vous dites de la possibilité de se procurer des subsistances en pays ennemi en agissant sur quelque point, il paraît qu'il n'est guère permis de se livrer à cette espérance. Consultons notre expérience : quand nous avons voulu agir au dehors, avons-nous été heureux? Comment se fier à nos généraux, dès qu'ils s'éloignent du peuple et de la surveillance républicaine? Contentons-nous de nous défendre, de nous retrancher, de ménager nos forces, de harceler l'ennemi. La seule attaque vraiment utile de notre part envers l'ennemi serait de faire la guerre à ses subsistances et à ses fourrages.

En dernier résultat, citoyens nos collègues, nous croyons que l'existence de la République dépend de former, sans le moindre délai, une armée du Nord qui soit égale à celles de Cobourg, Clerfayt, les Anglais, les Hollandais, Hessois, Hanovriens, réunis sur cette malheureuse ligne du Nord. Toute mesure qui tendra à cette prompte formation est salutaire. Toute mesure qui contrariera cette réunion de nos forces, là où est le véritable mal, deviendra dès lors subversive de la République.

La conséquence de ces réflexions nous impose une responsabilité par heure et par minute. Fermez l'oreille à toute autre considération. Joignez Cobourg avec des forces respectables qui puissent combattre avantageusement et vous serez les sauveurs de la Patrie. Autrement la République est perdue : il ne reste plus qu'à se voiler la tête.

Nous ne vous recommandons rien pour la garnison de Mayence; vos mesures sont bonnes et le décret s'effectuera peu à peu. Ce n'est pas là où est le danger, citoyens nos collègues, c'est entre Cambrai et Péronne que le sort de nous tous est fixé [1].

(Minute, Arch. nat., AF II 244.)

PARIS, 23 SEPTEMBRE 1793.

ARRÊTÉ DU COMITÉ DE SALUT PUBLIC ENVOYANT CARNOT AUX ARMÉES DU NORD
ET DES ARDENNES.

Les représentants du peuple composant le Comité de salut public arrêtent que leur collègue Carnot se rendra sans délai aux armées du Nord et des Ardennes pour se concerter avec les représentants du peuple près ces armées et les généraux sur les mesures à prendre pour la défense de la frontière [2].

A Paris, le 23 septembre 1793, l'an II de la République.

B. BARÈRE, HÉRAULT, C.-A. PRIEUR.

(Orig. aut. de Prieur, Arch. nat., AF II 244. — Ampliation signée par Hérault, Billaud-Varenne, C.-A. Prieur, Prieur de la Marne et Barère, Arch. de la famille Carnot.)

---

[1] L'armée du Rhin n'ayant pas reçu de renforts et dépourvue d'un chef habile, laissa forcer les lignes de Wissembourg par Wurmser le 13 octobre 1793.

[2] Le même jour le Comité délivra à Carnot un passeport signé par Billaud-Varenne et Barère (orig., Arch. de la famille Carnot). Le lendemain 24, Carnot rédigea

23 SEPTEMBRE 1793. — LE GÉNÉRAL FERRAND AU COMITÉ DE SALUT PUBLIC.

Analyse. — Il envoie la copie d'une lettre qu'il a adressée au ministre de la guerre et au général Jourdan sur l'attaque du bois du Tilleul et sur l'arrestation du représentant Drouet.

(Analyse, Arch. de la guerre, reg. du Comité de salut public, D, fol. 628.)

PARIS, 24 SEPTEMBRE 1793.

LE MINISTRE DE LA GUERRE BOUCHOTTE AU COMITÉ DE SALUT PUBLIC.

Analyse. — Envoi d'une copie d'une lettre du général Morcaux au général Schauenburg relative à un échec éprouvé par la petite armée qu'il avait tirée du corps des Vosges pour attaquer Pirmasens [1]. Le capitaine d'artillerie de Belle [2] a sauvé ses canons et ses caissons.

(Orig., Arch. de la guerre, armée de la Moselle.)

PARIS, 24 SEPTEMBRE 1793.

JOURDEUIL [3], ADJOINT DU MINISTRE DE LA GUERRE, AU COMITÉ DE SALUT PUBLIC.

Analyse. — Envoi de la copie de la capitulation du Quesnoy. «Cette transaction honteuse faite avec l'ennemi ne peut être que l'ouvrage d'un traître et d'un

l'arrêté suivant (cf. Aulard, VII, 28) : «Le Comité de salut public arrête que le maître de poste de Paris fournira trois chevaux de limonière au porteur pour demain 25 du courant, six heures précises du matin.» Cet ordre nous apprend que Carnot partit pour l'armée du Nord le 25 septembre 1793. La destitution de Houchard et son remplacement par Jourdan étaient en partie la cause de cette mission, qui ne dura que jusqu'au 28.

[1] Cf., p. 153, la lettre du général Schauenburg au Comité de salut public, en date du 16 septembre 1793.

[2] Jean-François-Joseph de Belle, né à Voreppe (Isère) le 22 mai 1767, canonnier au régiment d'artillerie d'Auxonne le 1er octobre 1782, sergent le 1er janvier 1786, lieutenant le 1er septembre 1789,

capitaine le 18 mai 1792, adjudant général chef de bataillon provisoire à l'armée de Rhin-et-Moselle le 12 novembre 1793, général de brigade provisoire le 10 janvier 1794, chef de brigade d'artillerie le 9 mars 1794, général de brigade provisoire le 2 septembre 1794, confirmé le 6 novembre suivant, général de division le 16 novembre 1796, commandant en chef l'artillerie de l'armée de Saint-Domingue le 7 décembre 1801, mort à Saint-Domingue le 15 juin 1802. Il était beau-frère du général Hoche.

[3] Didier Jourdeuil, administrateur du comité de salut public du département de Paris au 10 août 1792, avait été choisi par Bouchotte, le 2 août 1793, pour être adjoint de la 5e division du ministère de la guerre. (Cf. Aulard, V, 448.)

parjure. Tant de bassesse n'entra jamais dans le cœur d'un républicain. Il est bien temps, je pense, de punir plus que par l'infamie de pareils scélérats. Leur âme n'est point susceptible d'un tel sentiment [1]. »

(Orig., Arch. de la guerre, armée du Nord.)

ARRAS, 24 SEPTEMBRE 1793. — LES REPRÉSENTANTS HENTZ, ÉLIE LACOSTE ET PEYSSARD AU COMITÉ DE SALUT PUBLIC [2].

Arras, le 24 septembre 1793, an II de la République une et indivisible.

Citoyens nos collègues,

Berthelmy [3] et Houchard sont en arrestation depuis hier au soir [4]; ils partent aujourd'hui pour Paris. Vernon n'était plus ici depuis trois jours; on le dit retourné chez lui.

[1] La capitulation est datée du Quesnoy, 11 septembre 1793, et est signée, pour les Français, par le chef de brigade Goullus, et, pour les Autrichiens, par le général Clerfayt.

[2] Cette lettre n'a été qu'analysée dans le recueil Aulard, VII, 16, et sous la date du 23 septembre.

[3] Le nom de ce général est constamment orthographié par erreur *Barthélemy*.

[4] Houchard avait été destitué par le Comité exécutif le 22 septembre et remplacé par Jourdan. Bouchotte avertit la Convention de cette destitution et de celle des généraux Landremont et Schauenburg par une lettre qui fut lue à la séance du 24 septembre. Le lendemain 25 le représentant Briez accusa, dans un mémoire sur l'état de l'armée du Nord, le Comité de salut public de garder le silence et de ne pas prendre les mesures nécessaires. Barère prit alors la défense du Comité et formula contre Houchard les accusations suivantes : «Quatre faits rendent Houchard infiniment suspect : le premier, de n'avoir pas jeté à la mer les Anglais après leur déroute; le second, de n'avoir pas taillé en pièces les Hollandais qu'il tenait cernés; le troisième, de n'avoir donné qu'un mouvement partiel à l'armée et d'avoir laissé dans l'inaction des troupes qui auraient pu être d'un grand secours, quand on assassinait la garnison de Cambrai dans un ravin; enfin, d'avoir abandonné Menin, laissé tailler les derrières de cette armée pendant la retraite, et d'avoir gardé le silence sur cette affaire.» Barère dit que ce n'est qu'après les renseignements fournis par Hentz que le Comité a pris le parti de destituer Houchard et de mettre à sa place un général sans-culotte, un patriote prononcé. «Quant aux nominations, ajoute-t-il, que le Comité a concertées avec le ministre, il n'a appelé à cette régénération de l'armée que des sans-culottes par état et par principes, combattant pour leurs propres droits; car il est inouï que la noblesse, contre laquelle on se bat, dirige cette guerre dans le succès de laquelle elle a tout à perdre. Nous avons voulu ôter des armées les nobles, les Irlandais, les gens suspects. Nous l'avons fait avec les connaissances qu'a le ministre de la guerre dans ses bureaux, avec celles qu'ont recueillies Carnot et quelques autres membres du Comité de salut public, ainsi que les représentants du peuple délégués à cette armée, enfin avec les notions que les bons citoyens s'empressent de nous donner sur tel ou tel militaire.» Après Barère, Robes-

Nous irons dans la journée parler à la partie de l'armée qui est au camp de Gavrelle; nous faisons imprimer une proclamation qui sera distribuée à toute l'armée du Nord. Elle motive l'arrestation.

Nous n'avons pas cru devoir différer cette arrestation jusqu'à l'arrivée du général Jourdan, dont nous n'avons pas encore de nouvelles. Il était à craindre qu'Houchard ne fût instruit de sa suspension; et l'on peut penser à quoi c'eût été s'exposer que de laisser le commandement à un homme qui sait qu'il est accusé et qu'il va le perdre.

Nous avons d'abord jeté les yeux sur un officier général qui fût sur les lieux pour commander jusqu'à l'arrivée de Jourdan; nous n'avons trouvé ici que le général Duquesnoy [1]. Il est aimé des soldats qu'il a conduits avec bravoure au

pierre, Jeanbon Saint-André et Billaud-Varenne parlèrent dans le même sens, et la Convention déclara que le Comité de salut public avait toute sa confiance.

[1] Florent-Joseph Duquesnoy, né à Bouvigny-Boieffles (Pas-de-Calais) le 27 février 1761 (son acte de baptême a été publié par M. Paul Marmottan dans son étude sur *le général Fromentin*, p. 187), fils d'un fermier, carabinier le 10 mars 1782, congédié le 10 mars 1790, capitaine au 4ᵉ bataillon du Pas-de-Calais le 28 janvier 1792, et au 4ᵉ bataillon de chasseurs francs du Nord le 16 novembre suivant, général de brigade à l'armée du Nord le 30 juillet 1793, commandant le camp sous Cassel en août 1793, général de division le 3 septembre 1793, passé à l'armée de l'Ouest le 7 frimaire an II (27 novembre 1793), suspendu le 25 floréal an III (14 mai 1795), autorisé à prendre sa retraite le 11 nivôse an IV (1ᵉʳ janvier 1796), obtient une pension de 800 livres le 5 thermidor an IV (23 juillet 1796), entré à cause de ses blessures à l'hôtel des Invalides, où il mourut vers la fin de l'année 1796. Il était frère du conventionnel.

Quand Duquesnoy fut nommé général de brigade, il écrivit au président de la Convention la lettre suivante, qui fut lue dans la séance du 12 août 1793 (Orig. aut., Arch. nat., C 265, 609) :

« Citoyen président,

« Le Conseil exécutif provisoire vient de m'élever au grade de général de brigade et me donner le commandement du camp sous Cassel. Moins instruit que zélé, j'ai contemplé l'étendue des fonctions d'un général, mais j'ai cru que refuser ce grade on pourrait m'accuser de timidité ou de tiédeur pour la chose publique. Je me suis donc entièrement consacré au service de la République. Je vous prie donc, citoyen président, d'assurer l'Assemblée nationale de mon entier dévouement; elle peut compter sur ma fermeté à mon poste, sur mon activité dans mes fonctions et sur ma résolution bien déterminée de cesser d'exister avec l'unité et l'indivisibilité de la République, si le peuple français pouvait perdre la plus juste des causes contre les despotes de toute l'Europe.

« Je suis avec respect, citoyen président,

« *Le général de brigade,*

« Duquesnoy. »

Sa nomination au grade de divisionsionnaire provoqua la lettre suivante de son frère à Bouchotte (Orig. aut., coll. de M. Étienne Charavay) :

« Arras, le 25 septembre 1793,
l'an II de la République une et indivisible.

« *Le représentant du peuple Duquesnoy, envoyé près l'armée du Nord, au citoyen Bouchotte, ministre de la guerre.*

« J'aurais désiré, citoyen ministre, qu'avant de porter mon frère au grade de général de division vous m'ayez consulté; non pas que je doute de son civisme, mais

feu et à la victoire dans l'affaire toute récente de Wervicq, près Menin. Il est puissamment secondé du citoyen Ernouf, qui arrive.

Nos prisonniers ont évité à la gendarmerie nationale que nous avions envoyée les saisir la peine de les mettre en arrestation. Berthelmy, travaillé par l'inquiétude, était ici; il vint nous demander pour lui des chevaux de luxe. Comme Duquesnoy le général n'était pas encore arrivé, nous le remîmes à une heure pour lui donner réponse. Il s'est rendu à l'époque; même embarras de notre part, autre rendez-vous pour quatre heures. Dans l'intervalle il a été vraisemblablement instruit de ce qui l'attendait, car il n'a envoyé que ses chevaux et son domestique l'attendre à notre porte. Il s'est présenté pour monter à cheval et aller à toute bride au quartier général, mais alors Duquesnoy était là, avait accepté le commandement provisoire; Lacoste, l'un de nous, s'était mis sur la porte en embuscade et a fait mettre l'embargo sur l'homme. Il a été fort décontenancé, il a gémi en allant à la maison d'arrêt et nous sommes convaincus que nous renversons une des grandes batteries de l'ennemi.

Houchard a été instruit de l'arrestation de son cher Berthelmy par le domestique de celui-ci. Vite il est accouru lui-même fort affairé voir ce que c'était; nous le lui avons dit et qu'il était lui-même en arrestation. Il en a paru moins étonné que Berthelmy; mais il a trouvé fort dur de ce que nous l'ayons traité républicainement en ne mettant pas de différence entre son arrestation et celle d'un simple soldat, entre le lieu de sa détention et celle des autres citoyens. Ces généraux qui ne font que commander ont de la peine à obéir.

Nous allons vous envoyer les autres qui sont dans l'armée; nous pouvons vous assurer que pas âme ne sourcillera de cette arrestation, qu'elle fera le meilleur effet pour l'esprit public de l'armée, qu'elle désaccoutumera à s'engouer des hommes.

D'ailleurs tout le monde s'étonnait, comme vous et comme nous, de l'étrange conduite d'un général qui, après avoir vaincu trois fois en perdant de braves soldats, finit par se mettre sur une humiliante défensive et laisse travailler l'ennemi à l'aise.

Ces messieurs vont vous dire les plus belles choses du monde, mais vous ne serez pas leurs dupes. Les faits sont là et nous nous attendons à en apprendre bien d'autres. On va les dénoncer aujourd'hui qu'ils ne sont plus en place. Nous leur prouverons qu'ils désorganisaient tout, qu'ils dégoûtaient les patriotes purs et né mettaient en avant que des intrigants. Vous verrez par nos notes signées Peyssard et Lacoste qu'ils livraient ce pays-ci à l'ennemi et laissaient couper la communication entre l'intérieur et les deux départements du Nord et du Pas-de-Calais, si on n'eût rompu leurs mesures.

Ils avaient éloigné de ce point important tout ce qui observe : le général d'Avaine, qui connaît le pays, était envoyé par eux vers Cassel. Le général de

parce que j'appréhende que ce grade soit au-dessus de ses forces.

  « Salut et fraternité.

              « Duquesnoy. »

On lit en tête de cette lettre, qui fait honneur aux scrupules et au patriotisme de son auteur : « Une réponse honnête. — Répondu le 5 octobre. »

division Duquesnoy, dont ils ne pouvaient se passer, ils le faisaient valser de gauche à droite et de droite à gauche. Il n'y avait ici presque point de général. Nous sommes plus convaincus que jamais de la trahison de ces hommes-là [1].

Houchard, après son arrestation seulement, nous a prévenu que l'ennemi se portait en force sur Maubeuge. Il nous a montré les plus vives inquiétudes sur le sort de cette place, dont il regarde la conservation comme l'objet de la plus haute importance. Nous en faisons part à nos collègues de Maubeuge et au général qui commande là. L'armée des Ardennes, qui est à portée de Maubeuge, pourrait lui porter de grands secours.

Le général Jourdan, qui vient de ce pays-là, saura si l'avertissement d'Houchard est vrai; il prendra sûrement les mesures nécessaires. Il ne sera sûrement pas comme Houchard qui nous a assurés, quand il était pris, que la République n'avait pas assez de monde pour se défendre.

Les représentants du peuple envoyés près l'armée du Nord,

HENTZ, PEYSSARD, Élie LACOSTE.

(Orig. aut. de Hentz, Arch. de la guerre, armée du Nord.)

GUISE, 24 SEPTEMBRE 1793.

LE GÉNÉRAL JOURDAN AU MINISTRE DE LA GUERRE BOUCHOTTE.

Guise, le 24 septembre 1793, l'an II de la République une et indivisible.

LE GÉNÉRAL JOURDAN AU MINISTRE DE LA GUERRE.

J'ai reçu hier à Maubeuge, citoyen ministre, votre lettre par laquelle vous me prévenez que le Conseil exécutif m'a nommé pour commander en chef l'armée du Nord à la place du général Houchard, destitué [2]. Je me suis mis de suite en

---

[1] Le même jour, 24 septembre, les représentants Hentz, Élie Lacoste et Peyssard annoncèrent à l'armée du Nord par une proclamation l'arrestation de Houchard (placard in-fol., Arch. nat., W 296, numéro 250): « Soldats républicains, disaient-ils, la Convention nationale a toujours ses regards sur vous; vous êtes les objets de sa plus tendre sollicitude, et lorsqu'un général, au lieu de vous conduire dans le champ de la victoire, prépare des défaites par la trahison, elle le frappe avant qu'il ait consommé ses attentats. Vous applau-direz donc à ses mesures; les républicains ne voient que la patrie, et Houchard n'est plus rien à vos yeux : il était indigne d'être votre chef, dès que le salut de la République ne commandait pas toutes ses actions et que la trahison dirigeait ses mouvements. »

Le lendemain 25 septembre, le général Duquesnoy annonça la destitution de Houchard dans son ordre du jour aux soldats. (Arch. de la guerre, armée du Nord, reg. XIII *bis*, p. 92.)

[2] Le 22 septembre 1793.

route pour me rendre au quartier général de cette armée [1] et j'espère y arriver dans la journée [2].

JOURDAN.

(Orig aut., Arch. adm. de la guerre.)

[1] Le quartier général de l'armée du Nord était alors à Gavrelle, village du canton de Vimy, dans l'arrondissement d'Arras. Jourdan y arriva le 25 septembre au soir et prit sur-le-champ le commandement.

[2] Jourdan, dans ses *Mémoires* inédits, parle en ces termes de sa nomination au commandement de l'armée du Nord (Orig. aut., Arch. de la guerre) :

«Le général Jourdan, qui avait eu le bonheur de se distinguer à la bataille d'Hondschoote en enlevant les retranchements à la tête de ses troupes, nommé général en chef dans une circonstance aussi critique, représenta que, n'ayant ni les talents ni l'expérience qu'exigeait un commandement si important, il était de son devoir de le refuser; mais les commissaires de la Convention lui ayant rappelé un décret qui ordonnait l'arrestation de tout citoyen français qui n'accepterait pas l'emploi auquel il était appelé, il fut contraint d'obéir et arriva au quartier général de Gavrelle le 26 septembre.

«L'armée du Nord comptait à cette époque 104,000 hommes de troupes disponibles, dont 9,000 de cavalerie. Trente-trois mille sous le général d'Avaine étaient répartis dans les camps retranchés de Dunkerque, de Cassel et de Bailleul; vingt-huit mille sous le général Béru dans les camps de Mons-en-Pevèle, de la Madeleine-sous-Lille et d'Armentières; vingt-huit mille campaient à Gavrelle et Arleux, et quinze mille sous le général Ferrand occupaient le camp retranché de Maubeuge. Il y avait, en outre, trente-cinq mille hommes dans les places qui n'en pouvaient sortir qu'en vertu d'un ordre du ministre de la guerre; ces garnisons étaient formées en grande partie de dépôts et de bataillons de réquisition non armés.

«Inférieure en nombre à celle des alliés, et surtout en cavalerie, l'armée était en même temps dans une situation pitoyable. Les généraux et officiers supérieurs, parvenus dans l'espace de peu de mois des rangs subalternes aux plus hauts grades, n'avaient encore que du zèle et du courage. Les troupes étaient dénuées d'effets d'habillement et d'équipement et les arsenaux dépourvus d'armes et de munitions. La cavalerie souffrait de la disette des fourrages; enfin les anciens régiments, ne recevant plus de recrues depuis longtemps, étaient réduits de moitié. La Convention, par son décret du 23 août, avait prescrit, il est vrai, la levée de tous les Français de dix-huit à vingt-cinq ans; mais, en les autorisant à se former en bataillons et à choisir parmi eux les officiers, elle accumula sur la frontière des nouveaux corps privés de chefs expérimentés, qu'on ne put mener à l'ennemi que quand quelques mois plus tard le général en chef eut obtenu l'autorisation de les incorporer dans les anciens cadres. D'ailleurs il était plus aisé de lever des bataillons que de les armer. Le plus grand nombre n'étaient munis que de piques et de bâtons. Cependant, comme ils figuraient sur les états de situation, le comité de gouvernement, qui fondait les forces de la République sur la multitude, croyait qu'on pouvait entreprendre les plus grandes choses..............
....

«L'armée des alliés, répandue sur la frontière du Nord depuis Mons jusqu'à la mer, ayant une cavalerie nombreuse et bien tenue, comptait cent vingt mille combattants: 70,000 Autrichiens, 36,000 Anglais, Hanovriens et Hessois, et 14,000 Hollandais. Sa position était fortifiée des places de Condé, Valenciennes et le Quesnoy, et de la forêt de Mormal.»

PERPIGNAN, 24 SEPTEMBRE 1793.

LE GÉNÉRAL DAGOBERT AU COMITÉ DE SALUT PUBLIC.

Perpignan, le 24 septembre 1793, l'an II de la République française.

LE GÉNÉRAL EN CHEF DE L'ARMÉE DES PYRÉNÉES ORIENTALES AUX CITOYENS REPRÉ-
SENTANTS DU PEUPLE COMPOSANT LE COMITÉ DE SALUT PUBLIC DE LA CONVENTIO.
NATIONALE.

Citoyens représentants,

Je suis arrivé à Perpignan le 19 au soir ; je me rendis aussitôt chez les représentants du peuple Fabre et Cassanyès. Vous aurez peine à concevoir mon étonnement quand je les entendis me dire que tout était arrangé pour attaquer l'ennemi pendant la nuit, sans attendre la petite armée que j'amenais de Mont-Libre
qui était encore à cinq lieues et qui ne devait arriver que le lendemain. C'es
d'après ces sollicitations d'attaquer que je m'y déterminai le 22 au matin ; j'étais déj.
parvenu à éviter les retranchements et les batteries nombreuses dont le front d.
camp ennemi est hérissé et je m'étais porté sur son quartier général, j'étais entr.
dans les retranchements et j'étais maître du camp quand un gros de cavaleri.
venant à paraître a jeté l'épouvante dans ma troupe. Un officier de cette cavaleri.
s'avançant et proposant une capitulation, un capitaine du 61ᵉ régiment eut l.
lâcheté de proposer à sa troupe de se rendre et de faire la même proposition au.
bataillons de volontaires qui se trouvaient auprès de lui. Malheureusement ce
exemple n'a été que trop suivi ; cependant le capitaine Bresson [1], qui commanda.
le bataillon du Gard, fit une réponse républicaine, se saisit du drapeau et prit l.
parti de s'enfuir à toutes jambes avec quelques braves de son bataillon, qui furen.
assez heureux pour éviter la cavalerie qui les poursuivait. C'est ainsi qu'une victoire certaine et brillante m'est échappée et que j'ai été forcé de faire ma retraite
ce qui s'est exécuté en bon ordre, après avoir retiré toute mon artillerie. Je n.
dois pas vous dissimuler, citoyens représentants, que je n'ai point été secondé e.
que c'est le bruit général de la ville et du camp qu'on a voulu me sacrifier. L.
cavalerie et l'élite de l'armée sont restés cachés derrière un bois sans faire l.
moindre mouvement, ce qui aurait déconcerté l'ennemi, car, pour peu que l.
cavalerie se fût montrée, elle aurait rassuré notre infanterie et en aurait impos.
à celle de l'ennemi. Au reste, à la perte près de 5 à 600 hommes qui ont lâchement mis bas les armes, la perte des ennemis aurait été plus considérable que l.
nôtre.

Il était loin de mon idée de vouloir inculper personne, mais j'entends que

---

[1] Louis Bresson, né à Uzès (Gard) le
28 janvier 1768, entré au service dans le
régiment de Languedoc le 26 octobre 1785,
congédié le 25 août 1791, capitaine au
2ᵉ bataillon des grenadiers du Gard le
26 août 1792, chef de bataillon au 63ᵉ d.
ligne le 3 mars 1807, commandant du
Pont-Saint-Esprit le 29 avril 1815.

celui-là même qui commandait l'élite de l'armée, qui avait toute la cavalerie avec lui, qui, loin de se rendre au lieu indiqué, est resté près d'une lieue en arrière caché dans des oliviers, le général Goguet[1], enfin, croit pouvoir se disculper en criant plus fort que moi. Il lui était désigné de se rendre devant Sainte-Colombe, ce qu'il n'a pas fait, puisqu'il est resté bien loin en arrière de l'autre côté de Thuir. S'il a eu le bonheur de venir en un an de médecin général de division, si le représentant du peuple Fabre, par sa grande liaison avec lui, a dessein de le faire commander l'armée, il était pour le moins inutile de me faire les instances qu'on m'a faites pour me faire accepter un poste où je ne suis arrivé que malgré moi et où je serais bien aise qu'on me fît remplacer par quelqu'un qui ait plus de talents que moi, mais qui à coup sûr n'aura jamais plus de zèle pour le service de la République.

Salut et fraternité.

DAGOBERT.

(Orig., Arch. de la guerre, armée des Pyrénées orientales.)

THOUARS, 24 SEPTEMBRE 1793.
LE GÉNÉRAL REY [2] AU COMITÉ DE SALUT PUBLIC.

Analyse. — Il fait part d'un avantage qu'il a remporté, le 14 septembre, à Thouars sur les insurgés. L'ennemi vint attaquer Thouars, mais il fut repoussé

[1] Jacques-Gilles-Henri Goguet, né vers 1766, médecin de l'Université de Montpellier, garde national de cette ville en 1789, volontaire au 1er bataillon de l'Hérault le 26 juin 1792, commandant de ce bataillon en août 1792, a un cheval tué sous lui à la bataille de Jemappes le 6 novembre 1792, avertit, le 27 mars 1793, le représentant Delacroix de la trahison de Dumouriez, félicité par la Convention le 6 avril 1793, général de brigade à l'armée des Côtes de Cherbourg le 15 mai 1793, employé à l'armée des Pyrénées orientales le 30 juin 1793 et à celle du Nord le 16 nivôse an II (5 janvier 1794), général de division le 16 pluviôse an II (4 février 1794), commandant de l'armée intermédiaire à Guise, assassiné par un de ses soldats près de Maubeuge (Nord) le 2 floréal an II (21 avril 1794). — Cf. Jean Lombard, *Un volontaire de 1792* (le

général Mireur), et, sur la mort du général Goguet, une lettre du général Alexis Dubois, du 2 floréal (Arch. de la guerre, armée du Nord, reg. XXVIII *bis*), et lettre de Pichegru, du 4 floréal, dans le *Moniteur*, XX, 321.

[2] Gabriel-Venance Rey, né à Milhau (Aveyron) le 24 juillet 1763, fils d'un marchand, engagé au régiment Royal-Cavalerie le 3 juin 1783, brigadier le 26 novembre 1789, adjudant-major au 5e bataillon du Calvados le 1er novembre 1792, adjudant général provisoire le 13 mai 1793, général en chef de l'armée réunie à Chinon le 17 juillet 1793, par arrêté du représentant Philippeaux; confirmé général de division à l'armée des Côtes de la Rochelle le 30 juillet 1793, suspendu le 30 septembre suivant, relevé de sa suspension et employé à l'armée des Côtes de Brest le 6 septembre 1794, commandant

après trois heures de combat. «Tout le monde fit si bien son devoir qu'ils plièrent au même instant de toutes parts, et, au moment qu'ils commencèrent à prendre la fuite, je les fis charger avec tant de vigueur qu'il me serait difficile de juger quel est celui des nôtres qui voulait courir le plus vite dessus, de manière que, de cinq pièces de canon qu'ils avaient, nous leur en prîmes deux, l'avant-train d'un autre et deux caissons de munitions; et, s'ils n'avaient pas eu la précaution de couper le pont de Vrine à la fin de leur retraite, je finissais par tous les exterminer.» Il a perdu quatre hommes tués, dont le citoyen Oswald [1], commandant du 14ᵉ bataillon de Paris, et quinze blessés, dont deux braves officiers des bataillons de la Mayenne et de la Sarthe. Il recommande le brave Oswald, qui avait deux enfants. L'ennemi a laissé sur le champ de bataille cent morts, dont deux femmes et un prêtre.

(Orig., Arch. de la guerre, armée des Côtes de Brest [2].)

BAYONNE, 24 SEPTEMBRE 1793.

L'ADJUDANT GÉNÉRAL CHEF DE BRIGADE LAROCHE AU COMITÉ DE SALUT PUBLIC.

Analyse. — Il mande que «la ville de Bayonne, qui était en contre-révolution il y a quinze jours, est aujourd'hui une nouvelle Athènes. On s'y dispute l'honneur de marcher à l'ennemi, on y soulage le pauvre, on y honore la vieillesse, on y suit la loi, on y respecte les propriétés et on commence à y chérir la liberté. C'est à qui fera des dénonciations utiles, des actions importantes et civiques, enfin, à qui mieux mieux. On n'y trouve plus un maire perfide, un maire accapareur, monopoleur, agioteur; on n'y trouve plus des sociétés giroucartes (?), il n'y a plus des conciliabules nocturnes; on ne voit qu'une ville en état de siège et qui n'a besoin, pour se défendre, que des sans-culottes qui y sont. On entend partout ce cri de ralliement : La liberté ou la mort, vive la République, vive la montagne!.. Il faudra bien faire reluire ici les jours de l'antique Lacédémone et établir un banquet où tous les sans-culottes se trouveront...»

(Orig. aut., Arch. de la guerre, armée des Pyrénées occidentales.)

la 12ᵉ division militaire le 10 juillet 1799 et de la 16ᵉ le 23 du même mois, retraité le 27 août 1803, rappelé à l'activité le 12 mai 1814, commandeur de la Légion d'honneur le 26 août 1814, commandant le département de la Haute-Loire le 12 octobre 1814 et la 19ᵉ division militaire le 24 janvier 1816, baron le 18 juin 1817, chevalier de Saint-Louis le 20 octobre 1824, retraité le 12 novembre 1826, inspecteur extraordinaire dans le 1ᵉʳ arron-dissement le 8 août 1830, retraité le 11 juin 1832, mort à Bourg-lès-Valence (Drôme) le 20 avril 1836.

[1] Jean Oswald, d'origine anglaise, chef du 1ᵉʳ bataillon des piquiers à organiser à Paris le 1ᵉʳ septembre 1792, chef du 14ᵉ bataillon de Paris, tué à l'affaire de Thouars le 14 septembre 1793.

[2] On trouve aux Archives nationales, DXLII, 3, une copie de cette même lettre, avec la date du 1ᵉʳ octobre.

SAUMUR, 25 SEPTEMBRE 1793.

LE GÉNÉRAL EN CHEF ROSSIGNOL AU COMITÉ DE SALUT PUBLIC.

Au quartier général à Saumur, le 25 septembre 1793,
l'an II de la République française, une et indivisible.

*ROSSIGNOL, GÉNÉRAL EN CHEF, AUX REPRÉSENTANTS DU PEUPLE
COMPOSANT LE COMITÉ DE SALUT PUBLIC DE LA CONVENTION NATIONALE.*

Citoyens représentants,

Je vous fais part de mes inquiétudes sur la position de l'armée que je commande. Les rebelles forment un noyau dans le centre du pays, et ils se portent en masse sur la colonne qu'ils jugent à propos d'attaquer. Ils ont d'abord battu l'armée de Mayence [1], puis sont revenus battre celle de Mieszkowski [2]; ils sont parvenus enfin à mettre tout à fait en déroute l'armée d'Angers [3], commandée par le général Duhoux [4]. Je suis forcé de vous dire avec peine que rien ne pourra

[1] Le 19 septembre, à Torfou.

[2] Le 22 septembre, à Saint-Fulgent. (Cf. Chassin, *La Vendée patriote*, III, 110.) — Jean-Quirin Mieszkowski, né à Karczewo (Pologne) le 30 mars 1744, cavalier dans les uhlans de son pays le 1er janvier 1761, entré au service de la France comme volontaire dans la légion de Conflans le 1er janvier 1766, sous-lieutenant le 1er mars 1767, passé aux hussards de Conflans le 26 juillet 1776, capitaine de hussards dans les volontaires étrangers de la marine le 1er novembre 1778, chevalier de Saint-Louis le 25 juin 1779, capitaine commandant de hussards au corps des volontaires étrangers de Lauzun le 1er avril 1780, capitaine commandant aux hussards de Lauzun le 11 octobre 1783, chef d'escadron le 24 mai 1788, major du régiment du Colonel-général-hussards le 12 juillet 1789, lieutenant-colonel du 5e hussards le 1er janvier 1791, aide de camp colonel du général Biron le 29 juillet 1792, maréchal de camp à l'armée du Rhin le 20 septembre 1792, employé à l'armée d'Italie le 27 avril 1793 et à celle des Côtes de la Rochelle le 17 juin suivant, suspendu le 10 octobre 1793, retraité le 7 mai 1795, mort à Vassy (Haute-Marne) le 27 février 1819. Ce général avait

fait les campagnes du Sénégal en 1779 et d'Amérique de 1780 à 1783. (Cf. aux Arch. adm. de la guerre un mémoire détaillé envoyé par le général Mieszkowski le 31 octobre 1793, de Vassy, où il s'était retiré après sa suspension.)

[3] Le 19 septembre, à Saint-Lambert. (Cf. Chassin, *La Vendée patriote*, III, 89.)

[4] Charles-François Duhoux, né à Nancy le 13 août 1736, fils d'un lieutenant aux gardes du duc de Lorraine, lieutenant aux milices de Lorraine le 1er février 1746, lieutenant en second au régiment de Barrois le 18 mars 1747, réformé en 1748, cadet du roi de Pologne le 21 novembre 1749, entré aux volontaires royaux le 21 novembre 1752, lieutenant le 1er décembre 1756, aide-major des volontaires du Dauphiné le 1er janvier 1760, rang de capitaine le 7 mars 1761, chevalier de Saint-Louis le 14 octobre 1761, capitaine le 23 mars 1763, retiré en 1768, lieutenant-colonel attaché à la légion de Lorraine le 13 juillet 1771, puis au corps des dragons le 9 décembre 1776, maréchal de camp le 1er mars 1791, lieutenant général le 7 septembre 1792, commandant de Lille pendant le siège de cette ville, suspendu le 10 octobre 1792, acquitté le 15 mars

les empêcher de faire une trouée, et que, quand ils le voudront, ils se feront un passage. Ainsi, selon moi, je ne vois d'autres moyens, pour terminer cette guerre, que de réunir les colonnes les unes avec les autres et de marcher sur deux lignes formidables (sous le même commandement), qui de concert débusqueront les rebelles de leurs repaires, avec toutes les forces que nous pourrons réunir. Une fois dehors de leur territoire, ils perdront moitié de leurs forces. Je ne crois pas pouvoir prendre sur moi d'adopter cette mesure sans y être autorisé par un arrêté de vous. La jalousie, l'ambition dans cette armée est à son comble. Les généraux bien prononcés y sont très rares. Il y en a peu de sans-culottes. Veuillez, je vous prie, nous en envoyer; autrement je ne pourrai résister aux intrigues dont je suis entouré.

Le général Ronsin vous fera connaître, par la correspondance qu'il emporte [1], tous les désagréments qu'il y a à être dans cette armée, et il vous convaincra de la nécessité d'apporter un prompt remède pour éviter la crise dont nous sommes menacés, et qu'il est urgent d'employer tous les moyens pour empêcher que cette guerre ne s'éternise. Je vois avec peine que, de quelque côté que je me tourne, je ne suis entouré que d'aristocratie, surtout depuis Tours et sur toute la rive droite de la Loire.

Je ne puis vous dissimuler que nous devons regarder les rives de ce fleuve comme un des points les plus importants, en ce que les pays qui les envoisinent sont infectés de principes d'aristocratie et que, si nous devons contraindre l'ennemi à faire une trouée, il faut l'obliger de la faire dans les départements où il trouvera moins de ressources. L'équinoxe doit faire cesser un peu nos inquiétudes sur les rives maritimes, qui sont inabordables dans ce moment; et, en chassant les brigands du côté de la mer, nous aurons beaucoup moins de risques à courir et eux moins de ressources dans leur fuite.

Voilà, citoyens, quelles sont mes réflexions sur notre position. Prononcez promptement et mettez-moi à même de prouver l'entier dévouement que j'ai pour la chose publique.

Le général en chef,
ROSSIGNOL.

(Orig., Arch. de la guerre, armée des Côtes de la Rochelle.)

1793 et réintégré le 18 du même mois, employé à l'armée de l'Ouest, démissionnaire le 30 septembre 1793, arrêté à Nancy par ordre du Comité de salut public le 28 brumaire an II (18 novembre 1793), amené à Paris et emprisonné à l'Abbaye, autorisé à prendre sa retraite le 23 nivôse an III (12 janvier 1795), pensionné le 16 germinal (5 avril 1795). Le général Duhoux fut un des chefs des sections royalistes dans l'insurrection du 13 vendémiaire an IV (5 octobre 1795). On perd sa trace à partir de cette époque. Duhoux avait fait les campagnes de Flandre en 1746 et 1747, de Hanovre de 1757 à 1762, de Corse en 1769 et de Pologne en 1771 et 1772. En Vendée il avait été blessé grièvement à l'affaire de Saint-Pierre-de-Chemillé le 11 avril 1793.

[1] Le général Ronsin allait prendre à Paris le commandement de l'armée révolutionnaire. — Cf. dans Savary, II, 189, une lettre où le représentant Philippeaux dénonce au Comité les généraux Rossignol et Ronsin.

25 SEPTEMBRE 1793.

LES GÉNÉRAUX BEAURGARD ET FAVART AU COMITÉ DE SALUT PUBLIC.

Analyse. — 1° Le général Beaurgard [1] écrit de la Réunion-sur-Oise (Guise) qu'il s'attend à une attaque de la part des Autrichiens. Ses forces consistent en 800 hommes de troupes expérimentées et 150 cavaliers. Le surplus est composé de bataillons de nouvelle levée. Beaurgard a formé un camp retranché en avant de la ville pour exercer ces nouvelles troupes. Il redoute une attaque, qu'il ne serait pas en mesure de repousser. Le contingent des districts de Péronne et de Montdidier, arrivé aux postes de Landrecies, a rétrogradé par suite d'une panique. «Je suis parvenu, de concert avec le général Parant [2] et le district de Saint-Quentin, par des mesures promptes et fermes, à faire retourner cette colonne fugitive à sa destination. Les ennemis du bien public avaient aussi sollicité à la désertion des jeunes citoyens réunis dans mon camp. Déjà l'appréhension de la fatigue et les suggestions perfides en avaient fait disparaître un certain nombre. J'en ai fait raser deux solennellement et à la tête du camp. J'ai lieu d'espérer que cet exemple contiendra les autres.» (Orig., Arch. de la guerre, armée du Nord.) — 2° Le général Favart écrit de Lille pour exposer l'état des subsistances de cette place et demander de prompts et importants secours. (Analyse, Arch. de la guerre, corr. gén.)

---

[1] Charles-Victor Beaurgard, dit Woirgard, né à Metz le 16 octobre 1764, fils d'un ancien militaire, engagé au régiment suisse de Diesbach en août 1782, caporal en juin 1784, sergent en février 1785, congédié en janvier 1788, lieutenant au 1er bataillon de la Seine-Inférieure le 16 janvier 1792, adjudant-major le 14 mars 1792, lieutenant-colonel en second le 10 septembre 1792, général de brigade provisoire le 12 avril 1793, confirmé le 30 du même mois, suspendu le 9 octobre 1793, mis en liberté le 10 août 1794, réintégré et employé à l'armée de l'Ouest le 17 du même mois, réformé le 14 mai 1795, remis en activité à l'armée de l'Ouest le 31 août 1795, destitué le 30 janvier 1796, réintégré le 13 décembre suivant, remis en activité le 30 juillet 1799, réformé le 21 mai 1801, commandant d'armes de la place d'Alexandrie en Piémont le 11 février 1802, réformé le 4 septembre 1802, remis en activité le 17 avril 1809, commandant d'une brigade de dragons à l'armée d'Espagne le 19 juin 1809, tué au combat de Valverde, près de Badajoz, 19 février 1810.

[2] Barthélemy-Étienne Parant, né à Lesse (Meurthe) le 26 juillet 1742, soldat au régiment de Foix le 13 juin 1763, caporal le 1er juillet 1764, sergent le 17 avril 1765, fourrier le 12 mai 1766, adjudant le 1er juillet 1776, porte-drapeau le 8 avril 1785, lieutenant le 16 septembre 1791, capitaine le 12 janvier 1792, général de brigade à l'armée du Nord le 27 août 1793, général de division le 22 brumaire an II (12 novembre 1793), a cessé ses fonctions le 13 thermidor an III (2 juillet 1795), réformé le 6 fructidor an III (2 septembre 1795) et retraité le 11 germinal an IV (31 mars 1796), retiré à Saint-Gobain (Aisne), mort le 17 février 1817. Le général Parant avait servi à Saint-Domingue de 1762 à 1765 et avait fait la campagne de Genève en 1782.

GAVRELLE, 26 septembre 1793.

LE GÉNÉRAL JOURDAN AU MINISTRE DE LA GUERRE BOUCHOTTE.

Au quartier général de Gavrelle, le 26 septembre 1793,
l'an II de la République française, une et indivisible.

LE CITOYEN JOURDAN, GÉNÉRAL EN CHEF DE L'ARMÉE DU NORD,
AU MINISTRE DE LA GUERRE.

Je suis arrivé hier au soir, citoyen ministre, et j'ai pris le commandement de l'armée du Nord. J'y ai trouvé le tout dans un si grand désordre que je ne peux pas encore connaître positivement le nombre des troupes que j'ai à commander, ni les officiers généraux qui sont sous mes ordres. Le citoyen Ernouf, chef de l'état-major, travaille à mettre de l'ordre dans cette partie et j'espère qu'il y réussira. Je désirerais avoir pour mon adjudant général le citoyen Duchenoy, lieutenant au 2ᵉ bataillon de la Haute-Vienne, et qui est mon aide de camp depuis que je suis officier général [1]; ce jeune homme est du plus grand courage, professe les principes du plus pur républicain et a beaucoup de connaissances. Je vous demanderais pareillement pour aides de camp les citoyens Calate et Dalesme [2]; le premier est capitaine des canonniers au 2ᵉ bataillon de la Haute-Vienne et n'a pas subi le malheureux sort du bataillon qui a été fait prisonnier au Quesnoy, parce que nos anciens généraux n'ont jamais voulu faire donner des pièces de canon à ce bataillon que j'ai commandé pendant seize mois, et qu'il est resté à Maubeuge employé avec sa compagnie au parc d'artillerie, où il devient inutile, puisque cette compagnie est sous les ordres des officiers d'artillerie du parc; le second, sous-lieutenant du 1ᵉʳ bataillon des chasseurs du Hainaut, à Jeumont, près Maubeuge. C'est un jeune homme d'un courage rare, qui est frère du citoyen Dalesme, chef du 2ᵉ bataillon de la Haute-Vienne [3]. Je vous observerais qu'il me manque beaucoup d'officiers généraux. J'ai trouvé à l'armée des divisions qui n'ont seulement pas de généraux de brigade. Je vous prie de m'en envoyer [4]. Je vous préviens que plusieurs officiers, nommés généraux dans l'armée des Ardennes, s'adressent à moi pour demander leur destination [5]. Il m'est impossible de la leur fixer, puisque je ne connais pas cette armée [6]; il serait donc à propos de nommer un général en chef à l'armée des Ardennes, qui recevrait toutes ces diverses récla-

[1] On lit en marge ces mots autographes de Bouchotte : «L'ordre est donné d'expédier.»

[2] Bouchotte a écrit en marge : «Ils sont expédiés.»

[3] Jean-Baptiste Dalesme, né à Limoges le 20 juin 1763, lieutenant-colonel du 1ᵉʳ bataillon de la Haute-Vienne le 11 octobre 1791, général de brigade le 11 septembre 1793, mort à Paris le 13 avril 1832.

[4] Bouchotte a écrit en marge : «Lui envoyer le tableau des officiers généraux du Nord.»

[5] Bouchotte a écrit en marge : «Lui envoyer celui des Ardennes pour qu'il puisse donner les indications qu'on lui demande.»

[6] Bouchotte a écrit en marge : «Le renvoyer à la lettre qui lui a été écrite précédemment sur l'armée des Ardennes. Le général en chef est Ferrand.»

mations qui me sont adressées et auxquelles il m'est impossible de pouvoir répondre.

JOURDAN.

(Orig., Arch. de la guerre, armée du Nord.)

DUNKERQUE, 26 SEPTEMBRE 1793.
LES REPRÉSENTANTS TRULLARD ET BERLIER AU COMITÉ DE SALUT PUBLIC.

Dunkerque, le 26 septembre 1793, l'an ii de la République une et indivisible [1].

LES REPRÉSENTANTS DU PEUPLE, ENVOYÉS PRÈS L'ARMÉE DU NORD,
AU COMITÉ DE SALUT PUBLIC.

Nous avons reçu aujourd'hui, citoyens collègues, vos trois lettres en date des 19 [2] et 21 [3] de ce mois. L'avis que vous nous donnez a été par nous aussitôt transmis à un comité de surveillance composé de tout ce qu'il y a de patriotes les plus prononcés et qui veillent avec nous.

La situation de Houchard n'a pas ici produit de sensation désagréable. L'armée est bonne, et la créature de Custine n'est regrettée de personne. Il peut encore exister des traîtres, mais le règne de l'idolâtrie est passé et nous devenons de vrais républicains.

TRULLARD, T. BERLIER.

(Orig., Arch. nat., AF ii 238.)

GAVRELLE, 26 SEPTEMBRE 1793.
LE GÉNÉRAL EN CHEF JOURDAN AU GÉNÉRAL BÉRU.

Au quartier général de Gavrelle, le 26 septembre 1793, l'an ii de la République.

AU GÉNÉRAL BÉRU, À LILLE.

Je vous préviens, citoyen général, que je viens d'avoir une conférence avec le citoyen Carnot, membre du Comité de salut public, qui est venu ici pour conférer avec moi. Il est résulté de notre entrevue que nous sommes convenus d'employer de grands moyens pour chasser les tyrans du territoire de la République; mais, comme ces grands moyens demandent des détails et que vous devez beaucoup

---

[1] On lit en tête : «Reçu le 29.» — Cette lettre n'a été mentionnée dans le recueil de M. Aulard (VII, 73) que d'après une analyse des plus sommaires empruntée aux archives de la guerre.

[2] Cf. le texte de cette lettre du Comité de salut public à Trullard et Berlier dans Aulard, VI, 567.

[3] Cf. le texte de cette lettre à sa date, p. 178.

contribuer à cette opération, je vous engage à vous rendre en poste de suite auprès de moi pour nous concerter, à moins que votre présence ne fût absolument nécessaire à Lille, et, dans ce cas, vous m'enverriez le général Dupont. Tâchez de venir vous-même[1].

JOURDAN.

(Arch. de la guerre, reg. de corr. de Jourdan, p. 1.)

WISSEMBOURG, 26 SEPTEMBRE 1793.
LE GÉNÉRAL LANDREMONT AU COMITÉ DE SALUT PUBLIC.

Analyse. — Il transmet copie d'une réclamation du citoyen Boric en faveur de plusieurs officiers qui, quoique nobles, ont bien servi la République. Il déclare qu'il lui est impossible de remplacer le général Sparre par le général Delmas, qui se trouve à Landau, dont la communication est interceptée[2].

(Analyse, Arch. de la guerre, reg. du Comité de salut public, C, p. 532.)

BRIANÇON, 26 SEPTEMBRE 1793.
LE GÉNÉRAL LESTRADE[3] AU COMITÉ DE SALUT PUBLIC.

Analyse. — Il explique qu'il a dû refuser, à cause de ses infirmités, le commandement de l'armée de Lyon que lui avaient offert les représentants Dubois-Crancé et Gauthier.

(Orig., Arch. de la guerre, correspondance générale.)

---

[1] Le général Béru écrivit du camp de la Madeleine, le 8 octobre 1793, à Jourdan et à Bouchotte, que l'état de sa santé ne lui permettait plus de rester en activité. Le 9 octobre, Bouchotte prévint Jourdan que le Conseil exécutif suspendait Béru. (Arch. de la guerre, armée du Nord.)

[2] Cf. A. Chuquet, *Wissembourg*, p. 188 et 189.

[3] Claude-Amable-Vincent de Roqueplant de Lestrade, né au Puy (Haute-Loire) le 6 avril 1729, cadet au régiment de Lyonnais en 1746, lieutenant en second le 9 novembre 1747 et en premier le 4 mai 1748, réformé en 1749, enseigne le 26 juillet 1752, lieutenant le 1er avril 1754, lieutenant de grenadiers le 6 février 1756, capitaine le 7 février 1757, chevalier de Saint-Louis le 19 février 1763, capitaine de grenadiers le 1er juillet 1774, passé au régiment du Maine le 26 avril 1776, capitaine commandant de chasseurs le 6 juin 1776, lieutenant-colonel du régiment de Gâtinais le 19 août 1777, brigadier le 5 décembre 1781, maréchal de camp le 9 mars 1788, employé dans la Haute-Loire le 7 mai 1792, lieutenant général le 12 juillet 1792, commandant les troupes destinées à soumettre Lyon par arrêté des représentants Dubois-Crancé et

27 SEPTEMBRE 1793.
LES GÉNÉRAUX CHAPUY, ÉLIE, BEYSSER ET HOUCHARD
AU COMITÉ DE SALUT PUBLIC.

Analyse. — 1° Le général Chapuy écrit de Cambrai pour adresser le tableau de la situation de Bouchain en approvisionnements de tout genre, et marque les besoins de cette place, ainsi que de celle de Cambrai. (Analyse, Arch. de la guerre, reg. du Comité de salut public, C, fol. 530.) — 2° Le général Élie écrit de Givet pour envoyer un plan de campagne. Il propose de former près de cette ville un corps de 20,000 hommes d'infanterie et 3,000 de cavalerie, pourvu d'artillerie. Il signe : *Le sans-culotte général de division Élie.* (Orig., Arch. de la guerre, armée du Nord.) — 3° Le général Beysser écrit de Paris pour demander à être présent lors de l'ouverture de son portefeuille, qui contient des pièces importantes. (Analyse, Arch. de la guerre, corr. gén.) — 4° Le général Houchard annonce son arrivée à Paris avec le général Berthelmy et demande à être entendu. (Analyse, Arch. de la guerre, corr. gén.)

---

67. PARIS, [28] SEPTEMBRE 1793.
CARNOT AUX OFFICIERS MUNICIPAUX DE DUNKERQUE.

Paris, le [1] septembre 1793, l'an II de la République française.

LAZARE CARNOT, REPRÉSENTANT DU PEUPLE,
AUX OFFICIERS MUNICIPAUX DE LA VILLE DE DUNKERQUE.

Je reçois en ce moment, à mon retour du quartier général de l'armée du Nord [2], votre lettre du 25 de ce mois relative aux besoins d'habillement des bataillons; je mettrai au plus tôt sous les yeux du Comité votre demande tendant à obtenir la sortie de 700 aulnes de drap.

Gauthier le 20 septembre 1793, refuse ces fonctions, retraité le 22 vendémiaire an II (13 octobre 1793), mort à Perpignan le 3 décembre 1819. Le général de Lestrade avait fait les campagnes d'Allemagne en 1761 et 1762, et d'Amérique de 1777 à 1783. Il avait conquis son grade de brigadier au siège d'York-Town.

[1] La date est en blanc.

[2] Carnot avait été envoyé à l'armée du Nord par arrêté du 23 septembre 1793. (Cf. p. 197.) — Il était de retour à Paris le 28 et il s'empressa, le même jour, de renvoyer à l'administration des voitures et selleries de la République la diligence qui avait été mise à sa disposition pour se rendre à l'armée du Nord. (Cf. le reçu de l'administration dans les archives de la famille Carnot.) Il écrivit aussi deux arrêtés. (Cf. Aulard, VI, 100.)

Quant aux nouveaux fonds dont vous avez besoin pour continuer les travaux de votre comité militaire, ils peuvent être mis à votre disposition par nos collègues Trullard et Berlier; c'est à eux qu'il convient de vous adresser, et je ne doute pas qu'ils ne s'empressent de vous seconder de toutes leurs forces dès qu'ils auront reconnu par eux-mêmes le zèle et la pureté des membres qui composent le comité militaire. Il est certain que nos troupes sont dans le dénuement le plus absolu et ont le plus grand besoin de secours.

Vous avez pu remarquer, citoyens, que le Comité de salut public n'a pas perdu un moment à faire droit sur votre réclamation concernant les 20,000 livres que, par la loi du 11 mai, la commune devait payer [1]. Par cet acte de prompte justice, le Comité a voulu donner à nos braves frères de Dunkerque un témoignage de la satisfaction que lui a fait éprouver la belle conduite qu'ils ont tenue pendant le siège qu'ils ont essuyé; mais je ne vous dissimulerai pas, citoyens officiers municipaux, que nous avons été péniblement affectés d'apprendre que ces mêmes hommes, qui venaient de se couvrir de gloire, sollicitaient une exception pour ne point sortir de chez eux, au moment où tous les autres citoyens de la République s'empressent d'abandonner tout ce qu'ils ont de plus cher pour se réunir aux armées actives. Sans doute, si une exception devait avoir lieu, ce devrait être pour les citoyens de Dunkerque, mais cette distinction serait humiliante et donnerait un exemple funeste; car déjà nombre de communes nous adressent de sem-

---

[1] Les représentants Trullard et Berlier avaient transmis, le 20 septembre 1793, au Comité une protestation de la ville de Dunkerque contre un décret de la Convention, en date du 11 mai 1793, accordant un secours provisoire de 20,000 livres au citoyen School comme indemnité d'un pillage commis dans cette cité en 1791. Voici un passage de cette lettre (Orig., Arch. nat.; AF ii 149) :

«Vous ne manquerez pas de convenir avec nous qu'il est dur de faire payer à une commune le dommage pour lequel toute action lui était déniée contre ceux qui l'avaient causé, et cette seule raison devrait déterminer le rapport du décret, parce que la justice est blessée. Il y a dans les circonstances un motif de plus : c'est une marque de gratitude envers les habitants de Dunkerque pour la bonne conduite qu'ils ont tenue pendant le siège. Enfin nous regardons cette mesure comme politique et pressante. Les derniers mouvements de l'ennemi peuvent bien rapprocher l'ennemi de ces murs et l'on s'attache les hommes par les bienfaits, et surtout par les réparations des griefs. Ceci est, plus qu'on ne pensera d'abord, une mesure de sûreté générale.»

Le 25 septembre 1793, le Comité de salut public avait fait droit aux justes réclamations des Dunkerquois et, sur les conclusions de Barère, rapporté le décret du 11 mai précédent et ordonné que les 20,000 livres seraient à la charge du Trésor national. (Cf. *Moniteur* du 28 septembre, XVII, 756.)

blables réclamations, fondées sur ce même exemple et sous prétexte de vouloir défendre leurs foyers, de sorte que la levée extraordinaire, sur laquelle nous fondons notre espoir, s'évanouirait en entier, si vous ne décidiez vos concitoyens à ce nécessaire et glorieux sacrifice. Nous ne doutons pas qu'ils ne s'empressent à se réunir à leurs frères d'armes, et nous écrivons à nos collègues Trullard et Berlier pour qu'ils veuillent bien se concerter avec vous sur cet objet important [1].

Salut et fraternité.

CARNOT.

AUX OFFICIERS MUNICIPAUX DE LA VILLE DE DUNKERQUE [2].

(Orig., arch. mun. de Dunkerque, A 34, pièce n° 64.)

GAVRELLE, 28 SEPTEMBRE 1793.

LE GÉNÉRAL JOURDAN AU MINISTRE DE LA GUERRE BOUCHOTTE.

Au quartier général à Gavrelle, le 28 septembre 1793, ıı^e de la République.

LE GÉNÉRAL JOURDAN AU MINISTRE DE LA GUERRE.

Je vous préviens, citoyen ministre, qu'il est entré dans Bouchain un trésor et un convoi de fourrages; j'y ai pareillement jeté des troupes. L'ennemi, quoique très près de cette place, ne paraît pas vouloir l'attaquer; tous les rapports s'accordent à dire qu'il se porte sur Maubeuge.

Il existe dans cette place et son camp retranché plus de dix-sept mille hommes, mais il y manque un général de division; j'y en ai cependant trouvé trois dans mon dernier voyage, Gudin, Chancel et Ferrand [3]. Le premier est hors d'état de servir à raison de ses infirmités, le second vient d'être destitué et le troisième est malade; j'y envoie un courrier pour avoir une connaissance plus exacte de leur position.

Bergues et Dunkerque témoignent des craintes. Je doute cependant que l'ennemi recommence une attaque sur ces deux places.

L'ennemi a beaucoup de cavalerie sur tous les points de notre frontière et notamment à Solesmes. Nous, au contraire, en avons peu, et le défaut de fourrages et surtout d'avoine finit d'exténuer les chevaux. Je demanderais donc, et il est de la dernière importance, que vous fassiez un effort pour m'en procurer et jeter

---

[1] Le Comité écrivit en effet, le 28, à Trullard et à Berlier, qui répondirent le 30 septembre. (Cf. Aulard, VII, 136.)

[2] Ces mots sont de la main de Carnot.

[3] Bouchotte a écrit en marge : «Outre Ferrand, il y a Meyer. Vous pouvez encore en envoyer un autre, si cela est nécessaire.»

dans cette armée toute celle qui est dans l'intérieur. Je manque aussi d'un général de cavalerie; il faudrait m'en donner un, et un bon; je n'en connais pas dans cette armée [1].

Je vous préviens aussi que plusieurs places me demandent des mineurs; je ne sais là où il y en a de disponibles.

Je travaille à un plan d'opération pour m'opposer aux progrès des tyrans sur la terre de la liberté. Je vous le soumettrai lorsqu'il sera achevé.

Pour me faciliter dans mon projet, il serait à propos que je pusse mettre dans les places des citoyens de la nouvelle levée en y laissant cependant un peu d'anciennes troupes, mais il faudrait que ces citoyens fussent armés.

JOURDAN.

(Orig., Arch. de la guerre, armée du Nord.)

28 SEPTEMBRE 1793.

LES GÉNÉRAUX BEAURGARD, BEYSSER, ÉLIE ET SERVIEZ

AU COMITÉ DE SALUT PUBLIC.

Analyse. — 1° Le général Beaurgard écrit de Réunion-sur-Oise (Guise) pour se plaindre du général Belair, qui le laisse dans un complet abandon. On lui enlève ses forces et ses ressources, de sorte qu'il sera hors d'état de résister à l'ennemi. Il demande que des commissaires de la Convention viennent juger des opérations qu'il a faites. (Orig., Arch. de la guerre, armée du Nord.) — 2° Le général Beysser écrit de Paris pour demander à être entendu par le Comité sur les causes de son arrestation [2]. (Analyse, Arch. de la guerre, corr. gén.) — 3° Le général

______

[1] Bouchotte a écrit en marge : «Colaud, Despinoy, Bonnaire, Duquesnoy sortent de la cavalerie. Les carabiniers ont ordre de se rendre au Nord. J'envoie ordre à Bagel, général de cavalerie, de se rendre au Nord.»

[2] Le même jour le Comité de salut public arrêta que le général Beysser serait traduit sur-le-champ à la prison de l'Abbaye. (Cf. Aulard, VII, 101.) — Le 2 octobre Beysser écrivit de la prison au représentant Merlin de Douai la lettre suivante, dont l'original autographe a passé par mes mains :

«A l'Abbaye, le 2 octobre 1793,
l'an 11 de la République une et indivisible.

«Oui, je serai toujours votre ami, car je n'ai pas trahi les intérêts de la République et je ne les trahirai jamais, même alors que je cesserais de combattre pour elle. L'injustice du traitement que j'éprouve n'est pas capable d'influer sur mes opinions politiques. Ce n'est ni l'ambition, ni la soif de la fortune qui m'ont porté vers le parti que j'ai embrassé, mais l'amour de la liberté et de l'égalité. Je ne suis pas dans cette caste qui se consume encore en vains efforts pour reconquérir ses droits et ses privilèges; la Révolution m'a élevé à un poste auquel j'aurais été bien éloigné de prétendre sous l'ancien régime; je n'ai rien à espérer de son retour, j'aurais tout à en craindre, s'il était possible. Il faut donc être bien aveugle pour croire que j'aie pû lâchement abandonner la cause que j'ai jusqu'ici défendue

Élie écrit de Givet pour rendre compte du zèle et de l'activité des représentants du peuple près l'armée des Ardennes. (Analyse, Arch. de la guerre, corr. gén.)

avec tant d'énergie. Que les hommes aussi sages que vous comparent ma conduite passée, qu'ils se rappellent mes combats multipliés, j'oserai même dire mes succès, et qu'ils apprécient les imputations qui me sont faites. Il y a longtemps qu'il ne serait plus question de la Vendée, si l'on avait voulu suivre mes idées à ce sujet. Elle serait même encore bientôt soumise, si l'on consentait à l'exécution d'un plan qui se trouve dans mon portefeuille déposé en ce moment au Comité de salut public. Ce plan n'est pas d'un traître à coup sûr. Eh ! comment depuis que je suis ici n'a-t-on pas encore examiné mes papiers, parmi lesquels j'ai déjà écrit deux fois aux membres du Comité que ce plan se trouverait. Il serait bien étrange qu'on eût levé les scellés hors ma présence.

«Au surplus un général ne peut être garant que de la bonne foi de ses dispositions, de son obéissance aux décrets, de sa fidélité dans l'exécution des ordres de ses chefs et non pas de l'inertie ou de la lacheté de ses subordonnés. J'ai vaincu tant que j'ai été obéi, je l'ai été aussitôt que les soldats ont méconnu ma voix et négligé l'exemple que je leur ai donné du courage et de l'intrépidité. Je désire que ceux qui m'ont succédé soient plus heureux, ils ne seront pas plus fidèles. Le rapport que Barère a fait hier à la tribune sur la situation de la Vendée, indique faiblement à la vérité, mais indique suffisament pour les hommes de bonne foi la cause de l'échec que nous avons éprouvé. Les faits commencent donc à s'éclaircir; n'aurait-il pas été plus juste d'attendre qu'ils fussent tout à fait connus pour frapper les vrais coupables et ne pas s'exposer à punir aussi rigoureusement un général innocent et qui a peut-être bien mérité de la patrie. Je représente en ce moment un contraste bien étonnant : je suis emprisonné comme un traître ou un lâche, et dans ce moment même on me traite ici de la fracture d'une côte brisée

d'un ricochet de biscayen, circonstance qui me donnerait droit à des récompenses, si j'en ambitionnais d'autres que la gloire d'avoir servi mon pays. Si j'avais succombé sous le coup, ma mémoire eût été chère à mes concitoyens, j'aurais obtenu peut-être, ainsi que le général Dampierre, les honneurs de l'apothéose. Quelle différence de mon sort actuel à celui que la mort m'eût procuré. Au surplus, quelque soit celui qui m'est réservé, je serai toujours le digne ami de Merlin (de Douai), et si l'erreur de mes juges était telle que je fusse condamné à perdre la tête, je la porterai sur l'échafaud avec le courage d'un soldat français et, sous la hache fatale, je crierai encore *Vive la République!*

«Je suis bien touché de la sensibilité de votre fils. Il n'est pas surprenant qu'il m'accorde quelques regrets, car, quoique jeune encore, il est en état d'apprécier ma conduite; il a toujours combattu à mes côtés. Chérissez-le bien, car il est bon républicain et brave soldat.

«Tout à vous, mon ami.

«J.-M. Beysser.

«J'oubliais de vous dire que j'avais tout mis en œuvre pour remplir la mission particulière dont m'avait chargé le Comité de salut public, mais il aurait fallu de la discrétion, et on en a manqué. Tout était connu quand je suis arrivé à Nantes, et le bruit public avait averti de fuir ceux que j'étais chargé d'arrêter. J'ai déjà rendu au ministre de la justice le compte des fonds que j'ai reçus pour l'exécution de mes ordres secrets. Je suis en état de justifier de la dépense de ce qui a été employé, et je suis prêt à rendre le surplus. Ainsi je n'ai pas abusé ni dissipé les deniers de la République. Communiquez cette lettre à Perard, rappelez-moi à son souvenir. Répondez-moi, demandez-moi toutes les explications que vous croirez nécessaires. Je suis jaloux de vous satisfaire sur tous les points. »

— 4° Le général Serviez [1] écrit de Landau que, promu général de brigade par un arrêté du représentant Dentzel, il vient d'être suspendu par le général Laubadère [2], sans motif, sans justice, ou, pour mieux dire, pour avoir soutenu la représentation nationale outragée dans la personne du citoyen Dentzel. Il réclame justice [3]. (Orig., Arch. de la guerre, armée du Rhin.)

68. — PARIS, 29 SEPTEMBRE 1793 [4].

LE COMITÉ DE SALUT PUBLIC À LEGENDRE DE LA NIÈVRE.

Paris, le 29 septembre 1793, l'an II de la République une et indivisible.

LE COMITÉ DE SALUT PUBLIC DE LA CONVENTION NATIONALE AU CITOYEN LEGENDRE.

Le Comité a reçu, citoyen, les observations qui lui ont été adressées par le citoyen Boullyer, maître du fourneau de Druy, district de

[1] Emmanuel-Gervais de Roergaz de Serviez, né à Saint-Gervais (Tarn) le 27 février 1755, lieutenant au régiment provincial de Montpellier en mai 1772, sous-lieutenant au régiment de Roussillon le 27 août 1774, lieutenant le 21 novembre 1781, capitaine le 6 mars 1788, commandant la place de Sarrelouis le 2 septembre 1792, lieutenant-colonel du 41ᵉ régiment le 14 janvier 1793, chef de brigade du 55ᵉ le 8 mars 1793, général de brigade provisoire à l'armée du Rhin le 29 août 1793, suspendu le 28 septembre 1793, réintégré le 28 nivôse an III (17 janvier 1795), commandant temporaire de Belle-Isle-en-Mer le 10 floréal an III (29 avril 1795), employé à l'armée d'Italie le 25 prairial an III (13 juin 1795), réformé le 28 ventôse an V (18 mars 1797), préfet des Basses-Pyrénées le 13 ventôse an IX (4 mars 1801), député de ce département le 6 germinal an X (27 mars 1802), membre de la Légion d'honneur le 4 frimaire an XII (26 novembre 1803) et commandant le 25 prairial an XII (14 juin 1804), mort à Paris le 19 octobre 1804.

[2] Joseph-Marie de Tenet, chevalier de Laubadère, né à Bassoues (Gers) le 27 avril 1745, lieutenant à l'école de Mézières le 1ᵉʳ janvier 1765, ingénieur ordinaire et lieutenant en premier le 1ᵉʳ janvier 1767,

capitaine le 1ᵉʳ janvier 1777, adjudant général lieutenant-colonel le 14 mars 1792, adjudant général colonel le 3 septembre 1792, général de brigade le 8 mars 1793 et de division le 15 mai suivant, commandant de Landau le 28 juillet 1793, arrêté le 20 prairial an II (8 juillet 1794) et conduit à Paris, mis en liberté le 10 thermidor an II (28 juillet 1794), envoyé à l'armée d'Italie le 4 fructidor an II (21 août 1794), non compris dans l'organisation du 25 prairial an III (13 juin 1795), retraité en l'an IV, mort à Pouylebon (Gers) le 8 avril 1809. — Cf. *Mémoire de la vie politique et militaire du général Laubadère, défenseur de Landau*, pièce de 8 pages in-fol., et *J.-M. Laubadère, général de division, commandant à Landau, à G.-F. Dentzel, représentant du peuple*, mémoire signé de 80 pages in-fol. (Arch. adm. de la guerre, dossier Laubadère.)

[3] Le général Serviez publia, le 6 ventôse an II (24 février 1794), une brochure de 37 pages intitulée : *Exposé de la conduite d'Emmanuel Serviez, soldat de la liberté, depuis la Révolution et notamment pendant le blocus de Landau, où il était employé en qualité de général de brigade.* (Cf. Arch. nat., AF II 307).

[4] Carnot est présent à la séance du Comité. (Cf. Aulard, VII, 109.)

Decize, sur l'arrestation des fers pour le service de la République, et il va vous faire part des décisions auxquelles elles ont donné lieu, en vous invitant de concourir de tous vos moyens à leur exécution.

Le citoyen Boullyer observe que son fourneau est sans forge et que les fontes qui en proviennent sont vendues à des maîtres de forge qui doivent les affiner, que même il a des marchés pour en livrer encore par la suite. Tout cela doit avoir son exécution; mais, conformément à l'arrêt du Comité, les fontes doivent être saisies dans les forges qui les affinent, et là elles doivent être traitées pour le service de la République et converties partie en fers d'échantillon et partie en lames à canons, pour être ensuite expédiées pour Paris et payées par le département de la guerre.

Le fourneau est mis hors, faute d'eau et d'approvisionnement, et ne devait être mis à feu qu'au 15 décembre. Le citoyen Boullyer est vivement engagé à presser les approvisionnements et à hâter le plus qu'il pourra la remise à feu.

Il se plaint de la difficulté d'avoir des grains pour la nourriture de ses ouvriers. Du moment que les produits d'une usine sont évidemment destinés à la défense de la République, il faut autoriser les maîtres de ces usines à garder le grain qu'ils ont récolté et qui est nécessaire à la nourriture de leurs ouvriers, et même à en acheter, s'ils en ont besoin.

Leurs ouvriers et leurs employés ordinaires et nécessaires à l'administration de leurs établissements sont requis pour le service de la République et employés dans les forges et fourneaux auxquels ils sont attachés, le service qu'ils rendent en contribuant à la fabrication des armes étant plus utile que celui qu'ils rendraient avec leurs bras mal armés.

Beaucoup de particuliers achètent des bois pour les convertir en marchandises et diminuer la confection du charbon. Il faut surveiller ces abus et faire en sorte que les forges et fourneaux travaillant pour la nation aient leurs approvisionnements suffisants, et ne favoriser la conversion en marchandises que des bois nécessaires au service des armées de terre et de mer.

Quant aux billets que des maîtres d'usines recevaient des débiteurs et qui leur procuraient des fonds d'avance, ils pouvaient être suppléés par des facilités que pourra procurer le ministre de la guerre, ou l'administration centrale quai Voltaire, n° 4, lorsqu'on traitera avec eux, en leur donnant sûreté suffisante.

Le Comité vous recommande avec la plus vive sollicitude de tenir la main à l'exécution des mesures salutaires qu'il prend et dont nos ennemis sentent l'importance puisqu'ils emploient tous les moyens de les entraver.

Les membres du Comité de salut public,

CARNOT, HÉRAULT, ROBESPIERRE.

(Orig., coll. de M. Étienne Charavay.)

PARIS, 29 SEPTEMBRE 1793. — BEFFROY [1] À CARNOT.

Paris, le 29 septembre 1793,
l'an II de la République française, une et indivisible.

L.-E. BEFFROY, DÉPUTÉ DE L'AISNE,
À SON COLLÈGUE CARNOT, MEMBRE DU COMITÉ DE SALUT PUBLIC.

Vous savez, mon cher Carnot, que l'intérêt général se forme de la masse des intérêts particuliers. Sous ce rapport, une justice demandée par un seul individu doit lui être accordée le plus promptement possible; mais c'est surtout lorsqu'une demande intéresse cent familles, dont le plus grand nombre sont de vrais sans-culottes, dans le même pays et dans un département voisin de l'ennemi, que la politique augmente la force des raisons qui militent en faveur de cette demande et que la justice doit être prompte. Évitons de faire crier à l'injustice avec quelque fondement, évitons de donner aux aristocrates un motif de discréditer la Convention, la solvabilité et la bonne foi de la République et les assignats.

Les citoyens que je vous adresse sont ruinés et vexés de toute part; cent familles sont intéressées à leur sort: il tient à la solution d'une question simple et qui n'exige pas deux minutes d'examen. Le Comité de salut public est le seul compétent pour la décider. Le rapporteur est prêt. Il sera à midi et demi au Comité, ainsi que plusieurs membres. Notre députation doit s'y rendre; je vous prie en grâce, brave ami de la justice et de l'humanité, de vous y trouver aussi. Lisez le précis que je joins à ma lettre; vous verrez que le fond de l'affaire est jugé, que deux ministres, tout en convenant qu'il faut payer et qu'il faut que l'un des deux paye, rejettent chacun le payement à la charge de l'autre. Il n'y a que cette ques-

[1] **Louis-Étienne Beffroy de Beauvoir,** né à Laon (Aisne) le 2 avril 1755, ancien capitaine, député de l'Aisne à la Conven-tion, membre du Conseil des Cinq-Cents, proscrit en 1816, mort à Liège (Bel-gique) le 6 janvier 1825.

tion de haute administration à résoudre : «Qui payera, du ministre de la guerre ou de celui des contributions?» Le ministre de la guerre a demandé la solution et l'attend. Il y a vingt-deux jours qu'il l'a sollicitée du Comité.

Salut et fraternité. Comptez sur l'attachement et la reconnaissance de votre fidèle collègue.

L.-E. BEFFROY.

(Orig. aut., Arch. nat., AF II 149.)

GAVRELLE, 29 SEPTEMBRE 1793.
LE GÉNÉRAL JOURDAN AU COMITÉ DE SALUT PUBLIC.

Gavrelle, le 29 septembre 1793, an II de la République française.

Je vous adresse ci-joint, citoyens représentants, une copie du plan de mes opérations pour tâcher d'expulser l'ennemi de notre territoire. J'en ai pareillement fait passer un au ministre de la guerre. Je le prie de se concerter avec vous sur la proposition que je vous fais de mes idées. La défiance de mes seules lumières et l'intérêt que je mets à sauver la République m'ont engagé et me détermineront toujours à soumettre à votre décision les opérations d'un genre aussi conséquent que celles qu'il nous faut concerter dans ce moment.

JOURDAN.

(Arch. de la guerre, reg. de corr. de Jourdan, $\frac{1\,a}{44}$, p. 7.)

GAVRELLE, 29 SEPTEMBRE 1793.
LE GÉNÉRAL JOURDAN AU MINISTRE DE LA GUERRE BOUCHOTTE.

Au quartier général à Gavrelle, le 29 septembre 1793, an II de la République.

LE GÉNÉRAL EN CHEF DE L'ARMÉE DU NORD AU MINISTRE DE LA GUERRE.

Je vous ai prévenu, citoyen ministre, que je vous ferais passer le plan de mes opérations, lorsqu'il serait à sa confection. Ce moment étant arrivé, je vais vous faire le détail le plus juste de notre position et de celle de l'ennemi, vous communiquer mes idées sur les moyens à prendre pour s'opposer à ses projets.

Les troupes de la République placées depuis le camp de Mons-en-Pevèle jusqu'à Dunkerque inclusivement, y compris les garnisons des villes situées sur cette ligne, font un total d'environ cinquante mille hommes; celles placées depuis Douai jusqu'à Maubeuge aussi inclusivement donnent à peu près le même nombre.

Vous n'ignorez pas que notre cavalerie n'est guère proportionnée à celle [de]
l'ennemi; il nous manque huit cents chevaux d'artillerie, de l'avoine, des mag[a]-
sins de souliers et de chemises; le soldat en a cependant grand besoin, de mêm[e]
que d'habits, vestes et culottes. L'armée manque aussi d'officiers généraux[,]
surtout de généraux de division.

Les Anglais et les Hollandais, soutenus d'un corps assez considérable d'Autr[i]-
chiens, occupent depuis Furnes jusqu'au camp de Cysoing inclusivement et so[nt]
partout assez en force pour ne pas nous permettre de dégarnir aucun point sa[ns]
craindre d'y être attaqué. Une force considérable de troupes autrichiennes se por[te]
sur Maubeuge; il paraît qu'elles veulent attaquer cette place ou celle de Landr[e]-
cies et peut-être les deux à la fois; il ne faut cependant pas souffrir que l'enne[mi]
s'avance davantage; il faut, au contraire, le chasser, s'il est possible. Voilà m[es]
idées.

Il faudrait réunir deux armées de soixante mille hommes chaque, dont l'u[ne]
attaquerait le camp de Cysoing, Orchies, Marchiennes, Hasnon, Saint-Aman[d]
et suivrait l'ennemi de manière à s'emparer du camp de Maulde, qu'elle occup[e]-
rait, ainsi que les autres postes dont elle aurait chassé l'ennemi; l'autre march[e]-
rait sur Maubeuge et, dans le cas où cette place serait cernée, elle attaquer[ait]
l'ennemi, profiterait de son succès et des circonstances pour le prendre en flanc [en]
passant la Sambre et tâcherait de s'emparer de Bavai. Dans le cas où Maubeu[ge]
ne serait pas cernée, elle irait encore passer la Sambre au-dessus de Jeumont[,]
attaquer par son flanc le camp de Bettignies, viendrait aussi s'emparer de Bav[ai.]
Je pense que, si ces deux opérations réussissaient, l'ennemi serait forcé de quitt[er]
son camp de Solesmes et la forêt de Mormal; peut-être même, profitant des ci[r]-
constances, pourrait-on le cerner dans Valenciennes et le Quesnoy.

Pour exécuter ce plan, il faudrait que vous fissiez passer à l'armée du No[rd]
douze ou quinze mille hommes de plus et surtout de la cavalerie; que les plac[es]
de la frontière fussent gardées seulement par les citoyens de nouvelle levée, qu['il]
faudrait armer et me désigner les lieux de leur rassemblement, afin que je pus[se]
en disposer; il faudrait aussi pourvoir l'armée de tout ce qui y manque, dont je vo[us]
ai parlé ci-dessus.

Si ce projet vous paraît trop audacieux et si vous ne croyez pas devoir cou[rir]
les risques des suites fâcheuses qui pourraient résulter de l'opération, dans [le]
cas où elle ne réussirait pas, il faut alors se tenir sur la défensive. Pour cet eff[et,]
il faut retirer quinze mille hommes depuis Mons-en-Pevèle jusqu'à Dunkerqu[e]
que nous remplacerons par vingt ou vingt-cinq mille de la nouvelle levée en l[es]
faisant armer. Je réunirai ces quinze mille hommes à trente mille que j'en ai [ici]
campés; j'y joindrai tout ce que je pourrai tirer des autres places de la frontièr[e]
que nous remplacerons par la nouvelle levée, et avec cette armée je m'opposer[ai]
à toutes les tentatives de l'ennemi ou je le chasserai de devant Maubeuge, s'il [a]
cerné cette place.

Voilà, citoyen ministre, mes réflexions et mes projets; je n'ai pas assez [de]
confiance à mes connaissances et j'aime trop ma patrie pour entreprendre d[es]
opérations de cette importance sans vous les soumettre. Je fais aussi passer [au]
Comité de salut public une copie de la présente; je vous prie de vous concert[er]

avec lui afin de me guider; cela m'est absolument nécessaire et le salut de la République y est intéressé.

Je vous observerai que le général de division Chancel, qui était à Maubeuge, est destitué. Le général de division Ferrand, étant nommé général en chef de l'armée des Ardennes, il ne reste dans cette place que le général Gudin. Il m'est cependant impossible d'y en faire passer un, attendu que le général Souham que j'y destinais est retenu à Dunkerque par les représentants du peuple et qu'il ne me reste ici que les généraux Duquesnoy et Balland [1], qui me sont absolument nécessaires. Je vous prie d'y envoyer de suite quelqu'un d'intelligent et de courageux. Cette division ne manque pas de généraux de brigade.

JOURDAN.

(Orig., Arch. de la guerre, armée du Nord.)

MAUBEUGE, 29 SEPTEMBRE 1793.

LES COMMISSAIRES DU COMITÉ DE SALUT PUBLIC AUX MEMBRES DE CE COMITÉ.

Maubeuge, le 29 septembre, l'an II de la République française une et indivisible.

LES COMMISSAIRES DU COMITÉ DE SALUT PUBLIC DE LA CONVENTION NATIONALE AUX CITOYENS REPRÉSENTANTS MEMBRES DUDIT COMITÉ.

Citoyens représentants,

Dans toutes les villes où nous avons passé nous avons vu une superbe jeunesse que la première réquisition a produite. Elle abondait de toutes parts et se portait aux frontières avec ardeur, lorsque des malveillants, qui sans doute avaient vu avec plaisir l'affaire de Cambrai, en ont répandu la nouvelle dans toutes les villes et dans nos armées, en exagérant, en outrant les choses qu'ils rapportaient, au point que huit à dix mille hommes, disaient-ils, venaient d'être massacrés près de Bouchain, que cette ville et Cambrai étaient bloquées et que dans peu elles seraient au pouvoir des ennemis. Ces jeunes gens, effrayés au récit de ces fausses nouvelles, ont pris la fuite au nombre de huit cents; mais, aussitôt qu'on s'en est

---

[1] Antoine Balland, né au Pont-de-Beauvoisin (Isère) le 27 août 1751, soldat au régiment de Beauvoisin (futur 57ᵉ d'infanterie) le 17 avril 1769, caporal le 17 février 1771, sergent le 24 février 1773, sergent-major le 11 août 1781, adjudant le 4 septembre 1784, congédié le 1ᵉʳ novembre 1790, capitaine au 1ᵉʳ bataillon de Paris le 21 juillet 1791, lieutenant-colonel en 2ᵉ le 16 janvier 1792 et en 1ᵉʳ le 21 août suivant, chef de brigade au 83ᵉ d'infanterie le 8 mars 1793, général de brigade employé à l'armée du Nord le 27 août 1793 et de division le 13 septembre suivant, non compris dans l'organisation du 25 prairial an III (13 juin 1795), admis au traitement de réforme le 23 ventôse an VI (13 mars 1798), maire de Guise, chevalier de la Légion d'honneur le 28 août 1817, reçoit des lettres patentes de chevalier le 28 mars 1818, mort à Guise (Aisne) le 3 novembre 1821.

aperçu on a donné des ordres pour les arrêter, et ils ont été reconduits à leur destination. Deschamps, l'un de nous, en revenant de Paris pour se rendre à Maubeuge, a été témoin et a contribué à l'exemple que le général Beaurgard a fait de deux des plus mutins de ceux qui s'étaient rendus à la Réunion-sur-Oise, ci-devant Guise. Le général a donné ordre de les raser. Les troupes composant le camp devant cette ville ont formé un bataillon carré, au milieu duquel on a conduit les deux mutins. Le barbier du bataillon du Calvados a été choisi pour les raser; mais, soit qu'ils tinssent encore à cet ancien préjugé, qui faisait croire qu'on était déshonoré, étant employé à de pareilles exécutions, les officiers et quelques soldats de ce bataillon s'opposèrent d'abord à ce que leur barbier obéît aux ordres du général et le reconduisirent sous sa tente. Deschamps, sentant le danger de ce refus, le fit connaître au général, et la fermeté qu'ils eurent tous les deux au milieu des violents murmures qui s'élevaient dans la troupe ramena l'ordre et l'obéissance. Les deux mutins furent rasés par ce même barbier et conduits en prison à Guise. Tout a fini par les cris de : *Vive la République!*

Au moment où l'on a le plus besoin de discipline, et lorsqu'une telle désobéissance pouvait influer sur ces gens qui ne font que d'arriver, il eût été bien important et politique de sévir rigoureusement contre les individus qui s'opposaient aux ordres du général; mais ici on a examiné l'intention. Un préjugé était leur mobile. Sans s'opposer à la punition des deux mutins, ils croyaient leur honneur compromis, en laissant se servir de leur barbier. D'ailleurs ils ont toujours observé la plus exacte discipline et ont rendu de grands services à la République. En conséquence, le général n'a puni les trois officiers qui avaient provoqué le refus, que de quinze jours de prison pour l'un, huit jours pour l'autre et trois jours pour le troisième, chacun suivant son tort, et il s'est contenté de faire une morale aux soldats, qui ensuite ont été très tranquilles.

D'après ces faits nous avons cru voir qu'on ourdissait une nouvelle trame pour jeter l'alarme dans les nouvelles levées. Il est bien important pour le salut public d'en découvrir les auteurs.

Quant à la formation en bataillons de ces jeunes citoyens, elle a ses inconvénients. Ils ne connaissent point la manœuvre, ni les chefs qui pourront provenir de leurs nominations. Si on leur donne des instructeurs, cela laissera un vide dangereux dans les corps d'où on les tirera et encore ne seront-ils pas en état de se battre avant trois mois. Si on les eût incorporés dans les différents corps incomplets, ils eussent appris plus promptement le service et auraient été employés avec plus de succès contre nos ennemis. Le fait suivant vient à l'appui de cette mesure. Il y a quelques jours, l'ennemi ayant fait un mouvement qui en nécessitait un de la part de nos troupes devant Guise, les citoyens de la première réquisition ont manifesté leur refus de se battre, en alléguant le défaut de ne savoir manœuvrer, ni ceux qui les commandent. Un seul coup de fusil, lâché dans un bivouac, leur a inspiré une frayeur telle, que trois cents d'entre eux ont pris la fuite, sans qu'on ait pu les retenir. Nous vous le réitérons, citoyens représentants, le seul moyen d'en tirer parti, c'est de les incorporer dans les anciens corps de cavalerie et d'infanterie. Les corps neufs ne peuvent rendre aucun prompt service.

Les bons républicains de la Réunion-sur-l'Oise, ci-devant Guise, montrent une énergie bien révolutionnaire; ils prennent des mesures rigoureuses contre les gens suspects. Ils travaillent avec activité à l'habillement et à l'organisation des troupes provenant de la première réquisition qui abondent en cette ville. Les habitants des lieux voisins n'ont pas tous le même amour pour la République. A Origny-Sainte-Benoîte, quatre lieues de Saint-Quentin, ils sont gangrenés d'aristocratie. Beaucoup de membres des corps constitués de cet arrondissement sont contre-révolutionnaires et n'ont pas peu contribué à la fuite des jeunes gens de la nouvelle levée. Dernièrement, sous prétexte que c'était la fête de l'endroit, ils avaient mis un drapeau blanc à leur clocher. De bons citoyens leur ont observé que ce drapeau était proscrit, et qu'ils pouvaient aussi bien célébrer leur fête avec celui tricolore. Ils ont répondu d'un ton décidé qu'ils étaient maîtres chez eux et qu'ils le mettraient quand bon leur semblerait, surtout si l'ennemi s'avançait. Le maître de poste de ce village est un excellent républicain, mais il est presque seul à lutter contre tous les autres. Ses jours ont été souvent exposés à la fureur de ces esclaves qui semblent désirer avec enthousiasme le règne des tyrans. Ce citoyen, nommé Paris, demande que l'Assemblée nationale change les brevets de maîtres de poste, qui portent le seing de Louis Capet, en d'autres revêtus de marques républicaines, et qu'on supprime le mot de «maître» (nous n'en reconnaissons pas d'autre que la loi). Il voudrait bien aussi, pour le bonheur du pays, qu'on y envoyât quelques bons jacobins pour sévir contre les aristocrates et électriser les habitants du lieu et des environs.

Maubeuge est en état de siège, au moyen de quelques approvisionnements militaires qu'on y ferait encore et l'achèvement des galeries et fourneaux qu'on construit aux avancées. La place, quoique les ouvrages en soient très bons, n'est pas forte par elle-même, étant dominée de trois côtés; mais le camp retranché et les redoutes qui l'avoisinent la rendent formidable. L'artillerie n'y manque pas. On demande de la poudre, du plomb et d'autres objets nécessaires à la défense de la place, ainsi que vous le verrez par l'état que nous vous envoyons, citoyens représentants, sous le n° 13. Vous connaîtrez la situation de la place, des camps et des magasins, par les autres états joints ici sous les n°ˢ 14, 15, 16, 17, 18, 19, 20, 21; et sous les n°ˢ 22 et 23 sont les états des subsistances militaires existantes dans les magasins de Landrecies et d'Avesnes.

En visitant les magasins d'équipement de Maubeuge, nous avons remarqué une friponnerie insigne. Deschamps, l'un de nous, a reconnu des souliers qui avaient été refusés comme mauvais à l'administration de Paris et transportés de là aux magasins de Meaux, où les fripons de régisseurs, qui s'entendent avec les fournisseurs, les ont reçus et fait passer ici et ailleurs. Il est important de surveiller ces magasins. Quant aux autres fournitures, comme habits, vestes, culottes, etc., on en est assez content. Le citoyen Rouyer, inspecteur de ces magasins, est un excellent républicain; il lutte contre tous les fripons qu'il rencontre, surtout dans cette partie.

La situation de la place est très satisfaisante; les vivres y arrivent chaque jour, et dans peu elle sera à l'abri de tous besoins de cette nature. Il serait à désirer qu'il en fût de même pour les armes. Beaucoup de corps en manquent.

Il s'est tenu ici un conseil défensif, où l'on a agité la question de savoir si on continuerait les travaux des deux fortins qui sont commencés dans le camp, et s'ils ne deviendraient pas nuisibles en cas que l'ennemi vînt à s'emparer des premiers ouvrages. On y a décidé qu'on les achèverait et que, dans le cas prévu, on les rendrait inutiles à l'ennemi au moyen des fourneaux qu'on y établirait pour les faire sauter.

La garnison de Maubeuge et les troupes des camps voisins sont dans les bons principes; mais l'ordre et la discipline n'y ont pas été assez observés, par la négligence des chefs d'alors. Le général Ferrand, qui commande actuellement cette division, nous laisse à penser qu'il saura bientôt réprimer tous les abus qui y règnent. Il l'eût sans doute déjà fait, si les fatigues qu'il a essuyées ne l'eussent mis hors d'état de monter à cheval et même de sortir de sa chambre. Depuis quelques jours, cependant, sa santé paraît se rétablir, et probablement il ne tardera pas à mettre tout en activité pour faire déloger les coquins de Quinze-reliques (Kayserlicks), qui viennent quelquefois en station à une demi-portée de fusil des remparts de la ville.

Le général Gudin, qui commande la place, n'a pas la confiance des vrais sansculottes, et nous pensons qu'il ne la mérite pas; on lui reproche le royalisme et avec justice. Gudin voulait marcher sur Paris avec La Fayette après le 10 août. D'ailleurs son insouciance et sa lenteur dans ses opérations le rendent très nuisible à la République; en outre, il est impotent.

Le commandant temporaire de la ville est bon républicain, et quoique fort âgé il est néanmoins très actif et bien dévoué à la chose publique. Il était commandant de la garde nationale, place qui ne lui rapportait rien; dans celle qu'il occupe à présent, il ne reçoit rien non plus. Tant qu'il a pu tenir ainsi, il l'a fait sans demander d'indemnités, mais aujourd'hui que sa fortune ne lui fournit plus les moyens de servir la République gratis, il réclame un traitement et il nous a chargé d'un mémoire à ce sujet, que vous trouverez ci-joint.

Le général Desjardin, qui commande le cantonnement de gauche, paraît bon et avoir beaucoup d'activité. Meyer, qui commande celui de droite, est bon aussi.

Le chef du génie a beaucoup de talents, mais point d'activité dans l'exécution, et les travaux en souffrent; son civisme n'est pas très prononcé.

L'esprit républicain prend consistance ici, surtout depuis quinze jours. Les sans-culottes agissent vigoureusement; ils prennent de grandes mesures de salut public. Ils ont formé un club qui se rendra digne des Jacobins de Paris; les militaires viennent se nourrir dans cette société de l'amour de la République et par conséquent de leur devoir. Les gens suspects tremblent maintenant; ils sont si petits qu'on ne les aperçoit presque plus. C'est à l'exemple de fermeté qu'a donné le Comité de salut public que l'on doit ces progrès rapides. Tant qu'il prendra des mesures de vigueur, il fera triompher la liberté. Déjà la terreur se répand parmi les malveillants, au bruit des arrestations journalières.

Maubeuge n'a point à craindre un siège. L'ennemi a des redoutes à demi-portée de la place; mais c'est sans doute pour nous amuser, tandis qu'il portera des forces d'un autre côté. En allant à la découverte avec le général Desjardin, nous avons remarqué qu'il faisait un mouvement pour se porter sur la haie d'Avesnes, afin de communiquer avec sa colonne, qui est à Beaumont. Nous avons vu nous-mêmes les pontons qu'il descendait le long de la forêt de Mormal pour établir des ponts sur la Sambre. S'il s'emparait une fois de la forêt de Neuvion, il ne lui serait pas difficile d'arriver au but qu'il se propose, et dans un seul mouvement il bloquerait Landrecies, Avesnes et Maubeuge. Pour l'effectuer, il ne lui faut pas plus de vingt à vingt-cinq mille hommes. C'est surtout sur cette partie de la République que vous devez, citoyens représentants, porter votre attention. La division qui la défend doit être mise en activité. Depuis longtemps elle est dans une apathie nuisible à la République. L'inaction influe désavantageusement sur l'esprit et le caractère du soldat. Plus il va au feu, moins il le craint. L'armée des Ardennes est prête. Un chef actif à sa tête, un mouvement général bien combiné, voilà ce qu'il faut ici. Avec ces moyens nous chasserons les esclaves du territoire de la liberté. La saison s'avance; nous devons avoir vaincu avant l'hiver, afin que ces coquins ne se chauffent pas de notre bois.

Salut et fraternité.

DESCHAMPS, QUINEY.

P.-S. Nous décachetons la présente, en passant par Guise, pour vous faire part, citoyens représentants, du mouvement qui vient d'y avoir lieu. L'espion nous ayant rapporté que l'ennemi se portait sur deux colonnes pour nous attaquer, l'un de nous s'est aussitôt transporté sur les lieux, où il a remarqué une colonne d'environ quatre cents hommes. Mais nos dispositions de défense leur ont sans doute inspiré quelques craintes, car ils n'ont pas approché. On ignore encore où s'est portée leur autre colonne. Mais Quiney, l'un de nous, retourne d'ici à Maubeuge et, s'il découvre quelques mouvements, il en fera part à son collègue qui retourne à Paris.

On emploie beaucoup de notre cavalerie en ordonnance et correspondance. Ce service pourrait se faire par des contingents montés sur des chevaux qui ne peuvent pas servir à la cavalerie, mais qui seraient très bons à cette besogne. Cela ne diminuerait pas notre cavalerie, qui n'est pas assez nombreuse.

Le général Beaurgard, qui commande à Guise, a montré beaucoup de talents militaires; avec deux bataillons il en faisait paraître vingt par la manière de les placer. Il est brave; il paraît patriote, mais il n'est pas exempt de surveillance, car son ambition, son orgueil et son caractère fougueux peuvent nuire à la chose publique.

(Orig., Arch. de la guerre, armée du Nord.)

<h2 style="text-align:center">29 SEPTEMBRE 1793.</h2>

LES GÉNÉRAUX BRUNE ET CHAPUY AU COMITÉ DE SALUT PUBLIC.

Analyse. — 1° Le général Brune écrit de Bordeaux que cette ville commence à se prononcer fortement pour la Convention nationale et qu'on y a célébré le 28 une fête en l'honneur de Marat [1]. Les sans-culottes attendent, sans se plaindre, à la porte des boulangers, du pain noir à dix-huit sous la livre. Les contre-révolutionnaires girondins, parmi lesquels Grangeneuve [2], ont fui. Une députation de la nouvelle municipalité de Bordeaux vient de lui rendre visite au ci-devant hôtel de l'Empereur, qu'il a baptisé *hôtel Marat*. (Copie, Arch. de la guerre, armée des Pyrénées occidentales.) — 2° Le général Chapuy écrit de Cambrai pour informer le Comité de l'approche et de l'augmentation des forces ennemies, des besoins des places de Bouchain et de Cambrai et du refus fait par le commissaire ordonnateur Pinthon de payer les frais de police et de bureau. (Analyse, Arch. de la guerre, corr. gén.)

PARIS, 29 SEPTEMBRE 1793.

LE GÉNÉRAL HOUCHARD AU MINISTRE DE LA GUERRE.

Paris, le 29 septembre 1793, l'an II de la République française.

Citoyen ministre,

Je vous envoie l'exposé de ma conduite depuis mon arrivée à l'armée du Nord; je vous prie d'en prendre lecture et de m'en obtenir une audience du Comité de salut public. Je n'ai aucune connaissance dans ce pays-ci; il n'y a que vous qui puissiez m'obtenir les moyens de me justifier. J'ai l'âme pure, la conscience nette et suis fort de mon innocence. Les choses que l'on m'impute sont de toute fausseté. J'ai toujours été un sans-culotte des plus dévoués à la République. Jamais je n'ai rien demandé. On m'a forcé de prendre les différentes places que j'ai occupées. Je n'ai jamais eu d'ambition, et l'intrigue a toujours été loin de moi. Vous saviez ma répugnance pour le commandement, et je ne devais pas m'attendre, pour le prix de trente-huit années de services, dont dix ans de guerre, avec six blessures, d'être en prison à l'Abbaye. Faites que je puisse rentrer dans ma famille et sous la surveillance de ma municipalité, et on verra que je suis toujours digne d'être un bon citoyen de la République française.

HOUCHARD.

EXPOSÉ DE LA CONDUITE DU GÉNÉRAL HOUCHARD.

Le général Houchard est arrivé à l'armée du Nord le 9 août, au même instant où on a destitué de cette armée vingt officiers généraux et le chef de l'état-major.

[1] Cf. une lettre d'Ysabeau au Comité de salut public en date de la Réole, 28 septembre 1793. (Aulard, VII, 106.)

[2] Jacques-Antoine Grangeneuve, né à Bordeaux le 4 décembre 1751, député de la Gironde à la Convention, proscrit le 2 juin 1793, s'était réfugié à Bordeaux. Il y fut arrêté le 21 décembre 1793, jugé aussitôt par une commission militaire, condamné à mort et décapité.

Je ne crois pas qu'il y ait une position plus cruelle que celle où se trouvait ce général à son début à cette armée. Aucune connaissance de sa position, une armée tout étonnée d'une retraite précipitée qu'elle venait de faire. Deux jours après est arrivé le général Berthelmy pour chef de l'état-major; notre premier soin fut de prendre une exacte connaissance des forces et de la position de l'armée pour l'organiser; c'est ce qui fut fait : on forma les brigades et les divisions; on y attachait les généraux qui étaient restés, et les nouveaux à mesure qu'ils arrivaient.

Je reçus la nouvelle du renfort qui venait des armées du Rhin et de la Moselle, et je me disposai tout de suite à aller au secours des villes de Dunkerque et Bergues, qui étaient investies et menacées par une armée combinée de cinquante mille Anglais, Hanovriens, Hessois, Autrichiens et émigrés. L'armée de la Moselle arrivait successivement depuis le 1er de septembre jusqu'au 6 que sont arrivées les dernières troupes qui ne furent pas de l'expédition.

J'avais conçu deux projets pour la levée du siège de Dunkerque : le premier était d'aller sur Menin battre le contingent des Hollandais, de là marcher sur Ostende ou Furnes, suivant les circonstances, pour couper la communication à l'armée combinée des Anglais et pour les combattre; le second était de partir de Cassel pour aller battre le camp sur Hondschoote. Je préférai ce dernier; le premier demandait plus de temps pour son exécution et la ville de Dunkerque était pressée; l'artillerie des ennemis était arrivée, et on la mettait en batterie.

Je dirigeai toutes les forces sur Cassel, et je m'y rendis le 3 septembre au soir pour disposer tout. Le 5, au matin, les ennemis attaquèrent tous nos avant-postes pour savoir ce qu'il y avait derrière; ils n'ont fait replier qu'un seul poste.

Voilà le projet que j'avais formé pour délivrer la terre de la liberté des armées des tyrans. Après avoir fait lever le siège de Dunkerque, d'aller écraser les Hollandais; de là me porter sur le camp de Cysoing, d'écraser les Autrichiens, et de là me porter sur Bouchain pour combattre Cobourg. Fait à fait que j'avançais et que j'aurais battu tous les corps détachés des ennemis, je me grossissais et j'arrivais sur Cobourg avec 70,000 hommes; et si ce projet eût été exécuté dans son entier, la terre de la liberté était purgée. Tout le plan aurait eu lieu sans la malheureuse affaire de Cambrai, qui devait seulement se borner à faire de fausses attaques vers le camp de Solesmes, pour empêcher ce camp de secourir celui de Cysoing.

Revenons actuellement aux mouvements. L'armée assemblée près de Cassel se montait à 30,000 hommes; elle fut divisée sur quatre colonnes. Les flanqueurs de gauche, aux ordres du général de division Landrin, marchaient sur Wormhoudt, que les ennemis occupaient en force; ils avaient un camp de six mille hommes derrière à Wilder. La colonne du centre marchait sur Houtkerque; les flanqueurs de droite avec l'avant-garde sur Poperinghe aux ordres du général Hédouville. La colonne du centre était aux ordres du général Jourdan, et je me tenais à cette colonne avec les représentants du peuple, Levasseur et Delbrel, qui ont été présents à tout et qui me rendront la justice que je réclame d'eux.

Une quatrième colonne de douze mille hommes est partie de Bailleul pour aller sur la ville d'Ypres, s'emparer d'elle ou la brûler, aux ordres du général Dumesny.

Tous les généraux avaient leurs instructions. Les colonnes partirent deux heures avant le jour, le 6 septembre; la colonne du centre força le village de Houtkerque, les ennemis qui l'occupaient se retirèrent par le chemin de Poperinghe. Le général Colaud les suivit, et je voulais que la colonne du centre prît cette direction, pour de là nous porter sur Proven, où les colonnes devaient se réunir pour marcher sur Hondschoote. Le général Ernouf, qui connaissait parfaitement le pays, en qui j'avais de la confiance pour ces mouvements, me dit que si je prenais cette direction, je laissais derrière moi, sur mon flanc gauche, un poste considérable des ennemis et qu'il était de la prudence d'attaquer ce poste. Il fut résolu que le général Jourdan marcherait sur Herzeele, et le général Colaud sur Proven. Je suivis ce dernier. L'ennemi s'étant jeté dans la grande forêt de Saint-Six, alors je dis au général Colaud d'occuper la tête du village de Proven, que j'allais me rendre à Herzeele pour voir où en étaient les choses.

A mon arrivée, je trouvai une partie du village de forcée; le reste le fut un quart d'heure après. Je me disposai à suivre les ennemis qui s'étaient retirés sur Bambecque, où ils occupaient un poste très avantageux, la rivière devant eux, avec le pont gardé. En arrivant à portée, l'attaque commençait par une canonnade très vive; une grosse pluie survint, les soldats manquaient de cartouches. Je me décidai, d'après les avis du général Berthelmy et des représentants du peuple, d'enlever ce poste au bout de la baïonnette. Je donnai l'ordre et je fis battre la charge; les ennemis se retirèrent et prirent le chemin de Rexpoede. La pluie continuant avec grande force, je voulais rester à Bambecque, pour laisser reposer les troupes : il était cinq heures et demie; on me dit que l'ennemi était en déroute et se retirait en désordre. J'observai qu'il était dangereux d'arriver dans Rexpoede à la nuit, qu'on ne pouvait faire que de mauvaises dispositions à cause de l'obscurité; que, d'ailleurs, nous nous trouverions placés entre les deux camps des ennemis qui viendraient à coup sûr nous attaquer, que l'avantage était pour eux, connaissant parfaitement la position, et nous pas. On ne s'est pas rendu à ces considérations; je croyais devoir les faire. Il fut décidé de marcher à Rexpoede; nous y arrivâmes de nuit. Je fus avec le général Ernouf faire les dispositions pour passer la nuit; les dispositions étant faites, je me rendis à la maison où étaient les représentants du peuple; je leur témoignai mes inquiétudes. A onze heures les ennemis vinrent attaquer la tête du village; je fis porter deux pièces de huit, je fis battre la charge, je portai une partie des troupes à l'appui des points attaqués, et je mis le reste en bataille derrière le village, pour ne pas être tourné par l'ennemi. Nous restâmes dans cette position; j'envoyai au général Hédouville une ordonnance, ainsi que l'adjudant Coquebert, pour que ce général vînt me renforcer : les deux émissaires furent pris par les ennemis. L'attaque se ralentit vers une heure, et l'ennemi se retira. On me dit que les deux pièces de huit étaient démontées à la tête du village; j'envoyai deux compagnies de grenadiers avec l'adjudant général Ernouf pour aller relever les pièces, ce qui fut exécuté : je fis alors porter tous les caissons et canons derrière le village, sur le chemin de Bambecque, étant très persuadé que les ennemis viendraient atta-

quer une heure avant le jour, ce qui arriva. L'attaque fut vive : nos troupes se
replièrent, et l'ennemi entra dans le village, ce qui me décida à prendre la position de Herzeele par Bambecque, où nous restâmes environ une heure. Les soldats manquaient de pain; ils en demandaient, quoiqu'ils en eussent eu pour
deux jours; mais, dans un temps de pluie et ayant passé la nuit sur pied, le
soldat avait consommé son pain; l'eau-de-vie n'étant point arrivée, le soldat était
mécontent, et je partageais ses peines; je les fis mettre en bataille à la hauteur
de Herzeele, pour attendre le pain; une partie des troupes qui étaient à droite se
mirent en marche malgré moi, en disant qu'ils étaient poursuivis par l'ennemi,
ce qui était faux; mais ils se servirent de ce moyen pour exécuter leur retraite.
Plusieurs bataillons étaient déjà partis : j'envoyai le général Berthelmy après. Le
représentant Delbrel le voulut suivre; on peut leur demander l'incroyable peine
qu'ils avaient de ramener les troupes; ils y parvinrent cependant. Dans ce moment, nous entendîmes une canonnade en avant de nous; j'envoyai voir ce que
c'était : on me dit que c'était le général Hédouville qui attaquait et poursuivait
l'ennemi par la route de Bergues. Le pain arriva tard, l'après-midi, et l'eau-
de-vie. Je me disposai à laisser reposer les troupes et à partir avant le jour pour
attaquer Hondschoote. Les troupes se mirent en marche à trois heures du matin.
Le général Colaud se dirigeait sur le même point par un autre chemin.

La colonne du centre arrivée à un endroit qu'on appelle les Cinq-Chemins,
qui n'était plus qu'à un quart de lieue de Hondschoote, je crus que les ennemis
s'étaient retirés, voyant que ce poste n'était pas occupé. Le commandant Vandamme couvrait mon flanc gauche et marchait par Killem. En arrivant près de
Hondschoote, les ennemis étaient en bataille derrière leurs retranchements. Je fus
les reconnaître : ils avaient leur droite appuyée à un moulin à vent, sur l'élévation duquel ils avaient une batterie de canons; leur gauche était appuyée de même
avec des redoutes. J'avais fait arrêter la colonne pendant que je faisais ma reconnaissance; je fis mes dispositions d'attaque; j'envoyai le général Berthelmy pour
diriger la colonne du général Colaud, et je ne voulais attaquer que lorsque ce
général serait arrivé; mais les troupes sur notre gauche commencèrent l'attaque,
et successivement toutes les troupes y prirent part à mesure qu'elles furent mises
en bataille. Une grande faute que les ennemis avaient commise et qui a tourné à
notre avantage, c'est de n'avoir pas occupé le poste des Cinq-Chemins; une
autre d'avoir coupé et élagué toutes les haies devant leurs retranchements à environ cent toises, de manière que nos troupes sont arrivées à couvert jusqu'à cette
distance; ils se sont emparés des haies et fossés et ont combattu dans cette position. Le combat durait déjà depuis près de deux heures, lorsque la colonne du
général Colaud arriva : je fus à ce général lui donner les ordres de se mettre en
bataille à la droite du chemin, de manière à pouvoir prendre la position à revers,
et je portai sa cavalerie tout à fait sur la droite, dans une position où elle aurait
pu agir. Le combat devint toujours plus rude; une redoute fut prise deux fois par
nos troupes et reprise par les ennemis. Le feu avertit le général Leclaire qui
était à Bergues; il sortit avec trois mille hommes, descendit le canal et attaqua
dans cette partie; c'est ce qui décida le combat à notre avantage. Après avoir
donné l'ordre à toutes les attaques de marcher à la baïonnette, ce qui fut exécuté,

et à trois heures et demie les troupes étaient à Hondschoote, je me portai aussitôt en avant de la ville, avec quelques bataillons et quatre pièces de canon ; j'envoyai un bataillon avec les hussards du deuxième régiment à la poursuite des ennemis ; ils les poursuivirent jusqu'au delà du village de [Houthem] où les ennemis avaient rompu le pont derrière eux.

Je fis mon possible pour rallier tous les bataillons en avant de Hondschoote. Il était cinq heures du soir : les troupes, extrêmement fatiguées du long combat, avaient besoin de repos pour pouvoir manger. J'aurais bien désiré pouvoir me porter entre Furnes et la Grande-Moëre, je n'y serais arrivé que de nuit ; et la triste expérience que j'avais faite de la nuit de Rexpoëde me détermina à rester dans la position de Hondschoote, et de marcher le matin deux heures avant le jour pour prendre cette position. Une autre considération bien majeure, c'est que le général Dumesny ne put prendre la ville d'Ypres ; il me manda que les ennemis étaient plus nombreux que lui et qu'il avait été forcé à la retraite sur Bailleul. Si je me fusse porté sur Furnes, je risquais de me faire prendre à revers par les ennemis d'Ypres. L'armée des Anglais était le double plus forte que la nôtre. Après avoir réfléchi sur tous ces moyens, je me suis déterminé à renforcer la division du général Dumesny par celle du général Hédouville, avec ordre de marcher, conjointement avec le général Beru, sur Menin et d'écraser les dix mille Hollandais qui y étaient. Cette division partit le 9 ; je restai avec le reste des troupes deux jours de plus à Hondschoote, pour que les Anglais ne pussent pas porter du secours aux Hollandais. J'arrivai le 12 au soir à Lille, et le 13 le reste de l'armée, pour aller attaquer le camp de Cysoing. Dans la nuit du 12 au 13, je reçus un courrier de la municipalité de Cambrai qui m'annonça la malheureuse affaire de la sortie de cette garnison ; elle me peignit sa malheureuse position et le danger qu'elle courait, de sorte que je renonçai à mon projet et me déterminai à aller au secours de ces deux places qui étaient menacées : j'y fis sur-le-champ jeter quatre bataillons ; je voulais aussi en faire entrer à Bouchain, mais les ennemis s'étaient emparés de la communication. Je parvins pourtant à faire entrer de nuit deux bataillons dans cette dernière place.

On a su le résultat de l'expédition de Menin. J'avais donné ordre que l'avant-garde se portât sur Courtrai. Ce mouvement a été retardé, je ne sais comment, et cela a donné le temps au général Beaulieu de s'y porter dans la nuit du 13. Le 14, le maréchal Cobourg est accouru avec 50,000 hommes, la ville du Quesnoy s'étant rendue le 11 ; sans ces deux malheurs de la prise du Quesnoy et du désastre de Bouchain et Cambrai, nous étions maîtres de la campagne, et les ennemis étaient forcés de se retirer de la terre de la liberté.

Voilà l'exposé de l'expédition de la levée du siège de Dunkerque. Un général ne peut pas répondre de la réussite de tous les projets. Je laisse aux militaires les plus sévères à trouver qu'il y ait de ma faute, encore moins de la trahison de ma part. Mes opinions ont été prononcées dès le commencement de la Révolution, et, si je n'étais pas républicain par principes, je le serais par reconnaissance. Aucun militaire n'a combattu plus que moi pour la cause de la liberté. Je n'en parlerai pas, parce que les faits existent ; et on ne me ravira pas du moins mon droit aux succès que les armes de la République ont remportés sur le Rhin. Ici on m'attribue les fautes, et aux autres les succès. Je ne puis être responsable d'aucune faute des autres. Si le général Landrin n'a pas exécuté les ordres que je lui ai donnés de faire une sortie vigoureuse de Dunkerque, ce n'est pas de ma faute. Si le général Hédouville n'a pas fait ce qu'il devait faire à Menin, je ne le sais pas, ce n'est encore point de ma faute.

Le Comité de salut public a désiré la levée du siège de Dunkerque; elle a eu lieu : j'ai battu les ennemis à Hondschoote. Je suis fâché de ne pas avoir jeté les Anglais dans la mer : je l'aurais fait également si je l'avais pu. Le Comité de salut public m'a écrit de ne pas m'exposer à une affaire décisive; elle aurait pu le devenir, si je m'étais porté entre Furnes et la Grande-Moëre; ayant devant moi 50,000 ennemis et 12 à 15,000 sur mon flanc droit, c'est alors que j'aurais été blâmable si j'avais reçu un échec, et non pour l'avoir évité. Je réclame le témoignage des représentants du peuple Levasseur et Delbrel, qui me rendront justice sur ma conduite et sur la vérité de cet exposé.

Le représentant Barère, dans son compte qu'il rend à la Convention [1], dit, en parlant de l'affaire de Dunkerque, que quatre faits rendent Houchard coupable : le premier, de n'avoir pas jeté les Anglais dans la mer après leur déroute. Il aurait fallu savoir s'ils eussent été d'humeur à se laisser jeter à la mer par un nombre de Français inférieur de la moitié [2]. Le second, de n'avoir pas taillé en pièces les Hollandais. J'avais donné les ordres pour cela; je ne pouvais pas être partout, je

[1] Dans la séance du 26 septembre 1793. (Cf. *Moniteur*, XVII, 744 et 748.) Robespierre se fit aussi l'accusateur de Houchard au sein de la Société des Jacobins. (*Moniteur*, id., 771.)

[2] Dans son interrogatoire, subi le 15 brumaire an II (5 novembre 1793), Houchard donna sur sa conduite à Hondschoote les explications suivantes (Arch. nat., W 296, n° 250) :

« *D.* Pourquoi, à l'affaire de Hondschoote, commandant à l'armée du Nord, avez-vous abandonné nos bataillons et les succès de la victoire de cette journée célèbre par la valeur de nos soldats?

« *R.* Je n'ai point abandonné les bataillons, puisque j'ai resté constamment avec eux, que moi-même j'ai posté les bataillons au delà de la ville de Hondschoote, sur le chemin par où les ennemis s'étaient retirés. La majeure partie des troupes était répandue dans la ville, et qu'on ne put faire sortir; j'ai envoyé à la poursuite de l'ennemi un bataillon d'infanterie avec les hussards du 2ᵉ régiment, en attendant qu'on puisse sortir les troupes de la ville.

J'ai même, pour cet effet, de l'autre côté de la ville, fait assembler les commandants de bataillons pour les exhorter à rassembler toutes leurs troupes, parce que je craignais que les ennemis ne revinssent sur leurs pas dans un pays extrêmement couvert de bois, où l'on ne voyait pas à quinze pas devant soi. On vint me dire dans ce même moment que les ennemis s'étaient retirés en partie vers un vieux couvent. Je fus reconnaître ce rapport, qui se trouvait faux. Dans ce même moment, je reçus une ordonnance du 2ᵉ régiment de hussards qui vint me dire que les ennemis avaient coupé le pont derrière eux sur le canal, à une lieue de là. Il était alors quatre heures et demie du soir, et je ne pouvais plus me porter à la poursuite des ennemis, à cause de l'approche de la nuit. . . . . .

« *D.* Pourquoi n'avez-vous pas fait prisonnière toute l'armée anglaise et hollandaise?

« *R.* Si je l'avais pu, je l'aurais fait, et je me réserve encore de prouver pourquoi je n'ai pas pu le faire. »

ne peux donc pas être responsable. Le troisième, de n'avoir donné qu'un mouvement partiel à l'armée, d'avoir laissé tailler en pièces dans un ravin la garnison de Cambrai. Je ne peux être responsable de ce malheur, puisque je n'avais donné d'autres ordres à cette garnison que de faire une ferme attaque, et non d'aller se fourrer dans un ravin à Avesnes-le-Sec, qui est à trois lieues et demie de la garnison. On ne peut pas mâcher tout à un général; il faut qu'il se conduise militairement et qu'il ne s'expose pas. Le quatrième, d'avoir abandonné Menin et d'avoir laissé attaquer l'arrière-garde, et d'avoir gardé le silence sur cette affaire. Je réponds que je n'étais pas à Menin, que j'ai donné des ordres. Je ne puis répondre des fautes d'autrui. J'ai écrit au ministre de la guerre à qui j'ai rendu compte de l'affaire de Menin, avec prière de communiquer ma dépêche au Comité de salut public.

Je serais d'ailleurs très aise de me justifier devant le Comité de salut public, devant des militaires, la carte à la main. Tous les faits que le représentant Barère allègue ne sont sûrement pas des trahisons. Si j'étais connu de lui, il n'aurait aucun doute sur mon entier dévouement à la République. Je suis aussi un général sans-culotte et qui ai combattu depuis la Révolution en vrai sans-culotte. Jamais je n'ai intrigué; jamais je n'ai désiré être autre chose qu'un capitaine de dragons, que trente-huit ans de services m'ont valu. On m'a forcé de prendre les emplois que j'ai exercés; je n'en voulais point, parce que je n'ai pas d'ambition, que je ne veux être qu'un citoyen français. Et ce titre, le seul qui me flatte, ne peut m'être refusé, par mon éternel dévouement pour la cause de la liberté et du peuple [1].

HOUCHARD.

(Orig., Arch. de la guerre, armée du Nord.)

---

[1] Houchard protestait constamment de son innocence. Le 2 octobre 1793, il écrivit à sa femme, qui habitait chez son père, à Sarrebourg, la lettre suivante, dont je possède l'original autographe :

«A Paris, le 2 octobre 1793,
l'an ii de la République.

«Je ne sais, mon amie, pourquoi je ne reçois pas de tes nouvelles. Ce silence m'inquiète et me tourmente. Tu peux m'écrire avec assurance; je suis simplement en état d'arrestation, jusqu'à ce qu'on ait trouvé des motifs d'accusation contre moi. Si j'étais obligé de rester ici jusqu'à ce qu'on en ait trouvé, je resterais éternellement. On en voulait à ma place, et il fallait me donner des torts ou du moins en supposer pour me l'ôter. On [ne] me connaissait pas; on n'avait simplement qu'à me dire : Vous [ne] nous convenez plus; j'aurais remis à un autre le commandement de l'armée. Je doute que celui qui me remplace remplira les fonctions avec plus de zèle et de dévouement pour la République que moi. Je crois qu'on trouvait que j'étais trop heureux à la guerre, qu'il y a des hommes assez ennemis de leur patrie pour désirer que je l'eusse été moins. Toutes les horreurs que les journaux ont vomies contre moi sont des calomnies. Il fallait me donner des torts pour qu'on ne puisse pas dire : Mais pourquoi ôte-t-on ce général? Et cette prétendue correspondance avec les princes étrangers consiste en trois lettres du prince de Nassau. Dans une, je l'avais prié de faire

69. PARIS, 3o SEPTEMBRE 1793 [1].

LE COMITÉ DE SALUT PUBLIC AU MINISTRE DE LA GUERRE BOUCHOTTE.

Analyse. — Envoi d'une lettre des représentants Trullard, Berlier, Hentz et Duquesnoy concernant la nomination du général Carrion [2]. « Il est plus que temps de purger de tous les hommes à masque nos armées trahies depuis si longtemps. » — On lit, en tête de ces mots, de la main de Bouchotte : « 5ᵉ division. Suspendre Carrion. »

(Orig., sig. par Carnot et Saint-Just. Arch. adm. de la guerre, dossier Carrion. — Minute, Arch. nat., AF ɪɪ ᴈ38.)

prendre les assignats dans l'étendue de son pays où il y avait des troupes de la République ; les deux autres sont au sujet des pompes à feu que je lui ai demandées pour la garnison de Sarrelibre, qui n'en avait point et qui en aurait eu besoin si cette ville eût été assiégée, et qu'il m'a accordées.

« Voilà cette fameuse trahison. J'avais d'ailleurs montré ces lettres aux représentants du peuple près l'armée de la Moselle, qui m'avaient conseillé de les garder, parce que le prince de Nassau prenait dans ses lettres les qualités de duc de Diling, et cette qualité pouvait servir un jour contre lui. J'ai mis ces lettres dans une chemise et j'ai mis sur le revers : *Lettres des princes étrangers*, pour pouvoir les trouver facilement quand on en aura besoin. Tu vois bien, mon amie, qu'il n'y a pas de quoi s'alarmer de cela. On pourra voir mon registre, on y trouvera la vérité. Si j'avais été un monstre capable de trahir ma patrie, aurais-je gardé des lettres, les aurais-je mises en évidence dans des chemises étiquetées et à la vue de tout le monde? Cette seule réflexion aurait dû convaincre quiconque aurait le bon sens que ce sont des lettres de nulle valeur ; mais il fallait donner et trouver des torts à quelqu'un qu'on destitue, et il fallait faire voir au soldat que c'est une trahison pour m'ôter sa confiance, afin qu'il ne soit pas fatigué de ces continuelles destitutions. Nous sommes ici 22 généraux en prison.

« Adieu, mon amie ; ne me laisse pas plus longtemps dans l'attente de tes nouvelles. Je pense qu'on aura aussi cherché à égarer le peuple de Sarrebourg ; mais, quand il apprendra ma justification, il me rendra son estime. Adieu. Mon adresse est : Au citoyen Houchard, aux prisons de l'Abbaye, à Paris. »

A la même époque, Houchard écrivait de la Conciergerie à l'avocat et défenseur officieux Montroui la lettre suivante, dont je possède l'original et dont je publie le texte avec son orthographe défectueuse :

« Je suis détenu, citoyen, à la consiergerie et soubsonné. Je suis l'homme du monde le plus inocent. Je vous serés obligé de vouloir vous charger de la deffendre. Fait moi le plaisir de venir me voir ce soir, si il étoit possible.

« *Votre concitoyen*,
« HOUCHARD. »

[1] Carnot assiste à la séance du Comité (cf. Aulard, VII, 13o). Il rédige de sa main un arrêté sur les mesures à prendre pour la garde du représentant Antiboul.

[2] Cf. le texte de cette lettre des représentants, datée du 15 septembre 1793, à la page 149.

70. PARIS, 3o SEPTEMBRE 1793.
LE COMITÉ DE SALUT PUBLIC AU MINISTRE DE LA GUERRE BOUCHOTTE.

Analyse. — Envoi d'une lettre que le Comité a reçue, en date du 14 septembre, du représentant Dabray [1].

(Minute, Arch. nat., AF ɪɪ 252.)

71. PARIS, 3o SEPTEMBRE 1793.
LE COMITÉ DE SALUT PUBLIC AUX ADMINISTRATEURS DE LA LOIRE-INFÉRIEURE.

Paris, le 3o septembre 1793, l'an ɪɪ de la République française.

*LES REPRÉSENTANTS DU PEUPLE MEMBRES DU COMITÉ DE SALUT PUBLIC
AUX ADMINISTRATEURS DU DÉPARTEMENT DE LA LOIRE-INFÉRIEURE, À NANTES.*

Nous avons reçu, citoyens, votre lettre du 13 courant, votre arrêté et procès-verbal du 11 de ce mois relatif au brûlement de deux drapeaux blancs pris sur les rebelles. Vous nous donnez par là une nouvelle preuve de votre haine pour des rebelles fanatiques qui déchirent le sein de leur Patrie. Votre courage et votre énergie connus nous font espérer que vous repousserez les efforts de ces monstres stipendiés par Pitt et Cobourg.

*Les membres du Comité de salut public
chargés de la correspondance,*

CARNOT, COLLOT-D'HERBOIS.

(Publ. par Étienne Charavay dans la *Revue des documents historiques*, t. II, 1875, p. 143.)

[1] Joseph-Séraphin Dabray, né à Nice en 1752, avocat, député des Alpes-Maritimes à la Convention et au Conseil des Cinq-Cents, mort à Nice le 4 août 1841. — Le Comité répondit en ces termes à Dabray (Minute, Arch. nat., AF ɪɪ 252):

«Citoyen collègue,

«Le Comité de salut public a reçu votre lettre du 14 de ce mois par laquelle vous manifestez la crainte que le Piémontais ne vienne à occuper des endroits qu'il serait difficile de reprendre et à couper même la communication entre le département des Alpes-Maritimes et celui du Var. Votre sollicitude est trop bien fondée pour que le Comité ne prenne pas en sérieuse considération les observations que vous lui avez faites.

«Salut et fraternité.»

LILLE, 30 septembre 1793.

LE GÉNÉRAL FAVART AU COMITÉ DE SALUT PUBLIC.

Analyse. — Deux lettres : 1° Il expose les dangers de la lenteur mise par les départements à envoyer des grains à Lille. Il dénonce l'apathie des administrateurs des subsistances, depuis qu'on lui a supprimé les achats. — 2° La cavalerie manque de pistolets, de sabres et de carabines et l'envoi de plomb en balles est insuffisant.

(Analyses, Arch. de la guerre, corr. gén.)

PARIS, 1ᵉʳ OCTOBRE 1793 [1].

LE MINISTRE DE LA GUERRE BOUCHOTTE AU COMITÉ DE SALUT PUBLIC.

Paris, le 1ᵉʳ octobre 1793, l'an II de la République française, une et indivisible.

LE MINISTRE DE LA GUERRE AUX CITOYENS REPRÉSENTANTS DU PEUPLE COMPOSANT LE COMITÉ DE SALUT PUBLIC.

Je vous envoie, citoyens représentants, copie de la lettre du citoyen Brune. Vous verrez que le commandement des forces destinées à appuyer l'autorité nationale dans le département de la Gironde a été remis à Frégeville [2] par les représentants [3]. Je crois cependant qu'il importe que ce soit un plébéien et un patriote

---

[1] Carnot est présent à la séance du Comité. (Cf. Aulard, VII, 164.)

[2] Jean-Henri-Gui-Nicolas de Grandval, marquis de Frégeville, né à Réalmont (Tarn) le 14 décembre 1748, mousquetaire le 14 décembre 1764, sous-lieutenant dans Orléans-Dragons le 5 octobre 1767 et dans les chasseurs à cheval du régiment de Normandie le 17 juin 1770, capitaine commandant la compagnie Mestre-de-Camp le 25 avril 1772, capitaine titulaire le 5 mai suivant, capitaine commandant le 1ᵉʳ mars 1785, chef d'escadron le 1ᵉʳ mai 1788, lieutenant-colonel du 2ᵉ dragons le 25 juillet 1791, colonel du 11ᵉ chasseurs à cheval le 29 juin 1792, maréchal de camp le 8 mars 1793, général de division le 15 mai suivant, suspendu le 25 germinal an II (14 avril 1794), réin-

tégré le 21 prairial (9 juin 1794), député du Tarn au Conseil des Cinq-Cents le 25 vendémiaire an IV (17 octobre 1795), remis en activité le 1ᵉʳ prairial an VII (20 mai 1799), mort à Réalmont en 1803. Henri de Frégeville avait un frère cadet, Charles, né en 1762, général de brigade en 1793 et de division en 1800, mort en 1841.

[3] Ysabeau et Tallien. — Cf. lettre d'eux au Comité de salut public, datée de la Réole, 2 octobre 1793, dans Aulard, VII, 190 à 192. — «Le général Brune, disent-ils, est allé à Blaye et à Royan. Le général Henry Frégeville commande ici avec beaucoup de zèle et de prudence. La plus grande discipline règne par ses soins dans nos bataillons; les propriétés sont et seront inviolablement respectées...»

qui conserve ce commandement. Si vous pensiez ainsi, il serait convenable d'écrire à vos collègues.

Le Ministre de la guerre.

(Minute avec corrections autographes, coll. de M. Étienne Charavay.)

PARIS, 1ᵉʳ OCTOBRE 1793.

LE MINISTRE DE LA GUERRE BOUCHOTTE AU COMITÉ DE SALUT PUBLIC.

Analyse. — Envoi de la copie d'une lettre du citoyen Courtois, commandant temporaire à Landrecies, ainsi que de l'extrait des registres des séances du conseil général de la commune de cette ville, qui contient des détails donnant des éclaircissements sur l'affaire du 12.

(Orig., Arch. de la guerre, armée du Nord.)

GAVRELLE, 1ᵉʳ OCTOBRE 1793.

LE GÉNÉRAL JOURDAN AU MINISTRE DE LA GUERRE BOUCHOTTE.

Au quartier général à Gavrelle, le 1ᵉʳ octobre, l'an II de la République.

LE GÉNÉRAL EN CHEF DE L'ARMÉE DU NORD
AU CITOYEN MINISTRE DE LA GUERRE.

J'ai reçu cette nuit une lettre du commandant de la ville d'Avesnes, par laquelle il m'annonce que l'ennemi ayant forcé nos avant-postes sur la rive de la Sambre, depuis Ferrière jusqu'à Beaumont, menace d'investir Maubeuge, Landrecies ou Avesnes. Comme je n'ai pas grande confiance dans la résistance que pourraient faire ces deux dernières places, il est donc urgent que je suspende pour cet instant l'exécution d'un projet dont j'avais fait part au Comité de salut public, ainsi qu'à vous, et de marcher promptement au secours de ces places, dont la perte nécessiterait celle de Maubeuge. Les forces que j'ai ici ne sont pas suffisantes, l'armée ne montant qu'à 28,000 hommes dont je ne puis disposer en totalité, parce que, si j'abandonnais ma position, j'exposerais Cambrai et Bouchain à un investissement. Ceci est d'autant plus probable que le corps d'armée ennemi qui a passé la Sambre est commandé par le général Beaulieu, et que Cobourg se tient à Bavai avec des forces considérables pour tomber sur Bouchain et Cambrai. Il existe donc une mesure de prudence absolument nécessaire, qui est de laisser un corps de 10,000 hommes au moins à la position que j'occupe actuellement. Il ne me restera donc que 18,000 hommes. Voici mes dispositions pour me former un corps d'armée avec lequel je pourrai attaquer l'ennemi avec avantage :

Je donne ordre au général Béru, commandant le camp de la Madeleine, de m'envoyer 12,000 hommes sur environ 30,000 qu'il a à ses ordres depuis Mons-en-Pevèle jusqu'à Armentières inclusivement, et 10,000 hommes au général D'Avaine, sur environ 25,000 qu'il commande depuis Bailleul jusqu'à Dunkerque, ce qui me formera une armée de 40,000 hommes. Comme il est également urgent de remplacer les troupes que je tire tant des divisions de Cassel que de Lille, je donne ordre aux généraux Béru et D'Avaine de se concerter avec les représentants du peuple ou, en leur absence, avec les corps administratifs, pour faire avancer dans le plus bref délai possible des corps de la nouvelle levée pour opérer le remplacement. Il serait même avantageux qu'il fût plus considérable que le déplacement, afin de gagner par le nombre ce qu'on perd par l'expérience.

Il est nécessaire que vous donniez les ordres les plus pressants pour l'organisation de ces nouveaux corps et qu'on m'instruise de leurs emplacements pour en pouvoir disposer, lorsque les circonstances l'exigeront. Cette opération m'est de toute nécessité pour me mettre à portée de retirer un plus grand nombre d'anciennes troupes des camps et garnisons.

Je fais partir sur-le-champ un adjoint pour Avesnes, afin de prendre les renseignements les plus certains sur la position de l'ennemi.

Je rappelle à votre souvenir qu'il me manque huit cents chevaux d'artillerie. Vous voyez la nécessité de les remplacer ; sans cela, je ne puis mettre mon parc en mouvement.

JOURDAN.

(Orig., Arch. de la guerre, armée du Nord.)

———

PRADES, 1ᵉʳ OCTOBRE 1793.

LE GÉNÉRAL DAGOBERT AU COMITÉ DE SALUT PUBLIC.

Prades, le 1ᵉʳ octobre 1793, l'an ii de la République française, une et indivisible.

LE GÉNÉRAL DAGOBERT AUX CITOYENS REPRÉSENTANTS DU PEUPLE

COMPOSANT LE COMITÉ DE SALUT PUBLIC DE LA CONVENTION NATIONALE.

Citoyens représentants,

En m'éloignant du commandement de l'armée des Pyrénées orientales, où les représentants du peuple m'avaient appelé, je dois vous faire part des raisons qui m'ont déterminé à leur demander d'autoriser mon retour à l'armée centrale. Ces raisons sont l'opposition de ces mêmes représentants au coup décisif que j'allais frapper. Ils m'ont fait révoquer l'ordre que j'avais donné à l'armée d'aller occuper la position de Banyuls-les-Aspres et d'attaquer un petit camp dont l'ennemi couvrait sa droite et qui ne pouvait manquer d'être emporté. Ce n'est pas toujours par des combats, c'est souvent en prenant des positions que l'on obtient les plus brillants succès. Celui que je devais me promettre était tel que l'armée ennemie

devait être forcée de mettre bas les armes, si elle ne s'empressait de faire une retraite précipitée dans laquelle elle m'aurait laissé une partie de son artillerie. Oui,
citoyens, au moment où je vous parle, l'Espagnol aurait vidé le territoire de la
République, et les bras que réclame l'agriculture seraient en train de rentrer dans
leurs foyers. Vous me demanderez pourquoi les représentants du peuple ont contrarié mon plan? C'est parce que j'ai refusé d'accepter le leur, plan incohérent,
inadmissible par aucun militaire tant soit peu instruit. J'arrivai à Perpignan le 19
au soir; je me rendis aussitôt chez les représentants du peuple; ils me dirent que
le projet et que les ordres étaient donnés pour attaquer l'ennemi pendant la nuit.
J'observai que l'armée, que j'amenais avec moi de Mont-Libre, ne pouvait arriver
que le lendemain; j'observai qu'il était prudent d'attendre les renforts et les réquisitions, qui ne pouvaient tarder d'arriver; j'observai que l'ennemi avait rappelé et
concentré ses forces dans son camp; j'observai que, par la disposition du camp et
ses retranchements séparés, on pouvait le regarder comme sept camps retranchés
où il faudrait livrer sept combats avec des forces inférieures; enfin j'offris de combattre comme soldat, mais que, comme général, je ne compromettrais pas le salut
de la chose publique, je ne livrerais pas l'élite de l'armée au sabre de la cavalerie.
Il m'a été dit depuis qu'il avait été question, après que je fus sorti, de me destituer à l'heure même. Toujours sollicité et pressé d'attaquer, je m'y déterminai
le 22. J'adoptai l'ordre de bataille oblique, c'est-à-dire qu'il ne devait y avoir que la
droite qui attaquât l'ennemi; je refusai la gauche où étaient les réquisitions et les
armées de piques, et je les tenais loin du feu; j'étais parvenu à tourner et à éviter
les batteries dont le front du camp ennemi est hérissé, et à pénétrer dans les
retranchements qui couvraient le quartier général; il ne paraissait pas possible
qu'une victoire brillante et complète eût pu m'échapper; la cavalerie ennemie vint
à paraître; malheureusement je n'en avais pas, la mienne étant toute à la division
du général Goguet, qui avait ordre de se joindre à moi et qui, on ne sait pourquoi, resta derrière les oliviers, à près d'une lieue de là. Si j'en crois le bruit public, le but était de me sacrifier et de me faire échouer. Il aurait suffi que sa cavalerie se fût montrée; elle en aurait imposé à celle de l'ennemi; elle aurait rassuré
ma troupe qui, se voyant sans soutien, finit par se débander, et même une partie
par se rendre; il n'y eut point de canon de pris. On se rallia, et la retraite se fit en
assez bon ordre [1]. La perte de cinq à six cents hommes ne me paraît pas devoir
paralyser l'armée; je donnai l'ordre le lendemain au général Goguet d'aller avec
sa division prendre poste à Corbère, de porter mille hommes sur les hauteurs de
Sainte-Colombe et d'envoyer trois cents hommes sur les derrières de l'ennemi faire
une fausse attaque à Céret. Ce ne fut que le surlendemain que ce général, qui
était venu se reposer à Perpignan, jugea à propos d'exécuter cet ordre, et même
il le fit si tard que, n'ayant point fait de dispositions pour le placement de son
artillerie, il lui fut pris par l'ennemi deux pièces de canon. La fausse attaque sur
Céret produisit son effet; l'ennemi y fit passer six mille hommes qui, revenant de
nuit à leur camp, prirent une terreur panique et se fusillèrent entre eux. J'cr-

----

[1] Cf. sur cet échec une lettre adressée de Perpignan, le 23 septembre 1793, au Comité par les représentants Bonnet, Cassanyès, Fabre et Gaston. (Aulard, VII. 27.)

donnai à cette même division du général Goguet d'attaquer Thuir, mais les dispositions furent si mal faites qu'au lieu d'y prendre cinq à six cents prisonniers, on leur laissa les moyens de se sauver, et l'on n'en prit que huit.

L'opinion que l'ennemi a d'un général n'est pas indifférente aux succès de ses entreprises. Les victoires du 28 août et du 4 septembre avaient frappé l'Espagnol de terreur. Qu'il me soit permis de citer ici son expression : *Su Dagoberto un Démonio. Créado el infierno.* Quoiqu'ils eussent approvisionné Villefranche et que, d'après le plan trouvé dans les papiers du général Vasco, cette place dût soutenir un siège de deux mois, il a suffi de la faire cerner par quelques patrouilles pour qu'elle se soit rendue à la première sommation. Il a suffi de montrer l'adjudant général David [1] sur les hauteurs de Mosset pour que le camp de Prades se soit replié, ou plutôt ait pris la fuite, abandonnant deux pièces de canon et des effets de campement pour quatre mille hommes. On pouvait présumer qu'il en aurait été de même du grand camp, si les représentants du peuple m'avaient laissé prendre la position de Banyuls; j'aurais porté deux ou trois mille hommes dans les Albères qui, en plongeant la route d'Espagne, auraient peut-être produit plus d'effet que je n'en aurais espéré.

Ces courts détails doivent suffire pour faire connaître ma passion pour le service de la République, et ma douleur que mes vues et mon plan n'aient pu obtenir leur effet [2].

Salut et fraternité,

DAGOBERT.

(Orig., Arch. de la guerre, armée des Pyrénées orientales.)

---

[1] Jean-Antoine David, né à Arbois (Jura) le 9 novembre 1767, soldat au régiment de Forez-Infanterie du 22 novembre 1781 au 26 avril 1783, dragon le 7 octobre 1784, brigadier le 6 mai 1787, fourrier le 18 mai 1791, maréchal des logis le 12 février 1792, maréchal des logis chef le 22 mai suivant, sous-lieutenant le 14 décembre 1792, lieutenant en mai 1793, adjoint aux adjudants généraux à l'armée des Pyrénées orientales le 1er juin, adjudant général provisoire le 21 septembre 1793, général de brigade provisoire le 21 mars 1794, confirmé le 13 juin 1795, blessé à la bataille d'Alkmaer le 10 septembre 1799 et mort le 14 du même mois. (Cf. Jacques Charavay, *Les généraux morts pour la patrie,* p. 75.)

[2] Le 1er octobre 1793, les représentants Bonnet, Fabre et Gaston écrivaient de Perpignan au Comité de salut public pour manifester leur opinion sur les généraux Dagobert et d'Aoust : «Depuis la nomination provisoire de Dagobert au grade de général en chef, nous nous sommes convaincus que les détails d'une grande armée étaient au-dessus de ses forces et, qu'utile à la tête de cinq ou six mille hommes, il était hors d'état de conduire un plan vaste et d'organiser une grande machine. L'armée, après avoir éprouvé le petit échec dont nous vous avons parlé, restait dans une espèce de découragement et d'inaction très nuisible au succès de nos armes. Ce général a enfin sollicité de nous son retour au Mont-Libre. Nous avons arrêté que le plus ancien général divisionnaire prendrait le commandement de l'armée et se concerterait dans ses opérations avec les autres généraux divisionnaires. Le plus an-

LANDRECIES, 1ᵉʳ OCTOBRE 1793.

COURTOIS, COMMANDANT TEMPORAIRE DE LANDRECIES,

AU COMITÉ DE SALUT PUBLIC.

Analyse. — Il mande que, le 29 septembre, les 6,000 hommes postés sur la rive droite de la Sambre pour s'opposer au passage de cette rivière ont été attaqués et repoussés avec perte. L'officier général qui les commandait a fait sa retraite sur Maubeuge, et l'ennemi s'est emparé de la forêt dite *la haie d'Avesnes*, située sur le chemin de Maubeuge, de sorte que la communication est entièrement interceptée. «Je ne puis vous dissimuler les craintes que la position de cette place me fait concevoir [1].»

(Orig., Arch. de la guerre, armée du Nord.)

---

72. PARIS, OCTOBRE 1793.

LE COMITÉ DE SALUT PUBLIC AU REPRÉSENTANT BERLIER.

LES REPRÉSENTANTS DU PEUPLE, MEMBRES DU COMITÉ DE SALUT PUBLIC,
AU CITOYEN BERLIER, REPRÉSENTANT DU PEUPLE PRÈS L'ARMÉE DU NORD, À DUNKERQUE.

Votre lettre du 13 septembre [2], cher collègue, a inspiré au Comité de salut public le plaisir que l'on ressent au récit des actes de bravoure, et ce n'a pas été pour lui une médiocre satisfaction que d'ap-

cien général est Daoust, dont vous connaissez les talents et la bravoure. Depuis cette époque, nos affaires prennent une meilleure tournure, l'harmonie règne parmi les généraux, on marche à grands pas vers l'Espagne. L'arrivée de Turreau dans cette armée pourra peut-être encore paralyser ses mouvements; le temps qu'il mettra à connaître les localités et à combiner une nouvelle marche pourrait bien faire manquer les opérations et ralentir les succès. Ainsi, citoyens nos collègues, ne vaudrait-il peut-être pas mieux, pour l'avantage de la République, que Turreau fût conservé à l'armée de la Rochelle et autoriser l'arrêté provisoire que nous avons pris?» (Orig., Arch. de la guerre, armée des Pyrénées orientales.)

[1] Le 3 octobre Courtois écrivit de nouveau au Comité de salut public pour se plaindre de la municipalité de Landrecies, qui a fait partir, sans le prévenir, un bataillon de nouvelle levée, lequel a été assailli et dispersé par un parti de cavalerie ennemie. (Orig., Arch. de la guerre, armée du Nord.)

[2] Cf. cette lettre dans Aulard, VI, 464, et dans le *Moniteur* du 15 septembre 1793, XVII, 668. Les représentants Hentz et Berlier y signalaient notamment l'intrépide conduite de la gendarmerie nationale à pied, tant à Houdschoote que devant Dunkerque. «C'est, disaient-ils, en se battant en héros que ces braves gens répondent aux inculpations qui leur furent faites autrefois.»

prendre que Bergues est dans un état de défense respectable. Le Comité se repose toujours sur votre active surveillance et sur votre constante application à faire usage de tous les moyens propres à terrasser l'aristocratie [1].

Salut et fraternité.

LES MEMBRES DU COMITÉ DE SALUT PUBLIC
CHARGÉS DE LA CORRESPONDANCE.

(Minute, Arch. nat., AF ɪɪ 238, classé au 13 septembre 1793.)

73. PARIS, 2 OCTOBRE 1793 [2].
LE COMITÉ DE SALUT PUBLIC AU MINISTRE DE LA GUERRE BOUCHOTTE.

Analyse. — Envoi d'une lettre de l'adjudant général Dardenne, qui se plaint de la suspension prononcée contre lui par le ministre [3].

(Orig. sig. par Carnot, Collot-d'Herbois et Saint-Just, coll. de M. Étienne Charavay.)

74. PARIS, 2 OCTOBRE 1793.
LE COMITÉ DE SALUT PUBLIC AU MINISTRE DE LA GUERRE BOUCHOTTE.

Analyses. — Cinq lettres : 1° Envoi d'une lettre de Laplanche, représentant dans le Loiret, contenant des pièces relatives à une somme

[1] Cette lettre n'a pas été publiée par M. Aulard.

[2] Carnot est présent à la séance du Comité. (Cf. Aulard, VII, 182.) Il rédige de sa main deux arrêtés : 1° Autorisation aux représentants Hentz et C.-A. Prieur, envoyés près l'armée de l'Ouest, de tirer sur les caisses publiques les sommes dont ils auront besoin. 2° L'armée des Ardennes est mise provisoirement sous les ordres du général en chef de l'armée du Nord (Jourdan).

[3] En tête on lit cette note autographe de Bouchotte : «Secrétariat. Reste toujours d'avoir servi en Autriche, et ses liaisons avec Le Veneur, sur lesquelles il se défend mal, et celles avec Rosières, dont il ne parle pas.» — Dardenne fut arrêté, traduit devant le tribunal révolutionnaire et acquitté le 6 germinal an ɪɪɪ (26 mars 1794), après soixante-dix jours de détention. Par arrêté du 22 germinal (11 avril 1794), la Convention lui accorda une somme de mille livres, à titre de secours provisoire. (Cf. *Moniteur*, XX, 197 et 198.) Il fut réintégré le 19 prairial an ɪɪ (7 juin 1794).

de 6,000 livres qu'il a fait donner au 11ᵉ hussards [1]. — 2° Envoi d'une lettre du même, donnant avis qu'il a expédié un brevet de capitaine au citoyen Bouis, aide de camp du général Hesse [2]. — 3° Envoi d'une lettre du même, portant qu'il a nommé le citoyen Louis-Octave Fontaine adjudant de la place d'Orléans [3]. — 4° Envoi d'un arrêté des représentants Robert Lindet et Oudot autorisant le citoyen Vialle [4], commandant du 2ᵉ bataillon du 6ᵉ régiment, nommé en remplacement du général de brigade Beaulieu, à choisir pour aide de camp le citoyen Rolland, capitaine au 6ᵉ régiment [5]. — 5° Envoi d'une lettre des mêmes, demandant si un quartier-maître du 6ᵉ régiment, ayant grade de capitaine, devait être convoqué à l'assemblée des capitaines [6].

(Minutes, Arch. nat., AF ɪɪ 268.)

LAON, 2 OCTOBRE 1793.

D. OLIVIER, COMMANDANT TEMPORAIRE DE LA PLACE DE LAON,

AU COMITÉ DE SALUT PUBLIC.

Analyse. — Envoi du procès-verbal d'un conseil de guerre tenu à Laon le 1ᵉʳ octobre relativement aux mesures à prendre pour la sûreté de cette place. Il faut quarante pièces de canon de tout calibre et douze mille hommes de troupe, dont cent cavaliers. Il n'y a pas de magasin de vin et d'eau-de-vie, et encore moins de vinaigre, de bois et de grains.

(Orig., Arch. de la guerre, armée du Nord.)

---

[1] Lettre de Laplanche, datée d'Orléans, 22 septembre 1793.

[2] Lettre de Laplanche, du 23 septembre.

[3] Lettre de Laplanche, du 23 septembre.

[4] Pierre Vialle, né à Tulle (Corrèze) le 12 janvier 1743, soldat au régiment de Navarre le 20 avril 1759, caporal le 1ᵉʳ mai 1766, sergent le 7 septembre suivant, fourrier le 30 juin 1768, sergent-major le 1ᵉʳ juin 1776, adjudant le 15 décembre 1778, sous-lieutenant de grenadiers le 20 septembre 1783, adjudant-major le 1ᵉʳ mars 1791, capitaine le 9 mai 1792, chef de bataillon le 22 mai 1793, général de brigade le 28 septembre 1793, général de division et commandant en chef provisoire de l'armée des Côtes de Cherbourg le 20 frimaire an ɪɪ (10 décembre 1793), général en chef de l'armée d'Italie le 4 fructidor an ɪɪ (21 août 1794), mais refuse ces fonctions, commandant la 1ʳᵉ division militaire (Lille) le 19 fructidor (5 septembre 1794), réformé le 25 pluviôse an v (13 février 1797), retraité le 1ᵉʳ prairial an ɪx (21 mai 1801), mort à Lille le 19 juin 1816. Le général Vialle avait fait les campagnes d'Allemagne de 1759 à 1762, et d'Amérique de 1775 à 1783.

[5] Lettre de Robert Lindet et Oudot, datée de Caen, 23 septembre 1793.

[6] Lettre de Robert Lindet et Oudot, du 24 septembre.

75. PARIS, 3 OCTOBRE 1793 [1].

LE COMITÉ DE SALUT PUBLIC AUX REPRÉSENTANTS PRÈS L'ARMÉE DE LYON [2].

Paris, 3 octobre 1793.

*LE COMITÉ DE SALUT PUBLIC AUX REPRÉSENTANTS DU PEUPLE PRÈS L'ARMÉE DE LYON,
AU QUARTIER GÉNÉRAL DE LA PAPE.*

Citoyens nos collègues,

Nous comptons sur la reddition de Lyon; vous devez en être en possession au moment où nous écrivons, ou du moins au moment où vous recevrez cette lettre. La Convention nationale y compte encore plus fortement que le Comité [3].

Notre position sur Toulon n'est pas aussi avantageuse; nos forces y sont trop insuffisantes pour reprendre, avant la mauvaise saison, la clef de la Méditerranée. Cette mesure est instante. Ainsi, aussitôt que Lyon sera rendu à la République, rassemblez tout ce que vous pourrez de forces, d'artillerie, de munitions et de subsistances, pour voler au secours des républicains armés contre Toulon : le salut public l'exige, et vous aimez trop la République pour négliger un instant tout ce qui peut rappeler Marseille à l'esprit de la Révolution et pour rendre Toulon à la France, en punissant la lâcheté des Toulonnais et la perfidie des Anglais et des Espagnols.

HÉRAULT, CARNOT, BARÈRE,
BILLAUD-VARENNE, COLLOT-D'HERBOIS.

(Imprimé dans la *Réponse de Dubois-Crancé aux inculpations*, p. 252. — Arch. nat., AF II 253.)

[1] Carnot est présent à la séance du Comité. (Cf. Aulard, VII, 197.)

[2] Dubois-Crancé, Châteauneuf-Randon et Gauthier. Je donne le texte de cette lettre, parce que le recueil de M. Aulard n'en reproduit qu'un très court résumé emprunté à un discours de Barère. On trouvera dans ledit recueil d'autres lettres du Comité à ces mêmes représentants aux dates du 30 septembre et du 1er octobre 1793.

[3] Dès le 1er octobre, le Comité de salut public avait pris sur Lyon l'arrêté suivant (cf. Aulard, VII, 164) : 1° «Retirer Dubois-Crancé, Châteauneuf-Randon, Gauthier. — 2° Écrire à Maignet et à La Porte, qui y resteront commissaires. — 3° Attaquer de vive force. — 4° Changer l'état-major. — 5° Envoyer encore des munitions. — 6° Envoyer un courrier. — 7° Écrire à Couthon.» La Convention rappela, le 6 octobre, Dubois-Crancé, Châteauneuf-Randon et Gauthier. (Cf. Iung, *Dubois-Crancé*, II, 33.)

76. paris, 3 octobre 1793.

LE COMITÉ DE SALUT PUBLIC AU MINISTRE DE LA GUERRE BOUCHOTTE.

Analyse. — Envoi d'une lettre des officiers municipaux de Vervins, relative aux secours dont cette ville a besoin.

(Orig. sig. par Carnot et Collot-d'Herbois, Arch. de la guerre, corr. gén.)

GAVRELLE, 3 OCTOBRE 1793.

LE GÉNÉRAL JOURDAN AU COMITÉ DE SALUT PUBLIC.

Au quartier général à Gavrelle, le 3 octobre 1793, an II de la République.

LE CITOYEN JOURDAN
AUX REPRÉSENTANTS DU PEUPLE, MEMBRES DU COMITÉ DE SALUT PUBLIC.

Le ministre de la guerre vous aura sans doute communiqué le projet que j'ai fait de marcher sur-le-champ pour opérer la délivrance de Maubeuge. La manière avec laquelle les avant-postes de cette place se sont comportés ne me donne pas une idée avantageuse de la défense qu'ils pourraient opérer subséquemment; ces motifs m'ont décidé à me porter avec 40,000 hommes sur cette ville. En conséquence, mon avant-garde aux ordres du général Fromentin est partie ce matin. J'attends, pour la suivre, les 12,000 hommes qui m'arrivent demain de la division de Lille et les 10,000 hommes de celle de Cassel, que je dois recevoir incessamment. Je laisse 10,000 hommes à la position d'Arleux pour couvrir Cambrai et Bouchain. Il m'a été impossible de tirer de la frontière des renforts plus nombreux; la nouvelle levée n'est pas, à beaucoup près, tout à fait organisée et la majeure partie des bataillons formés n'ont point d'armes; ils ne peuvent remplacer les anciennes troupes.

L'armée des Ardennes étant trop faible pour faire une diversion essentielle du côté de Namur, il vaut mieux tirer tout ce qu'on pourra de cette armée pour réunir à celle du Nord; en conséquence, je prie le ministre de la guerre de donner des ordres à ce corps de troupes pour qu'il se porte le plus tôt possible sur Avesnes[1].

Aussitôt que les différents renforts seront réunis et que l'organisation de la nou-

----

[1] Le 3 octobre, le ministre de la guerre Bouchotte transmettait au général Ferrand l'arrêté du Comité mettant provisoirement l'armée des Ardennes aux ordres de Jourdan. «Vous voudrez bien vous conformer au contenu de cet arrêté et concourir tous deux fraternellement et patriotiquement au service de la chose publique. Il conviendra que vous alliez trouver le général Jourdan pour conférer, parce qu'il vous sera plus facile qu'à lui de se déplacer... Le courage des Français et leur attachement à la liberté étant les mêmes dans toutes les armées, la patrie compte sur l'armée des Ardennes comme sur celle du Nord.» (Orig., Arch. de la guerre, armée du Nord.)

velle levée et leur emplacement me permettront de disposer des anciennes troupes, aussitôt la délivrance de Maubeuge opérée, je tenterai tout ce que l'audace, le courage et le zèle des républicains français pourra atteindre. Je pourrai alors donner à mon premier projet toute la latitude, toute l'extension que vous lui désirez.

Je profiterai, si la fortune, comme je n'en doute pas, seconde nos desseins, je profiterai du moment où le peuple français indigné montrera cette énergie, qui est le présage certain de la destruction des tyrans. Hâtez-vous de remettre en ses mains les armes avec lesquelles il doit les foudroyer. Que votre active surveillance suive dans tous les détails les administrations qui doivent approvisionner les courageux républicains. Je vous réponds du succès; ce n'est pas sur mes talents que je le fonde, je ne suis pas assez présomptueux, mais je crois que rien n'est impossible à l'amour de la patrie [1].

JOURDAN.

(Orig., Arch. de la guerre, armée du Nord.)

[1] Le même jour, Jourdan écrivit la lettre suivante au ministre de la guerre (orig., arch. de la guerre, armée du Nord) :

Au quartier général de Gavrelle, le 3 octobre, l'an II de la République française.

« Le citoyen Jourdan au citoyen Bouchotte, ministre de la guerre.

« Vous avez dû voir, par la dernière lettre que je vous ai expédiée, que mon projet était de tout tenter pour délivrer Maubeuge. Cette place est investie depuis le 29 septembre. Mes espions ont rapporté que les avant-postes ont été surpris et massacrés, que le camp de Baschamp, composé de trois bataillons, s'est mis en déroute sans tirer un coup de fusil et a abandonné ses tentes et ses canons.

« Mon premier projet ayant trop de latitude pour être exécuté avec la célérité que je suis obligé d'employer pour délivrer Maubeuge, je vous ai mandé que je vais réunir 40,000 hommes pour sauver cette place et que j'en laisserai 10,000 à la position d'Arleux pour protéger Bouchain et Cambrai. Cette disposition est d'autant plus nécessaire que Cobourg reste en observation à Bavai avec des forces considérables et qu'il ne manquerait pas de se jeter sur la partie que je laisserai à découvert.

« L'armée des Ardennes est trop faible pour opérer une diversion essentielle du côté de Namur; elle s'exposerait, même en avançant, à recevoir quelque échec. Comme j'ai encore besoin de renfort pour exécuter mon projet, il faut tirer de cette armée tout ce qu'on pourra pour renforcer celle du Nord. En conséquence, je vous prie de donner les ordres les plus précis pour que ces troupes se mettent en mouvement et dirigent leur marche sur Avesnes. Lorsque ces renforts, réunis aux carabiniers, me seront arrivés, lorsque je pourrai faire remplacer par les nouvelles levées les anciennes troupes, lorsque enfin les différents objets que je vous ai demandés et qui sont d'une nécessité indispensable me seront parvenus, j'exécuterai mon projet sur le camp de Cysoing. En attendant, je vais m'occuper de celui de la délivrance de Maubeuge. Mon avant-garde est partie ce matin. J'attends les 12,000 hommes de Lille et les 10,000 de Cassel pour me mettre en marche, ce que je compte exécuter après-demain. Le rendez-vous général de mes troupes est à Guise.

« Soyez persuadé que je ne négligerai rien pour répondre à la haute confiance qu'on m'a accordée. Je désirerais bien que mes talents fussent à la hauteur de mon civisme et de mon dévouement pour la chose publique. A ce défaut, je suppléerai par mon zèle et mon activité.

« JOURDAN. »

SARREBRUCK, 3 OCTOBRE 1793.

LE GÉNÉRAL LANDREMONT AU COMITÉ DE SALUT PUBLIC.

Analyse. — Il proteste contre sa destitution et son arrestation par ordre des représentants Borie et Ruamps. Il demande à être nommé inspecteur du haras établi par lui à Rosières, avec l'agrément du ministre.

(Analyse, Arch. de la guerre, correspondance générale.)

PARIS, 4 OCTOBRE 1793 [1].

LE MINISTRE DE LA GUERRE BOUCHOTTE AU COMITÉ DE SALUT PUBLIC.

Analyse. — Trois lettres : 1° Il mande que la défense de la partie du Nord l'ayant déterminé à mettre à la disposition du général Jourdan tous les bataillons de réquisition des bataillons de cette levée affectés à l'armée du Nord [2], il a dû pourvoir au remplacement des bataillons de ces départements qui avaient été destinés à l'expédition projetée sur les côtes d'Angleterre. Il envoie la nouvelle distribution qu'il a faite. (Orig., arch. de la guerre, armée du Nord.) — 2° Envoi d'un état de 12,919 armes mises à la disposition de l'armée d'Italie. (Analyse, arch. de la guerre, corr. gén.) — 3° Il mande que le Conseil exécutif provisoire a nommé pour ses agents auprès des armées les citoyens ci-après [3] : *armée du Nord*, Celliez, Varin, Berton, Châles; *armée de la Moselle*, Delteil, Mourgoin; *armée du Rhin*, Berger, Renkin; *armée des Alpes*, Chevrillon, Prière [4]; *armée d'Italie*, Verjade, Bruslé. (Orig., arch. de la guerre, corr. gén.)

---

[1] Carnot assiste à la séance du Comité. (Cf. Aulard, VII, 209.)

[2] Le 3 octobre, Bouchotte avait mandé à Jourdan que le Comité de salut public avait mis à sa disposition l'armée des Ardennes. Il l'avait aussi prié de lui fournir des renseignements certains sur la force des ennemis et l'avait invité à apporter le plus grand soin à l'espionnage, jusqu'ici plus nuisible que profitable. — Le 4, il lui envoya l'état des forces de l'armée des Ardennes et lui fit connaître que le camp de Réunion-sur-Oise (Guise) était de 15,000 hommes, dont 3,000 armés de fusils, avec 18 pièces de canon. (Cf. Arch. de la guerre, armée du Nord, t. XIV.)

[3] Cette désignation avait été faite le 30 septembre, en vertu d'un décret du 26 juillet 1793, portant que le Conseil exécutif enverrait deux commissaires auprès de chaque armée. (Cf. Aulard, VII, 133.)

[4] Le citoyen Prière accusa réception de sa commission au ministre de la guerre par une lettre datée de Marseille, le 27 octobre 1793. L'écriture, l'orthographe et le style de la lettre montrent que cet agent du Conseil exécutif était peu lettré. Sa commission, datée du 13 août 1793, signée par les ministres Bouchotte et D'Albarade, fut visée par Kellermann, à la Pape, le 24 août. (Orig., Arch. de la guerre, armée des Alpes.)

PARIS, 4 OCTOBRE 1793.

LE MINISTRE DE LA GUERRE BOUCHOTTE AU GÉNÉRAL PICHEGRU [1].

LE MINISTRE DE LA GUERRE
À PICHEGRU, GÉNÉRAL DE·DIVISION SUR LE HAUT—RHIN.

Je vous envoie, général, un arrêté du Conseil exécutif, approuvé par le Comité de salut public [2], pour vous investir provisoirement du commandement en chef de l'armée du Rhin, attendu l'absence du général Delmas, enfermé dans Landau. Vous recevrez incessamment les expéditions nécessaires. Vous voudrez bien vous rendre, sans perdre de temps, au quartier général de cette armée pour en prendre le commandement et vous concerter avec les représentants. Le Conseil exécutif vous autorise à nommer celui des officiers généraux que vous croirez en état de commander à votre place sur le Haut-Rhin. Liebert [3], actuellement à Besançon,

[1] Jean-Charles Pichegru, né à Arbois (Jura) le 16 février 1761, fils d'un cultivateur, répétiteur au collège de Brienne, engagé au 2ᵉ régiment d'artillerie le 30 juin 1780, sergent le 1ᵉʳ août 1785, sergent-major le 5 juillet 1789, adjudant le 6 février 1792, premier lieutenant le 15 juin 1792, chef du 3ᵉ bataillon du Gard le 9 octobre 1792, général de brigade à l'armée du Nord le 22 août 1793, et de division le lendemain 23, général en chef provisoire de l'armée du Rhin le 2 octobre 1793, général en chef de l'armée du Nord le 17 pluviôse an II (5 février 1794), commandant en chef de la garde nationale de Paris le 12 germinal an III (1ᵉʳ avril 1795), démissionnaire le 24 ventôse an IV (14 mars 1796), député du Jura au Conseil des Cinq-Cents le 23 germinal an V (12 avril 1797), proscrit le 18 fructidor an V (4 septembre 1797), déporté à Sinamari, d'où il s'évada en juin 1798, réfugié à Londres, arrêté à Paris comme complice de Georges Cadoudal, enfermé dans la prison du Temple, où il fut trouvé mort étranglé le 5 avril 1804. — Cf. A. Chuquet, *Hoche et la lutte pour l'Alsace*, 93.

[2] La nomination de Pichegru par le Conseil exécutif est du 2 octobre 1793; elle fut approuvée le lendemain par le Comité de salut public. (Cf. Aulard, VII, 185 et 197.)

[3] Jean-Jacques Liebert, né à Liesse (Aisne) le 8 août 1758, fils d'un manouvrier, enfant de troupe au régiment d'artillerie de Metz le 31 août 1771, engagé volontaire le 9 août 1774, premier canonnier le 1ᵉʳ septembre 1777, sergent le 1ᵉʳ août 1780, sergent-major le 6 septembre 1787, détaché à Naples jusqu'en 1791, adjudant le 6 février 1792, sous-lieutenant le 15 juin 1792, chevalier de Saint-Louis le 31 août 1792, adjudant-major le 16 octobre 1792, capitaine le 1ᵉʳ mars 1793, capitaine commandant la 10ᵉ compagnie d'artillerie à cheval le 1ᵉʳ août 1793, général de brigade à l'armée du Rhin le 1ᵉʳ octobre 1793, général de division le 9 pluviôse an II (28 janvier 1794), chef d'état-major de l'armée du Nord le 11 (30 janvier 1794), employé à l'armée de Rhin-et-Moselle le 17 germinal an IV (6 avril 1795) et chef d'état-major de cette armée le mois suivant, passé à l'armée du Nord le 24 ventôse an V (14 mars 1796), commandant les 1ʳᵉ et 16ᵉ divisions militaires le 15 germinal an V (4 avril 1796), admis au traitement de réforme le 21 fructidor an V (7 septembre 1797), commandant la 22ᵉ division militaire le 29 ventôse an VIII (19 mars 1800), la 12ᵉ le 30 août 1803, et la 22ᵉ le 3 octobre suivant, chevalier de la Légion d'honneur le 11 décembre 1803, retraité le 16 février 1804,

est nommé général de brigade. Vous pourriez l'appeler pour en faire un chef d'état-major; Goffard [1] le connaît beaucoup. Les nouvelles qui me sont parvenues aujourd'hui de la Moselle annoncent que nous avons eu quelque désavantage; cette circonstance demande que vous preniez des renseignements sur l'état des choses dans cette armée, et que vous fassiez les dispositions nécessaires qui peuvent protéger efficacement le Haut et Bas-Rhin.

Le Conseil exécutif n'a pas vu sans peine, dans la correspondance de votre prédécesseur, que l'on cherchait continuellement à amoindrir dans les esprits les moyens de cette armée, qu'on ne cessait de représenter comme très insuffisants. Il a pensé que celui qui n'avait pas confiance dans les moyens qui lui étaient confiés ne pouvait obtenir de succès.

Vous voilà en position de donner le plus grand essor à votre attachement pour la chose publique. L'on a une très bonne idée de vous; prenez confiance dans la volonté de la nation d'être libre et dans la pureté de vos sentiments [2].

(Arch. de la guerre, armée du Rhin, reg. 47, p. 18.)

GAVRELLE, 4 OCTOBRE 1793.

LE GÉNÉRAL JOURDAN AU MINISTRE DE LA GUERRE BOUCHOTTE.

Au quartier général à Gavrelle, le 4 octobre, an II de la République.

LE CITOYEN JOURDAN AU MINISTRE DE LA GUERRE.

L'adjoint que j'avais envoyé à Avesnes n'a été que jusqu'à Guise. Il a trouvé le général Beaurgard, qui lui a donné des renseignements certains sur la position

---

employé à la Grande Armée le 4 novembre 1806, gouverneur de Magdebourg et de la Poméranie en 1807, baron de l'Empire le 2 mai 1808 sous le nom de *baron de Nitray*, officier de la Légion d'honneur le 22 octobre 1808, employé à la Grande Armée le 12 octobre 1812, autorisé à rentrer en France le 5 janvier 1813, retraité le 15 mai suivant, mort à Nitray (Indre-et-Loire) le 7 décembre 1814. Le général Liebert avait fait sous l'ancien régime les campagnes sur mer de 1782 et 1783.

[1] Jean-Claude Goffard, né à Toul le 26 février 1744, artilleur le 1er mai 1764, sergent le 15 octobre 1765, sergent-major le 31 août 1771, lieutenant le 9 mai 1778, capitaine au 3e d'artillerie le 18 mai 1792, chef de bataillon le 26 mars 1793, attaché au ministère de la guerre en avril 1793, chef de brigade le 30 septembre 1793, général de brigade et inspecteur d'artillerie le 8 avril 1794, retraité le 2 août 1795, mort à Toul le 13 mai 1805. Goffard avait fait nommer général son ancien camarade Pichegru. (Cf. *Mémoires de Gouvion Saint-Cyr*, I, 109; et A. Chuquet, *Hoche*, 94.)

[2] Le lendemain, 5, Bouchotte transmit à Pichegru l'arrêté du Comité, en date du 4, ordonnant l'arrestation du général Landremont, et lui enjoignit de mettre le plus promptement possible cet arrêté à exécution. (Arch. de la guerre, armée du Rhin, reg. 47, p. 19.) — Cf., à la date du 7 octobre, la réponse de Pichegru, p. 263.

de l'ennemi. Landrecies est cerné; la communication d'Avesnes à Guise est encore libre. L'ennemi occupe les bois de la haie d'Avesnes. Les rapports font monter ses forces de 3o à 4o mille hommes, mais c'est peu certain. Nous sommes généralement mal servis en espions et, malgré tous mes soins, je ne puis m'en procurer. J'espère cependant que l'adjudant général Aubert[1], chargé de cette partie, va la remettre sur un meilleur pied. Lorsque j'ai pris le commandement de l'armée du Nord, je n'ai point trouvé de fonds pour ce service. Les représentants du peuple ont mis à ma disposition une somme de cinquante mille livres pour cet objet.

Je me dispose à attaquer l'ennemi devant Maubeuge et à le forcer à lever le siège. Je fais mon rassemblement à Guise. L'avant-garde y arrivera après-demain et s'emparera des postes nécessaires à garder la communication d'Avesnes à Guise. Le corps de 12,000 hommes de la division de Lille arrive aujourd'hui à Arras et arrivera à Guise le 8 courant. Le corps de 10,000 hommes de la division de Cassel arrivera à Guise le 10 et le reste du camp de Preux, à l'exception de huit à dix mille hommes que je laisserai à Arleux, arrivera à Guise le 9. Je m'y rendrai le 8. Je disposerai tout et j'espère que l'attaque se fera le 12 ou le 13 pour le plus tard. Malgré ma bonne volonté et mes soins, je n'ai pu en rapprocher davantage le moment; mais le camp et la ville de Maubeuge sont bien fortifiés et ne peuvent sûrement pas être au pouvoir de l'ennemi à cette époque.

Il existe dans cette place, en froment, seigle ou méteil, 16,831 quintaux; dans celle de Landrecies, 4,143, et celle d'Avesnes, 1,089. Le régisseur général assure qu'il y a des fournitures particulières pour trois mois.

J'écris au général de l'armée à Sedan pour prendre connaissance de ses forces et pour lui dire qu'il fasse passer un corps de quatre à cinq mille hommes à Philippeville et de faire en sorte qu'ils y soient rendus le 11, afin qu'ils puissent agir sur Beaumont le jour de l'attaque, ce qui flanquera ma droite. Je ne puis pas lui donner d'ordre plus précis, parce que je ne sais ni sa force ni celle de l'ennemi qui est devant lui, mais je lui fais part de mon projet et l'engage à me seconder de tout son pouvoir.

Ne perdez pas de vue de faire avancer les nouveaux bataillons armés à la place des troupes que je retire. Cette manœuvre tiendra toujours l'ennemi en haleine.

Je donne la plus grande surveillance pour que les chevaux d'artillerie soient mieux ménagés; mais ces soins seront presque inutiles, si la moitié au moins des conducteurs ne sont pas chassés.

Salut et fraternité.

Le général en chef,
JOURDAN.

(Orig., Arch. de la guerre, armée du Nord.)

[1] Claude Aubert, né à Vauvillers (Haute-Saône), adjudant général chef de brigade le 14 mai 1793, général de brigade le 7 frimaire an II (27 novembre 1793), commandant des Îles sous le Vent (Guadeloupe), où il mourut en fructidor an II (août 1794). Claude Aubert était l'oncle du général Berthelmy.

4 OCTOBRE 1793.

LES GÉNÉRAUX CHAPUY ET BELAIR AU COMITÉ DE SALUT PUBLIC.

Analyses. — 1° Le général Chapuy, commandant à Cambrai, écrit de cette ville pour donner les états d'approvisionnement de la place et demande de la poudre. Le représentant Laurent travaille activement à fournir Cambrai de bois de vivres et de fourrages. (Orig., Arch. de la guerre, armée du Nord.) — 2° Le général Belair écrit de Péronne qu'il vient de faire une tournée militaire avec le représentant Laurent et de prendre, avec le citoyen Gavaraque, directeur des fortifications, et le général Chapuy, les dispositions nécessaires pour rendre Cambrai plus redoutable. Il est à même de fournir un plan d'opérations, qu'il soumettra sous peu au Comité. (Orig., Arch. de la guerre, armée du Nord.)

LILLE, 4 OCTOBRE 1793.

LE CHEF DE BRIGADE DUFRESSE [1], COMMANDANT DE LA VILLE,
AU COMITÉ DE SALUT PUBLIC.

Analyse. — Compte rendu d'une expédition qu'il a faite du côté de Messines et de Neuve-Église, par ordre des représentants Isoré et Châles, et au cours de

[1] Simon-Camille Dufresse, né à la Rochelle (Charente-Inférieure) le 2 mars 1763, fils d'un négociant, juré au tribunal du 17 août 1792, capitaine au 2ᵉ bataillon des fédérés nationaux le 16 septembre 1792, blessé de deux coups de sabre à la bataille de Neerwinden le 18 mars 1793, adjudant général chef de bataillon le 15 mai suivant, commandant temporaire à Lille le 20 juillet 1793, adjudant général chef de brigade le 6 septembre 1793, général de brigade provisoire le 14 brumaire an II (4 novembre 1793) et confirmé le 22 (12 novembre), mis en arrestation le 29 frimaire an II (19 décembre 1793), relâché le 23 floréal an II (12 mai 1794), suspendu et arrêté le 19 thermidor an II (6 août 1794), traduit devant le tribunal révolutionnaire et acquitté le 2 germinal an III (22 mars 1795), employé à l'armée des Alpes et d'Italie le 25 prairial an III (13 juin 1795), à l'armée de l'intérieur le 3 brumaire an IV (25 octobre 1795) et à l'armée de Rhin-et-Moselle le 16 frimaire an IV (7 décembre 1795), commandant de Phalsbourg le 27 ventôse an IV (17 mars 1796), disponible le 28 germinal an IV (17 avril 1796), employé à l'armée des Alpes le 7 messidor an IV (25 juin 1796), à l'armée d'Italie en pluviôse an V (janvier 1797), et à l'armée de Naples en nivôse an VII (décembre 1798), arrêté et traduit devant un conseil de guerre avec le général Championnet le 16 germinal an VII (5 avril 1799), remis en activité et employé à l'armée de l'Ouest le 7 fructidor an VII (24 août 1799), disponible le 1ᵉʳ ventôse an IX (20 février 1801), envoyé à la 12ᵉ division militaire le 3 prairial an IX (23 mai 1801), employé au camp volant de la Vendée le 24 septembre 1805, attaché au 8ᵉ corps de l'armée d'Espagne le 9 novembre 1808 et au gouvernement de Valladolid en avril 1809,

laquelle il a enlevé tous les bestiaux et chevaux qui s'y trouvaient. Il fait l'éloge de ses soldats et du chef de brigade Osten [1], dont le civisme ne s'est jamais démenti et qui est le seul entre les chefs des Belges qui n'ait jamais suivi les étendards des Van der Noot et des Béthune-Charost. «J'ai cru assez gai et pas hors de propos de donner à ceux qui sur le terrain ennemi réclamaient le payement de leurs bêtes un bon sur Monsieur l'Empereur des bestiaux pris dans ses États par le service de l'armée de la République française.»

(Orig., Arch. de la guerre, armée du Nord.)

BOURG-SAINT-MAURICE, 4 OCTOBRE 1793.

LE GÉNÉRAL KELLERMANN AU COMITÉ DE SALUT PUBLIC.

Du quartier général du Bourg Saint-Maurice, au pied du petit Saint-Bernard, le 4 octobre, l'an II de la République une et indivisible [2].

LE GÉNÉRAL D'ARMÉES DES ALPES ET D'ITALIE
AUX REPRÉSENTANTS DU PEUPLE COMPOSANT LE COMITÉ DE SALUT PUBLIC.

Citoyens représentants,

J'ai promis à la Convention nationale de lui donner de mes nouvelles lorsque j'aurais quelque chose d'intéressant à lui mander. Je crois que l'expulsion entière

[1] Pierre-Jacques Osten, né à Menin (Belgique) le 4 avril 1759, sous-lieutenant au 1er régiment des chasseurs de Namur le 21 novembre 1789, capitaine le 1er avril 1790, lieutenant-colonel des chasseurs belges au service de France le 3 août 1792, chef du 1er bataillon des chasseurs de Gand le 25 octobre 1792, colonel commandant en chef les troupes de Flandre le 1er janvier 1793, général de brigade provisoire à l'armée du Nord le 16 octobre 1793, confirmé le 17 novembre 1793, employé dans les troupes stationnées en Hollande le 25 octobre 1797 et en Batavie le 14 octobre 1801, commandant provisoire à Flessingue le 20 novembre 1806, blessé dans l'île de Wilhemsbourg le 27 février 1814, mort de sa blessure à Hambourg en mars 1814.

commandant le département des Deux-Sèvres le 25 juillet 1811, mis à la tête de la 8e brigade des gardes nationales le 1er juillet 1812, commandant de Stettin le 22 juillet 1812, prisonnier de guerre par suite de la reddition de cette place le 5 décembre 1813, rentré de captivité le 13 juin 1814, commandant le département des Deux-Sèvres le 30 décembre 1814, mis à la disposition du maréchal Suchet le 21 mai 1815 et employé dans le Midi, commandant le département de la Loire-Inférieure le 1er septembre 1815, mis en non-activité le 2 décembre 1815, retraité le 1er décembre 1824, admis dans le cadre de réserve le 22 mars 1831, mort à Paris le 27 février 1833. (Cf. A. Chuquet, *Valenciennes*, 213, et *Mémoires du général Thiébault*, II, 404.)

[2] Dans la séance de la Convention nationale du 10 octobre 1793, on donna communication d'une lettre écrite par Kellermann le même jour au président de l'Assemblée, mais dans des termes plus concis. (*Moniteur*, XVIII, 93.)

des Piémontais du département du Mont-Blanc est une nouvelle qui méritera de fixer un moment son attention et la vôtre. Ci-joint je vous envoie la relation des événements et attaques qui ont amené cet avantage [1].

Citoyens représentants, on m'a soupçonné, on m'a accusé, on a versé sur moi le poison de la calomnie : il a fait effet. La Convention a lancé contre moi un décret de destitution, mais ce n'est encore que par les papiers publics que j'en ai été instruit; il ne m'a pas été notifié officiellement. On me trouve donc coupable. Eh bien ! le Mont-Blanc est reconquis, Lyon a perdu l'espoir d'être secouru par Turin; la frontière de la République, dont la défense m'est confiée, est entière de Nice à Genève. Voilà la réponse que je fais à mes accusateurs [2]. Je vous avoue

[1] A cette lettre est joint un document de sept pages signé par Kellermann et par le représentant Dumaz et intitulé : «Rapport des opérations militaires dans le département du Mont-Blanc, depuis le 17 septembre jusqu'au 3 octobre, l'an II de la République une et indivisible.» On trouve aussi aux archives de la guerre (armée des Alpes), à la date du 10 octobre 1793, un mémoire signé de Kellermann et intitulé : «Précis raisonné de la campagne de 1793 sur la frontière des Alpes, par le général Kellermann.»

[2] Le 7 octobre, les représentants Dubois-Crancé et Gauthier écrivirent la lettre suivante à Kellermann (Orig., dans ma collection révolutionnaire) :

«Au quartier général de la Pape,
le 7 octobre 1793, l'an II de la République.

«*Les représentants du peuple, envoyés près l'armée des Alpes, au général Kellermann.*

«Général,

«Vous avez bien répondu à vos détracteurs, et nous l'attendions de vous. Les Piémontais ont fait une assez triste campagne pour ne pas en essayer une troisième. Les Espagnols aussi repassent les monts; il ne nous restera bientôt plus sur les bras que les Autrichiens, et cela ne sera pas long, car toute la République est sous les armes.

«Général, vous avez mal compris ce que l'on vous disait en parlant de Marat et de Chalier, et nous aussi ne faisons nulle acception des personnes, mais en matière politique ce sont les personnes qui sont les choses. Souvent la pièce ne vaut que par les acteurs, ou plutôt par l'esprit qui les dirige, et sans doute l'individu qui aurait dit : *J'aime la Révolution, mais j'abhorre Marat et j'estime Maury*, aurait menti à sa propre conscience. Ceci s'applique à tous les personnages avec lesquels on roule dans le cercle d'une révolution. Nous citons Marat et Maury comme pièces de charge; mais, en principe, tous les individus en France suivent l'un ou l'autre système, et ceux qui corrompent l'esprit public en parlant sans cesse des exagérations prétendues des patriotes sont de perfides hypocrites.

«Suivez, général, dans leur carrière tous ceux qui disaient, en parlant des patriotes : *Je n'aime pas les exagérations*, et vous verrez que presque tous ont trahi la République. Il n'y a point d'exagération dans la sévérité de la vertu contre le crime, il n'y a point d'exagération dans l'opposition des principes contre les abus. Le vice a l'avantage de pouvoir se déguiser, tandis que la vérité austère reste nue. Voilà la différence, et voilà pour beaucoup d'hommes le motif de leurs erreurs.

«Les conspirateurs de Lyon, réduits aux abois, construisent force redoutes pour occuper le peuple et ne songent qu'à se sauver. Prenez des mesures pour leur couper toute retraite en Suisse. Que ces coquins n'aillent pas encore infecter le Chablais. Nous faisons bien ici tous les préparatifs pour leur couper la retraite, mais il est bon, général, que vous preniez aussi de sages précautions et que vous portiez

que j'ai été étonné du mot destitution. Je n'avais pas lieu de m'y attendre, et j'espère de votre justice que vous engagerez la Convention à rapporter un décret que, sans doute, elle n'eût pas rendu si elle m'eût bien connu. Je suis prêt à lui rendre compte de ma conduite; lorsqu'elle l'aura approfondie et que je serai justifié, je vous prierai de me faire obtenir une honorable retraite. Au reste, quel que soit le traitement que je dois éprouver, je m'y soumets avec fermeté. C'est le propre d'une âme républicaine de recevoir les faveurs et les disgrâces de la fortune avec la même égalité d'âme. Je vous prie de me mander le plus tôt possible ce qui est décidé à mon égard et de me faire savoir si je dois voler au secours de l'armée d'Italie ou remettre mon commandement entre les mains d'un successeur [1].

KELLERMANN.

P. S. Le général Mercy d'Argenteau, qui commandait les Piémontais, a été tué d'un éclat d'obus à la canonnade de ce matin. C'est le rapport d'un déserteur qui arrive à l'instant [2].

KELLERMANN.

(Orig., Arch. de la guerre, armée des Alpes.)

des forces importantes vers Carouge, ce qui remplira deux objets à la fois jusqu'après la réduction de Lyon. Vous avez quatre mille hommes des réquisitions de l'Isère, qu'il convient de mettre en garnison dans le Mont-Blanc pour s'y former et garder cette frontière. Envoyez-nous en échange des bataillons vieux, parce que la Convention est décidée et m'a déjà écrit pour porter sur Toulon le plus de forces possibles. Vous savez que nous n'avons ici que douze bataillons et dix-huit cents hommes de Valenciennes; tout cela se réduit de sept à huit mille hommes; il en faudra laisser au moins quatre mille à Lyon. Vous voyez que notre puissante armée, tant promise et tant vantée dans le Midi, ne sera qu'une poignée. D'ailleurs nos hommes de réquisition s'ennuient; ils vont tous décamper. Ainsi, dans tous les cas, il faut que vous nous dépêchiez devant Lyon six bataillons et des chevaux d'artillerie, tout ce qu'il sera possible, avec des effets de campement.

« Enfin nous pensons et nous vous prions de concerter cette mesure avec nos collègues, qu'il faut faire filer vers Toulon tout ce que nous avons de vieilles troupes et garnir la frontière, que les neiges vont ga-rantir, de nos nouvelles réquisitions qui es formeront pendant l'hiver.

« Salut et fraternité.

« DUBOIS-CRANCÉ.

« Pour adhésion, GAUTHIER. »

Cette remarquable lettre, à la fois politique et militaire, rédigée par Dubois-Crancé, était restée jusqu'ici inédite.

[1] Le 6 octobre 1793, le Comité de salut public écrivit aux représentants Maignet et Châteauneuf-Randon à l'armée des Alpes devant Lyon : « La Convention a vu avec le même étonnement que vous avez balancé à faire exécuter la destitution de Kellermann, prononcée par un de ses décrets. Qu'importe un succès momentané et tardif sur les Piémontais? L'exemple de Montesquiou doit nous prouver que les succès ne servent qu'à cacher plus adroitement une trahison. L'Assemblée nous a chargés de vous rappeler sur-le-champ l'exécution de ce décret et nous espérons que vous nous en donnerez l'assurance par le premier courrier. » (Cf. Aulard, VII, 255.) Le 12 octobre le Comité de salut public arrêta que Kellermann serait mis sur-le-champ en état d'arrestation et amené à Paris. (Cf. Aulard, VII, 373.)

[2] C'était une fausse nouvelle.

77. PARIS, [5?] OCTOBRE 1793 [1].

LE COMITÉ DE SALUT PUBLIC AU MINISTRE DE LA GUERRE BOUCHOTTE.

Analyse. — Envoi d'une lettre du général Vialle, demandant son remplacement, et d'une lettre adressée par les représentants Delacroix, Legendre et Louchet, qui réclament que le ministère de la guerre s'occupe promptement du choix d'un général actif [2].

(Minute, Arch. nat., AF ɪɪ 268.)

---

78. PARIS, 6 OCTOBRE 1793 [3].

LE COMITÉ DE SALUT PUBLIC

À DUBOIS-CRANCÉ ET GAUTHIER, REPRÉSENTANTS À L'ARMÉE DEVANT LYON [4].

Paris, le 6 octobre 1793.

LES REPRÉSENTANTS DU PEUPLE COMPOSANT LE COMITÉ DE SALUT PUBLIC.

La situation de la République, citoyens collègues, exige plus que jamais le développement de toute l'énergie des patriotes. Toulon livré aux Anglais attend des forces pour être réduit à rentrer dans le devoir; Carteaux marche vers cette ville rebelle, mais son armée est peu nombreuse. La Convention nationale comptait sur la prompte humiliation de Lyon et la destruction de ce repaire d'aristocratie. C'est avec surprise qu'elle voit se prolonger le siège qui ne lui paraissait devoir être qu'une expédition prompte et facile. Hâtez-vous, citoyens collègues, de répondre au vœu de la Convention. Nulle considération ne doit ralentir vos efforts. Le moment est passé où il doit être permis d'user de ménagement; mais, quand il faut sauver la patrie au prix de quelques sacrifices, il n'y a pas à balancer.

---

[1] Carnot est présent à la séance du Comité. (Cf. Aulard, VII, 229.)

[2] La lettre des représentants est datée du Havre, 27 septembre 1793. (Cf. Aulard, VII, 86.)

[3] Carnot n'est pas présent à la séance du Comité. (Cf. Aulard, VII, 245.)

[4] Cette lettre a été imprimée dans le recueil Aulard, VII, 253. Je la reproduis parce qu'elle me paraît avoir été rédigée par Carnot. En effet, les deux autres signataires, C.-A. Prieur et Prieur de la Marne, n'avaient pas l'habitude de rédiger les correspondances de cette nature. D'autre part, cette lettre nous permet de constater combien le Comité et Carnot en particulier se préoccupaient des opérations militaires devant Lyon.

On nous assure que vous avez déjà reçu une grande quantité de munitions, et néanmoins nous venons de nous concerter avec le ministre de la guerre pour en faire passer encore; ainsi, vous pouvez agir avec vigueur et compter que la Convention nationale ne fléchira pas [1].

> *Les membres du Comité de salut public,*
>
> Laz. Carnot, C.-A. Prieur,
>
> Prieur, député de la Marne.

P. S. Depuis que notre lettre est écrite, un de nos collègues, membre de la Convention, a fait une sortie sur les affaires du Midi, qu'il a prétendu négligées; nous vous engageons de nous donner des nouvelles par chaque courrier.

(Impr. dans la *Réponse de Dubois-Crancé aux inculpations*, p. 253. — Arch. nat., AF II 253.)

PARIS, 6 OCTOBRE 1793.

LE MINISTRE DE LA GUERRE BOUCHOTTE AU COMITÉ DE SALUT PUBLIC.

Analyses. — Deux lettres : 1° Envoi d'une copie de la lettre des membres composant le conseil de guerre tenu à Avesnes le 28 septembre, par laquelle ils annoncent que l'ennemi a passé la Sambre au-dessus et au-dessous de Maubeuge. «Avesnes a des moyens de défense qui doivent le mettre en état de résister pour le temps où l'on pourra encore tenir la campagne, si les habitants joignent surtout leurs efforts à ceux de la garnison [2].» (Orig., Arch. de la guerre, armée du Nord.) — 2° Il propose de ne plus exclure du service les soldats ou sous-officiers, qui, ayant été attachés à Capet, seraient redemandés par leurs corps [3]. (Analyse, Arch. de la guerre, corr. gén.)

---

[1] Le même jour la Convention rappelait dans son sein les représentants Gauthier et Dubois-Crancé, dont l'énergie lui paraissait insuffisante. (Cf. Aulard, VII, 252, et Th. Iung, *Dubois-Crancé*, t. II.) Ceux-ci n'en entrèrent pas moins dans Lyon le 9 octobre (cf. Aulard, VII, 350), mais furent décrétés d'arrestation par le Comité de salut public le 12 du même mois et remis en liberté le 19 (*id.*, 374).

[2] Le même jour Jourdeuil, adjoint au ministre de la guerre, écrit au Comité que le ministre a donné des ordres au commandant de l'armée des Ardennes pour renforcer la garnison de Verdun et à celui de l'armée des Côtes de Brest pour faire provisoirement remplacer à Saint-Malo les trois bataillons qui en ont été retirés par le représentant Carrier. (Orig., Arch. de la guerre, armée du Nord.)

[3] Par un décret du 5 septembre 1793 la Convention nationale avait enjoint à toute personne qui aurait été dans les ci-devant maisons militaires de Louis XVI ou de ses frères, de se retirer dans sa municipalité.

PARIS, 6 OCTOBRE 1793.

LE MINISTRE DE LA GUERRE BOUCHOTTE AU GÉNÉRAL PICHEGRU.

LE MINISTRE DE LA GUERRE AU GÉNÉRAL PICHEGRU, COMMANDANT L'ARMÉE DU RHIN
AU QUARTIER GÉNÉRAL À WISSEMBOURG.

Je vous ai envoyé avant-hier, général, un arrêté du Conseil exécutif, approuv
par le Comité de salut public, qui vous investit du commandement en chef pr
visoire de l'armée du Rhin. Je m'attends que vous êtes à Wissembourg et, qu'aya
à votre disposition toutes les forces du Haut et Bas-Rhin, et vous concertant av
le général de Launay, qui commande celle de la Moselle, vous rétablirez bient
les affaires de la République. La patrie doit espérer que l'esprit qui vous anim
fortifiera le courage et la bonne volonté de nos frères d'armes, au lieu de l
abattre, ainsi qu'ont fait certains généraux malveillants. Il est temps de purg
les armées de tous les officiers suspects; attachez-vous à les découvrir; envoye
m'en les noms; c'est un devoir de les écarter de l'armée.

Je vous ai adressé hier un courrier pour faire amener à Paris le général Lar
dremont [1].

J'ai reçu votre lettre de Blotzheim du 28 septembre. Les bonnes dispositio
dans lesquelles vous présumiez que sont les Suisses à notre égard ne peuve
que plaire à des républicains qui voient que ce peuple aime aussi sa liberté[
Cependant il convient d'avoir toujours une certaine méfiance des gouverneur
tout en se prêtant à entretenir la concorde. Le Conseil exécutif vous a autorisé
nommer celui des officiers généraux que vous aurez cru le plus en état de vo
remplacer sur le Haut-Rhin. Vous lui donnerez vos instructions sur sa condui
militaire et politique [3].

Écrivez à tous généraux de division, commandants de camp, cantonnements
places pour leur donner les ordres et l'ensemble convenables, pour leur demar
der tous les rapports et les comprendre dans celui général de l'armée que vo
commandez. Chacun n'a que trop voulu avoir son armée à part, et toutes ces p
tites prétentions ont nui au succès de nos armes. Les forces se sont trouvées tr
éparses, tandis qu'en attaquant en masse nous battrons toujours nos ennemi
Qu'ils ne soient point prévenus des mouvements; tâchez au contraire que tout
monde prenne le change sur vos projets; interceptez toute correspondance, tou

---

[1] Cet ordre ne parvint pas à Pichegru, qui le déclara dans une lettre adressée au général Carlenc de Blotzheim, le 11 octobre 1793. (Orig., Arch. de la guerre, armée du Rhin.)

[2] Cf. à ce sujet une lettre de Barthélemy au ministre des Affaires étrangères Deforgues, le 23 septembre 1793 (*Papiers de Barthélemy*, publiés par Kaulek, III,

79), et une lettre de Bacher au mêm
datée de Bâle, 29 septembre, où ce dipl
mate raconte qu'il a causé la veille, da
le château de Blotzheim, avec le génér
Pichegru «de nos relations avec les Suiss
et des ménagements qu'elles exigeaient.

[3] Pichegru remit à la fin d'octobre
commandement de la division du Hau
Rhin au général de brigade Scherer.

communication avec l'ennemi; ne recevez point de parlementaires dans les places, ni au quartier général; qu'ils restent aux avant-postes et que leurs paquets vous soient apportés par des ordonnances; que la police des camps, des lignes et des places s'y fasse exactement et qu'il ne s'y introduise point de gens suspects. Enfin électrisez l'esprit des troupes; donnez-leur confiance dans leur courage, leurs forces, leurs positions, dans le peuple qui est derrière eux et dont ils ne sont que l'avant-garde, et vous serez étonné vous-même de ce que peut l'amour de la liberté chez des soldats républicains conduits par de véritables sans-culottes.

Je vous envoie un courrier; j'espère qu'il rapportera de bonnes nouvelles. Je suis inquiet, d'après les dernières que j'ai reçues. Mais j'ai confiance dans vos talents et votre patriotisme et dans le sage emploi que vous savez faire de toutes vos ressources. Tâchez de connaître à fond celles de l'ennemi; donnez toute votre attention à bien monter votre espionnage. Si vous avez besoin de fonds, marquez-le moi; je vous aiderai en tout. Jusqu'ici l'espionnage, dans la plupart de nos armées, était absolument contre nous et en faveur des ennemis, presque tous nos états-majors étaient gangrenés d'aristocrates, de fédéralistes et d'intrigants. Ayez grand soin de vous bien entourer et de ne confier la partie secrète qu'au plus sévère républicain; enfin ne négligez rien pour faire triompher promptement la cause de la liberté.

(Arch. de la guerre, armée du Rhin, reg. 47, p. 19.)

<hr>

ARRAS, 6 OCTOBRE 1793.

LE GÉNÉRAL JOURDAN AU MINISTRE DE LA GUERRE BOUCHOTTE.

A Arras, le 6 octobre 1793, l'an II de la République.

LE CITOYEN JOURDAN AU CITOYEN BOUCHOTTE, MINISTRE DE LA GUERRE.

Citoyen ministre,

En conséquence de l'arrêté qui met à ma disposition l'armée des Ardennes [1], j'ai écrit au commandant de cette armée de mettre en mouvement, aussitôt le reçu de ma dépêche, un corps de cinq mille hommes au moins, qui doit se rendre à Philippeville et de là se porter sur Beaumont. Je lui ai donné rendez-vous pour le 11 au plus tard. Ce corps est destiné à flanquer ma droite et donner de l'inquiétude à l'ennemi dans cette partie. J'ai donné des ordres au général Fromentin, qui arrive aujourd'hui à Guise, de se concerter avec le commandant des forces qui sont à Hirson. Je ne crois pas avoir encore besoin des troupes du camp de la Réunion-sur-Oise. Je ne pourrai les employer que pour regarnir les

[1] Arrêté du Comité de salut public, en date du 2 octobre 1793. (Cf. Aulard, VII, 182.)

emplacements dont j'aurai tiré des troupes sur la frontière. Je serai demain à Guise et je compte vous donner sous peu les détails de l'attaque que je médite et que je ferai le plus tôt qu'il me sera possible. Il me tarde de chasser de notre territoire les brigands qui l'infestent. Croyez au désir que j'en ai, comme à mon parfait dévouement pour la République.

Salut et fraternité.

JOURDAN.

(Orig., Arch. de la guerre, armée du Nord.)

---

6 OCTOBRE 1793.
LE GÉNÉRAL LAUBADÈRE AU COMITÉ DE SALUT PUBLIC.

Analyse. — Il applaudit au projet d'une descente en Angleterre et demande qu'on fasse rechercher dans les papiers du ministre Le Brun un mémoire qu'il a rédigé à ce sujet.

(Analyse, Arch. de la guerre, reg. C du Comité de salut public, DC, p. 575.)

BAYONNE, 6 OCTOBRE 1793.
L'ADJUDANT GÉNÉRAL CHEF DE BRIGADE LAROCHE AU COMITÉ DE SALUT PUBLIC.

Analyse. — Le 1ᵉʳ bataillon de la légion des montagnes, actuellement à Bayonne, doit aller demain reprendre sa place aux avant-postes. L'armée se renforce chaque jour par des troupes de nouvelle levée. Le général de division Frégeville, arrivé de la Réole et chargé du commandement de la division de Saint-Jean-de-Luz, annonce la venue prochaine de trois bataillons de Bordeaux, entièrement armés et équipés. L'adjudant général Dubreuil écrit de Toulouse qu'un bataillon du Tarn et cinq nouvelles compagnies de Lot-et-Garonne arriveront à Bayonne le 16 ou le 17. Ces troupes seront suivies d'un bataillon du Gers, selon un avis des administrateurs de ce département. Les besoins en armes, fourrages et subsistances vont croissant. «Il est douloureux pour une âme fière et républicaine de se voir sans armes au milieu des camps. Le ridicule en est insupportable. L'ennui et l'oisiveté qui règnent quelquefois dans ce séjour semblent en augmenter. Le camp de Bidart, renforcé du 9ᵉ bataillon de Lot-et-Garonne, n'offre que le tableau d'un rassemblement d'hommes désœuvrés; le dernier bataillon y campe sans armes. Au nom de la patrie, au nom de l'humanité, rendez au soldat français toute sa dignité en lui mettant une arme dans la main; il sait en faire un si terrible usage!» Les ennemis ont trois fois élevé des retranchements et trois fois les ont laissé renverser sans la plus légère résistance. La désertion augmente dans leurs rangs. La partie du cours de la Bidassoa, qui ferme la frontière, est garnie de 180 pièces de canon. «Rien n'égale la rapidité avec laquelle l'ennemi est instruit de nos moindres mouvements. Nous faisons la guerre dans un pays où l'habitant lui est presque entièrement dévoué.» Les représentants ont pris des arrêtés pour faire former par chaque district un bataillon de troupes de nouvelle levée, pour la création d'un escadron de hussards, pour porter le 18e régiment de dragons à 1,000 hommes, et pour mettre en réquisition toutes les planches et bois nécessaires aux baraquements des troupes. Cette dernière mesure était indispensable, vu que depuis dix jours les pluies sont de vrais déluges [1].

(Orig., Arch. de la guerre, armée des Pyrénées occidentales.)

———

79. PÉRONNE, 7 OCTOBRE 1793 [2].

CARNOT ET DUQUESNOY AU COMITÉ DE SALUT PUBLIC.

Péronne, le 7 octobre 1793, l'an 11 de la République une et indivisible.

Citoyens collègues,

Nous nous trouvons réunis en ce moment à Péronne avec le général Jourdan et la plus grande partie de l'armée, qui file vers Avesnes par Guise. Nous espérons vous donner dans peu de bonnes nouvelles. Les troupes sont dans les meilleures dispositions. Faites hâter l'envoi de souliers et d'habits qu'a promis le ministre de la guerre. Qu'il fasse aussi passer dans les garnisons de cette frontière les fusils de rempart, qui se trouvent disponibles à Paris, et que le ministre envoie un agent à Lille, pour presser le raccommodage de ceux qui s'y trouvent. Les chevaux d'artillerie, qui nous ont été envoyés de Sedan, n'ont point de colliers; toujours quelque chose qui manque : tantôt les chevaux, tantôt les harnais, tantôt les vivres et tantôt les fourrages. Notre

[1] Le même jour Laroche informait les généraux que les représentants du peuple venaient de le nommer général de brigade et que le général en chef Muller lui avait confié les fonctions de chef de l'état-major. (Arch. de la guerre, armée des Pyrénées occidentales.)

[2] Carnot avait quitté Paris le 6 octobre 1793 dans la nuit, sans prendre le temps de dire adieu à sa famille (cf. *Mémoires sur Carnot*, nouv. édit., I, 409). Il arriva à Péronne et y trouva le conventionnel Duquesnoy, son ex-compagnon de mission, qu'il s'adjoignit, et le général Jourdan, qui lui devait son commandement. Cette lettre du 7 octobre est la première que Carnot et Duquesnoy écrivirent au Comité de salut public.

collègue Laurent court pour les subsistances, et rend les plus grands services en cette partie [1].

Les représentants du peuple près l'armée du Nord,

Carnot, Duquesnoy.

(Minute aut. de Carnot, Arch. de la guerre, armée du Nord.)

PARIS, 7 OCTOBRE 1793.

LE MINISTRE DE LA GUERRE BOUCHOTTE AU COMITÉ DE SALUT PUBLIC.

Analyse. — Il annonce qu'il a envoyé à la Convention six drapeaux espagnols.

(Analyse, Arch. de la guerre, corr. générale.)

SARREBRÜCK, 7 OCTOBRE 1793.

LE GÉNÉRAL DE LAUNAY AU COMITÉ DE SALUT PUBLIC.

Analyse. — Il rend compte des ordres donnés pour l'arrestation du général Balthazar Schauenburg, de l'impossibilité où il se trouve, lui, de Launay, de commander l'armée de la Moselle, et des diverses dispositions prises pour couvrir les départements du Rhin et de la Meurthe et renforcer ses communications avec Bouquenom [2].

(Analyse, Arch. de la guerre, corr. générale, feuille d'extraits classée au 12 octobre 1793.)

---

[1] Le conventionnel Laurent (du Bas-Rhin) avait été adjoint aux représentants près l'armée du Nord le 15 septembre 1793. (Cf. Aulard, VI, 490.) Il se trouvait alors à Péronne et s'occupait surtout de la question des subsistances. Sa correspondance avec le Comité de salut public se trouve dans le tome VII du recueil de M. Aulard.

[2] Le même jour le général de Launay écrivait au ministre de la guerre (orig., Arch. de la guerre, armée de la Moselle) : «J'ai l'honneur de vous prévenir que je viens de faire mettre à exécution l'ordre que vous m'avez envoyé pour l'arrestation de Schauenburg. En conséquence j'ai remis au citoyen Maupoins, capitaine de gendarmerie, l'arrêté du Comité de salut public, ensemble votre ordre d'arrestation. Je l'ai fait partir sur-le-champ pour Toul, où Schauenburg a dû se retirer. Je lui ai recommandé la plus grande discrétion, mais je ne répondrais pas que Schauenburg s'y fût retiré, surtout s'il a eu vent de sa prochaine arrestation ou s'il s'est senti la conscience chargée.

BLOTZHEIM, 7 OCTOBRE 1793.

LE GÉNÉRAL PICHEGRU AU MINISTRE DE LA GUERRE BOUCHOTTE.

Au quartier général de Blotzheim,
le 7 octobre 1793, l'an II de la République française.

PICHEGRU, GÉNÉRAL DE DIVISION, COMMANDANT CELLE DU HAUT-RHIN,
AU CITOYEN BOUCHOTTE, MINISTRE DE LA GUERRE.

Citoyen ministre,

Mon attachement à la chose publique et mes principes républicains ne me permettent pas d'accepter le commandement en chef de l'armée du Rhin, dont vous m'annoncez, par votre lettre du 4 courant, que le Conseil exécutif vient de m'investir. Ce commandement a été remis, par les représentants du peuple, entre les mains du citoyen Carlenc [1], général de division, qui connaît l'esprit de cette armée et en suit depuis longtemps les opérations et les mouvements. Je le crois infiniment plus apte que moi à la diriger, et je risquerais de compromettre le salut public en me chargeant d'un commandement aussi important, pour lequel je ne dois pas vous dissimuler que je n'ai ni les talents ni l'expérience nécessaires [2]. Veuillez donc, je vous prie, citoyen ministre, engager le Conseil exécutif à fixer son choix sur un autre ou à confirmer la nomination faite par les représentants, et agréer les sentiments de ma reconnaissance pour ce nouveau témoignage de confiance, qui ajouterait, s'il était possible, au vif désir que j'éprouve de concourir de tous mes moyens au triomphe de la liberté et au salut de la République.

PICHEGRU.

(Orig., Arch. de la guerre, armée du Rhin.)

[1] «Je vous ai envoyé, citoyen ministre, un courrier pour vous prier de nommer un autre chef à l'armée de la Moselle, et j'espère que vous aurez eu égard à mes justes représentations. Je ferai pour mon pays toute espèce de sacrifices, mais ce serait le trahir que de prendre une charge dont on ne serait pas capable de supporter le poids.....»

Le 11 octobre 1793 le ministre de la guerre transmit au Comité de salut public la lettre du général de Launay. (Orig., Arch. de la guerre, armée de la Moselle.)

[1] Jean-Pascal-Raymond Carlenc, né à Albi (Tarn) le 19 septembre 1793, était chef d'escadron au 11ᵉ dragons quand il fut promu successivement par les représentants à l'armée du Rhin, Ruamps et Borie, général de brigade le 20 septembre 1793, divisionnaire le 1ᵉʳ octobre et commandant en chef provisoire de l'armée du Rhin le 2 du même mois, en place du général Delmas, enfermé dans Landau. — J'ai donné une courte notice sur Carlenc au tome Iᵉʳ, p. 170, note 2. Il faut ajouter qu'il mourut à Saint-Pons (Hérault) le 1ᵉʳ mars 1828. (Cf. aussi la biographie du général Carlenc que j'ai présentée, en avril 1896, au Congrès des sociétés savantes.)

[2] Pichegru écrivit, le 11 octobre 1793, à Carlenc pour lui annoncer qu'il avait refusé le commandement de l'armée du Rhin. (Orig., Arch. de la guerre, armée du Rhin.)

ARREAU, VALLÉE D'AURE, 7 OCTOBRE 1793.

LE GÉNÉRAL DE BRIGADE LASSALLE[1], COMMANDANT DANS LES VALLÉES

DES HAUTES ET BASSES PYRÉNÉES, AU COMITÉ DE SALUT PUBLIC.

Analyse. — Reconnaissance faite par lui dans les vallées. Le 3 octobre il arriva au haut du port de Plan et fut accueilli par une fusillade. Les troupes montèrent à l'assaut des hauteurs et s'en emparèrent; le représentant Feraud marchait à leur tête et s'est cassé une côte [2]. Les chasseurs de Provence et les volontaires de la Haute-Garonne se sont vaillamment conduits. Les habitants du village de Vielle [3] ont montré un grand patriotisme. «A notre passage les vieillards de ce village vinrent entourer le citoyen représentant et moi pour demander en grâce que leurs enfants marchassent à l'ennemi et qu'ils fussent eux-mêmes autorisés à faire leur garde. Dans un autre endroit les femmes se présentèrent armées. Le citoyen Coma, qui sentait que leur présence ne nous était pas nécessaire, voulut prouver le danger que leur beauté pourrait causer parmi les combattants. — «C'est du sang espagnol, dirent-elles, que nous voulons répandre.»

(Orig., Arch. de la guerre, armée des Pyrénées orientales.)

PARIS, 8 OCTOBRE 1793.

LE MINISTRE DE LA GUERRE BOUCHOTTE AU COMITÉ DE SALUT PUBLIC.

Analyse. — Il demande à être autorisé à réunir aux quatre escadrons déjà existants de l'armée révolutionnaire de Paris l'escadron tout formé du département de Seine-et-Oise, afin d'accélérer d'autant la formation de la cavalerie de cette armée.

(Orig., Arch. de la guerre, armée révolutionnaire.)

---

[1] François Lassalle-Cezeau, né à Lagraulet (Gers) le 21 octobre 1741, enseigne au régiment de Forez le 14 février 1758, lieutenant le 13 septembre 1759, passé à Saint-Domingue le 10 janvier 1763 et rentré en France le 4 juin 1767, capitaine commandant le 24 mars 1769, capitaine de chasseurs au régiment d'Angoumois le 20 mai 1780, lieutenant-colonel le 5 février 1792, chef de brigade le 9 mai 1793, général de brigade le 25 juin 1793, suspendu le 25 germinal an II (15 mars 1794), autorisé à prendre sa retraite le 7 frimaire an III (27 novembre 1794), retiré à Gondrin (Gers), où il vivait encore en septembre 1814. Le général Lassalle-Cezeau avait fait les campagnes d'Allemagne de 1760 à 1762.

[2] Cf. une lettre du représentant du peuple Feraud à la Convention nationale, écrite d'Arreau le 4 octobre 1793. (Aulard, VII, 219.)

[3] Vielle-Aure, département des Hautes-Pyrénées.

PUICERDA, 8 OCTOBRE 1793.

LE GÉNÉRAL DAGOBERT AU COMITÉ DE SALUT PUBLIC.

A Puicerda, le 8 octobre 1793, l'an ii de la République française.

*LE GÉNÉRAL DAGOBERT AUX CITOYENS REPRÉSENTANTS DU PEUPLE,
COMPOSANT LE COMITÉ DE SALUT PUBLIC DE LA CONVENTION NATIONALE.*

Citoyens représentants,

Quand j'ai cru, pour servir plus utilement la République, devoir demander mon retour en Cerdagne, mon projet était de pénétrer sur le territoire espagnol. Je me suis donc présenté devant Camprodon; les habitants de cette ville ont fait feu sur le trompette que j'envoyai les sommer. Je leur ai encore fait proposer des paroles de paix par un habitant du pays, que j'ai envoyé prendre dans le village voisin; quoiqu'ils fussent convenus de me livrer la place, ils ont continué de tirer sur l'armée pendant toute la nuit. Dès le matin j'ai ordonné l'attaque sur quatre points différents, et bientôt la place a été emportée et traitée comme une ville prise d'assaut. Je suis passé à travers avec la cavalerie et j'ai poursuivi l'ennemi assez loin sur le chemin de Ripoll, sans pouvoir le joindre. Je m'étais flatté de pouvoir lever pour la République une contribution considérable dans cette ville, mais tous les habitants s'étant sauvés, il ne s'est trouvé personne pour l'imposer et la payer, ni que je pus emmener pour otage. Ayant été informé que la partie de mon armée, qui devait m'être amenée du Mont-Libre par les généraux Poinsot [1]

---

[1] Pierre Poinsot, né à Chalon-sur-Saône (Saône-et-Loire) le 7 février 1764, engagé au régiment de Beauvoisis-Infanterie le 1ᵉʳ avril 1779, congédié par remplacement le 31 juillet 1784, engagé au régiment des dragons de La Rochefoucauld le 20 octobre 1787, congédié le 21 mai 1791, capitaine dans la légion du Nord le 31 mai 1792, adjudant général chef de bataillon à l'armée des Pyrénées orientales le 7 juin 1793, général de brigade provisoire le 7 août 1793, général de division provisoire le 24 septembre 1793, suspendu le 7 frimaire an ii (27 novembre 1793), mais maintenu en activité par Dugommier, confirmé général de brigade le 30 messidor an iv (18 juillet 1796), employé à l'armée de Rhin et Moselle le 23 fructidor an v (9 septembre 1797), réformé le 4 fructidor an vi (21 août 1798), remis en activité le 3 thermidor an vii (21 juillet 1799), autorisé à se retirer dans ses foyers le 1ᵉʳ juillet 1801, employé dans la 18ᵉ division militaire le 2 novembre 1801, employé à l'armée de Saint-Domingue le 21 février 1803, rentré en France le 1ᵉʳ août 1803, membre de la Légion d'honneur le 11 décembre 1803 et commandant le 14 juin 1804, admis au traitement de réforme le 20 août 1805, remis en activité le 24 mai 1806, employé à l'armée d'Italie le 28 novembre 1808 et à celle d'Espagne le 19 décembre 1809, baron de Chansac le 14 février 1810, employé à l'armée de Portugal le 20 juin 1810 et au 11ᵉ corps de la Grande Armée le 11 août 1812, prisonnier de guerre le 24 mai 1813, rentré en France le 6 mai 1814, chevalier de Saint-Louis le 31 juillet 1814, admis à la retraite le 24 décembre 1814, employé au dépôt de cavalerie d'Amiens le 28 mai 1815, lieutenant

et Marbot [1], n'avait pas bougé, parce que l'un était resté malade à Quillan, et l'autre avait été appelé à Toulouse, j'ai pris le parti de revenir sur mes pas pour passer moi-même au Mont-Libre et me mettre à sa tête.

Au moment de mon départ, les habitants de Camprodon continuaient de faire feu des montagnes et de provoquer sur leur ville le sort que Ricardos a fait éprouver à plusieurs villes et villages du territoire français. Le feu qu'on a mis alors à quelques maisons a paru une juste représaille. D'un autre côté plusieurs communes se sont soumises. Celle du Sept-Cazes m'a remis ses armes et les chaperons de ses consuls que j'ai fait passer aux représentants du peuple.

Arrivé au Mont-Libre, j'ai appris que le général de brigade Voulland [2], accompagné du représentant du peuple Cassanyès, s'était après coup porté dans la vallée

général honoraire le 8 mars 1818, compris dans le cadre de réserve comme maréchal de camp le 22 mars 1831, réadmis à la retraite le 1er mai 1832, mort à Dijon (Côte-d'Or) le 30 juillet 1833.

[1] Antoine Marbot, né à Altillac (Corrèze) le 7 décembre 1754, fils d'un cultivateur, admis comme surnuméraire dans les gardes du corps du Roi le 14 mai 1773, garde du corps titulaire le 11 juin 1774, réformé le 31 décembre 1775, enrôlé volontaire aux dragons du régiment Dauphin le 1er mai 1781, congédié le 7 juin 1786, administrateur du département de la Corrèze en 1790, député de ce département à l'Assemblée législative le 3 septembre 1791, adjoint aux adjudants généraux de l'armée de la Moselle le 24 septembre 1792, passé à l'armée des Pyrénées le 26 du même mois, capitaine à la légion des Montagnes le 9 février 1793, adjudant général chef de bataillon provisoire le 26 avril 1793, général de brigade provisoire à l'armée des Pyrénées orientales par arrêté des représentants Chaudron-Roussau et Leyris le 30 août 1793, confirmé le 7 octobre suivant, chargé de conduire des troupes à l'armée sous Toulon le 14 décembre 1793, général de division provisoire le 25 décembre 1793, passé à l'armée des Pyrénées occidentales le 28 juin 1794, confirmé dans son grade le 13 juin 1795, suspendu le 26 du même mois, réintégré le 6 septembre 1795, député de la Corrèze au Conseil des Anciens le 23 vendémiaire an IV (15 octobre 1795), commandant la 17e division militaire (Paris) en remplacement de Joubert le 9 juillet 1799, employé à l'armée d'Italie le 9 septembre 1799, mort à Gênes (Italie) le 19 avril 1800, de l'épidémie régnante. Le général Marbot avait reçu un coup de feu à la jambe au combat de Cadibana le 6 avril 1800. Il a laissé un fils, qui devint général et a écrit des *Mémoires* publiés récemment.

[2] Alexandre Voulland, né à Uzès (Gard) le 10 novembre 1725, lieutenant au régiment Royal-Lorraine le 3 septembre 1747, réformé avec ce corps en 1749, lieutenant de grenadiers au régiment de l'Île-de-France le 16 juin 1753, capitaine le 1er avril 1757, réformé le 21 décembre 1763, premier capitaine des grenadiers royaux au régiment provincial d'Anduze en 1771, chevalier de Saint-Louis le 24 novembre 1771, réformé en 1775, premier capitaine de grenadiers au 5e régiment d'état-major le 1er juin 1778, retraité le 15 septembre 1782, colonel de la garde nationale d'Uzès en 1789, chef du 2e bataillon des grenadiers du Gard le 26 août 1792, général de brigade à l'armée des Pyrénées orientales le 1er octobre 1793, général de division le 27 nivôse an II (16 janvier 1794), commandant à Marseille du 3 thermidor au 5e jour complémentaire an II (21 juillet au 21 septembre 1794), retraité le 26 fructidor an VI (12 septembre 1798), retiré à Uzès. Le général Voulland était l'oncle du conventionnel. Il avait fait les campagnes d'Italie de 1747 et 1748.

de Ribes pour me donner la main du côté de Ripoll, comme c'en était le projet, et que quelques villages, dont les habitants avaient fait feu sur nos troupes, avaient été incendiés, d'après les principes et la proclamation du général ennemi lui-même. Je m'en vais dans l'instant les joindre et tâcher qu'il ne soit livré au feu et au pillage que ceux qu'on ne pourra amener à reconnaître la République et à lui payer leurs impositions [1].

Salut et fraternité.

DAGOBERT.

(Orig., Arch. de la guerre, armée des Pyrénées orientales.)

PARIS, 8 OCTOBRE 1793.

LE GÉNÉRAL RONSIN AU COMITÉ DE SALUT PUBLIC.

Analyse. — Il annonce qu'une insurrection a éclaté à Beauvais, ce qui met en grand danger les quatre escadrons de l'armée révolutionnaire [2]. Il propose d'envoyer dans cette ville douze à quinze cents hommes et deux compagnies de canonniers.

(Analyse, Arch. de la guerre, corr. générale.)

BAYONNE, 8 OCTOBRE 1793.

LE GÉNÉRAL DE BRIGADE LAROCHE AU COMITÉ DE SALUT PUBLIC.

Analyses. — Deux lettres : 1° La présence des représentants Pinet et Monestier a produit à l'armée des Pyrénées occidentales l'effet qu'il attendait. «Les soldats ont applaudi avec transport et spontanément aux grandes mesures qu'ils viennent de prendre. Tel est l'ascendant des vertus républicaines sur des hommes qui combattent pour la liberté, lors même que l'intrigue et la malveil-

[1] Le 9 octobre Cassanyès écrivit au Comité de salut public pour l'avertir de la marche du général Dagobert sur Camprodon. (Cf. Aulard, VII, 337.)

[2] Le 27 septembre, quatre escadrons de l'armée révolutionnaire, formant cinq cents hommes, arrivèrent à Beauvais pour protéger la réquisition des grains faite pour l'approvisionnement de Paris. Le 4 octobre, une insurrection éclata dans la ville, sous le prétexte de ne pas exécuter le décret qui ordonnait aux femmes de porter des cocardes. L'ordre se rétablit assez vite, mais Barère, dans la séance du 8 octobre, fit décréter l'envoi du représentant du peuple Joseph Le Bon dans le département de l'Oise pour épurer les administrations départementales et les autorités constituées de Beauvais et de Noyon. (Cf. *Moniteur*, XVIII, 84.)

lance des chefs versent leur poison corrupteur. » Les généraux De Prez-Crassier [1] et Willot [2] ont été provisoirement suspendus et mis en arrestation dans la citadelle de Bayonne. Le général Muller [3] a été nommé général de division et comman-

[1] Jean-Étienne-Philibert de Prez de Crassier, né à Divonne (Ain) le 18 janvier 1733, fils de J.-B. de Prez, écuyer, seigneur de Crassier, cadet dans le régiment suisse de Vigier en 1745, enseigne le 12 mai 1748, sous-lieutenant le 1er avril 1754, capitaine au régiment Royal Deux-Ponts le 1er avril 1757 et de la compagnie Lieutenant-Colonel le 14 juin 1762, réformé en 1763, rang de lieutenant-colonel le 2 mars 1773, passé en Hollande avec Maillebois en 1785, député de la noblesse du bailliage de Gex aux États généraux le 5 avril 1789, maréchal de camp le 1er mars 1791, commissaire dans les départements de l'Ain, de la Haute-Saône et du Doubs le 22 juin 1791, lieutenant général le 15 septembre 1792, commandant en chef l'armée du Rhin le 16 décembre 1792, suspendu le 27 avril 1793, réintégré le 6 juin suivant, commandant en chef l'armée des Pyrénées occidentales le 1er septembre 1793, démissionnaire le 30 du même mois, arrêté et conduit à Paris, réintégré par la Convention le 9 floréal an III (28 avril 1795) et remis en activité le 15 (4 mai 1795), destitué le 11 brumaire an IV (2 novembre 1795), autorisé à prendre sa retraite le 29 prairial an IV (17 juin 1796), mort à Divonne en 1803. Le général de Prez de Crassier avait fait les campagnes d'Allemagne de 1757 à 1762.

[2] Amédée Willot, né à Belfort (Haut-Rhin) le 31 août 1755 (et non à Saint-Germain-en-Laye, comme le dit le *Dictionnaire des Parlementaires*), volontaire au régiment de Mantes en 1771, enseigne le 28 octobre 1774, lieutenant au régiment provincial de Paris le 24 mars 1775, lieutenant de grenadiers le 7 juin 1780, capitaine le 13 février 1787, licencié avec son régiment par la loi du 20 mars 1791, aide de camp du général Choisy le 30 juin 1791, second lieutenant-colonel du 5e ba-

taillon d'infanterie légère le 23 mars 1792, chef provisoire de la 5e demi-brigade légère le 1er juin 1793, général de brigade provisoire le 23 juin 1793, compris dans la nouvelle organisation des états-majors du 13 juin 1795, général de division provisoire le 6 juillet 1795, confirmé le 17 du même mois, employé à l'armée de l'Ouest le 15 septembre 1795, commandant en chef provisoire de cette armée le 22 décembre 1795, employé à l'armée des Côtes de l'Océan le 1er janvier 1796 et à celle de Rhin et Moselle le 13 avril suivant, commandant la 8e division militaire (Marseille) le 25 juillet 1796, député des Bouches-du-Rhône au Conseil des Cinq-Cents le 22 germinal an V (11 avril 1797), déporté à Sinnamary le 22 septembre 1797, évadé en juin 1798, réfugié en Angleterre, puis aux États-Unis, rentré en France, rétabli sur le tableau des officiers généraux et admis à la solde de retraite le 2 novembre 1815, baron le 22 novembre 1815, gouverneur de la 23e division militaire (Corse) le 10 janvier 1816, comte le 2 mars 1816, commandant de la Légion d'honneur le 4 avril 1816, commandeur de l'ordre de Saint-Louis le 1er mai 1821, mort à Santeny (Seine-et-Oise) le 17 décembre 1823 (et non à Choigny le 17 octobre 1823, comme le dit le *Dictionnaire des Parlementaires*).

[3] Jacques-Léonard Muller, né à Thionville le 11 décembre 1749, fils d'un chirurgien au régiment suisse de Diesbach, soldat au régiment de Courten le 1er mai 1765, sous-lieutenant quartier-maître le 23 octobre 1771, lieutenant le 2 mai 1779, capitaine le 4 décembre 1791, chef de bataillon au 21e chasseurs à pied le 21 août 1792, chef de brigade du 77e régiment le 14 janvier 1793, adjudant général chef de brigade le 8 mars 1793, général de brigade le 5 mai 1793 et de division le 30 septembre, général en chef de l'armée

dant provisoire de l'armée; le général Lalain [1] [Delalain] a été promu divisionnaire et lui-même général de brigade et chef d'état-major de l'armée. Il tâchera
de se rendre digne de ce poste. «Je vais donc, citoyens représentants, m'occuper
sans relâche à mériter la confiance qui m'a été accordée. Si je suis assez heureux
que de m'en rendre digne, un sourire de ma chère patrie sera pour moi une récompense bien plus précieuse que tous les honneurs stériles des despotes.» Le
siège du quartier général ayant été fixé à Bayonne, il pourra conserver le commandement de cette place en laissant les détails au commandant temporaire et
en ne se réservant que la grande police. «J'apprends que nos avant-postes sont
attaqués et que la générale bat dans nos camps. Je vais y voler avec le général
et travailler de manière qu'ils n'aient plus la témérité de se présenter.»

2° «Je vous apprends avec la douleur la plus vive la mort du général La Bourdonnaye [2], après quarante-huit heures des plus cruelles souffrances et sans avoir
pu rien dire. Il a cessé d'être avant-hier au matin à sept heures dans la ville de
Dax, où il avait été, dans l'espoir de rétablir sa santé. Les patriotes le pleurent,
parce qu'ils croient avoir perdu un ami et un républicain ferme et loyal.»

(Orig., Arch. de la guerre, armée des Pyrénées occidentales.)

des Pyrénées occidentales le 2 octobre
1793, confirmé le 25 germinal an 11
(14 avril 1794), employé à l'armée des
Alpes le 4 fructidor an 11 (21 août 1794),
autorisé à prendre sa retraite le 13 ventôse an 111 (3 mars 1795), admis au traitement de réforme le 3 germinal an vi
(23 mars 1798), remis en activité pour
commander la 12ᵉ division militaire le
17 floréal an vi (6 mai 1798), employé
près le Directoire exécutif le 24 brumaire
an vii (14 novembre 1798), inspecteur
général de l'infanterie le 28 ventôse an vii
(18 mars 1799), commandant provisoire
de l'armée du Rhin le 22 messidor an vii
(10 juillet 1799), commandant de la réserve de l'armée d'observation du Midi le
18 germinal an ix (8 avril 1801), nommé
par Murat lieutenant d'armée provisoire le
16 floréal an ix (6 mai 1801), inspecteur
général d'infanterie le 8 messidor an x
(27 juin 1802), membre de la Légion
d'honneur le 19 frimaire an xii (1ᵉʳ décembre 1803) et commandant le 25 prairial (14 juin 1804), inspecteur pour les
16ᵉ et 17ᵉ divisions militaires le 6 octobre 1807, commandant la légion portu-
gaise le 21 mai 1808, baron de l'Empire

le 16 décembre 1810, retraité le 24 décembre 1814, mort à Paris le 1ᵉʳ octobre
1824.

[1] Alexandre Delalain, né à Saint-Dizier (Haute-Marne) le 10 mai 1748, fils
d'un avocat, dragon dans la légion de
Hainaut en mai 1767, maréchal-des-logis
en 1770, rang de lieutenant de dragons
le 14 janvier 1772, rang de capitaine le
15 décembre suivant, capitaine attaché au
14ᵉ chasseurs à cheval le 8 avril 1779,
chevalier de Saint-Louis le 7 octobre 1781,
capitaine en second au régiment de chasseurs des Cévennes le 24 septembre 1784,
capitaine commandant le 20 avril 1789,
lieutenant-colonel du 5ᵉ bataillon d'infanterie légère le 6 novembre 1791, général
de brigade provisoire le 7 mai 1793, général de division provisoire à l'armée des
Pyrénées occidentales le 2 octobre 1793,
suspendu le 25 germinal an 111 (14 avril
1795), retiré à Éclaron, près de Saint-
Dizier. Le général Delalain avait fait les
campagnes de Corse en 1768 et de Pologne en 1771 et 1772. Il avait reçu un
coup de feu au bras droit à la défense du
château de Cracovie en 1772.

[2] Cf. t. 1, p. 122.

RIOM, 8 OCTOBRE 1793.

LE COMITÉ DE SURVEILLANCE DE LA VILLE AU COMITÉ DE SALUT PUBLIC.

Analyse. — «Le comité a appris avec douleur que le nommé Desaix de Veigoux, propriétaire dans une commune de ce district, lequel paraît et a toujours paru très suspect aux patriotes du lieu de son domicile, a obtenu une telle confiance qu'il vient d'être promu au grade d'adjudant de l'armée du Rhin[1]. Le comité a pensé qu'il était de son devoir de vous instruire qu'il avait dix-sept parents émigrés, dont deux de ses frères, qu'il était très lié avec un sieur Beaufranchet d'Ayat[2], son cousin germain, qui vient d'être destitué du grade de chef de brigade et général de division dans la Vendée, Desaix n'a pas plus de dix mille livres de fortune et il est à craindre qu'ayant le plus grand intérêt à la contre-révolution il se laisse séduire par l'or de Pitt et de Cobourg. Citoyens, ces renseignements sont certains et il a paru de la plus grande importance au comité de vous en donner connaissance. »

(Copie, Arch. de la guerre, corr. générale.)

[1] Desaix avait été nommé général de brigade provisoire par les représentants près l'armée du Rhin sur le champ de bataille le 20 août 1793. Il fut promu général de division provisoire le 20 octobre suivant. Bouchotte, sur la dénonciation du conseil de surveillance de Riom, le suspendit le 13 novembre, mais Desaix n'en resta pas moins à son poste. Toutefois il ne fut confirmé dans son grade que le 2 septembre 1794. (Cf. Jacques Charavay, *Les généraux morts pour la patrie*, p. 80.)

[2] Louis-Charles-Antoine de Beaufranchet d'Ayat, né à Ayat (Puy-de-Dôme) le 22 novembre 1757, page du roi en la petite écurie du 21 juin 1771 au 1er juillet 1774, sous-lieutenant d'infanterie dans la légion de Soubise, réformé avec ce corps en août 1776, sous-lieutenant au régiment d'infanterie du Berri le 9 mai 1777, capitaine à la suite du régiment de cavalerie de Berri le 13 juillet 1778, capitaine en second le 24 juillet 1782, pourvu d'une compagnie le 1er juin 1788, membre du comité militaire établi au ministère de la guerre pour la rédaction des ordonnances relatives à la formation des troupes à cheval le 30 septembre 1790, lieutenant-colonel du 14e régiment de cavalerie le 25 juillet 1791 et du 2e régiment des carabiniers le 4 avril 1792, maréchal de camp le 16 septembre 1792, envoyé de Tours en Vendée le 21 mars 1793, employé à l'armée des Côtes de la Rochelle le 15 mai 1793, suspendu le 30 juillet 1793, autorisé à prendre sa retraite le 21 germinal an III (10 avril 1795), pensionné le 11 germinal an IV (31 mars 1796), membre du directoire de l'hospice militaire de Mézières en 1800, député du Puy-de-Dôme au Corps législatif le 9 thermidor an XI (28 juillet 1803), inspecteur général des haras en 1809, mort à Paris le 2 juillet 1812. Le général Beaufranchet d'Ayat était fils de Jacques Beaufranchet d'Ayat et de sa femme, la demoiselle Morphy de Boisfailly, ancienne maîtresse de Louis XV. On a dit à tort qu'il était fils naturel de Louis XV. — Cf. Arch. adm. de la guerre, Welwert, *Archives historiques*, n° du 1er novembre 1890, et Chassin, *La Vendée patriote*, I, 35 et 36.

80. Réunion-sur-Oise (guise), 9 octobre 1793.

CARNOT AU COMITÉ DE SALUT PUBLIC.

A Réunion-sur-Oise, le 9 octobre 1793, l'an ii de la République une et indivisible.

LES REPRÉSENTANTS DU PEUPLE PRÈS L'ARMÉE DU NORD
AUX REPRÉSENTANTS DU PEUPLE COMPOSANT LE COMITÉ DE SALUT PUBLIC.

Nous sommes tellement pressés, citoyens collègues, par le besoin des choses les plus essentielles, que nous prenons le parti de vous envoyer un courrier extraordinaire pour vous les demander. Il nous faudrait au moins quinze mille baïonnettes; nous ne pourrons pas charger les ennemis à la française, si nous n'en avons point. Envoyez-nous donc ce qui existe de disponible. Vous connaissez aussi notre pénurie de souliers; on a ramassé dans les environs tout ce qu'on a pu s'en procurer; mais les trois quarts des soldats sont encore pieds nus; heureusement qu'il fait encore assez beau. Le besoin d'habits est un peu moins pressant; mais il y a quelque chose de fâcheux à cet égard et qui indispose les vieux soldats, c'est que les bataillons de nouvelle levée sont supérieurement vêtus, tandis que ceux qui viennent de faire la guerre et qui vont encore marcher à l'ennemi sont tout délabrés. Cependant les premiers sont parfaitement inutiles, car ils n'ont pas même de bâtons à la main; ils sont d'ailleurs de la plus grande beauté, mais ils ne font que consommer des subsistances qu'on a bien de la peine à se procurer. Nous venons de faire la revue des camps avec le général; les soldats ont confiance en lui et ne demandent qu'à se battre. Nous espérons ne pas les faire languir; nous attendons le reste de la colonne. L'ennemi fait de grands mouvements; l'affaire sera chaude, mais nous vaincrons et la Patrie sera sauvée. Envoyez-nous en toute diligence des souliers, des habits, et surtout des baïonnettes et des fusils, s'il est possible [1].

---

[1] Au reçu de cette lettre le Comité de salut public manda aussitôt près de lui le ministre de la guerre, ainsi que nous l'apprend la minute suivante écrite par Barère (Arch. nat., AF ii 289):

«Paris, le 19 du mois 1ᵉʳ de l'an ii de la République française (10 octobre 1793).

«Le Comité de salut public invite le ministre de la guerre à s'y rendre, dès la lettre reçue, avec l'état de tout ce qui est disponible en baïonnettes, en souliers, en habits. Les soldats ont des besoins extrêmes et pressants, à ce que vient de nous écrire de nouveau Carnot le 9 d.»

Cette minute prouve que la lettre de Carnot parvint au Comité le 10 octobre.

Nous croyons devoir vous prévenir que notre collègue Belin [1], absent de la Convention nationale depuis trois semaines, est ici, se disant y être autorisé par un passeport de l'ancien Comité de sûreté générale. Nous ne savons quel parti prendre à son égard [2].

Nous vous envoyons copie de quelques arrêtés pris par nous [3].

> *Le représentant du peuple près l'armée du Nord,*
>
> Carnot.

(Orig. aut., Arch. de la guerre, armée du Nord.)

---

81. GUISE, 9 OCTOBRE 1793.
ARRÊTÉ DE CARNOT ET DE DUQUESNOY.

Liberté.   Égalité.

Au nom de la République française une et indivisible.

Nous, représentants du peuple, en vertu des pouvoirs qui nous sont délégués, vu la dénonciation à nous faite par les sous-officiers et soldats du 1er bataillon de campagne du 47e régiment contre le citoyen de La Baume, ci-devant noble, leur capitaine; considérant que les individus de cette caste n'ont fait que trop de mal à la République par les perfides manœuvres de la presque totalité d'entre eux, le destituons de son emploi et arrêtons qu'il sera mis sur-le-champ en arrestation

[1] Jean-François Belin, né à Berthenicourt (Aisne) le 28 novembre 1749 (cf. Guiffrey, *Les conventionnels*, p. 126), cultivateur à Guise, député de l'Aisne à l'Assemblée législative, à la Convention et au Conseil des Cinq-Cents.

[2] Le 10 octobre, Carnot et Duquesnoy signèrent l'ordre d'arrestation de leur collègue Belin. (Cf. le texte de cet arrêté à la page 276.)

[3] Les arrêtés envoyés par Carnot étaient au nombre de trois : — 1° Guise, 8 octobre 1793. Duquesnoy destitue Cailhava, chef du bataillon franc, coupable de s'être fait rembourser sur un faux exposé d'une somme de 600 livres pour un cheval qu'il prétendait avoir perdu en Belgique. — 2° Origny-Sainte-Benoîte, 8 octobre 1793. Duquesnoy fait mettre en arrestation et conduire à Péronne six ci-devant chanoines du chapitre de Saint-Waast, domiciliés à Origny. — 3° Guise, 9 octobre 1793. Carnot et Duquesnoy font mettre en arrestation le capitaine de La Baume. (Cf. le texte à la page 272.) — Ces trois documents sont conservés aux Archives nationales, AF ıı 138, et on lit en tête du premier cette annotation : «Papiers inclus dans la lettre de Carnot écrite du 9 octobre à Réunion-sur-Oise.»

et conduit dans les prisons d'Arras; requérons, à cet effet, le général en chef Jourdan de faire mettre le présent arrêté à exécution.

A Guise, le 9 octobre 1793, l'an ii de la République française une et indivisible.

L. Carnot, Duquesnoy.

(Copie sig. par Duquesnoy, Arch. nat., AF ii 238.)

———

RÉUNION-SUR-OISE (GUISE), 9 OCTOBRE 1793.

LE GÉNÉRAL JOURDAN AU MINISTRE DE LA GUERRE BOUCHOTTE.

Au quartier général à Réunion-sur-Oise, le 9 octobre 1793, l'an ii de la République.

LE CITOYEN JOURDAN AU CITOYEN BOUCHOTTE, MINISTRE DE LA GUERRE.

Le reste de mon armée arrivera demain [1]. J'ai fait porter aujourd'hui mon avant-garde à Étrœungt. La marche forcée que viennent de faire les troupes les a extrêmement fatiguées; il leur faut absolument un jour de repos avant de les mener à l'ennemi. Nous n'avons point encore de souliers à la suite de l'armée; il est de la plus grande nécessité de m'en faire parvenir. Il me manque aussi beaucoup de baïonnettes; c'est une arme dont vous connaissez l'utilité.

Je compte attaquer le 12. J'aurais bien voulu trouver un homme adroit et hardi qui eût pu donner avis au commandant de Maubeuge du jour et de l'instant de mon attaque. J'ai offert cent louis; il m'a été impossible d'en trouver un [2].

Les rapports que je reçois sont vagues et peu certains; ils s'accordent cependant dans un seul point, qui est que l'ennemi a beaucoup de cavalerie.

Un petit corps de 400 hommes de l'armée des Ardennes, avec lequel est le représentant Perrin, s'est réuni avec moi. J'ai donné des ordres pour qu'un autre petit corps de cette même armée parte de Philippeville et se porte sur Beaumont le jour de l'attaque.

La cause que je défends est si belle que je crois le succès indubitable.

Salut et fraternité.

Jourdan.

(Orig., Arch. de la guerre, armée du Nord.)

[1] Le 9 octobre, le représentant Laurent annonçait de Péronne au Comité de salut public le départ de la dernière colonne pour Maubeuge. (Cf. Aulard, VII, 327.)

[2] On voit que Jourdan essayait d'avertir le commandant de Maubeuge de sa prochaine tentative pour débloquer cette ville. Il n'y réussit pas, et la bataille de Wattignies fut livrée et gagnée sans le concours de ceux qu'on venait délivrer.

———

PARIS, 9 OCTOBRE 1793.

L'EX-GÉNÉRAL DE BRIGADE DEMARS [1] AU COMITÉ DE SALUT PUBLIC.

Analyse. — Il écrit de la prison de l'Abbaye pour demander qu'on examine sa conduite à l'armée du Nord et qu'on prenne une décision à son égard.

(Analyse, Arch. de la guerre, corr. générale.)

PARIS, 10 OCTOBRE 1793.

LE MINISTRE DE LA GUERRE BOUCHOTTE AU COMITÉ DE SALUT PUBLIC.

Paris, le 19 du 1ᵉʳ mois de l'an ɪɪ de la République une et indivisible.

LE MINISTRE DE LA GUERRE

AUX REPRÉSENTANTS MEMBRES DU COMITÉ DE SALUT PUBLIC.

Citoyens représentants,

Le général Krieg [2], ci-devant commandant à Metz, vient d'être amené à Paris en exécution de votre arrêté du 4. Il demande à vous rendre compte de sa con-

---

[1] Odo-Nicolas Loeillot Demars, né à Paris le 1ᵉʳ octobre 1751, sous-lieutenant au régiment de Nassau-Sarrebrück le 28 février 1768, lieutenant en novembre 1772, sert en Corse de 1773 à 1775, capitaine d'infanterie au département de la guerre en 1778, aide-major du corps des volontaires étrangers de la marine le 1ᵉʳ septembre 1778, parti pour l'île de France le 27 février 1779, aide-major général des troupes de l'île de France le 1ᵉʳ janvier 1780, major du régiment de Pondichéry le 3 mars 1781, rentré en France en février 1784, chevalier de Saint-Louis le 9 mai 1788, garde national à Obernai en 1790, lieutenant-colonel du 2ᵉ bataillon des volontaires du Haut-Rhin le 5 octobre 1791, maréchal de camp à l'armée du Rhin le 27 septembre 1792, remercié le 15 mai 1793, mais sert jusqu'au 18 septembre suivant, arrêté et conduit à l'Abbaye le 2 octobre 1793, mis en liberté le 9 fructidor an ɪɪ (26 août 1794),

remis en activité à l'armée des Côtes de Cherbourg le 25 prairial an ɪɪɪ (13 juin 1795), chef de la 5ᵉ demi-brigade des vétérans le 21 août 1807, mort le 11 août 1808. — Cf. A. Chuquet, *Hondschoote,* 307.

[2] Jean-Ernest Krieg, né à Lahr en Brisgau (Bade) le 21 juin 1739, étudiant en droit, volontaire au régiment de Nassau-Sarrebrück le 12 janvier 1756, sous-lieutenant le 15 décembre 1758, lieutenant le 19 juin 1765, capitaine en second le 28 février 1778, chevalier de l'ordre du Mérite militaire le 27 septembre 1781, capitaine-commandant le 25 avril 1788, lieutenant-colonel au 96ᵉ d'infanterie le 9 octobre 1792, chef de brigade du 91ᵉ le 8 mars 1793, général de brigade à l'armée de la Moselle le 15 mai 1793 et de division le 30 juillet suivant, commandant à Metz le 2 août, suspendu le 19 septembre et décrété d'arrestation le 4 octobre 1793, mis en liberté le 23 thermidor

duite. Ses longs services, sa franchise, la difficulté qu'il a de s'énoncer correctement dans notre langue me fait présumer que son secrétaire a eu plus de part que lui à la lettre qui est le motif de son arrestation. Il est maintenant à l'Abbaye [1].

J. BOUCHOTTE.

(Orig., Arch. de la guerre, armée de la Moselle.)

PARIS, 10 OCTOBRE 1793.

LE MINISTRE DE LA GUERRE BOUCHOTTE AU COMITÉ DE SALUT PUBLIC.

Analyse. — Trois lettres : 1° Il envoie copie d'une lettre de Cacault [2], chargé d'affaires de France à Rome, sur les alliances hostiles à la République conclues par la cour de Naples. — 2° Il demande la liste de nomination des officiers de l'état-major de l'armée révolutionnaire, afin de leur expédier leurs brevets. (Analyse, Arch. de la guerre, corr. générale.) — 3° Il envoie la lettre du général Moreaux au général Schauenburg, qui attribue au général Guillaume les événements fâcheux de la journée du 14 septembre. (Orig., Arch. de la guerre, armée de la Moselle.)

an II (10 août 1794), réintégré comme général de brigade le 21 fructidor an II (7 septembre 1794), remis en activité comme divisionnaire le 27 brumaire an III (13 juin 1795), nommé par le Comité de salut public inspecteur chargé de l'organisation de la légion de police le 20 vendémiaire an IV (12 octobre 1795), inspecteur des deux armes de l'armée de l'intérieur le 29 floréal an IV (18 mai 1796), inspecteur d'infanterie le 25 prairial an IV (13 juin 1796), commandant de la garde à établir près du Directoire exécutif le 28 fructidor an IV (14 septembre 1796), inspecteur des troupes des quatre divisions de l'Ouest le 18 nivôse an V (7 janvier 1797), réformé le 25 fructidor an V (11 septembre 1797), mort à Bar-le-Duc (Meuse) le 10 pluviôse an XI (30 janvier 1802). Il avait fait, sous l'ancien régime, les campagnes de Hanovre de 1757 à 1762 et celle de Genève en 1782. En l'an II Hoche écrivait en marge des états de services du général Krieg : «La vertu, l'humanité et le patriotisme sont les bases de son caractère. — Connaissances et talents réunis.»

[1] Le même jour le général Krieg écrivit au Comité de salut public pour demander à être entendu. (Analyse, Arch. de la guerre, reg. du Comité de salut public, DC, p. 586.)

[2] François Cacault, né à Nantes (Loire-Inférieure) le 10 février 1743, secrétaire d'ambassade à Naples en 1785, chargé d'affaires dans cette ville en juillet 1791, envoyé à Rome après l'assassinat de Bassville, agent général de la République en Italie en 1796 et 1797, député de la Loire-Inférieure au Conseil des Cinq-Cents le 27 germinal an VI (16 avril 1798), ministre plénipotentiaire à Rome de 1801 à 1803, sénateur le 9 germinal an XII (30 mars 1804), mort à la Madeleine, près de Clisson (Loire-Inférieure), le 18 octobre 1805.

82. GUISE, 10 OCTOBRE 1793. — ARRÊTÉ DE CARNOT ET DE DUQUESNOY.

Au nom de la République française une et indivisible.

Les représentants du peuple près l'armée du Nord, considérant que l'arrestation des gens suspects est une mesure indispensable dans les circonstances où la République se trouve, que, par une suite nécessaire de ce principe, la Convention a rendu plusieurs décrets, notamment celui qui défend tout congé aux représentants du peuple, celui qui déclare infâme et traître à la Patrie tout fonctionnaire public qui abandonne son poste; que c'est par une conséquence nécessaire, tirée de ces décrets, que la Convention a approuvé les mesures sages et prudentes que le département du Pas-de-Calais a prises concernant l'arrestation du citoyen Magniez [1], député à la Convention nationale; considérant que le député Belin s'est absenté, d'après son propre aveu, du poste honorable que la nation lui avait confié, sans aucune autorisation légale, sans être chargé d'aucune mission qui pût justifier son absence, sans aucun certificat de détériorement de santé qui légitimât sa présence dans d'autres lieux que ceux où le vœu de ses commettants l'a appelé; considérant que le député Belin s'est rendu le protecteur et le solliciteur de personnes véhémentement suspectes, que les représentants du peuple fondés de pouvoirs légitimes avaient fait arrêter, d'après les avis les plus certains de leurs manœuvres secrètes tendant à bouleverser l'opinion publique,

Arrêtent que le député Belin sera mis sur-le-champ en état d'arrestation, les scellés mis sur ses papiers; enjoignant au commandant de la force publique à Guise de l'exécution du présent arrêté sous sa responsabilité.

A Guise, le 10 octobre 1793, l'an II de la République française une et indivisible.

CARNOT, DUQUESNOY.

(Orig., Arch. de la guerre, armée du Nord. — Copie certifiée conforme par Roux, Arch. nat., AF II 233.)

[1] Antoine-Guillain Magniez, né à Bertincourt (Pas-de-Calais) en 1737, cultivateur, député de son département, avait été arrêté le 22 juin 1793, comme membre du parti girondin, et remplacé, le 1er juillet, par le suppléant Joseph Le Bon.

83. RÉUNION-SUR-OISE (GUISE), 10 OCTOBRE 1793.
ARRÊTÉ DE CARNOT ET DE DUQUESNOY.

Nous, représentants du peuple envoyés près l'armée du Nord, sur les plaintes qui nous ont été portées contre le général de division Merenveüe[1], commandant de l'artillerie, desquelles il résulte que cet officier a tellement négligé les importantes fonctions qui lui étaient confiées que l'armée active, conduite par le général en chef Jourdan, se trouve, au moment d'une expédition de laquelle dépend le salut de la République, réduite à neuf cent mille cartouches, lorsqu'il en faudrait plusieurs millions; arrêtons que le citoyen Merenveüe est destitué de ses fonctions, qu'il sera mis sur-le-champ en état d'arrestation, sans pouvoir communiquer avec personne, conduit à Arras sous bonne et sûre garde, pour y être mis entre les mains des représentants du peuple en cette ville, afin d'y être jugé par la commission établie par eux; arrêtons de plus que le scellé sera apposé sur ses papiers et ensuite levé en présence de deux commissaires, pour lesdits papiers être envoyés à Arras pour l'instruction du procès; chargeons le général en chef Jourdan de l'exécution du présent arrêté[2].

A Réunion-sur-Oise, le 10 octobre 1793, l'an ii de la République une et indivisible.

CARNOT, DUQUESNOY.

(Copie, Arch. nat., AF ii 233.)

---

[1] Jean-François Bouchel Merenveüe, né à Calais (Pas-de-Calais) le 4 octobre 1734, sous-lieutenant d'artillerie le 1er mai 1756, lieutenant en troisième le 27 mars 1760, en second le 13 septembre 1761 et en premier le 1er janvier 1763, sous-aide major le 15 octobre 1765, capitaine par commission le 14 juillet 1766, chevalier de Saint-Louis le 4 mai 1783, chef de brigade le 3 octobre 1784, lieutenant-colonel le 1er janvier 1791, colonel le 28 août 1792, commandant en chef de l'école des élèves de l'artillerie à Châlons-sur-Marne, maréchal de camp le 8 mars 1793, employé à Calais en avril 1793, général de division à l'armée du Nord le 26 août 1793, commandant en chef l'artillerie de l'armée du Nord en remplacement du général d'Hangest en septembre 1793, décrété d'arrestation à Guise le 10 octobre 1793, mort par suicide dans la prison d'Arras le 12 du même mois.

[2] Jourdan exécuta sur-le-champ l'ordre des représentants et écrivit, le 10 octobre, la lettre suivante aux représentants du peuple Élie Lacoste et Peyssard, à Arras (Arch. de la guerre, reg. de Jourdan 1 a-44, p. 36) : « D'après l'arrêté des repré-

84. RÉUNION-SUR-OISE (GUISE), 10 OCTOBRE 1793.
ARRÊTÉ DE CARNOT ET DE DUQUESNOY.

Nous, représentants du peuple envoyés près l'armée du Nord, considérant que des raisons majeures nous ont déterminé à destituer de

sentants Duquesnoy et Carnot je vous fais conduire par la gendarmerie le citoyen Merenveüe, général commandant l'artillerie. Je vous envoie pareillement copie de leur arrêté et je vous ferai passer ses papiers, lorsque le scellé sera apposé et levé suivant les dispositions y contenues. JOURDAN.» Duquesnoy recommanda, le 11 octobre, à ses collègues de faire guillotiner le vieux j. f. de Merenveüe (cf. le texte à la page 284), mais celui-ci se suicida dans sa prison. Le représentant Peyssard annonça cet événement au Comité de salut public le 16 octobre (Orig., Arch. de la guerre, armée du Nord) :

«Merenveüe, général de brigade et commandant de l'artillerie de l'armée du Nord, avait conçu le projet de nous paralyser devant Maubeuge et de nous livrer sans défense aux brigands qui cernent cette ville. Il avait choisi, pour y réussir, un moyen bien infaillible, celui de garantir au général en chef un approvisionnement complet en cartouches à balle, tandis qu'il en manquait au moins les deux tiers. Il avait en outre négligé de faire suivre 300 pionniers, quoiqu'il en eût reçu l'ordre positif. La mèche heureusement fut éventée assez tôt et nos collègues Carnot et Duquesnoy nous adressèrent ce contre-révolutionnaire pour qu'il en fût fait prompte justice. Le lendemain de son incarcération, comme nous allions le livrer à notre commission militaire, on vint nous dire que ce scélérat s'était coupé le col dans sa prison. Il nous arrive chaque jour des individus de sa trempe; des mesures ont été prises pour qu'à l'avenir ils ne puissent plus se faire justice eux-mêmes.»

Le général Jourdan, dans ses *Mémoires*

inédits, conservés aux Archives historiques du ministère de la guerre, consacre à cet incident les lignes suivantes :

«L'armée formée en cinq divisions sous les ordres des généraux Fromentin, Duquesnoy, Balland, Cordellier et Beauregard, se disposait à quitter les environs de Guise le 10 octobre, lorsque le général en chef fut informé que le parc était dépourvu de munitions. Les commissaires de la Convention, supposant de la trahison là où il n'y avait que de l'irréflexion ou de la négligence, destituèrent le général Merenveüe, commandant l'artillerie, et ordonnèrent qu'il fût conduit à Arras pour être jugé par le tribunal révolutionnaire. Cet infortuné, prévoyant le sort qui l'attendait, se suicida. Les mêmes commissaires placèrent à la tête de cette arme les généraux Bollemont et Eblé, qui par la suite ont acquis une si belle réputation. Cet incident fut cause que le mouvement ne commença que le 12. Le lendemain l'armée arriva aux environs d'Avesnes et campa ainsi qu'il suit : les divisions Duquesnoy et Fromentin dans le bois dit les haies d'Avesnes, la première à cheval sur la grande route de Maubeuge, ayant quelques bataillons à la lisière du bois et à l'embranchement du chemin qui conduit à Solre-le-Château, et la seconde en avant de Dompierre, tenant également la tête du bois et occupant Maroilles sur sa gauche; les divisions Balland et Cordellier en seconde ligne à droite et à gauche d'Avesnes; celle de Beauregard à Liessies, et le quartier général à Avesnes. Le même jour Carnot, membre du Comité de gouvernement, et son frère, officier du génie, arrivèrent près du général en chef.»

ses fonctions le général de division Merenveüe, commandant en chef l'artillerie, et qu'il est instant de suppléer cet officier, arrêtons que le chef de brigade Boubers[1], commandant en second l'artillerie, exercera les fonctions du général Merenveüe, et que le chef de brigade Bollemont[2] remplacera aussi provisoirement le chef de brigade Boubers; arrêtons de plus que le chef de bataillon Eblé[3], actuellement au camp de la Madeleine-sous-Lille, se rendra près du général en chef de l'armée du Nord pour y faire les fonctions de directeur du parc de l'ar-

[1] Alexandre-François-Joseph Boubers, né à Lihons (Somme) le 5 janvier 1744, volontaire sur la frégate *la Maréchale-de-Belle-Isle* en 1757 et 1758, aspirant au corps de l'artillerie le 31 juillet 1760, aspirant appointé le 27 décembre 1761, élève le 19 février 1763, lieutenant en second le 31 octobre 1764 et en premier le 15 octobre 1765, capitaine le 28 octobre 1774, lieutenant-colonel le 16 mai 1792, chef de brigade le 5 août 1793, général de brigade le 10 brumaire an II (31 octobre 1793), autorisé à cesser ses fonctions le 29 brumaire an V (19 novembre 1796), commandant d'armes à Calais le 1er vendémiaire an IX (23 septembre 1800) et à Valenciennes le 2 ventôse an X (21 février 1802), retraité le 11 ventôse an XII (2 mars 1804), comte de Mazingan, mort à Paris le 18 mars 1819.

[2] Charles Chonet de Bollemont, né à Arrancy (Meuse) le 20 janvier 1749, fils du prévôt de cette ville, aspirant au corps d'artillerie le 12 février 1764, élève surnuméraire le 16 juillet 1766 et titulaire le 31 janvier 1767, lieutenant au régiment de Metz-Artillerie le 28 mai 1767, capitaine le 3 juin 1779, chef de bataillon au 4e régiment d'artillerie à pied le 1er novembre 1792, chef de brigade le 15 août 1793, général de brigade le 4 brumaire an II (25 octobre 1793), destitué comme noble le 15 pluviôse an II (3 février 1794), rappelé au service comme commandant en chef de l'artillerie de l'armée de la Moselle le 17 floréal an II (6 mai 1794), général de division le 19 (8 mai), prisonnier de guerre lors de la reddition de Würzbourg

le 20 fructidor an IV (6 septembre 1796), inspecteur général d'artillerie, député de la Meuse le 8 pluviôse an X (28 janvier 1802), retraité le 20 prairial an XI (9 juin 1803), membre de la Légion d'honneur le 4 frimaire an XII (26 novembre 1803) et officier le 1er frimaire an XIII (22 novembre 1804), mort à Arrancy le 17 décembre 1815. — La date de naissance de ce général est donnée d'après l'acte de baptême fourni par lui au ministre de la guerre, qui ordonna, le 16 nivôse an X (6 janvier 1802), la rectification des erreurs qui s'étaient perpétuées sur les nom, prénoms et date de naissance de cet officier. Bollemont lui-même avait propagé ces erreurs, car, dans une pièce datée de Maestricht, le 21 nivôse an III (10 janvier 1795), il déclare être né le *30 août 1744.* C'est cette fausse date qu'ont donnée les *Fastes de la Légion d'honneur* et le *Dictionnaire des Parlementaires.*

[3] Jean-Baptiste Eblé, né à Rorbach (Moselle) le 21 décembre 1758, fils d'un sergent d'artillerie, canonnier au régiment d'Auxonne le 21 décembre 1767, sergent le 1er juin 1775, sergent-major le 7 juillet 1779, lieutenant en 3e le 28 octobre 1785, en 2e le 1er janvier 1791 et en 1er le 6 février 1792, capitaine au 7e d'artillerie le 18 mai 1792, chef de bataillon le 26 août 1793, général de brigade le 29 septembre 1793 et de division le 4 brumaire an II (25 octobre 1793), membre de la Légion d'honneur le 23 vendémiaire an XII (16 octobre 1803) et grand-officier le 25 prairial an XII (14 juin 1804), baron le 26 octobre 1808, mort à Kœnigsberg le 31 décembre 1812.

tillerie, et qu'il sera provisoirement remplacé au camp de la Madeleine par le chef de bataillon Niger [1]; chargeons le chef de l'état-major et nous de l'exécution du présent arrêté.

A Réunion-sur-Oise, le 10 octobre 1793, l'an ii de la République une et indivisible.

Carnot, Duquesnoy.

(Copie, Arch. nat., AF ii 233.)

---

85. RÉUNION-SUR-OISE (GUISE), 10 OCTOBRE 1793.

ARRÊTÉ DE CARNOT ET DE DUQUESNOY.

Nous, représentants du peuple envoyés près l'armée du Nord, sur les observations qui nous ont été faites par le 2ᵉ bataillon des Vosges, concernant le défaut d'officiers dans le bataillon et l'état de la compagnie des canonniers de ce bataillon, arrêtons ce qui suit :

1° Le nombre des officiers et sous-officiers du bataillon des Vosges sera complété sans délai.

2° Les citoyens Mathis, capitaine; Rapin, capitaine; Girardin, sous-lieutenant audit bataillon, et Marchal, quartier-maître, sont destitués de leurs fonctions et seront remplacés définitivement.

3° Les autres officiers absents seront remplacés provisoirement suivant le mode prescrit par la loi, sans cependant que les citoyens nommés aux grades puissent s'autoriser de ces nominations provisoires pour les rendre définitives. Ils rentreront dans leurs grades anciens dès le moment que ceux dont ils tiennent la place se retrouveront à même de reprendre leurs fonctions, et néanmoins ceux qui les remplaceront provisoirement recevront aussi la paye ou les appointements provisoirement de leur nouveau grade.

La compagnie des canonniers dudit bataillon sera portée au com-

---

[1] Louis-Étienne Niger, né à Paris le 5 mars 1736, surnuméraire d'artillerie le 29 mars 1754, sous-lieutenant le 1ᵉʳ janvier 1757, lieutenant le 3 septembre 1761, capitaine le 29 février 1768, chevalier de Saint-Louis le 5 juillet 1779, chef de bataillon le 1ᵉʳ avril 1791, chef de brigade le 23 germinal an ii (12 avril 1794), retraité le 16 brumaire an ix (7 novembre 1800).

plet. Les officiers et sous-officiers ne seront nommés qu'après cette opération.

A Réunion-sur-Oise, le 10 octobre 1793, l'an ii de la République française une et indivisible.

L. Carnot, Duquesnoy.

(Copie, Arch. nat., AF ii 233.)

---

86. Réunion-sur-Oise (Guise), 10 octobre 1793.

CARNOT, DUQUESNOY ET ROUX AU COMITÉ DE SALUT PUBLIC.

A la Réunion-sur-Oise, le 10 octobre 1793,
l'an ii de la République française, une et indivisible [1].

LES REPRÉSENTANTS DU PEUPLE ENVOYÉS PRÈS L'ARMÉE DU NORD ET DES ARDENNES AUX REPRÉSENTANTS DU PEUPLE COMPOSANT LE COMITÉ DE SALUT PUBLIC.

Nous vous envoyons, citoyens collègues, par un courrier extraordinaire, des arrêtés qui ont été commandés par les circonstances impérieuses où nous sommes; vous en trouverez les motifs dans les considérants de chacun d'eux.

Le 1ᵉʳ concerne l'arrestation de notre collègue Belin; le 2ᵉ, la destitution et l'arrestation du citoyen Merenveüe, commandant en chef de l'artillerie, qui nous avait laissés sans cartouches, au moment de la grande opération que nous sommes sur le point d'entreprendre; les autres arrêtés sont moins importants [2].

Pour remédier au défaut de cartouches, nous faisons partir un convoi extraordinaire pour Dunkerque et Saint-Omer, où il s'en trouve; mais il faudrait que le ministre de la guerre nous en fît passer aussi en hâte au moins un million, et plus s'il est possible.

A l'aide de notre collègue Perrin, nous sommes parvenus à réunir

---

[1] On lit en tête : «Reçu le 18.»

[2] Outre les quatre arrêtés publiés ci-dessus, le représentant Duquesnoy en prit deux autres le 10 octobre 1793 : 1° Destitution du citoyen Legris, lieutenant de la 2ᵉ compagnie du 1ᵉʳ bataillon de la réserve, pour avoir refusé d'obéir aux ordres du chef de brigade Magnier. (Copie, Arch. nat., AF ii 233.) — 2° Destitution des citoyens Leroux, lieutenant de la 3ᵉ compagnie du 3ᵉ bataillon de la réserve, et Brujevin, sous-lieutenant de la 8ᵉ compagnie, qui n'ont pas paru à leurs compagnies tant que la colonne a été en marche. (Orig. aut., Arch. nat., AF ii 233, et coll. de M. Étienne Charavay.)

ici environ huit mille paires de souliers; nous vous prions néanmoins, chers collègues, de ne point ralentir l'envoi pressant que nous vous en avons demandé par notre courrier d'hier.

Nous attendons, pour marcher, les restes de notre armée, notre artillerie, nos cartouches et des baïonnettes : il faut se mettre en force, les ennemis rassemblent toutes les leurs. Le temps nous seconde et le génie de la liberté nous protège.

La destitution de Mérenveüe nous a forcés de retenir ici un chef de brigade d'artillerie que le ministre avait destiné pour Mézières. Nous savons que cette ville en a le plus grand besoin, mais il y a en tout un point capital auquel tout doit être subordonné, et dans ce moment le point capital est de battre les ennemis devant Maubeuge. Nous ne pouvons vous dissimuler qu'un de nos malheurs est de manquer d'officiers d'artillerie et du génie. On nous donne pour adjoints, dans ce dernier corps, des jeunes gens qui savent à peine lire.

Vous avez dû être instruits du bruit qui s'est répandu que Drouet, notre collègue, a eu la jambe cassée et qu'il est resté prisonnier chez les ennemis; ce qu'il y a de certain, c'est qu'à Maubeuge la garnison a fait une trouée, que Drouet était de la sortie, et que ceux qui ont échappé n'ont pu nous donner aucune nouvelle de lui.

Les représentants du peuple
près l'armée du Nord et des Ardennes.
CARNOT, DUQUESNOY, ROUX.

(Orig. aut. de Carnot-Feulint, Arch. nat., AF II 233.)

10 OCTOBRE 1793.

L'EX-GÉNÉRAL KRIEG, ET COURTOIS, COMMANDANT TEMPORAIRE DE LANDRECIES,
AU COMITÉ DE SALUT PUBLIC.

Analyse. — 1° L'ex-général de division Krieg écrit de Paris pour demander les motifs de son arrestation. (Analyse, Arch. de la guerre, corr. gén.) — 2° Courtois écrit de Landrecies pour se plaindre des calomnies répandues contre lui par les membres du comité de surveillance, dont il demande l'expulsion. (Orig., Arch. de la guerre, armée du Nord.)

PARIS, 11 OCTOBRE 1793.

LE COMITÉ DE SALUT PUBLIC À L'ARMÉE DU NORD.

Paris, le 20 du 1ᵉʳ mois, l'an II de la République française.

LES MEMBRES DU COMITÉ DE SALUT PUBLIC À L'ARMÉE DU NORD.

Républicains,

L'armée de la République vient d'entrer triomphante à Lyon; les traîtres et les rebelles sont taillés en pièces. L'étendard de la liberté flotte dans ses murs et les purifie. Voilà le présage de votre victoire.

La victoire appartient au courage. Elle est à vous. Frappez, exterminez les satellites des tyrans. Les lâches! ils n'ont jamais su vaincre par la force et par la valeur, ils n'ont acheté que des trahisons. Ils sont couverts de votre sang et surtout de celui de nos femmes et de nos enfants. Frappez! qu'aucun n'échappe à votre juste vengeance. La patrie vous regarde, la Convention seconde votre généreux dévouement. Encore quelques jours, les tyrans ne seront plus et la République vous devra son bonheur et sa gloire. Vive la République!

HÉRAULT, COLLOT-D'HERBOIS, BILLAUD-VARENNE,
B. BARÈRE, SAINT-JUST, ROBESPIERRE [1].

(Orig., Arch. de la guerre, armée du Nord.)

———

PARIS, 11 OCTOBRE 1793.

LE MINISTRE DE LA GUERRE BOUCHOTTE AU GÉNÉRAL JOURDAN.

Paris, 10 de la 2ᵉ décade du 1ᵉʳ mois de l'an II de la République française, une et indivisible.

Nous sommes ici, général, dans l'attente des bonnes opérations que vous allez exécuter. La confiance est générale en vous et vous la justifierez. Communiquez à l'armée votre audace et votre énergie, annoncez-lui les avantages remportés dans les Pyrénées sur les Espagnols, dans les Alpes sur les Piémontais, dans l'intérieur sur les rebelles de Lyon, qui ont promis de livrer leurs chefs et qui implorent la clémence nationale, sur les rebelles de la Vendée, qui sont attaqués dans leurs derniers retranchements. Dites à l'armée que le moment est arrivé de détruire nos ennemis, que nous avons sur tous les points des forces supérieures et qu'enfin des chefs sans-culottes ne l'empêcheront plus de recueillir le fruit de ses victoires.

---

[1] La pièce a des corrections de Hérault-Séchelles, ce qui semble indiquer que cette proclamation a été rédigée par lui.

Mon courrier me rapporte de vos nouvelles. Frappez fort, dégoûtez de leur vil métier les esclaves qui se battent pour de l'argent contre des hommes qui combattent pour leur propre cause et pour tout ce qu'ils ont de plus cher au monde.

Confiance et valeur, salut et fraternité.

J. Bouchotte.

(Arch. de la guerre, reg. d'ordres de Jourdan, fol. 100.)

GUISE, 11 OCTOBRE 1793.

DUQUESNOY AUX REPRÉSENTANTS ÉLIE LACOSTE ET PEYSSARD, À ARRAS.

Guise, le 11 octobre 1793, l'an 11 de la République française une et indivisible.

Citoyens collègues,

Nous venons de destituer le général Merenveüe [1] et de l'envoyer devant vous pour y être jugé par la nouvelle commission que vous avez établie à Arras. Ce général, chargé de l'artillerie, malgré les ordres du général en chef, nous laissait aller à l'ennemi sans munitions. Heureusement un officier d'artillerie vint nous informer du fait. Le général en chef fit venir cet aristocrate, lui demanda s'il avait exécuté ses ordres et si rien ne nous manquait; il répondit que non et que nous pouvions être tranquilles sur cet objet. Interpellé combien nous avions de cartouches à balle, il a répondu que nous en avions sept cent mille, et tout le monde sait qu'il en faut au moins deux millions. Nous avons bien vite fait expédier des ordres pour en faire venir en poste.

Le général en chef lui avait ordonné de faire suivre quatre cents pionniers et il n'en a rien fait, de manière que cette vieille tête à changer a failli nous perdre. Faites-moi guillotiner ce vilain aristocrate.

Deux colonnes sont déjà parties d'ici; demain le restant de notre armée doit se mettre en marche et, si notre poudre arrivait, nous commencerions la danse.

Le vieux j. f. de Mérenveüe est cause que l'ennemi aura le temps de connaître nos dispositions et de se renforcer. Je suis pressé.

Salut et fraternité.

Duquesnoy.

P. S. J'ai fait arrêter hier, ici, notre collègue Belin, qui s'y trouve depuis trois semaines, sans aucune permission. Cet homme était ici le défenseur officieux des aristocrates.

(Orig. aut., coll. de M. Étienne Charavay.)

[1] Duquesnoy l'appelle, par erreur, *Berenvue.*

87. RÉUNION-SUR-OISE (GUISE), 11 OCTOBRE 1793.
ARRÊTÉ DE CARNOT ET DE DUQUESNOY.

Nous, représentants du peuple envoyés près l'armée du Nord, requérons le chef de l'état-major de faire transporter au plus tôt dans la ville d'Avesnes les piques qui se trouvent fabriquées et en dépôt dans les villes voisines, et particulièrement à Laon; les chevaux de frise, qui sont en magasin dans les places environnantes, et notamment les cinq cents qui doivent exister à Montreuil et Hesdin; et enfin de prendre pour le service de l'armée et de faire transporter sur-le-champ dans la même ville d'Avesnes le plus grand nombre possible de haches, serpes, scies, ainsi que les pioches et autres instruments nécessaires à former des retranchements; l'autorisant à requérir à cet effet les autorités constituées, pour la fourniture de ces effets et les voitures nécessaires à leur transport.

Fait à Réunion-sur-Oise, le 11 octobre 1793.

CARNOT, DUQUESNOY.

(Orig. aut. de Carnot-Feulint, Arch. de la guerre, armée du Nord. — Copie, Arch. nat., AF ɪɪ 233.)

---

88. RÉUNION-SUR-OISE (GUISE), 11 OCTOBRE 1793.
ARRÊTÉ DE CARNOT ET DE DUQUESNOY.

Le représentant du peuple Duquesnoy requiert le commandant du second bataillon du 36ᵉ régiment de la ci-devant ligne de faire procéder sur-le-champ, conformément à la loi du 21 février dernier, au remplacement des officiers et sous-officiers de tous grades manquants audit bataillon.

L'adjudant-major est tenu d'opter, en cas de nomination au grade de capitaine.

A Réunion-sur-Oise, le 11 octobre 1793, l'an ɪɪ de la République une et indivisible.

CARNOT, DUQUESNOY.

(Copie, Arch. nat., AF ɪɪ 233.)

89. RÉUNION-SUR-OISE (GUISE), 11 OCTOBRE 1793.

ARRÊTÉ DE CARNOT ET DE DUQUESNOY.

LIBERTÉ.   ÉGALITÉ.

Nous, représentants du peuple envoyés près l'armée du Nord et des
Ardennes, informés qu'au mépris de nos arrêtés et des ordres formels
du général en chef, par lesquels il est défendu, sous peine de destitution, à aucun des officiers des troupes campées de quitter leur corps
et de venir au quartier général sans une permission expresse, les citoyens Verrières, capitaine; Fourlalier, lieutenant; Faye, sous-lieutenant, tous au 4ᵉ bataillon de la Gironde, et Jean-François Pochard,
capitaine des grenadiers du 8ᵉ bataillon de Seine-et-Oise, se sont permis
de séjourner en ville et qu'ils y ont donné aux soldats l'exemple de la
crapule la plus propre à désorganiser les corps militaires, arrêtons que
lesdits citoyens Verrières, Fourlalier, Faye et Pochard sont destitués
de leurs fonctions, qu'ils seront mis en état d'arrestation et conduits
de suite à Arras; chargeons le chef de l'état-major de l'exécution du
présent arrêté. ·

Fait à Réunion-sur-Oise, le 11 octobre 1793.

CARNOT, DUQUESNOY.

(Orig., Arch. de la guerre, armée du Nord. — Copie, Arch. nat., AF II 233.)

---

90. RÉUNION-SUR-OISE (GUISE), 11 OCTOBRE 1793.

ARRÊTÉ DE CARNOT ET DE DUQUESNOY.

AU NOM DE LA RÉPUBLIQUE FRANÇAISE, UNE ET INDIVISIBLE.

Les représentants du peuple envoyés près l'armée du Nord et des
Ardennes, considérant que le citoyen Mangay, chef de bataillon, attaché au parc de l'artillerie, s'est obstinément refusé à l'exécution de la
loi sur l'avancement, malgré les ordres positifs du général en chef et
les arrêtés de nos collègues Elie Lacoste et Peyssard, arrêtons que ledit
citoyen Mangay est destitué de son emploi et qu'il sera mis en état

d'arrestation, pour être traduit à la commission militaire établie à Arras.

A Réunion-sur-Oise, le 11 octobre 1793, l'an II de la République une et indivisible.

Carnot, Duquesnoy.

(Copie avec les signatures de la main de Duquesnoy, Arch. nat., AF II 233.)

---

91. RÉUNION-SUR-OISE (GUISE), 11 OCTOBRE 1793.
ARRÊTÉ DE CARNOT ET DE DUQUESNOY.

Nous, représentants du peuple envoyés près l'armée du Nord et des Ardennes, sur le compte avantageux qui nous a été rendu du civisme et des talents du citoyen Lefay, ancien maréchal des logis au 19ᵉ régiment de cavalerie, et maintenant adjoint à l'état-major, arrêtons que ledit citoyen Lefay jouira provisoirement, à compter de ce jour, du grade et des appointements de lieutenant de cavalerie.

Fait à Réunion-sur-Oise, le 11 octobre 1793, l'an II de la République une et indivisible.

Carnot, Duquesnoy.

(Copie, Arch. nat., AF II 233.)

---

92. RÉUNION-SUR-OISE (GUISE), 11 OCTOBRE 1793.
ARRÊTÉ DE CARNOT ET DE DUQUESNOY.

Nous, représentants du peuple envoyés près l'armée du Nord et des Ardennes, requérons le chef de l'état-major Ernouf de faire estimer les deux chevaux du citoyen Bonnot, capitaine destitué, de les faire rembourser au propriétaire et de les retenir pour le service de l'armée, ainsi que les brides et harnais desdits chevaux.

Fait à Réunion-sur-Oise, le 11 octobre 1793, l'an II de la République française une et indivisible.

Carnot, Duquesnoy.

(Copie aut. de Carnot-Feulint, Arch. nat., AF II 233.)

93. Réunion-sur-Oise (Guise), 11 octobre 1793.
Arrêté de Carnot et de Duquesnoy.

Nous, représentants du peuple envoyés près l'armée du Nord, sur
le compte avantageux qui nous a été rendu du civisme et de la capacité du citoyen Massé, ci-devant quartier-maître au 1ᵉʳ bataillon de
Paris, nommons ledit citoyen Massé à la place de commissaire des
guerres et lui enjoignons en conséquence d'exécuter les ordres qui lui
seront donnés par le commissaire ordonnateur en chef de l'armée.

Fait à Réunion-sur-Oise, le 11 octobre 1793, l'an ii de la République une et indivisible.

Carnot, Duquesnoy.

(Copie, Arch. nat., AF ii 233.)

---

94. Réunion-sur-Oise (Guise), 11 octobre 1793.
Arrêté de Carnot et de Duquesnoy.

Au nom de la République, une et indivisible.

Les représentants envoyés près l'armée du Nord, vu l'attestation du
citoyen Rondel, chirurgien aide-major, constatant que le citoyen Farriau, mis en état d'arrestation, est atteint d'infirmités graves, arrêtons
que ledit citoyen Farriau est autorisé à se retirer provisoirement chez
lui sous la garde d'un citoyen, qui répondra de sa personne et qui sera
entretenu à ses frais, jusqu'à ce que ledit citoyen Farriau ait produit
un certificat au comité de surveillance, visé par la Société populaire.
Les officiers municipaux de Réunion-sur-Oise sont chargés de l'exécution du présent arrêté.

Fait et arrêté à Réunion-sur-Oise, le 11 octobre 1793, l'an ii de
la République.

Carnot, Duquesnoy.

(Copie avec les signatures de la main de Duquesnoy, Arch. nat., AF ii 233.)

RÉUNION-SUR-OISE (GUISE), 11 OCTOBRE 1793.
ARRÊTÉ DE DUQUESNOY.

Nous, représentant du peuple près l'armée du Nord, considérant que les ordres précipités donnés par nous au chef de brigade du génie Carnot, de venir sur-le-champ de Saint-Omer à Guise [1], l'a obligé de s'y rendre en poste, lorsqu'il eût pu, sans cette circonstance, rejoindre l'armée avec ses chevaux, qu'il a été obligé de faire suivre à petites journées, arrêtons que ces frais de poste, montant à la somme de cent soixante et quinze livres, lui seront remboursés, en forme d'indemnité, sur les fonds extraordinaires de la guerre.

A Réunion-sur-Oise, le 11 octobre 1793, l'an II de la République française une et indivisible.

DUQUESNOY.

(Copie aut. de Carnot-Feulint, Arch. nat., AF II 233.)

RÉUNION-SUR-OISE (GUISE), 11 OCTOBRE 1793.
LE GÉNÉRAL JOURDAN AU MINISTRE DE LA GUERRE BOUCHOTTE.

Au quartier général à Réunion-sur-Oise, le 11 octobre, l'an II de la République.

LE CITOYEN JOURDAN AU MINISTRE DE LA GUERRE.

D'après la suspension des généraux Béru et Beaurgard [2], je fais remplacer le

[1] Ce document contredit le passage suivant des *Mémoires sur Carnot* (nouv. éd., I, 409) : «Il (Carnot) partit dans la nuit, après avoir envoyé un courrier à Péronne, où résidait son frère Feulint, prévoyant qu'il aurait besoin de lui pour quelque poste de dévouement.» On le voit, Carnot-Feulint résidait alors à Saint-Omer, d'où il vint rejoindre en poste son frère à Guise, et non pas à Péronne.

[2] Le général Victor Beaurgard, suspendu de ses fonctions, écrivit la lettre suivante à Bouchotte (Orig. aut., Arch. adm. de la guerre, dossier Beaurgard) :

«Laon, le 15 octobre, l'an II de la République une et indivisible.

«Le citoyen Victor Beaurgard au citoyen ministre de la guerre.

«Citoyen ministre,

«J'ai reçu votre lettre qui m'annonce que le Conseil exécutif provisoire me suspend de mes fonctions de général de brigade; je m'y suis conformé sur-le-champ, avec la douleur de voir mes camarades voler au combat, verser leur sang pour notre mère patrie! et moi rester dans l'inaction... Pour un républicain, cette situa-

premier par le général de division Souham, commandant à Dunkerque[1], et le second par le général de brigade Lemaire. C'est le meilleur choix que j'ai pu faire

tion est affreuse... et surtout dans le moment où la République a plus que jamais besoin de ses défenseurs.

«Les ennemis de la chose publique n'ont point manqué de me trouver des torts; vrais ou faux, il m'en fallait; j'étais pour eux un homme dangereux et trop clairvoyant et avec qui mon républicanisme sévère ne pouvait s'accorder. C'est un crime à leurs yeux que d'être sans-culotte et de déjouer leur trame aristocratique; donc il fallait s'en défaire à quelque prix que ce soit et ils ont réussi.

«Pour arriver à ce but, ils ne pouvaient crier à la trahison, mes principes sont trop connus. Ils ne pouvaient attaquer mes dispositions militaires, puisqu'elles avaient été approuvées par tous les généraux et les représentants du peuple. Ils ne pouvaient attaquer ma bravoure, j'étais tous les jours à la tête de mes patrouilles. Il fallait donc rapporter des faits qui, pris dans un sens contraire, aient pu induire en erreur et le Comité de salut public et le Conseil exécutif.

«La voix publique m'a appris que les motifs de ma suspension étaient d'avoir fait tirer le canon le jour que j'ai été parrain d'un enfant sans-culotte.

«Le fait est que je reçus une lettre de Dunkerque qui m'apprit la victoire que nous venions de remporter sur les Anglais; j'en donnai à l'instant lecture à la société républicaine, qui fit illuminer et moi tirer cinq coups de canon.

«Autre fait, que deux obusiers, une pièce de canon, que l'ennemi nous a pris, en était la seconde cause. Daignez, citoyen ministre, mander à la société populaire de la Réunion-sur-Oise, qui est le coupable; je l'ai dénoncé moi-même le coupable, et le comité de surveillance a demandé provisoirement sa suspension.

«Eh bien, je vais vous dire, citoyen ministre, ce qui m'a suggéré des ennemis : c'est d'avoir empêché les Autrichiens d'entrer dans les villes de ci-devant Guise et de Vervins, appartenant autrefois au monstre de Condé et où il est encore désiré par la plupart de ses habitants; d'avoir fait mettre en état d'arrestation trente ci-devant et personnes suspectes; d'avoir fait changer le nom de Guise et substituer celui de Réunion-sur-Oise; d'avoir rétabli la société populaire que l'aristocratie dominante avait dissoute. Tous ces faits sont de grands crimes, au moins aux yeux des ennemis de la Révolution, mais c'est un devoir aux yeux d'un vrai sans-culotte, et je dispute ce titre au premier de Paris. Daignez, citoyen ministre, prendre des informations sur mon compte, et vous y verrez la vérité des faits que j'avance.

«On m'a cependant suspendu, sans m'entendre, et l'on me prive de verser mon sang pour ma patrie, en purgeant la terre de la liberté de la horde de brigands qui la souille.

«Vous m'offrez, citoyen ministre, de mettre sous les yeux de la Convention le mémoire de mes services. Quoique j'en aie assez pour obtenir une pension aux termes de la loi, je n'en veux point; je suis sans fortune, mais je sais travailler et ne suis point républicain par intérêt. Si le hasard avait voulu que j'eusse été estropié, alors j'aurais eu recours aux bienfaits de ma patrie; mais, malgré deux coups de sabre et deux coups de feu, je suis libre; puisque je puis travailler, je ne veux point employer les fonds de la République que je ne sois hors d'état de pourvoir à ma subsistance.

«Je me retire à Soissons pour me conformer aux dispositions de la loi. Si la vérité est reconnue et que la République ait besoin de mon bras, là je recevrai vos ordres et quitterai mon travail pour offrir à ma patrie le reste de sang qui coule dans mes veines.

«*Le républicain,*

«V. Beaurgard.»

[1] Le même jour, 11 octobre, Jourdan écrivit à Souham (Arch. de la guerre, reg

en ce moment. Je fais remplacer Souham à Dunkerque par le général Vandamme, qui est celui qui peut rendre les meilleurs services dans ce pays.

Toutes mes troupes sont réunies; j'ai ordonné un mouvement ce matin [1]. L'avant-garde, commandée par le général Fromentin, se porte à Avesnes. Il lui est ordoné de s'emparer des bois qui sont en avant de cette place, que l'on nomme haies d'Avesnes; il s'y retranchera fortement et n'évacuera les postes de la forêt de Nouvion que lorsqu'ils seront relevés par la division du général Duquesnoy. Je vous ferai part, jour par jour, de la situation de l'armée.

Je mettrai en usage, suivant les circonstances, les moyens que vous m'indiquez pour frapper, étonner nos ennemis et les mettre en déroute. Soyez persuadé que je n'en négligerai aucun. Si nous avons le bonheur, comme je l'espère, de passer sur leur territoire, je ferai l'impossible pour détruire toutes leurs ressources. Comme mon projet d'attaque dépend beaucoup de la situation que prendra l'ennemi, d'après les différents mouvements que je fais aujourd'hui et que je ferai demain, je ne puis vous en donner aujourd'hui le détail. On m'a amené aujourd'hui un homme qui doit se jeter dans Maubeuge et avertir le général du secours qui lui arrive. Je désire bien qu'il puisse réussir [2].

JOURDAN.

(Orig., Arch. de la guerre, armée du Nord.)

------

de corr. de Jourdan, p. 38) : «Vous devez être maintenant assuré, mon cher Souham, que l'ennemi ne pense pas vous attaquer dans votre camp. J'en suis aussi persuadé que votre zèle et votre désir de les bien frotter, s'ils s'y présentaient; mais comme j'aurais peur qu'ils vous y laissassent trop longtemps tranquille et qu'ils ne fournissent pas à votre valeur et talents l'occasion de s'exercer, je vous envoie ci-joint un ordre pour prendre le commandement de la division de Lille. Vous remettrez au général Béru la lettre que je vous envoie ci-jointe. Ne perdez pas un seul instant pour vous y rendre. Vous remettrez le commandement de Dunkerque et du camp retranché au général Vandamme.» — Le 14 octobre, Souham annonça son arrivée au camp de la Madeleine, tout en déclarant qu'il aurait été aussi utile à Dunkerque qu'au camp, et il demanda le général Hoche pour le seconder. «Ma confiance en ses lumières et en sa capacité, disait-il, vous répond de la sûreté et du salut de ce poste.» (Copie, Arch. de la guerre, armée du Nord.)

[1] On trouve dans le registre du général Jourdan (Arch. de la guerre, 1a/44, p. 34 et 35) les ordres suivants donnés par lui le 10 octobre 1793 : 1° Ordre au général Fromentin de partir le lendemain matin 11 avec sa division pour se rendre à Avesnes et s'emparer des haies d'Avesnes, où il se retranchera très fortement. — 2° Ordre au général Duquesnoy de partir le 11 avec sa division pour se rendre à Etrœungt, entre la Capelle et Avesnes, pour y camper dans la position du général Fromentin et faire relever toutes les troupes de ce dernier qui occupent la forêt de Nouvion. — 3° Ordre au général commandant à Avesnes de recevoir les huit mille hommes du général Fromentin.

[2] Le 13 octobre Bouchotte répondit en ces termes à Jourdan (minute, Arch. de la guerre, armée du Nord) :

«Le 22 du 1ᵉʳ mois 1793.

«Le ministre de la guerre
au général en chef Jourdan.

«Je reçois votre lettre du 20, qui m'au-

19.

PARIS, 11 OCTOBRE 1793.

LE MINISTRE DE LA GUERRE BOUCHOTTE AU COMITÉ DE SALUT PUBLIC.

Analyse. — Deux lettres : 1° Il fait passer copie des ordres expédiés par lui pour la destitution du général Kellermann [1]. (Analyse, Arch. de la guerre, corr. gén.) — 2° Il envoie copie d'une lettre «du citoyen Cravey, commandant temporaire de la Teste-de-Buch, qui m'annonce avoir congédié la garde bordelaise qui faisait le service de la place et de la batterie de la Roquette et avait le projet de s'emparer de ce poste pour les Muscadins [2].» (Orig., Arch. de la guerre, corr. gén.)

11 OCTOBRE 1793.

LES GÉNÉRAUX KELLERMANN ET GUILLAUME AU COMITÉ DE SALUT PUBLIC.

Analyse. — 1° Le général Kellermann écrit de Termignon que les ennemis ont abandonné la Maurienne et complètement évacué le département du Mont-Blanc. — 2° Le général Guillaume écrit de la maison d'arrêt de la Force à Paris pour se plaindre de son arrestation et demande à se justifier. (Analyse, Arch. de la guerre, corr. gén.)

nonce que les généraux Souham et Lemaire remplacent Béru et Beaurgard. Lavalette me mande de Lille le 19 — j'ignore si ses espions sont bons — qu'à l'instant où on a détaché un corps de 12,000 hommes pour vous renforcer, Beaulieu est parti avec ses Autrichiens pour se porter du même côté. Ils en veulent beaucoup à Pont-à-Marcq. Au reste ils sont assez dans l'usage de masquer leur faiblesse par quelques petites attaques.

«J'espère que l'homme que l'on vous a amené aura pu se jeter dans Maubeuge et avertir le général du secours qui lui arrive. Le commandant d'Avesnes écrivait à quelqu'un du 7 que les troupes de la garnison et du camp, attaquées trois fois en trois jours, avaient toujours repoussé l'ennemi et que le corps des dragons de Cobourg est totalement détruit.

«Le général Élie, qui commande à Givet, paraît un homme de tête en état de vous bien seconder par sa diversion. J'attends ce soir le courrier que je vous ai envoyé avant-hier. Celui que je vous dépêche m'apportera les nouvelles de la suite de vos opérations; faites en sorte qu'il y ait beaucoup d'accord et d'ensemble dans les mouvements. Le temps est favorable, les troupes sont bien disposées et il ne dépendra pas de vous que tout aille au mieux.»

[1] Le 12 octobre Bouchotte écrivit une lettre analogue au président de la Convention. (Orig., Arch. de la guerre, armée des Alpes.) Cette lettre fut envoyée au Comité de salut public le même jour.

[2] Le même jour Bouchotte fit envoyer à tous les commandants de place une circulaire imprimée pour leur demander la situation exacte de tous les corps de troupe existant dans les places. (Orig., Arch. de la guerre, corr. gén.)

RÉUNION-SUR-OISE (GUISE), 12 OCTOBRE 1793.

DUQUESNOY AU COMITÉ DE SALUT PUBLIC.

A Réunion-sur-Oise, le 12 octobre 1793, l'an 11 de la République française une et indivisible.

LE REPRÉSENTANT DU PEUPLE DUQUESNOY
À SES COLLÈGUES COMPOSANT LE COMITÉ DE SALUT PUBLIC.

Citoyens mes collègues, je vous adresse copie d'arrêtés que nous avons pris hier. Nous partons aujourd'hui d'ici avec les deux dernières colonnes pour aller au secours de Maubeuge.

J'ai fait hier arrêter un de vos envoyés. Impertinent à outrance, il m'a manqué de la manière la plus grossière et tendant à avilir la représentation nationale en disant qu'il n'avait pas de comptes à rendre à Carnot ni à moi et mille propos de cette espèce. Nous l'allons destituer et Carnot vous rendra compte à son retour de ce petit insolent qui doit coûter cher à la République et qui a tenu des propos aux généraux qui ne tendent qu'à les décourager.

Salut et fraternité.

DUQUESNOY.

(Orig. aut., Arch. nat., AF 11 233.)

PARIS, 12 OCTOBRE 1793.

LE COMITÉ DE SALUT PUBLIC AU MINISTRE DE LA GUERRE BOUCHOTTE.

Paris, le 21 du premier mois de l'an 11 de la République française.

LES REPRÉSENTANTS DU PEUPLE MEMBRES DU COMITÉ DE SALUT PUBLIC
AU MINISTRE DE LA GUERRE.

Le Comité vous envoie, citoyen ministre, une pièce que lui a adressée le citoyen Ferry [1], député à la Convention nationale, concernant des plaintes portées par les officiers du 3ᵉ bataillon de la Haute Saône contre le citoyen Girardot [2], ci-devant lieutenant-colonel de ce bataillon et aujourd'hui général de bri-

---

[1] Claude-Joseph Ferry, né à Raon-l'Étape (Vosges) le 19 novembre 1757, professeur à l'École du génie de Mézières, député des Ardennes à la Convention, mort à Liancourt (Oise) le 1ᵉʳ mai 1845.

[2] Jean-François Girardot, né à Fon-taine (Haute-Saône) le 18 septembre 1754, entré dans les gendarmes le 13 juillet 1770, congédié le 16 août 1772, lieutenant-colonel en 2ᵉ du 3ᵉ bataillon de la Haute-Saône le 21 octobre 1791, et en 1ᵉʳ en mai 1793, général de brigade le 30 juillet

gade [1]. Le Comité vous invite à examiner cette dénonciation et à l'informer de la décision que vous aurez prise.

Les membres du Comité de salut public chargés de la correspondance.

(Minute, Arch. nat., AF ii 238.)

CAMBRAI, 12 OCTOBRE 1793.
LE GÉNÉRAL CHAPUY AU COMITÉ DE SALUT PUBLIC.

Analyse. — Le Conseil de guerre assemblé le 11 octobre à Cambrai a, d'après la considération de l'éloignement de nos armées et du voisinage de l'ennemi, arrêté de commencer aujourd'hui à étendre l'inondation jusqu'au moulin du Plat.

(Orig., Archives de la guerre, armée du Nord.)

---

95. AVESNES, 13 OCTOBRE 1793.
ARRÊTÉ DE CARNOT ET DE DUQUESNOY.

LIBERTÉ.   ÉGALITÉ.

Les représentants du peuple près l'armée du Nord, sur les rapports qui leur ont été faits du civisme et des talents militaires du citoyen Soland [2], lieutenant-colonel du 6ᵉ régiment de cavalerie, et sur la

---

1793, suspendu le 24 août 1793, remis en activité le 25 prairial an iii (13 juin 1795), réformé le 24 germinal an iv (13 avril 1796), autorisé à prendre sa retraite le 29 prairial an iv (17 juin 1796), employé à l'armée du Nord le 15 août 1809, disponible par la dissolution de l'armée de Brabant en avril 1810, retraité le 7 septembre 1811, mort à Fontaine (Haute-Saône) le 12 août 1819.

[1] La lettre du représentant Ferry, datée de Paris, le 28 septembre 1793, ne désigne pas la nature des plaintes portées contre le général Girardot par les officiers de son ancien bataillon.

[2] Guillaume Soland, né à Meyzieu (Isère) le 21 juillet 1747, fils d'un notaire, dragon dans les volontaires du Dauphiné le 15 mars 1762, incorporé dans la légion de Flandre en 1763, brigadier en avril 1771, maréchal des logis en septembre 1773, entré dans la marine en septembre 1777, commissaire de la marine à Ingrande le 2 juin 1782, commissaire en chef du département de la marine pour les classes à Angers le 4 mai 1783, commandant des gardes

demande du général en chef, le nomment général de brigade pour commander la cavalerie.

A Avesnes, le 13 octobre 1793, l'an 2ᵉ de la République française une et indivisible.

CARNOT, DUQUESNOY.

(Orig. aut. de Duquesnoy, Arch. nat., AF ıı 304, dossier de vendémiaire an ıı.)

———

PARIS. 13 OCTOBRE 1793.

LE MINISTRE DE LA GUERRE BOUCHOTTE AU COMITÉ DE SALUT PUBLIC.

Paris. 2ᵉ de la 3ᵉ décade du 1ᵉʳ mois, l'an ıı de la République française.

LE MINISTRE DE LA GUERRE
AUX REPRÉSENTANTS DU PEUPLE COMPOSANT LE COMITÉ DE SALUT PUBLIC.

J'ai reçu, citoyens représentants, votre lettre d'hier et les pièces ci-jointes qui vous ont été adressées par les administrateurs de l'Aisne relativement à l'attaque qui devait se faire le 13 septembre contre les avant-postes ennemis par les généraux Parant et Beaurgard. J'avais déjà reçu de mon côté ces différentes pièces aussitôt après l'affaire, et j'ai vérifié alors que l'espèce d'inculpation que Beaurgard paraissait diriger contre Parant n'était nullement fondée, et que celui-ci, bon et ancien soldat, avait fait militairement tout ce qu'il pouvait faire et qu'il ne pouvait pas opérer sa jonction à dix heures du matin avec un corps éloigné de huit lieues de son bivouac, obligé d'ailleurs de fouiller plusieurs bois dans la marche. L'inexécution du projet est venue de ce qu'il n'avait pas été combiné par un chef commun aux deux généraux de brigade, et, pour remédier à cet inconvénient, le Conseil exécutif a chargé un général de division de lier toutes les opérations de défensive de la seconde ligne sur la Somme et l'Oise, sous les ordres du général en chef de l'armée du Nord.

A l'égard des 5,000 hommes de réquisition des districts de Château-Thierry, Soissons et Chauny, pour lesquels les administrateurs de l'Aisne avaient demandé à faire compléter l'équipement et l'armement, il y a été pourvu autant que les

nationales d'Angers en 1789, réprime une sédition le 6 septembre 1790 et est blessé d'un coup de feu, commandant de la force armée du département de la Mayenne, lieutenant-colonel au 6ᵉ de cavalerie le 1ᵉʳ novembre 1792, général de brigade provisoire à l'armée du Nord par arrêté de Carnot et de Duquesnoy le 13 octobre 1793, confirmé le 25 nivôse an ıı (14 janvier 1794), mort à l'abbaye de Brauweiller, près de Cologne (Allemagne), le 25 brumaire an ııı (15 novembre 1794). — Cf. Arch. nat., AF ıı 304, dossier de vendémiaire an ıı.

moyens ont pu le permettre, et on a formé de cette jeunesse un camp de réserve et d'instruction à la Réunion-sur-Oise, où j'ai fait diriger successivement des envois d'armes.

J. BOUCHOTTE.

(Orig., Arch. de la guerre, armée du Nord.)

PARIS, 13 OCTOBRE 1793.

LE MINISTRE DE LA GUERRE BOUCHOTTE AU COMITÉ DE SALUT PUBLIC.

Analyse. — Annonce de l'arrivée du général Schauenburg dans la prison de l'Abbaye.

(Orig., Arch. de la guerre, corr. générale.)

PARIS, 13 OCTOBRE 1793.

LE GÉNÉRAL RONSIN AU COMITÉ DE SALUT PUBLIC.

Analyse. — Il demande pour chaque compagnie de l'armée révolutionnaire quatre sapeurs et quatre ouvriers.

(Analyse, Arch. de la guerre, corr. générale.)

PARIS, 13 OCTOBRE 1793.

LE GÉNÉRAL DE BRIGADE PROVISOIRE PAUL GUILLAUME
AU COMITÉ DE SALUT PUBLIC.

Analyse. — Détenu à la maison d'arrêt de la Force, il expose les faits qui se sont passés, le 14 septembre 1793, au combat de Pirmasens, dont on lui attribue la mauvaise issue. Le mouvement de la colonne de droite, qui formait l'avant-garde sous son commandement, n'a eu lieu que sur un ordre apporté par un aide de camp et conjointement avec les représentants. Il attribue le revers au mouvement exécuté par la colonne de gauche et affirme que, sans la résistance qu'il a opposée à l'ennemi à la tête de quatre compagnies de volontaires commandées par le chef de bataillon Guillot, l'artillerie et l'ambulance de l'armée auraient été prises. Il réclame donc justice. «Comme les suites de la blessure que j'ai reçue à cette journée m'occasionnent de vives douleurs, je demande, en attendant la cour martiale que je sollicite, qu'il me soit assigné un lieu plus commode pour les soigner [1]. » — Un plan manuscrit du combat de Pirmasens est joint à la lettre.

(Orig., Arch. de la guerre, armée de la Moselle, classée au 14 septembre 1793.)

AVESNES, 13 OCTOBRE 1793.

LE GÉNÉRAL JOURDAN AU MINISTRE DE LA GUERRE BOUCHOTTE.

Au quartier général à Avesnes, le 13 octobre 1793.

LE CITOYEN JOURDAN AU MINISTRE DE LA GUERRE.

Citoyen,

Je désire bien pouvoir vous annoncer sous peu d'aussi heureux événements que ceux dont vous me faites part dans votre dernière [2], dont je fais part aujourd'hui à toute l'armée en la faisant insérer à l'ordre [3]. Elle ne peut que rehausser son courage et faire le meilleur effet à la veille de l'attaque que je médite et qui doit avoir lieu après-demain. Les divisions des généraux Balland et Lemaire arrivent aujourd'hui et campent à la droite et à la gauche d'Avesnes. Mon avant-garde pousse ses postes avancés à l'extrémité de la haie d'Avesnes. Le général Duquesnoy se porte à la droite du chemin de Maubeuge, parallèlement à l'avant-garde; la division des Ardennes à Liessies. Le reste de l'armée suivra de près le mouvement et je compte faire après-demain une attaque générale. Suivant tous les rapports, les forces ennemies se montent à 64,000 hommes d'infanterie et à 25,000 de cavalerie. Je compte sur le courage et l'énergie des républicains que je commande : un doit en valoir deux. Je vais tâcher de profiter de toutes les dispositions que le terrain pourra me rendre avantageuses pour tomber à l'imprévu et avec l'audace la plus décidée sur cette horde d'esclaves, qui n'est encouragée que par le peu de résistance qu'on a opposé jusqu'à présent à leurs efforts et à la perfidie des chefs.

Je pars pour faire ma reconnaissance générale. Je n'ai que le temps de vous dire que ma patrie sera triomphante ou je périrai en la défendant.

Salut et fraternité.

JOURDAN.

(Orig., Arch. de la guerre, armée du Nord.)

---

[1] Les représentants près l'armée de la Moselle, Richard, Ehrmann et Soubrany, écrivirent de Sarrebruck, le 28 vendémiaire an II (19 octobre 1793), au Comité de salut public pour justifier le général Guillaume de l'accusation portée contre lui à l'occasion du combat de Pirmasens. (Orig., Arch. de la guerre, armée de la Moselle.)

[2] Cf. lettre de Bouchotte à Jourdan à la date du 11 octobre, p. 283.

[3] Cf. l'ordre du jour de Jourdan, du 14 octobre, p. 300,

SARREBOURG, 13 OCTOBRE 1793.

L'ADJUDANT GÉNÉRAL DEMONT [1] AU COMITÉ DE SALUT PUBLIC.

Analyse. — Il mande que les ennemis ont attaqué l'armée du Rhin sur tous les points et que, malgré les mesures de surveillance prescrites par le général en chef, quelques postes ont été surpris à la faveur d'un brouillard épais. La prise de la principale batterie établie en avant de Schaidt a mis un tel désordre dans les troupes qu'on n'a pu les rallier qu'au delà des lignes de la Lauter, d'où le général en chef a ordonné la retraite sur Sarrebourg. L'armée prendra le lendemain sa position sur les hauteurs entre Bouxwiller et Ingwiller. «Je ne puis vous dissimuler, citoyens représentants, qu'il existe dans l'armée quelques génies malfaisants qui alimentent le désordre et le découragement, et c'est en partie à l'esprit d'épouvante qu'ils sèment autour d'eux que nous devons attribuer nos revers [2].»

(Orig., Arch. adm. de la guerre, dossier Demont.)

PARIS, 14 OCTOBRE 1793.

LE MINISTRE DE LA GUERRE BOUCHOTTE AU COMITÉ DE SALUT PUBLIC.

Analyse. — Il signale l'existence à Versailles d'un escadron de Seine-et-Oise parfaitement organisé et il propose de l'attacher à l'armée révolutionnaire de Paris.

(Analyse, Arch. de la guerre, corr. générale.)

---

[1] On lit en tête cette note autographe de Bouchotte : «L'on est convenu au Salut public de suspendre Demont, qui apparemment est adjudant général provisoire. — Suspendre Demont.»

[2] Joseph-Laurent Demont, né à Sartrouville (Seine-et-Oise) le 29 septembre 1747, fils d'un suisse de la garde du roi, soldat dans le régiment suisse Vigier le 1er janvier 1764, sous-lieutenant le 12 novembre 1768, lieutenant le 3 juin 1781, sous-aide major le 28 février 1782, aide-major le 26 mai 1782, capitaine le 12 juin 1785, licencié avec le corps des Suisses le 3 septembre 1792, adjoint aux adjudants généraux à l'armée du Rhin en 1793, adjudant général chef de bataillon le 20 mai 1793, suspendu de ses fonctions le 30 vendémiaire an II (21 octobre 1793), réintégré dans son grade le 30 thermidor an II (17 août 1794), adjudant général chef de brigade à l'armée du Rhin le 24 germinal an IV (13 avril 1796), général de brigade le 17 pluviôse an VII (5 février 1799), membre de la Légion d'honneur le 11 décembre 1803, commandant le 14 juin 1804, général de division le 21 décembre 1805, sénateur le 20 mai 1806, retraité le 21 mai 1807, comte de l'Empire le 26 avril 1808, pair de France le 4 juin 1814, pair héréditaire le 2 mai 1826, mort à Paris le 8 mai 1826.

96. AVESNES, 14 OCTOBRE 1793.

CARNOT ET DUQUESNOY AU COMITÉ DE SALUT PUBLIC.

Avesnes, le 4 [3ᵉ] jour de la 3ᵉ décade
du 1ᵉʳ mois de l'an ii de la République une et indivisible [1].

Nous avons employé, chers collègues, la journée d'hier et celle d'aujourd'hui à reconnaître la position des ennemis et à réunir le reste de nos forces. Les armées sont en présence, les postes avancés se sont tiraillés toute la journée et il y a eu de part et d'autre quelques hommes tués et quelques prisonniers. Nos troupes sont aussi impatientes de marcher que nous de les mener à la victoire; demain elles seront satisfaites. Aujourd'hui nous occupons la forêt qu'on nomme la haie d'Avesnes; nous espérons pousser demain jusqu'à mi-chemin de Maubeuge et après-demain faire lever le blocus de cette place. Elle doit être prévenue maintenant par nos émissaires secrets que nous allons à son secours, et nous avons entendu ronfler son canon toute la journée. L'ennemi, qui grossit toujours ses forces, annonce qu'il a cent quinze mille hommes, mais nous ne croyons pas qu'il soit beaucoup plus fort que nous qui en avons cinquante mille effectifs, indépendamment des dix-sept mille qui sont à Maubeuge. Notre position est plus avantageuse que la sienne et, dans deux ou trois jours au plus, nous espérons avoir de grandes et heureuses nouvelles à vous annoncer. Celles qui ont été proclamées de votre part à l'armée ont enflé son courage, le général Jourdan a sa confiance et la nôtre. Malheureusement, parmi les autres chefs, il y a, à quelques exceptions près, plus de bonne volonté que de moyens, mais croyez que ça ira.

Salut et fraternité.

CARNOT, DUQUESNOY.

(Orig. aut. de Carnot, Arch. nat., AF ii 239, n° 242.)

[1] Bien que cette lettre soit datée en réalité du 15 octobre, elle a dû être écrite le 14, en raison des détails qu'elle renferme. En effet, les représentants y mentionnent la rencontre des avant-gardes des armées française et autrichienne qui eut lieu le 14 octobre. Il y a donc dans le chiffre de la date un *lapsus calami*, et il faut lire 3ᵉ jour, et non 4ᵉ jour de la 3ᵉ décade du 1ᵉʳ mois de l'an ii.

97. AVESNES, 14 OCTOBRE 1793. — ARRÊTÉ DE CARNOT.

Le représentant du peuple arrête que la compagnie de canonniers du 7ᵉ bataillon du Jura sera formée sans aucun délai conformément à la loi; charge le général Ernouf, chef de l'état-major de l'armée, de surveiller l'exécution du présent arrêté.

A Avesnes, le 14 octobre 1793.

CARNOT.

(Orig. aut., Arch. de la guerre, armée du Nord.)

AVESNES, 14 OCTOBRE 1793.
ORDRE DU JOUR DU GÉNÉRAL EN CHEF JOURDAN.

D'après les heureuses nouvelles que nous recevons de la prospérité des armes de la République [1], il ne nous reste plus qu'une tâche à remplir : celle de vaincre nos ennemis dans la partie du Nord. Que la lecture de la proclamation du Comité de salut public enflamme vos courages! L'armée du Nord serait-elle donc la seule qui ne se signalerait pas? Des républicains ne doivent-ils pas être invincibles? La patrie attend tout de vous dans les circontances où nous sommes. Songez à la gloire dont seront couverts les libérateurs de la République!

Il est enjoint à tous les commandants de corps de faire donner lecture du présent ordre dans toutes les compagnies.

(Arch. de la guerre, reg. d'ordre de Jourdan, fol. 100 v°.)

AVESNES, 14 OCTOBRE 1793.
ORDRE DU GÉNÉRAL JOURDAN AU GÉNÉRAL DUQUESNOY.

Il est ordonné au général Duquesnoy de réunir toute sa division demain matin à six heures. Il partira à sept heures et se dirigera sur Wattignies. Il débusquera l'ennemi du bois du Prince et s'en emparera jusqu'à Clarge. Il s'emparera pareillement du petit bois qui est à la droite du bois du Prince. Le général Duquesnoy

[1] Cf. lettres du Comité de salut public à l'armée du Nord et de Bouchotte à Jourdan à la date du 11 octobre, p. 283. Jourdan les mit à l'ordre du jour de l'armée le 14 octobre, en les faisant suivre des considérations publiées ici.

est prévenu que la division du général Beauregard se portera en même temps sur Eccles pour flanquer sa droite. Il est prévenu qu'il pourra donner des ordres au général Beauregard suivant les circontances. Le général en chef se tiendra sur la grand'route de Maubeuge près de Semousies. Il instruira du résultat de son attaque. Il fera distribuer l'eau-de-vie à sa division et réunira tous ses équipages derrière le camp qu'il occupe dans ce moment.

Le 14 octobre 1793, 2ᵉ de la République française [1].

JOURDAN.

(Arch. de la guerre, reg. de corr. de Jourdan, $\frac{1\,a}{44}$, p. 52.)

[1] Le même jour, 14 octobre 1793, le général Jourdan donna les ordres suivants qui sont incrits sur son registre de correspondance :

1° *Au général Fromentin.* Il lui recommande la plus grande surveillance : «Que votre troupe se repose le jour et veille la nuit.» Il faut faire exécuter des reconnaissances à pied et à cheval. — 2° *Au représentant Isoré, à Lille.* Il insiste sur la nécessité de faire une diversion vigoureuse de son côté et de s'entendre à ce sujet avec le général D'Avaine. «Il y a déjà quelques jours que j'ai envoyé un courrier au général D'Avaine, commandant à Cassel, pour l'engager à faire un rassemblement de troupes en se concertant avec les généraux qui commandent à Lille et avec les représentants du peuple. Je lui ai représenté que l'ennemi jetait toutes ses forces sur Maubeuge et qu'il pourrait faire des attaques heureuses sur Menin, Ypres et autres lieux. Je ne sais trop pourquoi il ne vous en a pas déjà référé, ainsi qu'aux généraux de la division de Lille. Cependant ce mouvement contribuerait beaucoup à mes succès dans les environs de Maubeuge, où je vais rencontrer presque toutes les forces de l'ennemi. Je ne puis mieux m'adresser qu'à vous pour vous prier de vous concerter avec les généraux de la division de Lille et le général D'Avaine, commandant à Cassel.» — 3° *Au général Beauregard.* Ordre de se mettre en marche de manière à être rendu à six heures du matin à Solre-le-Château, d'où il repartira à sept heures pour se diriger sur Eccles et s'emparer des bois. — 4° *Au général commandant les troupes de Philippeville* (Élie). Ordre de se porter sur Beaumont pour y former une fausse attaque, sans cependant compromettre ses troupes. — 5° *Au général Belair.* Il se portera sur Étreux pour s'emparer de la forêt d'Arrouaise. — 6° *Au général Cordellier.* Il se portera sur Dompierre et se réunira à la division du général Fromentin, sous les ordres duquel il se trouvait. — 7° *Au commandant de la place de Landrecies.* Il fera partir 800 hommes de sa garnison pour Maroilles. — 8° *Au général Balland.* Il portera une demi-brigade sur la grand'route d'Avesnes à Maubeuge, à la sortie des haies d'Avesnes, pour y relever les troupes du général Cordellier. — 9° *Au général Fromentin.* Il réunira, le 15 au matin, sa division à celle du général Cordellier et cherchera à tourner l'ennemi qui est dans les bois de Saint-Aubin. «Le général Fromentin est prévenu qu'il ne doit faire déboucher ses troupes hors de la haie d'Avesnes que lorsqu'il entendra commencer l'attaque sur sa droite. Il est pareillement prévenu que le général en chef se tiendra sur la grand'-route de Maubeuge, près de Semousies.» Soland est nommé général de brigade et le rejoindra pour prendre le commandement de la cavalerie.

14 OCTOBRE 1793.

LES GÉNÉRAUX DRUT ET PETITGUILLAUME AU COMITÉ DE SALUT PUBLIC.

Analyse. — 1° Le général Drut [1], commandant à Douai, demande les munitions, grains et fourrages nécessaires à l'approvisionnement de cette place, et des hommes en remplacement de ceux qu'il a fournis pour la cavalerie. Il mande que les hussards du 6ᵉ régiment et les cavaliers du 19ᵉ régiment se disputent des chevaux qu'ils ont pris sur l'ennemi, et il réclame l'intervention du Comité. « Il faut engager nos frères à prendre le plus de chevaux possible et faire pour tous un mode de loi dont chacun puisse être content. » (Orig., Arch. de la guerre, armée du Nord.) — 2° Le général Petitguillaume [2] écrit de Lyon pour exprimer les regrets laissés dans l'armée par les représentants Dubois-Crancé et Gauthier [3]. (Analyse, Arch. de la guerre, corr. gén.)

[1] André Drut, né à Lyon (Rhône) le 27 août 1764, volontaire au régiment d'infanterie de Brie le 8 juin 1781, fourrier le 6 septembre 1786, sergent-major le 1ᵉʳ janvier 1791, adjudant au 1ᵉʳ bataillon de l'Aisne le 8 octobre 1791, adjudant-major le 28 mai 1792, chef de bataillon le 19 avril 1793, général de brigade à l'armée du Nord le 30 juillet 1793 et de division le 3 septembre suivant, suspendu le 10 octobre 1794, réintégré et employé comme général de brigade à l'armée des Côtes de Brest le 24 novembre 1794, autorisé à prendre sa retraite le 29 août 1795, remis en activité le 26 avril 1796, admis au traitement de réforme le 22 septembre 1796, commandant d'armes à Lille le 23 février 1798, employé à l'armée d'Italie le 11 mars 1800, réformé le 27 avril 1801, commandant d'armes à Porto-Ferrajo le 27 août 1803, membre de la Légion d'honneur le 11 décembre 1803 et officier le 18 juin 1804, baron en 1808, commandant de la place du Helder le 9 décembre 1811, retraité le 20 avril 1816, mort à Lyon le 4 février 1818.

[2] Pierre Petitguillaume, né à Équevilley (Haute-Saône) le 26 septembre 1734, engagé au régiment d'infanterie de Lorraine le 1ᵉʳ janvier 1748, congédié le 15 mai 1755, engagé au régiment de cavalerie de Marcieu le 25 janvier 1756, incorporé avec son régiment dans Royal-Pologne le 1ᵉʳ janvier 1762, maréchal-des-logis le 6 mars 1764, adjudant le 16 juin 1776, porte-étendard le 8 avril 1779, lieutenant en second le 1ᵉʳ mai 1787, chevalier de Saint-Louis le 2 juin 1790, lieutenant en premier le 1ᵉʳ avril 1791, capitaine le 20 août 1792, lieutenant-colonel le 30 avril 1793, général de brigade provisoire à l'armée des Alpes le 20 juin 1793, confirmé le 14 octobre 1793, commandant en chef par intérim l'armée des Alpes du 7 juillet au 30 novembre 1794, général de division le 13 juin 1795, réformé le 9 janvier 1800, chef de la 5ᵉ demi-brigade des Vétérans le 29 mars 1801, retraité le 20 juin 1801, mort à Vesoul (Haute-Saône) le 29 mai 1805. Le général Petitguillaume avait fait les campagnes d'Allemagne de 1757 à 1759.

[3] Le général Petitguillaume conserva toujours des sentiments de profonde reconnaissance à l'égard de Dubois-Crancé. En effet, le 28 pluviôse an III (16 février 1794) il écrivit à celui-ci en lui envoyant ses états de service : « Vous m'avez toujours servi de père, je ne crois avoir démérité ; celui qui se dit votre fils... » (Orig. aut., Arch. adm. de la guerre, dossier Petitguillaume.)

PARIS, 15 OCTOBRE 1793.

LE MINISTRE DE LA GUERRE BOUCHOTTE AU COMITÉ DE SALUT PUBLIC.

Analyse. — Il a lu les pièces adressées au Comité par la commune de Thionville. «J'ai vu l'animosité que les membres de cette commune ont contre le citoyen Pâris, dont la présence, disent-ils, a mis le trouble dans la ville. Qu'ils soient satisfaits : Pâris n'est plus parmi eux; il est passé à l'armée révolutionnaire, parce qu'il l'est. On voit clairement que ce sont les feuillants de la ville qui ont signé cette adresse contre lui, et la preuve de leur anti-popularité est qu'ils redemandent pour commandant Saint-Hillier [1], qui passe pour un aristocrate.»

(Orig., Arch. de la guerre, armée du Rhin.)

AVESNES, 15 OCTOBRE 1793.

LE GÉNÉRAL EN CHEF JOURDAN AU GÉNÉRAL DUQUESNOY.

Quartier général d'Avesnes, le 15 octobre 1793.

LE GÉNÉRAL EN CHEF AU GÉNÉRAL DE DIVISION DUQUESNOY.

Le général Duquesnoy est prévenu qu'il ne nous a pas été possible de forcer l'ennemi et que nous occupons la même position que lui. Il me fera connaître de suite celle qu'il occupe dans ce moment, de même que la division du général Beauregard et celle de son avant-garde, afin que je puisse vous faire passer des ordres ultérieurs. Si le général Duquesnoy est en avant de Dimechaux, il se gardera bien sur son flanc droit, veillera à n'être point surpris par l'ennemi qui occupe les bois qui sont à la droite. Il fera délivrer l'eau-de-vie à sa troupe et me

[1] Antoine de Saint-Hillier, né à Metz le 2 juillet 1737, sous-lieutenant d'artillerie le 1er janvier 1757, lieutenant en second le 26 janvier 1758, ingénieur le 1er janvier 1759, capitaine le 4 mars 1767, chevalier de Saint-Louis le 30 septembre 1781, major le 31 juillet 1783, major de brigade le 24 novembre 1785, lieutenant-colonel le 1er avril 1791, maréchal de camp le 10 octobre 1792, général de division le 15 mai 1793, suspendu le 30 juillet 1793, relevé de la suspension le 5 fructidor an II (22 août 1794), rentré dans le corps du génie comme directeur des fortifications le 25 vendémiaire an III (16 octobre 1794), inspecteur général le 1er fructidor an III (18 août 1795), admis au traitement de réforme le 21 mai 1801, mort à Toul le 25 juillet 1803. Le général de Saint-Hillier avait assisté aux sièges de Minorque en 1756 et de Gibraltar en 1782.

fera connaître s'il a besoin de munitions. Mon quartier général est toujours à Avesnes.

JOURDAN.

(Arch. de la guerre, reg. du général Jourdan, $\frac{1\,a}{44}$, p. 54.)

AVESNES, 15 OCTOBRE 1793.

LE GÉNÉRAL EN CHEF JOURDAN AU GÉNÉRAL FROMENTIN.

Il est ordonné au général Fromentin de faire prendre les armes demain matin 16 du courant à sa division et à celle du général Cordellier [1] et de faire mettre sa troupe en bataille en avant des haies d'Avesnes. Il tâchera de s'emparer de Leval et de Saint-Waast. Il n'attaquera pas sérieusement l'ennemi qu'à moins que, par le mouvement que je ferai demain, ce dernier ne se retirât de l'autre côté de la Sambre. Il veillera avec attention à ce que l'ennemi ne le tourne pas du côté de Noyelles et Maroilles. Il correspondra avec la division du général Balland [2], qui sera à sa droite. Le général Fromentin fera demander au commandant du parc d'artillerie les munitions dont il pourrait avoir besoin. Il est prévenu que je viens de donner l'ordre à ce dernier de lui faire passer de suite une pièce de 12 et une pièce de 8 et quatre caissons de cartouches d'infanterie [3].

Le général en chef,

JOURDAN.

(Arch. de la guerre, reg. de Jourdan $\frac{1\,a}{44}$, p. 58.)

AVESNES, 15 OCTOBRE 1793.

LE GÉNÉRAL EN CHEF JOURDAN AU GÉNÉRAL BELAIR.

Au quartier général d'Avesnes,
le 15 octobre 1793, l'an II de la République une et indivisible.

AU GÉNÉRAL BELAIR, À GUISE.

Nous nous sommes battus aujourd'hui, citoyen général, depuis neuf heures du matin jusqu'à la nuit. Nous avons eu des succès sur notre droite, mais notre

---

[1] Le même jour Jourdan ordonna au général Cordellier d'envoyer, le 15 au matin, trois bataillons et un régiment de hussards sur la grand'route d'Avesnes à Maubeuge.

[2] Le même jour Jourdan ordonna au général Balland de faire rentrer son infan-terie dans la haie d'Avesnes et de faire distribuer l'eau-de-vie à ses troupes.

[3] Le même jour Jourdan ordonna au général Fromentin de lui faire connaître la position de sa troupe et ce dont il a besoin. — Ces ordres se trouvent dans le registre de Jourdan aux Archives de la guerre.

gauche n'a pas pu faire ce que je désirais, de manière que nous recommencerons demain. Il est donc très essentiel que vous continuiez à garder la position que je vous ai indiquée par mon ordre d'hier [1], et que tous les jours jusqu'à nouvel ordre vous mettiez votre petite armée en mouvement, tant pour inquiéter l'ennemi que pour vous opposer à ce qu'il vienne nous inquiéter sur nos derrières [2].

Salut et fraternité.

Le général en chef,

JOURDAN.

(Orig., Arch. de la guerre, armée du Nord.)

SARREBRÜCK, 15 OCTOBRE 1793.

LE GÉNÉRAL DE HÉDOUVILLE AU COMITÉ DE SALUT PUBLIC.

Analyse. — Le général de Hédouville [3], chef d'état-major de l'armée de la Moselle, annonce qu'il partira le lendemain deux demi-brigades de cette armée

[1] Voici le texte de cet ordre (orig., Arch. de la guerre, armée du Nord) :

«Il est ordonné au général Belair de partir au reçu du présent ordre avec le plus grand nombre de troupes qu'il pourra réunir et de se porter sur Étreux, Landrenat (?), et de tâcher de s'emparer de la forêt d'Arrouaise. Le général Belair est prévenu que ce mouvement est destiné à inquiéter l'ennemi qui est du côté du Cateau et à éclairer les mouvements qu'il pourrait faire dans cette partie. Le général Belair marchera avec précaution et ne compromettra point ses troupes, n'étant qu'un cas d'observation.

«Au quartier général à Avesnes, le 14 octobre 1798.

«*Le général en chef de l'armée du Nord,*

«JOURDAN.»

[2] Le même jour Jourdan ordonna au général Belair d'envoyer, le 16 au matin, neuf bataillons sur le chemin qui conduit de la chaussée de Maubeuge à Solre-le-Château.

[3] Gabriel-Marie-Théodore de Hédouville, né à Laon (Aisne) le 27 juillet 1755,

élève au Collège royal de la Flèche en 1764, passé à l'École militaire de. Paris en octobre 1769, sous-lieutenant au régiment de dragons de Languedoc le 6 juillet 1773, réformé en 1776, sous-lieutenant au 6e chasseurs à cheval le 23 mars 1778, lieutenant le 10 mai 1788, adjoint aux adjudants généraux le 1er juillet 1791, capitaine au 6e chasseurs à cheval le 25 janvier 1792, adjudant général lieutenant-colonel le 2 juin 1792 et chef de brigade le 1er octobre 1792, général de brigade et chef d'état-major de l'armée de la Moselle le 8 mars 1793, suspendu le 1er juin 1793, remis en activité le 8 août 1793, suspendu le 23 septembre 1793, arrêté le 13 frimaire an II (3 décembre 1793) et enfermé à l'Abbaye, mis en liberté le 25 thermidor an II (12 août 1794), chef d'état-major de l'armée des Côtes de Cherbourg le 25 prairial an III (13 juin 1795), général de division le 5 frimaire an IV (26 novembre 1795), commandant en chef l'armée des Côtes de Brest le 20 frimaire (10 décembre 1795), chef d'état-major des armées des Côtes de Brest, des Côtes de Cherbourg et de l'Ouest en fé-

pour renforcer celle du Rhin, lesquelles arriveront le 19 à Haguenau. Ces troupes seront remplacées par des bataillons tirés des places de Longwy, Thionville et Sarrelibre, où on mettra des bataillons de district.

(Orig., Arch. de la guerre, armée de la Moselle.)

HAGUENAU, 16 OCTOBRE 1793.
L'ADJUDANT GÉNÉRAL DEMONT AU COMITÉ DE SALUT PUBLIC.

Analyse. — Il mande que la position de l'armée de Haguenau est telle qu'on l'avait prescrite et que les bataillons agricoles sont cantonnés dans les villages en seconde ligne. Il se plaint du peu d'ensemble qui règne dans une grande partie des corps de l'armée et de la mollesse avec laquelle sont exécutés les ordres des généraux. Depuis le 13 octobre les ennemis ont porté des corps dans la forêt d'Haguenau et leurs patrouilles se sont avancées jusque sur les glacis du fort Vauban. Leur intention paraît être de vouloir nous envelopper.

(Orig., Arch. de la guerre, armée du Rhin.)

98. AVESNES, 16 OCTOBRE 1793.
CARNOT ET DUQUESNOY AU COMITÉ DE SALUT PUBLIC.

Avesnes, le 5ᵉ jour de la 3ᵉ décade,
an II de la République une et indivisible.

LES REPRÉSENTANTS DU PEUPLE PRÈS L'ARMÉE DU NORD ET DES ARDENNES AUX REPRÉSENTANTS DU PEUPLE COMPOSANT LE COMITÉ DE SALUT PUBLIC.

Nos succès, chers collègues, n'ont pas été aussi grands que nous l'espérions. Cependant nous avons gagné deux lieues sur le terrain de l'ennemi. Notre aile droite, commandée par le général Duquesnoy,

vrier 1796, agent civil et militaire à Saint-Domingue le 16 messidor an V (4 juillet 1797), général en chef de l'armée d'Angleterre en fructidor an VII (août 1799), chef d'état-major de l'armée de l'Ouest le 29 nivôse an VIII (19 janvier 1800), inspecteur général d'infanterie le 5 thermidor an IX (24 juillet 1801), ministre plénipotentiaire en Russie du 20 pluviôse an XI au 24 floréal an XII (9 février 1803 au 14 mai 1804), grand-officier de la Légion d'honneur le 26 prairial an XII (14 juin 1804), sénateur le 1ᵉʳ février 1805, retraité le 15 août 1807, comte de l'Empire le 3 juin 1808, pair de France et chevalier de Saint-Louis le 4 juin 1814, mort à Brétigny (Seine-et-Oise) le 30 mars 1825.

s'est emparée d'un de ses camps près de Wattignies. L'aile gauche n'a pu faire les mêmes progrès, à cause des batteries que l'ennemi avait au delà de la Sambre et de la force considérable qu'il avait dirigée de ce côté. Le centre, par cette raison, n'a pu se maintenir dans la position avancée d'où il avait chassé l'ennemi, de peur d'être tourné par son flanc gauche. Aujourd'hui nous allons recommencer et, si nous n'entrons pas dans Maubeuge, nous n'en irons probablement pas loin. Demain nous vous donnerons plus de détails, si nous avons le temps.

Carnot, Duquesnoy.

(Orig., Arch. nat., AF ıı 239, n° 241.)

AVESNES, 16 OCTOBRE 1793.

LE GÉNÉRAL JOURDAN AU MINISTRE DE LA GUERRE BOUCHOTTE.

Au quartier général d'Avesnes,
le 16 octobre 1793, l'an ıı de la République une et indivisible.

LE GÉNÉRAL EN CHEF DE L'ARMÉE DU NORD AU CITOYEN MINISTRE DE LA GUERRE.

Les républicains ont attaqué hier les esclaves. Le combat a commencé à dix heures du matin; il n'a cessé qu'à la nuit. La division de droite aux ordres du général Duquesnoy a fait merveille. La division de gauche n'a pas pu faire tout ce que nous désirions. Je pars pour recommencer et j'espère demain pouvoir vous donner des heureuses nouvelles. Les républicains se sont battus avec un courage héroïque [1].

Salut et fraternité.

Jourdan.

(Orig., Arch. de la la guerre, armée du Nord.)

---

[1] Le ministre de la guerre Bouchotte transmit, le 16 octobre, cette lettre au président de la Convention nationale dans les termes suivants : «Citoyen représentant, je vous envoie copie de la lettre du général Jourdan en date du 16 octobre. Nos braves frères d'armes ont déjà assailli les ennemis de la liberté avec un courage digne d'une si belle cause. Le général annonce qu'il va se livrer à de nouvelles opérations, dont il s'empressera d'envoyer le résultat. Je vous prie de vouloir bien donner connaissance de cette lettre à la Convention nationale.» — On lit en tête de cette lettre : «Renvoyé au Comité de salut public le 26ᵉ jour de 1ᵉʳ mois de l'an ıı de la République française une et indivisible. Pons (de Verdun), secrétaire.»

99. AVESNES, 16 OCTOBRE 1793.
ARRÊTÉ DE CARNOT ET DE DUQUESNOY.

Nous, représentants du peuple près l'armée du Nord et des Ardennes, considérant que le citoyen Gratien[1], général de brigade, a refusé d'exécuter les ordres du général de division Duquesnoy en ordonnant la retraite aux troupes confiées à son commandement lorsque le général Duquesnoy lui avait ordonné de chasser l'ennemi[2]; arrêtons que le citoyen Gratien est destitué de ses fonctions et qu'il sera mis

[1] Pierre-Guillaume Gratien, né à Paris le 1er janvier 1764, fils d'un marchand, cavalier au régiment de Dragons-Dauphin le 21 janvier 1787, congédié le 1er octobre 1789, capitaine dans la garde nationale parisienne le 2 juillet 1790, capitaine au 2e bataillon de Paris le 20 juillet 1791, élu capitaine de la 1re compagnie le 26 septembre suivant, lieutenant-colonel en second le 8 janvier 1792, général de brigade à l'armée du Nord le 3 septembre 1793, arrêté par ordre des représentants Carnot et Duquesnoy le 16 octobre 1793, absous par jugement du tribunal du Pas-de-Calais le 10 germinal an II (30 mars 1794), réintégré le 25 prairial an III (13 juin 1795) et envoyé à l'armée de l'Ouest, suspendu le 7 brumaire an IV (29 octobre 1795), rappelé à l'activité le 11 nivôse an IV (1er janvier 1796), réformé le 1er vendémiaire an V (22 septembre 1796), passé à l'armée de Sambre-et-Meuse le 7 germinal an V (27 mars 1797), suspendu le 15 thermidor an VII (2 août 1799) pour avoir désobéi aux ordres de son chef, employé à l'armée de l'Ouest le 9 frimaire an VIII (30 novembre 1799), envoyé à l'armée de Batavie le 10 fructidor an X (28 août 1802), membre de la Légion d'honneur le 19 frimaire an XII (11 décembre 1803), mis en disponibilité le 11 ventôse an XII (2 mars 1804), maintenu en activité le 1er germinal (22 mars 1804), commandant de la Légion d'honneur le 25 prairial an XII (14 juin 1804), attaché à l'armée du Nord le 26 novembre 1805, passé au service du roi de Hollande le 15 novembre 1806, lieutenant général le 15 février 1807, rentré au service comme général de brigade à l'armée d'Espagne le 31 octobre 1809, appelé à l'armée d'Allemagne le 13 juillet 1811, baron de l'Empire le 6 septembre 1811, général de divison le 23 septembre 1812, commandant de la 3e division de l'armée de réserve d'Italie le 1er janvier 1814, mort à Plaisance (Italie) le 24 avril 1814.

[2] Le 23 octobre 1793 le général Jourdan écrivit d'Avesnes au ministre de la guerre pour lui fournir son témoignage personnel sur la conduite du général Gratien, qui attendait dans la prison d'Arras sa mise en jugement : «Lorsque le 16 j'arrivai à la division du général Duquesnoy, je lui témoignai ma surprise de voir son aile gauche aussi en arrière. Le général Duquesnoy me répondit, en présence des représentants du peuple Carnot et Duquesnoy, qu'il avait donné l'ordre au général Gratien de se porter en avant et que, bien loin d'exécuter son ordre, il s'était retiré dans la position où je le voyais. Les représentants du peuple se présentèrent de suite à la brigade du général Gratien, destituèrent et firent arrêter ce général, qui est dans ce moment à Arras.» (Orig., Arch. de la guerre, armée du Nord.)

sur-le-champ en état d'arrestation pour être jugé par une commission militaire, conformément à la loi [1].

[1] Le 18 octobre 1793 le représentant Duquesnoy envoya le général Gratien aux représentants du peuple à Arras (cf. Legros, II, 323). La nouvelle de la destitution de cet officier parvint à la Convention dans la séance du 18 octobre par la lecture de la lettre de Jourdan à Bouchotte (cf. p. 331). Les représentants Duhem et Gossuin réclamèrent aussitôt que le général Gratien fût jugé militairement et exécuté à la tête de l'armée. Albitte protesta contre cette mesure, qui prêtait à l'arbitraire et à l'injustice, et proposa de livrer les généraux coupables aux tribunaux révolutionnaires à la suite des armées. Alors Reubell déclara que, dans ces conditions, un général en chef pourrait faire fusiller tous les généraux subalternes qui lui déplairaient et il fit renvoyer la proposition au Comité de salut public (cf. *Moniteur*, XVIII, 159). Gratien, d'ailleurs, trouva d'ardents défenseurs dans la capitale, où il était né et où il avait commandé le 2e bataillon de Paris. Le 21 octobre 1793 Bouchotte écrivit à ce sujet la lettre suivante à Jourdan (copie, Arch. nat., AF II 234) :

« Paris, le 30 du 1er mois de l'an II de la République une et indivisible.

« Je vous préviens, général, que la nouvelle du délit imputé à Gratien, général de brigade, a fort excité l'attention de ceux qui le connaissent. Des présomptions en faveur de sa moralité et de son courage existent dans sa section et parmi beaucoup de sans-culottes éclairés. Il importe donc, en cherchant à procurer à la République la satisfaction qu'elle a droit d'attendre, lorsque ses intérêts ont été lésés, de porter cependant dans l'examen de cette affaire une attention telle qu'il ne puisse rester aucun doute que le jugement aura été porté dans l'examen le plus scrupuleux et le plus approfondi.

« BOUCHOTTE. »

Le 25 octobre Duquesnoy crut devoir justifier l'arrestation de Gratien auprès du Comité de salut public (orig. aut., Arch. de la guerre, armée du Nord) : « Citoyens collègues, je viens d'apprendre que l'arrestation du ci-devant général Gratien faisait beaucoup de bruit dans Paris. Si ceux qui prennent sa défense étaient instruits des motifs qui nous l'ont fait arrêter, loin de blâmer notre conduite ils y applaudiraient. Notre collègue Carnot peut vous donner à cet égard tous les renseignements nécessaires, et moi j'offre de prouver quand on voudra que Gratien est ou un lâche ou un traître ou un homme inepte; mais, dans l'un comme dans les autres cas, je crois qu'il méritait d'être destitué et arrêté; aussi l'avons nous fait, Carnot et moi. »

Le 11 brumaire an II (1er novembre 1793), Bouchotte donna à Duquesnoy les explications suivantes (minute aut., Arch. de la guerre, armée du Nord) : « Ma lettre au général Jourdan n'avait pas pour but, ni de demander la cause de la destitution de Gratien, ni aucune inquiétude sur l'impartialité avec laquelle on devra prononcer sur son sort. Mais plusieurs bons citoyens et vieux sans-culottes, qui avaient connu antérieurement Gratien, avaient craint que cette affaire ne fût pas soumise à l'instruction ordinaire d'usage dans les armées, et c'est pour soulager leurs inquiétudes que j'ai écrit au général Jourdan. Ma lettre portait que s'il était juste de procurer à la République la satisfaction à laquelle elle a droit quand son intérêt a été lésé, il était aussi essentiel de porter dans cette affaire un examen suffisant, qui pût ôter tout motif de plainte à ceux qui avaient connu Gratien. En deux mots, voilà ma lettre, et j'imagine que vous n'avez pas vu autre chose. »

Néanmoins le général Gratien, grâce à ses protecteurs, ne fut pas traduit devant le tribunal révolutionnaire, mais renvoyé devant le tribunal du Pas-de-Calais, qui

Le général Gratien sera remplacé provisoirement par le citoyen Sorlus[1], chef du 2ᵉ bataillon de la Gironde[2].

l'acquitta le 10 germinal an 11 (30 mars 1794). En fructidor an 11 la commission de l'organisation des armées de terre fit un rapport au Comité de salut public pour exposer que le général Gratien, rentré au quartier général de Lille, après son acquittement, avait obtenu un congé de deux mois pour rétablir sa santé altérée par sa détention, et, à l'expiration de ce congé, demandait s'il devait retourner à l'armée du Nord ou rejoindre son ancienne brigade à l'armée de l'Ouest. La commission ajoutait qu'elle n'avait pas cru devoir prendre une décision avant de s'assurer du civisme du général, qu'elle avait consulté Duquesnoy, lequel l'avait renvoyée à Carnot. (Arch. nat., AF 11 307). Sur le rapport Carnot écrivit cette note le 26 fructidor an 11 (12 septembre 1794) : «Il est impossible de réintégrer Gratien d'après la conduite qu'il a tenue à la bataille de Wattignies. CARNOT.» En effet Gratien ne fut réintégré que l'année suivante, le 25 prairial an 111 (13 juin 1795). Il fut suspendu encore plusieurs fois, notamment pour insubordination, mais il se réhabilita par son courage et mourut général de division et baron de l'Empire.

[1] Nicolas de Sorlus, né à Bordeaux le 15 février 1743, fils d'un avocat, lieutenant au bataillon de garnison de Libourne le 17 février 1756, capitaine garde-côtes de la compagnie détachée de Saint-Gervais le 30 avril 1759, lieutenant au régiment des recrues de Bordeaux le 1ᵉʳ octobre 1763, réformé avec ce corps le 31 décembre 1766, capitaine de la compagnie des canonniers d'Audernos le 1ᵉʳ mars 1779, commandant de la compagnie des canonniers de Saint-André-de-Cubzac le 22 novembre 1782, lieutenant-colonel en second du 2ᵉ bataillon des volontaires de la Gironde le 27 septembre 1791 et en premier le 20 juillet 1793, général de brigade provisoire sur le champ de bataille de Wattignies le 16 octobre

1793, suspendu le 3 thermidor an 111 (21 juillet 1794), autorisé à prendre sa retraite le 25 brumaire an 111 (15 novembre 1794), retraité le 20 pluviôse an 1v (9 février 1796), mort à Cezac (Gironde) le 4 janvier 1813. Il signait pendant la Révolution *Thomas Sorlus*.

[2] Le 18 vendémaire an v1 (9 octobre 1797) le général Sorlus sollicita sa mise en activité de service et rappela son rôle à la bataille de Wattignies. «Dans l'affaire du 15 le bataillon du général Sorlus fut de la réserve et vers les quatre heures du soir il eut l'ordre de traverser le champ de bataille pour soutenir les tirailleurs et ensuite les renforcer, ce qu'il fit avec succès. Le lendemain la colonne dont son bataillon faisait partie fut renforcer celle qui attaquait Wattignies. Ce fut en arrivant et au commencement de l'attaque que le 2ᵉ bataillon de la Gironde fut placé entre les villages de Dimechaux et de Wattignies. A peine le bataillon fut-il posté qu'il eut ordre de tourner les hauteurs par une gorge, ce qu'il exécuta au pas de charge. L'ennemi évacua aussitôt le terrain qu'il occupait. Ce fut dans ce moment de gloire pour les troupes républicaines que le représentant Duquesnoy et le général de ce nom firent appeler le citoyen Sorlus et, après avoir demandé à son bataillon si cet officier s'était bien conduit, sur la réponse affirmative, ils le proclamèrent général de brigade en remplacement de celui qu'on venait de destituer.» (Orig. aut., Arch. adm. de la guerre, dossier Sorlus.) — Le général Jourdan apostilla cette pétition en ces termes : «Je certifie que le citoyen Thomas Sorlus a été nommé général de brigade sur le champ de bataille de Wattignies et qu'il a rempli les fonctions de son grade avec zèle, exactitude et intelligence, pendant tout le temps qu'il a servi sous mes ordres. Paris, le 6 brumaire an v1 de la République. Le représentant du peuple, JOURDAN (de la Haute-Vienne).»

Le général Ernouf, chef de l'état-major, est chargé de l'exécution du présent arrêté.

Fait à Avesnes le 16 octobre 1793, l'an II de la République.

CARNOT, DUQUESNOY.

(Copie, Arch. nat., AF II 233.)

AVESNES, 16 OCTOBRE 1793.

LE GÉNÉRAL JOURDAN AU PRÉSIDENT DE LA CONVENTION NATIONALE.

Au quartier général à Avesnes,
le 5e jour de la 3e décade de l'an II de la République.

LE GÉNÉRAL EN CHEF DE L'ARMÉE DU NORD
AU PRÉSIDENT DE LA CONVENTION NATIONALE.

Citoyen,

Les républicains français ont livré une bataille sanglante aux vils esclaves des despotes. Ils ont laissé sur le champ de bataille six mille morts. Cobourg et son armée ont repassé précipitamment la Sambre; nous les poursuivons. On fait à chaque instant des prisonniers. Notre perte se monte à deux cents morts et douze cents blessés. La valeur de nos soldats me présage d'autres succès pour les armes de la République, et bientôt la terre de la liberté ne sera plus infectée par ces brigands. La bataille a duré deux jours; elle s'est donnée entre Avesnes et Maubeuge. Cette ville est libre; sa communication est entièrement rétablie. Tout retentit des cris de nos soldats : «Vive la République!» Son triomphe est certain, malgré les traîtres et les lâches. La terreur s'est emparée de nos ennemis, et je crois qu'il sera impossible à ces esclaves de soutenir les efforts courageux de nos braves républicains.

Salut et fraternité[1].

JOURDAN.

(Orig., Arch. de la guerre, armée du Nord.)

[1] Le même jour, 16 octobre, le général D'Avaine écrivit de Cassel au ministre de la guerre Bouchotte. Il lui indiqua d'abord des abus dans les corps belges et les moyens de les réprimer; puis il annonça qu'il avait assemblé, le 13 octobre, un conseil de guerre à Bergues et envoyé son plan d'attaque aux représentants du peuple et à Jourdan. «Je n'attends plus, disait-il, que l'ordre d'exécution pour travailler de concert avec le général Jourdan... Soyez assuré, citoyen ministre, que nous ferons tous nos efforts pour nous rendre dignes et mériter de la patrie le nom glorieux de destructeurs des tyrans.» (Orig., Arch. de la guerre, armée du Nord.)

AVESNES, 16 OCTOBRE 1793.

CELLIEZ, VARIN ET BERTON, AGENTS DU CONSEIL EXÉCUTIF,

AU MINISTRE DE LA GUERRE BOUCHOTTE.

Au quartier général d'Avesnes,
le 16 octobre, l'an II de la République une et indivisible.

CELLIEZ, VARIN ET BERTON, AGENTS DU CONSEIL EXÉCUTIF À L'ARMÉE DU NORD.

L'armée a donné aujourd'hui de toutes parts; l'ennemi a perdu du terrain presque partout, quoiqu'il ait offert dans tous les points une vigoureuse résistance à nos braves républicains. La colonne gauche a cependant eu un succès moins marqué que les autres; mais celle de droite a gagné considérablement de terrain et s'est arrêtée ce soir à environ une lieue et demie ou deux lieues tout au plus de Maubeuge. La colonne du centre s'est emparée du village de Saint-Aubin et d'une partie de la hauteur, jusque près du bois; si cela continue demain comme aujourd'hui, l'ennemi sera obligé de se retirer, trop heureux encore s'il le peut, et nos braves guerriers porteront, nous l'espérons, leurs armes triomphantes jusque dans les murs de Maubeuge. C'est au moins notre espoir, c'est celui de tous ceux qui ont été témoins de la journée d'aujourd'hui. Aussitôt que nos vœux seront réalisés, nous nous empresserons de vous en instruire.

Les agents du Conseil exécutif à l'armée du Nord,

P. CELLIEZ, M.-T. BERTON, VARIN.

(Orig., Arch. de la guerre, armée du Nord.)

15 ET 16 OCTOBRE 1793.

RÉCIT DE LA BATAILLE DE WATTIGNIES, RÉDIGÉ PAR LE GÉNÉRAL JOURDAN.

Le prince de Cobourg, informé de la marche de Jourdan, laissa un corps d'observation autour de Maubeuge et posta son armée de manière à couvrir tous les débouchés par où les républicains pouvaient s'approcher de la place. L'aile droite, aux ordres du comte de Bellegarde, s'appuyait à la Sambre près Berlaimont; la plus grande partie de la cavalerie était réunie sur ce point. Les avant-postes tenaient Leval sous Berlaimont, Saint-Waast, Moncheaux et Saint-Rémy; le centre, sous le général Clerfayt, adossé au bois en arrière de Dourlers et couvert de quelques retranchements, défendait ce village et ceux de Saint-Aubin et Floursies; la gauche, aux ordres du général Terzy, à Wattignies, dans une position qui paraissait inexpugnable, occupait Dimont et Dimechaux; un corps d'environ quatre mille hommes, détaché sous Beaumont, sous le commandement du général Benjowsky, observait les bataillons de nouvelle levée rassemblés à Philippeville; enfin, les réserves, campées à Damousies, Beaufort et Fontaine, étaient à portée de soutenir les points les plus faibles.

Le 15 octobre, l'armée française se mit en mouvement sur quatre colonnes. Le général Fromentin, avec sa division et celle de Cordellier [1], avait l'ordre de se diriger sur Moncheaux et Saint-Rémy, de chasser l'ennemi de Leval et Saint-Waast, d'y laisser une partie de ses troupes pour couvrir sa gauche, de pénétrer ensuite dans les bois par Saint-Rémy et de tâcher de s'avancer jusqu'à Éclaibes, ayant soin de ne point s'aventurer dans la plaine. Le général Balland, ayant à sa suite une forte batterie de pièces de 12 et de 16, suivit la grande route de Maubeuge, déploya sa division en avant du bois et engagea une vive canonnade. Le général Duquesnoy marcha sur Beugnies, ayant pour instruction de s'emparer de Dimont et Dimechaux et de chercher à déposter la gauche des ennemis de Wattignies. Le général Beauregard déboucha par Solre-le-Château sur Eccles et passa sous les ordres de Duquesnoy, qui pouvait, suivant les circonstances, l'appeler à lui ou l'opposer au général Benjowsky, à portée de le déborder sur sa droite. Comme il était très important d'empêcher le général ennemi de faire cette manœuvre, il fut prescrit au général Élie de s'avancer de Philippeville sur Silenrieux, ayant soin de marcher avec la plus grande circonspection, de n'engager que des affaires d'avant-postes et de ne chercher à entrer à Beaumont que dans le cas où l'ennemi l'évacuerait. L'intention du général en chef était d'attaquer le centre des alliés avec la division Balland, lorsqu'il apprendrait les succès des colonnes de la droite et de la gauche, et de réunir ensuite son armée à la tête des bois, la droite à Wattignies et la gauche à Éclaibes.

L'action commença à neuf heures du matin. Le général Fromentin chassa l'ennemi sans beaucoup de peine de Moncheaux et de Saint-Rémy, et après un

[1] Étienne-Jean-François Cordellier, né à Faremoutiers (Seine-et-Marne) le 29 avril 1767, fils d'un notaire, engagé au régiment de Boulonnais (infanterie) le 5 février 1785, congédié par grâce le 19 novembre 1788, capitaine dans la garde nationale de Faremoutiers le 14 juillet 1789 et au 2ᵉ bataillon des volontaires de Seine-et-Marne le 11 septembre 1791, lieutenant-colonel en 2ᵉ le 30 avril 1792 et en 1ᵉʳ le 15 mai 1793, général de brigade à l'armée des Ardennes le 3 septembre 1793 et de division le 1ᵉʳ octobre suivant, employé à l'armée de l'Ouest le 28 novembre 1793, suspendu le 13 mai 1794, relevé de sa suspension le 19 juillet 1795, autorisé à prendre sa retraite le 15 novembre 1797, chargé, avec le titre de chef de bataillon, le 7 juin 1799, de conduire à l'armée du Rhin le 12ᵉ détachement des conscrits de Seine-et-Marne, employé dans le grade de général de division à l'armée d'Italie le 11 juillet 1799, réformé le 29 mai 1800, admis à une solde de retraite de 3,000 francs le 5 octobre 1812, chargé d'organiser la levée en masse dans l'arrondissement d'Épernay à la fin de 1813 et de commander le dépôt d'officiers espagnols assermentés à Sézanne du 2 janvier au 5 février 1814, mort à Paris le 10 juillet 1845. — Le général Cordellier avait écrit d'Avesnes au ministre de la guerre le 13 octobre 1793 pour lui accuser réception de sa nomination au grade de général de division. «Cette nouvelle marque de confiance de la nation apporte sur ma tête une responsabilité plus étendue, mais, fort de mon patriotisme, je vais redoubler de zèle pour prouver à mes concitoyens que je suis digne de leur confiance.» (Orig., Arch. adm. de la guerre, dossier Cordellier.)

combat plus opiniâtre enleva les postes de Leval et de Saint-Waast. Ces premiers avantages lui ayant inspiré trop de confiance, au lieu de se conformer à ses instructions, il déboucha par Saint-Waast dans la plaine, en présence de toute la cavalerie autrichienne, qui manœuvra pour l'envelopper. Ses troupes connaissant mieux que lui le danger qu'elles couraient, se mirent en retraite d'elles-mêmes et revinrent en désordre dans le ravin qu'elles venaient de franchir, arrêtèrent la cavalerie et se soutinrent à Saint-Rémy et à Monceaux. Fromentin, citoyen dévoué à sa patrie et plein de courage, ignorait les premiers éléments de l'art de la guerre et croyait fermement ce qu'on répétait sans cesse à la tribune de la Convention et à celle des Jacobins, que tout le talent d'un général consistait à charger à la tête de ses troupes l'ennemi partout où il le rencontrait. Il n'est donc pas surprenant qu'il n'ait pas su conduire une opération qui demandait des combinaisons et de la prudence.

Le général Duquesnoy, à la suite d'un combat très vif, s'empara de Dimont et de Dimechaux, mais ne se crut pas assez en force pour attaquer le camp de Wattignies et négligea néanmoins d'appeler à lui le général Beauregard, resté mal à propos à Eccles, où il n'aperçut que des éclaireurs.

Lorsque Carnot apprit que Fromentin avait forcé Saint-Waast et Duquesnoy Dimechaux, il crut la bataille gagnée et proposa de marcher sur Dourlers. Ce fut en vain que Jourdan lui représenta qu'avant d'engager le centre il était prudent d'attendre que la gauche eût gagné plus de terrain; Carnot persista dans son opinion, parla d'énergie et d'audace et donna à entendre que cette prudence laissait échapper la victoire. Jourdan, cédant à un sentiment de fierté et à la vivacité de son âge, se mit à la tête de la division Balland rangée sur deux lignes et se porta en avant. Arrivé sous un feu roulant d'artillerie au ravin qui est en avant de Dourlers, il fit inutilement les plus grands efforts pour le franchir. Les premiers bataillons qui débouchèrent furent culbutés par la mitraille et la mousqueterie, et une compagnie d'artillerie légère eut ses pièces démontées, ses chevaux et une grande partie des canonniers tués avant d'avoir mis en batterie. Désespéré de voir périr inutilement tant de braves et cherchant une mort glorieuse, le général en chef sortit du ravin pour encourager les troupes par son exemple et s'exposa au danger le plus imminent. De cette position il aperçut une colonne qui commençait à couronner les hauteurs à gauche de Saint-Aubin et se disposait à attaquer en flanc; alors les commissaires de la Convention consentirent à la retraite et la division revint à sa première position, après avoir perdu par trop de précipitation douze à quinze cents hommes. La nuit mit fin au combat [1].

On a lieu d'être surpris que le prince de Cobourg n'ait pas profité d'une faute si grossière. S'il se fût précipité avec son centre sur la division Balland agglomérée dans le ravin, il l'eût facilement détruite. Marchant ensuite sur la droite de celle de Fromentin, il l'eût vraisemblablement dispersée et remporté une victoire complète. Heureusement il ne fit aucun mouvement offensif.

---

[1] Si la vérité nous a obligé de rappeler ce fait, elle nous fait aussi un devoir de dire que dans d'autres circonstances Carnot et son frère donnèrent au général en chef des conseils utiles. (Cette note émane de Jourdan et prouve son désir d'impartialité.)

Le général en chef, reconnaissant qu'il avait eu tort de multiplier ses attaques, prit la détermination de porter ses forces principales sur Wattignies. Pendant la nuit, neuf bataillons et huit escadrons des divisions de gauche et du centre se réunirent à Beugnies et passèrent sous le commandement du général Duquesnoy. Le général Fromentin reçut l'ordre de reprendre Leval et Saint-Waast et de s'y maintenir; il lui fut expressément recommandé de ne se porter plus avant que dans le cas où l'ennemi se dégarnirait devant lui; il fut prescrit au général Balland de canonner vivement le centre des Autrichiens, de pousser de l'infanterie aussi en avant qu'il le pourrait dans les bois à droite de la route de Maubeuge et de se tenir prêt à marcher sur Dourlers, aussitôt qu'il en recevrait l'ordre. Le général en chef, accompagné des commissaires de la Convention, se rendit le 16 au matin à son aile droite qui, au moyen des renforts qu'elle avait reçus, comptait 24,000 combattants.

Wattignies, village assez considérable, situé sur une hauteur, entouré de haies et de jardins, couvert de ravins profonds où coulent des ruisseaux, et défendu par une nombreuse infanterie soutenue d'une réserve, paraissait inabordable. Néanmoins, ce poste étant la clef de la position des alliés, Jourdan se détermina à faire les plus grands efforts pour s'en emparer. Le général Beauregard marcha d'Eccles sur Obrechies pour couvrir la droite de l'attaque, menacer la gauche des réserves de l'ennemi et tâcher de se mettre en communication avec le camp de Maubeuge. Duquesnoy divisa ses troupes en trois colonnes; celle de droite se porta sur Choisies pour y traverser le ruisseau sur un point reconnu, celle de gauche le passa à Dimont et rencontra le ravin qui se prolonge en avant de Wattignies jusqu'à sa naissance; celle du centre, destinée à attaquer de front, attendait à Dimechaux que les deux premières eussent achevé leur mouvement. Cependant ses tirailleurs s'étant trop pressés de franchir le ravin furent culbutés. Duquesnoy les ayant fait soutenir, un nouveau combat s'engagea et les Français furent repoussés une seconde fois avec une perte assez considérable.

Enfin la droite et la gauche ayant atteint les points indiqués, le signal de l'attaque générale fut donné et les trois colonnes se précipitèrent en même temps sur Wattignies.

Le général Terzy, attaqué avec la plus grande impétuosité sur ses deux flancs et sur son front, résista longtemps avec beaucoup de valeur et ne céda la position que quand les régiments de Klebeck, Hohenlohe et Stein eurent été détruits en grande partie. Les escadrons ennemis s'étant présentés pour charger l'infanterie, au moment où elle débouchait du village, furent mis en désordre par des batteries judicieusement placées et poursuivis par la cavalerie républicaine. Alors les colonnes se déployèrent en avant de Wattignies et découvrirent Maubeuge, dont la nombreuse garnison restait tranquille spectatrice des prodiges de valeur qu'on faisait pour la délivrer.

Pendant que ces événements se passaient à Wattignies, le général Balland se porta sur Dourlers, défendu par les grenadiers bohémiens, et l'emporta à la suite d'un combat sanglant. Le général Fromentin de son côté se rendit maître de Leval et Saint-Waast et des bois entre Saint-Rémy et Saint-Aubin. La nuit qui survint ne permit pas aux Français de pousser plus loin leurs avantages, et le prince de

Cobourg en profita pour faire sa retraite. Sa perte fut évaluée à six mille hommes et celle des Français à la moitié.

Cependant les républicains ne furent pas également heureux sur tous les points. Le mouvement du général Beauregard sur Obrechies ayant fait craindre au général ennemi qu'il ne se tînt par derrière avec le camp de Maubeuge, il détacha sur lui un corps de cavalerie. Soit que le général Beauregard n'eut pas les talents de son grade, soit que sa cavalerie ne fit pas son devoir, ainsi qu'il l'en accusa, il est certain qu'il se retira précipitamment et en désordre dans les bois, en avant de Solre-le-Château, et que, pour arrêter les escadrons ennemis, le général en chef fut obligé de faire rétrograder plusieurs des siens sur Dimechaux [1]. En même temps le général Élie, qui d'après ses instructions devait se borner à des démonstrations, commit la faute de s'avancer sur Beaumont avec ses bataillons de réquisition et douze pièces d'artillerie. Le général Benjowsky se porta à sa rencontre et le seul aspect de sa cavalerie mit en fuite cette masse de recrues privée d'officiers. Onze pièces de canons furent abandonnées et les fuyards, ayant gagné les bois avant d'avoir été atteints, rentrèrent dans Philippeville sans autre perte [2].

Le déblocus de Maubeuge tourna en faveur de la France les chances de la guerre. Les alliés, maîtres de cette place, seraient sans doute sortis du système de circonspection qui les avait retenus sur les frontières, et lorsqu'on réfléchit sur la situation des armées et qu'on se rappelle qu'à cette époque les Vendéens étaient aux portes de Poitiers, Lyon en insurrection et Toulon au pouvoir de l'ennemi,

---

[1] Le général Paillot de Beauregard fut suspendu de ses fonctions le 17 octobre 1793, et mis en arrestation et conduit à Arras le 20. Il écrivit aussitôt aux représentants du peuple (orig., Arch. nat. AA 51, dossier 1449) : «J'arrive à la citadelle d'Arras par vos ordres; je vous prie de me permettre de me disculper devant vous des torts que l'intrigue a fait mettre sur mon compte et qui regardent un autre général. J'ai ouï dire que le général Duquesnoy s'était plaint de moi. Je ne blâme point sa démarche, parce qu'il n'a pu dire que ce qu'on lui a fait dire, attendu qu'il n'a pas pu voir manœuvrer les troupes de la division que je commandais. La circonstance m'oblige à franchir les bornes de la modestie; j'ai le droit d'avancer que ma conduite militaire, pendant les deux jours que l'on s'est battu, est digne d'éloges. Je les attends de votre justice, citoyens représentants, lorsque vous saurez la vérité...» — Le 6 prairial an II (25 mai 1794), il rédigea un mémoire justificatif où on trouve cette phrase sur la bataille de Wattignies :

«Il est bien vrai que le général Beauregard s'est échappé de l'ennemi qui l'avait enveloppé, qu'ensuite il a animé les troupes au combat et a fait jouer de suite l'artillerie légère, ce qui a précipité la retraite de l'ennemi et l'a empêché de faire des prisonniers.» (Orig., Arch. adm. de la guerre, dossier Beauregard.) Le général Paillot de Beauregard ne fut mis en liberté que le 12 fructidor an II (29 août 1794).

[2] Le 16 octobre, le général Bertaux écrivit de Philippeville au maire de Givet pour lui mander la déroute des troupes du général Élie. «Elle a entraîné la perte de toute son artillerie, excepté une seule pièce de canon de 8. Il y a eu beaucoup de tués, de blessés et de prisonniers. Nous avons ici 97 blessés à notre hôpital... Je vous prie, citoyen maire, au nom de la patrie, de faire partir de Givet, s'il est possible, quelques élèves en chirurgie pour aider ceux qui sont ici, car nous n'avons que deux élèves pour soigner les blessés et malades.» (Copie, Arch. de la guerre, armée du Nord.)

on est fondé à penser qu'ils seraient arrivés à Paris sans rencontrer de grands obstacles. Battus devant Maubeuge, ils crurent devoir prendre des quartiers d'hiver en attendant de nouveaux renforts, et dans cet intervalle les armées françaises se recrutèrent et s'organisèrent, et la campagne suivante elles allèrent planter leurs drapeaux sur les bords du Rhin.

Jourdan dut en partie la victoire aux dispositions de son adversaire. Le prince de Cobourg tint son armée d'observation trop près de Maubeuge; en l'établissant sur la lisière du bois des haies d'Avesnes, en arrière de la grande Helpe, la droite à Noyelles-sur-Sambre et la gauche sur les hauteurs en arrière de Semeries, et fortifiant cette position de quelques ouvrages de campagne, il l'eût rendue inattaquable de front et aurait même pu s'emparer d'Avesnes, mauvaise place hors d'état de défense, avant l'arrivée de l'armée du Nord. Jourdan, obligé de se jeter sur sa droite dans un pays coupé de bois et de ravins et dépourvu de tout, livrant par conséquent aux partis ennemis ses communications avec Guise, où se trouvaient ses magasins, eût été exposé à la plus affreuse disette. Supposons qu'après avoir surmonté cette difficulté, il eût débouché sur Chimay pour prendre la direction de Beaumont, le prince de Cobourg, par un simple changement de front, se serait posté, la droite à Solre-le-Château et la gauche à Solre-sur-Sambre, dans une position également forte, couverte de bois et de ravins faciles à défendre. L'armée française, harassée par les marches pénibles, manquant de subsistances et ne se faisant suivre qu'avec les plus grandes difficultés par son artillerie, eût été peu en état de l'attaquer, et pendant ce temps la garnison de Maubeuge, qui ne montra que de la faiblesse, aurait capitulé. On peut également reprocher au prince de ne pas avoir fait soutenir le général Terzy. Dès le 16 au matin il put s'apercevoir que son adversaire portait ses principales forces sur Wattignies; il était donc convenable de faire marcher les réserves sur ce point. La présence du général Benjowsky à Beaumont pour observer des corps de nouvelle levée y était fort inutile; posté à Obrechies, il eût tombé sur la droite des Français et fait échouer leur attaque sur Wattignies [1].

<hr>

[1] La victoire de Wattignies provoqua l'étonnement de l'Europe et on en rechercha les causes. Cobourg fut accusé d'incapacité, comme le prouve une correspondance de Londres insérée dans le *Moniteur* du 20 brumaire an II (10 novembre 1793) et dont voici le texte : «*Londres, le 23 octobre*. La levée du siège de Maubeuge et la retraite très hâtée du prince de Cobourg, quoique présentées par les gazettes allemandes comme une mesure de sûreté et une ruse militaire, fait partout la plus grande sensation. On n'imagine pas comment une armée, regardée comme l'élite des troupes de l'Europe, commandée par les plus habiles généraux du siècle, a été forcée de fuir devant des sans-culottes et un général Jourdan, dont le nom n'avait pas été prononcé avant sa victoire. Cet événement forcé, l'examen des prétendus talents de Cobourg et toutes ses dispositions depuis la prise de Valenciennes prouvent son incapacité. On sait d'une manière assurée qu'il ne doit la réputation qu'il a usurpée qu'aux conseils d'un officier général qui le dirigeait et que ses blessures ont forcé de se retirer. Le grand général, réduit à présent à lui-même, n'inspire plus que la méfiance à ses troupes et à ses alliés. La rivalité produit l'esprit de division, et cette grande ligue, si imposante, à laquelle rien ne devait résister, s'évanouira

Jourdan, de son côté, eut tort de ne pas porter plus de troupes sur sa droite. Dix mille hommes dispersés le long du bois des haies d'Avesnes auraient tenu en échec la gauche et le centre des Autrichiens et, en marchant sur Wattignies avec le reste de son armée, il aurait remporté une victoire plus complète [1].

Le 17 au matin, le général en chef, accompagné des commissaires de la Convention, entra dans Maubeuge et témoigna son mécontentement au général Ferrand sur ce qu'il n'avait rien entrepris pour seconder l'armée, lui faisant observer que s'il eût porté brusquement dix mille hommes sur Ferrière au moment où l'aile gauche de l'ennemi était culbutée, il aurait complété la victoire. Ce général donna pour excuse qu'ayant assemblé un conseil de guerre, le général Chancel avait représenté que, ne croyant pas l'armée du Nord en état de livrer bataille au prince de Cobourg, il présumait que l'ennemi seul tirait le canon qu'on entendait, dans l'espérance de persuader à la garnison qu'on marchait à son secours et l'attirer par cette ruse dans une embuscade. Il ajouta que cette opinion ayant paru vraisemblable aux membres du Conseil, il avait cru devoir s'interdire une entreprise qui aurait pu compromettre la place qui lui était confiée. On eût été fondé de lui répondre qu'en sa qualité de commandant en chef il était libre de rejeter l'avis de Chancel; néanmoins, les commissaires rendirent ce dernier responsable de cette faute et le traduisirent au tribunal révolutionnaire qui le condamna à mort.

(Arch. de la guerre, mémoires autographes et inédits de Jourdan.)

---

15 ET 16 OCTOBRE 1793.

BULLETIN DE L'ARMÉE AUTRICHIENNE SUR LA BATAILLE DE WATTIGNIES.

Au quartier général de Pont-sur-Sambre.

12 et 13 octobre. Il ne s'est passé rien de nouveau à l'armée; l'ennemi n'a entrepris qu'une forte reconnaissance le 13 au soir, sans cependant inquiéter nos postes.

Le 14. L'ennemi s'est approché avec toutes ses forces de notre corps d'observation placé entre la forêt de Mormal et Beaumont, et il y a pris poste. Il n'y a eu

comme toutes les autres de cette nature, sans avoir rien fait, et il n'en restera qu'un levain de haine produite par la jalousie qui règne entre les puissances coalisées et les agents de leur ambition et de leur tyrannie. »

[1] Jourdan, on le voit, ne cherche pas à se faire valoir devant la postérité et, s'il constate les fautes de l'adversaire, il ne dissimule pas les siennes. L'opinion publique lui fut favorable. Au club des Jacobins le sévère Hébert s'exprimait en ces termes le 18 brumaire an II (8 novembre 1793) : « Jourdan jusqu'ici s'est conduit vaillamment; ses ennemis même lui rendent cet hommage et, quoique jeune, il est, à mon avis, un grand homme, puisqu'il a déjoué, battu les généraux les plus consommés de l'Autriche. » (Cf. *Moniteur*, XVIII, 382.)

que des affaires d'avant-postes, dans lesquelles la perte n'a été conséquente ni de part ni d'autre, et nos avant-postes ont généralement gardé leurs positions.

Le 15. Dès la pointe du jour l'ennemi se montra en fortes colonnes, pourvues de plus de cavalerie qu'à l'ordinaire; il marcha de toute part et fit replier nos avant-postes. Les bois et les ravins, que l'ennemi avait en avant et en arrière de lui, empêchèrent de le charger et apportèrent des obstacles à ce qu'il disposât avantageusement de sa nombreuse artillerie. On en vint donc à une très vive canonnade, dans laquelle l'artillerie de l'ennemi avait sur la nôtre l'avantage du nombre. Cependant nous empêchâmes l'ennemi d'avancer, et nous le forçâmes même, à l'aile droite et au centre, à se retirer. Le terrain était peu favorable à la cavalerie, et celle-ci ne put rendre des services aussi prompts que de coutume.

Nous prîmes à cette affaire douze pièces de canon et prîmes et tuâmes quelques cents hommes; mais l'aile gauche fut en quelque sorte entamée et ne put reprendre sa position qu'après avoir perdu beaucoup de monde. Les efforts du brave major de Stein, Nesslinger, ont beaucoup contribué à nous remettre de ce côté-là. Le général major comte de Bellegarde a rendu de grands services à l'aile droite et a montré, ainsi que toutes les troupes, une grande intrépidité, comme aussi le lieutenant-colonel baron de Rouvroy, qui dirigeait l'artillerie et qui a eu un cheval tué sous lui. Le colonel Schmidt, de l'état-major, s'est pareillement beaucoup distingué dans les différentes dispositions qui ont été faites. Le général d'artillerie comte de Clerfayt, qui se trouvait au centre du corps d'observation, s'est de nouveau montré, par ses talents et son intrépidité, comme un excellent général. Le lieutenant général Terzy, qui commandait l'aile gauche, fait aussi un grand éloge du bataillon de Stein et de son commandant, déjà bien connu, le major de Nesslinger. En général, on ne saurait exprimer avec quelle intrépidité et quel sang-froid nos troupes ont soutenu les attaques réitérées à tant de reprises pendant huit heures entières. L'ennemi s'étant retiré dans son ancienne position, sans qu'on ait jugé devoir le joindre de nouveau, on a lieu de s'attendre demain à une nouvelle attaque.

Le 16. Au matin il fit un brouillard extraordinaire et, dès qu'il s'éclaircit, on vit de nouveau l'ennemi s'avancer sur les mêmes points que la veille; mais il s'était renforcé par différentes lignes de troupes fraîches très nombreuses qui appuyèrent le centre et l'aile gauche. Le feu de l'artillerie fut effroyable toute cette journée de part et d'autre et fut secondé par un feu de mousqueterie non moins vif, et notre centre, ainsi que notre aile droite, se soutinrent parfaitement; mais l'aile gauche fut entamée. Cet événement nécessita de sa part un mouvement rétrograde, qu'elle n'exécuta que lentement et non sans avoir encore enlevé à l'ennemi neuf pièces de canon; mais la levée du blocus de Maubeuge en devint une suite nécessaire, exigée par la prudence, pour prévenir les suites qui auraient pu résulter de la division de nos forces, ce qui s'exécuta dans la nuit du 16 au 17 dans le meilleur ordre et sans la moindre perte. L'armée de siège passa donc la Sambre, près de Hautmont et de Recquignies, et celle d'observation la passa près de Boussières et de Pont. Nous occupons actuellement la rive gauche de cette rivière. La valeur des troupes ne saurait être exprimée, ayant été sous les armes pendant deux fois vingt-quatre heures sans avoir pris aucune nourriture et ayant eu à lutter contre un ennemi très nombreux; elles ont montré une bravoure que l'on peut dire sans exemple. Notre perte, dans les journées du 15 et du 16, peut se monter en tués, blessés et égarés, à environ 3,000 hommes, parmi lesquels beaucoup d'officiers. La perte de l'ennemi est évaluée au moins au double.

Outre cette affaire, qui eut lieu à la grande armée, le lieutenant général de Benjowsky, qui commandait un détachement à Beaumont, fut attaqué par un corps de 6,000 hommes. Ce lieutenant général, informé de la marche de cette colonne, envoya encore dans la nuit du 15 une division de Spleny-Infanterie et une division de chevau-légers de Latour, sous le commandement du major Beffler, au devant de l'ennemi. Cette troupe, réunie avec les avant-postes, attaqua le corps avec tant de fermeté qu'elle lui enleva deux pièces de canon et le força à la fuite [1].

Le 16. L'ennemi se présenta de nouveau de ce côté, et le major Beffler, ayant encore reçu un renfort de deux divisions de Spleny, avec deux pièces de canon, il attaqua de nouveau l'ennemi. Le commandant du bataillon, capitaine Kokowsky, de Spleny, fonça avec la baïonnette, et l'ennemi fut complètement battu. On lui prit dix canons, deux obusiers, onze chariots de munitions, six chariots de grenades, un chariot chargé de trois tonneaux de poudre, deux chariots de bagages et un drapeau. On a fait prisonniers un officier, un chirurgien et vingt-cinq hommes. L'escadron des chevau-légers de Latour a montré sa valeur accoutumée et a sabré environ 400 hommes à l'ennemi. Notre perte est d'un homme tué et 50 blessés.

Le lieutenant général baron de Wenckeim, détaché auprès d'Englefontaine, a fait faire vers Landrecies une petite diversion qui a pareillement réussi, tellement que les uhlans, sous la conduite du lieutenant-colonel prince de Schwarzenberg, ont pénétré jusque dans les faubourgs de Landrecies, y ont taillé en pièces tout un poste des ennemis et ont fait quelques prisonniers.

Outre les généraux et officiers déjà cités, le lieutenant général baron de Terzy, le colonel comte de Haddick, des hussards de Blankenstein, le major Boyer, de Klebeck, le major Nesslinger et le capitaine Caraccioli, de Stein, le major Barco, des hussards de Barco, ainsi que les régiments de Klebeck, Stein, Hohenlohe et Brechainville, et les cuirassiers de Kavanagh, qui ont le plus souffert, se sont, en général et en particulier, extrêmement distingués. L'artillerie s'est aussi signalée dans toutes les occasions, et le premier lieutenant Kéer, des dragons de l'archiduc Joseph, adjudant du général Bellegarde, a rendu de très bons services par son activité et sa valeur. Le lieutenant-colonel prince d'Anhalt-Köthen, annoncé comme tué, n'a été que blessé d'un coup de cartouche et il est égaré. Il est à croire qu'il est fait prisonnier.

(Copie, Arch. de la guerre, armée du Nord.)

[1] Il s'agit des troupes du général Élie, qui rentrèrent précipitamment dans Philippeville. (Cf. le récit de Jourdan.)

AVESNES, 16 OCTOBRE 1793.

LE GÉNÉRAL EN CHEF JOURDAN AU GÉNÉRAL DUQUESNOY.

Au quartier général d'Avesnes,
ce 16 octobre 1793, l'an 11 de la République française une et indivisible.

LE GÉNÉRAL EN CHEF AU GÉNÉRAL DE DIVISION DUQUESNOY.

Le général Duquesnoy se rendra militairement en avant de Wattignies et gardera les plateaux qui sont à la droite de Chaligny, et poussera des postes dans les ravins qui sont à la droite de Wattignies. Il donnera des ordres afin que le pain et l'eau-de-vie soient distribués de suite à sa troupe; il réunira tous ses bataillons; il donnera des ordres afin que les pièces de campagne rejoignent leur bataillon; il fera réunir ses pièces de position et ses caissons; il disposera des batteries afin de bien recevoir l'ennemi en cas d'attaque. Il est prévenu que je lui ferai passer des ordres ultérieurs sur les dispositions à faire demain. Le quartier général est à Avesnes.

Le général en chef,
JOURDAN.

(Arch. de la guerre, reg. de Jourdan $\frac{1^a}{44}$, p. 59.)

———

AVESNES, 16 OCTOBRE 1793.

LE GÉNÉRAL EN CHEF JOURDAN AU GÉNÉRAL DUQUESNOY.

Au quartier général d'Avesnes, ce 16 octobre 1793.

LE GÉNÉRAL EN CHEF AU GÉNÉRAL DE DIVISION DUQUESNOY.

Je vous préviens, citoyen général, qu'il faut que vous conserviez le poste de Wattignies. Vous vous y retrancherez de suite; vous y placerez des pièces de position; enfin vous ferez tout ce qui sera convenable pour conserver ce poste essentiel. Vous donnerez des ordres au commandant de votre avant-garde, qui reste toujours au bois de la Savatte, de chasser l'ennemi de toute la lisière de la forêt, et vous lui donnerez pour cela les instructions et le secours convenables. Vous ne ferez point d'autres tentatives jusqu'à nouvel ordre. Je vous préviens que je donne ordre à six bataillons d'infanterie et à un régiment de hussards de se rendre demain matin à Dimechaux pour y prendre vos ordres. Ces bataillons seront aux ordres du général Lemaire. Je pense que vous devez les placer sur les hauteurs en arrière de Dimechaux, afin qu'ils soient à portée de renforcer la division du général Beaurgard, dans le cas où elle recevrait l'ordre de partir ou dans le cas où elle serait attaquée. Mais, en attendant, vous donnerez l'ordre au général Beaurgard de se tenir sur la défensive jusqu'à nouvel ordre; il gardera avec soin la forêt qui est à la droite d'Eccles.

Je vous préviens que j'ai donné des ordres afin que le commandant du parc vous fasse passer deux pièces de 12, deux pièces de 8 et un obusier; il vous fera pareillement passer des munitions pour votre artillerie et votre infanterie.

(Arch. de la guerre, reg. de Jourdan $\frac{1a}{44}$, p. 6o.)

AVESNES, 16 OCTOBRE 1793.

LE GÉNÉRAL EN CHEF JOURDAN AU GÉNÉRAL BELAIR.

Au quartier général à Avesnes,
le 16 octobre 1793, 2ᵉ de la République une et indivisible.

Citoyen général,

Il faut garder votre position, en prendre même toute autre plus avantageuse, si vous le jugez convenable. Vous pouvez, si vous le jugez à propos, faire camper vos troupes. Mon armée n'a cependant pas cet avantage, car, outre qu'elle se batte depuis le matin jusqu'au soir et quelquefois la nuit, elle est toujours au bivouac, à brûle-pourpoint de l'ennemi. Nous avons enlevé aujourd'hui d'excellentes positions à ces tyrans et j'espère que nous ne tarderons pas à les chasser. En attendant, vous vous en tiendrez aux derniers ordres que je vous ai donnés, et vous ferez en conséquence tout ce qui sera nécessaire pour le bien du service.

Le général en chef de l'armée du Nord et des Ardennes,

JOURDAN.

(Orig., Arch. de la guerre, armée du Nord.)

---

16 OCTOBRE 1793.

O'SHÉE [1], COMMANDANT LA PLACE DE CHARLEVILLE,

ET BOTTÉE, ADJUDANT-MAJOR DE LA PLACE DE LA RÉUNION-SUR-OISE (GUISE),

AU COMITÉ DE SALUT PUBLIC.

Analyses. — 1° O'Shée écrit de Charleville pour annoncer que la garde nationale de Mézières et de Charleville a fait une sortie sur le pays ennemi, dans la

---

[1] Robert-Richard O'Shée, né le 14 décembre 1736, cadet dans le régiment de Bulkeley le 1ᵉʳ janvier 1752, lieutenant en second en 1756 et en premier en 1761; capitaine le 6 novembre 1771, chevalier de Saint-Louis le 2 décembre 1778, aide

nuit du 13 au 14 octobre, et s'est emparée de 166 bœufs et vaches, 50 cochons, 16 chevaux, une bourrique, un chariot à quatre roues, 4 pièces d'argenterie des églises et une cloche. «Dans ce moment on me rapporte que l'on entend le canon du côté de Maubeuge et de Philippeville. La bravoure de nos braves sans-culottes nous assure d'avance la victoire.» — 2° Bottée mande de Laon qu'un convoi, parti de la place de la Réunion-sur-Oise (Guise), le 2 octobre, et dirigé sur Landrecies, a été attaqué et pris en partie par l'ennemi. Il déclare qu'il est fils de Nicolas-Claude Bottée, officier municipal de Laon, et qu'il a été nommé, le 26 septembre 1793, adjudant-major de la place de la Réunion sur Oise (Guise).

(Orig., Arch. de la guerre, armée du Nord.)

100. AVESNES, 17 OCTOBRE 1793.

CARNOT ET DUQUESNOY AU COMITÉ DE SALUT PUBLIC.

Avesnes, le 6ᵉ jour de la 3ᵉ décade du 1ᵉʳ mois de l'an II de la République une et indivisible [1].

LES REPRÉSENTANTS DU PEUPLE, ENVOYÉS PRÈS L'ARMÉE DU NORD,
AUX REPRÉSENTANTS COMPOSANT LE COMITÉ DE SALUT PUBLIC.

Hier, chers collègues, nous emportâmes à la baïonnette plusieurs postes importants. Les soldats de la République ont montré un courage de lion. Il paraît que l'ennemi se retire considérablement, et peut-être serons-nous assez heureux pour entrer aujourd'hui à Maubeuge. Il est impossible de se conduire avec plus d'intrépidité et de sagesse que le général Jourdan. Le général Duquesnoy développe aussi les plus grands talents. Les autres généraux jouissent aussi d'une confiance méritée. L'un d'eux cependant, le général de brigade Gratien, ayant battu en retraite lorsque le général Duquesnoy lui ordonnait de charger, a été destitué sur le champ de bataille et livré à la commis-

de camp du maréchal de Broglie en 1788, garde national à Paris le 14 juillet 1789, député de Paris à la fédération de 1790, lieutenant-colonel du 47ᵉ régiment le 7 août 1792, chef de brigade le 13 juillet 1793, suspendu le 28 ventôse an II (18 mars 1794), réintégré le 8 pluviôse an III (27 janvier 1795), réformé le 4ᵉ jour complémentaire an IV (20 septembre 1796), mort à Paris le 15 décembre 1806. Il avait fait les campagnes d'Allemagne de 1757 à 1762.

[1] Cette pièce fut écrite à six heures du matin : Carnot le déclare lui-même dans une lettre envoyée le même jour et publiée à la page 330.

sion militaire, de même que le commandant de la cavalerie de l'aile gauche [1].

On assure que Lambesc [2] était au centre de l'armée ennemie et que Cobourg commandait en personne son aile droite. Nous avons perdu peu de monde. Le dernier mot des mourants, tant officiers que soldats, était toujours : « Vive la République ! » Nous avons fait environ deux cents prisonniers, entre autres le lieutenant-colonel des dragons de Cobourg, dangereusement blessé [3].

CARNOT, DUQUESNOY.

(Orig., Arch. de la guerre, armée du Nord.)

[1] Le chef de la cavalerie de l'aile gauche était le chef d'escadron Ferrand, dont voici la notice biographique :

Jean-Louis Ferrand, né à Besançon le 13 décembre 1758, volontaire sur le corsaire *la Duchesse-de-Chartres*, avec rang de sous-lieutenant, en 1779, soldat au régiment de Dauphin-Dragons le 3 juillet 1786, congédié par remplacement le 20 février 1788, lieutenant au 24e de cavalerie en 1792, chef d'escadron le 7 février 1793, général de brigade à l'armée de l'Ouest le 20 germinal an II (9 avril 1794), inspecteur général des remontes en 1795, admis au traitement de réforme le 21 mai 1801, mais maintenu en activité sur les côtes du Pas-de-Calais par le contre-amiral La Touche-Tréville, commandant d'armes à Valenciennes le 19 août 1801 et à Calais le 21 février 1802, envoyé à l'armée de Saint-Domingue le 3 prairial an x (23 mai 1802), commandant en chef à Saint-Domingue en 1805, général de division le 5 octobre 1808, se tua près de Scibo (île de Saint-Domingue), le 7 novembre 1808, pour ne pas tomber aux mains des rebelles. Le général Ferrand avait fait les campagnes d'Amérique de 1781 à 1783.

Le représentant Duquesnoy, qui avait fait arrêter Ferrand en même temps que le général Gratien, reconnut bientôt qu'il s'était trompé sur le compte du premier, et il le fit mettre en liberté par l'arrêté suivant, daté de Maubeuge, le 26 brumaire an II (16 novembre 1793) :

« Le représentant du peuple envoyé près l'armée du Nord, considérant, d'après les représentations qui lui ont été faites par les officiers et soldats du 24e régiment, que le citoyen Ferrand, chef d'escadron, avait toujours montré le plus pur [patriotisme] et qu'il s'était montré en vrai soldat; considérant également que la faute que le citoyen Ferrand avait commise à la journée du 16 octobre avait pu être occasionnée tant par la lâcheté du ci-devant général Gratien que par la confusion qui règne ordinairement dans un moment de charge, arrête que ledit citoyen Ferrand, arrêté par son ordre et destitué, sera mis en liberté et reprendra ses fonctions dans son corps; en conséquence, révoque l'arrêté ci-devant pris par lui, qui avait prononcé sa destitution et arrestation. — DUQUESNOY. » (Orig., Arch. nat., AF II 238.)

[2] Charles de Lorraine, prince de Lambesc, ex-colonel du régiment de cavalerie Royal-Allemand.

[2] Le prince d'Anhalt-Köthen, cité dans la relation autrichienne de la bataille de Wattignies, publiée plus haut, à la page 320.

15-17 OCTOBRE 1793. — EXTRAIT DES MÉMOIRES DU GÉNÉRAL DE MONFORT [1] SUR L'INACTION DE LA GARNISON DE MAUBEUGE PENDANT LA BATAILLE DE WATTIGNIES ET SUR L'ENTRÉE DE CARNOT ET DE SES COLLÈGUES DANS MAUBEUGE.

Le 15 octobre, dans l'après-midi, on entendit le canon gronder dans la direction d'Avesnes et, du haut du clocher, comme vigie, on distingua des feux très vifs en deçà et au delà des villages d'Obrechies et de Damousies, qui paraissaient se trouver entre les deux armées [2]. Le bruit paraissait se rapprocher; mais, sur le soir, il s'éloigna. On conjectura que l'armée de Jourdan, après un premier succès, avait été forcée de reprendre ses positions. Comme on ne s'attendait pas à ce secours, les troupes n'étaient pas préparées à une sortie. On voulut cependant en tenter une, mais on ne put la commencer que trop tard, il était presque nuit. A peine les troupes avaient-elles dépassé la redoute du Loup, qu'écrasées par le feu de la contrevallation, elles furent obligées de rentrer précipitamment.

Le lendemain, à la pointe du jour, le canon recommença à tirer. Le fort de l'action parut être, comme la veille, vers Obrechies et Damousies. C'était, semblait-il, le moment de faire une sortie vigoureuse avec une grande masse de troupes. On pouvait facilement, et sans rien compromettre, mettre en mouvement 10,000 hommes. L'armée ennemie, se trouvant ainsi attaquée en même temps de front et à dos, aurait immanquablement été coupée en deux; nous aurions donné la main à l'armée de Jourdan, et la plus grande partie des bagages et de l'artillerie ennemie serait tombée en notre pouvoir. Plus la journée avançait, plus il devenait urgent de faire cette sortie, et l'on devait d'autant moins hésiter qu'on aperçut distinctement filer des convois qui paraissaient évacuer des munitions.

C'était l'avis de la plupart des chefs et des généraux. Le général Chancel, commandant en second, ouvrit un avis plus timide. Il craignit que ce bruit ne fût qu'un combat simulé par lequel l'ennemi cherchait à nous faire croire qu'une armée venait à notre secours, afin de nous attirer au dehors, de nous faire tomber dans un piège, de nous ramener battant et peut-être, profitant de ce premier avantage et du désordre parmi nous qui en aurait été la suite, entrer pêle-mêle avec nous dans la place. Il appuyait son avis sur ce qu'à Condé, où il commandait,

____

[1] Joseph de Puniet de Monfort, né à Vontalaïs, commune de Montcuq (Lot), le 6 avril 1774, élève à l'école militaire de Tournon en 1783, lieutenant du génie le 15 février 1793, maréchal de camp en 1814, mort à Paris le 30 janvier 1855. Il a laissé des *Mémoires* restés inédits, mais qui ont été utilisés par Thiers et par M. Paul Foucart. Le manuscrit appartient actuellement à M. le général Chambert, qui a bien voulu me le communiquer par l'intermédiaire de M. Georges Veilhan, ingénieur des ponts-et-chaussées à Paris. Je les prie d'agréer mes plus sincères remerciments pour leur obligeant concours. Grâce à eux, j'ai extrait des *Mémoires inédits* du général de Monfort l'intéressant passage qui concerne l'inaction de la garnison de Maubeuge pendant la bataille de Wattignies et l'entrée de Carnot dans cette ville après la victoire.

[2] Joseph de Monfort, capitaine du génie le 1er juin 1793, était attaché à la place de Maubeuge.

il avait été victime d'un pareil stratagème, et sur ce qu'aucun officier, ni même aucun espion, n'avait encore passé pour nous donner avis de la marche de Jourdan.

Cet avis prévalut : les troupes, sous les armes depuis le matin, ne reçurent point d'ordre et restèrent à regret dans le camp [1]. Le succès de cette seconde journée ne fut pas beaucoup plus décisif que celui de la veille; le feu, qui avait paru se rapprocher pendant le jour, s'éloigna encore sur le soir. Enfin, le lendemain 17, un brouillard épais, qui régna toute la matinée, empêcha Jourdan de recommencer l'action. Il se contenta d'envoyer de petits corps de cavalerie à la découverte. Nous en fîmes autant; ses détachements et les nôtres se rencontrèrent et se reconnurent. Dès lors on n'hésita plus à faire sortir les troupes du camp, mais il n'était plus temps; déjà l'ennemi avait repassé la Sambre avec toute son artillerie. Nous ne trouvâmes que quelques blessés qu'il avait abandonnés dans le village de Beaufort, environ 50,000 fascines, 10 à 15,000 gabions et plusieurs milliers d'outils de terrassiers. Enfin, à deux heures après midi, le général Jourdan, accompagné des représentants du peuple Carnot et Duquesnoy, entra dans Maubeuge, suivi de son état-major. Le capitaine du génie Duclos-Guyot (aujourd'hui général Guyot-Duclos) était avec eux; il venait d'Avesnes où il était employé et avait pris part à cette bataille, qui s'appela la bataille de Wattignies.

Le représentant Carnot portait l'uniforme du génie, mais modifié de manière à présenter les trois couleurs, savoir : revers blancs, collet et parements rouges. Il n'avait conservé le velours noir comme signe distinctif du génie que pour la patte du parement. Il avait été dit que les officiers du génie porteraient le velours noir en signe de deuil pour la mort de Louis XVI. Carnot nous engagea à prendre le même uniforme que lui; nous le fîmes, mais nous ne le gardâmes pas longtemps, seulement le temps de salir une fois les revers.

———

101. MAUBEUGE, 17 OCTOBRE 1793.

LES REPRÉSENTANTS CARNOT, DUQUESNOY ET BAR À LA CONVENTION NATIONALE.

Maubeuge, 26 vendémiaire an II de la République une et indivisible.

L'armée républicaine a vaincu celle des despotes coalisés, ils ont disparu devant elle. Nous venons d'entrer dans Maubeuge, aux acclamations du peuple et de la nombreuse garnison que nous avons délivrée. Le combat a duré deux journées consécutives, depuis la pointe du jour jusqu'à la nuit. Nous nous disposions à recommencer ce matin et les troupes étaient déjà sous les armes, lorsque les éclaireurs envoyés à la découverte sont venus nous rapporter qu'on ne voyait plus

[1] Cf., à la date du 19 octobre 1793, le rapport du général Ferrand sur les opérations de la garnison de Maubeuge jusqu'au déblocus de la ville.

l'ennemi. Nos troupes alors se sont emparées de son camp, que nous avons trouvé jonché de cadavres. Jamais dispositions plus formidables n'avaient peut-être été prises contre une place qu'on veut réduire. Les retranchements, auxquels l'ennemi travaillait depuis dix-sept jours avec la plus grande activité, auraient effrayé et découragé toutes autres troupes que des troupes françaises et républicaines. Cobourg se croyait si bien inexpugnable dans sa position, qu'il avait dit : « J'avoue que les Français sont de fiers républicains, et je le deviens moi-même s'ils me chassent d'ici. » Ce propos fut rendu à nos braves et le poste fut emporté une heure après.

L'ennemi, ayant réuni toutes ses forces en ce moment décisif, nous força pour un moment de l'évacuer. Les soldats le chassèrent une seconde fois; l'ennemi le reprit encore. Enfin, indignés d'une telle résistance, les républicains chargèrent, la baïonnette en avant, et demeurèrent victorieux. L'ennemi a fui avec précipitation, et toute son artillerie serait probablement tombée en notre pouvoir, si la garnison de Maubeuge eût pu savoir ce qui se passait de notre côté et eût fait une sortie en même temps que nous attaquions l'ennemi de front.

Le coup d'essai du général Jourdan est d'avoir battu Cobourg, voilà l'éloge de ses talents; celui de son patriotisme est dans la bouche de ses compagnons d'armes. Il a été bien secondé par les généraux qui sont à ses ordres. Vous déclarerez sans doute de nouveau que l'armée du Nord a bien mérité de la patrie.

L'ennemi, en s'enfuyant, a commis les plus horribles dévastations; il a brûlé presque tous les villages; il s'est vengé de son désastre sur presque tous les malheureux habitants de la campagne. La loi veut qu'ils soient indemnisés. Vous désirez sans doute que ce soit le plus tôt possible. Nous avons mis provisoirement à la disposition du district d'Avesnes une somme de 200,000 livres pour subvenir aux premiers besoins de ces victimes de la rage impériale et royale de Cobourg [1].

Carnot, Duquesnoy, Bar.

(Copie, Arch. de la guerre, armée du Nord.)

---

[1] Cette lettre, lue par Barère à la tribune de la Convention le 19 octobre, souleva de fréquents applaudissements. Sur la proposition de Billaud-Varenne et de Gossuin, la Convention rendit le décret suivant :

« La Convention nationale, après la lecture de cette lettre, décrète :

« Art. 1. L'armée du Nord, qui a remporté près Maubeuge une victoire complète

102. AVESNES, 17 OCTOBRE 1793. — CARNOT AU COMITÉ DE SALUT PUBLIC.

Avesnes, le 6ᵉ jour de la 3ᵉ décade du 1ᵉʳ mois de l'an II de la République française.

CARNOT, REPRÉSENTANT DU PEUPLE PRÈS L'ARMÉE DU NORD,
À SES COLLÈGUES COMPOSANT LE COMITÉ DE SALUT PUBLIC.

Triomphe à la liberté, gloire aux armes de la République! Les ennemis sont chassés, le siège de Maubeuge est levé. Ci-joint la lettre datée de Maubeuge, par laquelle nous rendons compte de ce succès décisif à la Convention nationale. Je vous prie de faire déclarer de nouveau que l'armée du Nord a bien mérité de la patrie; jamais décret n'aura été plus juste. Je vous prie aussi de faire approuver la mesure par laquelle nous avons fait donner des secours provisoires aux malheureux habitants des campagnes incendiées par les brigands de l'Autriche. Donnez connaissance à la Convention des détails que vous avez reçus de nous par nos dépêches précédentes; il est important néanmoins que vous ne parliez pas de notre force qui n'est que de cinquante mille hommes. Il faut, pour le succès des opérations ultérieures, que les ennemis nous croient beaucoup plus forts. Nous avons trouvé les habitants de Maubeuge très froids et la garnison très molle; elle eût pu, en faisant des sorties perpétuelles pendant l'action, harceler l'ennemi de manière que notre victoire eût été beaucoup plus avantageuse par la prise que probablement nous aurions faite de toute l'artillerie ennemie. Les citoyens de Maubeuge ne nous ont pas reçus avec les transports qu'on devrait manifester, ce semble, envers des libérateurs. Nous allons travailler à électriser un peu ce pays et à y remonter l'esprit public.

Je ne puis rien vous dire encore de nos projets. L'ennemi, qui craignait une déroute complète, s'est hâté de faire sa retraite. Un brouillard

sur les Autrichiens, a continué de bien mériter de la patrie. Le président est chargé d'écrire aux dignes républicains de cette armée une lettre qui leur apprendra la reconnaissance nationale pour la bravoure et le zèle qui les ont constamment animés.

« ART. 2. La Convention nationale approuve toutes les dispositions prises par les représentants du peuple envoyés près de cette armée. Son comité des finances lui fera, dans la séance de demain, un rapport sur les secours provisoires à distribuer aux citoyens du département du Nord qui ont été pillés ou dont les demeures ont été dévastées ou incendiées par l'ennemi. »

(Cf. *Moniteur*, XVIII, 166.)

des plus épais, auquel la pluie a succédé, l'a favorisé en nous dérobant sa marche. Sa retraite a été régulière et il n'a point perdu son ensemble, mais nous croyons son armée absolument découragée. Je crois que sa perte a été de quatre mille hommes à peu près [1]. Nous avons eu de notre côté deux mille hommes environ, tant tués que blessés. L'affaire a été des plus chaudes ; il est peu d'exemples d'un combat de quarante-huit heures poursuivi avec un pareil acharnement. L'armée est vraiment digne des plus grands éloges. Jourdan est digne du commandement qui lui est confié. Cependant le succès lui était nécessaire : il était perdu, s'il eut échoué ; on le dénonçait déjà comme un traître et moi aussi, pour avoir tiré des villes les garnisons pour les joindre au corps de l'armée. C'est un brave et honnête sans-culotte que Jourdan. Le général Duquesnoy est aussi très bon ; les autres, tels que Balland, Fromentin, Lemaire, ont beaucoup de bonne volonté, mais sont faibles en talents. Cordellier n'a pas paru. Je crois que le général en chef ne sait pas encore où il demeure. C'est peu de chose, à ce qu'il me semble. L'armée est tout éparpillée ; le succès la décompose aussi bien que les revers. Demain elle va se reposer, se rallier, se mettre en état d'opérer de nouveau. Je vais combiner avec Jourdan les opérations ultérieures, après quoi je me rendrai auprès de vous, ce sera le plus tôt possible. Si vous voulez que cette victoire mémorable et qui sauve la République ait un nom particulier, vous pouvez l'appeler *l'affaire de Wattignies*, car c'est ce village qui a été le théâtre du combat qui a fixé la victoire ; il a été pris et repris cinq fois de suite, trois fois par nous et deux fois par l'ennemi, mais c'est nous qui, étant restés les maîtres de cette position, avons tellement serré l'ennemi qu'il a jugé à propos de battre en retraite au plus vite. Nous tâcherons de ne pas nous en tenir là, mais je ne puis vous dire ce que nous ferons, l'ennemi ayant, comme je vous dis, conservé son ensemble plus que nous-mêmes. Je me propose de vous porter moi-même les résolutions qui seront arrêtées. Notre fatigue est excessive.

CARNOT.

Je vous prie d'ouvrir la lettre que nous envoyons à la Convention avant de la remettre au président. Il est bon que vous ayez connais-

---

[1] Le bulletin de l'armée autrichienne n'accuse que 3,000 hommes. En revanche, il nous attribue une perte triple de celle mentionnée par Carnot.

sance de ce qu'elle contient, quoique le récit soit très succinct. Vous aurez des détails par la lettre officielle que Jourdan doit écrire au ministre.

Cette lettre est la troisième que je vous écris aujourd'hui : une le matin à six heures, lorsque nous ne savions pas encore ce qu'avait fait l'ennemi, et datée d'Avesnes; la seconde écrite de Maubeuge et adressée à la Convention nationale, c'est celle ci-jointe; et la troisième est celle-ci que je vous écris d'Avesnes, où nous sommes revenus pour faire passer à Maubeuge les subsistances et autres objets qui lui manquent. Il était temps de la ravitailler [1].

(Orig. aut., Arch. nat., AF II 239, musée.)

———

AVESNES, 17 OCTOBRE 1793.

LE GÉNÉRAL JOURDAN AU MINISTRE DE LA GUERRE BOUCHOTTE.

Au quartier général d'Avesnes, le 17 octobre, l'an II de la République française.

LE GÉNÉRAL EN CHEF DE L'ARMÉE DU NORD AU CITOYEN MINISTRE DE LA GUERRE.

J'ai reçu hier, sur le champ de bataille, votre dépêche, citoyen ministre. La division de droite, aux ordres du général Duquesnoy, a forcé le camp et le poste de Wattignies, que sa position rendait imprenable; mais rien n'a résisté à la bayonnette des républicains. La division de gauche, aux ordres du général Fromentin, a forcé Leval, Saint-Waast, Saint-Rémy et Saint-Aubin.

J'apprends à l'instant que l'ennemi a évacué dans la nuit le camp qu'il avait sur les hauteurs de Dourlers, sans doute parce qu'il a craint d'y être enveloppé. Je monte à cheval et j'espère vous en rendre bon compte [2].

Le combat d'hier a commencé à huit heures du matin et a cessé à la nuit.

[2] Outre ces lettres les deux frères Carnot écrivirent du champ de bataille à leur père pour lui annoncer qu'ils étaient sains et saufs. (Cf. *Mémoires sur Carnot par son fils,* nouv. éd., I, 420.) Nous n'avons pas retrouvé le texte de cette lettre.

[2] Le 17 octobre 1793 Jourdan donna les ordres suivants : *Au général Fromentin.* Réunir sa division et la faire camper dans la position la plus convenable pour défendre le passage de la Sambre. Donner l'état des pertes éprouvées par sa division dans les journées des 15 et 16. — *Au général Cordellier.* Faire camper ses troupes en arrière de la haie d'Avesnes. Donner l'état des pertes. — *Au général Balland.* Camper dans les positions qu'il occupait avant de se porter en avant de la haie d'Avesnes. Donner l'état des pertes. — *Au général Duquesnoy.* Camper sur les hauteurs de Wattignies et donner l'état des pertes. — *Au général Beauregard.* Camper sur les hauteurs de Solre-le-Château et donner l'état des pertes. (Arch. de la guerre, reg. de Jourdan.)

L'ennemi a perdu beaucoup de monde. Les républicains se sont battus avec un courage dont il n'y a pas d'exemple.

Les représentants du peuple Carnot et Duquesnoy ont marché à la tête des troupes qui ont chargé. Ils ont destitué sur le champ de bataille le général de brigade Gratien qui, ayant reçu l'ordre de se porter en avant, avait battu en retraite. Cet acte de justice a produit un bon effet et cette brigade a été de suite reprendre son poste.

Je n'ai pas le temps de vous donner de plus amples détails. Il est plus essentiel dans ce moment de se battre que d'écrire.

Salut et fraternité.

JOURDAN.

(Copie certifiée par Bouchotte, Arch. de la guerre, armée du Nord.)

AVESNES, 17 OCTOBRE 1793.

LE GÉNÉRAL JOURDAN AU MINISTRE DE LA GUERRE BOUCHOTTE.

Au quartier général à Avesnes, le 17 octobre 1793, l'an II de la République[1].

LE CITOYEN JOURDAN, GÉNÉRAL EN CHEF DE L'ARMÉE DU NORD,
AU CITOYEN BOUCHOTTE, MINISTRE DE LA GUERRE.

Citoyen ministre,

Les troupes de la République viennent de remporter une victoire signalée sur les satellites des tyrans coalisés. La supériorité du nombre, la position presque inexpugnable dont ils s'étaient emparés, tous ces avantages réunis n'ont pu arrêter la valeur de nos soldats. L'ennemi, attaqué au centre et sur les ailes, s'est vu forcer, malgré une résistance opiniâtre qui n'a fait qu'augmenter ses pertes. Sa position était extrêmement avantageuse. Maître des hauteurs couronnées par des bois, il avait établi différentes batteries qu'il fallait affronter avant de le joindre. Il eût été aussi difficile que dangereux de l'attaquer de face, et la latitude de son front ne me permettait de le tourner qu'en dégarnissant beaucoup le centre. Je pris cependant ce parti; j'ordonnai au général Duquesnoy de se porter sur le flanc de l'ennemi et de gagner une position qui me mît à portée de l'attaquer avec avantage. Ce général exécuta mon ordre avec autant de bravoure que d'intelligence[2], et cette

---

[1] On lit en tête : «Reçu le 27 (du 1er mois) à 8 heures du soir. Répondu le 28.»

[2] Hébert, dans la séance du club des Jacobins du 18 brumaire (8 novembre 1793), attaqua violemment le représentant Duquesnoy, «sans connaissance et sans talents», qui a entravé les opérations de Jourdan, et son frère le général. «J'avais, dit-il, jusqu'à ce jour regardé Duquesnoy comme un bon patriote: c'est un cultivateur, c'est un assez pauvre citoyen; il n'a pas les

manœuvre a décidé du sort de cette bataille, qui a duré deux jours. L'ennemi, se voyant tourné, a opposé la résistance la plus opiniâtre pour garder le village de Wattignies, qui couvrait son camp. Ce village a été pris, repris trois fois; les représentants du peuple Carnot et Duquesnoy ont été à la tête des troupes; ils ont inspiré par leur exemple à nos soldats ce courage digne des républicains français. Rien n'a pu leur résister; ce poste a été enlevé à la baïonnette, malgré le feu de la mitraille et des obusiers. Malheureusement la nuit est survenue et il me fut impossible de pousser plus loin l'ennemi. Je m'attendais ce matin à le forcer jusque

qualités d'un général et n'en a pas sans doute les prétentions. Pourtant il est certain qu'il a voulu mettre un sien frère à la tête des armées et qu'il s'est constamment opposé aux vues de Jourdan, pour pouvoir l'entourer du soupçon. Je ne veux contre le frère de Duquesnoy que les témoignages de Duquesnoy lui-même. Un jour, en ma présence, le ministre de la guerre, qui s'occupait alors de régénérer l'armée, sachant que Duquesnoy avait un frère dans les armées, lui demanda à quoi il pouvait l'employer. Duquesnoy répondit : « Je vous prie de le laisser à sa place; il n'est pas bon pour commander une armée, pas même une division; il est fort bien à sa place. » C'était alors son sentiment : je regardai cet aveu comme admirable; cependant il paraît qu'il a bien changé; il en veut faire un général. Il tient maintenant sous le despotisme le plus cruel et le général Jourdan et l'armée entière : personne n'oserait écrire au Comité de salut public; la lettre serait interceptée, l'auteur arrêté, traîné dans les cachots. » — (Cf. Aulard, *La société des Jacobins*, V, 500.) — Celliez, ancien commissaire du pouvoir exécutif à l'armée du Nord, confirma les dires d'Hébert et il lut des lettres accusant les représentants de ne pas être toujours à leur poste et Carnot de chercher à faire avancer son frère. Hébert ajouta que Duquesnoy avait dit faussement que son frère s'était distingué à Wattignies. (Cf. *Moniteur*, XVIII, 390). — La dénonciation d'Hébert fut transmise au Comité de salut public. Elle contenait des inexactitudes, car on voit que le général Duquesnoy, promu divisionnaire par Bouchotte le 3 septembre 1793, malgré les protestations de son frère (cf. plus haut,

p. 200, note 1), était tenu en grande estime par Jourdan et avait pris une part glorieuse à la victoire de Wattignies. D'ailleurs, dans la séance du 19 (9 novembre), Duquesnoy se défendit d'avoir voulu élever son frère aux grades. « Je déclare, dit-il, que je n'ai qu'un frère dans les armées, que je n'ai jamais sollicité pour lui; qu'il fut fait général de brigade sans ma participation, et à la recommandation d'Hébert lui-même. Enfin, nommé général de division, le ministre de la guerre m'écrivit pour l'en aviser. Je lui répondis pour lui témoigner ma surprise qu'il ne m'en eût pas prévenu auparavant, et je dis formellement que je ne doutais point du patriotisme de mon frère, mais beaucoup de ses talents pour cette place. Cependant, voici une lettre écrite par le chef d'état-major Renoud (lisez *Ernouf*), contenant les détails de l'affaire de Maubeuge, dans laquelle on dit que c'est particulièrement à Duquesnoy et à Jourdan, dont on fait aussi l'éloge parfait, que le succès de cette journée est dû. » — Duquesnoy disait vrai et il trouva un appui dans Robespierre, qui réfuta en ces termes les calomnies proférées par Hébert contre les généraux. « D'abord je vous dirai que nous sommes parvenus à réunir dans l'armée du Nord trois républicains qu'il serait peut-être fort difficile de rencontrer ailleurs. C'est Beauregard, général sans-culotte, dont vous connaissez les talents. C'est Renoud (Ernouf), chef de l'état-major, ami de Jourdan; c'est Duquesnoy, ami aussi de Jourdan. Tous trois s'entendent parfaitement, et l'amitié de ces trois hommes peut sauver la chose publique. » (Cf. Aulard, *ut supra*. p. 503.)

dans ses derniers retranchements; mais, profitant de l'obscurité de la nuit et d'un brouillard épais qui s'est élevé et a duré jusqu'à midi, il a opéré sa retraite et repassé la Sambre, au-dessus et au-dessous de Maubeuge. Sa perte est d'environ six mille hommes. Nous n'avons eu, de notre côté, qu'environ deux cents hommes de tués et douze cents de blessés. L'ennemi avait déjà repassé la Sambre quand j'ai été averti de sa retraite; il ne l'aurait pas faite facilement sans le brouillard qui me cachait absolument ses mouvements. Enfin Maubeuge est libre. Notre avantage eût été beaucoup plus considérable sans la lâcheté du général Gratien, qui fit battre en retraite une brigade destinée à renforcer l'attaque du village de Wattignies. Ce général a été destitué par les représentants du peuple à la tête de sa colonne et mis en état d'arrestation.

Je ne puis trop louer le courage et l'énergie que les soldats républicains ont montrés dans cette action. C'étaient autant de héros. Le citoyen Carnot, chef de brigade du génie, a rendu les plus grands services. Il m'est de la plus haute importance de conserver ce brave homme à l'armée du Nord, qui manque absolument d'ingénieurs. J'espère que vous voudrez bien donner des ordres pour qu'il y soit employé.

Je m'occupe à prendre des mesures pour profiter de la défaite de l'ennemi; je ferai les plus grands efforts pour le chasser du territoire français. J'attends tout de la valeur, du zèle et du courage de nos soldats.

Salut et fraternité.

JOURDAN.

(Orig., Arch. de la guerre, armée du Nord.)

CARROUGES, 17 OCTOBRE 1793.
LE GÉNÉRAL KELLERMANN AU COMITÉ DE SALUT PUBLIC.

Analyse. — Deux lettres : 1° Envoi d'une lettre du général du Merbion [1] et

[1] Pierre Jadart du Merbion, né à Montmeillant (Ardennes) le 30 avril 1737, fils d'un major d'infanterie, lieutenant du bataillon de milice de Mazarin le 1er avril 1754, lieutenant au régiment de Vastan le 5 novembre 1757, prisonnier de guerre à Harbourg le 28 décembre 1757, échangé le 23 juillet 1761, sous-aide-major le 1er février 1763, aide-major le 29 février 1768, capitaine le 10 septembre 1769, capitaine de chasseurs le 6 juin 1776, chevalier de Saint-Louis le 22 janvier 1779, capitaine en second de grenadiers le 2 avril 1780, capitaine commandant le 25 février 1782, lieutenant-colonel du 91e régiment le 5 février 1792, colonel le 15 octobre 1792, maréchal de camp provisoire à l'armée d'Italie le 23 novembre 1792, général de brigade le 8 mars 1793 et de division le 15 mai suivant, général en chef provisoire de l'armée d'Italie le 8 août 1793, confirmé le 15 prairial an II (3 juin 1794), commandant en chef des armées d'Italie et des Alpes le 4 fructidor an II (21 août 1794), remplacé par Scherer le 13 brumaire an III (3 novembre 1794), pen-

d'une copie d'une lettre du résident de France à Gênes [1] annonçant que le Midi est menacé d'un grand effort de l'ennemi. Il a donné ordre à deux bataillons de se rendre à Grasse et a envoyé des munitions au général du Merbion. Il prie le Comité de lui faire passer des secours de Lyon. — 2° Se conformant à l'arrêté du Conseil exécutif prononçant sa destitution [2], il a écrit au général d'Ornac [3] pour lui remettre le commandement de l'armée [4].

(Analyses, Arch. de la guerre, reg. D du Comité de Salut public, p. 643.)

sionné le 18 floréal an III (7 mai 1795), mort à Montmeillant le 7 ventôse an V (25 février 1797). Le général du Merbion avait fait les campagnes d'Allemagne de 1757 à 1761, une sur mer en 1762, et avait passé huit ans en Amérique, de 1765 à 1773. (Cf. Paul Laurent, *Notes inédites sur le général du Merbion;* Paris, 1895, in-8°.)

[1] C'était Tilly.

[2] Le général Kellermann avait en vain protesté contre sa destitution (cf. p. 255). L'impopularité du vainqueur de Valmy était extrême. En effet, dans la séance du club des Jacobins du 19 octobre 1793, on lut une lettre de lui, par laquelle, après s'être félicité d'avoir fait triompher le patriotisme dans le département du Mont-Blanc, il priait la société de lui confirmer le titre de général des Jacobins, que lui avaient donné les ennemis. Cette lecture souleva des protestations telles, que, sur la proposition de Pereira, Kellermann fut rayé de la société des Jacobins. (Cf. Aulard, *La société des Jacobins*, V, 468.)

[3] Jean-Jacques de la Roque d'Olès d'Ornac, né à Angles (Hérault) le 21 mars 1729, fils de Jean, sieur d'Ornac, cornette au régiment de dragons de Languedoc le 10 juin 1744, réformé le 29 septembre 1748, lieutenant en second le 7 juillet 1749 et en premier le 18 août 1751, capitaine le 10 février 1759, chevalier de Saint-Louis le 12 mars 1763, aide-major le 12 juin 1763, major du régiment Mestre-de-camp-général le 9 décembre 1771, rang de mestre de camp le 3 mars 1774, lieutenant-colonel le 8 avril 1779, brigadier le 1er janvier 1784, maréchal de camp

le 9 mars 1788, employé à l'armée du Midi le 22 mai 1792, lieutenant général le 7 septembre 1792, commandant en chef provisoire de l'armée des Alpes en l'absence de Kellermann le 25 avril 1793, destitué le 29 juin, réintégré par le représentant Gauthier le 23 août 1793, autorisé à prendre sa retraite le 1er frimaire an II (21 novembre 1793), retiré à Angles, où il vivait encore en l'an VIII. Le général d'Ornac avait fait les campagnes d'Italie de 1744 à 1748 et d'Allemagne de 1761 et 1762. Il avait été blessé d'un coup de feu à l'épaule lors de la descente des Anglais à Cherbourg en 1758.

[4] Le 25 octobre 1793 le général d'Ornac écrivit des Marches à Bouchotte pour lui mander qu'après la retraite précipitée des Piémontais sur le mont Cenis et le mont Saint-Bernard, il a établi son quartier général aux Marches pour veiller sur la Maurienne et la Tarentaise. Il avait donné ordre au général Le Doyen d'attaquer les Piémontais qui se fortifiaient au col de la Roue, mais, vu la suspension de ce général, l'attaque a été contremandée. Il ne sait que faire, vu que le bruit court que lui-même est suspendu et remplacé par le général Doppet, «ce qui, dit-il, me jette dans un embarras extrême, en me forçant d'user de la manière la plus circonspecte du commandement qui m'est confié.» (Orig., Arch. de la guerre, armée des Alpes.) — Le 31 octobre, le général Doppet prévint le ministre qu'il avait ordonné au général d'Ornac de cesser tout commandement. (Arch. de la guerre, armée des Alpes.)

BELVER, 17 OCTOBRE 1793.

LE GÉNÉRAL DAGOBERT AU COMITÉ DE SALUT PUBLIC.

Au quartier général de Belver, le 17 octobre 1793, l'an ii de la République française.

LE GÉNÉRAL DAGOBERT AUX CITOYENS REPRÉSENTANTS DU PEUPLE COMPOSANT LE COMITÉ DE SALUT PUBLIC DE LA CONVENTION NATIONALE.

Les Espagnols semblaient menacer cette frontière de la Cerdagne; ils avaient apposté huit cents hommes au village de Monteilla et cinq cents à celui de Martinet, dont les patrouilles et les postes avancés se fusillaient chaque jour avec les nôtres. Il m'était également rapporté qu'il était arrivé deux régiments de plus à Urgel, outre ceux qui composaient l'armée que j'avais chassée de la Perche. Je ne me suis pas néanmoins départi pour cela du projet que j'avais formé d'aller attaquer cette place; je me suis en conséquence porté sur Monteilla et Martinet, que j'ai attaqués ce matin.

Le premier de ces villages est situé sur une hauteur et presque entièrement environné d'un ravin profond, qui le rend inaccessible; j'ai fait avancer pendant la nuit des têtes de colonnes pour le tourner et s'emparer des hauteurs; elles étaient gardées par l'ennemi, mais, après une fusillade très vive, nous l'en avons délogé. Nous l'avons pareillement délogé des deux villages. Nous nous sommes emparés de quelques caisses remplies de cartouches et fait dix-neuf prisonniers. Le soldat, à qui le représentant du peuple Cassanyès avait fait mettre le feu à Riber, a cru pouvoir faire encore de même, et, quelque soin que je me sois donné, je n'ai pu empêcher le pillage et l'incendie. Toute l'armée et le représentant Cassanyès lui-même, qui était présent, rendraient témoignage, s'il en était besoin, des démarches que j'ai faites pour prévenir ces malheurs. Néanmoins j'entends dire que la malveillance, qui me poursuit depuis quelque temps, se permet d'en rejeter la faute sur moi, comme si un général pouvait être partout et empêcher les désordres dont un représentant du peuple avait précédemment donné lui-même le signal. Cette circonstance, plus encore que les propos et l'improbation du représentant du peuple, m'a fait ramener l'armée en cantonnement, dans les environs de cette place, et renoncer pour le moment à l'attaque d'Urgel [1]. Nous n'avons eu que deux hommes de tués et peu de blessés.

Salut et fraternité.

DAGOBERT.

(Orig., Arch. de la guerre, armée des Pyrénées orientales.)

[1] Le général Dagobert s'entendait assez mal avec le représentant Cassanyès, qui, de son côté, accusait celui-ci de ne pas s'intéresser au succès des combats auxquels il ne participait pas. (Cf. dans *la Révolution française*, t. XIV, p. 806, un article de M. P. Vidal, bibliothécaire de Perpignan, sur la bataille de Trouillas.)

PARIS, 17 OCTOBRE 1793.

LE GÉNÉRAL STETTENHOFFEN AU COMITÉ DE SALUT PUBLIC.

Analyse. — Il demande qu'on fasse un rapport sur ses services, afin de n'être pas compris dans l'application de la loi sur les étrangers.

(Analyse, Arch. de la guerre, corr. gén.)

---

103. AVESNES, 18 OCTOBRE 1793. — ARRÊTÉ DE CARNOT ET DE DUQUESNOY.

Analyse. — Ils mettent à la disposition du district d'Avesnes une somme de 200,000 livres pour secourir provisoirement les citoyens qui ont souffert du séjour de l'ennemi auprès de Maubeuge.

(Arch. dép. du Nord, L, cahier d'enregistrement des arrêtés des représentants, liasse 7.

---

104. AVESNES, 18 OCTOBRE 1793.

PROCLAMATION DE CARNOT ET DE DUQUESNOY À L'ARMÉE DU NORD.

Au nom de la République française, une et indivisible.

Les représentants du peuple à l'armée du Nord.

Braves soldats,

Vous venez de rehausser la gloire des armes françaises; vous avez comblé le vœu des représentants du peuple et de la nation entière qui avait les regards fixés sur vous. Les despotes sont terrassés, la tyrannie est vaincue, la patrie est sauvée et vous avez bien mérité d'elle.

Dans les journées mémorables que vous venez d'illustrer, vos chefs ont fait, comme vous, leur devoir; ils l'ont fait, comme vous, avec gaieté et en hommes libres. Quelques-uns se sont montrés indignes de vous commander : ils ont été destitués sur le champ de bataille et il vous en sera fait justice.

Les représentants du peuple s'honorent d'avoir partagé vos travaux et vos dangers; vous les verrez toujours à votre tête dans le chemin de l'honneur.

La Convention nationale va être instruite de ce que vous avez fait pour le salut de la République; comptez sur sa reconnaissance.

Au quartier général, le 7ᵉ jour de la 3ᵉ décade du 1ᵉʳ mois de l'an II de la République une et indivisible.

CARNOT, DUQUESNOY.

(Arch. de la guerre, reg. d'ordres de l'armée du Nord, xiii *bis*, p. 103.)

---

18 OCTOBRE 1793.

ORDRE DU JOUR DU GÉNÉRAL JOURDAN À L'ARMÉE DU NORD.

Soldats de la République, la victoire que vous venez de remporter sur les esclaves des tyrans coalisés vous couvre de gloire. Les représentants de la nation, votre général en chef, sous les yeux desquels vous avez affronté tant de fois la mort et qui ont partagé les dangers que vous avez courus, instruisent la Convention et la nation entière de votre généreux dévouement. La patrie reconnaissante a ses yeux fixés sur vous; elle n'attendait pas moins de votre zèle, de votre courage et de votre attachement pour elle. Achevez votre ouvrage; que la terre de la liberté soit entièrement purgée de ces monstres qui l'infectent, et que l'arbre de la liberté étende ses rameaux sur tout l'univers! C'est à vous, braves frères d'armes, à achever ce grand ouvrage. Votre valeur, votre intrépidité, votre amour pour la patrie assurent que vous le terminerez bientôt.

(Arch. de la guerre, reg. d'ordres de l'armée du Nord, xiii *bis*, p. 102 v°.)

AVESNES, 18 OCTOBRE 1793.

LE REPRÉSENTANT DUQUESNOY À SES COLLÈGUES DU BUREAU CENTRAL À ARRAS.

Avesnes, le 18 octobre 1793, l'an II de la République française, une et indivisible.

Citoyens collègues,

Je vous envoie quatre jean-foutres à raccourcir. Le premier est le général de brigade Gratien; il a formellement désobéi à l'ordre de son général de division qui lui avait ordonné d'attaquer et de charger l'ennemi dans le village de Wattignies. S'il eût exécuté cet ordre, la bataille aurait été gagnée trois heures plus tôt et nous aurions eu le temps de profiter complètement de notre victoire; et des douze à quinze mille hommes qui étaient sur les hauteurs de Wattignies, ils auraient été tous enveloppés et il ne s'en serait pas sauvé un. Mais ce traître, ce lâche, loin d'exécuter l'ordre qu'il avait reçu, ordonna la retraite, nous fit perdre bien du monde et faillit nous faire perdre la bataille.

Le second est le commandant du 25ᵉ régiment de cavalerie[1], qui aussi a refusé d'obéir aux ordres du général Fromentin, qui lui avait commandé de charger l'ennemi avec son régiment. Au lieu d'obéir il fit demi-tour à droite et foutit le camp, ce qui dérangea beaucoup nos affaires et nous fit perdre plusieurs braves républicains.

Le troisième est le commandant temporaire de cette ville, plein de respect pour Cobourg et ses agents. La preuve en existe : les égards qu'il eut pour le prince de [Anhalt-Köthen], lieutenant-colonel du régiment de Cobourg, qu'il fit transporter avec beaucoup de soins dans une maison bourgeoise, pour le faire panser, tandis que nos frères sont couchés dans une église, comme dans une grange. Je les ai visités tous ce matin; ils se sont plaints de ce défaut. Comment se peut-il qu'on ait plus d'égards pour certains de nos ennemis que pour nous.

Le quatrième est un Irlandais, nommé Mandeville, que j'ai entendu nommer ce matin *M. le marquis*. Comme je n'aime pas les marquis, je vous l'envoie.

Nous avons eu dans nos deux journées de combat près de seize cents blessés et huit cents tués. L'ennemi a perdu, sans compter ses blessés, six mille hommes au moins. On est encore occupé en ce moment à les faire enterrer. Ils nous ont aussi laissé deux voitures de fusils au moins, qu'on a ramassés sur le champ de bataille.

Salut et fraternité.

DUQUESNOY.

(Copie, Arch. de la guerre, armée du Nord.)

MAUBEUGE, 18 OCTOBRE 1793.
LE REPRÉSENTANT BAR AU COMITÉ DE SALUT PUBLIC.

Maubeuge, 18 octobre 1793, l'an II de la République une et indivisible.

LE REPRÉSENTANT DU PEUPLE ENVOYÉ PRÈS L'ARMÉE DU NORD
À SES COLLÈGUES DU COMITÉ DE SALUT PUBLIC ET DE LA CONVENTION NATIONALE.

Citoyens mes collègues,

La dépêche que nous avons fait parvenir, mes collègues Carnot, Duquesnoy et moi, à la Convention nationale, hier par un courrier extraordinaire, vous a déjà instruit de la levée du blocus de Maubeuge, ainsi que des moyens qu'avait employés l'ennemi pour l'opérer. S'il n'avait eu que la force pour forcer cette place, c'eût été une folle tentative de sa part, quelque faible que fût la division de Maubeuge, réduite à l'effectif de 15,000 hommes, vis-à-vis l'armée ennemie

---

[1] Il s'agit probablement de Jean-Louis Ferrand. Cf. p. 324.

qui était au moins de 45,000 hommes. Sa position dans un camp fortement retranché sous le canon de la place lui donnait de grands moyens de résistance, presque impossibles à surmonter. Mais, quelque vigilance que nous ayons apportée, mes collègues Drouet, Isoré et moi, à faire approvisionner le camp et la place que nous avions trouvée totalement dénuée de subsistance en grains et farines, le temps ne nous avait pas permis de faire arriver la quantité nécessaire à la consommation, pour le temps que devait entraîner la défense dont la place et le camp étaient susceptibles. Quant aux viandes, la difficulté de réunir en un point les fourrages nécessaires pour alimenter les bestiaux les avait fait laisser en arrière pour partir, et le blocus en rendait l'introduction impossible. A l'époque du 15 de ce mois, la quantité de farines et grains ne pouvait fournir que pour vingt-trois jours de consommation, et, d'après l'état que je me suis fait fournir des bestiaux existants, il ne pouvait, à moins d'une très grande réduction, être distribué que pour cinq jours de viande. Néanmoins l'ennemi nous supposait dans une position encore plus critique. Un commissaire des guerres, nommé Petit, employé à Maubeuge, et qui avait assisté à un conseil de guerre tenu dans les premiers jours de notre arrivée, et dans lequel les besoins de la place et du camp, ainsi que les moyens d'y pourvoir, avaient été discutés, s'était émigré le lendemain. On assure que cet homme résidait à Paris et y a des propriétés considérables.

Les diverses administrations avaient mis beaucoup de négligence à pourvoir les différentes parties des choses nécessaires; les voitures étaient dans le délabrement; aucun magasin n'était établi pour la nourriture des employés; aucuns fonds n'étaient envoyés pour les solder. La caisse du payeur de la division était elle-même à peu près vide, et le service allait totalement manquer dans cette partie, si, au moment du blocus, il ne se fût trouvé dans la caisse municipale 80,000 livres, avancées par le gouvernement pour approvisionnement qui n'avait pu être effectué et que la municipalité remit au payeur, à charge d'en être remboursé après le blocus.

Quelque zèle qu'aient mis les officiers de santé des hôpitaux militaires à solliciter les choses nécessaires aux soins à donner aux malades et aux blessés, ils n'avaient pu obtenir aucun approvisionnement de linge nécessaire pour les pansements. Il fallut y pourvoir par la voie de réquisition et l'emploi des effets de cette nature trouvés chez les émigrés et les déportés.

L'éloignement du tribunal militaire placé près du quartier général de l'armée du Nord, l'impuissance où était un seul officier de police envoyé par le ministre d'instruire toutes les procédures contre les délinquants, assuraient l'impunité des délits. L'indiscipline, l'insubordination, la désertion, l'incivisme même se multipliaient et restaient impunis. Le blocus nous parut rendre plus nécessaire encore l'établissement d'un tribunal criminel militaire. Nous prîmes à cet égard un arrêté avec mon collègue Drouet.

Il était arrivé, quelques jours avant le blocus, environ 2,000 hommes levés en masse des districts de Péronne et d'Avesnes. Ils s'étaient formés en bataillons, mais les généraux, convaincus que leur inexpérience et celle de leurs chefs les rendraient peu utiles au service purement militaire, crurent qu'il serait plus avantageux de les placer, provisoirement et pour le temps du blocus seulement, en qualité de pionniers près les différents bataillons de la division, pour travailler, sous la direction d'officiers instruits, aux travaux indispensables pour perfectionner les fortifications de la place et du camp. Je vous transmets l'arrêté que j'ai cru indispensable de prendre à cet égard pour le bien du service.

Malgré toutes les diligences faites pour faire arriver à Maubeuge les effets d'habillement et d'équipement nécessaires à la division, rien n'étant parvenu à l'époque de l'investissement, un grand nombre de défenseurs de la République étant nus et déchaussés, il me parut indispensable de pourvoir à leurs besoins en mettant en réquisition forcée les marchandises et effets qui se trouvaient en la possession des citoyens de Maubeuge. J'ai pris encore un arrêté relatif à cette mesure; elle s'exécute encore actuellement et je pense qu'elle ne devra cesser qu'avec les besoins de la division ou lorsqu'il existera d'autres moyens d'y satisfaire.

Il nous a été fait une dénonciation contre le général Gudin, général de brigade, commandant la place. On l'accusait d'avoir voulu faire marcher le bataillon qu'il commandait contre Paris. Nous crûmes indispensable de le faire mettre en état d'arrestation, en même temps que nous fîmes apposer les scellés sur ses papiers. L'inventaire en a été fait, mais le juge de paix que j'ai requis d'en faire faire des copies ne me les a point encore remises. Je vous les ferai passer incessamment avec les pièces que le général Gudin m'a fait remettre pour sa justification. Je vous transmets également copie de tous les autres arrêtés que mes collègues et moi avons cru nécessaire de prendre pour le bien du service de la division de Maubeuge et le remplacement du général Gudin, par la promotion provisoire au grade de général de brigade du citoyen Vezu [1], dont le patriotisme, le courage et l'expérience militaire nous ont été attestés par tous les braves citoyens de la ville et de l'armée. Je vous demande de soumettre tous ces arrêtés à la Convention nationale et de l'engager à prononcer sur leur exécution. Si elle juge devoir continuer les représentants du peuple près la division de Maubeuge et me continuer

[1] Claude Vezu, né à Virieu-le-Grand (Ain) le 19 décembre 1749, entré au régiment d'Aunis le 28 mai 1768, sergent le 28 mars 1773, fourrier des grenadiers le 28 juin 1776, congédié le 9 septembre 1780, entré dans le corps de la marine le 18 mai 1781, sergent le 15 juin 1781, sert sur mer de 1781 à 1784, fourrier des grenadiers le 1er septembre 1785, maître canonnier le 11 décembre 1787, congédié le 9 octobre 1790, sous-lieutenant au 3e bataillon de Paris le 18 juillet 1791, lieutenant quartier-maître le 27 octobre 1791, chef de bataillon le 20 février 1793, général de brigade à l'armée du Nord le 21 septembre 1793, général de division provisoire le 26 brumaire an II (16 novembre 1793), par arrêté des représentants Hentz et Bar, confirmé et chargé de la division des Côtes de Cherbourg le 14 pluviôse an II (2 février 1794), suspendu le 16 thermidor an II (3 août 1794), autorisé à prendre sa retraite le 7 frimaire an III (27 novembre 1794), remis en activité le 15 frimaire an IV (6 décembre 1795), réformé le 1er vendémiaire an V (22 septembre 1796), retraité le 28 décembre 1809, chevalier de Saint-Louis le 27 novembre 1814, retiré à Soissons, où il vivait encore en 1827. Le général Vezu, dans son ardeur révolutionnaire, avait, le 4 frimaire an II (24 novembre 1793), changé son prénom de *Claude* en celui de *Jean-Bart*, et il signait *J. Bart Vezu.* Il avait eu le cou traversé par une balle sous Maubeuge en 1793. (Cf. Foucart et Finot, *La défense nationale dans le Nord, de 1792 à 1802*, II, 296 et 297.)

ma mission, je vous engage de m'adjoindre un collègue, mes forces physiques et morales ne me permettant pas de supporter et de suffire seul aux travaux qu'exige la mission.

Par notre dépêche du jour d'hier, la Convention a été instruite de la manière horrible dont l'ennemi fait la guerre sur notre territoire; elle l'instruit de la disposition provisoire qui a été prise pour mettre à la disposition du district d'Avesnes une somme de 3oo,ooo livres, pour venir au secours de nos frères incendiés et pillés; mais cette mesure serait insuffisante et je vous engage de prendre de plus amples mesures. Il est encore un autre objet qui réclame la justice nationale : l'indemnité due aux citoyens dont les habitations voisines des places de guerre ont été détruites pour en assurer la défense. Il en existe autour de Maubeuge; ceux qui les occupaient sont actuellement sans asile, obligés de se retirer soit dans la ville, soit dans les habitations voisines; il me paraît urgent de pourvoir à leurs besoins, et je crois qu'une somme de 3o,ooo livres devrait être accordée pour cet objet.

Salut et fraternité.

Bar.

(Orig., Arch. de la guerre, armée du Nord.)

SOLRE-LE-CHÂTEAU, 18 OCTOBRE 1793.

LE REPRÉSENTANT PERRIN [1] AU COMITÉ DE SALUT PUBLIC.

Au quartier général de Solre-le-Château,
le 7e jour de la 3e décade du 1er mois de l'an II de la République française.

*PERRIN, REPRÉSENTANT DU PEUPLE PRÈS L'ARMÉE DES ARDENNES,
AU COMITÉ DE SALUT PUBLIC [2].*

Citoyens collègues,

Je vous fais passer ci-joint un arrêté que j'ai pris d'après une dénonciation du 5e régiment de dragons, qui s'est mal conduit dans les batailles du 15 et du 16 de ce mois. Dans celle du 15 j'ai réparé leur faute avec de l'infanterie et nous avons été victorieux, mais dans celle du 16 le même régiment a fui et a entraîné l'infanterie dans sa fuite. En vain j'ai employé tous les moyens pour les rallier, il ne m'a jamais été possible. J'ai voulu connaître les auteurs de cette lâcheté et, d'après la

[1] Jean-Baptiste Perrin, né à Damas, près de Dompaire (Vosges), le 5 mars 1754, négociant, président du directoire du département des Vosges, député de ce département à la Convention et aux Conseils des Cinq-Cents et des Anciens, membre du Comité de sûreté générale, mort à Épinal le 10 mai 1815. Perrin avait été envoyé à l'armée des Ardennes le 17 juin 1793. (Cf. Aulard, IV, 589.)

[2] Cette lettre a été analysée par M. Aulard (VII, 490), mais j'en reproduis le texte parce qu'elle se rapporte à des incidents de la bataille de Wattignies.

dénonciation du régiment, j'ai cassé trois officiers et fait arrêter des dragons pour être jugés à Arras. Notre collègue Carnot pourra vous donner des détails sur cette affaire [1].

Salut et fraternité.

PERRIN.

Au nom du bien public, faites passer dans le département du Nord les décrets sur le maximum des denrées. On y vend le pain jusqu'à 17 sols la livre et la chandelle 5 livres. Le tout est d'un prix exorbitant.

(Orig., Arch. nat., AF ii 238.)

PARIS, 18 OCTOBRE 1793.

LE COMITÉ DE SALUT PUBLIC À L'ARMÉE DU NORD.

Du 27 du 1ᵉʳ mois de l'an ii de la République française.

LES REPRÉSENTANTS DU PEUPLE MEMBRES DU COMITÉ DE SALUT PUBLIC
À L'ARMÉE DU NORD.

Braves défenseurs de la République, vous avez donc vaincu. Vous avez vu fuir devant vous les féroces satellites des tyrans. La patrie applaudit à votre généreux courage; nous vous offrons d'avance les glorieux témoignages de son estime, mais elle attend de vous de plus grands succès encore. Elle sait que rien n'est impossible aux héros de la liberté. Poursuivez vos lâches ennemis dans leurs derniers repaires; qu'il n'en échappe pas un seul à votre valeur républicaine. Ne souffrez pas qu'ils reviennent une autre fois souiller la terre sacrée de la liberté et se baigner lâchement dans le sang de nos femmes et de nos enfants. Que cette campagne soit fatale à tous les tyrans et qu'elle fonde à jamais la gloire, la liberté et le bonheur de notre chère patrie. Vive la République!

Les membres du Comité de salut public,

ROBESPIERRE, COLLOT-D'HERBOIS, BILLAUD-VARENNE, B. BARÈRE [2].

(Orig., Arch. de la guerre, armée du Nord.)

[1] Cette lettre, parvenue au Comité le 23 octobre, ne fut renvoyée par lui au ministre de la guerre que le 29 brumaire an ii (19 novembre).

[2] Le 18 octobre le Comité de salut public écrivait en ces termes aux représentants du peuple à l'armée du Nord (minute aut. de Barère, Arch. de la guerre, armée du Nord) :

«Citoyens nos collègues,

«Voilà donc une victoire sur les Autri-

PHILIPPEVILLE, 18 OCTOBRE 1793. — LE GÉNÉRAL DE BRIGADE BERTAUX [1], COMMANDANT À PHILIPPEVILLE, AU COMITÉ DE SALUT PUBLIC.

Analyse. — Il rend compte de l'affaire malheureuse qui a eu lieu dans la nuit du 15 au 16 octobre. Le général Élie, sorti de Givet le 15 dans l'après-midi avec ses troupes, marcha sur Silenrieux. Son avant-garde a été mise en déroute par l'ennemi. La perte a été de 400 hommes, tués, blessés ou faits prisonniers, et de 12 pièces de canon [2].

(Orig., Arch. de la guerre, armée du Nord.)

PARIS, 18 OCTOBRE 1793.

LE MINISTRE DE LA GUERRE BOUCHOTTE AU GÉNÉRAL PICHEGRU.

Il n'est plus moyen de résister, général, à la voix de la patrie qui vous réclame au poste qu'elle vous a confié. L'échec du 22 [3] n'aurait certainement pas eu lieu, si les chefs eussent été meilleurs [4]. Hâtez-vous de vous rendre sans différer

chiens; mais ce n'est pas assez, ni pour l'affermissement de la République, ni pour le succès complet de cette campagne. Elle doit être la dernière, et son influence doit nous rendre Condé, Valenciennes et le Quesnoy. C'est d'Avesnes et de Maubeuge que doit sortir la terreur qui doit terrasser tous nos ennemis dans le Nord. Votre exemple renforcera le Rhin et dans quelques jours la terre de la liberté sera purgée de ces hordes de brigands.

«Que la Sambre soit leur tombeau! Elle ne sera pas pour vous une borne à vos triomphes. Le Comité de salut public applaudit à vos généreux efforts, il attend encore de vous et de l'armée des succès plus grands et une victoire complète et nécessaire à la liberté. Que l'armée des tyrans soit exterminée!»

[1] Jacques Berthault, dit Bertaux, né à Audrieu (Calvados) le 10 janvier 1733, engagé au régiment d'infanterie de Rohan le 28 mars 1748, sergent en 1753, lieutenant le 1er janvier 1758, lieutenant de grenadiers le 10 juin 1768, capitaine en second de la compagnie Colonelle le 11 juin 1776, chevalier de Saint-Louis le 29 décembre 1777, major de la place de Rocroi du 8 avril 1779 au 1er août 1791, général de brigade commandant à Philippeville le 30 juillet 1793, destitué le 1er décembre 1793, autorisé à prendre sa retraite le 29 octobre 1795, mort à Rocroi (Ardennes) le 21 novembre 1799. Le général Bertaux avait fait les campagnes de Flandre en 1748 et d'Allemagne de 1757 à 1759. Il avait été blessé d'un coup de feu à la cuisse gauche à la bataille de Bergen le 13 avril 1759.

[2] Le même jour, le général Bertaux écrivit dans les mêmes termes au ministre de la guerre et aux représentants du peuple à Sedan. Le 19 octobre, le général Élie envoya une relation détaillée à Bouchotte.

[3] Le 22e jour du 1er mois de l'an II, c'est-à-dire le 13 octobre.

[4] Les Impériaux avaient célébré la prise des lignes de Wissembourg et le général Wurmser avait adressé, le 15 octobre, à son armée, l'ordre du jour suivant (Arch.

près des représentants du peuple, Saint-Just et Le Bas, qui viennent de partir d'ici pour le quartier général de l'armée du Rhin ; prenez le commandement de cette armée, ainsi que le porte l'arrêté du Conseil, approuvé par le Comité de salut public, que je vous avais adressé le 13 de ce mois. Vous devez en ce moment vous dévouer pour la patrie. Oui, je le répète, la retraite et les désordres ne seraient pas arrivés si vous vous étiez mis alors en possession du commandement. Je m'en réfère aux lettres que je vous ai adressées les 13 et 15 de ce mois. J'ajoute que les troupes sont excellentes, qu'elles pleuraient de rage, demandant des chefs et ne sachant où se rallier. On assure que des généraux sont passés à l'ennemi, que des malveillants ou insouciants ont laissé surprendre les postes avancés, enfin que les chefs, presqu'en général, n'ont montré ni bravoure, ni zèle. Il faudra rechercher et faire punir les coupables, épurer l'armée, lui inspirer de la confiance, la mener promptement attaquer l'ennemi, qui ne résiste jamais à notre impétuosité. Enfin, il faut marcher au secours de Landau. Le général Laubadère, qui y commande, m'écrit du 20 [1], qu'il est en mesure de rendre vains les projets des ennemis, d'après les dispositions bien fortement prononcées de la garnison, qui ne se rendra point, dit-il, n'y ayant point d'alternative entre l'indépendance ou la mort pour de vrais républicains. Il ajoute que les fortifications singulièrement perfectionnées chaque jour sont dans un état imposant. Les représentants y ont suspendu le général de brigade Serviez et son aide de camp de Mestre, commandant Saint-Vincent [2] et Laval [3], chefs des 21ᵉ et 55ᵉ régiments,

---

hist. de la guerre, armée du Rhin, carton 2a-13, livre d'ordres de l'armée de Condé, 2ᵉ registre) :

« Quoique je n'aie jamais douté, malgré les dangers de mon entreprise, de remporter la victoire et de passer les lignes, aidé par une troupe aussi valeureuse que celle que j'ai l'honneur de commander, je ne m'en crois que plus obligé à témoigner une vive reconnaissance à MM. les officiers généraux et particuliers, ainsi qu'aux bas-officiers et soldats de mon armée et à celle aux ordres de S. A. R. Monseigneur le prince de Condé, à cause du courage et de la présence d'esprit qu'ils ont montrés dans cette occasion.

« La journée du 13, étant mémorable par ses succès, a acquis à l'armée de nouveaux lauriers et les plus brillants. Il sera, en conséquence, célébré demain 16, à 10 heures du matin, une messe solennelle et un *Te Deum* en actions de grâces ; il sera fait trois décharges de toute l'artillerie et de toute la mousqueterie de l'armée. Le feu du canon commencera à la droite du corps de M. le prince de Waldeck. Le feu du canon parvenu à la gauche, celui de la mousqueterie y commencera et reviendra à la droite, et ainsi de suite les trois décharges.

« Le comte DE WURMSER. »

[1] Le 11 octobre.

[2] François-Pierre-Jean d'Aiglun de Saint-Vincent, né le 27 novembre 1749, soldat au régiment de Médoc le 10 juin 1767, sous-lieutenant le 9 novembre 1772, capitaine d'infanterie au service de Hollande le 1ᵉʳ avril 1778, capitaine dans la légion de Maillebois le 1ᵉʳ mars 1785, capitaine d'infanterie à la suite de l'armée en Hollande le 15 avril 1786, major de la garde nationale parisienne soldée le 1ᵉʳ septembre 1789, lieutenant-colonel du 13ᵉ bataillon d'infanterie légère le 3 août 1791, chevalier de Saint-Louis le 17 juin 1792, colonel du 21ᵉ d'infanterie le 12 juillet 1792, mort le 10 germinal an II (30 mars 1794).

[3] Anne Gilbert de La Val, né à Riom (Puy-de-Dôme) le 9 novembre 1762,

les chefs du 2ᵉ de l'Allier[1], 5ᵉ de Seine-et-Marne[2], de la constitution du 21ᵉ de cavalerie[3], et Dedon[4], chef de l'artillerie. Je vous prie de me rendre compte des

cadet-gentilhomme le 10 janvier 1781, sous-lieutenant le 14 avril 1782, lieutenant en second le 28 août 1787, capitaine le 15 septembre 1791, lieutenant-colonel au 55ᵉ d'infanterie le 2 juin 1792, suspendu le 16 nivôse an II (5 janvier 1794), réintégré le 16 pluviôse an III (4 février 1795), chef de la 203ᵉ demi-brigade le 16 messidor an III (4 juillet 1795), et de la 100ᵉ demi-brigade le 27 pluviôse an IV (16 février 1796), général de brigade le 22 prairial an VII (10 juin 1799) et de division le 20 septembre 1809, baron de l'Empire, mort à Mora (Catalogne) le 6 septembre 1810.

[1] Jean-Baptiste Party, né à Moulins (Allier) le 10 octobre 1754, soldat au régiment de la Couronne le 15 février 1775, caporal le 17 mai 1778, congédié le 15 février 1783, chef du 2ᵉ bataillon des volontaires de l'Allier le 17 septembre 1792, membre de la Légion d'honneur le 30 messidor an XII (19 juillet 1804), commandant d'armes à Eppingen (Allemagne), où il mourut le 4 décembre 1805. Il avait été blessé d'un coup de feu à la cuisse gauche le 4 thermidor an IV (22 juillet 1796).

[2] François Dujout, né à Fontainebleau, premier lieutenant-colonel du 5ᵉ bataillon de Seine-et-Marne le 23 octobre 1792, mis en arrestation le 20 nivôse an II (9 janvier 1794).

[3] Nicolas Maurice, né à Thionville (Moselle) le 15 mai 1762, hussard dans le régiment Colonel-Général le 26 octobre 1783, fourrier le 20 août 1784, maréchal des logis chef le 20 mai 1788, quartier-maître trésorier le 11 mai 1789, capitaine le 25 novembre 1792, chef d'escadron le 26 janvier 1793, chef de brigade du 21ᵉ de cavalerie le 20 juillet 1793, général de brigade le 23 août 1793, mais refuse ce grade, destitué le 23 nivôse an II (12 janvier 1794), réintégré le 1ᵉʳ nivôse an III (21 décembre 1794) et replacé à la tête du 21ᵉ de cavalerie, commandant en second de l'école d'instruction des troupes

à cheval à Versailles le 28 thermidor an VII (16 juillet 1799), et en premier le 6 vendémiaire an X (28 septembre 1801), colonel de la 32ᵉ légion de gendarmerie le 1ᵉʳ septembre 1810 et de la 12ᵉ le 5 septembre 1814, maréchal de camp honoraire le 13 septembre 1820, mort à Versailles le 31 décembre 1839.

[4] François-Louis Dedon, né à Toul (Meurthe) le 21 octobre 1762, aspirant à l'école d'artillerie de Metz le 1ᵉʳ avril 1777, lieutenant le 14 juillet 1780, capitaine en second le 17 mai 1787, directeur de l'artillerie à Mayence en 1793, commandant en chef de l'artillerie à Landau en octobre 1793, chef du 1ᵉʳ bataillon de pontonniers à l'armée du Rhin le 10 floréal an III (29 avril 1795), chef de brigade le 21 prairial an V (9 juin 1797), commandant du 7ᵉ régiment d'artillerie à pied le 12 prairial an IX (1ᵉʳ juin 1801), directeur de l'artillerie à Strasbourg le 20 brumaire an XII (12 novembre 1803), membre de la Légion d'honneur le 19 frimaire an XII (11 décembre 1803) et officier le 25 prairial an XII (14 juin 1804), général de brigade le 28 octobre 1805, commandant l'artillerie de l'armée du Nord le 8 novembre 1805, directeur général du parc d'artillerie de l'armée de Naples le 23 août 1806, général de division au service du roi de Naples Joseph Bonaparte le 3 novembre 1807, commandant de la Légion d'honneur le 12 juin 1808, commandant en chef de l'artillerie au siège de Saragosse le 24 mars 1809, colonel-général de l'artillerie du roi d'Espagne le 2 décembre 1809, reconnu dans son grade de lieutenant général le 1ᵉʳ juin 1814, chevalier de Saint-Louis le 29 juillet 1814, admis à la retraite le 24 décembre 1814, rappelé à l'activité le 17 mars 1815, retraité le 9 décembre 1815, mort à Vanves (Seine) le 19 janvier 1830. Paul-Louis Courier, qui avait servi sous ses ordres en 1807, lui a consacré quelques-unes de ses lettres les plus piquantes.

motifs de ces suspensions, sur lesquelles je ne peux me former encore une idée. Je crains qu'il n'existe encore quelques germes de division dans cette place qui pourraient atténuer ses moyens de défense, et qui rendent d'autant plus urgent le secours que vous allez y porter pour dégager cette clef importante de la République.

Hâtez-vous, général, de rechercher les maux que la trahison a cherché à nous causer, et faites-vous promptement connaître à l'armée du Rhin pour un bon sansculotte tel que vous êtes, et soyez sûr qu'elle vous suivra bientôt avec soin dans le chemin de la victoire.

(Arch. de la guerre, armée du Rhin, reg. 47, p. 20.)

PARIS, 19 OCTOBRE 1793.

LE MINISTRE DE LA GUERRE BOUCHOTTE

AU GÉNÉRAL EN CHEF DE L'ARMÉE DU RHIN.

Je m'empresse, général, de vous apprendre que les troupes des armées du Nord viennent de remporter une victoire signalée sur les Autrichiens qui avaient fait l'investissement de Maubeuge. La supériorité du nombre et la position presque inexpugnable qu'ils occupaient n'ont pu arrêter la valeur des républicains, et une résistance opiniâtre n'a fait qu'augmenter la perte des Autrichiens. Le combat a duré pendant les deux journées du 24 au 25. L'ennemi, profitant de l'obscurité de la nuit et d'un brouillard épais, a opéré sa retraite et repassé la Sambre au-dessus et au-dessous de Maubeuge. Sa perte est d'environ 6,000 hommes et la nôtre est à peu près de 200 tués et 1,200 blessés. Maubeuge est délivré; on ne peut trop louer le courage et l'énergie des républicains qui se sont montrés comme autant de héros.

Je viens de recevoir aussi la nouvelle officielle de la prise de Mortagne et Cholet dans la Vendée, avec vingt-huit caissons et bouches à feu. Les rebelles sont poursuivis jusque dans leurs derniers repaires. Leur chef Lescure vient d'être tué avec plusieurs autres.

Faites, sur-le-champ, part aux troupes de ces bonnes nouvelles; engagez-les à imiter leurs frères d'armes du Nord et de l'Ouest, et faites-leur remarquer que jamais les ennemis n'ont pu résister à l'attaque impétueuse des francs républicains. Ne donnons nulle relâche à ces féroces satellites des despotes; concertez vos mouvements avec l'armée de la Moselle et, suivant les combinaisons et les dispositions que vous aurez faites d'après les circonstances et les positions, frappez vigoureusement les ennemis, coupez-leur la retraite, les vivres et les munitions, et songez qu'ils n'ont dû quelques succès éphémères qu'à la trahison et à l'insouciance des mauvais citoyens qui se sont trouvés dans nos armées.

(Arch. de la guerre, armée du Rhin, carton 2 a-13, reg. 47, p. 21.)

♦ AVESNES, 19 OCTOBRE 1793.

LE GÉNÉRAL JOURDAN AU MINISTRE DE LA GUERRE BOUCHOTTE.

Analyse. — Il mande que les journées des 15 et 16 octobre ont été si vives que l'armée s'est trouvée dégarnie de munitions. Aussi en a-t-il demandé à Lille, Douai et Arras. Il propose de créer à la Fère un établissement pour la confection des cartouches à canon et à fusil. Il se plaint que le parc manque de chevaux. Il a donné ordre au commissaire ordonnateur d'approvisionner de munitions les places de Maubeuge, Landrecies et Avesnes. Il attend le résultat des opérations du général D'Avaine dans la Flandre maritime. «Le représentant du peuple Carnot part à l'instant pour Paris. Il fera part au Comité de salut public de la position de nos ennemis, qui se sont tous réunis du côté de Bettignies et qui présentent une force considérable. Je lui ai témoigné le désir que j'aurais que le Comité de salut public voulût bien me tracer un plan d'opérations. Nous avons eu une longue conférence à ce sujet; nous avons discuté le pour et le contre de différents projets, de manière qu'à l'arrivée du citoyen le Comité pourra facilement prononcer [1]. J'ai vu partir d'ici, avec peine, le citoyen Carnot, de même que son frère, chef de brigade du génie, qui s'était rendu auprès de moi par ordre des représentants du peuple, et qui n'a pas cru devoir rester ici plus longtemps. Les conseils de ces deux citoyens m'ont été infiniment utiles et je vous avoue avec franchise que, me voyant réduit à moi-même, je me défie de mes connaissances [2]. »

(Copie certifiée par Bouchotte, Arch. de la guerre, armée du Nord.)

---

[1] A ce sujet, Jourdan a écrit les lignes suivantes dans ses *Mémoires* inédits, conservés au ministère de la guerre. Après avoir raconté que le duc d'York rejoignit l'armée ennemie avec 15,000 hommes, le 16 octobre au soir, il ajoute : «Nonobstant ce renfort qui portait l'armée des alliés à près de 80,000 hommes, tandis que celle de la République n'en comptait pas plus de 50,000, y compris une partie de la garnison de Maubeuge, Carnot n'en était pas moins d'avis de s'avancer au delà de la Sambre. Le général en chef, calculant les suites d'une entreprise aussi téméraire et présumant avec raison que l'ennemi, après avoir échoué devant Dunkerque et Maubeuge, n'entreprendrait rien pendant l'hiver, voulait au contraire rester sur la défensive et insistait fortement sur la nécessité d'incorporer les bataillons de réquisition dans les anciens cadres, opération qui, dans peu de mois, mettrait l'armée sur le pied le plus respectable. Carnot n'était pas éloigné de partager cette opinion, mais, pressé par le Comité de salut public qui, dans l'enthousiasme de la victoire de Wattignies, avait conçu le projet de reconquérir, sans délai, les places perdues et d'envahir la Belgique, il se borna à autoriser Jourdan à attendre de nouveaux ordres et se rendit à Paris.»

[2] En marge de la lettre de Jourdan, du 19 octobre 1793, Bouchotte a répondu en ces termes : «Envoyer à Jourdan le détail des ordres donnés en poudre, boulets, cartouches. Le Comité de salut public s'occupera de ses demandes d'un plan et il y a lieu d'espérer que le représentant Carnot

AVESNES, 19 OCTOBRE 1793.

LE GÉNÉRAL ERNOUF AU GÉNÉRAL DUQUESNOY.

Avesnes, le 19 octobre 1793, à une heure après minuit.

AU GÉNÉRAL DUQUESNOY.

Le général en chef me charge de vous écrire que, d'après une conférence qu'il a eue avec le représentant Carnot et le chef de brigade de génie son frère, son intention serait d'enlever à l'ennemi la petite ville de Beaumont, qui ne peut tenir contre un coup de main vigoureux. En conséquence, vous ferez votre possible pour avoir promptement des renseignements sur la force de l'ennemi de ce côté-là et de l'artillerie qu'il a à son service. Vous me rendrez compte, le plus tôt possible, de vos découvertes pour lesquelles il ne faut rien épargner. J'attends demain, sur le milieu du jour, de vos nouvelles, parce qu'il faut que l'opération se fasse après-demain [1].

(Arch. de la guerre, reg. de Jourdan, p. 67.)

retournera à l'armée. Il doit toujours entretenir les soldats dans un vif désir de poursuivre ces satellites des tyrans. Retraite brillante de la garnison de Rocroi. Si votre droite et votre gauche, de Dunkerque à Carignan, eussent opéré simultanément, ainsi que la garnison de Maubeuge, nul doute que l'affaire n'eût été décisive, mais le vrai succès, la grande affaire est de les chasser entièrement du territoire, parce qu'alors les places qu'ils nous ont prises tomberont forcément. Je n'ai encore rien appris des mouvements du général D'Avaine. Le premier succès que nos troupes ont obtenu sous votre conduite vous est un sûr garant de ceux qu'elles obtiendront encore. Que les liens de la confiance et de la fraternité vous unissent tous, et tout ira bien! J'ai reçu une lettre du général Ferrand, qui prétend qu'il y aurait eu de la témérité à attaquer l'armée de circonvallation pendant que celle d'observation était aux prises avec la nôtre; mais, lorsque les ennemis faisaient leur retraite, lorsqu'ils repassaient la Sambre au-dessus et au-dessous de la place, pourquoi le camp n'a-t-il pas fait une sortie? En gardant bien la ville l'on aurait pu les faire attaquer par dix ou douze mille hommes et, en saisissant le moment où une partie de leurs forces avait repassé la Sambre et où l'autre était de ce côté, l'on aurait pu leur causer un grand préjudice et s'emparer d'une partie de leur artillerie. En tout [cas], il me paraît que l'esprit de la garnison de Maubeuge aurait besoin d'être renouvelé et qu'il conviendrait d'en retirer les bataillons les moins républicains pour y en substituer de plus prononcés. Vous me marquerez les arrangements que vous aurez faits d'après cette observation.» — Une note nous apprend que cette réponse de Bouchotte fut expédiée à Jourdan le 21 octobre.

[1] Le même jour, Jourdan écrit au représentant Perrin pour le prier de s'informer de la position et des forces de l'ennemi à Beaumont. «Votre amour pour la patrie et la haine que vous portez aux tyrans vous suggéreront des moyens infaillibles pour réussir dans cette découverte.» (Arch. de la guerre, reg. de Jourdan, p. 68.)

AVESNES, 19 OCTOBRE 1793.

CELLIEZ, VARIN ET BERTON, AGENTS DU CONSEIL EXÉCUTIF À L'ARMÉE DU NORD,

AU MINISTRE DE LA GUERRE BOUCHOTTE.

Analyse. — La nouvelle de la désertion du général Beauregard qu'ils avaient annoncée au ministre, sur l'affirmation de plusieurs officiers de l'état-major, est fausse. «Comme nous connaissons beaucoup les principes de Beauregard, nous n'avons pas été fort surpris d'apprendre qu'il ait passé à l'ennemi et nous avons cru l'armée française débarrassée de cet homme, non seulement inutile, mais encore dangereux. Puisque Beauregard n'est pas émigré, nous insistons de nouveau sur la nécessité de le destituer. Nous vous en avons dit les motifs dans une lettre précédente. — Le général Chancel a été arrêté et conduit hier devant la commission établie à Arras. Il est accusé de s'être opposé à ce que la garnison de Maubeuge fît une sortie pendant le temps que nous attaquions l'ennemi. — Vous avez sans doute appris que Merenvüe s'est coupé le cou dans les prisons d'Arras, où il était détenu [1]. — Le général Gratien est aussi arrêté pour avoir fait battre sa troupe en retraite, lorsqu'on lui avait commandé de charger l'ennemi. C'était au moment et pour seconder une autre colonne entrant dans un village et en chassant l'ennemi à l'arme blanche. — L'état-major de l'armée a nommé une commission militaire pour juger deux Français accusés d'avoir porté les armes contre leur patrie et pris les armes à la main lors de la dernière affaire; ils viennent d'être déclarés dans le cas prévu par la loi sur les émigrés, et ils seront fusillés demain. L'état-major a nommé deux de nous (Celliez et Varin) de cette commission militaire. — Le commandant de cette place est aussi en état d'arrestation. Parmi les griefs qu'on lui reproche, il s'est rendu coupable d'avoir fait mettre dans une maison particulière et avec une garde un adjudant général de Cobourg, blessé et fait prisonnier dans la dernière affaire, tandis que nos braves frères d'armes, qui ont été blessés en combattant pour la liberté, sont dans les hôpitaux et couchés sur la paille [2].»

(Orig., Arch. de la guerre, armée du Nord.)

---

[1] Ce général fut remplacé dans le commandement de l'artillerie de l'armée du Nord par Éblé, promu général de division et remplacé lui-même par Bollemont. (Cf. lettre de Bouchotte à Éblé, datée du 25 octobre 1793, Arch. de la guerre, armée du Nord.)

[2] On lit en tête de cette lettre la note autographe suivante de Bouchotte : «Beauregard est destitué. Tout le monde est étonné de la conduite de Gratien, qui était avantageusement connu dans ce pays-ci. Tâchez de savoir avec précision le nombre d'hommes et l'espèce de troupes qu'il peut y avoir de Maubeuge à Dunkerque et l'emplacement qu'elles occupent. Même recherche pour la partie d'entre Sambre et Meuse.»

MAUBEUGE, 19 OCTOBRE 1793.

LE GÉNÉRAL FERRAND AU COMITÉ DE SALUT PUBLIC.

Au quartier général de Maubeuge,
le 8 de la 3ᵉ décade du premier mois, l'an II de la République une et indivisible.

LE GÉNÉRAL DE DIVISION FERRAND
AU COMITÉ DE SALUT PUBLIC DE LA CONVENTION NATIONALE.

L'incertitude de ma résistance à Maubeuge, ne m'a pas permis de vous y annoncer dans le temps mon arrivée, vu les différentes dispositions que le général en chef, commandant l'armée du Nord et des Ardennes, avait faites à mon égard. Contraint à garder le lit les premiers jours de mon arrivée dans cette place, il m'a été impossible de me livrer à l'activité qui m'a toujours animé. Des forces majeures ont opéré l'investissement autour de cette place. L'étendue des rives de la Sambre ne pouvait jamais faire espérer de les garder, dès que l'ennemi réunirait ses forces pour chercher à la passer. Je joins ici le rapport des différents événements qui ont eu lieu pendant le blocus. Vous y verrez s'il n'était pas de la dernière des témérités de chercher à attaquer l'ennemi, lorsque, pendant que son armée d'observation était aux prises avec l'armée de Jourdan, celle qui nous cernait offrait une force de près de quarante mille hommes, soutenue par des retranchements et une artillerie formidable. Des rapports des déserteurs et autres particuliers nous ont affirmé que c'était là leur espoir, comptant par un succès certain et complet pénétrer dans nos lignes et rendre par ce moyen les efforts de nos frères d'armes nuls. Je laisse aux militaires expérimentés à juger d'une position aussi critique que celle où je me suis trouvé. Gardien de la clef la plus importante de la République, une seule démarche hasardée pouvait compromettre essentiellement le poste qui m'a été confié.

J'ai cru devoir référer aux conseils dont je me suis environné, en déployant nos forces sur toutes nos lignes; nos troupes en sont sorties dès que j'ai été assuré des mouvements de retraite de l'ennemi. Tous nos postes ont été repris et nous lui avons fait une centaine de prisonniers.

Plus habitué à manier l'épée que la plume, rappelez-vous, citoyens représentants, que c'est un sans-culotte qui vous écrit, et qui avait juré et fait jurer à ses frères d'armes que le camp retranché de Maubeuge serait ou leur tombeau ou le théâtre de la gloire [1].

Salut et fraternité.

Le général de division,
FERRAND.

(Orig., Arch. nat., DXL II 6.)

---

[1] Le même jour, le 19 octobre, le général Ferrand adressa la même lettre au ministre de la guerre, qui lui répondit le 23 octobre, dans les termes suivants :

«J'ai reçu, général, votre lettre du 8 de la 3ᵉ décade du 1ᵉʳ mois, par laquelle vous prétendez qu'il y aurait eu de la témérité à attaquer l'armée de circonvalla-

MAUBEUGE, 19 OCTOBRE 1793.

RAPPORT DU GÉNÉRAL FERRAND SUR LES ÉVÉNEMENTS SURVENUS A MAUBEUGE
DEPUIS LE 29 SEPTEMBRE 1793 JUSQU'AU DÉBLOCUS DE LA VILLE.

Ville et camp retranché de Maubeuge.

RAPPORT DES ÉVÉNEMENTS ARRIVÉS DEPUIS LE 29 SEPTEMBRE
L'AN II DE LA RÉPUBLIQUE UNE ET INDIVISIBLE.

Le 29 septembre, à la pointe du jour, l'ennemi a attaqué les avant-postes des cantonnements établis le long de la Sambre; il a jeté plusieurs ponts à la hauteur de Jeumont et Bachant. La force de son artillerie, celle de sa cavalerie, et surtout l'abandon que plusieurs bataillons ont fait des postes où ils avaient été placés, nous ont fait éprouver un repliement total. L'aile gauche, commandée par le général de brigade Desjardin, s'est repliée sur le bois de Beaufort, où elle n'a pu longtemps résister. L'aile droite, commandée par le général de brigade Meyer, a été de même obligée d'opérer sa retraite, malgré le renfort que le général de brigade Colomb[1], commandant le camp, a porté dans cette partie, après avoir fait

tion pendant que celle d'observation était aux prises avec la nôtre; mais les sans-culottes ont vu avec peine que le camp de Maubeuge n'ait pas fait une sortie lorsque les ennemis faisaient leur retraite. Il semble qu'en gardant bien la ville, l'on aurait pu les faire attaquer par dix à douze mille hommes, et qu'en suivant le moment où une partie de leurs forces avaient repassé la Sambre et où l'autre était encore de côté, l'on aurait pu leur causer un grand préjudice et s'emparer d'une partie de leur artillerie.» (Cette réponse est au dos de la lettre du général Ferrand.)

[1] Joseph-Antoine Colomb, né à Seyne (Basses-Alpes) le 26 septembre 1735, fils d'un avocat au parlement du Dauphiné, volontaire au régiment de Piémont le 10 juin 1752, sous-lieutenant le 1er septembre 1755, lieutenant le 16 mars 1757, capitaine le 22 mai 1759, cassé le 27 janvier 1760 et rétabli le 23 août suivant, réformé le 7 avril 1763, passé à l'aide-majorité du régiment des recrues de Lyon le 1er octobre 1763, réformé avec son régiment le 31 mai 1768, replacé capitaine commandant la compagnie du lieutenant-

colonel du régiment de Piémont le 24 mars 1769, capitaine titulaire le 19 juin 1771 et de grenadiers le 18 décembre 1776, capitaine commandant la compagnie colonelle le 28 août 1777, chevalier de Saint-Louis le 22 janvier 1779, capitaine commandant des grenadiers le 14 juin 1783, lieutenant-colonel au 47e d'infanterie le 25 juillet 1791, colonel le 16 mai 1792, général de brigade provisoire, par arrêté du général Dampierre, le 6 avril 1793, confirmé le 15 mai 1793, suspendu à Maubeuge le 2 octobre 1793, autorisé à prendre sa retraite le 17 pluviôse an II (5 février 1794), remis en activité le 29 frimaire an IV (20 décembre 1795), commandant les départements des Basses-Alpes et du Cantal, réformé le 1er prairial an IX (21 mai 1801), retiré à Remollon (Hautes-Alpes). Le général Joseph Colomb avait fait les campagnes d'Allemagne de 1757 à 1762 et avait été blessé à la bataille de Bergen le 13 avril 1759. Il s'était distingué à la prise du fort Villatte, en avant de Namur, dans la nuit du 30 novembre 1792. (Cf. Étienne Charavay, *Le général Alexis Le Veneur*, p. 17 et 65.)

brûler une partie de ses tentes et avoir abandonné les équipages. Toutes les troupes sont entrées le soir dans le camp, à la réserve de trois bataillons qui ont eu ordre de bivouaquer vis-à-vis le village de Ferrière-la-Grande, et trois autres devant Rousies. Le 29 au soir, s'est tenu un conseil de guerre, composé des représentants du peuple Drouet et Bar, les officiers généraux, les chefs de corps, les commissaires des guerres. Il a été décidé que la ville serait mise sur-le-champ en état de siège, et par conséquent l'autorité civile et militaire dévolue au commandant militaire.

Le 30, l'ennemi a cherché de nous faire retirer du village de Ferrière-la-Grande, au-devant duquel nos troupes bivouaquaient. Trois bataillons ont eu ordre de s'y maintenir; ils ont été repoussés. L'ennemi a abandonné le village, après y avoir mis le feu; la veille, il avait incendié celui de Cerfontaine.

Le 1er et le 2 octobre, on a enlevé les grains et fourrages qui se trouvaient à Rousies; l'ennemi a mis le feu à quelques maisons du village. Le soir, un trompette autrichien a été envoyé pour me recommander deux officiers autrichiens faits prisonniers à l'affaire du 29.

Le 2, la taxation des denrées a été arrêtée dans un comité formé du représentant du peuple Bar, les généraux Ferrand et Chancel, les chefs des différentes armes et le commissaire ordonnateur des guerres. Cette taxation fut soumise à la discussion de la municipalité et à celle de la société populaire de Maubeuge.

Dans la nuit du 2 au 3, le représentant Drouet, escorté par cent hommes de cavalerie ou dragons, chercha à forcer les avant-postes ennemis; douze à treize hommes sont revenus de cette entreprise, qui m'avait été communiquée par le représentant du peuple Drouet, et que je n'avais pas approuvée, vu l'importance de son caractère, que je regardais comme compromis par cette démarche.

Le 4, un trompette a été envoyé au général autrichien La Tour, pour lui faire passer les lettres de deux officiers faits prisonniers le 29, et s'informer en même temps du nombre et du nom des prisonniers faits depuis le blocus. Le vrai motif de l'envoi du trompette était de s'informer, d'une manière indirecte, du sort du représentant du peuple.

Le 5, une partie du camp de Bettignies s'est placée près de la Glisuelle; les travaux de l'ennemi, pour se retrancher, se sont effectués de toute part, mais hors de la portée du canon.

Le 6, s'est faite une sortie pour protéger les travailleurs, afin de déblayer et battre les haies et bois de la maison d'Yves. La terreur s'étant emparée des ouvriers, on a été contraint de se retirer, après avoir perdu quelques hommes et plusieurs blessés.

Le 7, la même opération a été recommencée avec aussi peu de succès; six bataillons et quatre bataillons d'infanterie légère ont été commandés pour cette expédition; l'ardeur des troupes pour poursuivre l'ennemi leur a fait quitter les postes qui leur avaient été désignés. Nos tirailleurs ayant été repoussés, ils n'ont pas trouvé le soutien qu'ils attendaient des bataillons disposés eux-mêmes en tirailleurs. Les tirailleurs, ne se sentant pas eux-mêmes soutenus, se sont retirés avec précipitation, et la retraite s'est faite en désordre.

Le 8, l'ennemi a rapproché ses ouvrages du côté du bois de Beaufort.

Le 9 et le 10, leurs travaux ont paru dans la plus grande activité; ils ont construit plusieurs redoutes, une établie à la droite du bois de Beaufort, sur le côté gauche de la redoute d'Avesnes, une au centre dudit bois, et une autre à son extrémité, du côté de Ferrière-la-Grande.

Le camp de l'ennemi entre Assevent et Solesmes est aussi appuyé par deux redoutes; celui de la Glisuelle n'est pas retranché, ainsi que celui situé entre Feignies et Douzies. Il paraît que le point de retraite de ces deux camps sont les redoutes pratiquées sur la lisière du bois de Lanière, et celle construite sur la redoute de Mons.

Les deux rives de la Sambre au point d'Hautmont sont flanquées par deux retranchements; les approches du camp d'Hautmont sont défendues par des épaulements et plusieurs redoutes qui s'étendent jusqu'à la ferme dite de *Forest*. La plupart sont hors de la portée du canon du camp retranché.

Le 11, réquisition a été faite à la municipalité pour sommer les habitants du faubourg de Mons et Binche, de se retirer avec leurs effets, bestiaux et subsistances dans la ville de Maubeuge, déclarant émigrés tous ceux qui persisteraient à rester dans leurs habitations.

Le 12 au matin, le chef de bataillon du Hainaut, Deve[1], s'est transporté avec son bataillon, quatre compagnies de grenadiers et un détachement de cavalerie, au bois du Tilleul pour le reconnaître. Le résultat de la reconnaissance a été que les ennemis ont construit un grand épaulement vis-à-vis la redoute de Sambre, haut de six à huit pieds, un second moins considérable garni d'une haie. Il ne paraît point que, dans l'un et dans l'autre de ces retranchements, on ait fait des dispositions pour y placer de l'artillerie.

Le 12 au soir, pour protéger la rentrée des fourrages et grains qui étaient au

---

[1] Jean-Claude Deve, né à Rioz (Haute-Saône) en 1764, soldat au régiment d'artillerie de Metz le 5 avril 1784, canonnier dans la garde nationale parisienne soldée le 1er septembre 1789, adjudant-major au 1er bataillon de la Charente le 1er janvier 1792, capitaine dans la 9e compagnie franche à l'armée du Nord le 15 août 1792, chef de bataillon des chasseurs du Hainaut le 6 mai 1793, incorporé dans la 32e demi-brigade d'infanterie légère le 21 frimaire an III (11 décembre 1794), tué par les révoltés à Civita-Vecchia le 14 pluviôse an VII (2 février 1799).

village d'Assevent, on a commandé 50 cavaliers et 150 hommes d'infanterie. L'expédition s'est faite avec succès.

Dans la nuit du 12 au 13, on a battu de la redoute du Loup les retranchements que l'ennemi a formés en avant du bois de Beaufort, sur le côté gauche de la redoute de Maubeuge à Avesnes.

Le 13 au matin, on a continué l'évacuation des fourrages d'Assevent. Le soir, la décision a été prise dans le comité pour débusquer, à la pointe du jour, l'ennemi du bois du Tilleul, et détruire les différents travaux qu'il a pu effectuer dans ce bois. Cinq bataillons d'infanterie légère, divisés en colonne de droite et de gauche, six compagnies de grenadiers et quatre bataillons qui devaient servir de réserve, 50 cavaliers et 50 dragons, deux pièces de 8 et un obusier de l'artillerie légère, ont été commandés à cet effet, le tout sous les ordres du général de brigade Vezu.

Le 14 au matin, l'ennemi a été attaqué par nos tirailleurs, dont partie ont pénétré dans les retranchements ennemis. La colonne de droite ayant entré dans le bois ainsi que celle de gauche, l'effet des feux croisés a été funeste à nos tirailleurs et les a contraints à se retirer. On a enlevé à l'ennemi une pièce de canon. Les forces, que les camps voisins permettaient à l'ennemi de porter dans ce bois, ont contraint à la retraite. On a fait douze prisonniers.

Le soir, la générale a été battue en ville et au camp; l'exécution d'un jugement du tribunal militaire s'est effectuée à trois heures après midi : le coupable a été fusillé.

Le 15 au matin, le bruit du canon s'est fait entendre dans le lointain; on a cru même entendre le feu de la mousqueterie. Sur les onze heures, on a entendu et aperçu distinctement l'attaque faite à l'ennemi. On l'a jugée établie entre Damousies et Obrechies; on a cru aussi l'ennemi attaqué dans le point de Bachant. On n'a pas eu assez de données pour l'affirmer.

Dès que les secours ont paru certains, on a fait battre la générale; deux colonnes ont été sur-le-champ formées pour inquiéter l'ennemi. L'attaque, commencée du côté de Damousies, s'est soutenue; elle s'est prolongée ou plutôt a paru commencer dans la partie de Sars-Poteries. Le feu a cessé par intervalles; les mouvements des armées étaient trop lointains pour juger du terrain qu'occupaient ces deux armées. A la chute du jour, le feu s'est fait entendre dans la partie gauche du bois de Beaufort; toute la lisière du bois était hérissée du feu de l'artillerie et de l'infanterie, la redoute du Loup a riposté. Le peu de jour qui restait après la formation des colonnes n'a pas permis d'effectuer aucun mouvement; les troupes du camp sont rentrées, et de nouvelles dispositions ont été prises pour le lendemain.

Le 16 au matin, le brouillard était si épais qu'il n'a pas permis de suivre les démarches de l'ennemi. Sur les onze heures, il s'est dissipé. L'attaque de l'armée de secours a recommencé dans les mêmes points. L'incendie n'a pas tardé à se déclarer au village d'Obrechies et s'y est maintenu une partie de la journée. L'action a paru établie sur le couronnement du camp. Vers les une heure, on a vu l'effet de l'artillerie sur les points d'Hautmont, Éclaibes, Sars-Poteries, Damousies ·et Ferrière-la-Petite. Pendant quelque temps le feu a paru s'éloigner; beaucoup de signaux se sont fait apercevoir des bois de Ferrière-la-Petite.

La contenance des ennemis dans leur camp, où ils ont toujours maintenu des forces majeures, n'a pu permettre aucun mouvement offensif. Leur front hérissé de redoutes et d'une nombreuse artillerie, plus de 15,000 hommes de cavalerie, tout aurait rendu une attaque téméraire et répréhensible, malgré l'attaque qu'éprouvait leur armée d'observation, et n'aurait pu que compromettre les intérêts de la République. Le général, à l'avis du conseil de tous les généraux, n'a pas cru devoir hasarder aucune action et s'est déterminé à tenir l'armée en observation.

Sur le soir, l'attaque a reparu du côté de Sars-Poteries. A cinq heures trois quarts, un feu vif de mousqueterie s'est fait entendre sur la gauche du bois de Beaufort. Sur les onze heures, le général du camp a prévenu qu'on entendait le bruit du passage de l'artillerie ennemie; l'arrivée de quelques déserteurs a confirmé cette annonce, ainsi que celle de la retraite de l'ennemi. L'armée est sortie sur différents points pour harceler l'ennemi; il a totalement repassé la Sambre; les anciens postes ont été repris par nos troupes, et on ne cesse de s'occuper de détruire les travaux immenses déjà faits par l'ennemi. La précipitation de leur retraite, due à l'armée victorieuse de Jourdan, leur a fait laisser beaucoup de blessés dans le bois de Beaufort, qui ont été recueillis dans nos hôpitaux; on leur a fait cent prisonniers qu'on fait refluer à Arras.

Ils ont abandonné une grande quantité d'ustensiles de toute espèce, ainsi que fascines, gabions, madriers préparés pour le bombardement du camp. L'arrivée des représentants du peuple et du général Jourdan à Maubeuge nous a fait oublier les désagréments de notre captivité. Nous avons embrassé, en vrais sans-culottes, nos libérateurs, et l'allégresse qu'a témoignée notre armée captive a dû dédommager nos frères d'armes de toutes les fatigues qu'ils ont éprouvées pour nous.

Au quartier général de Maubeuge, le 8ᵉ jour de la 3ᵉ décade du 1ᵉʳ mois l'an II de la République, une et indivisible.

Le général de division,

FERRAND.

(Orig., Arch. nat., DXL II, 6.)

GIVET, 19 OCTOBRE 1793.

LE GÉNÉRAL ÉLIE AU COMITÉ DE SALUT PUBLIC.

Analyse. — Envoi du rapport sur l'expédition que le général Jourdan lui avait ordonné de faire sur Beaumont. Il ne peut attribuer son échec qu'à la trop grande quantité de recrues dont se composait son corps d'armée. «Je n'avais plus que de braves soldats à la vérité, mais trop neufs dans l'art de la guerre.» D'ailleurs cette malheureuse déroute a été plus funeste à nos ennemis qu'à la République, car on assure que ceux-ci ont perdu 1,100 hommes, qu'ils étaient plus de 25,000 hommes, commandés par Beaulieu et le plus jeune des frères de Capet (le comte d'Artois). Il se plaint du maire de Givet, qui veut se mêler de toutes les opérations militaires et qui est accusé d'avoir intercepté une lettre où on prévenait le général des démarches de Beaulieu. Il prévient le Comité que sa garnison est travaillée, que l'argent de Pitt et Cobourg y circule, que des malveillants font paraître souvent des soldats ivres dans le sein de la société populaire pour semer entre tous une jalousie funeste et donner des soupçons injurieux sur sa conduite et son républicanisme, afin de lui enlever la confiance des troupes.

(Orig., Arch. de la guerre, armée du Nord.)

GIVET, 19 OCTOBRE 1793.

LE GÉNÉRAL ÉLIE AU MINISTRE DE LA GUERRE BOUCHOTTE.

Givet, le 29ᵉ jour du 1ᵉʳ mois de l'an II de la République française.

LIBERTÉ.   ÉGALITÉ.

LE CITOYEN ÉLIE, GÉNÉRAL DE DIVISION, COMMANDANT À GIVET ET ARRONDISSEMENT, AU CITOYEN BOUCHOTTE, MINISTRE DE LA GUERRE.

Citoyen ministre,

D'après les ordres qui m'avaient été donnés par le général Jourdan de me porter sur Beaumont avec tout ce que je pourrais tirer des troupes que je commande, afin de seconder l'opération que s'était proposée ce général sur Maubeuge, je partis de Philippeville avec trois mille cinq cents hommes, dont les deux tiers étaient des hommes inexpérimentés fournis par des nouveaux bataillons de la masse et les recrues des anciens corps. Les seules bonnes troupes que j'avais étaient cent hommes de cavalerie et quelques compagnies de grenadiers, chasseurs et canonniers. Quelque peu nombreux que fussent les hommes expérimentés qui se trouvaient dans ma petite armée, j'ai marché, persuadé de la victoire, espérant que l'amour de la patrie, le caractère de soldat républicain et le désir de vaincre les tyrans équivaudraient au moins à l'expérience et seraient funestes à nos ennemis. Après avoir harangué ma troupe, j'ai entendu dans tous les rangs des cris redoublés de : *Vive la République! Vive la Montagne! Ça ira!* Ces voix patriotiques et républicaines m'ont présagé le succès de mon expédition; le cœur rempli de confiance, orgueilleux et fier de conduire les soldats de la liberté contre ceux des despotes, j'ordonne la marche.

Parvenu à la hauteur de Daussois, l'ennemi me menace de m'attaquer en tête et en flanc; je méprise ses menaces, persuadé qu'il ne veut que m'amuser pour faire manquer mon expédition : je ne lui oppose, pour l'amuser à mon tour, que quelques tirailleurs. L'affaire se passa sans aucune perte de ma part. Comme le terrain, les hauteurs et les bois ne me permettaient que de marcher sur une colonne, je m'étais fait flanquer et éclairer par quelques compagnies de chasseurs. Nous entrâmes pendant la nuit au village de Silenrieux, placé dans une gorge; j'avais envoyé du monde pour prendre des positions et fouiller le village. La marche détournée de ces éclaireurs épouvanta quelques compagnies des bataillons de la masse; ces hommes, à qui la guerre est inconnue, furent tellement persuadés de voir l'ennemi qu'ils tirèrent sur nos tirailleurs et en blessèrent quelques-uns. Je me hâte de passer le défilé et arrive sur les neuf heures du soir au village de Boussu-lez-Walcourt.

Je place les grand' gardes et fais toutes les dispositions nécessaires pour bivouaquer et me garantir des surprises de l'ennemi, et je fais reposer les corps à leur ordre de bataille. Vers une heure et demie du matin, une garde avancée se laissa surprendre et fut vivement attaquée par un corps considérable en cavalerie et infanterie. Cette garde, ne pouvant résister à une force supérieure, se replia en se défendant et ne put sauver deux pièces de canon et un caisson. Comme les feux de l'ennemi étaient vifs et que les nouveaux bataillons de la masse n'avaient jamais entendu siffler les balles à leurs oreilles, la crainte la plus lâche s'empara de leur cœur, et, au lieu de rester en bataille, comme plusieurs braves corps, la confusion se mêle parmi eux; ils crient : «Nous sommes perdus!» Ils sont même épouvantés du feu bien suivi que font nos braves canonniers et ils fuient en renversant ceux qui attendaient l'ennemi de pied ferme. Secondé par tout l'état-major et par plusieurs braves officiers, je cherche à les rallier; les cris de la lâcheté et les hurlements étouffent les voix vraiment républicaines, et ne pouvant nous faire entendre, je fis battre la charge; ce moyen épouvanta l'ennemi qui cessa son feu et fut poursuivi par les braves soldats qui lui tuèrent environ soixante hommes.

Cependant, à force de peine, d'encouragement et de menaces, je parviens à rallier les fuyards, j'ordonne aux officiers de faire leur devoir et je fais mettre en bataille sur deux lignes, la première dans la plaine en avant de Bossu et la seconde appuyée à ce village. Le peu de cavalerie et la réserve étaient dans la meilleure disposition et l'artillerie, placée avantageusement en divers points, menaçait d'un feu rasant et croisé tout ce qui oserait se présenter. C'est dans ces dispositions que je me proposais d'attaquer l'ennemi au point du jour, quand celui-ci, profitant d'un brouillard très épais, s'est doucement avancé avec deux mille chevaux, trois mille hommes d'infanterie et de l'artillerie volante; il nous attaqua sur trois points; nos braves canonniers et notre première ligne font un feu qui porte la mort dans les rangs ennemis. Les obus et les boulets, qui tombaient près de la seconde ligne composée de la masse, jetèrent de nouveau la confusion et le désordre dans ces bataillons; ils font feu sur la première ligne, qui se trouvait ainsi attaquée en front par l'ennemi et en queue par les nôtres : non contents d'avoir détruit plusieurs de nos braves en les attaquant par derrière, ils crient *sauve qui peut* et ils fuient en jetant leurs fusils, leurs sacs et leurs cartouches sur leur passage; les conducteurs des pièces de canon partent avec leurs chevaux, coupent les traits et laissent là l'artillerie; les braves canonniers, au désespoir, font feu et meurent plutôt que d'abandonner leurs postes; la réserve, la cavalerie et les chasseurs versent des larmes précieuses en voyant tant de lâcheté; ils se rallient, veulent combattre, et ils ne le peuvent parce qu'ils sont renversés par les fuyards.

Je me porte partout avec les officiers de l'état-major, je m'expose au feu le plus vif de l'ennemi pour rallier mes troupes; des larmes de rage s'échappent de mes yeux en voyant l'inutilité de mes efforts; mon cheval est blessé d'une balle, mon ordonnance, cavalier au 15ᵉ régiment, a l'épaule cassée auprès de moi. Le général de brigade Pierquin [1] a son cheval tué entre ses jambes, l'adjudant général Loison [2] a aussi le sien blessé; c'est par ses actions courageuses, c'est par sa valeur éclatante à la tête de la cavalerie, qu'il empêche toute mon armée d'être entièrement massacrée : c'est ainsi qu'il répond aux imputations qui pleuvent de toutes parts contre lui. Le chef de bataillon Philippot [3], qui commandait jadis à Givet, s'est fait tuer plutôt que de lâcher le pied. Les chefs de bataillons Failly [4], commandant la réserve, Guyard [5], du 16ᵉ bataillon de chasseurs, Moniaco, du 16ᵉ ba-

---

[1] Nicolas Pierquin, né à Aviller (Meuse) le 7 novembre 1741, milicien le 26 octobre 1758, soldat au régiment de Barrois le 3 janvier 1759, sergent le 21 février 1762, porte-drapeau le 11 septembre 1763, sous-lieutenant de grenadiers le 23 janvier 1772, lieutenant en 2ᵉ le 8 avril 1785 et en 1ᵉʳ le 29 juin 1786, chevalier de Saint-Louis le 27 juillet 1786, capitaine le 1ᵉʳ avril 1791, 2ᵉ lieutenant-colonel d'un bataillon de grenadiers le 21 octobre 1791, général de brigade le 13 septembre 1793, suspendu le 10 novembre 1793, réintégré et employé à l'armée du Nord, blessé à la bataille de Tourcoing le 29 floréal an II (18 mai 1794), mort à Lille le 20 prairial an II (8 juin 1794). Il s'intitulait *le général sans-culotte Pierquin.* (Cf. Jacques Charavay, *Les généraux morts pour la patrie*, p. 19.)

[2] Louis-Henri Loison, né à Damvillers (Meuse) le 16 mai 1771, entré dans le bataillon auxiliaire des troupes des colonies le 29 juin 1787, congédié le 25 janvier 1788, sous-lieutenant au 25ᵉ régiment le 15 septembre 1791, lieutenant le 25 mars 1792, capitaine de hussards dans la légion du Nord, adjudant général chef de brigade provisoire en mai 1793, général de brigade le 9 fructidor an III (26 août 1795), réformé le 7 nivôse an VI (27 décembre 1798), remis en activité à l'armée d'Hel-

vétie le 27 nivôse an VII (6 janvier 1799), général de division le 3 vendémiaire an VIII (25 septembre 1799), confirmé dans ce grade le 27 (19 octobre 1799), grand-officier de la Légion d'honneur le 14 juin 1804, comte de l'Empire le 14 avril 1810, gouverneur du palais de Compiègne le 20 février 1813, chevalier de Saint-Louis le 27 juin 1814, retraité le 15 novembre 1815, mort dans sa terre de Chikel, près de Liège (Belgique), le 30 décembre 1816.

[3] Pierre-Barthélemy Philippot, dragon en 1774, retiré en 1790, enrôlé dans le 4ᵉ bataillon de l'Orne, capitaine et chef de bataillon, commandant temporaire de Givet le 2 juillet 1793, tué le 11 octobre 1793 en marchant sur Philippeville.

[4] Jacques-Louis Failly, né à Dormans (Marne) le 25 mars 1764, 2ᵉ lieutenant-colonel du 4ᵉ bataillon des volontaires de la Marne, commandant de place à Givet.

[5] Jean-Rémy Guyard, né à Paris le 8 mai 1749, engagé au régiment d'Auvergne le 12 novembre 1765, garde-française le 30 octobre 1769, congédié le 18 juin 1777, chef de bataillon des volontaires de Sedan le 3 octobre 1792, passé au 16ᵉ bataillon d'infanterie légère le 21 mai 1793, réformé le 2 messidor an V (20 juin 1797), chef de brigade des hussards à pied le 12 germinal an VIII (2 avril 1800), ré-

taillon d'infanterie légère, ci-devant légion du Centre, Simien [1], chef du 2ᵉ bataillon du 47ᵉ régiment, et Walter, du 2ᵉ bataillon de Sézanne, ont mis en usage toute leur ardeur et tout leur zèle pour contenir les corps qu'ils commandaient; mais je ne dois point vous laisser ignorer l'action généreuse de Duval, chirurgien-major du 4ᵉ bataillon de la Marne. Ce valeureux citoyen, après avoir donné aux blessés tous les soins que mérite l'humanité souffrante, voyant qu'il ne pouvait plus les continuer, par la précipitation de la retraite, s'est mis à la tête d'un petit peloton de soldats qu'il était parvenu à rallier; il leur a fait soutenir le feu de l'ennemi, et je l'ai vu les conduire au combat. De vingt-cinq à trente hommes qui le suivaient, plus de vingt furent enlevés par un coup de canon à mitraille, et le brave Duval tentait de rallier de nouveau les soldats qui avaient encore de l'honneur.

Je vous ferai part de toutes les belles actions qui se sont passées dans une lettre particulière. Tous les officiers de mon état-major, le patriote Estienne [2], adjudant général des Belges, et mes aides de camp Gougeon et Pirole m'ont secondé de toute leur activité, de leur bravoure et de leur intelligence, en bravant les balles, les boulets et les obus de l'ennemi pour donner l'exemple du courage et rallier les lâches. Mais que peuvent faire contre la peur les encouragements, les menaces et les exemples? Pour moi, citoyen, je n'ai rien à me reprocher dans cette affaire; je n'ai rien négligé pour inspirer du courage et de la confiance à ma troupe; la position était aussi belle qu'il était possible de désirer; si j'eusse eu des soldats, j'entends des soldats vaillants, je n'eusse pas eu le désespoir de voir prendre mon artillerie, à l'exception d'une pièce de huit, et de voir de braves

---

formé le 27 ventôse an IX (18 mars 1801), commandant temporaire dans le Trentin et le canton de Berne le 15 germinal an IX (5 avril 1801), chef de brigade commandant le bataillon des pionniers noirs le 28 octobre 1805, passé avec son bataillon au service de Naples en 1806, rentré en France et retraité le 11 mai 1814.

[1] Jean-Louis Simien, né à Roybon (Isère) le 10 décembre 1736, fils d'un drapier, soldat au régiment de Lorraine le 25 décembre 1755, sergent le 1ᵉʳ juin 1762, fourrier le 10 juin 1774, sergent-major le 10 août 1776, adjudant le 24 mai 1780, porte-drapeau le 26 mai 1786, sous-lieutenant le 8 mars 1788, a obtenu la décoration militaire le 13 février 1791, adjudant-major au 47ᵉ d'infanterie le 15 septembre 1791, capitaine le 12 janvier 1792, chef de bataillon le 30 juillet 1793, général de brigade le 7 octobre 1793, réformé le 28 ventôse an V (18 mars 1797), retraité le 9 floréal an IX (29 avril 1801),

mort à Bar-sur-Ornain (Meuse) le 23 pluviôse an XI (12 février 1803). Le général Simien avait fait les campagnes d'Allemagne de 1757 à 1762 et avait été blessé à Marbourg le 15 septembre 1762. Son nom ne figure pas dans la *Biographie du Dauphiné* d'Adolphe Rochas.

[2] Antoine Estienne, né à Milhau (Aveyron) en 1761, ingénieur, un des vainqueurs de la Bastille, chasseur dans la garde nationale soldée le 20 juin 1790, sous-lieutenant au 14ᵉ d'infanterie légère le 22 septembre 1792, adjudant général des corps belges le 7 janvier 1793, arrêté par ordre de Dumouriez en février et détenu à Maestricht, rentré en France le 4 octobre 1793, commandant de la place de Givet le 20 du même mois, employé à l'armée des Ardennes le 29 floréal an II (18 mai 1794), destitué le 10 thermidor an II (28 juillet 1794), relevé de sa suspension le 16 fructidor an II (2 septembre 1794). (Cf. *Arch. adm. de la guerre.*)

gens sacrifier leur vie pour soutenir celle des lâches fuyards. Une forteresse, quelque forte qu'elle soit, n'est rien s'il n'y a pas de braves gens pour la défendre. Je n'ai cependant pas dû m'attendre à grand'chose de la part des soldats sans expérience, qui n'avaient jamais vu le feu et que le souvenir de ce qui les attache à la vie animait peut-être plus que le sentiment de vivre libres ou de mourir. Si ces malheureux eussent eu la prudence de ne se donner pour chefs que des hommes instruits dans l'art de la guerre, ils eussent eu des officiers qui auraient soutenu leur courage chancelant et qui leur eussent inspiré quelque confiance; mais les officiers qui les commandaient, qui avaient eux-mêmes besoin d'encouragement, pouvaient-ils faire concevoir d'eux quelque bonne opinion et faire partager à leurs soldats une bravoure et une fermeté qu'ils étaient loin d'avoir, puisque plusieurs d'entre eux mirent leurs épaulettes dans leurs poches pour ne pas être reconnus comme officiers dans leur fuite?

Lorsque je vis que tout était désespéré, j'envoyai une ordonnance à Philippeville pour en faire sortir les trois compagnies de grenadiers qui y étaient et deux pièces de quatre pour protéger ma retraite et empêcher l'ennemi de me poursuivre plus loin, ce qui fut exécuté. Je fis ensuite assembler les généraux et chefs de corps dans Philippeville, pour délibérer sur ce qui restait à faire dans des circonstances aussi accablantes, et c'est d'après les observations qui s'y firent, que ma mission était remplie, que mes troupes étaient inutiles et ne feraient qu'affamer la place si elles y restaient plus longtemps, que je me suis déterminé à retourner à Givet avec mon armée.

Nous avons perdu à peu près deux cents hommes tués ou pris et une centaine de blessés; l'ennemi a dû y perdre plus de monde que nous, car à l'attaque de deux heures, où je ne perdis que deux ou trois hommes, on en compta plus d'une soixantaine des leurs sur le carreau, et le feu de la mitraille de nos pièces a dû éclaircir beaucoup ses rangs [1].

Mon intention a toujours été de faire protéger mon opération par une partie de la garnison de Rocroi, qui devait, par une diversion sur Chimay, venir se réunir à moi à une lieue et demie de Beaumont. Cette colonne, forte de mille hommes et de deux pièces de quatre longues, a obtempéré à mes ordres, s'est rendue au lieu que j'avais prescrit, mais, comme la défaite de mon armée se fit avant que j'aie pu la rejoindre, elle fut attaquée après nous. L'intelligence et la bravoure de Boisragon [2], chef de cette colonne, lui fit faire une belle retraite presque sans perte sur Philippeville, d'où je la fis partir sur-le-champ pour Rocroi.

Peut-être aurais-je à me féliciter d'un tout autre succès, si par deux diverses fois l'on n'eût extrait de ma garnison ce qu'il y avait de plus brave et de plus

---

[1] En effet les premiers rapports exagérèrent beaucoup les pertes faites par le général Élie dans l'expédition contre Beaumont. C'est ce que constata d'ailleurs Carnot dans une lettre à Jourdan publiée à la page 383.

[2] Louis de Boisragon, né en 1748, lieutenant-colonel du 44ᵉ d'infanterie, colonel du 49ᵉ le 12 septembre 1792 et du 62ᵉ à l'armée de la Moselle en avril 1793. (Cf. *Archives administratives du Ministère de la guerre.*)

instruit pour en envoyer une grande partie se faire égorger entre Cambrai et Bouchain, et l'autre fois pour renforcer le camp d'Hirson.

Le général de division,
commandant à Givet et arrondissement
ÉLIE.

P. S. Une femme du 16e bataillon de chasseurs, qui avait été faite prisonnière et qui vient de rentrer, m'a assuré que, malgré notre déroute, l'ennemi évaluait sa perte à 1,100 hommes; elle m'a aussi assuré que la colonne était commandée par Beaulieu, général autrichien, et par le ci-devant comte d'Artois[1].

(Orig., Arch. de la guerre, armée du Nord.)

SCHILTIGHEIM, 19 OCTOBRE 1793.
L'ADJUDANT GÉNÉRAL DEMONT AU COMITÉ DE SALUT PUBLIC.

Au quartier général à Schiltigheim, près de Strasbourg,
le 19 octobre 1793, l'an II de la République française, une et indivisible.

L'ADJUDANT GÉNÉRAL DEMONT
AUX CITOYENS REPRÉSENTANTS, MEMBRES DU COMITÉ DE SALUT PUBLIC, À PARIS.

Citoyens représentants,

L'armée a été attaquée hier au matin, depuis sa droite appuyée à Drusenheim jusqu'à la fin de sa ligne du centre. Les troupes de la gauche de l'armée, placées depuis les hauteurs de Hochfelden jusque sur les hauteurs et dans les gorges de Saverne, n'ont essuyé d'autre attaque que celle nécessaire pour les tenir en échec.

Le centre de l'armée, vivement attaqué sur les hauteurs de Gendertheim, a soutenu avec fermeté une canonnade très vive qui n'a cessé qu'au soir. Cette partie de l'armée a même gagné du terrain que trois charges de cavalerie lui ont procuré. Cet avantage a été conservé jusqu'au soir, mais la conduite de quelques troupes légères à cheval a permis à l'ennemi de reprendre le terrain qu'il avait perdu.

Le général en chef provisoire[2], qui commandait le centre de l'armée et qui se trouvait partout, a marqué à ces corps son mécontentement d'une manière non équivoque.

Je dois observer aux citoyens représentants que, dans une des charges de cavalerie, le citoyen Donadieu[3], capitaine au 11e régiment de dragons, a enlevé un

---

[1] Le même jour le général Élie écrivit dans les mêmes termes à Jourdan.

[2] Le général Carlenc.

[3] Jean Donadieu, né à Arles (Bouches-du-Rhône) en 1744, dragon au régiment d'Angoulème le 6 avril 1766, brigadier le

étendard aux ennemis, que le général s'empressera d'envoyer à la Convention nationale [1].

Une compagnie d'artillerie volante a été enveloppée par les ennemis et prise pour un moment, mais deux escadrons de dragons sont accourus pour la dégager. Cet événement cependant nous a fait perdre une pièce de canon et un caisson Wurost, qu'on a été obligé de laisser sur la place, les ennemis ayant tué les chevaux.

Puis l'aile droite de l'armée, placée depuis Drusenheim jusqu'à la rivière Zorn, sans doute attaquée par des forces supérieures, a reculé dans le courant de cette journée jusqu'à Hoenheim. Ce mouvement rétrograde de la droite de l'armée, ayant détaché le centre de l'armée de son aile droite et l'ayant isolé, le général en chef a craint que l'ennemi ne profitât de sa position critique en se déplaçant entre le centre et l'aile droite pour l'envelopper; en conséquence, il a ordonné à toute l'armée, excepté au corps de troupes placé à Saverne, un mouvement en arrière pour venir se placer sous le canon de Strasbourg. Cette retraite s'est effectuée à dix heures du soir, et l'armée est venue prendre la position qui suit :

POSITION DE L'ARMÉE.

AVANT-GARDE COMMANDÉE PAR LE GÉNÉRAL DE BRIGADE COMBEZ [2].

L'ordre de bataille de l'avant-garde est à la hauteur Wantzenau jusqu'au bois

15 juin 1775, maréchal des logis le 15 juin 1781, sous-lieutenant le 15 septembre 1791, lieutenant le 3 juin 1792, capitaine au 11ᵉ dragons le 1ᵉʳ mai 1793, général de brigade à l'armée du Rhin le 8 brumaire an II (29 octobre 1793), arrêté pour sa conduite à la bataille de Wissembourg (26 décembre 1793), traduit devant le tribunal révolutionnaire, condamné à mort et exécuté à Paris le 8 prairial an II (27 mai 1794). — Cf. Arch. nat., W 374, n° 844, et Étienne Charavay, *Le général Jean Donadieu*, dans *la Révolution française* du 14 décembre 1895.

[1] En effet, le capitaine Donadieu fut envoyé à la Convention par les représentants Saint-Just et Le Bas le 24 octobre 1793. Il se présenta devant l'Assemblée le 7 brumaire (28 octobre) et présenta le drapeau prussien dont il s'était emparé. Il fut admis aux honneurs de la séance et le lendemain nommé d'emblée général de brigade.

[2] Jean-François Combez, né à Besançon (Doubs) le 12 juin 1732, fils d'un homme de loi, cavalier au régiment de Moustier le 15 janvier 1753, maréchal des logis le 12 juin 1757, cornette au régiment des volontaires du Dauphiné le 7 mars 1761, lieutenant de dragons dans la légion de Flandre le 5 avril 1772, lieutenant au régiment Dauphin-Dragons le 18 août 1776, lieutenant au 2ᵉ chasseurs à cheval le 16 juillet 1779 et capitaine le 7 mai 1785, chef d'escadron le 15 avril 1792, chef de brigade le 16 mars 1793, général de brigade provisoire à l'armée du Rhin le 11 septembre 1793, confirmé le 9 pluviôse an II (28 janvier 1794), mort à Schelestadt (Bas-Rhin) le 19 vendémiaire an III (10 octobre 1794). Le général Combez avait fait les campagnes de Hanovre de 1757 à 1762 et, n'étant encore que maréchal des logis, il avait été blessé à la bataille de Bergen (13 avril 1759), et à celle de Minden (1ᵉʳ août 1759), où il avait été fait prisonnier. Sous la Révolution, il avait reçu trois nouvelles blessures, les 26 mars, 28 octobre et 2 novembre 1793.

qui est à sa gauche, lequel bois est occupé dans toute son étendue jusqu'au Cabaret.

La gauche de l'avant-garde communique avec les troupes aux ordres du général de division Michaud, qui commande un corps de troupes séparé. On poussera des patrouilles à Kilstaet, et on empêchera que l'ennemi ne s'y établisse.

Le jardin d'Angleterre est occupé par un bataillon.

LA DROITE DE L'ARMÉE. 1re DIVISION, COMMANDÉE PAR LE GÉNÉRAL DE BRIGADE DUBOIS.

Cette division est en ligne, sa droite, appuyée à Hoenheim, s'étendant par le couronnement des hauteurs derrière Souffelweyersheim.

CORPS D'ARMÉE. 2e DIVISION, COMMANDÉE PAR LE GÉNÉRAL MUNNIER [1].

La droite appuyée à la gauche du général Dubois, s'étendant par le couronnement des hauteurs jusqu'à Mundolsheim.

3e DIVISION FORMANT LE CORPS D'ARMÉE COMMANDÉ PAR LE GÉNÉRAL MÉQUILLET [2].

A la gauche du général Munnier, elle occupera les hauteurs de Niederhausbergen, ne laissant dans les vignes inaccessibles que les postes absolument nécessaires, et s'étendra par sa gauche suivant le couronnement des hauteurs.

CORPS DE TROUPES SÉPARÉES COMMANDÉ PAR LE GÉNÉRAL DE DIVISION MICHAUD.

Depuis Eckwersheim, Vendenheim, Lampertheim, Pfettisheim et Griesheim, Dingsheim, Stutzheim et la gauche de ce dernier village.

AILE GAUCHE COMMANDÉE, MOITIÉ PAR LE GÉNÉRAL DE BRIGADE FEREY ET MOITIÉ PAR LE GÉNÉRAL DE BRIGADE SAUTTER [3].

La droite est appuyée à la gauche du corps de troupes commandé par le général Michaud, et la gauche communiquant avec la droite, commandée par le

---

[1] Cf. t. I, 89, et t. II, 475.

[2] Cf. t. I, 169.

[3] François-Jean Sautter, né à Genève (Suisse) le 8 avril 1746, chef d'un corps de dragons au service de la République de Genève de 1768 à 1782, commandant de la garde nationale de Saint-Amarrin (Haute-Alsace) d'avril 1790 au 1er septembre 1791, lieutenant-colonel en premier du 3e bataillon des volontaires du Haut-Rhin le 24 septembre 1791, général de brigade le 25 septembre 1793, suspendu par les représentants à l'armée du Rhin le 30 brumaire an II (20 novembre 1793), remis en activité à l'armée du Nord le 23 germinal an II (12 avril 1794), réformé par l'organisation de 1795, agent militaire du gouvernement dans les départements du Nord et du Pas-de-Calais pour réunir et envoyer aux armées les réquisitionnaires et les déserteurs à l'intérieur du 14 frimaire au 1er floréal an IV (5 décembre 1795 au 20 avril 1796), chargé d'organiser les conscrits du département du

général de brigade Sautter, qui commande la seconde partie de l'aile gauche de l'armée et qui est placée sur les hauteurs et dans les gorges de Saverne.

COMMANDÉE EN CHEF PAR LE GÉNÉRAL DE DIVISION DIETTMANN [1].

1re brigade de cavalerie est à Hœnheim.

2e BRIGADE COMMANDÉE PAR LE GÉNÉRAL DE BRIGADE LA FARELLE [2].

2e brigade de cavalerie à Oberhausbergen et Mittelhausbergen.

Le quartier général de l'armée est provisoirement à Schiltigheim, l'ambulance à Robertsau. Le parc d'artillerie est à la gauche de Schiltigheim, entre la chaussée de Brumath et celle de Bischwiller, de manière à être bien étendue entre les deux chaussées. Le corps des pionniers à Souffelsweyersheim.

Il doit se faire, sur-le-champ, un abatis du côté de la trouée du bois qui conduit au Cabaret de Vendenheim à la chaussée de Bischwiller.

Loiret en thermidor an VIII (août 1800), commandant la subdivision du Loiret le 7 germinal an IX (28 mars 1801), admis au traitement de réforme le 7 floréal an X (27 avril 1802) retraité le 6 juin 1811, major général de la garde nationale de Genève, mort à Genève en 1829.

[1] Dominique Diettmann, né à Lunéville (Meurthe-et-Moselle) le 21 novembre 1739, gendarme d'Artois le 14 mai 1760, fourrier-major le 17 mai 1773, porte-étendard des gendarmes de Flandre avec rang de lieutenant-colonel le 1er avril 1776, chevalier de Saint-Louis le 27 avril 1781, rang de mestre de camp le 17 juin 1782, sous-aide major de la gendarmerie le 9 septembre 1782, réformé le 1er avril 1788, colonel du 22e régiment de cavalerie le 5 février 1792, maréchal de camp le 22 mai 1792 et lieutenant général le 12 septembre suivant, général en chef des armées du Nord et des Ardennes, en remplacement de Custine, le 22 juillet 1793, commandant la cavalerie de l'armée du Rhin, mort à Colmar le 1er germinal an II (21 mars 1794). Le général Diettmann avait fait les campagnes d'Allemagne de 1760 à 1762.

[2] Barthélemy-Simon-François de La Farelle, né à Paris le 11 décembre 1736, fils d'un lieutenant-colonel d'infanterie, admis dans la compagnie des cadets des colonies entretenue à Rochefort le 24 avril 1753, a quitté le 21 février 1755, volontaire au régiment de Belsunce-Infanterie le 29 avril 1755, lieutenant le 28 février 1756, capitaine au régiment de Royal-Pologne le 18 janvier 1760, réformé le 23 mars 1763, replacé à une compagnie le 5 mai 1772, major le 24 mars 1774, chevalier de Saint-Louis le 18 décembre 1776, lieutenant-colonel le 15 avril 1784, colonel du 14e régiment de cavalerie le 25 juillet 1791, maréchal de camp employé à l'armée de l'intérieur le 5 septembre 1792, passé à l'armée du Rhin le 8 mars 1793, suspendu de ses fonctions par arrêté du Comité de salut public le 15 mai 1793, mais maintenu par les représentants près l'armée du Rhin, arrêté le 8 novembre 1793, mis en liberté à Auxerre le 7 vendémiaire an III (28 septembre 1794), retraité le 8 février 1795, relevé de la retraite et envoyé à l'armée des Alpes et d'Italie le 13 juin 1795, n'a pas accepté ce poste, employé à la levée de 40,000 chevaux et aux remontes le 15 mars 1800, retraité le 22 mars 1801, mort à Fransart (Somme) le 22 juillet 1820. Le général La Farelle avait fait sous l'ancien régime les campagnes d'Allemagne de 1757 à 1761.

Je ne puis dissimuler aux citoyens représentants que l'armée qui est en face de nous est forte de soixante mille hommes, et que trente mille disponibles est la force que nous avons dans ce moment pour résister à ses entreprises.

D'après le rapport d'un déserteur, il paraît que le projet de l'ennemi était de forcer le point de Brumath. La retraite sur Strasbourg, par là, devenait difficile, sinon impossible. Le même déserteur déclare qu'il règne dans l'armée ennemie un secret si profond sur les opérations préméditées que les premiers officiers de l'armée autrichienne ignorent les mouvements projetés.

Un second déserteur de l'armée ennemie, qui nous arrive dans le moment, rapporte que les Autrichiens, dans la canonnade d'hier, ont perdu un grand nombre de sarrasins et de hussards du régiment Toscan; qu'il est très sévèrement défendu aux soldats impériaux de piller, non pas par humanité, mais pour ne pas retarder leurs mouvements en avant. Les émigrés, par contre, pillent et ravagent impunément.

Ce déserteur déclare de plus que les impériaux enlèvent les jeunes gens de la 1re et 2e classes pour renforcer leurs régiments, et les forcent à servir contre les Français.

Je croirais manquer à mes devoirs les plus sacrés, si je ne répétais aux citoyens représentants qu'il règne toujours dans l'armée une surprenante facilité à s'étonner du moindre événement imprévu. Par ce penchant à la surprise, les entreprises les mieux combinées sont presque toujours assujetties aux événements produits par le hasard. Il est très instant que les citoyens représentants avisent aux moyens de mettre les corps d'armée dans le cas de s'élever à la hauteur de la cause qu'ils défendent.

Demont.

(Orig., Arch. de la guerre, armée du Rhin.)

AVESNES, 20 OCTOBRE 1793 [1].

LE GÉNÉRAL JOURDAN AU MINISTRE DE LA GUERRE BOUCHOTTE.

Au quartier général à Avesnes, le 9e jour de la 3e décade du 1er mois de l'an II de la République, une et indivisible.

LE GÉNÉRAL EN CHEF DE L'ARMÉE DU NORD AU MINISTRE DE LA GUERRE.

L'ennemi a réuni toutes ses forces de l'autre côté de la Sambre; il s'y est retranché de la manière la plus respectable; il a construit différentes redoutes qui

---

[1] On trouve à la date du 20 octobre des arrêtés du Comité de salut public portant la signature de Carnot. Il est donc vraisemblable que celui-ci, qui avait quitté l'armée le 19, était rentré à Paris. Le représentant Perrin alla remplacer Carnot et Duquesnoy auprès de Jourdan, comme il l'annonce lui-même dans une lettre adressée

défendent le passage de cette rivière; il a derrière lui la forêt de Mormal. Malgré tous ces avantages, j'aurais tenté de profiter de sa terreur, si les munitions ne m'eussent manqué et s'il n'eût fallu absolument ravitailler les villes de Maubeuge, Avesnes et Landrecies. Je me vois donc forcé de garder encore quelques jours la position où je suis.

J'avais donné des ordres au général D'Avaine, commandant la division de Cassel, d'agir sur la Flandre maritime [1]. Cette opération eût nécessairement forcé l'ennemi à diviser ses forces, étant instruit que depuis Furnes qu'à Menin il n'existe qu'environ dix mille hommes. Je ne sais quels sont les motifs qui ont empêché ce général d'agir jusqu'à présent; il m'a seulement allégué qu'il n'avait pas trouvé mes ordres assez positifs. Je les lui réitère et, s'il exécute ce que je lui ordonne, je suis bien certain que cette diversion me facilitera les moyens de l'attaquer dans ce pays avec avantage. Je désirerais bien entrer dans la Belgique, mais il ne serait pas prudent de le faire sans avoir encore battu l'ennemi. Si j'abandonnais les positions que j'occupe actuellement, il reviendrait à coup sûr reprendre celle qu'il avait devant Maubeuge. De là, il pourrait facilement me couper les derrières. Je crois donc qu'il est beaucoup plus avantageux d'attendre l'effet de la diversion du général D'Avaine. Alors je pourrai attaquer le camp de Battigny par la gauche et marcher sur Bavai.

Au surplus, j'exécuterai, du mieux qu'il me sera possible, tous les plans que le Comité de salut public me prescrira; mais, dans tous les cas, il ne m'est possible d'agir que lorsque j'aurai reçu les munitions que j'attends, et que les villes de Maubeuge, Avesnes et Landrecies seront ravitaillées. En attendant, pour ne pas rester à rien faire, je fais marcher sur Beaumont et Chimay, afin de mettre

d'Avesnes, le 22 octobre 1793, au Comité de salut public (Orig., Arch. de la guerre, armée du Nord.): «Les citoyens Carnot et Duquesnoy ayant quitté le général Jourdan, il m'a engagé à me rendre auprès de lui pour être à portée de terminer plusieurs affaires qui se présentent sans cesse. J'ai obtempéré à sa demande, attendu que l'armée des Ardennes est à ce moment réunie à la division du général Duquesnoy et qu'elle s'est portée sur Beaumont, où elle est occupée à nous procurer des fourrages qui sont assez abondants dans cette partie du pays ennemi. Nous harcelons sans cesse les Autrichiens, en attendant le moment favorable de leur tomber sur le corps. Ils ont été attaqués hier du côté de Lille, et déjà nos frères se sont emparés de Marchiennes et d'Orchies. Demain, on les attaquera devant Maubeuge au delà de la Sambre et j'espère que bientôt nous les forcerons à abandonner notre territoire.»

[1] Le général Jourdan écrivit d'Avesnes en ces termes au général D'Avaine, le 18 octobre: «Je vous préviens, citoyen général, que l'armée de la République, après une bataille qui a duré deux jours les 15 et 16 du courant, a repoussé l'ennemi de l'autre côté de la Sambre et a fait lever le siège de Maubeuge. Je me propose de profiter de cet avantage pour les repousser vivement. J'attends avec impatience le résultat de l'opération que vous avez arrêtée dans le conseil de guerre tenu à Bergues le 13 courant. Agissez vivement, profitez du moment où la République vient de remporter des avantages brillants sur tous les points pour terrasser les brigands qui sont devant vous. Envoyez-moi tous les jours un courrier pour me mettre au courant de votre position.» (Copie certifiée conforme par D'Avaine, Arch. de la guerre, armée du Nord.) Le général D'Avaine était resté malheureusement inactif.

tout le pays environnant à contribution. J'ai enjoint aux généraux, chargés de cette exécution, d'observer en tous points l'arrêté du Comité de salut public, en date du 18 septembre dernier [1].

Salut et fraternité.

JOURDAN.

(Orig., Arch. de la guerre, armée du Nord.)

RÉUNION-SUR-OISE (GUISE), 20 OCTOBRE 1793.
LE GÉNÉRAL BELAIR AU COMITÉ DE SALUT PUBLIC.

Analyse. — Chargé de couvrir la gauche du général Jourdan pendant les combats mémorables qui ont délivré Maubeuge, il s'est maintenu dans ses postes avec avantage contre un ennemi supérieur en nombre. Il a réclamé des secours qui lui sont nécessaires pour garder ses positions et résister à une force quatre fois plus considérable que la sienne.

(Orig. aut., Arch. de la guerre, armée du Nord.)

PARIS, 20 OCTOBRE 1793.
LE MINISTRE DE LA GUERRE BOUCHOTTE AU REPRÉSENTANT SAINT-JUST.

29 du 1ᵉʳ mois.

CITOYEN SAINT-JUST, REPRÉSENTANT DU PEUPLE À L'ARMÉE DU RHIN [2].

J'envoie de bonnes nouvelles aux armées du Rhin et de la Moselle; elles doivent ranimer la confiance. Les Autrichiens ont abandonné Maubeuge et repassé la

[1] Cet arrêté prescrivait les mesures que devaient prendre les généraux quand les troupes de la République entraient en pays ennemi. (Cf. Aulard, VI, 553.)

Jourdan fit mettre à l'ordre du jour de l'armée du Nord, du 19 au 20 octobre 1793, la nouvelle de l'exécution de Marie-Antoinette : «Le ministre de la guerre apprend aux braves défenseurs de la patrie que le glaive de la loi a fait tomber la tête de cette Autrichienne qui a causé tant de maux à la France. Cet événement est arrivé le même jour que vous remportiez une victoire signalée sur les esclaves des tyrans. Votre valeur doit y trouver de nouveaux motifs pour combattre à outrance ceux qui soutenaient la cause injuste de la tyrannie.» (Arch. de la guerre, armée du Nord, reg. XIII *bis*, fol. 103 v°.)

[2] Le 17 octobre, à la nouvelle des revers de l'armée du Rhin, le Comité de salut public avait arrêté «que les citoyens Saint-Just et Le Bas, représentants du peuple, se rendront sur-le-champ à l'armée du Rhin pour y prendre connaissance des événements qui ont eu lieu à Wissembourg et à Lauterbourg, et sont revêtus à cet effet des pouvoirs nécessaires pour prendre les mesures de salut public qu'ils jugeront convenables». (Cf. Aulard, VII, 464.)

Sambre, avec perte de 6,000 hommes. Cholet et Mortagne sont pris dans la Vendée. Les rebelles de Lyon, sortis de la ville, ont tous été tués ou emprisonnés. Je ne vous dis rien sur le Rhin où vous êtes. Si vous avez Pichegru, je suis bien tranquille. La Moselle n'est pas aussi rassurante, et, comme sa droite est liée à la gauche de l'armée du Rhin, il vous importe fort d'y veiller, pour que les départements de la Moselle et de la Meurthe restent intacts. Le général d'armée provisoire de la Moselle [1] ne me parait pas sûr de son affaire, à en juger par sa correspondance. Le décret, qui prescrit de sortir trois quarts des garnisons des places et de les remplacer par les réquisitions, n'est pas encore exécuté. Je remarque aussi que plusieurs sans-culottes nommés généraux de brigade n'acceptent pas. Avec cette fausse modestie ils laissent les places aux aristocrates, et cependant rien n'importe davantage qu'ils n'y soient pas. L'on envoie de Lyon et de l'armée d'Italie des secours à Toulon; Albitte part. Il faut espérer qu'avec la constance et la décision du peuple pour la liberté, le courage des soldats et l'assistance de tous les bons citoyens, toutes les difficultés seront vaincues.

> Salut et fraternité.

> (Minute aut., Arch. de la guerre, armée du Rhin.)

PARIS, 20 OCTOBRE 1793.

LES GÉNÉRAUX LANDREMONT ET DEMARS AU COMITÉ DE SALUT PUBLIC.

Analyse. — 1° Le général Landremont écrit de la prison de l'Abbaye pour protester contre la prolongation de sa détention et envoyer un mémoire justificatif. (Analyse, Arch. de la guerre, corr. gén.) — 2° L'ex-général Demars réclame sa mise en liberté. (Analyse, Arch. de la guerre, corr. gén.)

---

105. PARIS, 21 OCTOBRE 1793 [2].

LE COMITÉ DE SALUT PUBLIC AU MINISTRE DE LA GUERRE BOUCHOTTE.

Paris, le 30 du 1ᵉʳ mois de l'an II de la République.

AU MINISTRE DE LA GUERRE.

Nous vous envoyons ci-joint, citoyen ministre, l'extrait d'une lettre du procureur-syndic du district de Lunéville, qui se plaint de ce que

[1] Le général De Launay.
[2] Carnot assiste à la séance du Comité. (Cf. Aulard, VII, 537.)

cette ville a dans ce moment à nourrir 4,163 hommes de troupe, tandis que Nancy n'en a pas 400. Cet officier municipal met ces deux villes en parallèle et tout l'avantage du côté de Nancy. Nous joignons ici les deux états qu'il nous a adressés [1].

> *Les membres du Comité de salut public*
> *chargés de la correspondance,*
>
> CARNOT, BILLAUD-VARENNE.

(Orig., Arch. de la guerre, corr. gén.)

AVESNES, 21 OCTOBRE 1793.

LE GÉNÉRAL EN CHEF JOURDAN AU MINISTRE DE LA GUERRE BOUCHOTTE.

Au quartier général à Avesnes,
le 21 octobre, l'an II de la République une et indivisible.

LE CITOYEN JOURDAN, GÉNÉRAL EN CHEF DE L'ARMÉE DU NORD,
AU CITOYEN BOUCHOTTE, MINISTRE DE LA GUERRE.

Je vous ai déjà mandé, citoyen ministre, la surprise que j'avais eue en apprenant la morosiveté de l'armée de Maubeuge, qui non seulement n'a fait aucune sortie pendant la durée de notre attaque, mais n'a point inquiété l'ennemi dans sa retraite, qui s'est opérée à la vue de la ville et du camp retranché de Maubeuge. J'en témoignai mon étonnement au général Ferrand lors de mon arrivée en cette ville. Il me répondit que le général Chancel s'était toujours opposé aux sorties, que lorsqu'on lui avait représenté que le feu qu'on entendait était certainement celui d'une bataille qu'on livrait pour secourir Maubeuge, il avait répondu que c'était une manœuvre de l'ennemi pour les attirer dans la plaine afin de les tailler en pièces. Les représentants du peuple, qui ont été instruits de la conduite douteuse du général Chancel, l'ont fait arrêter et conduire aux prisons d'Arras. Vous aurez sûrement de plus amples éclaircissements par la représentation qui vous sera faite du journal des arrêtés du conseil de guerre.

Il m'a été rapporté que le citoyen Deverchin [2], général de brigade, avait été

---

[1] En tête on lit cette note autographe de Bouchotte : «Informez-vous si ce rassemblement n'a pas un mouvement militaire en vue et une destination ultérieure. S'ils ne sont là que pour s'instruire et tenir garnison, il est certain qu'il y en a trop pour Lunéville.»

[2] François-Joseph Deverchin, né à Dugies [?] (Belgique) le 25 avril 1746, fils d'un fermier, géomètre et directeur des houillières à Wasmes avant la Révolution, entré au service de la France le 3 mai 1792, lieutenant dans la 9e compagnie franche le 15 août 1792, capitaine de la 10e compagnie franche le 26 août 1792, chef de bataillon le 8 novembre 1792, gé-

proposer au citoyen Drouet, représentant du peuple, le projet de sortir de Maubeuge; que le citoyen Drouet s'était déterminé à l'effectuer d'après les facilités que le citoyen Deverchin avait présentées, mais que le jour de l'exécution il avait mené le citoyen Drouet jusqu'au camp ennemi, l'avait ensuite abandonné et était rentré dans Maubeuge; que le citoyen Deverchin était en outre accusé d'une correspondance secrète avec le maire de Coulsore, homme très suspect. D'après ces rapports j'ai cru prudent de faire mettre le citoyen Deverchin en état d'arrestation jusqu'à ce qu'il en ait été autrement ordonné par les représentants du peuple lors de leur retour [1]. Quant au colonel Pinteville, je ne le connais pas du tout [2].

Je vous envoie ci-joint copie de la lettre du général Élie, dont j'ai fort à me plaindre. Ce général s'est fait battre et a abandonné toute son artillerie, quoique je lui eusse donné l'ordre le plus positif de ne rien entreprendre, d'inquiéter seulement l'ennemi et de se tenir sur la défensive, ce qui lui était d'autant plus facile d'exécution que le pays est couvert de bois dont il pouvait couvrir son opération [3].

néral de brigade le 25 septembre 1793, suspendu par arrêté du représentant Perrin et arrêté à Avesnes le 21 octobre 1793, détenu à Arras le 19 frimaire an II (9 décembre 1793), mis en liberté le 10 fructidor an II (27 août 1794), replacé adjudant général à l'armée de Sambre-et-Meuse le 12 thermidor an III (30 juillet 1795), commandant la place de Bruxelles le 9 frimaire an VII (29 novembre 1798), suspendu par le général Carteaux le 21 messidor an VIII (10 juillet 1800), admis au traitement de réforme le 17 fructidor suivant (4 septembre 1800).

[1] Les soupçons de Jourdan sur le général Deverchin ne semblent pas avoir été confirmés. En effet, le 27 fructidor an III (13 septembre 1795), le représentant du Bois du Bais recommandait Deverchin dans les termes suivants (Orig., Arch. adm. de la guerre, dossier Deverchin) : «Je lui dois la justice de vous dire que je le regarde comme un des plus braves hommes de la République et aussi actif qu'intelligent. Pendant une mission à Maubeuge on lui avait confié la garde d'un de nos plus importants avant-postes. Nous étions faibles en troupes, mais son courage et sa vigilance suppléaient à tout, car non seulement il garda bien son poste, en veillant, lui, jour et nuit, pour n'être pas surpris, mais il surprit plusieurs fois des postes ennemis qu'il défit, en nous amenant des prisonniers et leurs chevaux. En un mot il harcelait continuellement l'ennemi qui le redoutait. Jourdan en faisait beaucoup de cas... »

Jourdan, qui avait fait arrêter le général et dont du Bois du Bais invoque le témoignage, écrivit, le 16 frimaire an IV (7 décembre 1795), au ministre de la guerre : «L'adjudant général Deverchin est un brave militaire qui me paraît attaché au gouvernement républicain, mais je ne lui crois pas les connaissances nécessaires à la place qu'il occupe.» Enfin les représentants Drouet, qu'on l'accusait d'avoir abandonné, et Gossuin firent, dans une lettre adressée au ministre de la guerre le 18 pluviôse an IV (7 février 1796), le plus grand éloge de Deverchin : «Il n'a jamais, disaient-ils, craint de voir l'ennemi en face et de se mesurer avec lui.» (Orig., Arch. adm. de la guerre. dossier Deverchin.)

[2] Le 12 brumaire an II (2 novembre 1793) le Comité de salut public ordonna qu'un administrateur de police irait mettre en arrestation à Châlons le citoyen Pinteville et le ferait conduire à la Conciergerie de Paris. (Cf. Aulard, VIII, 176.)

[3] Cf. les lettres écrites par le général Élie au Comité et à Bouchotte le 19 octobre 1793.

Je vous ai mandé dans ma dernière l'impossibilité où j'étais de rien entreprendre faute de munitions. L'ennemi conserve toujours sa position; il y a réuni toutes ses forces et l'on ne peut l'attaquer sans s'exposer à être complètement battu. Il faut donc tâcher de le contraindre à se dégarnir. Le projet de passer la Sambre à sa gauche offre une facilité, mais après ce passage il faudrait avancer dans le pays; et comment le faire devant des forces aussi considérables sans s'engager à se faire couper sur les derrières, ce qui arriverait infailliblement?

Le seul moyen est de faire une puissante diversion. J'avais donné des ordres positifs au général D'Avaine; s'il les eût exécutés, je n'aurais sûrement pas toutes les forces de l'ennemi de ce côté. Je lui ai envoyé hier un courrier pour les lui réitérer. Je vous assure que si je n'avais pas craint qu'on eût mal interprété mes intentions, je me serais transporté de ma personne pour commander cette expédition, dont le succès est certain.

Je vous préviens que le citoyen Perrin, représentant du peuple près l'armée des Ardennes, mécontent de la conduite du général Beauregard, commandant une division de cette armée, lui a conseillé de donner sa démission, ce qu'il a fait. Je l'ai acceptée; j'ai fait remplacer ce général par le citoyen Desbureaux [1].

Je vous rends compte que le général Baget [2] est rendu à son poste depuis quelques jours.

Je vous prie de me dire si je puis compter sur l'arrivée des carabiniers.

JOURDAN.

(Orig., Arch. de la guerre, armée du Nord.)

---

[1] Charles-François Desbureaux, né à Reims (Marne) le 13 octobre 1755, soldat au régiment de la Reine le 20 décembre 1773, caporal le 25 mars 1774, sergent le 26 septembre 1780, fourrier écrivain le 13 avril 1781, congédié le 21 avril 1784, chef de division de la garde nationale de Reims, adjudant général chef de bataillon le 1er octobre 1792, général de brigade le 16 août 1793 et de division le 20 septembre suivant, non compris dans l'organisation du 25 prairial an III (13 juin 1795), réformé le 24 germinal an V (13 avril 1797), remis en activité le 5 thermidor an VII (23 juillet 1799), passé à l'armée de l'Ouest le 30 nivôse an VIII (20 janvier 1800), réformé le 1er ventôse an IX (20 février 1801), mis à la disposition du ministre de la marine le 30 brumaire an X (21 novembre 1801), envoyé à Brest pour prendre le commandement de la deuxième expédition de Saint-Domingue le 18 nivôse an X (8 janvier 1802), rentré en France le 20 germinal an XI (10 avril 1803), membre de la Légion d'honneur le 4 germinal an XII (25 mars 1804) commandant la 7e division militaire le 30 fructidor an XIII (17 septembre 1805), et la 5e le 10 novembre 1806, officier de la Légion d'honneur le 27 juillet 1810, baron de l'Empire le 16 décembre 1810, chevalier de Saint-Louis le 1er novembre 1814, commandeur de la Légion d'honneur le 27 décembre 1814, admis à la retraite le 4 septembre 1815, mort à Paris le 25 février 1835.

[2] Jean Baget, né à Lavit (Tarn-et-Garonne) le 18 octobre 1743, cavalier au régiment de Vogué le 21 mai 1759, maréchal des logis le 1er avril 1763, sous-lieutenant au régiment Royal-Cavalerie le 11 août 1768, sous-aide-major le 1er juillet

SCHILTIGHEIM, 21 OCTOBRE 1793.

L'ADJUDANT GÉNÉRAL DEMONT AU COMITÉ DE SALUT PUBLIC.

Analyse. — L'armée française n'a pas fait de mouvement. L'armée autrichienne occupe les hauteurs de Weyersheim, Bietlenheim, Gendertheim et Brumath; elle a devant elle la rivière Zorn, sur laquelle elle doit avoir établi ses avant-postes. «On doit même y construire des redoutes et des retranchements; les ponts qui sont sur cette rivière, même ceux de pierre, doivent être reconstruits de manière à pouvoir être détruits sur-le-champ, en cas que l'ennemi soit obligé de se replier.» Un corps d'armée, composé d'émigrés et de Prussiens, doit être posté de manière à avoir sa gauche à Mommenheim et sa droite à Pfaffenhoffen. «Les Prussiens font des mouvements vers leur droite pour inquiéter Phalsbourg, Sarrebourg et même Saverne par les gorges. Les Autrichiens en font vers leur gauche pour tâcher de surprendre et forcer notre avant-garde et notre droite. Ces mouvements combinés de la part de nos ennemis, fondés sur les principes de la guerre, s'exécutent sans doute pour nous engager à quelque fausse démarche dont ils puissent profiter. En les observant scrupuleusement et en devinant leurs mouvements on parviendra à déjouer les projets des ennemis implacables de la République [1].»

(Orig., Arch. de la guerre, armée du Rhin.)

———

BORDEAUX, 21 OCTOBRE 1793.

LE GÉNÉRAL BRUNE AU COMITÉ DE SALUT PUBLIC.

Analyse. — Bordeaux est régénéré; le gouvernement y est provisoirement militaire; on en tirera bientôt des hommes et des chevaux.

(Arch. de la guerre, analyse, corr. gén.)

1770, lieutenant en 2ᵉ le 11 juin 1776 et en 1ᵉʳ le 8 avril 1779, capitaine le 1ᵉʳ mai 1788, chevalier de Saint-Louis le 12 décembre 1790, aide de camp du général Valence le 10 mars 1792, chef d'escadron au 1ᵉʳ carabiniers le 4 avril 1792, chef de brigade le 30 septembre 1792, général de brigade le 30 juin 1793, réformé le 25 pluviôse an v (13 février 1797), inspecteur général des remontes des 15ᵉ et 17ᵉ divisions militaires en vendémiaire an vi (octobre 1797), commandant de la Légion d'honneur le 15 juin 1804, retraité le 28 mars 1807, mort à Lavit le 17 février 1821. Le général Baget avait fait les campagnes d'Allemagne de 1759 à 1762. Il avait été blessé de deux coups de sabre à la bataille d'Arlon le 9 juin 1793.

[1] Cf. A. Chuquet, *Wissembourg*, p. 224 et suiv.

106. PARIS, 22 OCTOBRE 1793 [1].

INSTRUCTIONS DU COMITÉ DE SALUT PUBLIC AU GÉNÉRAL JOURDAN.

Les représentants du peuple composant le Comité de salut public, considérant combien il est essentiel de profiter de la victoire qui vient d'être remportée par l'armée du Nord et de l'abattement qu'elle a dû jeter parmi les despotes coalisés;

Considérant que renvoyer à la campagne prochaine leur expulsion, c'est terminer celle-ci d'une manière désavantageuse, leur laisser les moyens de commencer la suivante et prolonger les malheurs de la guerre;

Que le seul moyen d'imprimer une énergie nouvelle à l'esprit public, comme de jeter le découragement chez les ennemis et de leur ôter tout espoir de succès pour la suite, est de les ramener au même point où ils étaient en commençant;

Considérant qu'il est impossible à un peuple libre de consentir à aucune trêve ou à prendre aucun repos tant que son ennemi occupe une portion quelconque de son territoire, que des raisons d'économie et de politique exigent que nous vivions à ses dépens, et qu'enfin la saison est trop avancée pour qu'une défaite même, en supposant qu'elle eût lieu, pût compromettre le salut de la frontière;

Arrêtent ce qui suit :

1° Le général en chef de l'armée combinée du Nord et des Ardennes réunira toutes les forces qui sont à sa disposition pour frapper un coup décisif et chasser entièrement dans cette campagne l'ennemi du territoire de la République.

2° A cet effet il passera la Sambre, soit au-dessus, soit au-dessous de Maubeuge, soit à Maubeuge même; il cernera l'ennemi, il l'enveloppera, il l'enfermera dans la portion du territoire qu'il a envahie, lui coupera les communications avec son propre pays et le séparera de ses magasins, qu'il brûlera, s'il ne peut s'en emparer.

3° Néanmoins, l'armée française ne s'engagera qu'avec prudence en terre étrangère; elle côtoyera les frontières le plus près que faire se pourra et maintiendra toujours ses communications assurées avec

[1] Carnot est présent au Comité. Il rédige l'arrêté confiant à Hoche le commandement de l'armée de la Moselle. (Cf. Aulard, VII, 564.)

les places; elle fera, autant que possible, une guerre de postes; elle engagera une affaire générale aussitôt que l'occasion s'offrira de combattre avec avantage et de mettre l'armée ennemie en déroute complète.

4° Le général fera son possible pour tromper l'ennemi sur ses projets; il lui persuadera qu'il a des forces immenses; il pourra tenter un coup de main sur Namur, et, s'il ne peut prendre cette forteresse, il tâchera du moins d'isoler le château en coupant le pont qui communique en pays ennemi; il tâchera également d'enlever le Quesnoy, soit par surprise, soit en le faisant sommer, s'il est instruit que la garnison est faible.

5° Le général tiendra ses forces en masse et donnera à l'ennemi de la jalousie sur plusieurs points pour l'engager à diviser les siennes; il tirera des garnisons tout ce qui n'est pas absolument nécessaire à leur sûreté, en remplaçant les vieilles troupes par celles de la réquisition.

6° En même temps qu'une division agira ainsi du côté de Mons, l'autre pressera l'ennemi du côté de Cysoing, Maulde et Tournai, et tâchera d'opérer sa jonction avec la première, soit en enveloppant Mons et Tournai, soit en passant entre ces villes et la frontière.

(Minute aut. de Carnot, Arch. nat., AF II 244. — Expédition signée par Billaud-Varenne, Carnot, Hérault, C.-A. Prieur, Robespierre, Barère et Collot-d'Herbois, Arch. de la guerre, armée du Nord.)

———

107. PARIS, 22 OCTOBRE 1793.

CARNOT AU GÉNÉRAL JOURDAN.

Paris, le 1er jour du 2e mois de l'an II de la République une et indivisible.

CARNOT, REPRÉSENTANT DU PEUPLE,

AU CITOYEN JOURDAN, GÉNÉRAL EN CHEF DE L'ARMÉE DU NORD.

Le Comité de salut public, citoyen général, vous adresse par un courrier extraordinaire l'arrêté qu'il vient de prendre sur la manière dont il veut que s'achève la campagne dans le Nord[1]. Plein de confiance dans vos talents et votre droiture, il a cru pouvoir hasarder sur cette frontière des opérations délicates et dont il n'eût osé confier l'exé-

____

[1] Cf. la pièce précédente.

cution à tout autre qu'à celui qui venait de répondre à ses espérances d'une manière si glorieuse pour la République et pour lui-même. Le Comité veut, à quelque prix que ce soit, que les ennemis soient complètement chassés cette année du territoire français, et l'honneur national nous le commande. On ne désire point que vous pénétriez dans l'intérieur de la Belgique : expulser les satellites des despotes par la voie la plus courte et la plus sûre est tout ce qu'il demande, et il est persuadé qu'une opération si importante ne peut être confiée à des mains plus habiles et plus pures.

> Salut et fraternité.

CARNOT.

Prenez garde que l'ennemi, par de fausses attaques, ne cherche à vous attirer trop du côté de Landrecies. En vous éloignant ainsi de Maubeuge, il remplirait son objet, qui est d'empêcher que vous ne l'enveloppiez vers Mons, et il prendrait ses quartiers d'hiver en France, ce qu'il ne faut point souffrir, absolument. Vous pourriez faire mine de faire marcher, en effet, la plus grande partie de votre armée vers Landrecies, pour y attirer l'ennemi, puis vous porter tout à coup, par une marche rétrograde et brusque, vers la Basse-Sambre, que vous passeriez lestement, et vous attaqueriez alors avec un grand avantage, par le flanc gauche, le camp de Bettignies. Vous avez besoin pour cela et pour toutes vos opérations du plus grand secret. Donnez-nous très fréquemment de vos nouvelles; il me semble qu'il faudrait vous assurer votre communication avec Givet et Philippeville par Beaumont[1].

CARNOT.

(Orig. aut., Arch. de la guerre, armée du Nord.)

---

[1] On lit à ce sujet dans les *Mémoires* inédits de Jourdan les considérations suivantes :

« Dans ces entrefaites, le général en chef reçut un arrêté en date du 22 octobre, qui déterminait de quelle manière le Comité de salut public voulait que la campagne s'achevât dans le Nord. L'armée, divisée en deux corps, devait passer la Sambre d'un côté et marcher sur Tournai de l'autre, afin de cerner l'ennemi, l'envelopper et l'enfermer dans la partie du territoire qu'il avait envahie. Il était prescrit au général en chef de s'emparer des magasins de l'ennemi et en même temps de ne s'engager qu'avec prudence en terre étrangère, et de côtoyer les frontières le plus près que faire se pourrait; de couper la retraite à l'ennemi, sans cesser de maintenir ses communications avec les places fortes; de tenir ses forces en masse,

108. PARIS, 22 OCTOBRE 1793.

LE COMITÉ DE SALUT PUBLIC AU MINISTRE DE LA GUERRE BOUCHOTTE.

Analyse. — Deux lettres : 1° Envoi d'un arrêté des représentants Ruelle, Gillet et Philippeaux, concernant les 12ᵉ et 13ᵉ bataillons de Seine-et-Oise qui refusent de servir plus longtemps[1]. (Minute, Arch. nat., AF ii 268.) — 2° Envoi de la copie d'une lettre du représentant Laurent, où celui-ci expose les besoins des villes de Cambrai et de Bouchain[2]. (Minute, Arch. nat., AF ii 238.)

PARIS, 22 OCTOBRE 1793.

LE MINISTRE DE LA GUERRE BOUCHOTTE AU COMITÉ DE SALUT PUBLIC.

Analyse. — Il lui fait passer l'extrait d'une lettre du général Rossignol relative aux troubles du Morbihan[3].

(Analyse, Arch. de la guerre, reg. du Comité de salut public.)

---

et cependant de donner de la jalousie à l'ennemi sur plusieurs points pour l'engager à diviser les siennes. Il lui était surtout recommandé de persuader à l'ennemi qu'il avait des forces immenses.

«Cet arrêté, où sont réunies tant de dispositions incohérentes, excitera maintenant le sourire des militaires qui le liront; mais à l'époque dont nous parlons le général, à qui il était adressé, y voyait son arrêt de mort. Comment se justifierait-il, en cas de malheur, devant le tribunal révolutionnaire trouvant dans cette pièce ridicule un motif de condamnation, n'importe la manière dont les opérations avaient été dirigées? La lettre du ministre qui l'accompagnait est un monument de l'esprit de vertige de ce temps-là. Parmi les idées exagérées qu'on remarque dans celle de Carnot, on y aperçoit quelques vues militaires, et il a la bonne foi de convenir que l'entreprise est délicate.»

[1] La lettre des représentants est datée de Nantes, 30 septembre 1793.

[2] Cf. le texte de cette lettre, reçue par le Comité le 27 vendémiaire an ii (18 octobre 1793), aux Arch. nat., AF ii 238.

[3] La lettre du général Rossignol à Bouchotte, écrite de Brest le 16 octobre 1793, porte qu'il suffira de trois mille hommes pour rétablir la paix dans le département du Morbihan. «Je vous préviens aussi qu'une partie de ces rassemblements est occasionnée par la présence de plusieurs brigands qui sont venus mettre bas les armes devant l'armée de l'Ouest ci-devant mayençaise. Les représentants du peuple près de cette armée les renvoient dans l'intérieur. Ces mêmes brigands se répandent dans différents départements et y prêchent la guerre civile, tandis qu'il aurait été très prudent, selon moi, de les resserrer jusques à la fin de la guerre.» (Orig., Arch. de la guerre, armée des Côtes de Brest.)

BAYONNE, 22 OCTOBRE 1793.

GARRAU, REPRÉSENTANT PRÈS L'ARMÉE DES PYRÉNÉES OCCIDENTALES [1],

AU COMITÉ DE SALUT PUBLIC.

Bayonne, le 1ᵉʳ jour de la 1ʳᵉ décade du 2ᵉ mois de la 2ᵉ année
de la République une et indivisible.

*LE REPRÉSENTANT DU PEUPLE PRÈS L'ARMÉE DES PYRÉNÉES OCCIDENTALES
AU COMITÉ DE SALUT PUBLIC* [2].

Les citoyens Pinet [3] et Monestier [4], mes collègues, ont pendant mon absence destitué et même fait mettre en état d'arrestation quelques officiers généraux et supérieurs, qui n'avaient pas la confiance du soldat et dont la conduite était presque suspecte. De ce nombre sont les généraux Deprez-Crassier et Willot. Ils ont été remplacés par des bons militaires, vrais sans-culottes, aussi prononcés pour la Révolution que les plus ardents montagnards. L'état ci-joint, n° 1ᵉʳ, vous donnera un aperçu de ces remplacements, en attendant que mes collègues vous fassent parvenir leur arrêté.

Cette régénération salutaire n'est pas la seule qu'ils aient opérée. Après avoir purgé l'état-major de l'armée, il leur restait à purifier Bayonne et le Saint-Esprit, places que j'avais déjà eu la précaution de mettre en état de siège. La sans-culotterie y domine aujourd'hui exclusivement : comité de surveillance munici-pale révolutionnaire, société épurée, tout va grand train ; les gens suspects sont mis en état d'arrestation, les égoïstes payent de leur bourse leur apathie et les fripons marchent à grands pas vers la guillotine. D'un autre côté les dons pa-triotiques et les visites domiciliaires produisent chaque jour des monceaux d'or et d'argent en numéraire ou en matières. Déjà j'ai fait verser, soit dans les mains du directeur de la monnaie, soit dans celles du payeur général, plus de 600,000 livres.

[1] Garrau avait été envoyé, le 30 avril 1793, en mission à l'armée des Pyrénées occidentales, avec ses collègues Feraud, Ysabeau et Chaudron-Roussau. (Cf. Aulard, III, 540.)

[2] Cette lettre, toute militaire, n'a été qu'analysée par M. Aulard (VII, 577).

[3] Jacques Pinet, né à Saint-Nexans (Dordogne) en 1754, député de la Dor-dogne à l'Assemblée législative et à la Convention, proscrit en 1816, mort à Ber-gerac le 8 novembre 1844. Il avait été chargé, le 3 août 1793, de la levée en masse dans les départements de la Dor-dogne et de la Gironde. (Cf. Aulard, VI, 74.) Un décret du 13 octobre l'avait ensuite

envoyé à l'armée de l'Ouest (Aulard, VII, 395), mais Pinet et ses collègues protes-tèrent contre cette nouvelle destination par des lettres des 20 et 21 octobre 1793. (Cf. Aulard, VII, 523 et 555.)

[4] Benoît-Jean-Baptiste Monestier, né à Clermont-Ferrand le 31 octobre 1745, chanoine, premier vicaire de l'évêque constitutionnel de Clermont, député du Puy-de-Dôme à la Convention, mort à La Saigne, commune d'Authezat-la-Sauvetat (Puy-de-Dôme), le 29 novembre 1820. Monestier avait été envoyé à l'armée des Pyrénées Orientales le 20 juin 1793 avec Lefiot (cf. Aulard, V, 27) et avait rejoint son collègue Pinet.

Mais pourquoi faut-il qu'au milieu de toutes ces belles choses les sans-culottes voient naître de nouvelles entraves? Le Conseil exécutif, mal instruit sans doute, vient de nommer trois généraux de division et deux généraux de brigade, qui sont bien loin de réunir l'estime et la confiance des bons citoyens. La plupart de ces nouveaux-nés sont des êtres nuls ou équivoques; leur promotion a étonné, scandalisé tout le monde; aussi la société montagnarde de cette ville s'est elle empressée de venir me les dénoncer et de me demander un sursis à la remise de leurs lettres de service. J'ai cru qu'il était de mon devoir d'accorder le sursis jusques à ce que vous ayiez prononcé sur les chefs de suspicion articulés contre eux. Je vous ferai passer sous peu les pièces relatives à cette affaire. En attendant, je vous envoie une simple note sous le n° 2.

L'arrêté que vous m'avez envoyé par un courrier extraordinaire m'est parvenu hier. Je vois avec plaisir que vous savez prendre de grandes mesures quand l'intérêt de l'État l'exige. Allons, courage! Encore quelques coups de maître comme celui-là, et le vaisseau sera bientôt au port. Il me tarde que la campagne soit finie dans cette partie-ci, pour aller rejoindre la Convention nationale et vous embrasser. En attendant, je remplirai exactement vos vues en vous donnant les détails que vous demandez par votre arrêté. Je commence dès ce moment.

OPÉRATIONS MILITAIRES.

1° Les opérations actuelles se réduisent à une défensive rigoureuse. Nos moyens sont insuffisants pour une grande entreprise. Cependant les généraux et moi avons conçu le projet d'enlever avant l'hiver les batteries que les Espagnols ont établies sur le bord de la Bidassoa et de prendre poste sur leur territoire. Pour cet effet il a été donné ordre à 9 bataillons de réquisition et à 300 hommes de cavalerie nationale volontaire de se rendre ici avant le 10 novembre prochain. Je compte sur le succès de cette expédition, dont le plan vous sera transmis avant son exécution.

CONDUITE DES GÉNÉRAUX.

2° La conduite des généraux est franche et loyale depuis l'épuration de l'état-major. Dumas[1] n'est point encore arrivé. Nous attendons tous les jours le général

---

[1] Thomas-Alexandre Davy de la Pailleterie, dit Alexandre Dumas, né à Jérémie (île de Saint-Domingue) le 25 mars 1762, dragon au régiment de la Reine le 2 juin 1786, brigadier le 16 février 1792, lieutenant dans les hussards de la Liberté le 2 septembre 1792, lieutenant-colonel de la légion franche de cavalerie des Américains et du Midi le 15 septembre 1792, général de brigade à l'armée du Nord le 30 juillet 1793, général de division le 3 septembre 1793, commandant en chef l'armée des Pyrénées occidentales le 8 septembre 1793, général en chef de l'armée des Alpes le 2 nivôse an II (22 décembre 1793), a quitté l'armée le 18 messidor an II (6 juillet 1794), commandant l'école de Mars au camp des Sablons le 15 thermidor an II (2 août 1794), employé à l'armée de Sambre-et-Meuse le 18 du même mois (5 août), commandant en chef l'armée des Côtes de Brest du 3 au 19 brumaire an III (24 octobre au 9 novembre 1794), remis en activité le 23 brumaire

Frégeville, qui passe pour un bon sans-culotte. On ne saurait trop donner d'éloges à l'activité et au zèle du général de division Gimel [1], commandant l'artillerie.

POSITION DE L'ENNEMI.

3° La position de l'ennemi est toujours la même. Il y a depuis quelques jours de fréquentes fusillades entre ses avant-postes et les nôtres, dont le résultat n'est pas à son avantage. Nous continuons à recevoir de ses déserteurs : quelques-uns de la fameuse légion de Saint-Simon; ils s'accordent à dire qu'ils sont très mal et que le régiment suisse de Reding, campé à Irun, cherche l'occasion de passer chez nous. De notre côté, nous avons perdu 4 ou 5 dragons qui sont passés à l'ennemi. On doit ce principe de désertion à une quinzaine de muscadins, qui sont venus de Toulouse s'incorporer dans ce corps et qui cherchent à le désorganiser. Mais patience!

L'ESPRIT PUBLIC.

4° L'esprit public est excellent dans l'armée; le soldat ne désire que d'en venir aux mains. Les officiers sont généralement peu instruits, mais bien disposés. J'attribue cela à la multiplicité des corps qu'on a formés, au lieu de compléter les cadres. C'est l'ouvrage de M. Servan et compagnie.

ABUS.

5° Les abus sont si multipliés qu'il faut absolument que pendant cet hiver la Convention nationale s'occupe de réorganiser toute la machine : vivres, fourrages, charrois, hôpitaux, habillement, équipement, conseil d'administration, quartiers-maîtres, étapiers, etc., tout est détestable. On met du sable dans le pain; on fait manger du jonc aux chevaux; partout on vole, on pille, on dilapide la fortune publique, et, malgré nos soins, notre vigilance, les coupables se dérobent au glaive de la loi.

BESOINS.

6° Nos besoins sont grands, quant aux vivres et aux fourrages. Les réquisitions fournissent à peine de quoi vivre du jour à la journée. Cependant on nous fait

an iv (14 novembre 1795), commandant de place à Landau le 21 nivôse an iv (11 janvier 1796), embarqué pour l'Égypte le 30 floréal an vi (19 mai 1798), prisonnier de guerre sur les côtes de Tarente en germinal an vii (mars 1799), rentré en France au commencement de floréal an x (fin avril 1801), admis au traitement de réforme le 26 fructidor an x (13 septembre 1802), mort à Villers-Cotterets (Aisne) le 26 février 1806.

En effet le général Alexandre Dumas n'arriva à l'armée des Pyrénées orientales que le 8 brumaire (29 octobre), mais les représentants Garrau, Pinet et Monestier informèrent, le 10 (31 octobre), le Comité de salut public qu'ils avaient maintenu le général Léonard Muller dans le commandement de l'armée et nommé Alexandre Dumas chef de division. (Cf. Aulard, VIII, 154.)

[1] Cf. t. 1, p. 122, note 1.

espérer un approvisionnement considérable en avoine. Je vous envoie copie de la lettre du régisseur à ce sujet, n° 3. Il nous manque aussi des effets de campement; ceux qu'on nous a fournis sont de la plus mauvaise qualité. La poudre est encore plus rare. Nous venons d'en demander à Bordeaux et à Toulouse cent milliers au moins.

Voilà, chers collègues, des détails sur lesquels vous pouvez compter.

En finissant, je vous dirai que le général Laroche, chef de l'état-major, dont l'intelligence et le patriotisme doivent vous être connus, m'a montré les nouveaux signaux que le commandant de Brest a envoyés au chef civil de la marine de Bayonne. Ces signaux sont entièrement conformes aux anciens pour *le vendredi*, ce qui m'a donné des soupçons et fait prendre la résolution de conserver les anciens jusqu'à ce que vous en ayiez délibéré. Je vous les envoie ci-joint [1].

Salut et fraternité.

GARRAU.

(Orig., Arch. de la guerre, armée des Pyrénées occidentales.)

FURNES, 22 OCTOBRE 1793.

LE GÉNÉRAL VANDAMME AU COMITÉ DE SALUT PUBLIC.

Quartier général de Furnes, le 1er jour du 2e mois de l'an II
de la République une et indivisible.

Je suis parti ce matin à une heure de Dunkerque avec des forces d'infanterie et le 5e régiment de chasseurs à cheval pour marcher sur Furnes. J'ai divisé ma troupe en deux colonnes; l'une se porta par la porte de Dunkerque et l'autre par l'Estran. Elles arrivèrent devant cette ville à cinq heures; j'en fis faire aussitôt l'attaque par le général de brigade Hoche, tandis qu'une colonne de 4,000 hommes, commandée par le général de brigade Gougelot, partie d'Hondschoote, l'attaquait par la porte d'Ypres. L'ennemi, au nombre de 3,000 hommes, bien retranchés, avec plusieurs pièces de canon, voulut se défendre et nous empêcher d'entrer dans la ville; mais le courage que montrèrent tous les soldats républicains épouvanta ces vils esclaves. Nous les chassâmes de la ville la baïonnette dans les reins; ils se retirèrent en désordre et nos troupes les poursuivent encore. Cette affaire ne nous a pas coûté douze républicains; nous avons eu quelques blessés. Une centaine d'esclaves ont mordu la poussière et nous en avons pris environ soixante,

---

[1] Les pièces annoncées dans cette lettre manquent. — Ce rapport circonstancié du représentant Garrau fut cause que le Comité de salut public, par son arrêté du 7 brumaire an II (28 octobre 1793), chargea le ministre de la guerre Bouchotte d'épurer sans délai l'état-major de l'armée des Pyrénées occidentales et d'envoyer à cette armée les secours nécessaires en armes, effets de campement et d'habillement, munitions, etc. (Cf. Aulard, VIII, 75.)

sans compter ceux que les braves soldats vont attraper encore. Dans le nombre des prisonniers se trouvent trois émigrés. J'ignore si vous connaissez le traitement que je leur fais quand j'ai le bonheur d'en attraper; je ne donne pas à la commission militaire la peine de les juger : leurs procès sont faits sur-le-champ; mes pistolets et mon sabre font leur affaire.

Si le camp de Dixmude ne m'attaque pas en force, demain je marche sur Nieuport et après-demain sur Ostende. Je les enlèverai comme Furnes; je suis d'autant plus fondé à vous le dire, que l'ennemi tremble et que les soldats que je commande sont aussi courageux que disciplinés. Aucun pillage n'a été commis dans cette ville; les républicains ne pensent qu'à se battre et à vaincre; et avec de tels hommes que ne peut-on pas espérer!

Le citoyen Castagnier, commandant la marine de Dunkerque, a mis à la voile toutes les chaloupes et bâtiments en état, et il suit mes mouvements. Il attaquera par mer Ostende lorsque je l'attaquerai par terre. J'espère, citoyens représentants, que dans huit jours on dira : il y avait un beau port à Ostende. Je fais main basse sur toutes les caisses appartenant aux despotes, et, non content de cela, je fais contribuer la ville conformément à votre instruction. Je veux faire une telle provision que l'armée puisse vivre tout l'hiver sans qu'il en coûte rien à la République. Pour cette fois les tyrans seront totalement exterminés. Vive la République une et indivisible.

Le général de brigade commandant l'armée à Furnes,

Vandamme.

(Imprimé dans le *Moniteur* du 26 octobre 1793 [1].)

MAUBEUGE, 22 OCTOBRE 1793.

LE GÉNÉRAL FERRAND AU COMITÉ DE SALUT PUBLIC.

Analyse. — Il déclare que, s'il n'a pas opéré la diversion offensive sur laquelle comptait le Comité, c'est que cette opération aurait été funeste sous tous les rapports, étant cerné par six camps ennemis qui ne se sont pas dégarnis un seul instant. Des brouillards épais, qui se sont soutenus dans les matinées des 14, 15 et 16 octobre, ont été un obstacle de plus. Le 17 les troupes sont sorties, ont fait cent prisonniers et repris les postes occupés précédemment. Le général a désapprouvé complètement la tentative du représentant Drouet, mais celui-ci, malgré les représentations de son collègue Bar, a voulu forcer les lignes ennemies et a emmené à cet effet 100 hommes. «D'après le rapport des 38 dragons qui

[1] Il y a aux Archives de la guerre, armée du Nord, une copie de cette lettre, mais les termes en sont écourtés. — On trouve dans le même dossier un procès-verbal de Vandamme constatant son entrée dans Furnes et l'état des réquisitions et contributions levées par lui. Ce document a 31 pages in-folio.

sont revenus de cette expédition, il paraît que la troupe s'est dispersée aux premières décharges de l'armée ennemie. Une partie de la troupe a été renversée dans un fossé, ainsi que le représentant Drouet. Les dragons l'ont remis à cheval et il a été suivi de quelques-uns; la plus grande partie s'étant égarée dans l'obscurité de la nuit, ce n'est que deux jours après que j'ai pu m'informer de son sort. J'ai envoyé un trompette sous le prétexte de remettre des lettres de famille de deux officiers autrichiens faits prisonniers à l'affaire du 29 septembre. Je demandais en même temps les noms des prisonniers qui avaient eu lieu dans cette affaire et dans une reconnaissance faite quelques jours auparavant. L'officier chargé de cette mission a appris aux avant-postes ennemis, avant de se rendre au quartier général, que le représentant Drouet avait été pris. Le général La Tour a annoncé l'avoir fait conduire au quartier général de Cobourg. Tels sont les détails que j'ai pu recueillir sur le sort du représentant Drouet, à qui je n'ai pu voir sans la plus vive peine prendre un parti qui ne pouvait que compromettre la dignité du caractère dont il était revêtu. » La conduite du citoyen Pinteville, chef du bataillon de la Marne, ne lui a inspiré aucun soupçon.

(Orig., Arch. de la guerre, armée du Nord.)

<hr>

109. PARIS, 23 OCTOBRE 1793 [1].
PROCLAMATION DU COMITÉ DE SALUT PUBLIC À L'ARMÉE DU NORD
SUR LA BATAILLE DE WATTIGNIES.

Soldats républicains,

Les lâches satellites de la tyrannie ont fui devant vous à votre approche; ils ont abandonné Dunkerque et leur artillerie; il se sont hâtés d'échapper à leur ruine entière en mettant la Sambre entre eux et vos phalanges victorieuses. Le fédéralisme a été frappé dans Lyon; l'armée républicaine est entrée dans Bordeaux pour y porter les derniers coups. Les Piémontais et les Espagnols sont chassés de notre territoire; les défenseurs de la République viennent de détruire les repaires des rebelles de la Vendée; ils ont exterminé leurs cohortes sacrilèges. Cette terre coupable a dévoré les monstres qu'elle a produits; le reste va tomber sous la hache populaire. Partout où la tyrannie n'a point

[1] Carnot assiste, le 23 octobre, à la séance du Comité. Le même jour, il écrit de sa main deux arrêtés : 1° Ordre au général Doppet de prendre le commandement des troupes devant Toulon, au général Carteaux de prendre le commandement de l'armée d'Italie, au général Dours de prendre le commandement des troupes employées à l'armée des Alpes et à Ville-Affranchie. — 2° Ordre au ministre de la guerre de rappeler sans délai le général de brigade Fabre-Fond (frère de Fabre d'Églantine) et de le remplacer. (Cf. Aulard, VII, 584.)

trouvé l'appui de la trahison, la victoire a suivi les drapeaux de la liberté et le génie du peuple français triomphe.

Soldats républicains, il reste encore au delà de la Sambre, il reste sur les bords du Rhin et de la Moselle des esclaves féroces, armés contre la sainte cause que nous défendons; ils sont couverts du sang de vos femmes et de vos enfants, du sang des représentants de la nation. Ô douleur! il en reste jusque dans nos cités; il en reste dans l'exécrable Toulon. Le moment est venu de punir tous leurs forfaits; l'heure fatale des tyrans sonne et c'est par vos mains qu'ils doivent périr. Soldats républicains, les mânes de vos frères égorgés vous implorent, la gloire vous appelle, la patrie vous regarde, les représentants de la nation vous encouragent et vous guident. Marchez, frappez; que dans un mois le peuple français soit vengé, la liberté affermie, la République triomphante; que les tyrans et les esclaves disparaissent de la terre; qu'il n'y reste plus que la justice, le bonheur et la vertu!

Les membres du Comité de salut public,
Robespierre, Carnot, Hérault, Billaud-Varenne.

(Arch. de la guerre, reg. d'ordres de l'armée du Nord, XIII *bis,* fol. 107 [1].)

---

110. paris, 23 octobre 1793. — carnot au général jourdan.

Paris, 2 du 2ᵉ mois 2ᵉ année de la République une et indivisible.

Les malintentionnés s'efforcent, citoyen général, de nous inquiéter de nouveau sur la situation de l'armée du Nord : on exagère la perte essuyée par le général Élie [2]. Il est important que vous nous rassuriez, en nous faisant connaître le plus souvent possible par deux mots votre position.

L'ennemi n'a pas d'autre projet, vous devez en être persuadés, que de passer l'hiver en France; et il n'y a aucun sacrifice, au contraire,

---

[1] Le texte de cette proclamation a été publié par Savary, *Guerres des Vendéens et des Chouans,* II, 287, et par Aulard, VII, 585.

[2] Voir au sujet de l'échec subi par le général Élie une lettre écrite de Sedan, le 23 octobre, au Comité de salut public par les représentants Massieu et Calès, qui disent : «Cet échec, quoique déplorable pour un bon républicain, n'est cependant point décisif par ses conséquences.» (Cf. Aulard, VII, 588.)

auquel le Comité de salut public ne soit résolu, plutôt que de le souffrir. L'ennemi se fortifie dans la forêt de Mormal, à même de se porter
entre Avesnes et Maubeuge, du moment que vous passerez la Sambre
au-dessous de cette ville, le tout afin de vous retenir dans cette position et vous empêcher d'aller en avant, par la crainte de voir vos
communications coupées. L'attaquer dans cette forêt, c'est combler ses
vœux et compromettre inconsciemment le salut de votre armée. Vous
n'avez, ce me semble, citoyen général, qu'un seul parti à prendre :
c'est de commencer par vous assurer une nouvelle communication
par Givet, Philippeville et Beaumont, et en vous emparant de tout le
pays d'entre Sambre-et-Meuse, contenant, pendant cette opération,
l'ennemi dans la forêt de Mormal et l'attirant tant que vous pourrez
vers Landrecies, sans vous embarrasser de quelques dégats partiels
qu'il pourrait commettre. Maître une fois de ce pays d'entre Sambre-
et-Meuse, et surtout de Namur, s'il est possible, vous menacez la Belgique et le pays de Liège, vous passez la Sambre, sans craindre pour
vos communications, et je ne vois plus comment l'ennemi peut séjourner en France. Tout autre projet est mesquin, étranglé, laisse
l'ennemi maître des places qu'il a prises et expose visiblement l'armée
à une destruction totale.

N'attaquez jamais l'ennemi qu'avec une grande supériorité de forces
et des corps de réserve; ne nous piquons pas de vaincre les ennemis
à nombre inférieur : soyons partout six contre un, jetez l'épouvante
chez les ennemis, menacez la Belgique d'une destruction totale, pu-
bliez que vous avez deux cent mille hommes, force de subsistances, et
surtout assurez-vous une communication le long de la Sambre inférieure, et conservez Chimay par un poste. Je croyais pouvoir faire
faire à l'armée de la Moselle un mouvement de votre côté, mais les
progrès de l'ennemi vers le Rhin nous forcent à une mesure toute
contraire; mais il vous reste encore de grands moyens dans les deux
armées combinées du Nord et des Ardennes. Le Comité de salut public
est plein de confiance en vous; donnez-lui de vos nouvelles.

Salut et fraternité.

CARNOT.

Les rebelles de la Vendée sont exterminés. Annoncez-le à l'armée.

(Orig. aut., Arch. de la guerre, armée du Nord.)

111. PARIS, 23 OCTOBRE 1793.
LE COMITÉ DE SALUT PUBLIC AU COMITÉ DES PONTS ET CHAUSSÉES.

LE COMITÉ DE SALUT PUBLIC AU COMITÉ DES PONTS ET CHAUSSÉES.

Vous êtes chargés, chers collègues, d'un rapport très important sur l'organisation du corps du génie; l'incertitude où sont, à cet égard, les officiers de ce corps, aussi bien que les ponts et chaussées, les laisse dans une espèce de désorganisation infiniment préjudiciable et fait languir à la fois les deux services; nous vous invitons donc, chers concitoyens, à remettre votre projet de décret le plus tôt qu'il vous sera possible à l'ordre du jour et à faire prononcer la Convention sur cette question urgente.

Salut et fraternité.

Paris, le 2 brumaire an II de la République une et indivisible.

(Minute, Arch. nat., AF II 202.)

PARIS, 23 OCTOBRE 1793.
LE MINISTRE DE LA GUERRE BOUCHOTTE AU COMITÉ DE SALUT PUBLIC.

Analyse. — Il demande la création de deux instructeurs pour chaque bataillon de nouvelle levée.

(Analyse. Arch. de la guerre, corr. générale.)

MAUBEUGE, 23 OCTOBRE 1793.
LE GÉNÉRAL JOURDAN AU COMITÉ DE SALUT PUBLIC.

Au quartier général de Maubeuge,
le 2ᵉ jour du 2ᵉ mois de l'an II de la République, une et indivisible [1].

JOURDAN, GÉNÉRAL EN CHEF DE L'ARMÉE DU NORD,
AUX REPRÉSENTANTS DU PEUPLE COMPOSANT LE COMITÉ DE SALUT PUBLIC.

Je reçois à l'instant, citoyens représentants, votre arrêté d'hier, et je tâcherai de l'exécuter du mieux qu'il me sera possible; j'ai écrit ce matin au ministre de

[1] On lit en tête : «Reçu le 5ᵉ 2ᵉ mois.»

la guerre, et je lui ai fait passer copie de la lettre du représentant du peuple Isoré, qui m'annonce plusieurs avantages remportés du côté de Lille par les troupes de la République. Je lui ai pareillement communiqué l'avis que m'avait donné le général Chapuy sur les postes d'Orchies et Marchiennes, qui ont été forcés par nos troupes[1]. J'attends avec impatience des nouvelles ultérieures et je vais donner les ordres les plus pressés, afin que toutes les troupes de la République, qui sont dans cette partie, se dirigent sur Cysoing, Maulde et Tournai. La division aux ordres du général Duquesnoy occupe Beaumont; celle du général Balland se met en marche demain matin pour la rejoindre. Celles du général Fromentin et général Cordellier sont placées le long de la Sambre vis-à-vis Berlaimont et contiennent l'ennemi, qui est très en force dans cette partie. Je me rendrai demain matin de ma personne à Beaumont, pour y faire une reconnaissance qui puisse faciliter l'exécution de votre arrêté.

Soyez bien persuadés, citoyens représentants, qu'il n'y aura point de mauvaise volonté de ma part, si je ne me rends pas utile à la République, autant que l'amour de ma patrie me le fera désirer.

Salut et fraternité.

JOURDAN.

(Orig., Arch. de la guerre, armée du Nord.)

<hr>

WULPENDYK, 23 OCTOBRE 1793.

LE GÉNÉRAL VANDAMME AU COMITÉ DE SALUT PUBLIC.

Au quartier général à Wulpendyk,
ce 23 octobre 1793, l'an II de la République française, une et indivisible.

LE GÉNÉRAL VANDAMME

AUX CITOYENS REPRÉSENTANTS DU PEUPLE COMPOSANT LE COMITÉ DE SALUT PUBLIC.

J'ai fait commencer l'attaque de Nieuport ce matin, après avoir fait établir mes batteries derrière le pavé de Furnes à Nieuport, par la colonne de Dunkerque. J'avais donné ordre à la colonne d'Hondschoote de se porter vers le vieux fort de Nuevendam et de s'en emparer, pour couper la retraite à l'ennemi sur Ostende; mais il ne lui a pas été possible d'approcher, parce que l'ennemi a levé les écluses de Nieuport et a inondé toutes les prairies; elle a été obligée de rétrograder; les eaux sont venues jusque dans mes batteries et m'ont forcé de les placer sur la route, qui est à l'abri de l'inondation, par son élévation. Je ne peux pas y placer beaucoup de batteries, mais elles suffiront toujours pour réduire la ville en cendres.

[1] Le 24 octobre 1793, Garnerin, commissaire du pouvoir exécutif provisoire, écrivit de Marchiennes au Comité de salut public pour lui annoncer la prise de Marchiennes par les troupes de la République sous les ordres du général Ransonnet, après dix heures de combat. (Analyse, Arch. de la guerre, correspondance générale.)

J'ai envoyé la colonne d'Hondschoote aux ordres du général Gougelot[1] à Oost-Dunkerke, village situé entre les dunes et le canal de Nieuport, pour empêcher que l'ennemi ne fasse une sortie de ce côté et ne nous tourne. A minuit, je recommencerai le feu et, si l'ennemi persiste à défendre la ville, je la ferai totalement incendier.

Le feu de mes batteries a été très vif; le feu a pris dans la ville au magasin de fourrages et aux maisons adjacentes; il n'est pas encore éteint. L'ennemi nous a envoyé aussi beaucoup de boulets et quelques obus; mais il est si maladroit qu'il ne nous a tué ni blessé aucun républicain.

La garnison de Nieuport a reçu un renfort de mille hommes, avec plusieurs pièces de canon; elle est forte à présent de quatre mille hommes.

Les villes de Bruges et Ostende sont à la débandade; les Anglais embarquent tous leurs magasins pour Londres et je ne doute pas qu'avant quatre jours ils ne soient eux-mêmes obligés de faire de même.

J'ai reçu aujourd'hui trois bataillons de renfort; j'en ai envoyé deux à Steenkerke et l'autre à Ramscappelle, pour me couvrir du petit camp de Dixmude.

J'ai sommé les magistrats de Furnes de pourvoir à la subsistance de l'armée que je commande, de me fournir la moitié des bestiaux, grains et fourrages, qui se trouvent dans le pays, et de compter un million. Je me suis saisi de toutes les argenteries des églises et des cloches. J'ai chargé de toutes ces expéditions des vrais républicains de Dunkerque, que j'ai nommés à cet effet.

Demain, je vous donnerai d'autres nouvelles. J'espère qu'elles vous apprendront la prise de Nieuport et ma marche sur Ostende[2].

Le général commandant l'armée sous Nieuport,

D. VANDAMME.

P.-S. J'ai requis la municipalité de Dunkerque de faire lever les écluses pour faire couler les eaux de l'inondation.

(Orig., Arch. de la guerre, armée du Nord.)

[1] Jean-Florimond Gougelot, né à Origny-sur-Oise (Aisne) le 20 juin 1743, fils du pourvoyeur de l'abbaye d'Origny, fusilier au régiment de Lyonnais le 7 janvier 1760, sergent le 9 mars 1763, adjudant au régiment d'infanterie du Maine le 21 août 1776, porte-drapeau le 12 septembre 1780, sous-lieutenant le 4 avril 1782, lieutenant en second le 3 juin 1786, reçoit la décoration militaire le 2 mars 1791, capitaine au 101e d'infanterie le 29 janvier 1792, chef du 2e bataillon des Basses-Alpes le 12 septembre 1792, général de brigade provisoire à l'armée du Nord, par arrêté des représentants Trullard et Berlier, le 28 septembre 1793, mort à Paris le 22 floréal an III (11 mai 1795). Le général Gougelot avait fait sous l'ancien régime les campagnes de Hanovre en 1761 et 1762.

[2] Les opérations militaires n'allèrent pas aussi vite et aussi commodément que Vandamme le supposait, car ce général fut obligé, le 29 octobre, d'abandonner le siège de Nieuport. (Cf. lettres de Vandamme, p. 417 à 419.)

PARIS, 23 OCTOBRE 1793.

LE MINISTRE DE LA GUERRE BOUCHOTTE AU GÉNÉRAL HOCHE.

AU CITOYEN HOCHE, GÉNÉRAL DE DIVISION, COMMANDANT L'ARMÉE DE LA MOSELLE.

Je vous préviens, général, que le Conseil exécutif provisoire, comptant sur votre courage, votre expérience et votre dévouement à la cause du peuple, vous a nommé général de division [1]. Vous recevrez les brevets et lettres de service à

[1] Le 22 octobre, le Comité de salut public avait pris l'arrêté suivant, écrit de la main même de Carnot : «Sur la proposition du ministre de la guerre, le Comité de salut public arrête que le général Hoche, chef de l'état-major de l'armée des Ardennes, prendra, en qualité de général de division, le commandement de l'armée de la Moselle.» (Cf. Aulard, VII, 564 et 565.) Hoche, chef de l'état-major de l'armée des Ardennes depuis le 22 septembre, se trouvait alors devant Nieuport sous les ordres des généraux D'Avaine et Vandamme. Dès le 14 octobre, le général Souham, qui était au camp de la Madeleine, sous Lille, avait demandé à Jourdan de lui envoyer Hoche, dont il avait apprécié les talents pendant la défense de Dunkerque, et il avait renouvelé sa requête le 18. Jourdan acquiesça et, le 21 octobre, signa l'ordre suivant (Arch. de la guerre, armée du Nord, reg. XI *bis*, n° 15) :

«Au nom de la République.

«Il est ordonné au général de brigade Hoche de partir, au reçu du présent ordre, pour se rendre au camp de la Madeleine, sous Lille, et pour y être employé sous les ordres du général de division Souham.

«Au quartier général d'Avesnes, le 21 octobre 1793, l'an II de la République une et indivisible.

«*Le général en chef,*

«JOURDAN.»

Le même jour, Jourdan écrivit au général D'Avaine : «Le général Souham m'a écrit qu'il avait absolument besoin du gé-néral de brigade Hoche. Je vous envoie ci-joint un ordre pour ce général. Vous voudrez bien le lui faire parvenir.» Le général D'Avaine ne fut pas satisfait de cette nouvelle destination donnée à un de ses lieutenants et il accompagna la transcription de l'ordre de Jourdan de ce commentaire : «*Nota.* Le général en chef a été trompé dans la demande du général Hoche, parce qu'il ne savait pas que ce général fût devant Nieuport; mais celui qui l'a demandé le savait et devait sentir que c'était, pour le moment, contre le bien de la chose à laquelle il devait s'attacher, et non pas aux personnes.» Sur ces entrefaites, arriva le changement de destination de Hoche, qui voulut obéir sur-le-champ aux ordres ministériels. Vandamme fit tous ses efforts pour retenir son subordonné et écrivit, le 25 octobre, au général D'Avaine (Arch. de la guerre, reg. XI *bis*, n° 58) : «Le mi-nistre de la guerre vient d'envoyer au gé-néral Hoche le brevet de général de divi-sion et l'ordre de se rendre sur-le-champ à l'armée de la Moselle pour y être employé en cette qualité. Cette nouvelle m'a fait la plus grande peine, puisqu'elle m'ôte un général aussi courageux qu'instruit et qui me servait beaucoup dans les attaques dont j'étais chargé. Je ne peux, général, le lais-ser partir sans qu'auparavant vous ne m'eussiez envoyé un autre général de bri-gade pour le remplacer. Je l'ai prié, pour le salut de la République, de rester à son poste jusqu'à l'arrivée du général que vous m'enverrez.» Le même jour, de son côté, Hoche écrivait au général D'Avaine (reg. XI *bis*, n° 59) :

l'armée de la Moselle où vous allez vous rendre avec toute la diligence qu'on est en droit d'attendre de votre patriotisme. Je donne ordre de vous faire passer le supplément de gratification de campagne, et une autre somme de 6,000 livres sur les fonds à ma disposition, afin que rien n'arrête votre marche et que vous puissiez vous procurer, à votre arrivée à l'armée de la Moselle, ce qui est nécessaire pour vous mettre à même de remplir vos fonctions. J'ai pensé qu'un général sans-culotte devait être aidé; d'ailleurs la cherté des chevaux est un autre motif. Ne tardez pas un moment de vous mettre en route à la réception de ma lettre et de vous rendre à Sarrebrück, quartier général de cette armée.

Le Comité de salut public, rempli, comme le Comité exécutif, de confiance dans vos sentiments républicains, vos moyens et votre énergie, a pris un arrêté que je vous envoie pour vous investir du commandement de l'armée de la Moselle; il espère que le général sans-culotte justifiera, par sa conduite, le choix des représentants sans-culottes qui l'ont nommé.

Vous aurez, général, à vous concerter avec les représentants à l'armée de la Moselle, ceux de l'armée du Rhin et le général de cette armée, car, pour bien faire les opérations, elles doivent être simultanées. Empêcher de pénétrer dans le département de la Meurthe et délivrer Landau, voilà la grande affaire de l'armée du Rhin; délivrer Bitche, reprendre la position d'Hornbach, venir aider l'armée du Rhin à délivrer Landau, voilà la grande affaire de l'armée de la Moselle. Ces opérations veulent être concertées. Veiller à l'exécution du décret qui prescrit de retirer les deux tiers des garnisons des places et de les remplacer par des réquisitions, c'est un moyen de renforcer l'armée.

«Au quartier général d'Oost-Dunkerke, devant Nieuport, le 4 du 2e mois de l'an ii de la République française.

«*Le général Hoche au général D'Avaine.*

«Je reçois, citoyen général, l'ordre du Comité de salut public et du ministre de la guerre d'aller prendre le commandement de l'armée de la Moselle. Je crois cette partie intéressante pour quitter le général Vandamme, qui me dit de rester ici. Je vous connais assez, général, pour croire que je n'éprouverai aucune opposition de votre part.

«HOCHE. »

Hoche quitta l'armée le jour même pour rejoindre son nouveau poste et, le 26, Vandamme écrivait au général D'Avaine (Arch. de la guerre, reg. XI *bis*, n° 64) : «Depuis hier Hoche est parti. »

Cet épisode de la vie de Hoche n'a pas été connu de ses biographes; Rousselin de Saint-Albin et après lui M. Cunéo d'Ornano ont inséré dans la correspondance du général une lettre adressée à Xavier Audouin, relative à un projet d'attaque de Furnes, et dont la date, 9 brumaire an ii (30 octobre 1793), est certainement erronée, puisqu'à cette époque Hoche avait quitté depuis cinq jours l'armée des Ardennes. D'ailleurs Rousselin, en citant cette lettre dans sa *Vie de Lazare Hoche* (t. I, p. 89), y ajoute ces mots, qui ne figurent pas dans le texte de la correspondance (t. II, p. 13) : «Puissé-je être aussi heureux que Jourdan? Pourquoi ne réussirais-je pas? Je sers la patrie. » Rousselin est coutumier du fait et il arrange souvent les phrases de Hoche à sa façon. Il cite, dans son tome Ier, une lettre du général au Comité de salut public, dont il ne donne pas la date, mais que M. Cunéo d'Ornano a reproduite sous celle du 1er octobre 1793. Je n'ai pas retrouvé l'original de ce document et, devant l'incertitude du texte et de la date, je me suis abstenu de faire figurer cette lettre dans le présent recueil.

Faites-vous rendre compte, à votre arrivée, de la force de l'armée, de ses positions, de l'artillerie, des approvisionnements en subsistances, munitions et autres objets; prenez aussi connaissance des correspondances qui peuvent exister dans les archives de l'état-major. Jetez un coup d'œil sur la partie des espions, faites en sorte d'en avoir de bons et de sûrs. Nous manquons, en général, par là; il est intéressant de ne confier cette partie qu'à un républicain intelligent et éprouvé. Enfin, général, prenez confiance dans la volonté de la nation d'être libre et le courage de nos soldats.

Salut et fraternité.

(Arch. de la guerre, armée du Rhin, reg. 48, p. 14.)

PARIS, 23 OCTOBRE 1793.

LE MINISTRE DE LA GUERRE BOUCHOTTE AU REPRÉSENTANT SAINT-JUST.

2 du 2ᵉ mois an II.

REPRÉSENTANT SAINT-JUST À L'ARMÉE DU RHIN [1].

Citoyen,

Je vous envoie un arrêté du Comité du salut public, qui prescrit de mettre le général Carlenc en arrestation et de l'amener à Paris [2]. J'ai pensé que je devais vous l'adresser pour éviter tout quiproquo. Si Carlenc était encore à la tête de l'armée, veuillez le faire remettre au général Pichegru, s'il est près de vous, comme je l'espère [3], d'après son patriotisme qui m'est connu, et l'inviter à le faire mettre sur-le-champ à exécution.

Le Comité vient de nommer Hoche pour commander l'armée de la Moselle [4]. Il est probable que le Comité fera un plan d'opérations qui vous parviendra très incessamment. Je ne pense pas que cela doive vous empêcher de profiter des

---

[1] Saint-Just était alors à Saverne avec son collègue Le Bas. (Cf. dans Aulard, VII, 594, une lettre de ces représentants au Comité, en date du 23 octobre 1793.)

[2] En effet, le 22 octobre, le Comité de salut public avait mis Carlenc en arrestation (arrêté de la main de Robespierre, dans Aulard, VII, 165). Le 8 frimaire an II (28 novembre 1793), les officiers, sous-officiers et cavaliers du 11ᵉ dragons écrivirent au Comité de salut public pour témoigner en faveur du général Carlenc, né sans-culotte et dont les talents ont fait

tout l'avancement. (Orig. Arch. adm. de la guerre, dossier Carlenc). En conséquence, Bouchotte approuva, le 6 nivôse (26 décembre 1793), la promotion de Carlenc au grade de général de division, et donna l'ordre de lui en expédier le brevet, à la date de sa nomination provisoire. (Cf. Étienne Charavay, *Le général Carlenc.*)

[3] Le 26 octobre, Saint-Just et Le Bas annoncèrent de Strasbourg au Comité l'arrivée de Pichegru. (Cf. Aulard, VIII, 31.)

[4] Cf., à la page 388, la lettre de Bouchotte à Hoche.

bonnes occasions qui pourraient se présenter. Je regarde comme bien essentiel de garder les passages de Phalsbourg et la Petite-Pierre, qui donneraient aux ennemis la facilité d'entrer dans le département de la Meurthe et la possibilité de venir prendre à revers les postes de l'armée de la Moselle. Dans le cas de jonction de l'armée de la Moselle à celle du Rhin, le commandement resterait au général en chef de celle-ci. C'est pour ce cas-là que Hoche n'est pas dénommé général en chef, mais général de division commandant l'armée de la Moselle [1].

Une lettre de Carlenc, du 20, annonce que l'armée est repliée sous Strasbourg [2]. Tout cela est bien extraordinaire, avec les aveux qu'on fait du courage

---

[1] Bouchotte, on le voit, réservait à Pichegru le commandement des deux armées réunies du Rhin et de la Moselle, que les représentants Lacoste et Baudot remirent plus tard à Hoche, malgré Saint-Just et Le Bas, qui voulaient le donner à Pichegru, selon les instructions ministérielles.

[2] Voici le texte de cette lettre du général Carlenc (Orig., Arch. de la guerre, armée du Rhin) :

« Au quartier général à Schiltigheim,
le 20 octobre 1793,
l'an ii de la République française,
une et indivisible.

« *Le général en chef provisoire de l'armée du Rhin au citoyen ministre de la guerre.*

« Depuis ma dernière lettre, citoyen ministre, l'armée du Rhin a changé trois fois de position; d'abord à Haguenau, où l'ennemi nous a laissés tranquilles, mais, cette position n'étant pas sûre, je suis venu m'établir en arrière de la Zorn. L'ennemi m'a attaqué, le 18 au matin, sur tous les points. L'avant-garde, la gauche et le centre de notre armée ont fait des prodiges; mais, tandis qu'ils faisaient perdre à l'ennemi un terrain considérable, l'aile droite s'est repliée jusqu'à Hoenheim, près Strasbourg, ce qui m'a forcé d'aller, dans la nuit du 18 au 19, occuper la position en arrière de la Souffel, où je me maintiendrai, j'espère, en attendant que l'armée soit en mesure pour pousser en avant. L'avant-garde a repris ce matin le poste de Wantzenau et a chassé l'ennemi de Kilstaet. Dans toutes les affaires qui ont eu lieu le 13 et les jours suivants, nous avons perdu peu de monde, ce qui se confirme par le retour d'une infinité de soldats qui avaient fui ou s'étaient égarés. La perte est au plus de six cents hommes, de seize pièces d'artillerie et de beaucoup d'effets de campement, perdus la plupart par la lâcheté des voituriers qui, au commencement de l'affaire, ont fui, emmenant leurs chevaux et leurs fourgons vides.

« Dans l'affaire du 18, où l'avant-garde s'est parfaitement conduite, le citoyen Donadieu, capitaine au 11e régiment de dragons, a pris un guidon, après avoir tué celui qui le portait. Le citoyen Labarbée, chef d'escadron du même régiment, a fait mordre la poussière à quatre hussards autrichiens. Neuilly, chef de brigade du même régiment, en a tué deux et a eu son cheval tué sous lui. Je pourrais citer beaucoup d'autres traits de bravoure. Je cite ceux dont j'ai été témoin.

« L'armée, citoyen ministre, manque de canonniers et il serait nécessaire que j'en fasse passer dans la place de Strasbourg. Je vous prie, en conséquence, d'en envoyer le plus tôt possible. Les représentants du peuple près cette armée m'ont promis de lui procurer tous les autres moyens de renfort pour réparer cet échec et aller dégager Landau. Le moindre succès rendra à nos républicains ce courage et cette énergie qui les caractérisaient et dont quelques lâches désorganisateurs ont ralenti les effets par les cris de *trahison* et de *sauve qui peut*. Quant à moi, citoyen ministre, je jure de faire mon devoir et de me conduire, dans toutes les occasions, en véritable ami de la liberté et de l'égalité. Mais je vous réitère que, n'ayant ni les talents ni l'expérience qu'exige le commandement en

de nos soldats. Dans cette situation, je crains qu'on nous ait enlevé les passages de Phalsbourg et de la Petite-Pierre, et que l'armée du Rhin ne soit plus liée avec la Sarre. Cependant il est arrivé des forces de la Moselle à Phalsbourg.

Bitche donne aussi de justes inquiétudes. Dans la dernière dépêche de l'armée de la Moselle, sa droite était à Bouquenom, ce qui annoncerait que Bitche n'est plus compris dans la ligne de défense et qu'il peut être entouré. Votre énergie, votre dévouement connu à la cause du peuple sont des garants que vous changerez en mieux cette position. Vous savez ce que nous avons dit là-dessus : rallier, réorganiser, augmenter la force, en tirant des places du cantonnement du Haut-Rhin et du département du Doubs, et remplacer par la réquisition; lier la gauche de l'armée du Rhin à la droite de celle de la Moselle, si cette communication était interrompue, faire un plan d'opération pour les armées de la Moselle et du Rhin, qui ait pour but l'expulsion des ennemis du territoire et la délivrance de Landau et Bitche. Il me semble que l'armée du Rhin doit avoir un objet principal, c'est d'empêcher l'ennemi de passer dans le département de la Meurthe. Nancy a toujours seule de mauvaises dispositions. Ce premier point obtenu, elle s'occuperait continuellement de resserrer l'ennemi et le ramener à la frontière. L'armée de la Moselle s'occuperait de la délivrance de Bitche, de reprendre la position d'Hornbach, de se diriger sur Annweiler et Landau, où celle du Rhin tendrait en même temps. Alors par un effort simultané, elles pourraient opérer la délivrance de Landau et faire telle autre opération qui serait jugée convenable.

Je vous envoie des idées parce que je sais que vous les accueillez. Faites conférer devant vous les généraux sur ces bases ou sur toute autre meilleure. Il y a toujours une grande différence de voir le terrain et les hommes, ou des états et des cartes.

Salut et fraternité.

(Minute aut., Arch. de la guerre, armée du Rhin.)

PARIS, 23 OCTOBRE 1793.

LE MINISTRE DE LA GUERRE BOUCHOTTE AU GÉNÉRAL PICHEGRU.

Je compte assez sur votre patriotisme pour croire que vous êtes rendu auprès du représentant Saint-Just. Vous pouvez croire à son patriotisme, à sa pureté et à son énergie; il a aussi des ressources dans la tête qui peuvent être fort utiles. Il vous donnera sûrement communication de ma lettre; c'est dans cette espérance que je ne vous écris pas plus longuement. Indiquez-lui les hommes anti-

chef d'une armée, il est instant que vous nommiez un général pour commander celle du Rhin. L'intérêt de la République l'exige et je dois en bon républicain vous presser de satisfaire à cette demande.

«CARLENC.»

populaires, pour qu'ils soient éloignés des armées, et ceux attachés au peuple
pour les remplacer.

(Arch. de la guerre, armée du Rhin, reg. 47, p. 22.)

SCHILTIGHEIM, 23 octobre 1793.

L'ADJUDANT GÉNÉRAL DEMONT AU COMITÉ DE SALUT PUBLIC.

Analyse. — L'armée française occupe toujours la même position [1]. Les ennemis tâcheront de percer vers Saverne, mais ils paraissent cependant menacer le
point central, à en juger par les chemins qu'ils font percer à travers la forêt de
Brumath, vers Berstett et Eckwersheim. «L'armée de la République a besoin de la
plus grande circonspection, surveillance, fermeté et discipline. Il n'appartient qu'à
vous, citoyens représentants, de donner aux défenseurs de la liberté les vertus
qui ont toujours caractérisé le militaire des peuples les plus libres de l'univers.»

(Orig., Arch. de la guerre, armée du Rhin.)

NICE, 23 octobre 1793.

LE GÉNÉRAL DU MERBION AU COMITÉ DE SALUT PUBLIC.

Nice, 23 octobre l'an II de la République.

LE GÉNÉRAL DIVISIONNAIRE, COMMANDANT L'ARMÉE D'ITALIE,
AUX REPRÉSENTANTS DU PEUPLE COMPOSANT LE COMITÉ DE SALUT PUBLIC
DE LA CONVENTION NATIONALE.

Je vous envoie ci-joint, citoyens, le bulletin de ce qui s'est passé aux attaques
de Gilette, les 18 et 19 de ce mois [2]. Vous verrez que les soldats de la République, composant l'armée d'Italie, y ont montré leur énergie et leur courage
ordinaires, et que leur conduite est au-dessus de tout éloge.

---

[1] M. A. Chuquet dit à ce propos (*Wissembourg*, 224) : «L'armée du Rhin se retira donc le 18 octobre, à huit heures du
soir, derrière la petite rivière de la Souffel,
sous le canon de Strasbourg. L'avant-garde,
commandée par Combez, campait à la
Wantzenau et détachait un bataillon au
Jardin d'Angleterre. La droite avait pris
position à Souffelweyersheim, et le centre
à Vendenheim, à Lampertheim, à Mundolsheim, à Niederhausbergen. La cavalerie, qui formait deux corps sous Diettmann et La Farelle, occupait Hoenheim,
Mittelhausbergen et Oberhausbergen. Le
quartier général était à Schiltigheim et
l'ambulance à la Robertsau.»

[2] Cette relation, datée de Nice, 23 octobre 1793, est signée par le général Gaul-
tier Kerveguen. — Cf. Krebs et Moris, I,
325 et suiv.

Je vous ai déjà mandé à plusieurs reprises que cette armée manquait de munitions de guerre en tout genre, de fusils et surtout de baïonnettes, qu'il est urgent de nous faire passer; que les subsistances nous arrivent à peu près, au jour la journée.

Nous avons bien reçu des draps, mais pas en assez grande quantité. Je vous demanderai surtout des renforts, cette armée étant considérablement diminuée par la division envoyée sur Toulon, par les maladies et la désertion. J'insiste aujourd'hui d'autant plus sur cette demande que les ennemis, ayant été repoussés du Mont-Blanc, refluent sur nous, et que déjà ils ont reçu des renforts considérables. Le général Kellermann me mande bien qu'il fait partir deux bataillons pour Grasse, d'où je les ferai venir ici, mais cela ne suffit pas, et il est nécessaire que nous en recevions un plus grand nombre.

Je dois vous observer que les bataillons du département du Var, de nouvelle levée, ont généralement marché sur Toulon, et que je n'en ai ici que la valeur de trois à peu près, et la très grande partie sans fusils.

J'apprends dans le moment, que le poste d'Utelle a été attaqué dans la nuit du 21 au 22 par une force supérieure [1]; mais, quoique cette attaque ait été très vive, l'ennemi a été repoussé. Lorsque j'en aurai reçu les détails je vous les ferai passer.

Aucun des généraux de brigade, dont le ministre de la guerre m'a envoyé les lettres de services n'est encore arrivé. Le général de brigade Garnier [2] me

---

[1] Le général Dugommier écrivit d'Utelle, le 22 octobre 1793, au ministre de la guerre pour lui envoyer une relation des combats des 18 et 19 octobre. «Je vous dirai de plus, qu'aujourd'hui 22 octobre, le poste d'Utelle, qui couvre Levenzo et Nice, a été attaqué, à une heure du matin, avec furie par cinq mille hommes que commandait le général Saint-André. Ils ont été repoussés avec perte de notre côté de sept à huit concitoyens et autant de blessés. L'ennemi a perdu plus de cent hommes trouvés près de nos postes et nous lui avons fait quinze prisonniers. Fort heureusement, je suis rentré à Utelle le lendemain de l'affaire de Gilette, ainsi que les forces que j'en avais tirées pour le secourir. L'ennemi ne s'attendait pas que nous eussions fait sept lieues par une marche forcée pour nous rendre à propos à notre poste naturel; mais notre prévoyance a déjoué son projet et il a eu encore la honte de se retirer avec une force très supérieure.» (Orig., Arch. de la guerre, armée d'Italie.) — Robespierre jeune écrivait de Nice, le 23 oc-

tobre, au Comité pour lui annoncer nos succès. «L'armée d'Italie a bien mérité de la République. Déclarez-le; c'est une récompense qui lui est due et que vous ne pouvez retarder sans injustice... Le général en chef provisoire (du Merbion) combine avec sagesse les opérations de cette armée; il fait les dispositions les plus utiles et tire le meilleur parti possible du petit nombre des combattants qui la composent. Le général de brigade Dugommier est un vrai républicain, qui sait inspirer l'enthousiasme de la liberté à ceux qu'il conduit à la victoire; il est aimé de ses subordonnés, qu'il aime; il est actif et courageux; il rendra de grands services à la patrie...» (Cf. Aulard, VII, 599.)

[2] Pierre-Dominique Garnier, né à Marseille (Bouches-du-Rhône) le 19 décembre 1756, fils d'un entrepreneur architecte, soldat dans le régiment de l'Ile-de-France le 21 février 1776, congédié le 15 septembre 1779, commandant en second du bataillon fédéré de Marseille, à la tête duquel il marcha à l'attaque des Tuileries le

mande d'Ollioules, en date du 19, que le général Carteaux, ainsi que les représentants du peuple près l'armée, sous Toulon, l'y ont retenu pour commander l'aile gauche.

L'armée d'Italie a des officiers qui méritent, à juste titre, d'être promus à de nouveaux grades. Je vous en enverrai l'état incessamment, après m'être concerté avec les représentants du peuple près cette armée.

Du Merbion.

(Orig., Arch. de la guerre, armée d'Italie.)

BAYONNE, 23 OCTOBRE 1793.

LE GÉNÉRAL LAROCHE AU COMITÉ DE SALUT PUBLIC.

Analyse. — Le général Laroche informe le Comité que les Espagnols ont été repoussés et complètement battus [1]. «Nous leur avons fait quelques prisonniers et tué cent cinquante hommes. Nos soldats brûlent de courage; ils se sont retirés en criant : *Vive la République! vive la Montagne!* Bientôt ils feront parler d'eux d'une autre manière.»

(Orig. aut., Arch. de la guerre, armée des Pyrénées occidentales.)

---

10 août 1792 et fut blessé d'un coup de sabre, lieutenant-colonel du 11ᵉ chasseurs le 26 octobre 1792, général de brigade à l'armée d'Italie le 12 septembre 1793, général de division provisoire par arrêté des représentants du peuple à Toulon le 30 frimaire an II (20 décembre 1793), confirmé le 12 fructidor an II (29 août 1794), commandant la 8ᵉ division militaire (Marseille) jusqu'au 28 messidor an VI (16 juillet 1798), commandant les départements des Basses-Alpes et des Alpes-Maritimes en l'an VII, envoyé à l'armée d'Italie le 15 ventôse an VIII (6 mars 1800), réformé le 1ᵉʳ prairial an IX (21 mai 1800), rappelé à l'activité sous l'Empire, commandant la 4ᵉ division de réserve à Gand le 8 avril 1809, commandant d'armes à Barcelone le 26 août 1811, autorisé à prendre sa retraite le 1ᵉʳ juillet 1812, commandant d'armes dans les provinces Illyriennes le 23 avril 1813, commandant supérieur à Blaye (Gironde) le 25 mars 1814, admis à la retraite le 30 décembre 1814, mort à Nantes le 11 mai 1827.

[1] Le même jour le représentant Garrau écrit de Bayonne au Comité de salut public que les Espagnols ont été vigoureusement repoussés dans deux attaques qu'ils ont faites, l'une vers Saint-Jean-de-Luz, l'autre à Saint-Jean-Pied-de-Port. (Cf. Aulard, VII, 593.) — De son côté, le général en chef provisoire Léonard Muller annonce aux représentants près l'armée des Pyrénées occidentales que les Espagnols sont descendus le 1ᵉʳ du 2ᵉ mois (22 octobre) d'Ispegny sur Baïgorry et ont été repoussés par le général Dubouquet, et qu'à Saint-Jean-de-Luz, le 21 octobre, le citoyen Jacob Rouchet a victorieusement refoulé leurs colonnes à la tête de ses grenadiers. (Copie certifiée conforme par le général Léonard Muller, Arch. de la guerre, armée des Pyrénées occidentales.)

RENNES, 23 OCTOBRE 1793.
LE GÉNÉRAL VERGNES AU COMITÉ DE SALUT PUBLIC.

Analyse. — Il mande que l'armée des Côtes de Brest est trop faible pour la défense des côtes et qu'il faut rappeler la partie des troupes envoyée à l'armée de l'Ouest.

(Analyse, Arch. de la guerre, corr. gén.)

---

112. PARIS, 24 OCTOBRE 1793 [1].
LE COMITÉ DE SALUT PUBLIC À LA MUNICIPALITÉ D'AUTUN.

Paris, 3 brumaire an II de la République française, une et indivisible.

Depuis un an le ministre de la guerre a passé un marché et avancé des fonds pour fabriquer des fusils à Autun [2]. Nous ignorons absolument ce qui a été fait dans cette ville. Comme les besoins de la République en armes sont urgents, il est nécessaire que nous connaissions l'état de situation de cette manufacture.

L'article VI du décret du 19 vendémiaire porte : « L'inertie du gouvernement étant la cause des revers, les délais pour l'exécution des lois et des mesures de salut public seront fixés. La violation des délais sera punie comme un attentat à la liberté. »

La fabrication des armes étant une mesure de salut public, nous vous requérons de nous faire connaître pour le 15 de ce mois l'état de situation de la manufacture de fusils de la ville d'Autun.

Les membres du Comité de salut public,

CARNOT, COLLOT-D'HERBOIS.

(Orig., Arch. mun. d'Autun. — Communiqué par M. Ch. Le Téo, professeur d'histoire à Autun et actuellement à Rennes.)

[1] Carnot était présent au Comité, mais le registre ne porte pas la liste des présents. (Cf. Aulard, VII, 601.)

[2] Un décret de la Convention nationale, en date du 27 janvier 1793, avait autorisé le citoyen Deroche à établir à Autun une manufacture d'armes et avait mis à sa disposition une avance de 60,000 livres remboursables en cinq années, à condition de mettre sa manufacture en pleine activité dans l'espace de six mois. (Cf. un article publié à ce sujet par M. Ch. Le Téo, professeur d'histoire à Autun, dans *le Républicain du Morvan*, numéros des 4, 10, 18 et 25 septembre 1890.)

PARIS, 24 OCTOBRE 1793.

LE MINISTRE DE LA GUERRE BOUCHOTTE AU GÉNÉRAL JOURDAN.

Paris, le 3 du 2ᵉ mois de l'an ɪɪ de la République une et indivisible.

LE MINISTRE DE LA GUERRE
AU CITOYEN JOURDAN, GÉNÉRAL EN CHEF DE L'ARMÉE DU NORD.

Je vous envoie, général, un arrêté du Comité de salut public relativement à la demande que vous avez faite d'un plan de campagne. Je le crois basé sur les réflexions du citoyen Carnot, l'un des membres, et d'après les conférences que vous avez eues ensemble [1]. Vous reconnaîtrez que le Comité, tout en voulant remplir l'objet de votre demande, vous a cependant laissé assez d'espace pour déployer votre capacité et votre énergie et donner au courage de nos braves frères d'armes tout l'essor dont il est suceptible.

Le considérant de l'arrêté mérite votre première attention; il expose qu'il est essentiel de profiter de la victoire et de ne pas laisser effacer l'impression qu'elle a dû faire sur nos ennemis; de tenter par d'énergiques efforts de leur ôter les moyens de commencer une autre campagne; d'accroître l'esprit public par leur expulsion totale de notre territoire; d'établir le crédit et la sûreté de la nation, ou plutôt sa considération forcée chez les gouvernements voisins, en faisant sentir avec plénitude la pesanteur de ses armes; de préparer la libération des autres peuples et le succès du système républicain en faisant un déploiement de vertus héroïques propres à exciter leur admiration et leur inclination et à leur donner une grande idée de la force qui réside dans les hommes, quand ils sont abandonnés à la raison universelle et qu'ils n'ont pour guides que la justice, qui modère tout, et la force, qui peut tout; et qu'enfin la saison avancée nous donne la certitude qu'en cas de non-succès l'ennemi ne pourra pas faire sur nous de grandes entreprises, tandis que sa défaite le laisse sans ressource. Telles sont, général, les idées qui doivent remplir les esprits républicains, en allant assaillir nos ennemis, et le Comité et le Conseil peuvent se reposer sur votre dévouement connu pour répandre les étincelles patriotiques qui conviendront dans cette grande circonstance.

J'ai donné des ordres pour mettre à votre disposition les munitions et les chevaux d'artillerie nécessaires. Avez-vous des pontons en suffisance? S'il vous manque quelque chose, veuillez m'en faire avertir; j'y ferai pourvoir promptement, si cela dépend de moi. Je vous prie de m'accuser réception de l'arrêté.

Salut et fraternité.

J. BOUCHOTTE.

(Orig., Arch. de la guerre, armée du Nord.)

[1] Cf. lettre et note de Jourdan aux pages 347 et 375, note 1.

SCHILTIGHEIM, 24 OCTOBRE 1793.

L'ADJUDANT GÉNÉRAL DEMONT AU COMITÉ DE SALUT PUBLIC.

Analyse. — L'ennemi a fait, le 22 octobre, une entreprise sur Saverne. Nos troupes ont perdu du terrain, qu'elles ont repris hier. Il faut apporter une grande circonspection dans les opérations. « L'Alsace, citoyens représentants, est le pays qui exige la prudence la plus consommée dans la conduite de la guerre. Ces deux départements sont enfermés entre deux lignes parallèles difficiles à franchir : les montagnes et le Rhin. Si l'armée qui y est enfermée se trouve dans l'impossibilité de franchir une de ces lignes, sa position devient pour lors critique. Il lui reste à la vérité les places fortes, mais qui l'affaiblissent nécessairement par les garnisons que l'armée est obligée de fournir. Ces vérités n'échappent point aux ennemis de la République. Tout nous le prouve, car, quels que puissent être leurs avantages, ils s'arrêtent et n'avancent qu'après avoir calculé leurs pas. Si nous prenons une position avantageuse, ils s'approchent de nous le plus près possible, sans beaucoup nous inquiéter; ils se mettent d'abord sur la défensive en fortifiant leur position de batteries et retranchements; ils tâchent de là de se procurer par tous les moyens imaginables la plus parfaite connaissance du pays qui est en avant d'eux. Quand toutes leurs mesures sont prises et que toutes leurs dispositions sont faites, ils changent tout à coup de conduite en attaquant l'armée de la République, et surtout la partie qui avoisine les Vosges. »

(Orig., Arch. de la guerre, armée du Rhin.)

PERPIGNAN, 24 OCTOBRE 1793.

LE GÉNÉRAL EN CHEF TURREAU AU COMITÉ DE SALUT PUBLIC.

Perpignan, le 3ᵉ jour de la 1ʳᵉ décade du second mois de l'an II
de la République française une et indivisible.

*TURREAU, GÉNÉRAL EN CHEF DE L'ARMÉE DES PYRÉNÉES ORIENTALES,
AUX CITOYENS REPRÉSENTANTS DU PEUPLE COMPOSANT LE COMITÉ DE SALUT PUBLIC.*

Citoyens représentants,

Je dois à la place que j'occupe, je dois à la confiance dont vous m'honorez, de vous rendre un compte exact de ce qui se passe à l'armée des Pyrénées orientales. Je savais, avant que d'y arriver, qu'il régnait de la mésintelligence entre les officiers généraux de cette armée. Je me suis appliqué à en connaître la cause; j'ai cru l'avoir trouvée dans les prétentions de quelques individus à la place de général en chef; j'ai jugé que, mon arrivée devant les faire cesser, il me serait facile de rétablir l'harmonie entre des hommes qui ne doivent être animés que du bien public.

Avant que de commencer aucune opération militaire, il était indispensable d'acquérir des connaissances locales, d'étudier le caractère des principaux agents militaires, de m'instruire de tout ce qui s'était passé avant mon arrivée, des causes de nos succès et de nos revers; j'ai voulu connaître quels étaient l'esprit, la force, la discipline de notre armée; j'ai particulièrement porté mes regards sur toutes les parties de l'administration. En conséquence, jusqu'à ce que j'eusse acquis toutes les connaissances, j'ai cru devoir laisser le commandement provisoire de la principale armée au général d'Aoust, en me faisant rendre compte de son plan et de ses projets. J'ai fait part de cette disposition au citoyen Gaston [1], l'un des représentants du peuple près de cette armée, qui l'a approuvée, et j'en ai rendu compte au ministre. Pour connaître tout le théâtre de la guerre dans cette partie de la République, je me suis transporté à Villefranche et au Mont-Libre; j'y ai trouvé le général Dagobert, dont la division avait été séparée de la grande armée et qui avec peu de moyens avait eu de grands succès et conquis la Cerdagne espagnole. Cette conquête importante garantissant le district de Prades de l'invasion de l'ennemi, j'ai cru devoir rappeler près de moi le général Dagobert, dont les talents militaires, la parfaite connaissance du pays et la confiance qu'il a su inspirer aux troupes, rendaient la présence nécessaire à la grande armée, où d'ailleurs il y a peu d'officiers généraux instruits. Revenu au quartier général à Banyuls, je me suis fait rendre compte par le général d'Aoust, devant les représentants du peuple, de ses projets et de ses moyens pour opérer une entreprise dont la réussite pût hâter la retraite des Espagnols, campés au Boulou, deux lieues en deçà de Bellegarde. J'ai annoncé que cette opération, concertée entre les représentants du peuple et le général d'Aoust, et que j'ai approuvée, étant finie, je me mettrais à la tête de la grande armée et que j'agirais entièrement par moi-même. Je ne puis vous cacher, citoyens représentants, que l'indiscipline et le désordre règnent dans cette armée, que plusieurs parties de l'administration en sont viciées, que les moyens de subsistance ne sont pas assurés, et que, faute de fourrages, je serai peut-être obligé de reporter sur mes derrières le peu de cavalerie qui me reste. D'après cette incertitude sur les subsistances, celle que l'on doit avoir sur les dispositions de nos troupes, les difficultés que présente la localité, la position de l'ennemi, encore sur le territoire de la République, je n'ai pas été peu surpris d'entendre le citoyen Fabre, représentant du peuple, proposer pour cet hiver des conquêtes en Espagne. En vain j'ai voulu combattre ce projet, dont l'exécution, du moins cet hiver, me paraît impossible, et dont l'entreprise pourrait compromettre le sort de nos armes et nous faire perdre tout le fruit des succès que nous avons obtenus jusqu'à ce jour. Le citoyen Fabre, aidé de ses collègues, paraît tenir à son plan, et je vous avouerai, citoyens représentants, que je m'opposerai de toutes mes forces à cette entreprise dangereuse sous tous les rapports. Je rends justice au civisme, au zèle et à l'activité des représentants près de cette armée,

---

[1] Raymond Gaston, né à Foix le 13 février 1757, juge de paix, député de l'Ariège à l'Assemblée législative et à la Convention.

mais je crois qu'ils se laissent circonvenir par des hommes adroits et ambitieux et qui ne cherchent qu'à surprendre leur bonne foi ; je crois encore qu'ils ne doivent pas se mêler des opérations militaires et chercher à substituer leurs idées et leurs plans à ceux des généraux ; autrement ceux-ci sont inutiles à l'armée [1]. Après avoir recueilli tous les renseignements possibles sur le compte du général Dagobert, je crois pouvoir assurer qu'il mérite l'estime générale dont il jouit ; il réunit les suffrages des citoyens et de l'armée.

Depuis l'affaire du 22 du mois dernier, il ne s'est rien passé d'intéressant à cette armée que l'attaque d'une redoute ennemie, qui n'a pas réussi ; le général d'Aoust [2] m'en avait communiqué le projet et je l'avais approuvé ; peut-être je m'y serais opposé, si j'avais mieux connu le terrain, que je n'avais pas encore eu le temps d'examiner. Au surplus la position des Espagnols, les mouvements de leur troupe, tout paraît indiquer le projet qu'ils ont de se retirer, et peut-être ils l'auraient déjà fait, s'ils ne voulaient pas se conserver les honneurs d'une retraite volontaire. Du moment qu'ils auront quitté le district de Céret, le seul point qu'ils occupent sur le territoire de la République, mon projet, citoyens représentants, est de fermer la campagne, sans même entreprendre le siège de Bellegarde, à moins que des circonstances favorables et imprévues ne présentent des facilités pour s'en emparer. En laissant reposer nos troupes pendant trois mois, et profitant de ce moment de repos pour les instruire, les discipliner, former les officiers, établir des magasins, porter la réforme dans toutes les parties de l'administration, je crois qu'on pourra se promettre de grands succès pour la campagne prochaine. J'aurai l'honneur, citoyens représentants, de vous faire passser mon plan et un aperçu de mes moyens d'exécution ; mais si les représentants près de cette armée s'obstinent à me faire exécuter leurs projets, si, quoique nommé général en chef de cette armée, je n'y suis qu'un être absolument passif, et si je n'y puis agir que

[1] Le 23 octobre, en effet, il y avait eu à Banyuls un conseil de guerre auquel assistaient Turreau, les autres généraux et les représentants du peuple à l'armée des Pyrénées orientales Fabre, Bonnet, Gaston et Cassanyès. Turreau proposa de prendre des cantonnements d'hiver, mais les représentants lui firent à ce sujet les plus vives représentations. Le général et les représentants écrivirent, le 24, au Comité, l'un pour justifier ses propositions, les autres pour les combattre ; Fabre et ses collègues donnaient en ces termes leur opinion sur Turreau : «Nous le croyons franc républicain, nous pensons qu'à la Rochelle il eût rendu de grands services à la République, mais nous croyons aussi que le défaut des connaissances locales, d'idées politiques, d'habitude de commander, font que le fardeau dont l'a chargé le Conseil exécutif est au-dessus de ses forces.» (Cf. Aulard, VII, 618.)

[2] Dans leur lettre du 24 octobre au Comité de salut public, les représentants Fabre, Gaston et Cassanyès jugent ainsi le général d'Aoust : «Pour ce qui est de d'Aoust, il s'est conduit jusqu'ici en républicain zélé et courageux. Les peines et les fatigues ne lui coûtent rien. Il a étudié parfaitement les localités, il connaît l'armée et il en est connu, mais, nous ne devons pas vous le dissimuler et il ne se dissimule pas lui-même, il est né de cette caste dont tant de trahisons nous ont appris à nous méfier. C'est ce qui nous a empêchés de lui déférer le commandement en chef, c'est ce qui nous a engagés à le surveiller avec exactitude ; ses triomphes mêmes n'ont pas endormi notre surveillance.» (Cf. Aulard, VII, 618 et 619.)

d'après les idées des autres, je vous prie en grâce, citoyens représentants, de disposer de moi pour une autre place. Étranger à l'intrigue, n'ayant d'autre ambition que celle de coopérer de tous mes moyens au succès de nos armes, je serai toujours satisfait du grade que j'occuperai et du poste qui me sera confié, pourvu que je puisse être utile.

Le ministre de la guerre peut vous dire que je ne lui ai jamais rien demandé, que je n'ai jamais sollicité d'autres places que celle d'adjudant général, dans la seule vue d'apprendre mon métier; j'étais alors chef de bataillon.

J'ai cru cette lettre assez importante pour vous l'adresser par un courrier extraordinaire; en attendant vos ordres, je m'opposerai de toutes mes forces à l'exécution de tous projets qui pourraient compromettre le salut de l'armée.

Le général en chef de l'armée des Pyrénées orientales,

Turreau.

(Copie certifiée conforme par Turreau, Arch. de la guerre, armée des Pyrénées orientales.)

AVESNES, 4 BRUMAIRE AN II [1] (25 OCTOBRE 1793) [2].
LE GÉNÉRAL JOURDAN AU COMITÉ DE SALUT PUBLIC.

Analyse. — Envoi de la copie d'une lettre du général D'Avaine donnant le détail des succès des troupes de la République [3]. Il a écrit à celui-ci d'envoyer du renfort au général Ransonnet, qui occupe Orchies et Marchiennes [4] et qui sera sûrement le premier attaqué, si l'ennemi se décide à diviser ses forces [5].

(Orig., Arch. de la guerre, armée du Nord.)

---

[1] C'est à partir de ce jour que la Convention nationale adopta la dénomination des nouveaux mois républicains. L'ancienne formule que nous lisons en tête de la lettre suivante de Duquesnoy dura encore quelque temps, mais fut bientôt abandonnée.

[2] Carnot est présent au Comité. (Cf. Aulard, VIII, 1.) Il écrit un arrêté mettant 10,000 livres à la disposition du ministre de la guerre pour la prompte fabrication de guêtres et sarraus destinés à l'usage du soldat et confectionnés avec des étoffes imperméables à l'eau.

[3] Cf. cette lettre du général D'Avaine à la page 422, note 3.

[4] Le général Ransonnet avait, le 21 octobre, fait un rapport au général D'Avaine sur le meurtrier combat de Marchiennes. (Arch. de la guerre, reg. XI *bis*.)

[5] Le même jour, 25 octobre, le général Jourdan prévenait le ministre de la guerre Bouchotte en ces termes : «Les troupes de la République sont victorieuses depuis Dunkerque jusqu'à Maubeuge. Le général Vandamme s'est emparé de Furnes; il doit être maintenant à Nieuport et de là se porter sur Ostende. Les troupes du général D'Avaine se sont saisies de Poperinghe, Vlamertinghe; elles doivent attaquer Ypres. Le général Souham, après avoir emporté

MAUBEUGE, 4 BRUMAIRE AN II (25 OCTOBRE 1793).

LE REPRÉSENTANT DUQUESNOY AU COMITÉ DE SALUT PUBLIC.

Maubeuge, le 4ᵉ jour du 2ᵉ mois de l'an II de la République.

LE REPRÉSENTANT DU PEUPLE DUQUESNOY, ENVOYÉ PRÈS L'ARMÉE DU NORD,
À SES COLLÈGUES COMPOSANT LE COMITÉ DE SALUT PUBLIC.

Citoyens mes collègues, je viens d'apprendre que l'arrestation du ci-devant général Gratien faisait beaucoup de bruit dans Paris[1]. Si ceux qui prennent sa défense étaient instruits des motifs qui nous l'ont fait arrêter, loin de blâmer notre conduite, ils y applaudiraient.

Notre collègue Carnot peut vous donner à cet égard tous les renseignements nécessaires, et moi j'offre de prouver, quand on voudra, que Gratien est un lâche, ou un traître, ou un homme inepte, mais dans l'un comme dans l'autre cas, je crois qu'il méritait d'être destitué et arrêté; aussi l'avons-nous fait, Carnot et moi.

Il pleut ici à continuer depuis le matin; les chemins sont déjà très mauvais et, pour peu que la pluie continue, cela dérangera grandement nos opérations.

Une chose bien nécessaire dans les circonstances présentes c'est de nous envoyer cinquante mille paires de souliers, et plus s'il est possible, car, si les mauvais temps continuent, il faudra à chaque soldat au moins une paire de souliers par mois, et nous en manquons absolument.

Salut et fraternité.

DUQUESNOY.

P.-S. Envoyez-moi un collègue pour travailler révolutionnairement, car ce pays-ci est rempli d'aristocrates. Je ne puis y tenir seul. Votre collègue Bar y est, mais il est malade, et il faut ici des personnes bien vigoureuses.

(Orig. aut., Arch. de la guerre, armée du Nord.)

---

tous les postes le long de la Lys, est entré dans Menin. Le général Ransonnet s'est saisi des postes importants de Marchiennes et d'Orchies. Suivant les rapports que je reçois, l'ennemi est très inquiet de tous ces avantages. Cependant, il garde toujours sa position et se retranche fortement. Il a seulement levé son camp de Solesmes et fait filer sur Valenciennes. J'en instruis les généraux Ransonnet et Souham, afin que le premier se fortifie dans ses postes et que le second ne s'avance pas trop dans le territoire ennemi, qu'il tourne au contraire toutes ses forces sur le camp de Cysoing et qu'il prenne tous les moyens possibles pour y attaquer l'ennemi avec avantage et le forcer à l'évacuer.» Si cette opération peut réussir, on sera sous peu maître du camp de Maulde. (Orig., Arch. de la guerre, armée du Nord.)

[1] Cf. sur l'arrestation du général Gratien et l'émotion qu'elle causa à Paris les lettres du ministre de la guerre Bouchotte, p. 309, note 1, et p. 349, note 2.

PARIS, 4 BRUMAIRE AN II (25 OCTOBRE 1793).

LE MINISTRE DE LA GUERRE BOUCHOTTE AU REPRÉSENTANT SAINT-JUST.

4 du 2ᵉ mois.

CITOYEN SAINT-JUST, REPRÉSENTANT DU PEUPLE À L'ARMÉE DU RHIN [1].

Je vous envoie la copie d'un arrêté du Comité de salut public sur un rassemblement à faire à Bouquenom et Saarwerden pour des opérations ultérieures qui seront prescrites par le Comité, et copie de l'arrêté que le Conseil exécutif provisoire a pris d'après celui du Comité de salut public [2]. J'ai pensé que pour le bien de la chose il était essentiel de vous tenir au courant des résolutions prises ici.

[1] Saint-Just et Le Bas étaient arrivés à Strasbourg le 23 octobre.

[2] Le 23 octobre, le Comité de salut public avait pris l'arrêté suivant : «Le Comité de salut public arrête que le Conseil exécutif provisoire prendra les mesures les plus promptes pour qu'il soit formé près de Bouquenom et Saarwerden un rassemblement de toutes les forces disponibles des armées du Rhin et de la Moselle, avec les approvisionnements nécessaires de vivres et de munitions, à l'effet de se porter sans délai sur Bitche et de là sur les places du Bas-Rhin qui se trouveront menacées, conformément aux mesures ultérieures qui seront prises par le Comité.» (Cf. Aulard. VII, 584.) Le 24 octobre, le Conseil exécutif prit en conséquence les dispositions suivantes (*Id.*, 603) :

«Les généraux des armées du Rhin et de la Moselle, après avoir rempli aussi promptement qu'il sera possible les intentions du décret, qui prescrit de retirer les trois quarts des garnisons des places fortes pour les remplacer par les citoyens de réquisition, conformément aux instructions qui ont été précédemment envoyées par le ministre de la guerre, et retiré partie des troupes des différents cantonnements sans dégarnir néanmoins entièrement la frontière dont la garde leur est confiée, sans compromettre le salut de l'importante place de Strasbourg, rassembleront le plus qu'il sera possible de troupes disponibles, avec la quantité nécessaire d'artillerie, munitions, subsistances et effets de campement à Bouquenom et Saarwerden.

«Le général de l'armée du Rhin prendra les précautions nécessaires pour conserver les passages de Saverne et Phalsbourg, qui sont si essentiels à la communication des deux armées; il aura également attention à celui de la Petite-Pierre. Il veillera à ce que les troupes, dans les mouvements qu'elles seront dans le cas de faire pour arriver au rendez-vous, ne soient pas compromises et qu'aucune surprise de la part de l'ennemi ne puisse avoir lieu.

«Le général de l'armée de la Moselle prendra les précautions les plus exactes pour que rien ne puisse troubler la formation du rassemblement qui doit avoir lieu à Bouquenom et donnera l'activité nécessaire à la partie secrète pour être au courant des mouvements des ennemis.

«Le général de l'armée de la Moselle aura le commandement du rassemblement qui sera formé à Bouquenom et Saarwerden, subordonnément au général de l'armée du Rhin, avec lequel il concertera ses opérations et entretiendra une correspondance active.

«Les généraux des armées du Rhin et de la Moselle rendront compte au Conseil exécutif provisoire de l'exécution du présent arrêté et de la quantité de troupes qui seront réunies à Bouquenom et Saarwerden.»

J'ai reçu votre note; j'ai donné ordre d'envoyer des ingénieurs à l'armée du Rhin, ainsi que vous le demandez. Le Comité est disposé à accorder de nouveaux fonds à Bourdon pour l'achat des chevaux [1] : ainsi rien ne l'empêchera d'être utile à la République. Il est très vrai que le principal avantage de l'ennemi consiste dans la cavalerie. Les soins que le gouvernement a pris pour se procurer des chevaux, des selles, des armes, n'ont pas été secondés par l'impulsion patriotique de ses agents [2]. Il fallait avoir de la cavalerie en trois mois, mais ils ont tous gardé leur allure monotone de gens d'affaires, et cela emporte une année.

Vous ne dites pas si vous avez Pichegru près de vous. Je serais bien rassuré de le savoir. Je n'ai pas encore vu votre lettre au Comité [3], de sorte que je ne suis pas très avancé sur la connaissance de la situation où vous avez trouvé les choses. Hoüel [4], adjudant général et dont je vous ai parlé, est en chemin pour aller joindre l'armée du Rhin. L'arrêté du Comité n'est pas la même chose que le raisonnement que je vous avais fait, qui n'était qu'un raisonnement. Quelquefois l'on juge encore mieux sur les lieux de l'effet que doit produire une mesure adoptée. Si vous aviez quelques réflexions à faire, envoyez-les bien vite pour que les mouvements ne soient pas retardés.

Il paraît que le rassemblement doit se faire dans l'intention de se porter sans délai sur Bitche, et de là sur les places du Bas-Rhin qui se trouveront menacées. Landau est bien du nombre, mais, comme l'arrêté dit qu'on marchera conformément aux mesures ultérieures prises par le Comité, je ne peux dire encore quelle sera la marche qui sera adoptée en partant du point de rassemblement.

Hier, nous avons reçu de bonnes nouvelles de Lille et Cassel. Les ennemis ont

[1] Le 3 août 1793, le Comité de salut public avait mis à la disposition du ministre de la guerre 800,000 livres en numéraire pour acheter des chevaux chez l'étranger. (Cf. Aulard, V, 461.) Le 23 octobre, il alloua au ministre une somme de 400,000 livres pour le même objet et l'autorisa à continuer à traiter avec le citoyen Bourdon jusqu'à concurrence de 20,000 chevaux. (Cf. Aulard, VII, 583.)

[2] Le 8 octobre 1793, la Convention avait ordonné une levée extraordinaire de chevaux, pour le service de la cavalerie, dans tous les cantons et arrondissements de la République ayant une juridiction de juge de paix particulière. A cet effet, le territoire de la République fut partagé en vingt divisions, ayant chacune un chef-lieu pour le rassemblement des chevaux, et un représentant du peuple fut affecté à chaque division pour veiller à la prompte exécution de cette levée. (Cf. Aulard, VII, 298.)

Le 6 brumaire (27 octobre), la Convention mit les chevaux de nouvelle levée à la disposition du ministre de la guerre.

[3] Saint-Just et Le Bas avaient écrit au Comité les 23 et 24 octobre. (Cf. Aulard, VII, 594 et 615.)

[4] Nicolas Hoüel, né à Saint-Lô (Manche) le 27 septembre 1772, volontaire dans la marine du commerce et sur les vaisseaux de l'État en 1787, sous-lieutenant le 15 septembre 1791, lieutenant le 20 octobre 1792, capitaine au 8ᵉ hussards le 11 mai 1793 et au 13ᵉ chasseurs à cheval le 20 juillet suivant, adjudant général chef de bataillon le 7 octobre 1793, adjudant général chef de brigade le 16 germinal an II (5 avril 1794), blessé et noyé au passage du Lech le 7 fructidor an IV (24 août 1794). — Une lettre adressée par lui de Lille, le 13 octobre 1793, à Xavier Audouin, est signée *Hoüel, adjudant général sans-culotte*.

perdu beaucoup de postes qu'ils occupaient. Une nouvelle victoire à la Vendée, depuis la prise de Cholet et Mortagne, avance beaucoup les affaires de ce côté. Beaupréau et Saint-Florent ont été pris, les rebelles sont en pleine fuite; ils ont passé la Loire après avoir perdu beaucoup des leurs et deux chefs, d'Elbée et Bonchamp [1]. Maintenant c'est Toulon, le Rhin et la Moselle qui sont les points les plus inquiétants. La volonté du peuple d'être libre et le courage de nos soldats sont des choses certaines; il ne s'agit que de donner une bonne direction et de bien employer ces précieuses qualités. Le Conseil ayant prescrit au général de la Moselle, qui commandera le rassemblement de Bouquenom et Saarwerden, d'agir sous les ordres du général du Rhin, cette circonstance vous donne non pas des moyens plus prompts, mais plus de moyens pour la délivrance du Bas-Rhin et de Landau.

> Salut et fraternité.

> (Minute aut., Arch. de la guerre, armée du Rhin.)

PARIS, 4 BRUMAIRE AN II (25 OCTOBRE 1793).

LE MINISTRE DE LA GUERRE BOUCHOTTE AU GÉNÉRAL PICHEGRU.

Je vous envoie, général, copie de l'arrêté du Comité de salut public et de celui du Conseil exécutif provisoire sur un rassemblement à opérer de troupes disponibles du Rhin et de la Moselle à Bouquenom et Saarwerden. J'envoie les mêmes pièces au général Hoche, commandant l'armée de la Moselle [2], pour qu'il agisse dans le même sens pour l'exécution des arrêtés. Le Conseil exécutif, jugeant nécessaire d'augmenter les moyens qui doivent concourir à la délivrance du Bas-Rhin et de Landau après, a mis sous vos ordres le rassemblement de Bouquenom et Saarwerden, qui sera commandé par le général de la Moselle. Vous trouverez dans ces deux arrêtés les intentions du Comité et du Conseil. Vous voudrez bien conférer avec les réprésentants sur ces objets; vous ne pouvez prendre trop de confiance dans le citoyen Saint-Just, qui est véritablement attaché au système populaire.

Donnez de l'activité à votre partie secrète, pour être au courant des mouvements des ennemis et de leur nombre [3], et n'épargnez pas les courriers pour l'exécution des arrêtés que je vous envoie.

> (Arch. de la guerre, armée du Rhin, reg. 47, p. 23.)

---

[1] Les chefs vendéens Bonchamp et d'Elbée avaient été tous deux blessés lors de la défaite de Cholet, le 17 octobre, mais Bonchamp avait succombé le lendemain, tandis que d'Elbée avait survécu à ses quatorze blessures.

[2] En effet, Bouchotte écrivit à Hoche dans des termes identiques. (Cf. Arch. de la guerre, armée du Rhin, reg. 48, fol. 14 v°.)

[3] La question de l'espionnage, on le voit, préoccupait constamment Bouchotte.

QUARTIER GÉNÉRAL D'OLLIOULES, 4 BRUMAIRE AN II (25 OCTOBRE 1793).

MÉMOIRE DU COMMANDANT DE L'ARTILLERIE BUONAPARTE

TRANSMIS AU COMITÉ DE SALUT PUBLIC.

La seconde position est entre les Quatre-Moulins et les Sablettes, à deux cents toises plus près du camp anglais, sur un mamelon, un peu plus bas que la redoute anglaise; l'on pourra y placer trois pièces de 16 qui nous restent.

Du moment que nous serons maîtres de l'Éguillette et du cap Cepet, nous y établirons des batteries qui obligeront l'ennemi à évacuer les deux rades, et nous dirigerons nos attaques sur la redoute et le front de Toulon le plus près de l'Arsenal, qui est en même temps le plus faible.

Mais, pour cela, il faut un équipage de siège considérable; c'est l'artillerie qui prend les places, et l'infanterie ne fait qu'aider; et c'est avec une extrême douleur que je vois le peu de sollicitude que l'on met à cet article essentiel : les trois quarts des hommes ne s'occupent des choses nécessaires que lorsqu'ils en sentent le besoin; mais justement alors il n'est plus temps.

Il n'y a personne à la tête de l'arsenal de Marseille; il faut de grandes connaissances pour occuper cette place. Il est de fait, dans l'artillerie, que l'opération la plus difficile est la formation d'un équipage de siège.

La partie de l'artillerie n'était point organisée quand je suis arrivé dans cette armée. Grâce aux arrêtés que vous avez pris dans plusieurs circonstances, elle commence à marcher. J'ai dû lutter contre l'ignorance et les basses passions qu'elle engendre. Vous devez achever de donner à l'artillerie, dans cette armée, cette considération et cette indépendance que les lois militaires et l'usage de tous les temps lui ont accordées, et sans lesquelles elle ne peut servir utilement.

La première mesure que je vous proposerai sera de faire venir à l'armée, pour commander l'artillerie, un général de l'artillerie qui puisse, même par son grade, contribuer à la considération et en imposer à un tas d'ignorants de l'état-major, avec lesquels il faut toujours capituler et dogmatiser pour détruire leurs préjugés et mettre en exécution ce que la théorie, l'expérience ont démontré comme des axiomes à tout officier éclairé du corps [1].

Le commandant de l'artillerie de l'armée du Midi,

BUONAPARTE.

(Copie, Arch. de la guerre, correspondance de Napoléon. — Publ. dans la *Correspondance de Napoléon Ier*, t. I, p. 1.)

[1] Cette pièce parvint au Comité le 9 brumaire (30 octobre). Je la reproduis, parce qu'elle est le point de départ des relations de Bonaparte avec le Comité de salut public, auquel les représentants Gasparin et Saliceti avaient déjà, le 23 octobre, transmis une lettre de cet officier. (Cf. Aulard, VII, 596.)

OLLIOULES, 4 BRUMAIRE AN II (25 OCTOBRE 1793).

LE GÉNÉRAL CARTEAUX AU COMITÉ DE SALUT PUBLIC.

Analyse. — Le général Carteaux demande une décision du Comité de salut public sur sa destination, vu qu'il a été obligé, par suite de l'absence du général Doppet, de rester à un poste où sa responsabilité n'est pas à couvert. Il adresse à ce sujet copie des lettres des représentants et du ministre de la guerre.

(Analyse, Arch. de la guerre, reg. D du Comité de salut public, p. 655.)

113. PARIS, 5 BRUMAIRE AN II (26 OCTOBRE 1793) [1].

CARNOT AU GÉNÉRAL JOURDAN.

Paris, le 5 brumaire de l'an II de la République une et indivisible.

CARNOT, REPRÉSENTANT DU PEUPLE,

AU GÉNÉRAL EN CHEF DE L'ARMÉE COMBINÉE DU NORD ET DES ARDENNES, JOURDAN.

Le Comité de salut public, citoyen général, vient de recevoir votre réponse sur le plan de campagne qu'il vous a proposé, et il voit avec plaisir les dispositions que vous faites pour sa prompte exécution. Vos succès dans la Flandre maritime seconderont puissamment vos projets. J'ai vu avec satisfaction, dans l'ouvrage du fameux général Lloyd [2], qu'il semble avoir prévu la position où vous êtes, que le plan de campagne qu'il propose est absolument conforme à celui qui a été arrêté par le Comité de salut public, et qu'il le regarde comme infaillible. Il est à désirer que vous puissiez enlever le château de Namur, parce que cela nous assurerait la possession du pays d'entre Sambre et Meuse, mais il ne faut pas que cette ville vous arrête un moment; si elle fait résistance, il faut se contenter de la masquer comme le propose Lloyd, et passer à Charle-sur-Sambre (Charleroi). Lloyd veut

---

[1] Carnot est présent à la séance du Comité. (Cf. Aulard, VIII, 18.) Il écrit un arrêté portant qu'Hérault-Séchelles se rendra sans délai dans le département du Haut-Rhin pour y prendre toutes les mesures de sûreté générale qui lui paraîtraient nécessaires.

[2] Henry Lloyd, général anglais, né en 1729, mort en 1783, a laissé des ouvrages de tactique qui faisaient autorité à la fin du xviiie siècle. Ses écrits, traduits en français, et notamment ses *Mémoires politiques et militaires*, servaient de manuel aux hommes de guerre, et en 1790 on en avait extrait un opuscule intitulé : *De la philosophie de la guerre.*

qu'on marche directement sur Bruxelles, en contenant l'ennemi sur votre gauche, par un corps de troupes qui prendrait des positions avantageuses. L'expédition doit être rapide. Il faut prendre avec vous tout ce qui est disponible dans l'armée des Ardennes. La saison est trop avancée pour craindre les trouées. Entrez en pays ennemi; que la terreur vous précède; n'épargnez que les chaumières; n'oubliez pas de faire détruire les moulins et de prendre des otages en grand nombre.

Il faut cependant mettre de la différence entre les pays qui ont montré quelque affection pour nous, de ceux qui sont nos ennemis mortels. Bruxelles, par exemple, ne mérite aucun ménagement; Liège, au contraire, est un peuple républicain; Mons est moins mauvais que Tournai; Namur ne nous hait point, non plus que Charle-sur-Sambre, Gand et quelques autres villes de la Flandre maritime. Il faut que la vengeance tombe spécialement sur les pays dont nous avons éprouvé la perfidie. Le reste doit être seulement mis hors d'état de nous nuire, par mesure de sûreté [1]. Quand vous serez près de frapper les grands coups, instruisez-m'en, car je désire être témoin de vos triomphes et partager le plaisir de battre les despotes [2]. C'est bien fait de contenir l'ennemi dans la forêt de Mormal. Je voudrais qu'on pût l'attirer encore plus loin de son quartier général, afin que vous puissiez le gagner de vitesse, lorsque vous passerez la Sambre. Croyez qu'il n'ira pas s'engouffrer derrière Cambrai et Landrecies. L'attaque du bois du Tilleul par Ferrand me paraît une sottise, par laquelle il a cru réparer une sottise plus grande, celle de n'être pas sorti de Maubeuge quand vous attaquiez l'ennemi de front et qu'il pouvait le mettre entre deux feux [3]. Nous ne savons pas quel a été le résultat du jugement de la commission militaire contre Gratien et le commandant du vingt-cinquième régiment de cavalerie.

Salut et fraternité.

CARNOT.

(Orig., Arch. de la guerre, armée du Nord.)

[1] Cette lettre est un véritable exposé des principes du Comité de salut public à l'égard de la conduite à tenir envers les pays envahis.

[2] Les événements postérieurs ne l'obligèrent pas à retourner à l'armée du Nord.

[3] Cf. à ce sujet, à la page 354, le rapport du général Ferrand.

114. PARIS, 5 BRUMAIRE AN II (26 OCTOBRE 1793).

LE COMITÉ DE SALUT PUBLIC AU MINISTRE DE LA GUERRE BOUCHOTTE.

Analyse. — Deux lettres : 1° Envoi d'une lettre écrite de Metz, le 2 octobre 1793, par le général Krieg, qui a été remplacé par le général Bessières [1] dans son commandement [2]. (Orig. signé par Carnot et Billaud-Varenne, Arch. adm. de la guerre, dossier Krieg.) — 2° Envoi de réclamations adressées par la Société des Jacobins de Paris sur la subsistance des troupes campées près de Réunion-sur-Oise [3]. (Orig. signé par Carnot et Billaud-Varenne, Arch. de la guerre, corr. gén.)

---

115. PARIS, 5 BRUMAIRE AN II (26 OCTOBRE 1793).

LE COMITÉ DE SALUT PUBLIC AU CONSEIL GÉNÉRAL DU PAS-DE-CALAIS.

Paris, le 5ᵉ jour du 2ᵉ mois de l'an II de la République française.

LES REPRÉSENTANTS DU PEUPLE MEMBRES DU COMITÉ DE SALUT PUBLIC AUX MEMBRES COMPOSANT LE CONSEIL DU DÉPARTEMENT DU PAS-DE-CALAIS, À ARRAS.

Le Comité a reçu, citoyens, votre lettre du 18 septembre. Il a

---

[1] François Bessières, né à Montauban (Tarn-et-Garonne) le 22 avril 1755, garde national en juillet 1789, capitaine et chef de bataillon, chef du 1ᵉʳ bataillon du Lot le 1ᵉʳ juillet 1792, général de brigade le 30 août 1793 et de division à l'armée de la Moselle le 19 septembre suivant, commandant à Metz en l'an III, non compris dans l'organisation du 25 prairial an III (13 juin 1795), remis en activité à l'armée de Rhin et Moselle le 7 brumaire an IV (29 octobre 1795), commandant la place de Lyon le 24 pluviôse an VII (12 février 1799), commandant la 2ᵉ division de l'armée d'Angleterre à Saint-Omer en l'an VII, réformé le 14 nivôse an VIII (4 janvier 1800), retraité le 4 septembre 1815, retiré à Montauban.

[2] Le 2 octobre 1793, le citoyen Urtebu avait informé le Comité de salut public que le général Bessières, vrai sans-culotte, venait de remplacer le général Krieg (orthographié *Crik*) dans le commandement des 3ᵉ et 4ᵉ divisions de l'armée de la Moselle. Il ajoutait qu'on réclamerait sans doute la réintégration de Krieg et exprimait l'espoir que le Comité ne l'accorderait pas. (Orig., Arch. adm. de la guerre, dossier Krieg.)

[3] On lit en tête cette annotation autographe de Bouchotte : «La valeur de cette pétition a été jugée. Le général Beaurgard, en faveur de qui elle paraissait faite, a été suspendu.» — En effet, le général Beaurgard avait été suspendu de ses fonctions le 9 octobre 1793.

appris avec satisfaction que les jeunes gens de votre département,
animés de l'amour de la République, volent avec joie à sa défense.

*Les membres du Comité de salut public
chargés de la correspondance,*

CARNOT, BILLAUD-VARENNE.

(Orig., Arch. du Pas-de-Calais, série L II, Arras.)

PARIS, 5 BRUMAIRE AN II (26 OCTOBRE 1793).
LE MINISTRE DE LA GUERRE BOUCHOTTE AU COMITÉ DE SALUT PUBLIC.

Analyse. — Le représentant du peuple Laplanche accuse d'incivisme la légion
batave et le 29ᵉ régiment. Bouchotte demande à être autorisé à licencier ces deux
corps.

(Arch. de la guerre, reg. L, fol. 79.)

MAUBEUGE, 5 BRUMAIRE AN II (26 OCTOBRE 1793).
LE GÉNÉRAL JOURDAN AU MINISTRE DE LA GUERRE BOUCHOTTE.

Au quartier général à Maubeuge,
le 5ᵉ jour du 2ᵉ mois de l'an II de la République une et indivisible.

*LE CITOYEN JOURDAN, GÉNÉRAL EN CHEF DE L'ARMÉE DU NORD,
AU CITOYEN BOUCHOTTE, MINISTRE DE LA GUERRE.*

Citoyen ministre,

Le Comité de salut public m'avait envoyé, il y a quelques jours, l'arrêté dont
vous m'avez fait passer copie dans votre dernière. Je l'ai médité et me suis pénétré
des intentions qu'il contient. Elles cadrent parfaitement avec les miennes. Je sais
qu'il est essentiel de profiter de la victoire que je viens de remporter sur l'ennemi;
il ne l'est pas moins de l'expulser du territoire de la République. Il s'agit donc de
trouver les moyens de réussir; c'est à quoi je pense continuellement. Cette besogne
a bien des difficultés. Je compte sur le courage de nos troupes pour les vaincre.
J'espère que leur énergie ôtera les moyens aux esclaves et aux tyrans de recommencer une autre campagne, ou au moins de la rendre très laborieuse. Il ne
tiendra pas à moi que le crédit de la nation française ne soit dans la plus grande
splendeur.

Je fais mes dispositions pour attaquer après-demain. Si la fortune me seconde, cette action terminera la campagne. Nos braves républicains témoignent le plus grand désir de faire sentir aux ennemis, avec plénitude, la pesanteur de leurs armes.

Salut et fraternité.

JOURDAN.

(Orig., Arch. de la guerre, armée du Nord.)

MAUBEUGE, 5 BRUMAIRE AN II (26 OCTOBRE 1793).

CELLIEZ, VARIN ET BERTON, AGENTS DU CONSEIL EXÉCUTIF PRÈS L'ARMÉE DU NORD,

AU MINISTRE DE LA GUERRE BOUCHOTTE.

Au quartier général de Maubeuge,
le 26 octobre 1793, 2ᵉ de la République une et indivisible.

P. CELLIEZ, VARIN ET BERTON, AGENTS DU CONSEIL EXÉCUTIF À L'ARMÉE DU NORD,
AU CITOYEN BOUCHOTTE, MINISTRE DE LA GUERRE.

La journée d'hier a été totalement employée au changement du quartier général, qui est venu s'établir ici. Beaucoup de militaires ne croyant pas Maubeuge propre à cet établissement, en raison de la position de l'armée ennemie, nous ne prononcerons pas sur cette question; mais ce que nous pouvons dire, c'est qu'il nous semble qu'avant de faire venir le quartier général dans cette ville, on aurait dû veiller à ce que les approvisionnements de première nécessité y fussent apportés, tandis qu'au contraire toutes les denrées manquent absolument; il n'y a pas même de fourrage au magasin et l'on est obligé, pour s'en procurer, d'aller à celui destiné à l'approvisionnement du parc et hors de la ville, et en ce moment il n'y en a pas une botte. Il paraît qu'on n'a pas encore perdu la vieille et ridicule habitude de toujours placer le quartier général des armées dans les villes. Nous croyons que cet usage subsistera tant qu'il y aura dans les états-majors des muscadins qui ne conçoivent pas comment on peut exister dans un village. Ce n'est pas que nous fassions ce reproche au général en chef, qui est généralement désigné pour un bon républicain, mais il est entouré de tant de monde qu'il s'en trouve dans ce nombre qui l'influencent et qui l'entraînent quelquefois dans des démarches auxquelles il n'eût pas même pensé, s'il n'eût suivi que son impulsion.

Nous savons que Jourdan est tellement entravé dans ses opérations que déjà il aurait donné sa démission, sans quelques patriotes qui l'en ont détourné; mais cela n'empêche pas que souvent il a beaucoup de chagrin de voir que des hommes couverts de l'inviolabilité nationale sont tout à l'armée, excepté ce qu'ils doivent être. Nous sommes cependant forcés de dire que Jourdan a montré de la faiblesse envers les représentants, en souffrant que, lors de la bataille des 15 et 16 de ce mois, ils aient donné impunément des ordres à des officiers généraux. Nous voyons, d'ailleurs, que Jourdan a porté la complaisance ou la faiblesse jusqu'à faire un éloge pompeux du général Duquesnoy, frère du représentant, et qu'à peine a-t-il parlé des autres qui ne se sont pas moins bien montrés que lui. Pourquoi donc le 15 Jourdan témoigna-t-il hautement son étonnement de ce que la colonne de Duquesnoy ne donnait pas, lorsque le centre et la gauche se battaient depuis deux heures [1]. Nous l'avions bien prévu lorsque, dans une lettre précédente, nous vous disions que l'on ne manquerait pas de faire l'éloge du général Duquesnoy. Si Jourdan eût eu plus de fermeté, il n'eût pas souffert que le représentant Duquesnoy logeât avec lui et ne le quittât pas, et que, de concert avec son collègue Carnot, ils eussent pour ainsi dire été les généraux de l'armée [2]; mais il a craint de déplaire à la représentation nationale; il a craint peut-être d'être dénoncé par le représentant, et c'est ainsi, comme nous vous l'avons déjà dit, que, par une condescendance qui a toujours existé entre les généraux et les représentants, ils ont réciproquement fait l'éloge les uns des autres. Quoi qu'il en soit, Jourdan est pur; au moins nous n'avons encore rien remarqué qui puisse nous faire croire le contraire, et nous espérons qu'enfin il saura déployer l'énergie d'un républicain qui, fier de la cause qu'il défend, ne doit pas souffrir que des hommes fassent ce qu'il doit faire, mais doit les rappeler à leurs devoirs lorsqu'ils s'en écartent.

Notre armée doit, après-demain, se porter sur Thuin et de là à Binche, s'il est possible de percer jusque-là. Aussitôt que nous aurons quelque chose de nouveau, nous aurons le soin de vous en instruire.

Les agents du Conseil exécutif à l'armée du Nord,

P. CELLIEZ, M. T. BERTON.

(Orig., Arch. de la guerre, armée du Nord.)

SCHILTIGHEIM, 5 BRUMAIRE AN II (26 OCTOBRE 1793).

L'ADJUDANT GÉNÉRAL DEMONT AU COMITÉ DE SALUT PUBLIC.

Analyse. — L'avant-garde de l'armée s'est battue aujourd'hui du matin jusqu'au soir. «Les ennemis nous ont enlevé le village de Wantzenau. Ils s'étaient rendus maîtres, le matin, du bois qui se trouve en avant de Reichstett, mais ce bois leur

---

[1] Jourdan raconte lui-même cet épisode dans la lettre du 23 octobre, publiée à la page 308, note 2. Le général Duquesnoy déclara qu'il avait donné ordre au général Gratien de se porter en avant, mais que celui-ci ne lui avait pas obéi.

[2] Cette appréciation du rôle de Jourdan à Wattignies est piquante, et elle complète la série des documents relatifs à cette victoire. Les insinuations des commissaires du Conseil exécutif sur le général Duquesnoy furent d'ailleurs réfutées.

a été repris dans le courant de la journée. Les soldats de la République ont trop de confiance en leur courage, car les ennemis se sont trouvés au milieu du village de Wantzenau que notre cavalerie avait à peine monté à cheval. »

(Orig., Arch. de la guerre, armée du Rhin.)

PARIS, 5 BRUMAIRE AN II (26 OCTOBRE 1793).
LE GÉNÉRAL GUILLAUME AU COMITÉ DE SALUT PUBLIC.

Analyse. — Il écrit de la prison de la Force pour demander qu'on décide de son sort, afin qu'il puisse servir de nouveau la République.

(Analyse, Arch. de la guerre, corr. gén.)

---

116. PARIS, 6 BRUMAIRE AN II (27 OCTOBRE 1793)[1].
LE COMITÉ DE SALUT PUBLIC À SAINT-JUST.

6ᵉ du 2ᵉ mois 2ᵉ année.

LE COMITÉ DE SALUT PUBLIC À SAINT-JUST, À STRASBOURG.

Nous voyons, cher collègue, avec une vive satisfaction les mesures de sagesse et de vigueur que vous prenez pour mettre l'armée du Rhin en état de repousser les ennemis. Il paraît que ce qu'il y a de plus urgent est de renouveler les états-majors. Carlenc nous a paru très mauvais; il est destitué. Frappez avec votre énergie ordinaire les aristocrates. L'arrêté que vous avez pris, pour l'incorporation des hommes de réquisition dans les vieux corps, nous paraît très important, et nous désirons qu'il soit exécuté sans délai. Le ministre de la guerre est chargé de vous envoyer un renfort de douze bataillons tirés des départements du Doubs, des Vosges, de la Meuse et du Bas-Rhin. Il vous fera passer aussi tout ce qu'il pourra ramasser de cavalerie. Nous avons arrêté qu'il serait formé un corps de troupes de 30 à 40,000 hommes, près de Saarwerden et Bouquenom, pour marcher par Bitche et de là sur Landau, ce qui délivrerait cette ville et bloquerait l'ennemi qui

[1] Carnot est présent au Comité. (Cf. Aulard, VIII, 56.).

vous presse vers Strasbourg. Nous comptons, chers collègues, sur votre énergie, et nous vous seconderons de toutes nos forces [1].

Salut et fraternité.

(Minute aut. de Carnot, Arch. de la guerre, armée du Rhin. — Reg. de la famille Carnot.)

PARIS, 6 BRUMAIRE AN II (27 OCTOBRE 1793).

LE MINISTRE DE LA GUERRE BOUCHOTTE AU GÉNÉRAL PICHEGRU.

Voici quelques observations que l'on a faites sur la composition des villes frontières du département du Rhin; vous examinerez, d'après la situation des esprits, jusqu'à quel point elles doivent influer sur l'emplacement des troupes.

On pense que les troupes, soit de ligne, soit de réquisition, qui doivent composer et composeront les garnisons de Strasbourg, ne doivent être prises et choisies que dans les troupes de volontaires nés ou levés dans d'autres départements que ceux du Haut et Bas-Rhin; que cet avis doit être appliqué aux villes frontières de tous les départements; enfin qu'il faut faire en sorte que ces garnisons se trouvent toujours, autant que possible, en nombre excédant celui des citoyens résidant dans cette ville frontière.

J'avais écrit plusieurs fois à vos prédécesseurs à ce sujet, j'avais aussi recommandé la plus grande surveillance aux avant-postes. La surprise de la grande déroute ne peut être attribuée qu'à la négligence. L'on m'assure que quelqu'un a passé et repassé aux avant-postes sans avoir été reconnu. Vous jugez quelle facilité [donne] une semblable négligence de la part des gardes et surtout de ceux qui les commandent; que tout le monde soit arrêté, que tout officier qui ne s'instruira pas soit regardé comme non républicain. J'espère de votre côté que vous communiquerez aux troupes l'ardeur républicaine qui vous anime et que vous ne tarderez pas à repousser les ennemis de la frontière.

(Arch. de la guerre, armée du Rhin, reg. 47, p. 24.)

---

[1] Cf. la réponse de Saint-Just et Le Bas, datée du 30 octobre 1793, dans Aulard, VIII, 132. Ils déclarent que l'armée du Rhin est très faible et qu'il faut douze bataillons pour renforcer les gorges. «Hâtez-vous, ajoutent-ils, de renforcer cette armée et persuadez-vous qu'il faut être à Landau dans quinze jours.» — Le 27 octobre, les autorités constituées du département du Haut-Rhin écrivirent de Strasbourg au Comité de salut public pour l'avertir que les ennemis occupent les hauteurs de Saverne, sont campés près de Strasbourg et cernent Landau et le Fort Vauban, et qu'il est absolument nécessaire de leur opposer un général entreprenant et des forces considérables. (Analyse, Arch. de la guerre, correspondance générale.)

MAUBEUGE, 6 BRUMAIRE AN II (26 OCTOBRE 1793).
LE REPRÉSENTANT BAR AU COMITÉ DE SALUT PUBLIC.

Maubeuge, 6ᵉ jour de la 1ʳᵉ décade du 2ᵉ mois de l'an II
de la République une et indivisible.

*LE REPRÉSENTANT DU PEUPLE ENVOYÉ PRÈS L'ARMÉE DU NORD
À SES COLLÈGUES DU COMITÉ DE SALUT PUBLIC DE LA CONVENTION NATIONALE.*

Citoyens collègues,

Je vous ai déjà rendu compte avec quelle imprévoyance les différents administrateurs, chargés de pourvoir aux besoins de l'armée de la République, attendaient toujours le moment du besoin pour y satisfaire. La partie sur laquelle les plaintes doivent plus spécialement porter dans ce moment sont les effets d'habillement et les couvertures. La saison commence à devenir rigoureuse, les défenseurs de la patrie sont tous campés ou au bivouac ; déjà les maladies et surtout la dysenterie commencent leur ravage ; le froid en est une des principales causes. Dès notre arrivée près la division de Maubeuge, mes collègues et moi nous sommes occupés de ces différents objets. Nous avions autorisé le citoyen Rouyer, inspecteur de l'habillement, à se rendre dans les différents lieux où il existe des magasins et même près du ministre de la guerre, pour presser l'envoi des parties d'habillement extrêmement nécessaires à la division ; on nous annonça, quelques jours avant le blocus, l'arrivée de 2,500 habits complets. Cependant cette partie même n'est point encore entièrement arrivée. La Convention nationale a décrété la fabrication de 300,000 capotes, dont 80,000 pour l'armée du Nord, et aucunes ne sont encore disponibles pour cette armée. Le commissaire ordonnateur en chef Pinthou, à qui j'ai demandé l'état de ce qui pouvait être à sa disposition en cette partie de l'habillement, de même que pour les couvertures, m'a répondu que rien encore ne lui avait été envoyé. Ce qui est encore plus indispensable, c'est la chaussure ; l'armée, toujours en mouvement, consomme beaucoup en ce genre ; un soldat use au moins une paire de souliers par mois : il en est arrivé ici une certaine quantité, mais pas encore suffisante pour les besoins. Une chose arrête, à cet égard et pour les autres parties de l'habillement, la promptitude du service : ce sont les bureaux de visite et expertise établis dans les villes de l'intérieur. Il semble qu'il serait plus convenable de faire arriver ces effets directement au lieu de leur destination. On pourrait y faire les mêmes établissements pour les vérifications et empêcher la fraude. On parerait même par là à un moyen de dilapidation ; les effets, pour être visités dans l'intérieur, doivent être déballés ; faute d'ouvriers, on est quelquefois obligé de les faire parvenir après la visite sans être remballés. Cette mesure donne lieu à des soustractions. Je vous engage très instamment, mes collègues, à faire porter votre sollicitude sur cette partie des besoins de l'armée ; nos frères qui la composent méritent d'autant mieux les plus grands soins à cet égard qu'ils se dévouent tout entiers et avec le plus grand zèle à la défense de la République. Il serait désormais impossible de leur faire adopter d'autre sentiment que celui de la liberté, de l'égalité, de l'unité et de l'indivisibilité de la République; ils abhorrent les tyrans et la tyrannie et sont à la rigueur de vrais républicains.

Je dois aussi fixer votre attention sur les approvisionnements de guerre de la place et du camp de Maubeuge. Vous jugerez, par les états que je me suis fait délivrer et que je vous transmets, quelles sont les personnes et quels sont les besoins à cet égard. J'ai pris, seul ou avec mes collègues, quelques arrêtés sévères contre des officiers dénoncés ou comme incapables ou comme suspects; ils sont joints à cette lettre, et la plupart des pièces et dénonciations y sont également attachées. Je joins aussi les pièces concernant le général Gudin et les autres arrêtés que le désir d'assurer le service m'a fait prendre.

Nous avons pris, de concert avec mon collègue Hentz, des mesures relatives à la propagation de l'esprit public, et nous nous proposons encore d'en prendre d'ultérieures dont nous vous rendrons compte incessamment[1].

> Salut et fraternité.

BAR.

(Orig., Arch. de la guerre, armée du Nord.)

OOST-DUNKERKE, 6 BRUMAIRE AN II (27 OCTOBRE 1793).

LE GÉNÉRAL VANDAMME AU COMITÉ DE SALUT PUBLIC.

Au quartier général à Oost-Dunkerke, le 6ᵉ jour de la 1ʳᵉ décade du 2ᵉ mois de l'an II de la République française une et indivisible.

LE GÉNÉRAL VANDAMME

AUX CITOYENS REPRÉSENTANTS DU PEUPLE COMPOSANT LE COMITÉ DE SALUT PUBLIC.

Citoyens représentants,

Je vous ai rendu compte, par ma dernière, que l'inondation m'avait obligé de me retirer de la route de Furnes à Nieuport, et de porter une attaque du côté de Oost-Dunkerke, seul point qui ne pouvait être inondé (en laissant seulement au pont rompu sur cette route une demi-brigade). Je m'y suis établi le 4; j'ai fait aussitôt ouvrir la tranchée, sous le feu le plus violent des remparts de l'ennemi. La tranchée est à présent finie et les bombes, obus et boulets rouges pleuvent sur la ville; elle ne doit pas tenir longtemps, ou sous peu elle sera entièrement brûlée.

L'ennemi est assez en force dans la ville; il y a vingt bouches à feu; le feu des batteries est fort vif. Le 4, mes braves soldats se sont emparés du petit fort de Viervoutre; je voulais y établir des batteries et, comme je les faisais commencer,

---

[1] Cette lettre n'a été qu'analysée dans le recueil Aulard.

une escadre anglaise, composée de trente vaisseaux, prit mon armée en flanc et lança des bordées terribles. La garnison fit en même temps une sortie, mais elle fut obligée de rentrer dans son repaire et fut poursuivie jusque sous les remparts. Plus de cent esclaves ont mordu la poussière. Je ne saurais assez vous louer le courage de tous les braves soldats de l'armée que je commande et l'adresse de mes braves canonniers. Ils supportent le mauvais temps et les bivouacs avec un courage qui n'appartient qu'à des hommes qui se battent pour leur liberté. Le ci-devant 22ᵉ régiment et le 4ᵉ bataillon de Seine-et-Oise, et le bataillon des chasseurs du Mont-de-Cassel ont, dans cette sortie, combattu en héros; ils ont soutenu pendant deux heures le feu des remparts, de la mousqueterie et de l'escadre. Cette escadre nous envoyait des bordées de quarante pièces à la fois, de 27, 36, 40 et 49; mais les boulets passaient trente pieds sur nos têtes, suivant leur louable habitude; les dunes en sont remplies.

J'ai été obligé d'évacuer le petit fort de Viervoutre. Je n'ai perdu que douze hommes. Ma position actuelle est très belle; l'ennemi ne nous tue personne et nous lui envoyons de la marchandise qui lui écrase et brûle toutes ses maisons. Ça ira; il évacuera la ville d'ici à demain ou je la fais prendre d'assaut; je puis le faire avec les vaillants républicains que je commande.

L'escadre a cessé son feu hier soir; elle l'a recommencé ce matin, mais dans la journée elle a fini, et la majeure partie a pris voile pour l'Angleterre. Il est resté seulement six bâtiments, qui sont en observation. J'étais inquiet hier, parce que j'ignorais ses desseins. Je suis à présent tranquille; elle ne peut pas faire une descente de canons entre Nieuport et Dunkerque, parce que les dunes sont impraticables et que le citoyen Castagnier est d'ailleurs avec plusieurs bâtiments en observation le long des dunes.

J'ai envoyé, le 4, sept bataillons à Schoorbakke, commandés par le général Gougelot. Ils se sont emparés de Dixmude et restent de ce côté en observation pour soutenir ma droite en arrière et empêcher que l'ennemi vienne m'attaquer de ce côté. L'ennemi s'est retiré au nombre de 3,000 hommes à Thourout; il s'y fait aussi un rassemblement de paysans; mais vingt-cinq républicains en ont fait fuir deux mille.

Les enlèvements que je fais faire sont considérables; chevaux, bœufs, vaches, fourrages, grains, chariots, bois, fer, cloches, plomb, cuivre, draps, toiles, argenterie des églises, je fais tout refluer sur Dunkerque; je les adresse à la municipalité.

Les coquins de prêtres avaient fait cacher dans les églises presque tous les effets des villages, parce qu'on leur avait dit que les Français n'y entraient plus; mais comme ils se sont trompés! J'ai fait fouiller toutes les églises, et dans toutes j'y ai trouvé de beaux effets. Les vases ci-devant sacrés étaient aussi cachés dans les clochers, mais je les ai trouvés. A Dunkerque de suite! Mes prises se montent bien à présent à six millions. Je ne compte pas celui que la ville de Furnes doit me donner en numéraire. Ah! quand j'entrerai dans Nieuport, quel coup, que d'enlèvements. Les mâtins sont foutus; je ne veux laisser aux habitants que les yeux pour pleurer.

Je vous enverrai, citoyens représentants, et au ministre de la guerre le procès-verbal de tous mes enlèvements, quand ils seront finis. Je suis tellement surchargé d'ouvrage que je n'ai pas un seul moment à moi.

Je ne dois pas oublier de vous dire que les quatre bataillons de l'armée révolutionnaire, que j'ai avec moi et que j'emploie aux travaux des tranchées, travaillent avec le plus grand zèle et sans faire attention aux bombes qui pleuvent sur eux. Je ne puis vous nommer personne; tous les républicains de mon armée ont le même courage et tous se distinguent dans les fonctions qui leur sont attribuées.

Depuis deux mois le citoyen Seron [1], capitaine au bataillon des chasseurs du Mont-de-Cassel, fait auprès de moi les fonctions d'adjudant général, chef de mon état-major. Je n'ai qu'à me louer de son zèle et de ses talents. Le général en chef me promet toujours de lui obtenir son brevet, mais il n'arrive pas. Veuillez bien, citoyens représentants, le lui faire obtenir et me l'adresser. Il est nécessaire qu'il l'ait promptement.

Le général de brigade Hoche, employé dans l'armée que je commande, est parti le 4, pour commander dans l'armée de la Moselle, en qualité de général de division [2]. Le général Roulland [3] est arrivé ce matin pour le remplacer [4].

----

[1] Gabriel-Antoine-Ovide Seron, né à Nogent-l'Artaud (Aisne) le 8 octobre 1771, fils d'un géomètre-arpenteur, garde national en 1789, sergent-major au 1er bataillon de l'Aisne le 26 août 1791, sous-lieutenant dans la compagnie franche de Vandamme le 1er octobre 1792, lieutenant le 1er mars 1793, capitaine au bataillon des chasseurs du Mont-Cassel en septembre 1793, adjudant général chef de bataillon provisoire le 24 pluviôse an II (12 février 1794), non compris dans l'organisation du 25 prairial an III (13 juin 1795), retiré à Nogent-l'Artaud.

[2] Hoche quitta en effet l'armée du Nord le 25 octobre 1793. (Cf. p. 388.)

[3] Henri-Victor Roulland, né à Saint-Quentin-d'Elle (Manche) le 11 octobre 1751, soldat au régiment de Normandie le 22 septembre 1770, congédié le 29 août 1775, chef du 2e bataillon de l'Orne le 20 septembre 1791, chef de brigade par arrêté des représentants Trullard et Berlier le 27 septembre 1793, puis général de brigade et commandant de la place de Bergues le 28, commandant de Landrecies le 26 janvier 1794, confirmé dans son grade le 12 avril 1794, prisonnier de guerre par la capitulation de Landrecies le 30 avril 1794, rentré en France par échange le 27 novembre 1795, employé à l'armée des Côtes de Brest et commandant la subdivision d'Ille-et-Vilaine le 16 décembre 1795, commandant la subdivision de la Manche le 12 octobre 1797, celle du Morbihan le 1er janvier 1799, et celle des Côtes-du-Nord le 26 mars 1800, réformé le 21 mai 1801, commandant de Belle-Isle-en-Mer le 8 juin 1801, chevalier de la Légion d'honneur le 11 décembre 1803 et officier le 14 juin 1804, retraité le 1er septembre 1816, chevalier de Saint-Louis le 20 août 1823, mort à Rennes (Ille-et-Vilaine) le 6 février 1827. Le général Roulland avait fait les campagnes de l'Île-de-France de 1771 à 1774.

[4] Le général Roulland adressa, le 12 brumaire an II (2 novembre 1793), aux représentants Trullard et Berlier, à Boulogne-sur-Mer, un rapport détaillé su les événements arrivés sous Nieuport depuis le 6 brumaire (27 octobre 1793). Il y raconte que, dès son arrivée, il a communiqué au général Vandamme l'ordre qu'il avait reçu du général D'Avaine de venir remplacer le général Hoche; qu'ensuite il a parcouru tous les postes et trouvé partout le soldat dans les meilleures dispositions, malgré des fatigues excessives, résultant des mauvais temps, et le manque de pain qui s'est fait souvent sentir. (Copie, Arch. adm. de la guerre, dossier Roulland.)

Dans ce moment, Nieuport est en feu; je verrais presque assez clair pour écrire sur les dunes [1].

Salut et fraternité.

Le général commandant devant Nieuport,

D. VANDAMME.

P.-S. Je vous envoie plusieurs lettres qui m'arrivent à l'instant d'Ostende. J'en ai donné copie au général D'Avaine, commandant en chef la frontière, depuis Lille jusqu'à la mer [2].

(Orig., Arch. de la guerre, armée du Nord.)

MAUBEUGE, 6 BRUMAIRE AN II (27 OCTOBRE 1793).

LE GÉNÉRAL FERRAND AU MINISTRE DE LA GUERRE BOUCHOTTE.

6 brumaire an II.

LE GÉNÉRAL FERRAND AU CITOYEN BOUCHOTTE, MINISTRE DE LA GUERRE.

Ce n'est point un général, c'est un vrai sans-culotte, un enfant de giberne qui vous écrit, et qui ne s'aperçoit pas d'aujourd'hui combien il est facile de porter de loin une opinion sur des faits, qu'on jugerait avec plus d'impartialité, si on avait été dans le cas d'y participer. Je le répète, c'est aux militaires expérimentés que j'en appelle de ma conduite devant le blocus de Maubeuge. Une autre autorité, non moins respectable, est celle du représentant du peuple Bar. Si je cher

---

[1] Le 8 brumaire (29 octobre) le général Vandamme écrivit au général D'Avaine qu'il se voyait avec peine forcé d'abandonner le siège de Nieuport par suite des dispositions que ledit général avait fait prendre à son armée. «Je crains d'avance, général, disait-il, de faire battre en retraite une armée telle que je commande, composée de si braves républicains, mais puisqu'il le faut je m'y décide. Vous pouvez compter que ma retraite se fera dans le plus grand ordre et qu'il ne se commettra aucun désordre; mes troupes se contiendront dans leur retraite comme à la charge, à l'exception qu'elles n'iront pas d'un même cœur.» (Arch. de la guerre, armée du Nord, reg. du général D'Avaine, pièce n° 79.)

[2] Le 27 octobre 1793 le représentan Isoré écrivit au général D'Avaine (copie cer tifiée par D'Avaine, arch. de la guerre, ar mée du Nord): «Je regarde Menin, comme l'a bien écrit le général Jourdan, un point bien important, et à tel prix que ce soit il faut le garder. L'ennemi est disposé a faire son possible pour nous forcer à évacuer Menin pour conserver Courtrai. Il paraît que Courtrai est le repaire des ressources de l'ennemi.... Vandamme va bien; les autres iront bien sur la gauche. Arrangez-vous pour Ypres. Si l'ennemi est inquiété sur Courtrai, vous en profiterez. Il y a un bataillon de vieille troupe à Saint-Venant. Demandez-le, si vous le jugez à propos.» — Isoré suspendit de ses fonctions le gé néral D'Avaine le 29 octobre.

chais à appeler un instant les regards sur moi, je dirais qu'aucune occasion ne s'est montrée où je n'aie prêché d'exemple, dans les circonstances les plus périlleuses. Quant à la partie de votre lettre, qui paraît me dicter la conduite que j'aurais eue à tenir pour profiter de la retraite de l'ennemi, tout me porte à croire qu'on vous a induit en erreur sur la manière dont cette retraite devait militairement s'opérer. L'ennemi n'a pas manqué de faire filer ses équipages et son artillerie de position en tête de ses colonnes; il a, avec raison, profité de la nuit et du brouillard pour passer la Sambre. Cette marche s'est effectuée à deux lieues au-dessus et au-dessous de Maubeuge, ayant toujours laissé ses avant-postes pour masquer sa retraite. Je n'ai pu être instruit qu'à six heures et demie du matin par des déserteurs qui m'ont donné les premiers renseignements. Je me suis empressé d'envoyer de fortes découvertes et faire sortir de fortes colonnes pour profiter des avantages que l'ennemi eût pu m'offrir. Voici ma conduite. Je provoque ma censure de tous les hommes qui sont à portée de la juger.

Nommé au généralat, que je n'ai jamais brigué, ce ne peut être que la confiance nationale qui m'y a appelé. Si la nation m'en croit encore digne, ce sera toujours avec regret que j'apprendrai l'opinion désavantageuse de mes frères les porte-gibernes et celle de leur organe sur mes dispositions militaires [1].

Le général de division,
FERRAND.

Quant aux dix ou douze mille hommes que vous mettez si gracieusement à ma disposition, vous n'avez pas sans doute consulté les états de situation que je vous ai fait passer. Vous y auriez vu que je n'ai jamais eu plus de treize à quatorze mille hommes en activité de service et portant les armes, tant dans la ville que dans le camp retranché, et que, d'après cela, il devenait impossible d'exécuter des projets qui sont si faciles à combiner de loin.

(Orig., Arch. de la guerre, armée du Nord.)

---

[1] Le représentant Hentz écrivit de Maubeuge, le 29 octobre, au Comité : « Gardez-vous bien de suspendre Ferrand : c'est un excellent divisionnaire et un patriote infaillible. Deux fois pendant le blocus il a tenté des sorties. Elles ont mal réussi, parce que les autres généraux, qui avaient vendu la ville, rendaient la bravoure nulle. Ferrand n'est pas fait pour diriger ni un plan de campagne, ni une bataille, mais il dirigera une division et il ne mourra qu'à la tête d'une division. Jourdan en est content, et on lui ôterait un moyen en l'ôtant, car il y a disette de généraux. » (Cf. Aulard, VIII, 102.) — Jacques Ferrand, porte-drapeau au commencement de la Révolution, après vingt-quatre ans de services, avait eu dès lors un avancement très rapide. Élevé du grade de chef de bataillon à celui de général de brigade par les représentants le 6 août 1793, investi, le 22 septembre, du commandement en chef de l'armée des Ardennes, il semble qu'il ait justifié le jugement qu'en porte Hentz, car il ne fut mis à la retraite qu'en 1796.

VILLE-AFFRANCHIE (LYON), 6 BRUMAIRE AN II (27 OCTOBRE 1793).

LE GÉNÉRAL EN CHEF DOPPET [1] AU COMITÉ DE SALUT PUBLIC.

Quartier général de Ville-Affranchie, le 6 du 2ᵉ mois de l'an II de la République.

AMÉDÉE DOPPET, GÉNÉRAL EN CHEF DE L'ARMÉE DES ALPES [2],
AU COMITÉ DE SALUT PUBLIC DE LA CONVENTION NATIONALE.

Citoyens représentants,

J'ai reçu ce matin l'ordre de me porter contre les tyrans et les esclaves de Toulon [3]. Je ne négligerai rien pour me rendre digne de la confiance de la République. Je sais où est mon poste d'après vos ordres. Les murs de la cité des plus insolemment rebelles tomberont sous les bras républicains. Je vous préviens cependant qu'ayant donné les ordres les plus précis pour y porter des forces,

[1] Amédée Doppet, né à Lémens (Savoie) le 18 mars 1753, et non à Chambéry, comme il le dit par erreur dans ses *Mémoires*, fils d'un fabricant cirier, enrôlé au régiment du commissaire général de la cavalerie en 1770, fusilier au régiment des gardes françaises le 10 mai 1771, congédié le 14 avril 1773, docteur en médecine de l'Université de Turin, sous-officier dans la garde nationale de Grenoble le 1ᵉʳ avril 1790 et membre de la Société des Amis de la Constitution de cette ville, secrétaire d'Aubert Dubayet à Paris en septembre 1791, membre de la Société des Amis de la Constitution en octobre 1791 et de celle des Cordeliers, grenadier dans le bataillon de Saint-Roch de la garde nationale soldée le 29 mars 1792, congédié le 7 juin suivant, réclame, le 31 juillet 1792, la création de la légion des Allobroges, dont il est nommé lieutenant-colonel le 13 août suivant, député de Chambéry pour opérer la réunion de la Savoie à la France le 14 octobre 1792, chef de brigade le 9 août 1793 et général de brigade à l'armée des Alpes le 19 du même mois, général de division et commandant en chef l'armée des Alpes le 11 septembre 1793, général en chef de l'armée des Pyrénées orientales le 13 brumaire an II (3 novembre 1793), employé à cette armée comme divisionnaire le 30 frimaire an II (20 décembre 1793), destitué le 16 pluviôse an III (4 février 1795), réintégré le 2 frimaire an IV (23 novembre 1795), agent du gouvernement dans les départements de la Moselle, de la Meurthe et des Vosges, du 1ᵉʳ frimaire au 1ᵉʳ floréal an IV (22 novembre 1795 au 20 avril 1796) admis au traitement de réforme le 17 brumaire an VI (7 novembre 1797), député du Mont-Blanc au Conseil des Cinq-Cents le 24 germinal an VI (13 avril 1798), sorti du Conseil par suite de l'annulation de son élection le 22 floréal an VI (11 mai 1798), retiré aux environs de Grenoble, mort à Aix-les-Bains (Savoie) en 1800. Le général Doppet a laissé plusieurs ouvrages, parmi lesquels des *Mémoires politiques et militaires*, publiés de son vivant à Carouge en 1797 et réimprimés dans la collection Baudouin.

[2] Doppet était arrivé devant Lyon le 26 septembre 1793, et il était entré dans cette ville le 9 octobre. (Cf. *Mémoires politiques et militaires du général Doppet*, p. 182 et 195.)

[3] Par arrêté du Comité de salut public, en date du 23 octobre 1793 (cf. Aulard, VII, 584), qui était parvenu le 27 à Doppet par un courrier extraordinaire et accompagné d'une lettre de Bouchotte. (Cf. *Mémoires*, p. 202.)

qu'y en ayant déjà porté, j'en attendrai la réunion. J'aime à frapper, lorsque je suis sûr de ne pas compromettre la patrie. Je suis bien maître de ma vie, mais je dois compte de son sang au peuple souverain.

Dès que je reçus hier votre dépêche au sujet du triomphe des armées de la République dans la Vendée, je la fis aussitôt porter à l'imprimeur. Il importe, comme vous l'avez senti, d'instruire du sort qui partout attend les rebelles, car les aristocrates ont toujours soin de prêcher l'existence d'une Vendée, avant qu'elle existe réellement. C'est par des contes gigantesques qu'ils entraînent les faibles dans leur parti. Ainsi, en publiant l'extinction de la Vendée, on étouffera tous ceux qui auraient dessein de bâtir des nids de contre-révolutionnaires.

J'ai aussi fait imprimer pour l'armée des calendriers républicains. J'ai cru devoir dans une instruction prouver à mes frères d'armes que ce changement était des plus nécessaires.

Je vous adresse enfin un exemplaire de tout ce que j'ai cru propre à éclairer l'armée.

Le citoyen Albitte [1] est ici. Nous avons travaillé et nous travaillons jusqu'à l'heure de mon départ à faire partir les moyens qui doivent nous faire terminer avec Toulon.

Vive la République, une, indivisible et démocratique!

DOPPET.

(Orig. aut., Arch. de la guerre, armée du siège de Lyon.)

---

117. PARIS, 7 BRUMAIRE AN II (28 OCTOBRE 1793) [2].

LE COMITÉ DE SALUT PUBLIC AU GÉNÉRAL D'AVAINE.

Paris, le 7 du 2ᵉ mois de l'an II de la République une et indivisible.

LES REPRÉSENTANTS DU PEUPLE, COMPOSANT LE COMITÉ DE SALUT PUBLIC,
AU GÉNÉRAL DE DIVISION D'AVAINE, AU QUARTIER GÉNÉRAL DE CASSEL.

Le Comité de salut public, citoyen général, applaudit aux avantages que votre division a remportés sur les ennemis [3] : il accepte avec em-

---

[1] Antoine-Louis Albitte, né à Dieppe le 30 décembre 1761, homme de loi, député de la Seine-Inférieure à l'Assemblée législative et à la Convention, mort à Rossiéné (Pologne) le 25 décembre 1812. Il avait été envoyé à Lyon le 18 octobre 1793. (Cf. Aulard, VII, 480.)

[2] Carnot est présent à la séance du Comité. (Cf. Aulard, VIII, 74.)

[3] Cette lettre répond à une lettre du général D'Avaine au général Jourdan, transmise par ce dernier au Comité de salut public le 4 brumaire an II (25 octobre 1793), et dont voici le principal passage :

« Je m'empresse, général, de vous rendre compte de nos opérations. La ligne des troupes que je commande depuis Arleux jusqu'à la mer avance sur un front également

pressement l'augure des nouveaux succès que vous lui faites espérer. Néanmoins il croit devoir vous faire observer que vos forces lui paraissent beaucoup trop morcelées. Il est temps de songer à frapper des coups décisifs, et pour cela il faut agir en masse; il faut d'abord disperser l'armée ennemie, la mettre en déroute, la désorganiser, et ensuite toutes ses places, tous ses postes tomberont et se replieront d'eux-mêmes. Ce n'est pas que le Comité désire que vous cherchiez à livrer bataille sans nécessité, mais il voudrait que vous prissiez des positions qui le forçassent à évacuer le territoire de la République. Si, au lieu de disséminer les forces, par exemple on les réunissait pour enlever Tournai ou le camp de Maulde, si on se plaçait de manière à intercepter les subsistances qu'il est obligé de tirer de son pays, si l'on brûlait ses grands magasins, il faudrait bien qu'il évacuât les places qu'il occupe. Une seule victoire de ce genre supplée et entraîne toutes les autres; elle fait plus que toutes les actions de détail. Il ne faut point se piquer de battre les ennemis dans ses différents postes, à forces égales ou inférieures. C'est un honneur chevaleresque qui ne convient point à notre système, et avec le faux honneur on perpétue la guerre à l'infini. Il faut, au contraire, chercher l'art d'attaquer toujours l'ennemi où il est faible, et avec une supériorité de forces telle que la victoire ne puisse jamais être douteuse. C'est ainsi que vous le forcerez successivement sur tous les points et que vous lui ôterez l'envie de reparaître. Le général Jourdan veut cerner l'ennemi, l'envelopper,

vainqueur partout depuis Marchiennes jusqu'à Furnes. Hier au matin, Wervicq a été forcé après quelque résistance. Les mêmes troupes ont fait l'attaque de Menin sur les derrières, tandis qu'une autre colonne faisait l'attaque de Thuin. Ce poste a été forcé après une résistance opiniâtre. Mais que ne peuvent pas des soldats républicains? Nous y avons pris sept pièces de canon, fait 5oo prisonniers. Nous nous sommes également rendus maîtres du village de Vlamertinghe entre Ypres et Poperinghe. Nous leur avons tué, à Poperinghe, une quarantaine d'hommes, entre autres un officier supérieur de la cavalerie hessoise, un autre blessé et fait prisonnier avec sept ou huit autres blessés. Nous n'avons eu dans cette affaire aucun mort et seulement cinq ou six de blessés légèrement. On a pris hier à midi la ville de Furnes, qui était gardée, ainsi que ses ouvrages externes, par trois mille hommes. L'attaque a commencé à cinq heures du matin. Il ne nous a pas été possible de nous saisir de quelques-unes de leurs pièces; ils les ont fait évacuer avant de quitter la place. Nous leur avons fait une soixantaine de prisonniers. Une partie de nos troupes les ont poursuivis, la baïonnette aux reins. Je ne puis pas encore vous dire combien ils nous en auront tué ou fait prisonniers. Ce matin, nous devons attaquer la ville de Nieuport et après cette conquête nous porter sur Ostende... » (Copie certifiée par le général Jourdan, Arch. de la guerre, armée du Nord.)

l'enfermer dans les lieux qu'il a envahis. Secondez-le, en tâchant d'opérer avec lui une jonction qui sépare l'ennemi de ses magasins; en un mot, tirez des garnisons tout ce qui est disponible, serrez-vous et agissez en masse, en réduisant néanmoins, autant que vous le pourrez, la guerre à des affaires de poste. Le Comité a cru devoir vous faire connaître directement ses intentions à ce sujet, persuadé du zèle qui vous anime et de vos talents militaires [1].

A expédier : Carnot.

(Minute aut., Arch. de la guerre, armée du Nord. — Reg. de correspondance, archives de la famille Carnot.)

118. paris, 7 brumaire an ii (28 octobre 1793).

LE COMITÉ DE SALUT PUBLIC AUX CITOYENS BOURBOTTE, FRANCASTEL, TURREAU, CARRIER ET PINET, REPRÉSENTANTS DU PEUPLE PRÈS L'ARMÉE DE L'OUEST.

Analyse. — Envoi d'un arrêté donnant aux citoyens Vauquelin [2] et

[1] Le 27 octobre, veille du jour où le Comité écrivait cette lettre au général D'Avaine, celui-ci avait été suspendu de ses fonctions et mis en arrestation par l'arrêté suivant du représentant Duquesnoy, daté de Beaumont (Arch. de la guerre, reg. XI *bis*, pièce n° 75) :

« Le représentant du peuple Duquesnoy, informé que le général de division D'Avaine, au lieu de faire exécuter les ordres du général en chef dans l'exécution qui devait avoir lieu dans la Flandre maritime, y a mis, soit par mauvaise foi ou ineptie, des entraves très préjudiciables aux succès des armées de la République, arrête que le général D'Avaine est suspendu de ses fonctions, qu'il sera mis en état d'arrestation et conduit dans la ville d'Arras, que le général de division Souham prendra provisoirement le commandement des troupes depuis Dunkerque jusqu'à Douai. »

Duquesnoy transmit son arrêté au Comité le 28. (Arch. de la guerre, corr. gén., analyse.) Jourdan s'était plaint de la con-

duite du général D'Avaine, qui entravait toutes ses opérations, et il avait écrit de Maubeuge, le 26 octobre, à celui-ci pour lui reprocher de ne pas avoir commandé en personne l'expédition sur Ypres. (Arch. de la guerre, reg. XI *bis*, pièce n° 63.) Le général Souham, à qui D'Avaine avait demandé des secours, attribuait aux lenteurs de son collègue l'insuccès de son expédition en Belgique (lettres des 23, 24 et 26 octobre à D'Avaine, et des 23, 24 et 28 octobre à Jourdan, Arch. de la guerre, reg. XV *bis*) et l'évacuation de Menin (ordre au général Macdonald du 27 octobre, Arch. de la guerre, *id.*) On pourra voir la défense du général D'Avaine dans sa lettre adressée au Comité le 30 octobre et publiée à la page 437.

[2] Nicolas-Louis Vauquelin, né à Saint-André-d'Hébertot (Calvados) le 16 mai 1763, chimiste, membre de la 1re classe de l'Institut le 13 décembre 1795, mort à Saint-André-d'Hébertot le 14 novembre 1829.

Jacotot [1] une commission pour l'exploitation des salpêtres dans le département d'Indre-et-Loire [2]. «Ce département est une riche mine de salpêtre, qu'il est important d'exploiter avec la plus grande vigueur. Préparons aux braves défenseurs de la République toute la poudre exterminatrice qui peut être nécessaire à leur valeur. Il faut, collègues, que vous brisiez tous les obstacles que la malveillance ou le modérantisme pourraient apporter aux travaux du salpêtre, que tout ce qui se trouve salpêtré passe par la chaudière, que toutes les administrations concourent à cette œuvre, que tout fléchisse devant le besoin le plus impérieux de la République. »

(Orig. sig. par Carnot et C.-A. Prieur, Arch. nat., AF ɪɪ 271. — Publié par Aulard, VIII, 78.)

ÉTREUX, 7 BRUMAIRE AN ɪɪ (28 OCTOBRE 1793). — LE GÉNÉRAL BELAIR
AU COMITÉ DE SALUT PUBLIC.

Analyse. — Envoi de la copie de sa lettre à Jourdan sur les avantages remportés par ses troupes [3] : «Nos braves frères d'armes ont terni leurs triomphes par des pillages indignes de républicains. J'ai cependant toujours recommandé, soit à l'ordre, soit de vive voix, de respecter les propriétés, mais, quoi qu'on fasse, il est difficile d'arrêter la fougue de braves patriotes qui se permettent d'autant plus

[1] Joseph Jacotot, né à Dijon le 4 mars 1770, avocat et professeur, capitaine d'artillerie du bataillon de la Côte-d'Or en 1792, attaché au bureau central des poudres et salpêtres en 1793, créateur de la méthode d'enseignement philosophique qui porte son nom, mort à Paris le 30 juillet 1840.

[2] L'arrêté était du 24 octobre 1793 et conférait à Vauquelin et à Jacotot le titre de «commissaires du Comité de salut public pour l'exploitation des salpêtres.» (Cf. Aulard, VII, 601.)

[3] Le général Belair avait en effet écrit de Catillon-sur-Sambre, le 6 brumaire an ɪɪ (27 octobre 1793), à Jourdan pour l'avertir que ses braves républicains avaient été faire une pointe jusqu'au delà du Cateau-Cambrésis. «Les habitants du Cateau ont tiré comme les Autrichiens sur les soldats de la République; il a fallu repousser la force par la force, de manière que quelques boulets ont porté sur le Cateau. Les ennemis en ont été chassés, le feu y a été mis, et les Autrichiens, pour favoriser leur retraite, ainsi que la fuite des infâmes qui ont tiré sur leurs concitoyens, ont commis ce nouveau crime. Je vous instruis à l'instant d'un événement qui présente l'idée d'un malheur, mais il tombe sur des coupables. Ainsi il ne diminue pas la satisfaction que donne un notable avantage obtenu par la rare valeur des troupes de la République...» (Copie certifiée conforme par Belair, Arch. de la guerre, armée du Nord.)

qu'ils regardent, et ce n'est pas sans fondement, le Cateau comme un foyer de contre-révolution et le refuge impur d'une horde de prêtres réfractaires. »

(Orig. aut., Arch. de la guerre, armée du Nord.)

PARIS, 7 BRUMAIRE AN II (28 OCTOBRE 1793).

LE MINISTRE DE LA GUERRE BOUCHOTTE À SAINT-JUST.

Sitôt votre lettre reçue, j'ai été au Comité, qui en avait également une des vôtres; il a été résolu de vous envoyer promptement les douze bataillons demandés, et j'ai fait partir des courriers pour Besançon et l'armée de la Moselle, comme les points les plus rapprochés du Rhin. Des sabres, mousquetons, pistolets et selles seront versés dans les dépôts des troupes à cheval du Rhin et de la Moselle pour vous donner les moyens de ramasser les deux mille hommes de cavalerie que vous désirez. Les chevaux de Bourdon et Vesoul sont aussi à votre disposition; envoyez l'ordre de les verser dans les dépôts du Rhin ou même dans les régiments, si cette mesure était encore plus expéditive. Gardez sur toutes choses les passages de Saverne et de Phalsbourg; vous savez que je vous en ai prévenu à votre départ, pour empêcher l'envahissement du département de la Meurthe et qu'on ne vienne prendre à revers les postes de la Moselle. Saverne recevra six bataillons de la Moselle; huit viendront du côté de Besançon. Il me semble que cette nouvelle mesure peut retarder l'exécution de l'arrêté du Comité de salut public pour effectuer un rassemblement à Bouquenom et Saarwerden. Le but ne peut changer: c'est de délivrer Bitche, Landau et le Bas-Rhin. Il y a déjà six bataillons de la Moselle à Saverne; ainsi, avec les six que je viens de demander, cela remplira votre objet d'en avoir douze. Pichegru vous communiquera ma lettre. Les affaires vont assez bien dans le Nord, les Alpes, les Pyrénées. Il y a Toulon et la trouée des rebelles au delà de la Loire, mais l'on viendra à bout de tout.

(Arch. de la guerre, armée du Rhin, reg. 47, p. 25.)

PARIS, 7 BRUMAIRE AN II (28 OCTOBRE 1793).

LE MINISTRE DE LA GUERRE BOUCHOTTE AU GÉNÉRAL PICHEGRU.

Je vous préviens, général, que le Comité de salut public vient de me prescrire de faire passer douze bataillons de renfort à l'armée du Rhin; s'il est possible vous en aurez quatorze. J'envoie des ordres à Besançon pour faire partir huit bataillons pris dans la garnison, les départements du Doubs et de la Haute-Saône. Le général en chef de l'armée de la Moselle doit en envoyer six à renforcer le poste de Saverne; vous pouvez tirer des garnisons et cantonnements du Haut-

Rhin; je présume que l'ennemi ne peut pas être maître partout, que le passage du Rhin est toujours une chose difficile et qu'on connaît à l'avance, quand on est sur ses gardes, et qu'en donnant de l'activité à la partie secrète, vous serez toujours averti à temps de ce qui devra se passer. Des ordres sont donnés pour verser dans les dépôts de troupes à cheval, des sabres, pistolets, mousquetons et selles. Envoyez ordre à Vesoul de verser les chevaux en état dans les dépôts de l'armée du Rhin; vous avez un passage bien important à garder, celui de Saverne. Cette disposition semble retarder un peu l'exécution de la mesure prescrite par le Comité pour effectuer un rassemblement à Bouquenom, mais le but n'est pas changé; il s'agit toujours de délivrer Bitche et Landau, et de faire évacuer le Bas-Rhin. Concertez-vous avec le citoyen Saint-Just, qui a de l'énergie, des expédients dans la tête et les meilleures intentions. Les affaires vont bien jusqu'à présent au Nord, ainsi que dans plusieurs autres parties de la République. Si le Rhin est un peu souffrant, les patriotes assurent que nous aurons bientôt le dessus par la valeur de nos soldats et les services des bons représentants et généraux.

(Arch. de la guerre, armée du Rhin, reg. 47, p. 24.)

SCHILTIGHEIM, 7 BRUMAIRE AN II (28 OCTOBRE 1793).
L'ADJUDANT GÉNÉRAL DEMONT AU COMITÉ DE SALUT PUBLIC.

Analyse. — Dans l'attaque de la forêt qui se trouve en avant de Reichstett, les ennemis ont d'abord fait plier nos troupes, mais nous avons bientôt repris ce poste. L'avant-garde, placée au village de Wantzenau, a été surprise le 26 octobre et s'est retirée précipitamment, abandonnant six pièces de canon. Le lendemain 27, il y a eu une forte canonnade proche le village d'Eckwersheim. « Il paraît que nos ennemis, après avoir échoué dans leurs tentatives sur les gorges de Saverne, cherchent à se glisser entre le Rhin et notre droite, afin d'ôter à notre armée cet excellent point d'appui et de communiquer facilement par là avec un pont de bateaux qu'ils feraient indubitablement construire sur ce fleuve. »

(Orig., Arch. de la guerre, armée du Rhin.)

PARIS, 7 BRUMAIRE AN II (28 OCTOBRE 1793).
LE MINISTRE DE LA GUERRE BOUCHOTTE AU GÉNÉRAL HOCHE.

AU GÉNÉRAL HOCHE.

J'ai reçu la lettre par laquelle vous m'annoncez que vous partez pour vous rendre au poste où la confiance du Comité de salut public et du Conseil exécutif vous a appelé. Vous avez l'envie de bien faire. Vous ne pensez qu'à la chose publique, sans considérer votre personne; avec ces sentiments vous ferez bien, car, après la malveillance de diverses aristocraties, c'est l'égoïsme et l'intrigue qui nous font le plus de mal. Le Comité de salut public vient de me prescrire de faire passer des renforts à l'armée du Rhin. Les tentatives, que l'ennemi a faites sur les gorges de Saverne, annoncent que c'est de ce côté qu'il faut les diriger. Prenez les mesures nécessaires, après avoir conféré avec les représentants, pour envoyer six bataillons avec un général de brigade bon sans-culotte, à Saverne. Il est possible de tirer ce secours des garnisons comprises dans l'armée de la Moselle, ainsi que des bataillons de réquisition des départements des Vosges, de la Moselle, de la Meurthe et de la Meuse. Enfin vous choisirez les endroits où l'esprit est le meilleur, et où ils sont le mieux armés. Il convient d'envoyer à l'avance quelqu'un pour faire préparer l'étape et annoncer leur arrivée.

Donnez aussi des ordres aux dépôts de troupes à cheval de l'armée de la Moselle d'envoyer le plus qu'ils pourront d'hommes à cheval grossir les corps de l'armée du Rhin, qui a grand besoin de cavalerie. Les dépôts vont recevoir des sabres et des pistolets incessamment. Voilà les mesures les plus instantes dans le moment. Elles ne contrarient pas les premières arrêtées par le Comité de salut public, pour un rassemblement à Bouquenom et Saarwerden, qui peut-être sera long; au contraire, elles assurent l'opération en maintenant la communication entre les départements du Rhin et ceux de la Meurthe et de la Moselle, et empêchent l'ennemi de s'en emparer et d'aller prendre à revers les postes de la Moselle. Si vous aviez besoin de quelques bataillons des Ardennes en remplacement, écrivez-en au représentant Hentz, qui fera certainement de son mieux pour nous seconder. Si vous pouviez envoyer l'un des régiments de carabiniers à l'armée du Rhin, ce serait une mesure bien utile.

(Arch. de la guerre, armée du Rhin, reg. 47, p. 14 v°.)

---

119. PARIS, 8 BRUMAIRE AN II (29 OCTOBRE 1793) [1].

LE COMITÉ DE SALUT PUBLIC AU MINISTRE DES AFFAIRES ÉTRANGÈRES DEFORGUES.

Paris, 8 2ᵉ mois, 2ᵉ année de la République.

LE COMITÉ DE SALUT PUBLIC AU MINISTRE DES AFFAIRES ÉTRANGÈRES.

Le Comité, citoyen ministre, a reçu vos observations sur le navire hambourgeois *la Christine,* retenu à Dunkerque par ordre d'un repré-

---

[1] Carnot assiste à la séance du Comité (cf. Aulard, VIII, 90). Il écrit quatre arrêtés : 1° Pouvoir exclusif confié à un des deux comités de surveillance qui existaient à Pont-à-Mousson et se faisaient concurrence. — 2° Ordre au général en chef de l'armée des Côtes de Cherbourg d'envoyer le plus de troupes possible au général Rossignol. — 3° Ordre de mise en liberté du général Declaye. — 4° Destitution de De Launay, général en chef provisoire de l'armée de la Moselle.

sentant du peuple [1]. Ce représentant se fût rendu blâmable si, con-

[1] Michel-Alexis La Flotte, accrédité en France comme résident par les villes hanséatiques de Lübeck, Brême et Hambourg, depuis février 1786, démissionnaire depuis le 6 mars 1793, avait écrit au ministre des affaires étrangères, le 4 octobre 1793, pour lui exposer les faits suivants remontant au mois de juillet précédent :

Le navire hambourgeois *la Christine*, capitaine Tude-Lolling, naviguant sous pavillon et lettres de mer de la ville de Hambourg, arriva à Dunkerque le 13 juillet. Après une vente publique de son chargement et après avoir acheté des denrées, il allait repartir le 30 juillet, quand le citoyen Carnot s'y opposa, en se fondant sur le décret du 28 juillet dernier, qui comprenait les sucres dans les objets de première nécessité. « Or le capitaine hambourgeois n'a pu croire que la Convention ait entendu donner à son décret un effet rétroactif; il prouvera que ses achats ont été faits et même embarqués avant l'époque du décret prohibitif, qui d'ailleurs n'était point encore connu à Dunkerque et ne pouvait avoir force de loi qu'après sa promulgation. » La Flotte demandait donc, en terminant, au nom du droit des gens, la levée de l'embargo. (Copie certifiée par le ministre Deforgues, Arch. des affaires étrangères, Hambourg, t. 108, p. 150.)

Le 21 octobre 1793, le ministre des affaires étrangères Deforgues transmit la lettre de La Flotte au Comité et l'accompagna des observations suivantes (Orig., Arch. des affaires étrangères, Hambourg, t. 108, p. 148) :

«Paris, le 30ᵉ jour du 1ᵉʳ mois de l'an II de la République une et indivisible.
Le ministre des affaires étrangères aux représentants du peuple membres du Comité de salut public.

«Le citoyen La Flotte, ci-devant résident des villes hanséatiques, m'a remis, citoyens représentants, une réclamation en faveur du navire hambourgeois *la Christine*, qui a apporté à Dunkerque et vendu dans ce port un chargement de savon et de charbon. Je joins ici une copie de sa lettre. Vous y verrez que ce navire, ayant chargé en retour du rhum, thé, sucre, café, tabac fabriqué, côtes de tabac, etc., fut retenu à Dunkerque par l'ordre du citoyen Carnot, représentant du peuple, envoyé au département du Nord. Comme l'embargo a été ordonné par un représentant du peuple, je ne puis que m'en rapporter à ce que vous déciderez à ce sujet.

«Le décret du 16 août dernier déclare vaisseaux ennemis tous ceux qui appartiennent aux puissances allemandes qui ont voix délibérative à la diète de Ratisbonne. Hambourg a, comme ville impériale, voix et séance sur le banc du Rhin. Ainsi, d'après la rigueur des principes, cette ville se trouve dans le cas de ce décret. Cependant je dois observer que tel est le vice de la Constitution germanique que le collège des villes impériales à la diète n'est point admis à la conférence des collèges électoral et des princes et, quel que puisse être son avis sur une proposition mise en délibération, il n'est compté pour rien et l'affaire passe en résultat de l'Empire conformément à l'avis des deux collèges supérieurs. Ainsi dans le principe la ville de Hambourg et les autres villes libres et impériales n'ont rien contribué à la déclaration de guerre de l'Empire, et on ne peut les regarder que comme des êtres absolument passifs.

«J'ai cru devoir, citoyens représentants, vous faire part de cette observation afin que, dans l'examen de la réclamation que je soumets à votre décision, vous puissiez y avoir l'égard que vous jugerez convenable à l'intérêt de la République.

«*Le ministre des affaires étrangères,*

«Deforgues.»

Comme il s'agissait d'un acte accompli par Carnot pendant sa mission dans le département du Nord, ses collègues le chargèrent de rédiger la réponse.

naissant la loi sur les accaparements, il eût souffert qu'elle fût éludée sous prétexte qu'elle n'était pas encore officiellement connue dans le lieu où il était, pouvant lui-même la promulguer. Les arrêtés des représentants du peuple ont force de loi provisoire, à plus forte raison peuvent-ils faire exécuter ses décrets dès l'instant qu'ils en connaissent la teneur. Personne n'ignore que l'avidité et l'impatriotisme avaient porté beaucoup de négociants des ports à saisir l'intervalle entre la connaissance qu'ils ont eue de la loi sur les accaparements par les journaux et sa publication pour en violer les dispositions salutaires, et l'on ne peut qu'applaudir au zèle des représentants du peuple qui ont prévenu par leur fermeté cet effet de la malveillance. Des subterfuges diplomatiques ne peuvent vous autoriser à hésiter sur l'exécution pleine et entière de la loi qui défend l'exportation des denrées de première nécessité.

A expédier : Carnot.

(Minute autographe de Carnot, Arch. des affaires étrangères, Hambourg, t. CVIII, p. 152.)

PARIS, 8 BRUMAIRE AN II (29 OCTOBRE 1793).

LE MINISTRE DE LA GUERRE BOUCHOTTE AU COMITÉ DE SALUT PUBLIC.

Analyse. — Envoi de la copie de la lettre du général Souham, du 4 brumaire (25 octobre), annonçant que le camp de Cysoing est levé, que l'ennemi s'est replié sur Tournai et que le général Macdonald a forcé Wevelghem.

(Orig., Arch. de la guerre, armée du Nord.)

BEAUMONT, 8 BRUMAIRE AN II (29 OCTOBRE 1793).

LE GÉNÉRAL JOURDAN À CARNOT.

Beaumont, le 29 octobre 1793, l'an II de la République.

AU REPRÉSENTANT DU PEUPLE CARNOT [1].

Ma position, citoyen représentant, est délicate; je vais vous faire part de mes opérations, de ma situation et de celle de l'ennemi.

---

[1] Jourdan s'adressait en cette circonstance à Carnot personnellement, au lieu d'écrire, comme d'ordinaire, au Comité de salut public.

Vous savez qu'après les affaires des 15 et 16 courant, vieux style, l'ennemi s'est réuni en masse depuis Sassegnies jusqu'à Merbes-le-Château sur la rive gauche de la Sambre; que nous manquions de munitions [1] et que les ennemis avaient fait des ouvrages immenses entre Maubeuge et Avesnes, qu'il était essentiel de détruire. J'ai donc demandé des munitions de toute part, qui nous sont arrivées peu à peu. J'ai fait des réquisitions pour la destruction des ouvrages et j'ai vu avec peine que les citoyens n'y ont pas porté toute l'ardeur qu'ils auraient dû. Enfin j'attendais le résultat de l'expédition de la Flandre maritime, qui aurait dû avoir lieu en même temps que la nôtre et qui a été singulièrement retardée par la lenteur qu'y a mis le général D'Avaine, et qui cependant devait opérer une diversion dans les troupes ennemies [2]. D'après toutes ces considérations, je ne pouvais pas agir dans le moment. Il a fallu être en mesure. Aussitôt que j'ai eu des munitions, j'ai donné des ordres à la division du général Duquesnoy et à celles des Ardennes de partir pour Beaumont. Cet ordre a été exécuté le 20. J'ai reçu le même jour une lettre du général D'Avaine, qui avait fait de beaux projets, mais il m'annonçait n'avoir rien exécuté. Je lui témoignais mon mécontentement

[1] L'armée ne manquait pas seulement de munitions de guerre, mais aussi de bouche. L'adjudant général Rivaud (futur général Rivaud de la Raffinière), chef d'état-major de Jourdan, écrivait à celui-ci de Beaumont, le 30 octobre 1793, que, malgré tous ses soins, il ne pouvait donner aux soldats qu'un jour de vivres au lieu de deux. «Je présume, dit-il, que le soldat va crier : ce ne sera pas sans raison.» (Orig., Arch. de la guerre, armée du Nord.)

[2] Le 29 octobre 1793, le général Jourdan écrivait à ce sujet au représentant Isoré (Arch. de la guerre, reg. de Jourdan, 1 a-44, p. 101) :

«J'ai enragé tout comme vous, citoyen représentant, de voir le général D'Avaine délibérer sur les ordres que je lui avais donnés et de voir ce général tranquillement à Cassel, tandis que ses camarades se battaient. Je ne le connais point, mais sa correspondance et sa conduite m'ont fait croire qu'il n'était point en état de conduire une opération aussi importante que celle dont il était chargé. J'ai, suivant mon usage, tout communiqué aux représentants du peuple, et le citoyen Duquesnoy a cru devoir le suspendre et nommer le général Souham pour prendre le commandement des troupes qui sont placées depuis la mer jusqu'à Douai. J'ai écrit à ce dernier, afin qu'il mette le plus grand ensemble dans ces opérations. J'espère qu'il répondra entièrement à la confiance que nous avons en lui. Je n'ai point fait de grands progrès depuis la levée du siège de Maubeuge. L'ennemi tient une position respectable; cependant je m'approche peu à peu et j'espère sous peu de jours être maître de Charleroi.

«Salut, fraternité.

«JOURDAN.»

Le représentant Isoré prit, en conséquence, un arrêté contre le général D'Avaine, mais, le 9 brumaire an II (30 octobre 1793), les généraux Bertin, Filon, Romanet, Gougelot, Vandamme et Moreau, l'adjudant général Grÿsperre, les officiers du génie Ruel Bellile et Henry Beaulieu, réunis au quartier général de Cassel, déclarèrent les inculpations d'Isoré absolument dénuées de fondement, ajoutant que le général D'Avaine ne pouvait mettre plus de promptitude et d'exactitude dans les opérations qui avaient été décidées en conseil de guerre à Bergues le 13 octobre. (Copie certifiée par le général D'Avaine, Arch. de la guerre, armée du Nord.)

et lui ordonnais d'agir, lorsque je me suis aperçu que l'ennemi faisait filer des troupes du côté de Lille. J'ai fait passer à Beaumont la division du général Balland; j'ai fait renforcer la division des Ardennes de six bataillons et d'un régiment de dragons de la division de Maubeuge. J'ai aussi fait renforcer de 4,000 hommes le camp de Jeumont, occupé par la division de Maubeuge, et j'ai fait porter à celui de Bachant par la division du général Cordellier. Je me suis rendu pour lors à Beaumont dans l'intention d'attaquer Thuin, mais les chemins, qui ne sont que des voies à l'usage des campagnards, ayant été abîmés par les pluies continuelles, et m'étant assuré par une reconnaissance qu'il serait trop dangereux d'attaquer l'ennemi de front, tant à cause des retranchements et batteries qu'à cause des plaines immenses à traverser, j'ai été convaincu qu'il fallait abandonner ce projet. Je me suis donc décidé à dégarnir la Sambre, du côté de Landrecies, de trois bataillons. J'ai chargé le général qui commande à Avesnes de garder avec ces trois bataillons et des détachements des garnisons d'Avesnes et de Landrecies, les postes de Maroilles, de Noyelles et Taisnières, et j'ai donné ordre à la division du général Fromentin de venir à Beaumont, de manière que mon projet est de laisser la division du général Cordellier à Bachant, ce qui remplacera les six bataillons que j'ai pris pour renforcer la division des Ardennes et le camp de Jeumont, qui formera une division de l'armée active. J'y trouverai le double avantage de renforcer l'armée et de changer un peu la garnison de Maubeuge, qui en avait grand besoin.

Nos avant-postes sont déjà à Ham-sur-Heure et, aussitôt que la division du général Fromentin sera rendue ici, je dirigerai une colonne sur Charleroi, afin de tâcher de s'en emparer. Ce poste est essentiel; nous ne pouvons rien faire sans l'occuper. L'ennemi est bien retranché de l'autre côté de la Sambre, depuis Merbes-le-Château jusqu'à Thuin. Il y a toujours son camp de Bettignies et un camp à Berlaimont. Il y a un autre camp à Saint-Gérard, entre Sambre et Meuse, qui nous gène beaucoup, parce que ces troupes peuvent nous prendre en flanc. J'ai donné cependant des ordres au général Élie pour qu'il inquiète ce camp. J'ai pareillement à craindre, en passant la Sambre, que l'ennemi ne s'empare de Beaumont et ne coupe ma communication avec Maubeuge. Cependant il faut agir et j'agirai, mais avec précaution, car je perdrais avec bien du regret les avantages que j'ai remportés sur l'ennemi.

Je vous avoue avec franchise que ma position est délicate. Je peux dire hardiment que j'ai beaucoup de bonne volonté et de courage, mais j'aurais besoin de conseil dans une opération. Je pense que personne ne peut m'en donner de meilleurs que vous. Venez donc à l'armée; vous y serez plus utile à la République que partout ailleurs. Je vous attends avec impatience et vous rendrez un grand service à la République et à moi. J'ai prié le ministère de la guerre de communiquer au Comité de salut public la lettre que je lui ai écrite ce matin; vous y verrez que le représentant du peuple Duquesnoy a suspendu le général D'Avaine, et que le général Souham est chargé du commandement de toutes les troupes, depuis la mer jusqu'à Douai. J'espère que le général Souham mettra plus d'ensemble dans ses opérations que D'Avaine, et que l'activité du premier réparera le tort que les lenteurs du second nous ont fait [1]. La partie secrète est infiniment mal montée et je ne vois pas de moyens de l'améliorer; cependant vous savez combien il serait nécessaire. Plusieurs déserteurs m'ont dit que Cobourg avait donné l'ordre, d'après la mort d'Antoinette, de ne point faire de prisonniers. Je lui ai écrit aujourd'hui pour m'assurer de ses intentions et j'attends sa réponse pour fixer ma conduite.

JOURDAN.

(Arch. de la guerre, reg. de Jourdan, 1 a-44, p. 102.)

BEAUMONT, 8 BRUMAIRE AN II (29 OCTOBRE 1793).

LE GÉNÉRAL JOURDAN AU MINISTRE DE LA GUERRE BOUCHOTTE.

Au quartier général à Beaumont en Belgique,
le 8ᵉ jour du 2ᵉ mois de l'an II de la République une et indivisible.

LE CITOYEN JOURDAN, GÉNÉRAL EN CHEF DE L'ARMÉE DU NORD, AU MINISTRE DE LA RÉPUBLIQUE.

Le général Belair et le citoyen Ollivier, qui commande son avant-garde, m'ont prévenu qu'il s'est engagé une affaire entre les troupes de la République qui sont

----

[1] Le général Souham refusa le commandement qui lui était donné et il écrivit à ce sujet, le 9 brumaire an II (30 octobre 1793), la lettre suivante au général Jourdan (copie, Arch. de la guerre, armée du Nord):

«Marcq, le 9 brumaire an II.

« Le général Souham, commandant la 1ʳᵉ division de l'armée du Nord, au général en chef Jourdan.

«Je viens de recevoir à l'instant votre ordre et celui des représentants du peuple. Vous êtes trop mon ami et vous connaissez trop bien mes moyens pour persister à vouloir me confier un commandement aussi important. Envoyez-moi tous les ordres que vous croirez nécessaires; ma bonne volonté, mon zèle et mon patriotisme ne resteront point en arrière, mais je ferais bien peu de cas des intérêts de la République, si je me chargeais d'une responsabilité aussi pesante. Je vous assure

que s'il n'y eût pas eu de commandant en chef pour diriger notre dernière expédition nos affaires eussent marché d'un pas bien plus rapide. Donnez promptement un commandant de votre main à Cassel; il correspondrait avec Dunkerque et avec moi, et les opérations se feraient de concert. En attendant, je vais faire mettre à exécution les ordres relatifs à D'Avaine. Je laisse ici, pour commander en mon absence, le général Macdonald; il sera secondé par l'adjudant général Duverger; et moi je pars, accompagné de l'adjudant général Reynier, pour Cassel, auquel je donnerai le général Vandamme pour commandant provisoire, en attendant celui que vous aurez désigné dans votre sagesse.

«Je persiste, mon cher général, dans mon refus et je dois, par cette conduite, acquérir dans votre esprit un nouveau degré d'estime.

«SOUHAM.»

soùs leurs ordres et celles de nos ennemis; que ces derniers ont été vivement repoussés jusqu'au delà du Câteau. Ces troupes occupent dans le moment présent Pommereuil, Ors, Catillon; nos troupes se sont retranchées dans ces postes. La forêt de Nouvion, qu'on a eu soin de faire retrancher, leur servira de retraite en cas qu'ils fussent attaqués par des forces supérieures. Le général Belair fait les plus grands éloges des soldats et officiers, et notamment du citoyen Ollivier qui commande son avant-garde.

Le citoyen Ollivier a fait arrêter un officier du 20ᵉ régiment de dragons, à qui il avait donné ordre de fouiller le Câteau, et qui, loin d'exécuter cet ordre, est revenu une heure après en criant : «Sauvons-nous, voilà l'ennemi!»

J'ai reçu des nouvelles du général D'Avaine et du général Souham; le premier m'écrit de Cassel où il a resté, dit-il, pour diriger sa correspondance; il me prévient que le général Vandamme travaille à brûler Nieuport; il se plaint de ce que le général Souham ne lui a envoyé que 2,000 hommes au lieu de 4,000 qu'il lui avait demandés pour l'expédition d'Ypres; le second se plaint des lenteurs du général D'Avaine et trouve extraordinaire qu'il reste à Cassel au lieu de diriger ses opérations en personne; il se plaint pareillement de ce qu'il lui a retiré 2,000 hommes, ce qui l'a mis dans l'impossibilité de s'emparer de Courtrai.

Enfin, citoyen ministre, je vois avec douleur qu'il n'y a pas d'intelligence entre les généraux. Comme j'ai l'usage de tout communiquer aux représentants du peuple, le citoyen Duquesnoy a cru devoir suspendre le général D'Avaine et donner le commandement de toutes les troupes, depuis la mer jusqu'à Douai, au général Souham. Je lui écris de mettre le plus grand ensemble dans ses opérations.

Je vous avais écrit de Maubeuge que je me rendrais à Beaumont pour attaquer l'ennemi; les pluies qui ont beaucoup gâté les chemins et la position de l'ennemi ne me l'ont pas encore permis. J'ai fait hier une découverte. J'ai vu que l'ennemi occupe la rive gauche de la Sambre depuis Merbes-le-Château jusqu'à Thuin, qu'il y a des plaines immenses à traverser pour aller l'attaquer. Il garde les plaines par des corps de troupe extrêmement forts, surtout en cavalerie. Nous avons cependant poussé nos avant-postes jusqu'à Ham-sur-Heure. Ma position est aussi délicate qu'embarrassante, car, si j'attaque de front, je cours grand risque d'échouer; si au contraire je me prolonge sur la droite, je cours risque de voir l'ennemi s'emparer de Beaumont et me couper la communication avec Maubeuge. J'ai été forcé de laisser la division du général Fromentin du côté de Landrecies pour s'opposer à l'ennemi; cependant, comme il doit être maintenant affaibli dans cette partie, je vais faire marcher cette division du côté de Charleroi, afin de tâcher de m'emparer de ce poste, et pour lors je pourrai passer la Sambre en laissant un corps d'observation pour assurer ma communication avec Philippeville et Givet. Si je ne fais pas des progrès plus rapides, soyez sûr, citoyen ministre, qu'il n'y a pas de mauvaise volonté de ma part; personne plus que moi ne désire de combattre, mais je désire le faire avec avantage. Il m'en coûterait beaucoup de perdre par imprudence les avantages que nous avons remportés sur nos ennemis.

Il nous vient continuellement des déserteurs de la légion de Carneville; ce sont tous Français qu'on force à s'engager à force de coups de bâton. Je les fais passer sur les derrières jusqu'à ce que la Convention ait statué sur leur sort.

Je vous prie de communiquer ma lettre au Comité de salut public.

Salut et fraternité.

JOURDAN.

(Orig., Arch. de la guerre, armée du Nord.)

SCHILTIGHEIM, 8 BRUMAIRE AN II (29 OCTOBRE 1793).
LE GÉNÉRAL PICHEGRU AU COMITÉ DE SALUT PUBLIC.

Analyse. — Il mande que, d'après les ordres réitérés du ministre, il a accepté le commandement de l'armée du Rhin [1]. Il proteste de son dévouement à la liberté.

(Analyse, Arch. de la guerre, reg. du Comité de salut public, DC, p. 656.)

---

120. PARIS, 9 BRUMAIRE AN II (30 OCTOBRE 1793) [2].
LE COMITÉ DE SALUT PUBLIC À SAINT-JUST ET LE BAS.

Paris, nonidi 1ʳᵉ décade brumaire
2ᵉ année de la République une et indivisible.

LE COMITÉ DE SALUT PUBLIC À SAINT-JUST ET LE BAS, PRÈS L'ARMÉE DU RHIN [3].

Vos dépêches, chers collègues, nous font espérer de grands succès à l'armée du Rhin. Nous sommes persuadés qu'ils seront dûs principalement à votre vigilance. On travaille à vous procurer les secours que vous sollicitez.

D'après le rapport du ministre de la guerre, la force effective de

[1] En effet, Pichegru avait quitté la division du Haut-Rhin et en avait laissé le commandement provisoire au général Scherer. Son acceptation fut bien accueillie. Rivalz écrivit de Bâle, le 10 brumaire (31 octobre 1793), au ministre des affaires étrangères Deforgues : «Le général Pichegru m'a marqué qu'il avait accepté le commandement de l'armée du Rhin. J'en ai été bien aise, parce qu'il annonce du zèle et de la capacité.» (Cf. J. Kaulek, *Papiers de Barthélemy,* III, 185.)

[2] Carnot assiste à la séance du Comité (cf. Aulard, VIII, 116). Il écrit un arrêté ordonnant au ministre de la guerre de faire passer sans délai à Ville-Affranchie un détachement de l'armée révolutionnaire.

[3] Réponse à une lettre de Saint-Just et Le Bas, datée de Strasbourg, 26 octobre 1793. (Cf. Aulard, VIII, 31.)

l'armée du Rhin est au moins de 100,000 hommes. Il est inconcevable qu'avec cette force prodigieuse, dans un pays que l'art et la nature se sont réunis pour rendre inexpugnable, on ait à craindre de succomber sous les coups de l'ennemi. Si les soldats sont bons, comme nous avons lieu de le croire d'après ce que vous nous en dites, il faut qu'il y ait peu de capacité dans les chefs. La vraie manière de se défaire des ennemis n'est pas de les attaquer de front, mais sur les flancs et sur les derrières. Landau est bloqué : c'est là qu'il faut porter les secours, parce que, si vous vous rendez maître de cette partie de l'extrême frontière, l'ennemi ne pourrait rester auprès de Strasbourg sans se trouver bloqué lui-même et sans communication avec son propre pays. C'est ce qui nous a fait penser qu'il serait à propos de rassembler 30 à 40,000 hommes dans les environs de Bouquenom et Saarwerden, lesquels se porteraient d'abord rapidement sur Bitche, dont ils feraient lever le blocus, puis sur Landau qu'ils dégageraient de même. Alors on verrait probablement l'ennemi qui est devant Strasbourg se hâter de battre en retraite; mais, s'il était poursuivi avec vigueur, cette retraite deviendrait pour lui très difficile. Ces 30 à 40,000 hommes seraient tirés principalement de l'armée de la Moselle, qui doit, comme vous l'observez, agir de concert avec celle du Rhin. En attendant, contenez l'ennemi, gardez les gorges de Saverne et tâchez de tromper l'ennemi sur vos projets. Nous vous envoyons copie d'un mémoire dont la lecture pourra vous être utile; nous vous conseillons le plus grand secret et la plus grande rapidité.

    Salut et fraternité.

(Minute aut. de Carnot, Arch. de la guerre, armée du Rhin. — Reg. de la famille Carnot.)

---

121. PARIS, 9 BRUMAIRE AN II (30 OCTOBRE 1793).
LE COMITÉ DE SALUT PUBLIC AU GÉNÉRAL ERNOUF.

Paris, le 9° brumaire an 2° de la République une et indivisible.

LES REPRÉSENTANTS COMPOSANT LE COMITÉ DE SALUT PUBLIC
AU GÉNÉRAL ERNOUF, CHEF DE L'ÉTAT-MAJOR DE L'ARMÉE DU NORD.

Citoyen, le Comité de salut public a pris en considération ce que vous lui mandez relativement au général Cordellier. Comme il est très éloigné de vouloir décourager ou punir les généraux républicains, nous verrons avec plaisir que nos collègues lèvent la destitution et l'arrestation qu'ils ont eux-mêmes prononcées contre lui [1].

Les membres du Comité de salut public,

Billaud-Varenne, Carnot, C.-A. Prieur, Robespierre.

(Orig., Arch. de la guerre, armée du Nord.)

---

122. PARIS, 9 BRUMAIRE AN II (30 OCTOBRE 1793).

LE COMITÉ DE SALUT PUBLIC AU MINISTRE DE LA GUERRE BOUCHOTTE.

Analyse. — Envoi d'une pièce adressée par les représentants Musset et Delacroix relativement à la demande qu'ils font de 8,000 vieux fusils [2].

(Minute, Arch. nat., AF II 410.)

CASSEL, 9 BRUMAIRE AN II (30 OCTOBRE 1793).

LE GÉNÉRAL D'AVAINE AU COMITÉ DE SALUT PUBLIC.

Au quartier général de Cassel, le 30 octobre 1793,
2ᵉ de la République française une et indivisible.

LE GÉNÉRAL DE DIVISION D'AVAINE

AUX CITOYENS MEMBRES COMPOSANT LE COMITÉ DE SALUT PUBLIC.

Citoyens,

En vertu des ordres du général en chef Jourdan, j'ai conçu, conjointement avec le conseil de guerre assemblé à Bergues, le dessein d'entrer dans la Belgique. Pour y réussir, j'ai divisé mon armée, composée au plus de 17,000 hommes, en deux parties : l'une qui devait attaquer Ypres, et l'autre sur Furnes, Nieuport et Ostende, et tenir en échec le camp de Dixmude. Je vous dois un rapport exact et précis de mes opérations.

---

[1] Le même jour, Bouchotte écrivit au général Cordellier pour lui reprocher d'avoir nommé son frère adjudant général et d'avoir refusé de prendre l'adjudant général que lui avait envoyé le chef de l'état-major de l'armée. (Arch. de la guerre, t. XIV, correspondance.)

[2] La lettre des représentants Musset et Delacroix est datée de Versailles, le 4 octobre 1793.

Pour parvenir jusque sous les murs d'Ypres, nous avons eu beaucoup d'obstacles à surmonter sur notre droite et notre gauche. La colonne de gauche devait d'abord s'emparer de Poperinghe et autres retranchements circonvoisins pour parvenir jusqu'au village de Vlamertinghe, au bout duquel nous pouvions établir nos batteries pour attaquer la ville d'Ypres du côté de la chaussée de Poperinghe à Ypres, ce qui n'a pas été l'ouvrage d'un jour, puisqu'il fallait débusquer l'ennemi qui était retranché en force, ce qu'a fait avec le plus grand succès le citoyen commandant Moreau[1], le 22 octobre; mais, sachant que l'ennemi était en force à Vlamertinghe, il vit qu'il était impossible de s'y attaquer avec la colonne de 3,000 hommes qu'il commandait, et, crainte d'exposer les troupes de la République, il attendait la jonction de la colonne de droite commandée par le général Bertin[2], qui venait de s'emparer de Messines, pour attaquer de deux côtés différents le village de Vlamertinghe. Mais cette jonction des deux colonnes n'était pas aisée à faire, puisque l'ennemi occupait les postes intermédiaires dont il fallait le débusquer. C'est le parti que prit le général Bertin, car, voyant qu'il était impossible d'attaquer Ypres sur la route de Diekebusch à Ypres, vu que cette ville de ce côté est très bien défendue par des fossés remplis d'eau, m'ayant fait part de cette

[1] Jean-Victor-Marie Moreau, né à Morlaix (Finistère) le 14 février 1763, prévôt de l'École de droit de Rennes en 1788, lieutenant-colonel en premier du 1er bataillon des volontaires d'Ille-et-Vilaine le 11 septembre 1791, général de brigade provisoire à l'armée du Nord par arrêté des représentants Florent Guiot et Hentz le 3o frimaire an II (2o décembre 1793), confirmé le 11 pluviôse an II (3o janvier 1794), général de division le 25 germinal an II (14 avril 1794), commandant en chef de l'armée du Nord le 13 ventôse an III (3 mars 1795), de l'armée de Rhin et Moselle le 24 ventôse an IV (14 mars 1796), des armées de Rhin et Moselle et de Sambre-et-Meuse le 4 nivôse an V (24 décembre 1796), réformé le 2 vendémiaire an VI (23 septembre 1797), général en chef des armées d'Italie et de Naples le 2 floréal an VII (21 avril 1799), de l'armée du Rhin le 17 messidor an VII (5 juillet 1799), des armées d'Helvétie et du Rhin le 2 frimaire an VIII (23 novembre 1799), mis en non-activité le 1er vendémiaire an X (23 septembre 1801), arrêté à Paris le 24 pluviôse an XII (14 février 1804), condamné à deux ans de prison le 21 prairial an XII (10 juin 1804), rayé du tableau général de l'armée le 17 messidor an XII (6 juillet 1804), réfugié aux États-Unis, à Morisville, dans le New-Jersey, quitte ce pays le 21 juin 1813 et débarque à Gothembourg (Suède) le 26 juillet suivant, blessé à la bataille de Dresde le 27 août 1813, mort à Lahn (Bohême) le 2 septembre 1813.

[2] Nicolas Bertin, né à Ambrief (Aisne) le 26 juillet 1752, cavalier dans Royal-Champagne le 8 mars 1770, brigadier le 1er mars 1776, fourrier le 11 juin 1779, maréchal des logis le 6 septembre 1785, congédié le 21 août 1790, maréchal des logis au 17e chasseurs à cheval le 1er mai 1792, sous-lieutenant le 15 octobre 1792, lieutenant le 4 janvier 1793, capitaine dans la légion Belgique le 12 mars 1793, chef d'escadron le 1er juillet 1793, commandant temporaire de la place de Saint-Omer le 8 août 1793, général de brigade provisoire le 2 octobre 1793, suspendu le 2 ventôse an II (2o février 1794), réintégré et confirmé dans son grade le 27 nivôse an III (16 janvier 1795), réformé le 28 ventôse an V (18 mars 1797), retraité le 1er prairial an IX (21 mai 1801), mort à la Ferté-Milon (Aisne) le 1er mai 1816. Le général Bertin avait été blessé d'un coup de feu au bras gauche devant Mantoue le 29 fructidor an IV (15 septembre 1796).

impossibilité, je lui donnai l'ordre de rejoindre sa colonne avec celle du citoyen
Moreau. Pour faire cette jonction, il s'empara d'abord des postes de Wittecaste,
où l'ennemi était très bien retranché et qu'il n'abandonna qu'après une grande
perte de monde. De Wittecaste il fallait avancer sur Woormeseele et Saint-Éloy,
deux postes très importants fortifiés par la nature et par l'art. Le courage de nos
braves républicains ne s'abattit pas à la vue de tant de difficultés, et trois fois ils
revinrent à la charge; enfin ils demeurèrent maîtres de ces postes, qui coûtèrent
beaucoup de monde à l'ennemi.

Le chemin de la victoire était tracé, et il fallait y marcher à grands pas en attaquant le moulin de Diekebusch, où l'ennemi s'était retranché avec quatre pièces de
canon de 13 et deux de 7, deux obusiers et à peu près 1,200 hommes. Qu'avions-
nous à opposer à toutes ces forces? Une colonne de 1,832 hommes, composée de
tous soldats fatigués et quatre pièces de 4. Loin de s'intimider à la vue de tant
de dangers, nos troupes attaquèrent avec la plus grande vigueur, mais elles
furent obligées de battre en retraite sur Woormeseele, après avoir perdu une cinquantaine d'hommes et eu trois pièces de canon de démontées, ce qu'elles exécu-
tèrent dans le meilleur ordre. Pendant cette action, une partie de cette colonne
qui s'en était détachée pour battre l'ennemi par le flanc fut vivement saluée d'une
forte décharge à mitraille qui la força à en venir à une action décisive. La fusillade fut très vive de part et d'autre, et l'ennemi fut forcé de replier jusque dans
Vlamertinghe, où il s'était très bien retranché. Nous l'attaquâmes avec vigueur, et
il fut obligé de nous céder ce poste après une vigoureuse résistance qui lui coûta
cher, car il y perdit beaucoup de monde. Une heure après notre entrée dans ce
village, la colonne du commandant Moreau fut se joindre à celle du général
Bertin, et là ils disposèrent leur plan d'attaque pour attaquer Ypres, du côté de
la chaussée de Poperinghe.

Arrivés à Vlamertinghe le 24 au soir, nous y plaçâmes nos postes presque sous
le canon de la ville, et le lendemain nous nous emparâmes d'Elverdinghe et Brielen pour assurer notre flanc gauche, menacé par l'ennemi occupant le poste de
Boesinghe. L'ennemi ne nous laissa pas en repos dans ces postes, car, le 25 au soir,
il fit une sortie de la ville et nous attaqua très vigoureusement à Vlamertinghe;
mais il fut repoussé avec vigueur et rentra dans ses foyers après avoir essuyé une
perte considérable. Le lendemain il revint à la charge du côté de Brielen et nous
y attaqua avec une force vraiment imposante, qui ne lui réussit pas plus que les
autres jours. Toutes ces opérations terminées avec succès, nous attendions pour
agir que la colonne de 2,000 hommes, envoyée par le général Souham et commandée par le citoyen Daendels [1] sur la route de Menin à Ypres, commençât

---

[1] Hermann-Willem Daendels, né à
Valtem (Pays-Bas) le 21 octobre 1762,
avocat, major dans la brigade gueldroise
en 1787, lieutenant-colonel de la légion
franche étrangère le 12 octobre 1792, général de brigade provisoire le 2 frimaire
an III (22 novembre 1794), général de
division le 10 nivôse an III (30 décembre
1794), non compris dans l'organisation du
25 prairial an III (13 juin 1795), démissionnaire après la paix d'Amiens, lieutenant
général maréchal de Hollande en 1806,
gouverneur général de l'île de Java en 1807,
inscrit sur l'état des généraux de division

son attaque; mais quel fut notre étonnement lorsque nous reçûmes une lettre du citoyen Daendels, par laquelle il nous prévenait qu'il avait ordre du général Souham de se replier sur Menin, et nous disant qu'ils étaient tous d'accord que le siège d'Ypres était une folie. Dans le même moment, le général Souham, faute d'avoir bien retranché ses postes, se trouva obligé d'évacuer Menin, ce qui nous força de battre en retraite sur Poperinghe. Nous fîmes sur cette ville une retraite glorieuse, où nous sommes très bien retranchés et où nous attendons l'ennemi de pied ferme. Ainsi vous voyez, citoyens, que, loin d'avoir mis de la lenteur dans mes opérations, mon armée n'a pas perdu un seul instant, puisque dès le premier instant qu'elle s'est mise en marche elle s'est battue continuellement, tous les jours et avec beaucoup d'opiniâtreté, pour s'emparer des postes de Poperinghe, Neuve-Église, Messines, Wittecaste, Woormeseele, Saint-Éloy et Vlamertinghe. Mettez maintenant en parallèle la prétendue activité qu'a mise dans ses opérations le général Souham, et examinez quels obstacles il a éprouvés dans sa marche sur Menin. Il n'a eu aucun poste à emporter avant de se présenter devant cette ville.

Voilà ce qui regarde notre partie droite. Vous verrez les mêmes opérations sur notre partie gauche. Le 22, même jour du départ des deux colonnes de la partie droite, est partie d'Hondschoote une colonne commandée par le général Gougelot, pour se réunir avec les généraux Vandamme et Hoche qui commandaient les troupes du camp de Leffrynckhoucke, devant la ville de Furnes, qu'ils ont attaquée vigoureusement et qu'ils ont emportée de suite. De là ils se portèrent sur Nieuport, dont ils firent le blocus en règle. Le général Gougelot s'est porté avec sa colonne sur Peruysen et Chapelle-Sainte-Catherine et Schoorbakke, pour contenir le camp de Dixmude et garantir la colonne du général Vandamme; mais l'échec qu'éprouva le général Souham le força d'abandonner le siège de cette ville, dont la conquête lui était assurée sans cette malheureuse circonstance, et de se replier sur Furnes pendant que le général Gougelot s'est porté à Schoorbakke et devant le camp de Dixmude pour empêcher les troupes de ce camp d'inquiéter sa droite.

Je conclus à ce que, loin d'avoir mis de la lenteur et de l'inactivité, j'ai mis toute la célérité qu'il était possible de mettre en pareille circonstance, ainsi que je le démontre par le détail ci-dessus. Et, quant au versement des troupes qu'on me demandait pour la division du général Souham, loin de lui en envoyer, j'avais tout lieu d'espérer que lui-même m'en ferait passer, d'après la demande que je lui en avais faite, la nécessité absolue d'en avoir, et d'après ce qui avait été convenu au conseil de guerre à Bergues et demandé par lui dans son opinion mentionnée sur le procès-verbal dudit conseil de guerre.

Je suis fraternellement

D'Avaine.

(Orig., Arch. de la guerre, armée du Nord.)

français le 14 février 1812, fait la campagne de Russie, démissionnaire en août 1814, envoyé par le roi des Pays-Bas pour prendre possession des côtes d'Afrique restituées à la Hollande, mort sur la côte de Guinée le 2 mai 1818.

VILLE-AFFRANCHIE (lyon), 9 brumaire an ii (3o octobre 1793).
LE GÉNÉRAL EN CHEF DOURS [1] AU COMITÉ DE SALUT PUBLIC.

Analyse. — «S'il était permis de songer à son repos, j'aurais refusé le grade auquel vous venez de m'élever, mais, totalement dévoué à la défense de la République, j'accepte le commandement en chef de l'armée des Alpes. Fort de mon amour ardent de la liberté et de la confiance dont vous daignez m'honorer, je ne crains point l'énorme responsabilité dont je me charge. Dans aucune occasion je ne serai conduit par le désir de la domination et l'intérêt personnel, et je vous répéterai, citoyens, ce que j'ai écrit à la société populaire de mon canton : «Si après avoir passé par les emplois de la République, on me trouve plus riche que je ne l'étais avant, je consens que ma tête tombe sur l'échafaud.» Il envoie l'état des munitions de guerre qu'il a fait passer au camp sous Toulon. «La brave garnison de Valenciennes, égarée par quelques instigateurs qui ne cessent d'infecter le territoire de la liberté, avait un moment manifesté le désir de tenir le serment qu'elle avait prêté aux tyrans du Nord de ne plus porter les armes contre eux ; mais nous lui avons fait sentir que le premier de tous les serments était de défendre la liberté, qu'ainsi le contrat qui les engageait à épargner les tyrans était nul ; qu'au surplus elle eût hâte de se décider, parce que la République avait plus de défenseurs qu'il ne lui en fallait et que l'honneur lui serait peut-être enlevé de marcher sur les rebelles. La garnison a obéi et part pour le camp du Midi.» La ville commençant à manquer de subsistances, les représentants ont pris des mesures à cet effet. Il prie le Comité de se hâter de lui envoyer le décret pour l'encadrement des nouveaux bataillons dans les anciens. «On fusille ici chaque jour les principaux moteurs des troubles de Lyon et l'on fait justice des scélérats qui voulaient résister à la volonté nationale. Ainsi périront, j'espère, tous les ennemis de la liberté et de l'égalité.»

(Orig., Arch. de la guerre, armée du siège de Lyon.)

[1] Joseph-François Dours, né à Bollène (Vaucluse) en 1749, gendarme de la garde du roi le 8 septembre 1772, réformé le 1er octobre 1787, chef de la garde nationale de Bollène après la réunion du Comtat Venaissin à la France, commissaire du département de la Drôme, aide de camp du général Carteaux le 6 juillet 1793, chef de brigade le 3 septembre 1793, général de brigade provisoire par les représentants à l'armée devant Toulon, confirmé le 26 septembre 1793, employé à l'armée d'Italie, général de division le 1er octobre 1793, commandant des troupes employées à l'armée des Alpes et à Ville-Affranchie par arrêté du Comité de salut public le 23 octobre 1793, retiré en ventôse an iii (février 1795), assassiné à Bollène par des déserteurs le 23 décembre 1795. Le général Dours avait, déclare-t-il lui-même dans une lettre du 25 nivôse an iii (15 janvier 1795), fait les campagnes de Mahon, de Hanovre et de Corse, et il avait été en Turquie comme adjoint du baron de Tott. M. Paul de Faucher a fait une conférence sur ce général à l'Académie de Vaucluse et il doit publier prochainement sa correspondance.

SCHILTIGHEIM, 9 BRUMAIRE AN II (30 OCTOBRE 1793).
L'ADJUDANT GÉNÉRAL DEMONT AU COMITÉ DE SALUT PUBLIC.

Analyse. — L'ennemi est dans un état de tranquillité absolue, au moins apparent. «L'énergie, suite de la discipline que les citoyens représentants près cette armée et le général en chef s'occupent de donner à l'armée, nous garantira de toute espèce de surprise, qui est en partie cause de tous nos désastres.»

(Orig., Arch. de la guerre, armée du Rhin.)

PARIS, 9 BRUMAIRE AN II (30 OCTOBRE 1793).
LE GÉNÉRAL LA ROQUE AU COMITÉ DE SALUT PUBLIC.

Analyse. — Il envoie un mémoire justificatif et proteste de son innocence.

(Analyse, Arch. de la guerre, corr. gén.)

123. PARIS, 10 BRUMAIRE AN II (31 OCTOBRE 1793).
CARNOT AU GÉNÉRAL JOURDAN.

Paris, 10 brumaire, 2ᵉ année républicaine.

CARNOT, REPRÉSENTANT DU PEUPLE,
AU GÉNÉRAL EN CHEF DE L'ARMÉE DU NORD, JOURDAN.

Le Comité de salut public, citoyen général, a vu avec satisfaction les mesures de sagesse que vous avez prises pour ne pas compromettre le salut de l'armée qui est à vos ordres, et pour conserver vos communications. Le passage de la Sambre peut être, en effet, difficile, si l'ennemi emploie de grandes forces à le garder; mais, comme le cours de cette rivière est fort étendu, il se trouvera obligé de disséminer ses moyens, et vous en pourrez profiter pour tomber en masse sur quelques-uns de ses postes, le forcer à se replier et vous ouvrir soit la route de Mons, soit celle de Bruxelles. De plus, pendant que vous tiendrez l'ennemi en échec, le général Souham pourra faire une trouée de son côté, et il est bien difficile que l'ennemi puisse parer à cette combinaison d'attaques.

Il me semble aussi que vous pourriez faire marcher par Givet une colonne de l'armée des Ardennes, par le pays de Liège, laquelle s'emparerait des magasins de l'ennemi sur la Meuse. Les Liégeois, qui paraissent toujours disposés à se déclarer en notre faveur, pourraient alors se joindre à cette colonne pour marcher sur Bruxelles et, si elle avait du succès, vous pourriez la renforcer pour rendre ses succès décisifs. C'est à vous, citoyen général, à peser les mesures qui vous sont proposées; la confiance du Comité vous donne une grande latitude; la seule base qu'il ait prescrite d'une manière absolue, c'est de tout tenter pour expulser complètement les ennemis du territoire de la République, sans faire de sièges, soit en l'enveloppant, soit par une puissante diversion.

Il paraît que vous n'avez pas été secondé par la division de la Flandre maritime. Pour vouloir trop entreprendre à la fois, le général D'Avaine a morcelé ses forces et n'a rien fait du tout. Nous regardons l'expédition d'Ostende comme absolument manquée, et nous eussions désiré que cette division promît un peu moins et fît un peu davantage [1].

Salut et fraternité.

CARNOT.

Quoique la faute du général Cordellier ait paru fort grave au Comité, il a pensé qu'on pouvait, à cause de son patriotisme bien prononcé, ne pas donner suite à son affaire.

(Orig. aut., Arch. de la guerre, armée du Nord.)

---

124. PARIS, 10 BRUMAIRE AN II (31 OCTOBRE 1793).
LE COMITÉ DE SALUT PUBLIC AU MINISTRE DE LA GUERRE BOUCHOTTE.

Analyse. — Envoi d'une lettre de la société républicaine de Metz, qui se plaint de ce que les chefs civils et militaires de cette ville ne

[1] Le représentant Duquesnoy réclamait avec instance la présence de Carnot à l'armée du Nord. «Si notre collègue Carnot, écrivait-il au Comité de salut public le 30 octobre, peut s'absenter quelques jours du Comité, qu'il vienne de suite.» Le 31 octobre. il sollicite un adjoint ou un remplaçant : «Notre collègue Carnot m'avait promis de me faire adjoindre un collègue travailleur. S'il ne m'en arrive pas un, je vous préviens que je ne puis rester ici plus longtemps, ce fardeau étant au-dessus de mes forces.» (Orig., Arch. nat., AF II 234.)

sont pas prévenus de l'arrivée des troupes qui y entrent journellement.

(Orig. sig. par Carnot et Billaud-Varenne, coll. de M. Étienne Charavay.)

BEAUMONT, 1 0 BRUMAIRE AN II (31 OCTOBRE 1793).

LE GÉNÉRAL JOURDAN AU MINISTRE DE LA GUERRE BOUCHOTTE.

Au quartier général à Beaumont en Belgique,
le 10ᵉ jour du 2ᵉ mois de l'an II de la République une et indivisible.

LE GÉNÉRAL EN CHEF AU MINISTRE DE LA GUERRE.

Ma lettre du 8 du courant vous aura appris, citoyen ministre, les raisons qui m'ont empêché d'attaquer aussi promptement que je le désirais. La division du général Fromentin campera demain à Florennes, à la droite de celle des Ardennes, commandée par le général Desbureaux, qui est campée à Bossus. Ces deux divisions, qui seront commandées par le général Desbureaux, marcheront sur Charle-sur-Sambre. La division du général Duquesnoy et celle du général Balland, que je commanderai, marcheront sur Thuin. Sept mille hommes de la division de Maubeuge, campés à Jeumont, contiendront le camp ennemi qui est au-dessus de Merbes-le-Château, et un corps de la garnison de Givet contiendra le camp ennemi placé à Saint-Gérard.

Voilà, citoyen ministre, les dispositions de l'attaque générale qui aura lieu le 12 ou le 13 pour le plus tard. J'espère que le génie de la liberté et le courage des troupes, à qui je vais communiquer les brillants avantages remportés en Piémont, vaincront les difficultés qui s'opposent au passage de la Sambre. Il nous arrive beaucoup de déserteurs. Tous les rapports m'annoncent que l'ennemi a encore des intelligences dans notre armée et qu'il est bien prévenu de tous nos mouvements. Je n'ai pas, à beaucoup près, le même avantage; car il ne m'a pas été possible de trouver des gens assez intelligents pour servir la République, dans la partie secrète. Je surveille avec soin ce qui m'entoure et, si je parviens à découvrir les traîtres, je saurai venger la République [1].

Salut et fraternité.

JOURDAN.

(Orig., Arch. de la guerre, armée du Nord.)

[1] On lit en tête de cette note autographe de Bouchotte : «Écrire au général Jourdan. Envoyer un courrier. J'ai communiqué sa lettre au Comité de salut public, qui attend avec impatience des nouvelles du passage de la Sambre.»

10 BRUMAIRE AN II (31 OCTOBRE 1793).
LES GÉNÉRAUX RANSONNET ET CHAPUY AU COMITÉ DE SALUT PUBLIC.

Analyse. — 1° Le général Ransonnet écrit d'Arleux pour rejeter sur le colonel Fontenille [1] et sur le 71° régiment la responsabilité de la prise de Marchiennes et l'échec de nos troupes [2]. (Analyse, Arch. de la guerre, corr. gén.) — 2° Le général Chapuy écrit de Cambrai que, sur l'instante demande du général Ransonnet, il vient de faire partir pour le camp d'Arleux 600 hommes de sa garnison [3]. (Orig., Arch. de la guerre, armée du Nord.)

PARIS, 10 BRUMAIRE AN II (31 OCTOBRE 1793).
LE MINISTRE DE LA GUERRE BOUCHOTTE À SAINT-JUST.

J'ai appris avec plaisir, par votre lettre du 5, l'arrivée de Pichegru et je ne suis pas étonné que vous en soyez content. Je vous envoie copie de ma lettre au général sur le désir qu'a le Comité de voir mettre son arrêté sur un rassemblement de troupes à faire à Bouquenom, à exécution. Le Comité considère principalement la délivrance de Landau et de Bitche. Pichegru conférera avec vous sur cet important objet et il enverra à Hoche le résultat de ce qu'il sera convenu, en supposant qu'il ne soit pas venu se concerter avec Pichegru. Portez surtout attention sur les personnes: évincez tout ce qui est mauvais, mettez provisoirement en place de bons sans-culottes. Votre bon travail ne sera pas contredit ici; il ne tiendra pas à moi que les secours que vous m'avez demandé ne vous arrivent bientôt.

(Arch. de la guerre, armée du Rhin, reg. 47, p. 26.)

PARIS, 10 BRUMAIRE AN II (31 OCTOBRE 1793).
LE MINISTRE DE LA GUERRE BOUCHOTTE AU GÉNÉRAL PICHEGRU.

Vous avez vu, général, que le Comité de salut public s'était empressé de prendre une détermination sur la demande de secours que le citoyen Saint-Just

[1] Cf. t. I, p. 309.

[2] Le même jour, Ransonnet écrivit à Jourdan pour lui annoncer que Marchiennes était tombé au pouvoir de l'ennemi. Le 71° régiment, dit-il, est responsable de cette perte, car c'est par la porte d'Orchies, qu'il gardait, «que ces cannibales sont entrés.» (Arch. de la guerre, armée du Nord.) Il envoya aussi un rapport sur cette affaire au représentant du peuple Laurent, à Arras. (*Id.*)

[3] La prise de Marchiennes par l'ennemi faisait, au dire du général Ransonnet et de ses officiers, du camp d'Arleux la clef du département du Pas-de-Calais. (Arch. de la guerre, armée du Nord.)

lui avait fait pour l'armée du Rhin. Ce secours ne peut qu'aider à la réalisation du premier arrêté du Comité de salut public sur un rassemblement à faire à Bouquenom. Le citoyen Carnot, membre du Comité, a écrit dans ce sens à Saint-Just; il pense que l'objet essentiel, qu'il ne faut pas perdre un instant de vue, est la délivrance de Landau et Bitche, sur laquelle il n'y a pas de temps à perdre. Je pense que l'ennemi nous amuse et nous masque avec son armée devant Strasbourg, et que pendant ce temps il s'occupe essentiellement de conquérir les deux places et de nous faire prendre le change sur ses intentions. Il s'ensuit de ces calculs que le Comité tient toujours à son arrêté, qui prescrit de rassembler des forces à Bouquenom, comme un moyen de dégager les deux places et de détourner l'ennemi.

Ce qui a été fait jusqu'à présent n'est pas contraire à l'arrêté. Les forces placées à Saverne ont maintenu un passage important, non seulement au département de la Meurthe et à l'armée de la Moselle, qui aurait pu être inquiétée sur le derrière, mais aussi à la réalisation du projet, en ce qu'il laisse la liberté d'envoyer à Bouquenom tout ce qui sera disponible à l'armée du Rhin. La position des gorges de Saverne est telle qu'on doit la défendre avec peu de monde, et les troupes qui fileront de ce côté feront toujours croire à l'ennemi qu'il y en a bien davantage.

L'armée de la Moselle doit aussi réunir au même Bouquenom tout ce qu'elle aura de disponible. Les places décernées une fois empêchent l'ennemi d'hiverner sur notre territoire. C'est ce qu'il ne faut pas perdre de vue. Vous aurez des ordres à donner au commissaire ordonnateur des guerres pour les objets qui le concernent. Conférez là-dessus avec le citoyen Saint-Just et faites savoir à Hoche, à la Moselle, ce que vous aurez arrêté. La grande affaire, c'est la délivrance de Bitche et de Landau.

(Arch. de la guerre, armée du Rhin, reg. 47, p. 27.)

PARIS, 10 BRUMAIRE AN II (31 OCTOBRE 1793).

LE MINISTRE DE LA GUERRE BOUCHOTTE AU GÉNÉRAL HOCHE.

Je vous envoie, général, copie de mes lettres au général Pichegru sur les circonstances des armées du Rhin et de la Moselle. Vous y verrez que le Comité de salut public a les yeux tournés sur la délivrance de Landau et de Bitche. Vous voudrez bien vous entendre avec le général Pichegru et les représentants sur l'exécution de l'arrêté du Comité de salut public. Le plus que vous pourrez envoyer de troupes disponibles à Bouquenom et mieux l'opération sera assurée.

Salut et fraternité.

(Arch. de la guerre, armée du Rhin, reg. 48, fol. 24 v°.)

SARREBRÜCK, 10 BRUMAIRE AN II (31 OCTOBRE 1793).

LE GÉNÉRAL HOCHE AU MINISTRE DE LA GUERRE BOUCHOTTE.

Au quartier général de Sarrebrück, le 10ᵉ jour du 2ᵉ mois de l'an II
de la République française une et indivisible.

*LE GÉNÉRAL DE DIVISION COMMANDANT L'ARMÉE DE LA MOSELLE
AU CITOYEN BOUCHOTTE, MINISTRE DE LA GUERRE.*

Citoyen ministre,

Quoique j'aie fait la plus grande diligence, je n'ai pu arriver qu'hier soir à
Sarrebrück, où j'ai trouvé votre lettre et les arrêtés du Conseil exécutif et du Comité de salut public. Croyez que je m'empresserai toujours d'exécuter les ordres
que vous me ferez passer, et, à cet effet, je vais faire les dispositions nécessaires.
La copie de la lettre adressée à mon prédécesseur par le général de l'armée du
Rhin, vous fera connaître que l'exécution de l'arrêté du Conseil exécutif est assez
difficile [1]. Pour mon particulier, voici les mesures que je vais prendre.

1° J'ai devant moi un corps de Prussiens, de Saxons et autres bandes sem-
blables, de vingt-huit à trente mille hommes, qui ne me permet guère de faire de
mouvements, si je ne suis secondé par l'armée du Rhin. Placé dans une position
assez singulière, cependant si, comme on me l'assure, l'entre Sarre-et-Moselle
devient impraticable, je puis faire filer des troupes de la gauche vers la droite, diminuer, en fortifiant Sarrebrück, le nombre de troupes qui l'occupent et, en me
faisant joindre par les six bataillons de l'armée de la Moselle qui ont été envoyés
à Saverne, rassembler à la belle position de Sarre-Albe, à une lieue de Bouquenom, un corps de dix mille hommes, qui pourra se porter de là où on jugera à
propos [2].

2° J'estime qu'il est de la plus grande importance de repousser les ennemis
dans le plus court délai possible, mais il faut que l'armée du Rhin agisse et qu'on
n'attende pas que les chemins soient devenus impraticables; il faut, dis-je, que
cette armée se mette en mouvement et frappe tout entière. Je l'aiderai par ma
droite de tout mon pouvoir, mais, si elle reste derrière Strasbourg, seul, que
puis-je entreprendre?

---

[1] En regard de ce passage on lit cette note autographe de Bouchotte : «Le Comité pense toujours qu'une diversion ferait un bon effet.»

[2] En regard de ce passage, le ministre Bouchotte a écrit cette réponse, où il insiste sur le rassemblement de troupes à Bouquenom : «Vous devez avoir au moins 50,000 hommes disponibles dans les places et sur la frontière. Là-dessus il ne serait pas impossible de porter à 15,000 ceux que vous enverrez du côté de Bouquenom et, pour peu que le Rhin en voulût fournir autant, vous auriez une force suffisante pour faire la diversion à laquelle le Comité de salut public tient toujours.»

Je pars ce soir pour visiter Sarrelibre et toute ma gauche. Je me porterai demain à ma droite et aurai après-demain une conférence à Phalsbourg avec le général de l'armée du Rhin. Je vous en ferai connaître le résultat et vous prie de me faire passer vos ordres [1].

Je désirerais faire de Sarrebrück, au moyen de quelques ouvrages, une place qui puisse tenir et arrêter l'ennemi quelque temps, sans le secours d'un corps de troupes considérable. Faites-moi passer votre autorisation [2].

Il serait bien à désirer que l'on pût employer aux travaux de la République les bataillons de première levée qui ne sont point armés. On économiserait des frais immenses. Il ne s'agit que d'un arrêté du Comité de salut public ou du Conseil exécutif [3].

L'habillement n'est point ici en fort bon état et on m'accuse cinq cents paires de souliers en magasin. Je vous prie de m'en faire passer, ainsi que des culottes, guêtres, etc.

Les munitions de guerre et de bouche ne peuvent nous inquiéter encore. J'ai donné l'ordre que l'on complète Sarrelibre. Ce n'est que par des précautions qu'on attend avec sécurité les événements.

J'ai un seul ingénieur dans l'armée et, d'après ce que m'ont dit les représentants du peuple, je dois m'attendre à être peu secondé. J'ai le plus grand besoin d'ingénieurs. Veuillez me faire passer les citoyens Lauwereyns, ingénieur à Dunkerque, Diotte, adjoint au génie, et Ménageur, capitaine d'artillerie au 1er bataillon de la Marne, aussi à l'armée de Dunkerque.

Je vous demande le grade d'adjudant général chef de brigade pour le citoyen Simon [4], chef du 4ᵉ bataillon des volontaires nationaux.

---

[1] En regard de ce passage Bouchotte a écrit ces mots : « Je pense que le citoyen Carnot, membre du Comité de salut public, va se rendre, de la part du Comité, sur la frontière. Il vous expliquera les vues du Comité. »

[2] En regard de ce passage on lit cette réponse de Bouchotte : « L'adjoint de la 3ᵉ division donnera les ordres pour les fortifications que vous trouverez à propos de faire à Sarrebrück. »

[3] En regard de ce passage Bouchotte a écrit ces mots : « Vous pouvez requérir des travailleurs parmi ceux de la nouvelle levée et les représentants peuvent vous aider en cela. »

[4] Henri Simon, né à Melun (Seine-et-Marne) le 7 avril 1764, soldat au régiment de la Martinique de 1785 à 1789, capitaine au 4ᵉ bataillon des volontaires de Seine-et-Marne, lieutenant-colonel en 2ᵉ du 4ᵉ bataillon des volontaires nationaux (futur 60ᵉ d'infanterie) le 6 septembre 1792, commandant de ce bataillon le 6 mars 1793, commandant de Dunkerque le 14 septembre 1793, adjudant général chef de brigade le 15 brumaire an II (5 novembre 1793), général de brigade le 8 frimaire an II (28 novembre 1793), réformé le 25 pluviôse an V (13 février 1797), maintenu à son poste le 25 brumaire an VI (15 novembre 1797), blessé en défendant le Mans contre les Chouans dans la nuit du 22 au 23 vendémiaire an VIII (14 au 15 octobre 1799) et amputé du bras droit, commandant des Invalides à Versailles le 21 thermidor an VIII (9 août 1800) et en second des Invalides à Paris le 5 brumaire an XI (27 octobre 1802), membre de la Légion d'honneur le 19 frimaire an XII (11 décembre 1803) et commandant le 25 prairial an XII (14 juin 1804), remis en activité le 10 octobre 1812, commandant de 2ᵉ classe à Rome

Pour l'honneur des armes de la République et ses intérêts, je vous invite à faire surveiller Vandamme, qui parle beaucoup plus qu'il n'agit.

Comptez sur moi, citoyen ministre. Je ne pense pas que les ennemis aillent cette semaine ni l'autre à Nancy, ainsi qu'on s'est plu à le répandre. Vous m'avez confié les intérêts de la patrie, je les défendrai au péril de ma vie.

L. HOCHE.

(Orig., Arch. de la guerre, armée de la Moselle.)

RENNES, 10 BRUMAIRE AN II (31 OCTOBRE 1793). — LE GÉNÉRAL VERGNES
AU COMITÉ DE SALUT PUBLIC.

Analyse. — Il se plaint de ce qu'on suspecte ses intentions et cite à ce propos une lettre qu'il a reçue du représentant Garnier. «Je m'honore d'être encore l'ami de Pache, et je ne chercherai pas d'autre justification.» Sa santé le force à demander au général Rossignol de le remplacer dans ses fonctions de chef d'état-major de l'armée des Côtes de Brest et de lui donner un commandement borné où il puisse être encore utile à sa patrie.

(Orig. aut., Arch. de la guerre, armée des Côtes de Brest.)

125. PARIS, BRUMAIRE AN II (FIN OCTOBRE 1793).
LE COMITÉ DE SALUT PUBLIC AU COMITÉ DE SURVEILLANCE DE LA VILLE D'AIRE.

Paris, brumaire an II de la République française.

*LES REPRÉSENTANTS DU PEUPLE, MEMBRES DU COMITÉ DE SALUT PUBLIC,
AU COMITÉ DE SURVEILLANCE DE LA VILLE D'AIRE.*

Nous avons reçu, citoyens, la lettre de nos collègues Levasseur et Bentabole [1]. Ils nous informent que le sieur Achille du Chas-

le 16 mai 1813, commandant du département de la Côte-d'Or le 16 août 1814, chevalier de Saint-Louis le 15 avril 1815, retraité le 15 août suivant, lieutenant général honoraire le 6 février 1818, mort à Dijon le 27 novembre 1827. Outre la blessure reçue en Vendée, le général Si-

mon avait eu la jambe gauche fracassée par un biscaïen à l'armée de Sambre-et-Meuse le 28 prairial an II (16 juin 1794)

[1] Par une lettre, datée de Lille, le 22 septembre 1793, les représentants Levasseur et Bentabole informaient le Comité de salut public que le général Achille du

tellet[1], mis en état d'arrestation, demande à conserver ses chevaux[2]. La loi, qui met en réquisition tous les chevaux de luxe, n'admet d'exception en faveur de personne.

Les Membres du Comité de Salut public
chargés de la correspondance.

(Minute, Arch. nat., AF ii 238.)

---

126. paris, brumaire an ii (fin octobre 1793).

le comité de salut public au ministre de la guerre bouchotte.

Analyse. — Trois lettres : 1° Envoi d'un extrait d'une lettre des représentants Trullard et Berlier[3] demandant des fusils pour sept ou huit bataillons qui sont à Bergues, Gravelines et Dunkerque. (Minute, Arch. nat., AF ii 238.) — 2° Envoi d'une copie d'une lettre du représentant Faure contenant un état du dépôt du 9ᵉ chasseurs à cheval. (Minute, Arch. nat., AF ii 36, dossier n° 295.) — 3° Envoi d'un extrait d'une lettre des représentants dans la Seine-Inférieure relative

Chastellet avait été mis en arrestation par le Comité de salut public de la ville d'Aire et qu'il avait demandé à conserver ses chevaux. (Orig., Arch. nat., AF ii 248.)

[1] Achille-François, marquis du Chastellet, né au château de la Bastie (Loire) en 1760, 2ᵉ sous-lieutenant surnuméraire au régiment du Roi-Infanterie le 9 février 1777, capitaine le 6 novembre 1779, aide de camp de Bouillé pendant la guerre d'Amérique, mestre de camp en second du régiment des chasseurs des Vosges le 21 août 1784, colonel du 10ᵉ chasseurs à cheval le 25 juillet 1791, maréchal de camp le 19 mars 1792, employé à l'armée du Nord le 21 mai 1792, blessé devant Courtrai d'un boulet de canon qui lui enleva le mollet gauche le 24 juin 1792, lieutenant général le 7 septembre 1792, candidat au ministère de la guerre le 4 février 1793, employé à l'armée des Ardennes le 31 mai 1793, démissionnaire le 3 septembre 1793, arrêté à Aire le 14 du même mois, mort par suicide à la prison de la Force en avril 1794.

[2] Dès le 3 septembre 1793, le général du Chastellet avait donné sa démission en ces termes : «Je me démets entre les mains du ministre de la guerre de la place de général de division des armées de la République française. Achille Duchastellet. A Aire, le 3 septembre 1793, l'an ii de la République une et indivisible.» (Orig., Arch. adm. de la guerre, dossier Chastellet.) Bouchotte avait écrit en marge : «Écrire au citoyen Duchastellet que le Conseil exécutif accepte sa démission, que j'ai soumis sa demande de conserver ses chevaux à la Convention nationale, qui l'a envoyée au Comité de salut public.»

[3] La lettre des représentants Trullard et Berlier au Comité de salut public est datée de Dunkerque, le 29 septembre 1793.

à l'absence du général Lebley [1], destiné à remplacer le général Beaulieu [2]. (Minute, Arch. nat., *id.*)

[1] Claude-Marie Lebley, né à Strasbourg le 6 avril 1754, fils d'un caporal instructeur, entré au 6e régiment d'artillerie à pied le 23 janvier 1771, sergent le 21 mai 1777, sergent-major le 1er novembre 1784, lieutenant en premier le 28 mai 1792, adjudant-major le 15 juillet 1792, chevalier de Saint-Louis le 22 juillet 1792, capitaine le 1er novembre 1792, lieutenant-colonel et commandant amovible du fort de la Hougue le 25 avril 1793, général de brigade à l'armée des Côtes de Cherbourg le 6 octobre 1793, commandant la subdivision de la Manche le 10 juillet 1795, employé au blocus de Mantoue le 17 septembre 1796 et commandant la citadelle de cette ville le 3 mars 1797, réformé le 18 mars 1797, commandant d'armes à Dunkerque le 29 novembre 1798, passé à Perpignan le 28 janvier 1803, chevalier de la Légion d'honneur le 11 décembre 1803 et officier le 14 juin 1804, retraité le 4 novembre 1813, mort à Cerqueux (Loir-et-Cher) le 9 décembre 1833. Le général Lebley avait fait la campagne d'Amérique de 1780 à 1783 et avait été blessé d'un coup de feu à la fesse droite à la bataille de Rivoli le 14 janvier 1797.

[2] Cf. Victor Advielle, *Biographie de Merle Beaulieu, général de brigade*, Paris, 1895, in-8°. Je rectifie et complète d'après ce travail la notice biographique consacrée à ce général dans le t. II, p. 424. Pierre-Nicolas Merle était né à la Rochelle le 25 mai 1738, de Pierre Merle, seigneur de Beaulieu, capitaine d'infanterie. Il devint chevalier de Saint-Louis le 5 août 1781. Il fut nommé, le 1er vendémiaire an XIII (23 septembre 1804), chef du 2e bataillon de la 4e brigade des vétérans et commandant provisoire de la garde du Sénat. On le retraita en 1806. Merle de Beaulieu mourut à Paris le 5 avril 1826. M. Advielle a publié ses actes de baptême et de décès.

PIÈCES JUSTIFICATIVES.

I

PARIS, 13 BRUMAIRE AN II (3 NOVEMBRE 1793).

RAPPORT SUR LA MANUFACTURE EXTRAORDINAIRE D'ARMES ÉTABLIE À PARIS, FAIT À LA CONVENTION NATIONALE, AU NOM DU COMITÉ DE SALUT PUBLIC, PAR L. CARNOT, L'UN DE SES MEMBRES [1].

Parmi les prodiges qu'a fait éclore notre Révolution, l'érection presque subite d'une manufacture qui doit produire mille fusils par jour, et à laquelle, dans peu, rien ne sera comparable en Europe, n'est pas un des moindres. Le Comité de salut public doit vous rendre compte des mesures qu'il a prises pour l'exécution de la loi du 23 août [2], par laquelle il est immédiatement chargé de cette vaste entreprise. Je vais le faire en son nom d'une manière succincte, en rejetant dans des notes les détails techniques qui ne pourraient être saisis que difficilement à la simple lecture. De nouveaux rapports successifs vous instruiront des progrès de cet établissement dû au génie de la liberté, et dans lequel à son tour la liberté doit trouver un de ses plus fermes appuis.

Lorsque la loi du 23 août fut rendue, tout était à créer : ouvriers, matériaux, outils. En vous la proposant, le Comité avait moins consulté ses moyens que son propre désir, que le vœu national, que cet instinct supérieur aux calculs qui apprend aux hommes que rien n'est impossible à qui veut être libre.

[1] Carnot se préoccupait tout spécialement de la question si urgente de la fabrication des armes. Il rédigeait lui-même la correspondance relative aux manufactures d'armes établies dans les départements, et la reproduction de son rapport complète les documents contenus à ce sujet dans le présent volume.

[2] Dans la séance du 23 août 1793, Barère avait fait adopter l'établissement à Paris d'une manufacture extraordinaire d'armes de tout genre.

Mais cette nullité de ressources et les obstacles physiques qui se sont présentés, tels qu'une sécheresse dont il y a eu peu d'exemples depuis plus d'un siècle, qui a presque totalement suspendu le cours de la navigation et le travail des usines, et dont les effets se sont fait sentir d'une manière plus fâcheuse encore, comme vous le savez, par la difficulté de la mouture et l'arrivage des grains; ces obstacles, dis-je, étaient bien moindres que les difficultés morales que nous avons eues à surmonter.

A peine, en effet, les membres de votre Comité eurent-ils cherché à s'entourer de ce qu'il y a de plus célèbre parmi les savants et les artistes, que la malveillance dirigea contre les uns et les autres les ressorts ordinaires du mensonge et les plus lâches manœuvres. On sentait l'importance de l'entreprise; on craignait l'influence qu'elle devait avoir sur le sort de la République, et l'on voulait qu'elle échouât dès son principe. Heureusement, les hommes dont nous avions recherché les lumières se trouvaient aussi inattaquables du côté de la probité et du civisme que du côté des talents et du zèle; ils servirent la chose publique malgré les dégoûts qu'on voulut leur donner; ils lui consacrèrent leurs veilles, et leur regret a été de ne pouvoir éviter l'éclat inséparable d'un mérite supérieur qu'ils auraient voulu pouvoir dérober, comme leur désintéressement, aux yeux de l'envie et de la persécution [1].

Cependant l'esprit contre-révolutionnaire, déjoué sur ce point, ne fit que donner à ses perfides efforts une nouvelle direction; il essaya d'accaparer chez les négociants et dans les forges mêmes les matières premières dont la manufacture ne pouvait se passer; on chercha à nous enlever le petit nombre d'ouvriers instruits que nous avions rassemblés des divers points de la République, pour en former d'autres et diriger le travail dans les ateliers : on tordit le sens de la loi, pour les faire comprendre dans la réquisition militaire, pour les indisposer par des arrestations sans fondement et des vexations particulières; on tenta de les soulever en exaltant leurs prétentions, en éveillant en eux un sentiment d'avarice subversif de l'esprit républicain. Les décrets

---

[1] Un de ces savants était le chimiste Hassenfratz, qui annonça, le 14 octobre 1793, au club des Jacobins, la mise en activité de la manufacture d'armes, et présenta une platine fabriquée dans les ateliers des Chartreux. — Cf., à la page 90, une lettre du Comité désignant douze architectes pour construire les forges et ateliers.

réitérés dont vous avez frappé ces menées et l'activité des mesures prises par le Comité de salut public lui ont enfin assuré la faculté d'opérer le bien et de remplir vos intentions [1].

En outre, les entrepreneurs de manufactures particulières ont passé des marchés avec le ministre de la guerre, pour livrer à celles de Paris des lames et des canons tout forgés. Les fabriques nationales ont été requises de donner une nouvelle activité à leurs travaux et d'envoyer ici les pièces d'armes désassorties, pour qu'elles y soient appareillées.

Indépendamment de ces mesures, votre Comité a chargé, par une circulaire, les commissaires aux accaparements des sections de Paris de retenir pour le compte de la République, dans les magasins de leur arrondissement, tous les fers propres à la fabrication des armes. Les propriétaires se rendent à l'administration chargée de ce travail où quatre arbitres, nommés par le département et la municipalité, règlent le prix de chaque objet.

Enfin on a donné les ordres nécessaires pour que les fers inutiles qui se trouvent dans les bâtiments nationaux fussent transportés dans les magasins où l'on fait le triage de ceux qui sont propres à la fabrication; le reste doit être vendu au profit de la République.

Des moyens analogues à ceux qu'on vient d'exposer ont été pris pour les autres subsistances qui doivent alimenter la manufacture. Le besoin en a, pour ainsi dire, tiré du néant plusieurs qui n'existaient pas, en faisant sortir de nouveaux genres d'industrie. La fabrication des aciers, par exemple, dont l'énorme consommation nous tenait dans une dépendance honteuse et ridicule de l'Angleterre et de l'Allemagne, ne laisse plus rien à désirer. Les savants et les artistes, appelés par votre Comité pour le seconder dans l'établissement de la manufacture extraordinaire de fusils, viennent enfin de nous affranchir de cette espèce de tribut. Le Comité les a engagés à publier un petit ouvrage pratique qui mît tous les maîtres de forges à portée de fabriquer des aciers de toutes qualités. Cet ouvrage est terminé; il se répand

[1] Le 4 septembre 1793, Danton avait fait décréter que la Convention mettait à la disposition du ministre de la guerre cent millions pour des fabrications d'armes et notamment pour des fusils. (Cf. *Moniteur*, XVII, 583.)

Le 18 du même mois, Jeanbon Saint-André avait fait adopter que les citoyens employés depuis trois mois à la fabrication des armes ne pourraient, sous aucun prétexte, être détournés de leurs travaux. (*Id.*, XVII, 692.)

partout, et les manufactures d'Amboise, de Rives, de Souppes et de Chantilly suffiront bientôt à tous les besoins de la République.

Les ateliers où se façonnent les matières dont nous venons de parler sont les forges à canons, les foreries, les émouleries, les ateliers d'équipages, ceux d'équipeurs monteurs, les platineries, les champs d'épreuve, à quoi l'on doit ajouter les magasins et les maisons d'administration.

Pour l'établissement de ces ateliers, maisons et magasins, on s'est fait donner par le directoire du département de Paris l'état des bâtiments nationaux disponibles; on a choisi les plus convenables, et on y a pu faire les changements ou réparations nécessaires.

Deux choses sont à considérer dans une manufacture d'armes : le matériel et le personnel. Le matériel comprend les substances qu'on doit mettre en œuvre et les ateliers où ces substances doivent recevoir leurs formes. Le personnel comprend les ouvriers et l'administration. Nous allons faire passer rapidement sous vos yeux ce qui a été fait relativement à chacune de ces deux classes d'objets, en renvoyant, comme je l'ai déjà dit, les détails d'artistes à des notes qui vous seront soumises par la voie de l'impression.

Les matières sont les lames à canon et fers d'échantillon, les aciers, les bois de fusil, les outils et les charbons de terre.

La fabrication devant fournir 360,000 fusils par an, et chaque lame de canon pesant 9 livres, la consommation du fer pour cet objet sera de 3,200,000 livres. La consommation du fer pour les autres parties du fusil est à peu près des deux tiers de la précédente; ainsi la consommation totale annuelle sera d'environ six millions de livres.

Pour assurer un aussi grand approvisionnement, votre Comité a fait faire le dépouillement de toutes les forges et fourneaux compris dans les domaines nationaux et provenant tant des biens du ci-devant clergé que de celui des émigrés.

Parmi ces établissements, on a choisi ceux qui sont placés dans les départements du Cher, de l'Allier [1], de la Nièvre [2], de la Haute-Saône et quelques-uns de la Côte-d'Or et de la Haute-Marne, parce que les fers qu'ils produisent sont les meilleurs, et parce que leur situation donne plus de facilité pour leur transport à Paris.

Des ordres ont été donnés aux administrations de ces départements

[1] Cf. lettre du Comité sur la manufacture de Moulins à la page 103.

[2] Cf. lettre du Comité sur les forges du département de la Nièvre à la page 219.

et des commissaires y ont été envoyés pour hâter les envois et recueillir les renseignements.

La fabrication des lames à canon exige des martinets qu'on ne pouvait établir ici en nombre suffisant, sans sacrifier des moulins à farine : le Comité a pensé qu'il était plus à propos de tirer ces lames toutes fabriquées des forges qui se trouvent dans les autres départements.

Quant à la façon à donner à ces lames pour en faire des canons, votre Comité a pris le parti de faire élever à Paris 258 forges, dont 140 sont sur l'esplanade des Invalides, 54 au jardin du Luxembourg et 64 sur la place de l'Indivisibilité.

Lorsque les ouvriers auront acquis un certain exercice, chaque forge produira quatre canons par jour, ou toutes ensemble 1,032 canons.

Le canon étant forgé, on le met de calibre. Pour cette opération, on fait établir sur la Seine cinq grands bateaux (dont les dessins sont ici sous vos yeux), montés chacun de seize foreries, par le moyen desquels on peut aléser mille canons par jour.

En même temps, on a formé les ateliers nécessaires pour blanchir les canons, les réduire à leur épaisseur, forger les culasses, forer les lumières, souder les tenons, former les bancs d'épreuve, fabriquer, limer, tremper, ajuster et monter les platines. Tout cela doit être exécuté par un nombre considérable d'excellents ouvriers accoutumés à des travaux délicats, tels que les horlogers et les ouvriers en instruments de mathématique.

Une grande partie des platineurs, tirée de la manufacture de Maubeuge, est déjà installée dans le couvent des ci-devant Chartreux : les boutiques garnissent tous les cloîtres; les cellules sont habitées par les ouvriers, et ce local, consacré jadis au silence, à l'inaction, à l'ennui, aux regrets, en retentissant du bruit des marteaux, offrira le spectacle de l'activité la plus utile et le tableau d'une population heureuse.

Les pièces de garniture, les baguettes et les baïonnettes n'exigeant pas la même précision, sont fabriquées, comme les culasses, dans des ateliers particuliers, et les ouvriers passent avec l'administration des marchés pour les pièces qu'ils veulent entreprendre.

Enfin, toutes les pièces qui doivent composer un fusil étant fabriquées et éprouvées, on les livre, avec un bois brut, à des ouvriers particuliers qui les montent et mettent le fusil en état de servir.

Toutes ces matières sont classées dans des magasins : celui des fers et aciers est dans la maison de l'émigré Maupeou.

Celui des outils, dans la maison d'Esclignac; celui du charbon de terre, dans'les caves de l'abbaye Saint-Germain.

Quant à ce qui regarde le personnel des ouvriers, on peut le regarder sous le point de vue de l'instruction, du rassemblement, de la distribution des travaux, de la fixation des prix, du perfectionnement des ouvrages.

Dès le 24 août, le Comité de salut public fit choix de huit citoyens parmi les ouvriers de Paris les plus habiles dans le travail du fer; il les envoya à la manufacture de Charleville, pour y prendre connaissance, jusque dans les plus petits détails, de tous les procédés de la fabrication des fusils; il les chargea de faire exécuter ces pièces devant eux et de rapporter des modèles de tous les états par lesquels ces pièces passent pour arriver à leur entière confection. Cette mesure a eu le succès désiré : les huit ouvriers se sont mis au fait de tous les travaux qui doivent s'exécuter et sont aujourd'hui en état de diriger les ateliers de la nouvelle manufacture.

Le Comité a, de plus, appelé à Paris tous les ouvriers qui n'y étaient pas indispensables; il a aussi convoqué les horlogers de Paris connus par leur patriotisme, et ces artistes estimables ont pris un arrêté dont nous vous avons déjà fait part, par lequel ils s'engagent à suspendre leurs travaux et à se consacrer à la fabrication des parties de l'arme auxquelles ils seront jugés le plus propres. Enfin votre Comité a fait une circulaire aux sections de Paris, pour les requérir de faire le recensement des ouvriers en fer et de leurs outils [1]. L'administration de la manufacture invite ses ouvriers à se rendre dans ses bureaux; elle passe des marchés avec ceux qui préfèrent travailler chez eux, et fournit, dans des ateliers communs, du travail à ceux qui n'ont pas d'emplacement à eux ou qui n'ont pas d'outils. En général, les diverses parties de la fabrication se font à la pièce; cette méthode a paru la plus avantageuse aux intérêts de la République et la moins sujette aux abus. Pour fixer les prix de ces pièces, le Comité a invité les sections de Paris à nommer chacune dans son sein quatre commissaires, qui ont choisi entre eux vingt-quatre arbitres, lesquels joints à

____

[1] Cf. le texte de cette circulaire à la page 502.

six autres nommés par les ouvriers de Maubeuge, six nommés par le directoire du département de Paris, six par la municipalité [1], six par l'administration des fusils et douze par le ministre de la guerre, ont déterminé le prix de chaque pièce.

Votre Comité a voulu que d'abord, dans toutes les parties de la fabrication, l'on suivît exactement les procédés reçus dans les manufactures établies; mais il a pris des mesures pour profiter, dans la suite, des lumières des artistes, échauffer leur génie et favoriser les nouveaux procédés qui tendraient, soit à une simplification dans les méthodes, soit à un plus grand degré de perfection. Ainsi, non seulement la nouvelle manufacture fournira mille fusils par jour, mais les armes qui sortiront de ses ateliers seront dans peu les meilleures de l'Europe; l'art sera simplifié, et l'arme qui doit être dans les mains de tous sera d'un service plus sûr et d'un prix plus modéré.

Il nous reste à parler de l'administration; elle est composée de trois sections; l'une est celle des canons; la seconde est celle des petites pièces; et la troisième, sous le nom d'administration centrale, est chargée du rassemblement des matières, de la surveillance générale et de la correspondance. L'administration des canons, composée de cinq membres, reçoit les lames et les canons dans les états successifs par lesquels ils doivent passer; elle paye les matières et les ouvrages dont elle fait recette.

L'administration des petites pièces, composée aussi de cinq membres, reçoit les pièces séparées des platines, les platines montées, les garnitures, les bois, baguettes et baïonnettes, et distribue tous ces objets aux platineurs-monteurs; elle paye les matières et les ouvrages dont elle fait recette.

L'administration fait les approvisionnements en tout genre, s'occupe du rassemblement, du choix et de la préparation des matières, passe les marchés, reçoit les soumissions, mais ne paye rien et n'a point de caisse; elle est composée de huit membres exercés dans l'art de la fabrication et la comptabilité, nommés par le ministre de la guerre.

Telle est, en abrégé, la série des opérations faite par votre Comité de

[1] Sur la demande du Comité de salut public, en date du 29 août (cf. p. 59), le conseil général de la commune de Paris avait, le 1er septembre, désigné six commissaires. (Cf. *Moniteur*, XVII, 553.)

salut public, pour satisfaire à la loi du 23 août. Il est impossible que dans l'organisation d'une aussi grande masse de travaux absolument neufs pour la plupart des agents qui devraient y être employés, ces agents aient pu tout prévoir, éviter tous les tâtonnements, mettre du premier coup chaque chose à sa place, qu'il n'y ait enfin ni temps ni efforts perdus; cependant quelques oublis peu importants, quelques erreurs inévitables ont été présentés comme des effets de malveillance; on a attaqué dans de minutieux détails une entreprise colossale et qui ne devait être considérée que dans son ensemble et dans ses résultats; c'est ainsi qu'on s'est efforcé si souvent de faire haïr la Révolution, par la description hypocrite de quelques malheurs partiels, inséparables d'un mouvement qui renverse les trônes, et qui deviendront imperceptibles dans le majestueux tableau qu'en présentera l'histoire.

La manufacture extraordinaire, décrétée par la loi du 23 août, a son établissement central à Paris, mais elle étend ses ramifications dans toutes les parties de la République; les matières premières et des pièces ébauchées lui arrivent de tous les départements. Votre Comité n'a donc pu se dispenser d'embrasser un ensemble plus vaste que celui qu'il avait d'abord en vue, celui de toutes les manufactures du même genre existantes dans la République; il a fallu qu'il cherchât à les encourager toutes, à en créer de nouvelles. Le Comité a cru devoir aller plus loin : il a voulu faire pour les bouches à feu, puis pour les armes blanches, la même chose que pour les fusils; la récolte des salpêtres et la fabrication des poudres ont également fixé sa sollicitude; enfin, il a embrassé le système général des machines de guerre et de ce qui en fait la dépendance dans toute l'étendue de la République.

On sent bien que de si grands travaux ne peuvent être encore qu'ébauchés, qu'un ensemble si vaste n'est pour ainsi dire qu'en aperçu; mais l'activité avec laquelle on procède à l'exécution, les talents et le zèle de nos coopérateurs nous promettent les plus heureux résultats [1].

---

[1] Le 13 brumaire an II (3 novembre 1793), jour où Carnot lisait son rapport, une députation des ouvriers des manufactures extraordinaires d'armes présentait à la barre de la Convention des fusils fabriqués de toutes pièces dans les ateliers parisiens. L'orateur vantait ce prodige, accompli par les manufactures, de fournir mille

Ainsi la France, jadis tributaire de ses propres ennemis pour les objets de première nécessité relatifs à sa défense, non seulement trouvera dans son sein même des fusils pour armer tous les citoyens républicains qui l'habitent, mais elle sera bientôt en état d'en vendre aux étrangers; elle sera le grand magasin où les peuples qui voudront recouvrer leurs droits viendront se pourvoir des moyens d'exterminer leurs tyrans; et Paris, jadis séjour de la mollesse et de la frivolité, pourra se glorifier du titre immortel d'arsenal des peuples libres [1].

DÉVELOPPEMENTS SUR LA FABRICATION EXTRAORDINAIRE DE FUSILS ÉTABLIE À PARIS, IMPRIMÉS PAR ORDRE DE LA CONVENTION NATIONALE, POUR FAIRE SUITE AU RAPPORT DU COMITÉ DE SALUT PUBLIC.

Ce travail est divisé en deux parties, l'une relative au *matériel*, l'autre qui a pour objet le *personnel*.

PREMIÈRE PARTIE.

DU MATÉRIEL.

Dans le matériel on comprend d'abord l'établissement des ateliers de tous les genres, des magasins et des emplacements d'administration; et ensuite l'approvisionnement de toutes les matières premières et des outils nécessaires à la fabrication.

fusils par jour, et ajoutait : «Qu'ils tremblent donc, les rois coalisés, si les Parisiens seuls font entre eux plus que toutes les puissances des tyrans réunis! Quel sera leur sort, lorsque toutes les parties de la République auront aussi transformé leurs ateliers en fabriques d'armes!» (Cf. *Moniteur*, XVIII, 331.)

[1] Il convient de rapprocher de ce passage la phrase suivante du rapport présenté le 23 août 1793 à la Convention nationale par Barère : «Le Paris de l'ancien régime vendait des modes ridicules, des hochets nombreux, des chiffons brillants et des meubles commodes à toute la France et à une partie de l'Europe; le Paris de la République, sans cesser d'être le théâtre du goût et le dépôt des inventions agréables et des productions des arts, va devenir l'arsenal de la France.»

CHAPITRE PREMIER.

DE L'ÉTABLISSEMENT DES ATELIERS ET DES MAGASINS.

Pour l'établissement des ateliers et des magasins, etc., comme pour beaucoup d'autres parties de cette vaste entreprise, tout était à créer; mais aussi on avait la ressource des bâtiments nationaux disponibles, dont le Comité de salut public s'est fait donner un état par le directoire du département de Paris. Ces bâtiments sont distribués dans toute l'étendue de la ville; ils sont à de très grandes distances les uns des autres; si un seul architecte eût été chargé de leur examen, de la destination qu'on pouvait leur donner et des constructions nécessaires pour cet objet, il aurait éprouvé des retards funestes.

Pour accélérer cette suite d'opérations et avoir le nombre d'architectes suffisants pour les diriger, on a pris la liste des Jacobins, des électeurs de 1792 et des membres de la commune du 10; on a fait le relevé de tous ceux qui y étaient désignés comme architectes, on les a convoqués et on a partagé le territoire de Paris en autant d'arrondissements qu'il s'est trouvé de membres présents.

On les a adressés à la manufacture établie dans la maison Bretonvilliers, pour y prendre les renseignements sur les détails des objets nécessaires aux ouvriers, et on les a chargés, chacun en particulier, de parcourir l'arrondissement qui lui était attribué, pour juger de la destination qu'il était convenable de donner aux bâtiments. Ces architectes ont été adressés au ministre de la guerre pour lui soumettre leurs opérations et obtenir de lui les pouvoirs nécessaires pour mettre de l'ensemble dans toutes ces dispositions, et proportionner avec sagesse le nombre des ateliers de chaque espèce. Tous les architectes ont été chargés de correspondre avec un ingénieur en chef nommé par le ministre de la guerre, et qui, en même temps qu'il devait exercer une surveillance générale sur tous les travaux relatifs à l'établissement des ateliers, en devait presser et accélérer la confection.

Enfin, pour environner cet ingénieur de toutes les lumières qui lui étaient nécessaires, le Comité de salut public a donné ordre au ministre de la guerre et à la manufacture de la maison Bretonvilliers de nommer quatre canonniers, quatre platineurs, quatre ajusteurs et monteurs, chargés, avec les régisseurs des ateliers, de donner à cet ingénieur la connaissance de tous les objets de détail qui lui étaient nécessaires.

On va exposer rapidement le tableau du nombre, de l'emplacement et de la destination des ateliers de tous les genres qui s'élèvent en ce moment à Paris pour la fabrication des fusils.

Forges à canon.

Le canon de fusil se forme d'une lame de fer de dimensions déterminées, que l'on roule à chaud, et que l'on soude ensuite au marteau. La fabrication de ces lames exige des martinets qu'on ne pouvait établir en nombre suffisant aux environs de Paris sans sacrifier des moulins à farine, ou sans établir des chutes d'eau par le moyen de machines à feu, ce qui aurait consommé du charbon de terre nécessaire aux autres parties de la fabrication. On a pensé qu'il était bien plus convenable de faire venir ces lames toutes fabriquées des forges qui sont placées sur des cours d'eau, qui sont ou qui peuvent être facilement garnis de martinets nécessaires, dont l'approvisionnement en combustibles est moins coûteux qu'à Paris, et dont les ouvriers sont exercés à un genre de travail analogue, ou peuvent en prendre promptement l'habitude.

Il n'en était pas de même pour forger les canons; cette opération exige un grand nombre d'ouvriers qu'il serait peut-être impossible de rassembler dans les forges et même de former avec assez de rapidité, tandis qu'à Paris, où l'on manie déjà le fer avec tant d'adresse et où l'émulation et le besoin qu'a chaque ouvrier de l'estime de ses pairs peuvent enfanter des merveilles, il est facile de convertir promptement en excellents canonniers tous les bons forgeurs.

On s'est donc déterminé à élever à Paris 258 forges, et en les distribuant en grandes masses sur les places publiques et dans les promenades susceptibles de les recevoir, le Comité de salut public a eu pour objet d'inspirer au peuple la confiance qu'il doit avoir dans ses ressources, et de le rendre lui-même le surveillant des entraves de tout genre que cette grande fabrication pouvait éprouver.

De ces forges, 140 sont placées sur l'esplanade des Invalides; 54 sont adossées dans le jardin du Luxembourg, au mur qui le sépare du terrain des ci-devant Chartreux; et 64 entourent la grille de la place de l'Indivisibilité [1].

Lorsque les ouvriers seront exercés, chaque forge produira 4 canons par jour, ce qui donnera en tout 1,032 canons, et pour attendre que l'on ait atteint ce degré de rapidité, l'administration a reçu des soumissions pour un certain nombre de canons tout forgés, qui seront envoyés à Paris des différentes forges des départements; et déjà plusieurs forgerons de Paris ont passé des marchés pour en forger chez eux, et le nombre en est déjà porté à 1,210 par mois.

Foreries.

Lorsque le canon est forgé, on le met de calibre et on en adoucit l'intérieur dans les usines, au moyen d'alésoirs gradués qu'on y fait passer de force successivement, et qui sont mis en mouvement par une machine.

On a pensé qu'il était possible d'établir sur la Seine et dans les lieux où le courant est le plus favorable, cinq grands bateaux garnis chacun de deux tournants, et montés de 16 foreries, ce qui fait 80 foreries; et en supposant que chacune d'elles ne pût aléser que 12 ou 15 canons par jour, 1,000 canons subiront cette opération. Le Comité de salut public s'est adressé pour l'établissement de ces usines à un charpentier célèbre de la ville de Paris; il l'a envoyé dès le 24 août (vieux style) à la manufacture de Charleville, afin d'y prendre les renseignements et les dimensions dont il avait besoin; cet artiste en a profité; il a perfectionné et simplifié quelques-unes des parties des machines, et la Convention a sous les yeux les dessins et les plans de ces établissements; les bateaux ont été achetés dès le mois d'août; on a travaillé sans relâche à leur radoub et à l'établissement des foreries; et dès ce moment un des bateaux est en place près le pont de la Tournelle et prêt à recevoir les ouvriers; enfin, à mesure que les forges fourniront des canons bruts, les foreries pourront les aléser et suivre la marche des opérations.

---

[1] Déjà un grand nombre de forges est en activité au Luxembourg et à la place de l'Indivisibilité. Plusieurs sont occupées par les canonniers de Maubeuge et de Charleville; d'autres le sont par les forgerons de Paris, qui ont cependant réussi, quoiqu'ils ne fussent pas exercés à ce genre de travail; des canons parfaitement forgés par eux ont été déjà présentés au Comité de salut public. (*Note du rapport.*)

Émouleries.

Au sortir de la forerie le canon doit être blanchi en dehors et mis de l'épaisseur convenable au moyen de la meule; c'est encore sur des bateaux placés sur la Seine, garnis de tournants mis en mouvement par le courant de la rivière, que se fera cette opération. Les bateaux sont préparés; les meules sont achetées : 22 sont déjà arrivées, 178 autres sont déjà en route, et elles ne tarderont pas à être montées [1].

Un artiste célèbre s'occupe de l'exécution d'une machine au moyen de laquelle le canon sera conduit sur la meule et réduit à l'épaisseur convenable, sans exiger de l'attention de la part des ouvriers; en sorte que ce travail, qui dans les manufactures exige un artiste exercé, pourra être exécuté par des ouvriers d'une intelligence ordinaire, et qui ne seront point obligés de faire un long apprentissage.

Équipage de canons.

Lorsque le canon est foré et blanchi, il faut le garnir de sa culasse, forer la lumière et souder les tenons : toutes ces opérations se feront dans un même atelier, où il y aura le nombre de forges et d'établis nécessaires, et qui est placé dans les écuries de l'émigré Broglie, faubourg Saint-Germain. Les culasses seront faites en ville par des ouvriers qui les fabriqueront dans leurs propres boutiques, et qui, pour cet objet, ont passé des marchés avec l'administration centrale, dont il sera parlé ci-après; on est déjà assuré d'une fourniture de 7,530 culasses par mois.

Ainsi, au sortir de cet atelier, les canons seront entièrement finis, et il ne sera plus question que de les éprouver, pour les livrer ensuite aux équipeurs-monteurs.

Épreuves des canons.

Les canons, avant que d'être livrés aux équipeurs-monteurs, doi-vent être éprouvés deux fois, d'abord à charge simple, ensuite à charge

---

[1] Ces meules n'étaient pas pour un premier approvisionnement; il fallait s'as-surer les moyens d'en entretenir la consom-mation, en employant pour cela, s'il était possible, les grès des environs de Paris. Un naturaliste a été chargé de faire la recherche des grès propres à cet usage, et de faire tailler des meules pour essai.

double; ainsi, pour éprouver 1,000 canons par jour, il en faudra charger et décharger 2,000; et en supposant que le banc d'épreuves puisse porter 200 canons, ce sera dix décharges par jour qu'il faudra exécuter. Le bruit et la commotion qu'occasionneront ces décharges exigent que le banc soit placé loin des habitations. Les fossés de l'Arsenal présentent, par leur enfoncement et leur éloignement de toute habitation, un emplacement très favorable; personne ne sera exposé à des dangers, personne ne sera même incommodé d'une manière fâcheuse, et tous les citoyens de Paris seront journellement avertis, par le bruit des décharges, de l'activité des travaux de la fabrication. Les ordres pour l'exécution de ce banc d'épreuves sont donnés, les travaux sont commencés; et en attendant qu'il soit en état, on fait usage d'un autre banc plus petit, et qui est déjà tout construit dans la maison Bretonvilliers.

Ateliers d'ajusteurs et retapeurs de platines.

La fabrication des platines peut être regardée comme composée de deux parties distinctes : la première consiste à forger les pièces séparées; la seconde à les limer, ajuster et monter, de manière que la platine soit prête à être mise en place.

La première de ces opérations sera faite dans la boutique même des particuliers, qui se chargeront de forger chacun une certaine pièce, d'après les modèles qui leur seront fournis. Les ouvriers de Paris, accoutumés à forger des pièces difficiles, n'auront pas besoin d'un long apprentissage pour forger très bien les pièces de platine dont ils se seront chargés; en forgeant toujours la même pièce ils contracteront une habitude et ils inventeront des procédés qui rendront leur travail moins pénible et leurs salaires plus considérables; en opérant chez eux, ils profiteront des secours de leurs femmes, de leurs enfants, au travail desquels ils donneront de la valeur; ils ne perdront pas un temps précieux à aller à leur atelier et à en revenir; ils ne seront pas privés des douceurs de leur ménage; c'est par ces considérations que le Comité de salut public n'a point ordonné l'établissement d'ateliers pour cet objet.

Quant à la seconde partie qui consiste à limer, ajuster, tremper les pièces et à monter les platines, elle doit être exécutée par un nombre immense d'excellents ouvriers de Paris accoutumés à manier la lime pour des objets qui exigent une grande précision, tels que les horlogers en montres, en pendules, en horloges d'églises, les ouvriers en instruments de mathématiques, etc., mais qui, n'ayant encore jamais exécuté de platines, auront besoin de quelques jours d'apprentissage, et surtout de voir travailler les ouvriers exercés à ce genre d'ouvrage, d'étudier leurs procédés et d'apprendre les formes que les pièces doivent avoir. Ce but ne pouvait donc être bien rempli que dans de grands ateliers, où les procédés se communiquent avec une grande rapidité, et où l'émulation excite à faire mieux et beaucoup plus vite qu'on ne ferait en particulier. Ces ateliers sont distribués dans les différents quartiers de Paris.

Une grande partie des platineurs de la manufacture de Maubeuge est déjà placée dans le couvent des ci-devant Chartreux; les boutiques garnissent tous les cloîtres; les cellules sont habitées par les ouvriers, et ce local, jadis consacré au silence, à l'inaction, à l'ennui et aux regrets, en retentissant du bruit des outils, offrira le spectacle de l'arsenal le plus actif et présentera le tableau touchant d'une population heureuse.

Il y aura dans ce local.........................	240 ouvriers.
Dans la maison de l'émigré Bachy.....	300
Dans celle de Montmorency, rue Feydeau..........	120
Dans le marché aux poissons.....................	200
Total............................	860

Chacun de ces ouvriers, lorsqu'il sera exercé, montera une platine par jour.

Des ouvriers sont déjà répartis dans tous les ateliers, indépendamment desquels il y a déjà des marchés passés avec les ouvriers de Paris, pour quatre ou cinq mille platines par mois.

Fabrication des pièces de garnitures.

La confection des pièces de garnitures n'a pas la même importance que celle des platines; ces pièces n'exigent pas la même précision, et elles sont fabriquées, comme les culasses, dans les ateliers particuliers de Paris, qui passent avec l'administration des marchés pour les pièces qu'ils veulent entreprendre; les ouvriers s'empressent de faire des soumissions, et l'administration a déjà passé 183 marchés pour cet objet.

Cependant, comme parmi les ouvriers de Maubeuge il s'est trouvé un assez grand nombre de forgeurs et limeurs de pièces de garnitures, on s'est trouvé obligé de leur destiner un atelier; c'est l'église des ci-devant Carmes de la place Maubert. Cet atelier offrira des forges et un local aux ouvriers qui n'ont point de boutiques à Paris, et qui voudront entreprendre ce genre de travail.

Des baguettes et baïonnettes.

Les baguettes et baïonnettes se donnent à l'entreprise; elles se fabriquent en grande partie hors de Paris et dans les lieux qui offrent en matières premières et en usines les ressources avantageuses. L'administration a déjà passé des marchés pour 38,470 baïonnettes et 48,108 baguettes par mois.

Ateliers d'équipeurs-monteurs.

Toutes les pièces qui doivent composer un fusil étant fabriquées et éprouvées, on les livre avec un bois brut à des ouvriers particuliers qui se chargent de les monter et de mettre le fusil en état de servir. Tous les ouvriers de Paris accoutumés à travailler le bois avec précision, tels que les ébénistes, les sculpteurs, les menuisiers, etc., seront bientôt en état d'entreprendre ce genre de travail; d'abord ils feront lentement et bien; mais, réunis dans de grands ateliers où ils profiteront de l'expérience des ouvriers exercés, dont ils copieront les procédés, ils atteindront bientôt la rapidité nécessaire.

Un de ces ateliers sera placé dans le cloître et dans quelques salles des Jacobins de la rue du Bac et pourra contenir..	200 ouvriers.
Les écuries de ci-devant Monsieur,.................	200
La maison de l'émigré d'Ain......................	80
Celle de Tessé...................................	100
Les Ursulines, rue Sainte-Avoie.	100
La maison d'Egmont.............................	200
TOTAL......................................	880

Ces 880 ouvriers pourront monter chacun un fusil par jour[1].

Indépendamment des ateliers d'ajustage et montage, les ouvriers de Paris passent tous les jours des marchés avec l'administration pour monter des fusils chez eux, en sorte que l'espèce d'ouvriers la plus rare dans les autres manufactures sera vraisemblablement la plus abondante à Paris, où l'on montera non seulement les fusils dont toutes les pièces auront été fabriquées dans cette ville, mais encore ceux qui n'auront pas pu l'être dans les autres manufactures.

L'administration a passé en outre des marchés avec des ouvriers de Paris pour monter chez eux 2,200 fusils par mois : elle attend, pour en passer davantage, qu'il y ait dans les magasins des approvisionnements plus considérables.

Ateliers de rhabillage.

Dans les magasins de l'administration il y a un assez grand nombre de fusils qui ont besoin de diverses réparations. Le Comité de salut public, persuadé que les ouvriers seraient employés d'une manière plus utile et produiraient plus tôt des fusils capables d'un bon service si on les occupait à ces réparations, y a destiné deux ateliers particuliers, l'un dans l'île de la Fraternité, l'autre aux Capucins Saint-Honoré. Le premier contient 200 ouvriers, le second 150. L'ouvrage y est payé à la journée. Ces ateliers peuvent être regardés comme des lieux d'apprentissage pour la fabrication des différentes parties du fusil.

Magasins.

Pour fournir à la grande consommation de fers, d'aciers, de charbon et d'outils, à laquelle la fabrication d'armes doit donner lieu, on ne pouvait pas s'en reposer sur les voies ordinaires du commerce ; il fallait empêcher que l'imprévoyance, la cupidité et même la malveillance ne donnassent une direction contraire à la circulation de ces objets et n'exposassent la fabrication à des interruptions désastreuses

---

[1] Trois des ateliers ci-dessus sont déjà en activité : celui des Jacobins, celui des écuries du ci-devant Monsieur et celui de la maison d'Egmont, et trois cent soixante-quinze fusils sont déjà sortis de ces ateliers. (*Note du rapport.*)

par le manque de matières premières. Pour prévenir ces inconvénients, on a établi dans Paris des magasins où les ouvriers trouveront à prix fixe les objets qui leur seront nécessaires; et pour prévenir les abus auxquels cette gestion pourrait donner lieu, ces objets ne seront délivrés que sur les bons que donnera l'administration, d'après les engagements que les ouvriers auront contractés avec elle.

Le magasin des fers et aciers est placé dans la maison de l'émigré Maupeou;

Celui des outils, dans la maison d'Esclignac;

Celui du charbon de terre, dans les cours de l'abbaye Saint-Germain.

Ces magasins reçoivent tous les jours les objets auxquels ils sont destinés, et qui proviennent soit des marchés passés avec l'administration, soit des réquisitions que le Comité de salut public a faites.

Emplacement des administrations.

La fabrication des canons de fusil sera conduite par une administration particulière, qui dans son local doit avoir :

Un magasin pour les lames de canons.

Un magasin pour les canons forgés.

Un magasin pour les canons forés et blanchis.

Un magasin pour les canons équipés.

Un magasin pour les canons éprouvés.

Une salle d'armes pour les fusils montés et prêts à servir.

Enfin un emplacement pour les bureaux.

La maison des Feuillants a présenté des ressources pour tous ces objets; l'administration y est déjà établie; les magasins sont disposés, et ils se garnissent tous les jours des objets auxquels ils sont affectés; et la salle qu'occupait jadis l'Assemblée nationale est destinée à être l'entrepôt général des fusils achevés, en attendant qu'ils soient envoyés aux armées.

La fabrication des platines, pièces de garnitures, baguettes et baïonnettes, sera dirigée par une autre administration particulière, qui a besoin dans son local d'un beaucoup plus grand nombre d'appartements séparés; mais, si l'on excepte les bois de fusils qui exigent un grand emplacement, tous les autres objets sont d'un petit volume et peuvent être rassemblés dans de petits espaces.

La maison de l'ancien évêque de Metz, rue de Tournon, a offert des ressources suffisantes ; l'administration y est établie, et les objets s'y emmagasinent tous les jours.

Enfin les deux administrations précédentes, occupées des détails de la fabrication, des recettes et dépenses en matières et en argent, ne pourraient être chargées du soin des approvisionnements de tous les genres, de recevoir les soumissions et passer les marchés avec les fournisseurs et les ouvriers. Une administration centrale, distincte des deux autres, est chargée de ces soins généraux ; elle n'a aucun magasin, il ne lui faut qu'un local pour ses bureaux ; elle est placée quai Voltaire, n° 4 ; elle est en grande activité, et c'est à elle que s'adressent journellement tous ceux qui ont quelques engagements à contracter avec la République pour la fabrication des armes de Paris.

CHAPITRE II.
DES MATIÈRES.

Les matières de l'approvisionnement sont :

1° Les lames à canons.
2° Les fers d'échantillons.
3° Les aciers.
4° Les bois de fusils.
5° Les charbons de terre.
6° Les outils.

On va exposer, d'une manière succincte, les mesures prises pour chacun de ces objets en particulier.

Des lames à canons et des fers d'échantillons.

La fabrication extraordinaire devant s'élever à 360,000 fusils dans l'année, et chaque lame à canon devant peser 9 livres, la consommation du fer, pour cet objet, sera de 3,240,000 livres ; la consommation du fer, pour les autres parties du fusil, sera à peu près les deux tiers de la précédente ; ainsi, la consommation totale annuelle sera environ de six millions de livres.

Pour assurer un aussi grand approvisionnement, le Comité de salut public a fait faire le dépouillement de toutes les forges et fourneaux compris dans les domaines nationaux, et provenant tant des biens du clergé que de ceux des émigrés; ce dépouillement a été fourni avec beaucoup de soin par l'administration générale des domaines, qui le complète à mesure que de nouveaux renseignements lui parviennent.

Parmi les établissements, on a choisi ceux qui sont placés dans les départements du Cher, de l'Allier, de la Nièvre, de la Haute-Saône, quelques-uns de la Côte-d'Or et de la Haute-Marne, parce que les fers qu'ils produisent sont les meilleurs de leur nature et les plus propres à entrer dans la fabrication des armes, et parce que leur situation permet de transporter les fers à Paris.

Des ordres ont été adressés aux directoires de départements, à ceux de districts, aux municipalités dans l'arrondissement desquels ces forges se trouvent placées, et des circulaires ont été écrites à tous les maîtres de forges pour arrêter, au compte de la République, tous les fers qui se trouvaient en dépôt dans les magasins et dans les dépendances de ces usines, pour expédier à Paris tous les fers d'échantillons convenables, pour convertir en lames tous ceux qui, par leur nature et leurs dimensions, en étaient susceptibles; enfin pour continuer les travaux, toujours pour le compte de la République, en proportionnant la confection des lames à celle des autres fers, d'une manière conforme aux besoins de la fabrication des armes de Paris. La correspondance annonce que ces ordres sont exécutés avec zèle et que la mesure aura du succès.

Des commissaires du Comité de salut public ont été envoyés dans les départements pour remplir le même objet. Il y en a dans le département de l'Allier, dans ceux du Cher, de la Côte-d'Or et de la Haute-Saône; ils ont la mission d'établir, de hâter, de presser la fabrication et l'envoi, et de procurer à l'administration les renseignements et les détails de localités qui leur sont nécessaires pour traiter de la manière la plus avantageuse à la République.

Ces commissaires ont déjà envoyé, pour essai, des lames qu'ils ont fait fabriquer; on en a fait des canons; les épreuves ayant été avantageuses, l'administration a fait des commandes proportionnées aux facultés de chaque forge.

D'ailleurs, des manufactures particulières d'armes ont passé des marchés avec le ministre de la guerre pour livrer à l'administration de celles de Paris un nombre assez considérable de lames et même de canons forgés; et les fabriques nationales ont reçu ordre de presser tous les travaux, sans s'occuper des proportions de leurs assortiments, et d'envoyer à Paris ce que chacune d'elles aurait de trop pour chaque partie du fusil.

Indépendamment de ces mesures, dont le but principal est d'assurer l'approvisionnement pour l'avenir, Paris pouvait être regardé comme un grand magasin abondamment garni de tous les objets ordinaires de consommation, et qui pouvait fournir à un premier approvisionnement. Pour employer à la fabrication des armes tous les fers qui se trouvaient dans cette immense cité, le Comité de salut public a chargé, par une circulaire, tous les commissaires aux accaparements des différentes sections d'arrêter, pour le compte de la République, tous les fers compris dans les magasins de leurs arrondissements. Les propriétaires de ces fers se rendent à l'administration centrale des fusils, qui traite avec eux de tous les fers propres à la fabrication des armes, et quatre arbitres nommés par le département, par la municipalité de Paris et par l'administration centrale de Paris, ont réglé les prix des objets jusqu'à l'époque de la loi sur le maximum. Cette mesure a eu l'effet qu'on en attendait et les magasins se remplissent.

Enfin, les ordres ont été donnés pour que tous les fers inutiles dans tous les bâtiments nationaux fussent transportés dans les magasins; on y réserve ceux qui sont propres à la confection de quelques parties des fusils; le reste sera vendu au profit de la République.

De l'acier.

Le sol de la France est un des plus riches de l'Europe en fers d'excellente nature et propres à être convertis en acier. Les fers que produisent, en grande abondance, les départements du Cher, de l'Allier, de la Nièvre, de la Haute-Saône, de l'Isère, de l'Ariège, etc., c'est-à-dire presque tous les départements du centre et des parties méridionales de la République, le disputent en qualité aux fers les plus estimés; mais l'ignorance profonde dans laquelle on avait laissé les ouvriers consacrés aux travaux des forges, et les ménagements qu'avait un gouvernement despotique pour les préjugés de tous les genres, pour ceux même qui ne semblaient pas lui être directement utiles, avaient empêché la fabrication de l'acier de prendre un développement conforme aux besoins; et la Nation française, dont l'industrie faisait la plus grande consommation de cette substance, était, et pour l'acier et pour la plupart des outils, dans la dépendance de ses rivales, c'est-à-dire de l'Angleterre et de l'Allemagne, dont les gouvernements sont aujourd'hui ses plus mortels ennemis.

La composition de l'acier n'était pas même connue des nations qui en font le plus grand commerce; les procédés étaient partout différents, partout empiriques, et les fabricants faisaient un secret de celui qui leur réussissait.

Des citoyens français, dans ces derniers temps, ont déchiré le voile qui couvrait ce mystère, en faisant voir de quelle substance l'acier est composé; ils ont indiqué ce qu'il y avait d'utile dans les différents procédés, et nous pouvons aujourd'hui partout faire de l'acier, et partout lui donner la qualité qu'exige l'usage auquel il est destiné; mais le résultat de leurs recherches était consigné dans une collection dont le prix empêche qu'elle ne soit entre les mains de tout le monde. Le Comité de salut public leur a ordonné de publier un petit ouvrage qui mît tous les maîtres de forges à portée de fabriquer les aciers de différentes qualités; cet ouvrage est imprimé, au nombre de quinze mille exemplaires, et on le distribue partout où il peut être utile; bientôt les aciéries de tous les genres répondront aux besoins, et les grands efforts auxquels nous obligent nos perfides ennemis, nous auront encore fourni les moyens de nous affranchir de l'espèce de tribut auquel nous nous trouvions assujettis envers eux par notre propre insouciance.

Depuis quelques années, il s'était établi à Amboise une fabrique d'acier de cémentation; tout y avait été monté pour en verser dans le commerce une assez grande quantité et pour en convertir une grande quantité en outils de toute espèce; mais d'abord le défaut de connaissance des véritables procédés, peut-être même les préjugés contre lesquels il a fallu combattre, ont retardé la faveur que cette fabrique devait naturellement prendre; ensuite les tentatives infructueuses, les pertes auxquelles sont exposés les premiers établissements l'avaient mise dans un état de gêne qui la paralysait. Le Comité de salut public a fait venir les administrateurs; il a eu des conférences avec eux; il a pris connaissance des obstacles qui retardaient le travail et leur a procuré les secours nécessaires; ils ont passé des marchés considérables avec le ministre de la guerre, et la fabrique d'Amboise sera incessamment dans la plus grande activité. Une semblable fabrique s'élève à Paris; déjà l'administration en a reçu un premier essai qui paraît répondre à l'espérance qu'on en avait conçue, et des marchés ont été passés pour se procurer cette matière.

Une autre fabrique d'acier est établie depuis longtemps à Souppes. L'administration a traité avec les entrepreneurs pour que la fabrication prenne tout l'accroissement dont elle est susceptible et pour l'acquisition de ce qu'elle pourra fournir.

Indépendamment de ces aciéries de cémentation et de toutes celles que la publication des procédés pourra faire établir, la République possède encore un grand nombre d'aciéries de forges, dont les produits, moins coûteux, sont estimés et propres à la confection de plusieurs parties du fusil. Les environs de Rives ont à cet égard la plus grande réputation. Le directoire du département de l'Isère et la municipalité de Rives ont été chargés d'arrêter, pour le compte de la fabrique de Paris, tous les aciers que l'on ne prouverait pas être destinés à des manufactures d'armes, et de les envoyer à Paris.

Le Comité de salut public les a même autorisés à prendre tous les moyens pour accroître la fabrication; afin d'éviter les retards qu'entraînent les lenteurs d'une correspondance avec des parties éloignées, il a chargé un représentant du peuple d'employer les pouvoirs dont il est revêtu à lever toutes difficultés qui pourraient se présenter, et déjà une grande quantité d'acier est expédiée de Rives et est en route pour Paris.

Pour former de pareils établissements dans des départements plus voisins et avec lesquels les communications sont plus promptes et plus faciles, le Comité de salut public a déterminé plusieurs maîtres de forges des départements de la Nièvre et de l'Allier à se consacrer à ce genre de travail; il en a envoyé quelques-uns à Rives prendre la connaissance des détails de la fabrication, et, d'après leur zèle et leur intelligence, il ne doute aucunement de leurs succès.

Enfin, pour former le premier approvisionnement, on a pris pour l'acier la même marche que pour les fers.

Les commissaires aux accaparements, dans toutes les sections, ont fait la recherche de tout l'acier qui était en magasin et chez les débitants; les déclarations ont été communiquées à l'administration centrale des fusils, qui a retenu tout celui qui était propre à son objet, et les prix en ont été fixés par les arbitres jusqu'à la loi sur le maximum. Cette mesure a eu l'effet désiré, et les magasins de la République s'emplissent tous les jours.

Des bois de fusils.

Les magasins de la ville de Paris contiennent déjà 5o,ooo bois de fusil provenant en grande partie de la manufacture qui s'établissait à la maison Bretonvilliers. L'administration a passé des marchés pour 2oo,ooo qui ne tarderont pas à être livrés. Les commissaires envoyés dans les départements du Cher et de l'Allier, où les noyers sont abondants, ont été chargés d'en faire débiter : ainsi on est tranquille sur ce genre d'approvisionnement.

Des outils.

L'espèce d'outils dont la consommation journalière sera la plus considérable, celle qui devait être particulièrement l'objet de la sollicitude, parce qu'elle n'a été jusqu'à présent procurée en grande partie que par le commerce avec l'étranger, ce sont les limes.

Dès que le décret pour la grande fabrication d'armes fut porté, le Comité de salut public prit des arrangements avec la fabrique d'Amboise et traita avec elle pour tout ce qu'elle avait de limes, tant à Paris qu'à Amboise. Les limes sont arrivées et elles ont fait le premier fonds des magasins. Les secours et les encouragements que cette fabrique a reçus la mettront à portée d'augmenter son produit; le choix du fer assurera la qualité de ses aciers, et la communication avec les artistes les plus distingués perfectionnera encore sa main-d'œuvre.

L'administration centrale a pris d'ailleurs des arrangements avec l'aciérie de Nantes et avec celle de Souppes, qui l'une et l'autre étaient habituées à fabriquer des limes; et ces fabriques, assurées du débit, vont encore donner une plus grande activité à leurs travaux.

Mais ce que l'on n'apprendra certainement pas sans intérêt, c'est que, depuis le décret du 23 août, il s'est élevé à Paris deux fabriques de limes qui rivalisent par la beauté et la perfection du travail; les limes qui se fabriquent journellement dans l'une d'elles le disputent avec tout ce que les nations étrangères ont de plus parfait.

DEUXIÈME PARTIE.

DU PERSONNEL.

Le personnel consiste dans ce qui concerne les ouvriers et les administrations qui leur procurent les matières premières, qui reçoivent leur travail et qui leur répartissent leurs salaires.

CHAPITRE PREMIER.

DES OUVRIERS.

L'établissement de la grande fabrication de fusils, à Paris, exigeait que l'on s'occupât des mesures pour l'instruction des ouvriers et pour le rassemblement des ouvriers instruits ou capables de travailler utilement, et que l'on prît des déterminations sur la distribution des travaux et sur la fixation des prix.

Du rassemblement des ouvriers.

Dès le 24 août, huit citoyens furent choisis parmi les ouvriers de Paris les plus distingués dans le travail du fer, à la forge, à la lime, et accoutumés à conduire des travaux. Ils furent envoyés à la manufacture de Charleville, pour y prendre entière connaissance, jusque dans les plus petits détails, de tous les procédés de la fabrication de chacune des pièces qui doivent entrer dans la composition du fusil, et ils furent chargés de faire exécuter ces pièces devant eux et de rapporter chacun un modèle de tous les états par lesquels ces pièces passent pour arriver à la confection complète.

Par là, le Comité de salut public remplissait plusieurs vues également importantes; la première, de se procurer des modèles sur lesquels on pût exécuter à Paris tous ceux qui doivent être distribués dans les ateliers. La deuxième, de former de bons ouvriers qui pussent diriger les autres, indiquer les procédés, et même, par la suite, les corriger et les perfectionner, en profitant des connaissances acquises dans d'autres genres de fabrication. La troisième enfin, de contrebalancer les préjugés que les ouvriers des manufactures auraient pu apporter, et qui auraient pu entraver et même arrêter la marche de la grande entreprise.

Cette mesure a eu un plein succès; les huit ouvriers se sont mis au fait de tous les travaux qu'ils peuvent exécuter et diriger ici, et l'administration les emploie déjà utilement.

Quelque temps avant le décret du 23 août, les ouvriers de la manufacture d'armes de Maubeuge, ayant conçu de l'inquiétude du voisinage de nos ennemis, avaient abandonné cet établissement; partie s'était retirée à Paris; le plus grand nombre s'était réfugié, avec leurs outils, à Charleville : le Comité de salut public a donné des ordres pour qu'ils fussent tous rassemblés à Paris. Ils y sont arrivés, et aujourd'hui ils sont distribués, comme on l'a déjà dit, dans les forges et dans les ateliers de platineurs et d'ajusteurs-monteurs.

Le ministre de la guerre avait envoyé des compagnies d'ouvriers dans les différents arsenaux et dans les parties de la République où l'on pouvait faire des rassemblements de vieilles armes, afin de les réparer et de les mettre en état de servir utilement. Cette mesure sage a bien été exécutée dans quelques endroits autant qu'elle pouvait l'être; mais comme il se trouvait des ouvriers, ou qui manquaient d'ouvrage, ou qui n'étaient pas employés d'une manière assez utile, le Comité de salut public a donné l'ordre de faire revenir à Paris ceux qui étaient dans ce cas, afin d'augmenter le nombre des ouvriers instruits. Ils sont arrivés et distribués dans les divers ateliers.

Toutes ces dispositions étaient de nature à procurer à la fabrique de Paris le plus grand nombre d'ouvriers exercés au genre de travail qu'elle exige; mais elles ne suffisent pas encore : il fallait, pour ainsi dire, employer tous les bras; il fallait que tout Paris, ou volât aux frontières, à la défense de la liberté et de l'égalité, ou contribuât à l'armement de ceux qui rempliraient cet honorable devoir.

Le Comité de salut public a rassemblé tous les horlogers de Paris, qui se sont montrés amis de la Révolution; il leur a exposé les besoins de la patrie et les vues qu'il avait sur eux, et ces citoyens estimables ont pris l'engagement de suspendre leurs travaux ordinaires et de se consacrer à la fabrication de celles des parties de l'arme auxquelles ils sont le plus propres. Ces artistes, accoutumés à manier la lime avec la plus grande précision et à exécuter des pièces qui exigent une grande exactitude dans les formes, seront bientôt au fait de blanchir les pièces qu'on leur donne toutes forgées, et de monter des platines [1].

Enfin, le Comité de salut public a écrit une circulaire aux sections de Paris, pour les requérir de faire le recensement de tous les ouvriers en fer qui travaillent dans leur arrondissement, et d'envoyer un état de leur nombre, du genre de leur travail et de leurs principaux outils. Plusieurs sections ont déjà satisfait à cette demande; l'administration centrale invite les ouvriers à se rendre dans ses bureaux, elle passe des marchés avec ceux qui sont établis et qui préfèrent de travailler chez eux, et elle envoie dans les ateliers de la République ceux qui n'ont pas d'emplacements ou qui n'ont pas les outils nécessaires. Il n'est peut-être pas hors de place ici de faire remarquer que l'établissement des ateliers est favorable à l'égalité, en retirant les ouvriers qui n'avaient pas d'ateliers ou qui étaient peu fortunés, de la dépendance de ceux que ci-devant ils appelaient leurs maîtres; là ils peuvent entreprendre à leur compte; ils sont aussi chez eux, ils sont maîtres à leur tour.

Distribution des travaux.

Dans les différentes parties de la fabrication, les objets sont tous fabriqués à la pièce; indépendamment de ce que cette disposition est plus convenable aux formes républicaines, elle est également avantageuse, et aux intérêts de la République, et à ceux des ouvriers; aux intérêts de la République, en ce qu'elle soulage l'administration d'une pénible surveillance de l'emploi du temps, qu'elle simplifie la comptabilité, et qu'elle procure dans le même temps un plus grand travail; elle est aussi favorable aux intérêts des ouvriers, en ce qu'elle leur donne la liberté, ou de travailler plus, ou de simplifier leurs procédés, et par là d'augmenter leurs salaires par leur industrie.

[1] Déjà l'on a présenté au Comité de salut public des platines qui ont été limées et ajustées par des horlogers qui ne s'étaient jamais occupés de ce genre de travail.

Cependant, comme on n'avait d'abord que 22 canonniers de Maubeuge pour forger les canons, tandis qu'il en fallait avoir 250, il a fallu faire des élèves pour cette partie. Pour remplir cet objet, on a destiné les 64 forges de la place de l'Indivisibilité à la formation de ces élèves. On n'y reçoit que des forgerons qui aient trois années de forge et on les paye à la journée jusqu'à ce qu'ils soient en état de forger des canons.

De la fixation des prix.

La seule difficulté que pouvait présenter la distribution des travaux à la pièce était de fixer les prix de manière à ne pas léser les intérêts de la République et à éviter tous les mécontentements qui pouvaient refroidir le zèle des ouvriers, donner lieu à une foule de contestations, dont un des moindres inconvénients aurait été de faire perdre un temps précieux. Pour remplir cet objet le Comité de salut public a invité par une circulaire toutes les sections de Paris à nommer, chacune dans son sein, quatre commissaires pris parmi les ouvriers exercés aux travaux de la lime et du marteau ; ces commissaires se sont réunis à l'évêché, pour nommer parmi eux vingt-quatre arbitres qui, joints à six autres, nommés par les ouvriers de la manufacture de Maubeuge, ont dû, dans le débat des prix, stipuler pour les intérêts des ouvriers. D'une autre part trente autres arbitres, dont six nommés par le directoire du département de Paris, six par la municipalité, six par les administrateurs de la fabrication de fusils et douze artistes nommés par le ministre de la guerre, ont dû stipuler pour les intérêts de la République en présence de deux représentants du peuple invités par le Comité à présider à cet arbitrage.

Dans la première réunion de ces arbitres, rien ne fut réglé, parce que les ouvriers ne connaissant pas encore le travail qu'exige la fabrication de chacune des pièces, n'avaient pas une idée exacte de sa valeur. Ils sont convenus de commencer les travaux d'après des prix provisoires, et de se réunir ensuite pour débattre en connaissance de cause. Une nouvelle convocation a eu lieu les 24, 25, 26 et 27 de vendémiaire, et les prix ont été fixés, à la satisfaction des ouvriers, à plus d'un tiers au-dessous des prix correspondants de Charleville. On en voit le tableau ci-contre :

TABLEAU

DES PRIX DE LA FABRICATION DES PIÈCES SÉPARÉES DE FUSILS, À PARIS,

fixés provisoirement jusqu'au 30 du deuxième mois de la seconde année
de la République française une et indivisible.

---

n fournit les lames seulement aux canonniers.

Forge	8ˡ 0ˢ	
Forage	Mémoire...... 0 0	
Émoulage		10ˡ 15ˢ
Culasse	0 15	
Garniture	2 0	

Les ouvriers se fournissent de tout.

Embouchoirs	de forge.	1ˡ 4ˢ	2ˡ 2ˢ	
	de lime.	0 18		
Capucines.	de forge.	0 4	0 8	
	de lime.	0 4		
Battants de sous-gardes	de forge.	0 4	0 8	
	de lime.	0 4		
Grenadières de milieu	de forge.	0 9	0 18	
	de lime.	0 9		
Sous-garde, modèle républicain	de forge.	1 0	1 15	9 16
	de lime.	0 15		
Détentes et pièces de détentes	de forge.	0 8	1 0	
	de lime.	0 12		
Plaques de couche	de forge.	0 15	1 5	
	de lime.	0 10		
Plaque ou porte-vis	de forge.	2 6	0 4	
	de lime.	1 6		
Trois ressorts de capucine finis.		0 12		
Deux vis de platine, une culasse.		0 12		
Deux vis de plaque.		0 8		
Deux vis de sous-garde.		0 6		

Les ouvriers se fournissent tout.

Platines :

de forge.	Corps de platine	1ˡ 0ˢ	3ˡ 16ˢ		
	Chien complet.	1 0			
	Batterie	0 16			
	Noix.	0 5			
	Bride.	0 4			
	Gachette.	0 3			
	Les huit vis.	0 8			
de forge et lime.	Grand ressort.	1 0	2 3	14ˡ 19ˢ	
	Ressort de batterie.	0 15			
	Ressort de gachette.	0 8			
	Limage et ajustage de la platine.	9 0			

Les ouvriers se fournissent tout.

Baguettes.	de forge	1ˡ 18ˢ	2 10
	de lime	0 12	

Les ouvriers se fournissent tout.

Baïonnette.	Forge.	3ˡ 10ˢ	5 4
	Lime	1 0	
	Émoulage, polissage	0 12	
	Forage	0 2	

On fournit tout à l'ouvrier, excepté les outils.

Ajustage et montage.	Trempe de platine.	0ˡ 10ˢ	9 15
	Monter le fusil.	9 0	
	Ajuster la baïonnette.	0 5	
Tirebourre.			0 12
La livre de fonte pour les bassinets et guidons, pour façon.			1 0

RÉCAPITULATION.

Canons	10ˡ 15ˢ
Pièces de garniture	9 16
Platines	14 19
Baguettes	2 10
Baïonnettes	5 4
Ajustage et montage	9 15
Tirebourre	0 12

53ˡ 15ˢ

Perfectionnement des travaux.

Pour établir la grande fabrication de fusils qui a été décrétée le 23 août, on ne pouvait compter que sur un petit nombre d'ouvriers venant des manufactures et exercés au genre de travail qui leur est propre; la grande ressource était dans les ouvriers de tout genre que renferme la ville de Paris, ouvriers dont le zèle inspire la plus grande confiance, et qui, étant ce que la République renferme de plus habile, exécuteront d'abord bien et avec lenteur, et bientôt exécuteront avec rapidité et mieux qu'on ne fait ordinairement dans des établissements écartés et privés de toute émulation. Cependant, pour ne rien donner au hasard, et pour assurer à la République les ressources sur lesquelles elle doit compter, le Comité de salut public a voulu que, d'abord, dans toutes les parties de la fabrication, l'on ne s'écartât pas des procédés usités dans les manufactures; mais aussi il a pris des mesures pour profiter dans la suite des lumières des artistes, échauffer leur génie et favoriser tout ce qui pourrait perfectionner les armes et accélérer la main-d'œuvre.

Dans chacun des ateliers, indépendamment de régisseurs comptables. il y a un directeur des travaux choisi par les ouvriers, revêtu de leur confiance, et dont la fonction principale sera de surveiller la qualité des matières employées et les procédés de la fabrication. Ces directeurs des travaux sont subordonnés à un artiste distingué, membre de l'administration centrale, et qui doit établir entre eux la correspondance nécessaire à l'uniformité du travail et à la communication des procédés.

Dès qu'un procédé nouveau sera proposé, si l'administration centrale, après l'avoir fait examiner par les directeurs des travaux, juge que son introduction puisse être avantageuse, elle en fera faire l'essai dans un des ateliers, et lorsque, par l'expérience, elle sera assurée du succès, elle en ordonnera l'emploi dans tous les ateliers et en chargera les directeurs des travaux.

Déjà plusieurs artistes recommandables ont présenté des machines nouvelles pour forger les canons, pour les forer, pour les blanchir; ces machines doivent dispenser les ouvriers de l'attention nécessaire dans les procédés en usage et suppléer à l'adresse, qui ne s'acquiert qu'avec le temps et par l'habitude. Le ministre de la guerre a été chargé d'en faire faire l'essai et, si elles réussissent, comme il y a lieu de l'espérer, la fabrication en sera plus parfaite et plus rapide.

CHAPITRE II.

DES ADMINISTRATIONS.

Les ouvriers ne peuvent être occupés, soit dans leurs propres ateliers, soit dans ceux de la République, que de leurs travaux particuliers; il faut que l'on ait soin pour eux de la préparation, du choix et du rassemblement des matières premières; il faut que les matières leur soient distribuées, que leur travail soit reçu, que leurs salaires leur soient payés, que les procédés nouveaux leur soient transmis; il faut enfin qu'il s'établisse une juste proportion dans les travaux, et qu'on puisse rendre de l'activité aux parties de la fabrication qui, pour quelque cause que ce soit, éprouveraient des ralentissements, et par conséquent retarderaient la confection des armes. Tout cela doit être le but de l'administration, et parce que tous ces objets sont extrêmement variés et distincts, le Comité de salut public a pensé qu'il devait y avoir trois administrations : une centrale, chargée des objets généraux; une seconde, chargée de ce qui est relatif à la fabrication des canons; une troisième, de ce qui regarde celle des autres pièces du fusil.

Enfin, outre ces trois administrations, chacun des magasins a un chef responsable.

Administration centrale.

L'administration centrale est chargée des approvisionnements de tous les genres : elle s'occupe de la préparation, du choix et du rassemblement des matières; elle passe des marchés avec tous les fournisseurs et elle en presse l'exécution; elle reçoit les soumissions de tous ceux qui veulent entreprendre ou des pièces séparées, ou des fusils complets; c'est à elle que s'adressent tous les ouvriers qui demandent du travail; elle surveille les procédés de la fabrication et elle s'occupe de leur perfectionnement.

Elle entretient la correspondance avec le Comité de salut public, avec le ministre de la guerre, mais pour éviter les abus, ce n'est point elle qui fait la recette des matières ni celle des ouvrages; elle ne paie rien, elle n'a point de caisse.

Pour remplir toutes ces vues, le ministre de la guerre l'a composée de huit républicains zélés, dont les uns sont très exercés dans la comptabilité des matières et finances, les autres ont la connaissance de la nature et du prix des matières, d'autres enfin sont au fait de tous les détails de la fabrication.

Cette administration a déjà passé un grand nombre de marchés, tant pour acquisition de matières que pour distribution de travail.

Administration des canons.

Le canon est la partie la plus importante de l'arme; une administration particulière est chargée de tout ce qui regarde la fabrication.

Elle reçoit les lames à leur arrivée des forges, et elle les distribue ensuite aux canonniers.

Elle reçoit les canons forgés et les distribue ensuite aux foreurs et aux émouleurs.

Elle reçoit les canons forés et blanchis.

Elle fait la recette des culasses.

Elle distribue les canons et les culasses aux équipeurs.

Elle reçoit les canons équipés et en fait faire l'épreuve.

Elle reçoit les baïonnettes.

Elle distribue les canons éprouvés et les baïonnettes aux ajusteurs monteurs, et elle fait la recette des fusils montés.

Elle paye les matières et les ouvrages dont elle fait la recette.

Elle est composée de cinq citoyens au fait de la comptabilité et des détails de la construction.

Administration des platines et des pièces de garniture.

La fabrication de toutes les autres parties du fusil est conduite par une administration particulière.

Elle reçoit les pièces séparées des platines, au sortir de la forge.

Elle les distribue toutes assorties aux platineurs, et en reçoit les platines montées.

Elle reçoit les différentes pièces de garnitures toutes blanchies.

Elle reçoit les baguettes.

Elle reçoit les bois de fusils bruts.

Elle distribue tous ces objets assortis aux équipeurs-monteurs.

Enfin elle paye aussi toutes les matières et tous les ouvrages dont elle fait recette.

Elle est composée, comme la précédente, de cinq membres pris parmi les citoyens exercés dans la comptabilité et parmi ceux qui connaissaient la fabrication.

Administration des magasins.

Chacun des magasins de fer, d'outils et de charbon est administré par un garde-magasin responsable et par un nombre de subordonnés suffisant pour opérer les recettes et les délivrances, pour mettre de l'ordre dans la distribution des matières et dans la comptabilité.

L'affluence tant des fers neufs que de ceux qui proviennent de la démolition des grilles inutiles est si grande, que le local qui avait été désigné pour ces objets ne peut plus suffire.

Le Comité de salut public vient de destiner la ci-devant église des Jacobins-Saint-Dominique pour le magasin des fers neufs; ils y seront à couvert et en sûreté. Les différentes chapelles présentent les compartiments tout faits pour classer les fers suivant leur nature et leurs échantillons. Quant aux vieux fers, qui par leurs formes ne sont pas susceptibles du même arrangement, ils resteront dans le jardin de la maison Maupeou; là on séparera le fer aigre de celui qui, par sa nature, peut servir à la fabrication des armes, et on le vendra pour les besoins du commerce et pour les objets auxquels il est propre.

Telle est l'organisation de la fabrication extraordinaire des fusils à Paris. L'expérience y apportera vraisemblablement quelques changements; le génie des artistes de Paris introduira, dans les procédés de la fabrication, des perfectionnements dont on rendra compte successivement, et tous les mois il sera publié et affiché un état des approvisionnements en tous genres, et de la quantité d'objets qui se fabriqueront alors par jour, et du total des objets qui, jusqu'alors, auront été fabriqués.

II

MAUBEUGE, 20 BRUMAIRE AN II (10 NOVEMBRE 1793).

MÉMOIRE DU CAPITAINE CORDELLIER AU COMITÉ DE SALUT PUBLIC,
SUR LA BATAILLE DE WATTIGNIES ET LE DÉBLOCUS DE MAUBEUGE [1].

LIBERTÉ.   ÉGALITÉ.

*OBSERVATIONS DU RÉPUBLICAIN LOUIS-JOSEPH-STANISLAS CORDELLIER [2], CAPITAINE AU
2ᵉ BATAILLON DE SEINE-ET-MARNE, AIDE DE CAMP DU GÉNÉRAL SON FRÈRE, SUR LES
JOURNÉES DES 24, 25 ET 26 VENDÉMIAIRE (15, 16 ET 17 OCTOBRE, VIEUX STYLE)
L'AN IIᵉ DE LA RÉPUBLIQUE UNE ET INDIVISIBLE, CONSACRÉES AU DÉBLOCUS DE MAU-
BEUGE, AUX REPRÉSENTANTS DU PEUPLE MEMBRES DU COMITÉ DE SALUT PUBLIC DE
LA CONVENTION NATIONALE.*

Le peuple français, entièrement livré à l'examen de la conduite du général qui
conduisait ses phalanges sur le blocus de Maubeuge, attendait de jour en jour
l'agréable nouvelle de la liberté de cette cité, non qu'il en doutât, mais par crainte
de la suite d'une horrible trahison qui jusqu'ici a contrarié le succès des armes
de la République.

Ce peuple franc et encore trop crédule, emporté à ses jouissances patriotiques
par la nouvelle agréable de la prétendue défaite de l'ennemi, ne songe plus à examiner si on lui dit la vérité ou si on lui en impose; il suffit qu'on lui annonce que
Maubeuge est libre pour qu'il prodigue des louanges à ses représentants et au
général en chef.

Je conviens cependant qu'il ne faut jamais chercher à étonner la masse des ré-

[1] Ce document, quoique envoyé seulement par le capitaine Cordellier au Comité
de salut public dans le mois de novembre
1793, est publié ici parce qu'il complète
la série des pièces concernant la victoire de
Wattignies. L'auteur y critique vivement la
conduite militaire du général en chef Jourdan dans les journées des 15, 16 et 17 octobre 1793, et il ne ménage pas davantage
le représentant du peuple Duquesnoy et
son frère le général, qui, dit-il, ne sont
pas plus républicains l'un que l'autre. On
sent, dans ce récit partial, que le capitaine
Cordellier sert les rancunes et la jalousie
de quelques officiers de l'entourage de
Jourdan. — On remarquera que le nom

de Carnot ne figure pas dans ce document.
[2] Louis-Joseph-Stanislas Cordellier, né
à Faremoutier (Seine-et-Marne) le 7 avril
1767, dragon au régiment de Ségur du
10 novembre 1787 au 10 février 1789, capitaine de garde nationale le 14 juillet 1789,
volontaire au 2ᵉ bataillon de Seine-et-Marne
le 28 avril 1792, caporal le 30 avril 1792,
capitaine le 4 mai 1792, aide de camp du
général Cordellier, son frère, le 5 septembre 1793, adjudant général provisoire
le 16 brumaire an II (6 novembre 1793),
confirmé le 25 ventôse an II (15 mars 1794),
réformé le 25 prairial an III (13 juin
1795), capitaine au 10ᵉ dragons le 19 thermidor an VIII (7 août 1800).

publicains par des détails, qui, quoique vrais, doivent lui être cachés pendant la révolution, pour son propre salut et celui de son pays, mais le Comité du salut public de la Convention, ce centre sacré des vertus républicaines, ne doit-il pas être instruit de la vérité?

Maubeuge, il est vrai, est débloqué au sud et à l'est; l'ennemi de la liberté et de l'égalité a repassé la Sambre au sud-ouest de cette cité et s'est retiré dans la forêt de Mormal; nos phalanges ont marché sur lui avec leur intrépidité ordinaire, et ce n'est qu'à leur valeur que la République doit le succès de cette expédition, car la manœuvre qui a été employée est seule cause que l'ennemi n'a pas été coupé; elle a semblé dire à celui-ci : «Pour m'attirer la confiance, il faut que je débloque Maubeuge; fais le sacrifice de te retirer, tu as trois passages, celui de Hautmont, celui de Pont-sur-Sambre et celui de Berlaimont; je les laisse libres par mes opérations; ne t'inquiète pas; au surplus, voilà le mauvais temps; tu ne peux guère compter sur le succès d'un siège qui est presque impossible actuellement.»

Malgré cette facilité donnée à l'ennemi, ainsi qu'il sera prouvé ci-après, celui-ci fut vigoureusement poursuivi par les soldats de la République de droite et de gauche, de sorte qu'il en perdit la carte au point que, faisant sa retraite, il coupa le pont de Hautmont, ayant encore une colonne de 3,000 hommes à faire passer, laquelle fut forcée de venir par Berlaimont, ayant trouvé pareillement le pont de Pont-sur-Sambre démoli.

C'est par la disposition de l'attaque que je vais rapporter que je me charge de prouver la mauvaise manœuvre du général en chef, qui me paraît même concertée avec le représentant du peuple Duquesnoy, puisqu'il lui a prodigué ses éloges, ainsi qu'à Duquesnoy, général de division, qui sûrement n'est pas plus républicain que son frère.

Pour peu qu'on ait la carte sous les yeux, ou qu'on connaisse le terrain, on verra que l'ennemi ayant passé la Sambre, entre la forêt de Mormal et la route de Landrecies à Maubeuge, pour cerner cette dernière ville au sud, si on fut parvenu à lui intercepter ce même passage par une colonne formidable et de l'artillerie, il ne serait pas échappé un de ces esclaves, même Cobourg, qui n'a repassé la Sambre que dans la nuit du 16 au 17.

Cette opération n'était pas cependant difficile; il ne s'agissait que d'avoir pour colonne de gauche une division de 18 ou 20,000 hommes d'infanterie, 1,200 hommes de cavalerie, 8 pièces de 12 d'artillerie légère et deux ou trois obusiers, qui en auraient fait le service à l'aide de quelques pièces de 8 de pareille artillerie; de diriger ses forces par Leval-sous-Berlaimont, Saint-Vaast, Moncheaux et Saint-Rémy-Chaussée, en suivant la ligne de Landrecies à Maubeuge et se déployant à propos.

La République, je n'en doute pas, aurait perdu de ses enfants, tant par le feu des pièces de position, qui étaient sur les hauteurs, que par celles des batteries qui sont tant sur la rive de la forêt qu'auprès du moulin à vent de Berlaimont; ces dernières auraient pu être inquiétées par des pièces de position qu'on aurait placées dans l'embranchement des chemins couverts d'Aulnoy, Berlaimont, Leval, etc., et qui auraient été hors de danger en les faisant soutenir par un corps de cavalerie, qui aurait fourni des vedettes pour éclairer et rendre compte des mouvements qu'aurait pu faire l'ennemi au delà de la Sambre. On aurait encore ajouté à ces dispositions ce que la prudence et les manœuvres de l'ennemi auraient nécessité.

La patrie, dis-je, aurait pu perdre de ses enfants, mais les tyrans de l'Europe auraient perdu tous les esclaves qui avaient passé la Sambre, ainsi que le train de son armée, qui n'était pas peu de chose; et je certifie qu'après un tel désavantage ils auraient évacué nos places et notre territoire de ce côté. Peut-être même la commotion de ce grand coup se serait-elle fait entendre plus loin où elle aurait porté la terreur.

Le 15, à dix heures du matin, toutes nos colonnes étaient au delà des haies d'Avesnes, mais la division la plus faible de l'armée, puisqu'elle n'était pas composée de 6,000 hommes d'infanterie et 400 de cavalerie, aux ordres du général Cordellier, qui devait les recevoir immédiatement du général Fromentin, était justement à la gauche sur les hauteurs en deçà du Val-sous-Berlaimont, Saint-Vaast, Moncheaux et Saint-Rémy-Chaussée. Cette division n'avait aucunes pièces d'artillerie que celles des bataillons et avait en sa présence des pièces de 13 et de 17 et des obusiers! Cependant elle tenta, dans la journée, de charger à la baïonnette; elle passa de l'autre côté des villages susnommés, mais l'infériorité de ses pièces et un mouvement rétrograde, fait sans ordre par le régiment de cavalerie qui soutenait l'aile gauche, la força, après une charge assez vigoureuse, de se replier avec d'autant plus de raison qu'elle se serait trouvée battue en flanc par des pièces de 27 que l'ennemi avait disposées pendant la charge.

La colonne ayant été ramenée en assez bon ordre à la première position et sans presque de perte, et, d'après l'ordre qu'elle reçut de charger de nouveau avec celle de Fromentin, qui était à sa droite, et sous les ordres généraux de celui-ci (ce qui était contre toute règle), elle marcha avec une nouvelle intrépidité. L'artillerie commença d'abord à jouer. Pendant ce temps Fromentin tira à sa droite toute la cavalerie des deux divisions, de sorte que la gauche, qui en avait le plus besoin, s'en trouva dépourvue. Elle en fut étonnée, mais encore bien plus lorsqu'elle vit la colonne de Fromentin faire sa retraite. Le général Cordellier en demanda la raison; on lui dit que Fromentin n'avait plus de munitions. Cette nouvelle l'indigna; il fit cependant faire bonne contenance à sa division pendant que je m'informai auprès de l'aide de camp de Fromentin (je ne suis pas bien certain si c'est cet aide de camp ou un autre citoyen auquel je m'adressai) s'il faisait remplir ses caissons, et fus fort étonné lorsque celui-ci me dit que le parc de réserve était au moins à deux lieues. Dans le fait, soit de la faute de l'état-major général ou de Fromentin, qui commandait en chef les deux divisions, je crois que ce parc était resté à Avesnes.

Alors l'ennemi, qui vit rétrograder les caissons, nous chargea vigoureusement. Les nôtres étaient presque vides et ne durèrent pas assez pour favoriser notre retraite. Cet accident mit de la déroute dans la colonne de gauche, qui avait vu celle de Fromentin faire sa retraite; elle n'avait plus de cavalerie pour la soutenir, mais heureusement elle a été conduite par des pentes et des chemins couverts par dessus lesquels le boulet passait, de sorte que l'ennemi ne nous tua que fort peu de monde en comparaison de ce qu'il aurait infailliblement tué sans cette sage prudence.

Le 16 et le 17, les colonnes de gauche ont insensiblement gagné du terrain, ce qui a beaucoup gêné l'ennemi dans sa retraite; mais elle n'ont vu ni représentants, ni général en chef, ce qui ne s'accorde pas avec les belles phrases du citoyen Duquesnoy.

Je ne peux donc pas, d'après tous ces événements, m'empêcher de croire qu'ils sont le fruit d'une manœuvre concertée. Peut-être mon républicanisme m'aveugle-t-il; je le souhaite et pour ma patrie et pour les chefs qui ont combiné l'attaque. Cependant je leur reprocherai avec fondement de ne pas avoir assemblé tous les généraux, même de brigade, pour leur faire part du plan d'attaque et recevoir les observations que leurs lumières auraient pu leur dicter, d'avoir même rejeté celle d'un général [1] qui se trouva par hasard chez Jourdan et qui voulait que l'on mît la division la plus forte à la gauche, parce que, disait-il, c'est elle qui doit souffrir la retraite de l'ennemi. A plus forte raison aurait-on rejeté sa proposition, s'il eût dit : *C'est celle qui doit la couper.*

La conduite tenue depuis les journées des 15, 16 et 17 est en quelque sorte le flambeau qui vous éclairera, citoyens, sur la justice de mes observations. Voyez : tandis que plusieurs divisions de l'armée sont enfouies du côté de Beaumont pour, disait-on, passer la Sambre, et que le représentant du peuple Duquesnoy et tout l'état-major général se faisaient (par économie) faire des bottes à 15 francs la paire, l'ennemi s'étendait sur notre gauche, égorgeait nos républicains à Marchiennes et présentement est en présence de Cambrai et peut-être encore plus avancé. Il faut avoir joué à colin-maillard pour ne pas avoir vu sa marche, ou que des intérêts particuliers aient occupé chez l'étranger.

Aujourd'hui on nous dit que la division qui était passé la Sambre et qui a été aux portes de Villerot a été obligée de revenir parce que les chemins sont impraticables. Je le crois bien, mais il ne fallait pas y aller pour le savoir. Pauvres soldats de la patrie, comme vous vous êtes promenés! aussi arrivez-vous aux hôpitaux par légions.

Voilà, républicains, mes observations. Je souhaiterais bien, pour le salut de ma patrie, qu'elles portassent à faux, mais je crains bien qu'elles ne soient que trop justes. Des personnes, plus éclairées que moi dans l'art de la guerre, pourront décider si elles le sont, mais en vrai républicain j'ai cru devoir vous dire ce que je pensais.

A Maubeuge, le 20 brumaire l'an iie de la République une et indivisible.

Cordellier l'aîné.

P.-S. Je suis bien loin de chercher à inculper le représentant Bar [2] ; son républicanisme paraît trop bien prononcé et sa conduite est digne d'éloges.

(Orig. aut., Archives de la guerre, armée du Nord.)

[1] Il s'agit vraisemblablement de son frère le général Cordellier.

[2] Le représentant Bar était à l'armée du Nord et il signa avec Carnot et Duquesnoy une des lettres annonçant le déblocus de Maubeuge.

III

ARRAS, 24 BRUMAIRE AN II (14 NOVEMBRE 1793). — MÉMOIRE DU GÉNÉRAL D'AVAINE AU COMITÉ DE SALUT PUBLIC SUR LA CAMPAGNE DE LA FLANDRE MARITIME[1].

Arras, le 24 brumaire an II° de la République française.

LE GÉNÉRAL DE DIVISION D'AVAINE AU COMITÉ DE SALUT PUBLIC.

Citoyens,

C'est avec confiance que j'expose à vos lumières un détail de ma conduite et les inculpations dont je crois devoir vous démontrer la fausseté.

L'ordre d'attaquer l'ennemi sur le point de la frontière, qui m'aurait paru convenable depuis Arleux jusqu'à Dunkerque, m'étant parvenu le 12 octobre, le soir à 10 heures, le lendemain 13, je convoquai un conseil de guerre à Bergues. Comme on le verra par le procès-verbal de ce conseil, le général Souham est celui qui a presque seul opiné pour que l'on fasse porter une forte colonne de Lille sur Ypres, et ensuite par ses opérations et sa correspondance on verra que c'est lui qui a fait son possible pour que cette conquête n'ait pas lieu.

Le 21 octobre, j'ai fait attaquer depuis Arleux jusqu'à Bailleul. Dans cette attaque le général Ransonnet avait ordre d'attaquer Marchiennes qu'il a pris le même jour, après un combat opiniâtre.

Le général Proteau[2] devait attaquer Orchies; Osten devait le seconder avec une partie de sa colonne partie de Pont-à-Marcq. Il devait maintenir la gauche du camp de Cysoing avec la première partie, et avec la deuxième sur Orchies.

Ces deux opérations n'ont pas réussi, comme celle de Ransonnet; et cela, je crois, par la faute du général Proteau, qui, avec la garnison de Douai et ses cantonnements de Flines, n'a pas mis assez de vigueur.

---

[1] Ce mémoire justificatif complète celui que le général D'Avaine avait adressé le 9 brumaire an II (30 octobre 1793) au Comité de salut public et qui est publié à la page 437. Le général, alors enfermé dans la prison d'Arras, expose sa conduite militaire et répond à toutes les accusations portées contre lui par les généraux Jourdan et Souham et par les représentants Duquesnoy et Isoré; il essaie de se disculper d'avoir, par ses lenteurs, empêché Jourdan de profiter des avantages de la victoire de Wattignies.

[2] Jean Proteau, né à Libourne (Gironde) le 8 octobre 1752, enrôlé au régiment de Foix le 25 mars 1769, sergent le 6 septembre 1775, sergent-major le 13 mai 1783, sous-lieutenant de grenadiers le 10 juin 1786, lieutenant le 15 septembre 1789, capitaine le 1er mai 1792, commandant temporaire de la place de Douai, général de brigade à l'armée du Nord le 3 septembre 1793, tué dans le combat sur le canal de Louvain le 15 juillet 1794. (Cf. Jacques Charavay, *Les généraux morts pour la patrie*, p. 22.)

Le lendemain, Ransonnet s'est trouvé attaqué de tous côtés dans Marchiennes. Proteau lui a envoyé 1,500 hommes pour le dégager, mais l'attaque d'Orchies n'a pas eu lieu.

Trop éloigné de ce point, je n'ai pu en savoir la cause; ils se sont rejetés les uns sur les autres, en disant qu'il n'y avait personne d'eux qui avait le commandement en chef de ces trois brigades. Ils n'en avaient pas besoin : chacun avait son point fixé pour attaquer et, après s'être rendus maîtres des postes qui étaient devant eux, ils devaient réunir leurs forces pour attaquer les autres postes ennemis du côté d'Hasnon et se retrancher à chaque pas qu'ils avançaient.

La division du général Souham devait attaquer le même jour la droite du camp de Cysoing et tous les postes ennemis sur la droite et la gauche de la chaussée de Menin, gagner toute la rive de la Lys et se présenter devant Halluin pendant qu'une autre colonne se ferait un passage sur la Lys, soit par Wervick, Comines ou même par le pont Rouge. Cette colonne était destinée à prendre en revers tous les petits postes ennemis le long de la haute Lys au-dessus de Menin, tandis que des petits corps se présenteraient en face du côté droit de la même rivière, moyen de faire des prisonniers et de prendre du canon.

Cette même colonne a eu ordre d'attaquer Menin par les postes d'Ypres et de Bruges, tandis que le général Souham les forcerait à Halluin. Cette attaque a réussi selon mon attente; l'ennemi, se voyant pris sur ses derrières, a cédé le terrain, où on a fait 900 prisonniers et pris 6 à 7 pièces de canon, selon le rapport que m'en a fait le général Souham.

Une autre partie de cette division s'est rendue, le même jour, maîtresse du Mont-Castrel et de Mouscron, ne pouvant l'être de Courtrai le même jour; c'était là où il devait borner ses conquêtes pour le moment, mais renverser tous les ouvrages des ennemis et se fortifier, comme je l'ai ordonné partout.

La colonne que j'ai fait passer par la rive gauche de la Lys pour se porter sur les derrières de Menin, était assurée dans sa marche qui ne pouvait être inquiétée sur les derrières, parce que j'ai rassemblé une colonne formée des garnisons d'Armentières, Nieppe, le Seau et Bailleul, qui se portait en même temps sur Neuve-Église et Messines. Ce dernier poste a été opiniâtrement défendu par l'ennemi, mais que ne peuvent pas des républicains!

Le lendemain 22 octobre, après avoir reçu les bataillons de la nouvelle levée que j'ai fait venir des villes de la deuxième ligne, pour garnir mes postes, j'ai fait marcher une colonne du cantonnement de Steenwoorde, qui s'est emparée de Poperinghe. Le lendemain, cette colonne s'est portée sur Vlamertinghe; après une résistance de l'ennemi, une partie de la colonne de Menin est venue faire sa jonction avec celle de Vlamertinghe. Cette jonction nous a coûté quelques braves frères d'armes, par tous les retranchements qu'il a fallu forcer.

Dès le lendemain, j'ai poussé un petit corps de troupes à Elverdinghe, une lieue derrière Ypres, sur le canal de Boesinghe, pour observer l'ennemi qui pouvait venir de son camp de Dixmude.

Le même jour 22, une colonne partie d'Hondschoote et une du camp de Leffrinckoucke devant Dunkerque se sont portées sur Furnes. Celle d'Hondschoote devait tourner cette ville, mais l'ennemi avait rompu les postes; sans cet accident, nous prenions toute la garnison de Furnes et nous n'y avons fait que 55 prisonniers.

Le général Vandamme s'est porté de suite, en poursuivant l'ennemi, entre Furnes et Nieuport et le général Gougelot s'est porté avec son corps vis-à-vis de Dixmude, où il serait entré si l'ennemi n'avait brûlé le pont.

Après avoir évité l'inondation que l'ennemi a poussée où étaient nos batteries devant Nieuport, on a pris d'autres positions et nous avons continué de jeter des obus et des boulets rouges dans cette ville. L'ennemi a fait deux sorties; il a été repoussé chaque fois avec perte.

Voilà quelles étaient nos conquêtes les premiers jours. C'était dans cet instant et le jour de la bataille de Menin que le général Souham devait m'envoyer au moins 3,000 hommes pour attaquer Ypres du côté de Menin, qui a une hauteur garnie de bois, tandis que mes colonnes de Vlamertinghe l'auraient attaqué par la chaussée de Vlamertinghe. J'avais, pour cet effet, fait venir des arsenaux de Saint-Omer et de Dunkerque des obusiers de siège, des pièces de gros calibre et les grilles à rougir les boulets; mais ce n'a été que le 29 au soir, que 2,000 hommes sont arrivés à Sautefort (?), entre Menin et Ypres, à peu près demi-chemin, et c'est de là que le chef de brigade Daendels, qui les commandait, m'a prévenu de son arrivée; et, le 27, le général Souham lui a envoyé les ordres de se replier sur Menin et m'en a prévenu quand cela a été fait.

Je n'en ai été prévenu en premier que par une lettre que ledit commandant Daendels a écrite au général Bertin, commandant à Vlamertinghe, lequel m'en a fait part et l'a gardée, parce que cette lettre dit : «Je me retire d'après les ordres que j'ai reçus du général Souham, et nous sommes tous convenus que le siège d'Ypres était une folie.»

Le 27, lorsque j'arrivai de Poperinghe, je me préparai à partir à Lille pour y trouver le représentant du peuple Isoré; mais il était arrivé à Cassel, et, après être convenu avec moi de la nécessité de faire un effort sur Ypres, il m'a dit de faire l'ordre positif qu'il remettrait lui-même au général Souham pour qu'il fasse partir à l'instant, après son arrivée, 4,000 ou au moins 3,000 hommes sur Ypres, avec les munitions nécessaires que je lui indiquerais.

Dans la même conférence, il me montra la nécessité de donner des ordres au général de division Maisonneuve [1], qui venait d'arriver à Arleux, pour lui dire de

---

[1] Emmanuel-Michel-Bertrand-Gaspard Neuhaus, dit *Maisonneuve*, né à Landau (Basse-Alsace) le 29 septembre 1757, enrôlé au régiment de Champagne-Infanterie le 16 août 1775, caporal au régiment d'Austrasie-Infanterie le 28 novembre 1779, sergent le 3 juillet 1782, retraité pour blessures le 23 mai 1784, sous-contrôleur de l'hôpital militaire de Sarrelouis le 8 mai 1786, centenier de la garde nationale sédentaire de Metz le 2 juillet 1789, capitaine aide-major le 29 novembre 1789, commandant des fédérés de la Moselle le 14 juillet 1790, sous-lieutenant au régiment provincial d'artillerie de Metz le 15 février 1791, lieutenant-colonel en premier du 2e bataillon des volontaires de la Moselle le 14 août 1791, général de brigade à l'armée des Ardennes le 30 juillet 1793, général de division à l'armée du Nord le 30 septembre 1793, admis à la retraite le 28 janvier 1794, pensionné le 12 janvier 1795, commandant l'arrondissement de Bitche le 7 janvier 1798, commandant d'armes de la place de Bitche le 23 septembre 1800, membre de la Légion

prendre le commandement des trois brigades de Pont-à-Marcq, Douai et Arleux, afin que ces trois généraux qui y commandaient ne se rejettent plus sur le manque d'un chef, et l'engager à faire de nouveaux efforts sur Orchies.

J'ai reçu la réponse de ce général, où il explique ses moyens, ses forces et celles de l'ennemi, mais je n'ai pas eu le temps de lui répondre.

Quelle a été ma surprise de recevoir le même jour une lettre de ce représentant, qui m'annonce que je ne dois pas attendre des troupes de la division du général Souham, que l'ennemi, pendant qu'il était venu vers moi, avait attaqué vivement cette division et nous avait repoussés de Mauray et du Mont-Castrel, mais que Menin était conservé, et que les généraux se préparaient à reprendre ces deux postes et profiteraient de l'ardeur des troupes pour se jeter de volée sur Courtrai.

Ma surprise fut bien plus grande encore lorsque, le 28, le même représentant m'écrivait que l'ennemi venait de reprendre Menin, que cependant rien n'était affligeant, que l'ennemi menaçait cette division d'importance, que tout était en mouvement et que la déroute commencée hier était heureusement arrêtée, et dit : «Je dis adieu pour le moment à Courtrai; peut-être allez-vous en dire autant à Ypres. Je désire que le général Vandamme s'en tire bien.» Le restant de cette lettre se trouvera dans ma correspondance, où ma conduite sera mise au grand jour.

Il est aisé de sentir quel parti il me restait à prendre; l'ennemi, maître de Menin, le devenait en même temps de toute la rive gauche de la Lys et pouvait entrer sur le territoire de la République par Armentières, Nieppe, le Seau et Bailleul, et nous coupait la retraite du corps d'observation que j'avais contre Ypres, du côté de Menin. Aussi me suis-je dépêché de faire marcher le corps pour prendre les postes ci-dessus et arrêter l'ennemi, qui serait venu commettre ses horreurs ordinaires.

Le lendemain, j'ai fait retirer les troupes qui étaient devant Ypres et Vlamertingbe et à Boesinghe. Ces retraites se sont faites en si bon ordre que l'ennemi n'a jamais osé sortir d'Ypres pour nous inquiéter. Toute la grosse artillerie était retirée dans nos anciens retranchements avant que les troupes ne se mettent en mouvement.

Comme j'ai prêché l'exemple, d'après les ordres que j'ai donnés à tous les généraux de fortifier leurs postes, qu'ils auraient pris, j'ai mis Poperinghe en état de défense. comme on le verra par le plan qui sera dans mes papiers, et nous sommes toujours maîtres de cette place.

J'ai dû faire rentrer également les troupes qui étaient devant Dixmude et Nieuport en conservant Furnes, mais je ne sais si les pluies continuelles auraient permis de le garder par la difficulté de la retraite à cause des mauvais chemins.

<hr>

d'honneur le 11 décembre 1803 et officier le 14 juin 1804, chevalier de l'Empire le 23 juillet 1810, chevalier de Saint-Louis le 29 septembre 1814, mis en non activité le 1er septembre 1815, retraité le 7 avril 1816, mort à Nancy le 22 novembre 1834. Le général Maisonneuve avait fait sur mer les campagnes des Indes sous Suffren de 1780 à 1782; il avait eu le bras gauche emporté et la jambe gauche fracassée au combat naval du 3 septembre 1782, sur le vaisseau *le Héros*.

J'ai nommé depuis Bailleul jusqu'à Dunkerque des commissaires des districts des comités de surveillance et des sociétés populaires pour procéder à l'enlèvement de tout ce qui est compris dans le décret du 19 septembre et des otages à prendre dans les endroits où la contribution en espèce ne pourrait se remplir.

Mon arrestation m'a privé du plaisir de suivre ces objets et d'en rendre compte au Comité de salut public.

Vous voyez, citoyens, par tout ce qui est dit ci-dessus, ce que j'ai fait et ce que nous aurions pu faire, si tout le monde travaillait avec zèle à la cause commune et non par un intérêt sordide.

Voici donc, citoyens, les motifs réels de mon arrestation et [de] ma suspension.

Le général Souham, bouffi d'orgueil de la petite victoire qu'il avait eue à Menin ou je ne sais par quelle autre manie (car je ne puis le soupçonner d'avoir des intentions scélérates), doit avoir écrit souvent au général en chef qu'il était facile de prendre le camp de Maulde et même Tournai, tandis que l'ennemi n'était pas encore repoussé de Courtrai, de Cysoing et Orchies, qui étaient des conquêtes faisables lorsque l'ennemi était en déroute et ignorait les forces que nous avions pour l'attaquer.

Dans la lettre du général Jourdan, en date du 26 octobre, il me fait une espèce de reproche de n'avoir pas commandé en personne, et de ne pas occuper plus longtemps les troupes de la division Souham, qui disait en avoir besoin sur le camp de Cysoing pour soutenir le général Ransonnet, qui allait se trouver avec des forces considérables devant lui.

Le général en chef, occupé de grandes affaires pour ses projets contre l'ennemi, avait sans doute oublié qu'il m'avait déféré le commandement de vingt lieues d'étendue, qu'il avait approuvé mon plan d'opération, qu'il m'avait retiré depuis Bailleul jusqu'à Hondschoote onze mille hommes. Dans l'approbation du plan et dans son contenu il n'était point question du camp de Maulde. La même lettre du général en chef dit bien : «Les troupes que vous avez détachées de l'armée du général Souham peuvent empêcher la réussite sur Cysoing et c'est sur ce point important que je tourne toutes mes vues.»

Le général Jourdan avait donc oublié qu'il avait approuvé l'opération générale, que je n'en avais pas extrait des troupes au général Souham, qu'il n'avait que les deux mille hommes qu'il avait envoyés deux jours après l'ordre entre Menin et Ypres, et qu'il les avait retirées avant qu'elles n'aient pu être utiles; conséquemment il est facile de voir que le général Souham a subtilisé la bonne foi du général en chef en lui faisant croire que j'occupais les troupes.

D'ailleurs, il est encore plus facile de voir par ces lettres qu'il avait plutôt envie que je lui obéisse que de suivre les ordres que j'étais autorisé à lui donner. Par beaucoup de ces lettres, il me dit de lui envoyer toutes les troupes qui ne sont pas employées à la prise de Nieuport et Ostende.

C'est pour n'avoir pas rempli les vues très dangereuses du général Souham et toutes les lettres qu'il a écrites au général en chef, je le répète, en le trompant, que celui-ci m'ordonne par sa lettre du 28 de céder le commandement de la frontière dont il m'avait chargé, et de recevoir dorénavant les ordres de lui.

Une heure après l'arrivée de cette lettre, un officier et un gendarme m'annoncent

ma suspension avec l'ordre de me conduire à Arras. Voici le contenu de l'arrêté
du représentant du peuple Duquesnoy [1] :

. . . .

Cet arrêté, s'il n'était point accompagné de termes insultants (par mauvaise foi),
je l'aurais dû prendre pour une félicitation à poursuivre les objets convenus en
travaillant de toutes mes forces au bien de la République, puisque toutes mes
vues et toute l'activité dont je suis capable se portaient sur cette Flandre maritime, et que le seul qui a cherché et qui y a mis des entraves, comme il est
prouvé par tous mes papiers et dans ce mémoire, est celui à qui on a donné mon
commandement.

A présent, citoyens, il me reste à vous faire voir à quoi l'ambition ou l'ineptie
du général Souham exposait les intérêts de la République en exposant la précieuse
frontière depuis Armentières jusqu'à Dunkerque, en voulant à toutes forces que je
lui envoie toutes les troupes qui n'étaient pas occupées à la prise de Nieuport et
Ostende. Tous mes postes, depuis Dunkerque à Armentières, ne se seraient trouvés
gardés que par quelques soldats malades, qui étaient restés dans les anciens cantonnements, pour garder les équipages, contenir et animer les bataillons de la
levée en masse que j'avais fait avancer pour garder nos retranchements et en imposer à l'ennemi par le nombre qui était censé former la deuxième ligne; lesquelles
troupes ne pouvant à tous égards servir que de cette manière, ne sachant pas se
servir de leurs armes, puisqu'elles ne sont pas encore instruites et que de plus ils
désertent par 40 et 50 pour s'en retourner chez eux.

Ce n'était pas avec de pareilles troupes que je pouvais répondre de la frontière,
et je me serais cru bien coupable si j'eusse adhéré aux propositions du général
Souham. Il restait à l'ennemi devant cette frontière plus de 20,000 hommes depuis Ypres, Dixmude, Nieuport, Ostende et tous les postes intermédiaires. La
moitié suffisait pour faire une trouée et nous enlever Bailleul, Cassel, Hondschoote
et même Bergues, avec tous les bourgs et villages qui sont entre cette ligne et nos
retranchements sur l'extrême frontière, et par là nous ôter tout espoir de réduire
Nieuport et Ostende et voir enlever ou fuir en désordre les troupes occupées au
siège de Nieuport et celles du camp d'observation devant Dixmude.

Supposons que les dangers n'eussent point existé; pour lors, je n'aurais de ma
faible division pu extraire, y compris tout ce qui était devant Ypres, à Poperinghe
et Vlamertinghe, que 7,000 hommes.

Souham, avec son camp de la Madeleine, ses cantonnements et ce qu'il avait
extrait de la garnison de Lille, avait à peu près 22,000 à 23,000 hommes. Pour
garder la frontière, comme il le devait, il aurait fallu qu'il en laissât la moitié au
moins, en commençant par la prise du camp de Cysoing, Orchies et par conséquent Courtrai.

Il fallait laisser du monde suffisamment sur la gauche du côté de Courtrai et
sur la droite du côté d'Arleux et de Marchiennes. Je laisse à tout le monde qui
voudra prendre la carte à juger si nous avions encore assez de troupes pour forcer

---

[1] Cf. le texte de cet arrêté à la page 424, note 1.

les postes ennemis, sans presque de cavalerie, tandis que l'ennemi en avait beaucoup et occupait les postes suivants :

A la Clef-d'Or, entre Marchiennes et Saint-Amand, 100 hommes d'infanterie, une pièce de canon et de la cavalerie dans le village de Roquit (?); 400 hommes de cavalerie au Nouveau-Jeu, entre Orchies et Saint-Amand ; ils ont pratiqué une tranchée profonde et deux pièces de 12 en batterie gardées par 50 hommes et au Moulin de la Vallée, 900 hommes, tant troupes légères qu'infanterie, qui patrouillent les bois d'Hasnon.

Il serait trop long de vous expliquer tous les postes et retranchements qu'ils ont tant à Hélesmes, Hasnon, Fenain, Vatinette, au Calvaire, près et dans les bois de Coutiches et jusqu'à Saint-Amand, où ils ont travaillé sans relâche, ainsi qu'au camp de Maulde, où il y avait une quantité de prisonniers occupés à de nouveaux ouvrages, et un camp de 2,500 hommes à pique, au Hué (?), entre Maulde et Tournai, prêts à s'avancer au besoin. Voilà ce qu'il fallait vaincre, et surtout avant que l'ennemi n'ait reçu 25,000 à 30,000 hommes, que leur esclave Beaulieu a conduits de leur grande armée qui est devant celle de notre général en chef. Je laisse à juger de l'absurdité de cette entreprise en mettant en balance nos risques de toute la frontière et la certitude de faire périr un grand nombre de nos braves frères d'armes sans pouvoir conserver une telle conquête, en supposant qu'elle eût été entreprenable, car, tant que l'armée du général Jourdan ne pourrait débusquer l'ennemi du Quesnoy, Valenciennes et Condé, notre entreprise n'aurait été que momentanée, sans aucun succès certain.

Voyons maintenant quels auraient été nos avantages, si je n'avais pas été contrarié dans la plan unanimement adopté par le conseil de guerre, par les représentants du peuple Trullard, Isoré et Berlier, par le général en chef et le ministre de la guerre. Il fallait, pour cela, que le général Souham commençât par assurer les postes qu'il avait pris à l'ennemi par des bons retranchements, comme je le lui avais recommandé et ordonné, et tandis que nous étions à repousser les postes avancés devant Ypres, m'envoyer les troupes demandées et par là exécuter son dessein mentionné dans le conseil de guerre, sans donner le temps aux ennemis de se reconnaître, en les attaquant de tous côtés.

Après cette première ville prise, je lui renvoyais les troupes; l'ennemi en sentait bien l'importance par les travaux qu'il y avait à faire. Après cette conquête, je me rendais maître du camp de Dixmude presque sans coup férir; étant alors maître du canal de Boesinghe, d'Ypres et Furnes, j'attaquais par cette partie et par le corps du général Gougelot, qui aurait pu, par notre appui, jeter un pont sur la rivière de l'Yper; de là, après avoir renversé les ouvrages de l'ennemi et les avoir tournés à notre défense, nous pouvions, avec les deux corps, nous porter en toute sûreté sur Ostende, détruire les écluses de Plasscuendaele et par ce moyen mettre à sec le canal d'Ostende à Bruges et ôter la navigation de cette ville, ainsi que celle de Nieuport. Cette ville n'aurait vraisemblablement pas tenu, si la garnison avait su Ypres, Dixmude, Hannon (?) et Ostende bloqués et mis à flamme, comme eux l'étaient.

Je savais qu'à Ostende on avait déjà ôté les grosses pièces d'artillerie qui étaient sur la plate-forme et presque toutes celles du rempart, qu'on avait embarquées. Les deux côtés de la ville par le pavé et par le droite du canal étaient très faibles, et c'est bien entendu sur ces deux points que je devais l'attaquer. Nous étions là dans la Flandre maritime et dans les points les plus éloignés des secours que l'ennemi pouvait y porter.

Avant leur arrivée, nous aurions été maîtres de la ville ou nous l'aurions réduite en cendres, et, si nous y étions entrés, j'avais pris la précaution de demander à Dunkerque, par le général Vandamme, des matelots pour tous les petits vaisseaux qui pouvaient naviguer le plus près de la côte chargée du plus riche butin. Je faisais couler à fond, dès l'entrée du port jusqu'au passage du bac, tous les gros navires, et je consumais par les flammes les autres et les magasins que nous n'aurions pu emporter.

Cette expédition n'avait pas les désavantages du projet du camp de Maulde, et c'est de cette manière que j'aurais cru avoir fait plus de mal à nos ennemis qu'on ne leur en avait fait depuis la guerre.

Ces deux villes réduites, je pouvais disposer de 12,000 hommes, avec lesquels je me portais sur Bruges, où ils commençaient déjà à faire évacuer tous leurs malades sur des bateaux qui les ont conduits à Gand et à Anvers.

Là, je crois que je me trouvais bien sur ma ligne parallèle avec Menin et Courtrai et je conservais toujours ma retraite par Dixmude sur Hondschoote à Furnes et sur Poperinghe. Les retranchements et les fortifications que j'ai fait construire dans cette dernière ville, sous la direction d'un habile ingénieur et dont le plan est joint à mes papiers, font que nous conservons cette place sur le territoire ennemi.

Si tout le monde avait exécuté mes ordres, nous n'aurions pas fait des retraites avec déroute dans les autres divisions.

Voilà, citoyens, ce que j'ai fait : en faire davantage, tel a été mon désir. Si les entreprises que je m'étais proposées n'ont pas réussi, ce n'est pas ma faute; j'avais cependant pris des moyens pour qu'elles aient lieu.

Je viens de voir à l'instant dans le *Journal des hommes libres*[1] le sujet de mon arrestation et suspension; cependant ce n'est pas celui mentionné dans l'arrêté du représentant du peuple Duquesnoy. Dans la dénonciation faite par le citoyen Hébert contre le représentant Duquesnoy, ce dernier dit m'avoir suspendu de mes fonctions parce que j'ai été écuyer des haras de la maison d'Autriche. Si cela était, il n'avait pas besoin, dans son arrêté, de m'accabler de l'injure d'homme de mauvaise foi ou inepte, et encore, dans l'une ou l'autre de ces allégations, je ne croyais pas qu'un représentant fût envoyé à l'armée pour destituer personne sur de simples soupçons. On ne perd point un homme sans l'entendre ou prendre des informations certaines, à moins qu'il ne soit pris en flagrant délit.

J'accuse, d'ailleurs, de faux l'assertion du représentant Duquesnoy; je prouverai que je n'ai jamais été l'esclave du tyran d'Autriche, ni écuyer, ni son serviteur

---

[1] N° 375, 21 brumaire an 11. Le *Journal des hommes libres* reproduisait le compte rendu de la séance de la Convention du 20 brumaire, dans laquelle le représentant Duquesnoy expliquait les raisons des destitutions des généraux et disait : «J'ai pris semblable mesure envers le général D'Avaine, qui fut écuyer dans les haras de la maison d'Autriche, et le commandant d'artillerie Gillet, qui fut aussi attaché à la maison d'Autriche en qualité de garde du corps»

en aucune manière, ni jamais touché aucune solde de cette race prostituée. J'ai été, à la vérité, écuyer-directeur des haras, nommé à cet effet par mes concitoyens, pas même par les États de Flandre, mais par les administrateurs des châtellenies de Gand, Saint-Nicolas et Alost, où j'ai fait près de dix-neuf ans ma demeure. Je pourrais donner des preuves de ce que j'avance si nous retournions dans la Belgique. Je pourrais prouver qu'après être sorti du service de France et y avoir fait la guerre, y ayant servi depuis l'année 48 jusqu'à 63 [1], j'ai refusé des emplois militaires; que j'ai toujours été du comité secret révolutionnaire; que, pendant la révolution de la Belgique commencée en 1787, laquelle a éclaté en 1789, j'ai été un des premiers à exercer mes concitoyens au maniement des armes; que j'ai toujours été à la tête des troupes qui ont osé me suivre au passage de l'Escaut, avec lesquelles je suis venu dans le pays de Waes et de là prendre la ville de Gand, où il a fallu se battre cinq jours et quatre nuits sans discontinuer, pour en expulser les satellites du tyran d'Autriche, après y avoir fait prisonnier le 1er bataillon de Clerfayt et 29 officiers. Après cette prise, toute la Flandre s'est trouvée libre; que de là j'ai toujours ou commandé les corps d'armée aux avant-postes dans les Ardennes et, pour abréger ce récit, après notre trahison j'ai conduit l'arrière-garde et 24 pièces de canon jusqu'à Gand; de là, j'ai passé avec toute ma famille en France à la fin de 1789.

Après cela, peut-on douter de mon civisme? peut-on supposer un seul instant que j'aie voulu trahir? Ne sait-on pas qu'une mort infâme (si je retournais dans mon pays avec mes deux fils, qui servent comme moi la République avec zèle) serait mon partage et terminerait une vie que je consacre tout entière à la République française, qui est devenue ma précieuse patrie.

Si cela n'était pas suffisant, qu'on s'informe de moi dans le pays que j'habite depuis plusieurs années (Melun), que l'on fasse parler les sociétés populaires; elles vous diront de quelle manière je me suis comporté dans le service de la garde nationale et avec quelle exactitude je m'en suis acquitté. Ce n'est que depuis l'époque glorieuse et à jamais mémorable du 10 août que le général Santerre m'a fait avoir l'inspection des chevaux de la République, et en septembre même année, le ministre Servan, qui voulait corriger les abus de l'administration des remontes générales, me nomma premièrement commandant du dépôt de Lunéville, et peu de jours après me donna la commission d'inspecteur.

Ce service m'ayant conduit au commencement de février de la présente année dans la Belgique, je me déterminai à reprendre le service et, le 19 du même mois, je reçus ma commission de général de brigade, qui m'a été confirmée par un décret de la Convention en date du 7 mars. Depuis ce temps, je n'ai pas quitté les armées.

Je ne prolongerai pas ce mémoire par des faits que je pourrais citer, en commençant depuis la trahison de l'infâme Dumouriez, la retraite déshonorante du camp de Famars, tandis que nous étions à nous battre dans le bois de Bonne-Espérance, la position que l'on m'a fait prendre le lendemain à Hélesmes, et enfin

---

[1] Cette lettre fixe à 1763 l'époque où D'Avaine quitta le service de France; cette date doit être ajoutée aux états de service du général publiés à la page 10, note 4.

jusqu'au camp de Gavrelle, avant d'aller prendre le commandement à Cassel. Plusieurs députés pourront rendre compte de ma conduite, entre autres les citoyens Elie Lacoste et Peyssard.

Mon but est rempli, citoyens; je crois la vérité assez évidente; je l'ai pour ainsi dire montrée au doigt. Il est impossible même que les hommes les moins clairvoyants ne la reconnaissent pas; tous ceux donc qui verront ce mémoire seront forcés de dire : « Il a voulu le bien, il l'a fait, et, pour sa récompense, on le destitue. »

Peu m'importe, citoyens, l'injustice des hommes; peu m'importe que l'on exalte mes vertus républicaines, si l'on ne me rend pas justice. Mon seul désir dans ce moment, et ce qui me tient le plus à cœur, c'est qu'après avoir examiné attentivement ce mémoire vous sachiez m'apprécier et me connaître; c'est ce qu'attend de vos lumières et de votre équité celui qui est bien fraternellement

DAVAINE [1].

(Orig., Arch. de la guerre, armée du Nord.)

IV

26-28 OCTOBRE 1793.

RÉCIT DE JOURDAN SUR LES ÉVÉNEMENTS MILITAIRES.

Le général en chef, en se portant sur la rive gauche de la Sambre, sacrifiait son armée et compromettait le salut de la France; en refusant d'obéir, il portait sa tête sur l'échafaud. Bien déterminé à prendre le parti que lui dictait son patriotisme, il chercha néanmoins à prouver par quelques tentatives aux commissaires de la Convention près l'armée que les ordres du gouvernement étaient inexécutables, dans l'espérance qu'ils le feraient révoquer.

Les Autrichiens avaient construit un si grand nombre d'ouvrages en face de Maubeuge qu'on ne pouvait songer à déboucher par cette place. La proximité de la forêt de Mormal et les hauteurs dominantes de la rive gauche ne permettant pas davantage d'effectuer le passage de la Sambre au-dessus, il ne restait qu'à essayer de la franchir vers la partie inférieure. Le 26 octobre, le général en chef porta son quartier général à Beaumont et donna à la division Balland l'ordre de venir le joindre; il renforça en même temps les autres divisions du reste de la garnison de Maubeuge et fit entrer dans la place celle de Cordellier. L'ennemi apercevant ces dispositions opéra un mouvement sur sa gauche et s'établit en force entre Merbes et Thuin.

Le 28, les divisions Duquesnoy, Balland et Desbureaux s'avancèrent sur la Sambre et engagèrent leurs troupes légères avec celles de l'ennemi. Pendant ce

[1] Cette lettre est signée *Davaine*, sans apostrophe, contrairement à l'orthographe ordinaire.

combat, le général en chef, accompagné de Duquesnoy, commissaire de la Convention, dont le courage égalait celui du premier grenadier de l'armée[1], reconnut la position des alliés. Le commissaire étant convenu qu'il y aurait de la témérité à entreprendre le passage de la rivière en présence des forces qui en défendaient l'approche, les divisions se retirèrent et campèrent dans l'ordre suivant : Desbureaux à Bossus, Duquesnoy à Estrée, et Balland à Montignies-Saint-Christophe; les avant-postes à Ham-sur-Heure.

La supériorité du nombre et l'avantage de la position qu'avait l'ennemi n'étaient pas les seuls obstacles à vaincre. Le dénuement des troupes dans une saison pluvieuse, la rareté des vivres et des fourrages, les chemins du pays d'entre Sambre-et-Meuse difficiles en tout temps, impraticables à cette époque pour les équipages de pont, l'artillerie et les convois, présentaient des difficultés également insurmontables.

(Arch. de la guerre, mémoires autographes et inédits du général Jourdan.)

[1] On voit que l'opinion de Jourdan sur la bravoure du représentant Duquesnoy n'avait pas varié.

ERRATUM DU TOME II.

Page 244, note 2. Le général d'*Urre* est né en 1734 et non en 1743.

ADDENDA DU TOME II.

PARIS, 12 MARS 1793.

LOYER D'UNE DILIGENCE POUR LE VOYAGE DE CARNOT À L'ARMÉE DU NORD.

J'ai pris à loyer du citoyen Cornuau, dit *Lambrière*, sellier à Paris, rue du Mail, n° 44, une diligence, la caisse peinte brune, le train gris, garnie en calleman de grise, les glaces entières, les coussins pareils, la clef des roues et une vache, pour aller de Paris au département de Calais et revenir, moyennant la somme de cent cinquante livres que je lui ai payée pour le loyer de la voiture, et m'oblige de la remettre à Paris chez le citoyen Cornuau Lambrière, sellier.

Payé avant de partir, le 12 mars 1793, cent cinquante livres au citoyen Cornuau Lambrière.

L. CARNOT.

Je reconnais avoir reçu du citoyen Carnot la somme de deux cent dix livres pour le loyer de la voiture mentionnée ci-dessus pour solde de tout compte, ayant reçu la voiture avec toutes ses dépendances, ainsi que la vache.

Paris, ce 23 août 1793.

J.-J. CORNUAU.

(Orig., Arch. de la famille Carnot.)

LILLE, 1er AVRIL 1793.

LES REPRÉSENTANTS CAMUS, BANCAL, LAMARQUE ET QUINETTE À CARNOT.

A Lille, le 1er avril 2e de la République française.

Citoyen notre cóllègue, vous avez été nommé conjointement avec nous par le décret dont vous trouverez l'expédition ci-jointe, pour remplir la mission que le décret vous fera connaître. Nous vous invitons à vous rendre le plus promptement possible à Douai, où nous aurions soin de vous indiquer le lieu précis dans lequel vous pourrez nous rejoindre.

Camus, Henry Bancal, F. Lamarque, N. Quinette.

(Orig. aut. de Camus, arch. de la famille Carnot.)

ADDENDA DU TOME III.

Page 35, note 4. Ajoutez à la notice sur le général Declaye : Mis en liberté par le Comité de salut public le 8 brumaire an II (29 octobre 1793). — (Cf. Aulard, VIII, 92.)

Page 39. Intercaler le document suivant :

4 BIS. PARIS, 24 AOÛT 1793.

LE COMITÉ DE SALUT PUBLIC AUX SECTIONS DE PARIS.

Paris, ce 24 août, l'an II de la République une et indivisible.

LE COMITÉ DE SALUT PUBLIC DE LA CONVENTION NATIONALE À L'ASSEMBLÉE GÉNÉRALE DE LA SECTION DE . . . . .

La levée générale qui va s'effectuer dans ce moment pour chasser tous les ennemis de la République exige impérieusement une quantité d'armes considérable.

Il en faut pour le moment actuel, il en faut pour les besoins à venir.

Il faut que tous les Français aient des armes pour résister aux ennemis extérieurs et aux projets liberticides des ennemis intérieurs.

Il faut qu'un très grand nombre d'ouvriers soient entièrement et exclusivement occupés à fabriquer des armes.

Il est nécessaire que nous connaissions le nombre d'ouvriers en fer existant à Paris, pour pouvoir répartir entre chacun d'eux la fabrication des armes.

Nous vous prions en conséquence de faire de suite le recensement de tous les ouvriers en fer dans votre arrondissement, le recensement de tous les ouvriers qui travaillent de la lime, du marteau, sur toute espèce de métaux.

Nous vous prions d'indiquer dans ce recensement l'âge de l'ouvrier, la nature de son travail ordinaire, l'objet auquel il peut être destiné, s'il est père de famille, s'il a une boutique et des ouvriers, combien d'ouvriers il occupe, et généralement tout ce qui est propre à déterminer l'occupation qu'on peut lui donner, et de remplir le tableau ci-joint.

Les membres du Comité de salut public,
ROBESPIERRE, THURIOT, SAINT-JUST, LAZ. CARNOT,
B. BARÈRE, C.-A. PRIEUR, COUTHON.

(Impr., coll. de M. Etienne Charavay.)

———

Page 45, première ligne. Ajoutez : LE COMITÉ DE SALUT PUBLIC AU MINISTRE DE LA GUERRE BOUCHOTTE.

Page 84. Intercaler la pièce suivante :

CHAMBÉRY, 3 SEPTEMBRE 1793.
LE GÉNÉRAL EN CHEF KELLERMANN AU COMITÉ DE SALUT PUBLIC.

Analyse. — Il réclame la formation d'une compagnie de guides de trente hommes pour le département du Mont-Blanc. Il a choisi, d'accord avec les représentants du peuple, le citoyen Ratel pour capitaine et le citoyen Jean-François Dupasquier pour lieutenant.

(Copie certifiée par Kellermann, Arch. de la guerre, armée des Alpes.)

———

Page 86. Intercaler la pièce suivante :

CHAMBÉRY, 4 SEPTEMBRE 1793.
LE GÉNÉRAL EN CHEF KELLERMANN AU COMITÉ DE SALUT PUBLIC.

A Chambéry, le 4 septembre, 11 heures du soir, l'an II de la République française.

LE GÉNÉRAL D'ARMÉES DES ALPES ET D'ITALIE
AUX REPRÉSENTANTS DU PEUPLE COMPOSANT LE COMITÉ DE SALUT PUBLIC.

Je vais vous rendre compte, citoyens représentants, de ma tournée dans le Mont-Blanc et de l'état des choses.

Sur la réquisition des représentants du peuple près l'armée des Alpes, Dubois-Crancé, Gauthier, Simond et Dumaz, je me suis de nouveau rendu dans le département du Mont-Blanc, extrêmement alarmé des progrès des ennemis, tant dans le Faucigny que dans les deux vallées de Maurienne et de Tarentaise. J'ai quitté le quartier général de la Pape le 31 août, à 11 heures du soir, et suis arrivé le lendemain à Grenoble. J'ai de suite donné des ordres pour que l'on pourvût avec chaleur à l'approvisionnement nécessaire pour continuer le bombardement de Lyon et la défense du Mont-Blanc. Je dois vous instruire que les arsenaux des départements des Alpes et de l'Isère commencent à s'épuiser de mortiers, de pièces de siège, de boulets, de bombes, d'obus et de poudre; qu'il faut songer sérieusement à leur remplacement immédiat, trois mortiers, une pièce de 24, une de 16, dont trois sont hors de service devant Lyon.

De Grenoble j'ai été à Barraux, à Chambéry; j'ai dissipé les alarmes qui se renouvelaient. J'y ai trouvé les représentants Simond et Dumaz, avec lesquels je me suis rendu à Aiguebelle. Les généraux me parurent inquiets sur leur flanc droit. Je leur ai renouvelé l'ordre de tenir ferme et j'ai fait des dispositions pour leur ôter la crainte d'être tournés et coupés de Montmélian, deux bataillons étant en marche, l'un des Valloires, qui sera remplacé par un placé au Galibier, et l'autre venant du camp de Tournoux. Les troupes, quoique très affaiblies par les maladies, ont montré beaucoup d'ardeur et de désir de livrer un combat. Le 4, nous fûmes à l'Hôpital et trouvâmes dans les troupes même ardeur, mais aussi même affaiblissement.

D'après tous les renseignements, la force de l'ennemi dans les deux vallées ne passe pas huit mille hommes de troupes réglées, mais un grand nombre de paysans a pris les armes en sa faveur. Les représentants vous diront de leur côté ce qu'ils ont remarqué.

Dans le Faucigny, j'ai trois bataillons et des gardes nationales sous les ordres d'un brave militaire, nommé Verdelin [1], commandant temporaire à Chambéry et capitaine au 35ᵉ régiment. J'envoie le citoyen Santerre [2], chef de brigade au 35ᵉ ré-

---

[1] Jean-Charles de Verdelin, né à Montégut (Hautes-Pyrénées) le 19 janvier 1749, fils de François, baron de Montégut, sous-lieutenant au régiment de Boulonnais le 11 août 1765, lieutenant le 9 juillet 1769, capitaine en second le 27 juillet 1781, capitaine de grenadiers le 17 juillet 1783, capitaine commandant le 13 avril 1786, commandant temporaire de Chambéry le 4 juin 1793, commandant la brigade de Faucigny le 22 août 1793, adjudant général chef de brigade le 17 septembre 1793, retraité le 25 brumaire an IV (16 novembre 1795). Il était cousin de la femme du général Le Veneur.

[2] Louis-Jacques Ruelle de Santerre, né à Versailles le 22 septembre 1739, volontaire au régiment du Colonel-général des dragons le 28 novembre 1756, lieutenant au régiment de Languedoc le 13 février 1759, sous-lieutenant des grenadiers le 1ᵉʳ juin 1759, capitaine en second de cavalerie le 20 juin 1759, enseigne au régiment de Languedoc le 15 octobre 1759, capitaine de cavalerie le 1ᵉʳ janvier 1760, sous-lieutenant au régiment de Languedoc le 31 mars 1763, sous-lieutenant des chasseurs en octobre 1764, lieutenant le 24 décembre 1766, lieutenant des chasseurs le 20 juillet 1768, capitaine le 24 mars 1769, lieutenant-colonel le 5 février 1792, colonel du 35ᵉ le 29 juin 1792, général de

giment, que les représentants du peuple Dubois-Crancé et Gauthier ont nommé général de brigade [1], prendre le commandement en chef de toutes les troupes rassemblées dans le Faucigny, à Bonneville, avec ordre d'attaquer vigoureusement les rebelles et les troupes piémontaises réunies à Cluses, et, après les avoir chassés de Cluses, Sallanches, et regagné la vallée, de marcher vivement par Annecy sur la vallée de Beaufort-en-Tarentaise[2]. Cette expédition faite, on attaquera l'ennemi, de concert avec la division de l'Hôpital, et on le rechassera plus promptement qu'il n'est venu.

Je prépare les dispositions pour l'attaque des deux vallées et je la ferai commencer aussitôt que j'aurai le peu de troupes que je fais venir et que je serai en mesure d'agir avec un parfait ensemble.

Dès que cette expédition sera terminée je retourne à Lyon, si ma présence y est jugée nécessaire par les représentants. J'établis mon quartier général au château des Marches, à une lieue de Montmélian, point central.

Je vous envoie copie de l'extrait du procès-verbal du Conseil général du département du Mont-Blanc relatif à la formation d'une compagnie de guides de l'armée pour ce département, avec l'apostille des représentants et la mienne au bas.

Je vous envoie en outre copie de la lettre du citoyen Le Féron [3], général de bri-

---

brigade provisoire le 24 août 1793, suspendu le 16 vendémiaire an II (7 octobre 1793), autorisé à prendre sa retraite le 17 fructidor an II (3 septembre 1794), pensionné le 9 messidor an IV (27 juin 1796), mort à Lille le 4 pluviôse an X (24 janvier 1802). Le général Ruelle de Santerre avait fait sous l'ancien régime les campagnes de Hanovre en 1757 et 1758, du Canada de 1759 à 1761, de Corse en 1768 et 1769, et d'Amérique en 1780 et 1781. Il avait été blessé au Canada le 27 avril 1760.

[1] Le 24 août 1793.

[2] Cf. Krebs et Moris, I, 276.

[3] Louis-Hyacinthe Le Féron, né à Parthenay (Deux-Sèvres) le 30 novembre 1765, capitaine au 1er bataillon des Deux-Sèvres le 6 octobre 1791, 2e lieutenant-colonel le 1er décembre 1792, 1er lieutenant-colonel le 8 janvier 1793, général de brigade à l'armée des Alpes le 19 août 1793, refuse ce grade par lettres du 22 août et du 27 septembre 1793, autorisé à reprendre le commandement du bataillon des Deux-Sèvres le 12 octobre 1793, général de brigade à l'armée des Pyrénées occidentales par arrêté des représentants du peuple le 20 vendémiaire an III (11 octobre 1794), refuse de nouveau ce grade et rentre dans son bataillon le 8 frimaire an III (28 novembre 1794), commande la demi-brigade des Deux-Sèvres le 30 germinal an III (19 avril 1795), passé à la 63e demi-brigade d'infanterie de ligne le 30 nivôse an VI (19 janvier 1797) et à la 5e demi-brigade le 1er germinal an VIII (21 mars 1799), mort en Italie en août 1799. — Le 22 août 1793, Le Féron écrivait au député Cochon, son compatriote : «Citoyen représentant, si vous avez contribué à me faire nommer général de brigade, à beaucoup près vous n'avez pas rempli mes vues. Le ministre m'ordonnant de prendre le commandement d'une brigade de la division de Valenciennes qui va se porter sur Lyon, je n'hésite point à obéir, mais cette place est fort au-dessus de mes forces. Rendez-moi un service signalé; parlez au ministre de la guerre pour qu'il me fasse donner une place d'adjoint aux adjudants généraux à l'armée, pour laquelle je semble destiné; tâchez de faire obtenir le même emploi à Boüet, capitaine de notre bataillon. Si mes propositions ne sont point accueillies, donnez-moi une preuve de votre amitié et faites en sorte

gade, et de l'état du nombre des troupes qui sont arrivées à Limonest, composant la garnison de Valenciennes. Vous verrez que cette garnison est loin d'être aussi nombreuse qu'on me l'avait annoncée; elle est composée de corps délabrés et manquant de beaucoup de choses. Vous jugerez vous-mêmes de ce qu'il est possible d'exécuter avec des moyens tellement au-dessous de ceux qu'on m'avait promis.

KELLERMANN.

(Orig., Arch. de la guerre, armée des Alpes.)

Page 93. Intercaler la pièce suivante :

CHAMBÉRY, 5 SEPTEMBRE 1793.

LE GÉNÉRAL EN CHEF KELLERMANN AU COMITÉ DE SALUT PUBLIC.

Chambéry, le 5 septembre 1793, l'an II de la République française.

LE GÉNÉRAL D'ARMÉES DES ALPES ET D'ITALIE

AUX REPRÉSENTANTS DU PEUPLE COMPOSANT LE COMITÉ DE SALUT PUBLIC.

Je vous envoie, citoyens représentants, une lettre que je viens de recevoir des citoyens Dubois-Crancé et Gauthier, représentants du peuple, avec copie de celles qui leur ont été adressées par leurs collègues députés dans les départements méridionaux. Leur contenu, dont vous devez avoir eu connaissance, prouve trop l'état critique des affaires dans cette partie par l'effet de la trahison de Toulon. Ils me disent qu'il n'y a plus d'autre combinaison à faire que de marcher droit à l'ennemi. Sans doute il le faut et, si les événements de l'intérieur n'eussent pas forcé à déranger mon plan de campagne et ne m'eussent pas lié à un point plus qu'à un autre de ma longue ligne de défense, les Piémontais n'auraient pas envahi une partie du territoire de la République, et les Anglais, j'ose le croire, ne seraient pas maîtres de Toulon.

Oui, il faut marcher à l'ennemi, et voilà pourquoi je suis en face de celui qui, n'ayant plus qu'un mois pour consommer son projet, va sans doute redoubler d'efforts. J'espère les rendre nuls et le culbuter lui-même au delà des monts. Oui, il faut forcer de moyens, comme le disent les représentants Gauthier et Dubois-Crancé, contre Lyon et Toulon. Aussi fais-je tirer des départements de l'Isère et des Hautes-Alpes la plus grande partie des bouches à feu et des munitions qui s'y trouvent pour achever de détruire Lyon, qui persiste dans son état de rébellion à la loi; mais il faut augmenter le nombre des troupes, tant pour achever et bien

que je demeure à un corps à qui je suis attaché. Parlez à cœur ouvert, ma reconnaissance sera sans bornes. Je vous avouerai franchement que mes talents sont fort au-dessous de l'emploi. Votre concitoyen, Le Féron.» (Orig. aut., Arch. adm. de la guerre, dossier Le Féron.) — Le ministre de la guerre fit droit à sa requête.

assurer l'investissement que pour exécuter quelque attaque vigoureuse. Les gardes nationales requises ont à peine fourni la moitié de leur contingent, et une partie arrive sans armes. Je vous ai parlé dans ma lettre d'hier de la réduction de la garnison de Valenciennes, que l'on m'a annoncée de quatre mille hommes.

Oui, il faut de grands moyens pour des entreprises de ce genre, et je n'ai cessé de me plaindre au Comité de salut public, à la Convention nationale, au ministre de la guerre, du dénuement où l'armée des Alpes était en divers genres, particulièrement en artillerie, en chevaux pour la traîner, en troupes à cheval, en infanterie. Je me suis assez plaint que dans cet état de dénuement on retirât encore des forces de cette armée. Tout cela est resté sans réponse et on n'en a pas moins exigé de moi des efforts au-dessus de mes forces.

Il faudra de plus grands moyens pour reprendre la ville et le port de Toulon. Je déclare même que je ne connais pas d'entreprise militaire d'une plus haute importance et qui soit hérissée de plus de difficultés. Observez avec moi, citoyens représentants, que la place est couverte au dehors de forteresses qu'on a cherché à rendre d'une longue défense, qui se lient entre elles et dont les murs prennent de revers sur les attaques des autres. Les travaux de la dernière campagne ont réparé les chemins couverts et la partie d'enceinte de la place qui étaient plus faibles. Ce n'était pas pour que la plus exécrable des trahisons livrât aux Anglais une place, un arsenal si redoutables, que la nation y avait préparé tant de puissants moyens de défense, qu'elle y avait fait accumuler tant d'artillerie et de richesses navales. Tous ces forts, tous ces canons, tout est au pouvoir des Anglais. Ils hérisseront encore les remparts de l'artillerie de nos propres vaisseaux. Maîtres de la mer, ils ravitailleront à leur gré la place en troupes, en vivres, en munitions de guerre. Il faut donc que nous rassemblions une immense artillerie en canons et surtout en mortiers, avec au moins 40,000 hommes. Je ne parle pas des moyens de marine qui ne sont pas de mon ressort; je me borne sur cet objet à dire militairement qu'il faudrait qu'une de nos flottes bloquât le port.

Jusqu'à ce que l'armée des Alpes ait chassé les Piémontais au delà des monts et que la saison heureusement très prochaine garantisse la frontière des Hautes-Alpes, jusqu'à ce que je puisse disposer des troupes rassemblées pour punir Lyon, cette armée ne peut envoyer aucun renfort contre Toulon. A cette époque aussi l'armée d'Italie aura un moindre besoin de toutes ses troupes et elle fournira une partie de celles qui la composent. Mais il sera nécessaire de faire encore arriver 20 bataillons au moins pour porter à 40,000 hommes effectifs l'armée du siège de Toulon. Je dois vous déclarer que les places des Hautes-Alpes et de l'Isère vont être entièrement dépourvues de munitions de guerre par la consommation journalière devant Lyon. C'est donc des arsenaux du Rhin et de la Moselle qu'il faut tirer promptement toute l'artillerie de siège nécessaire pour attaquer Toulon, et il ne faut rien entreprendre que les moyens d'attaque pour trois mois au moins ne soient réunis.

Mon devoir de général est de ne vous rien taire des difficultés d'une entreprise telle que le siège de Toulon, et je déclare en même temps que la République doit tout faire pour rentrer victorieuse dans ce port, si essentiel à son commerce et à sa puissance. J'espère, citoyens représentants, que vous répondrez à cette lettre, quoique je n'aie reçu aucune réponse à celles que je vous ai adressées depuis trois semaines. Je ne puis vous cacher combien un tel silence est décourageant, je dirai même mortifiant pour un général, qui se dévoue, comme je l'ai fait et ne cesserai de le faire, à bien servir la République.

Malgré les affreuses calomnies dont on s'efforce de me noircir depuis quelque temps, malgré les amertumes dont on ne cesse de m'abreuver, jamais je n'ai cessé de vouloir la République une et indivisible, de l'aimer, et plût à Dieu que son bonheur et sa gloire fussent cimentées de tout mon sang! Mais comment voudrait-on que j'accomplisse un si généreux dessein quand je n'ai eu, ni n'ai, comme vous ne le savez que trop, ni les forces, ni les moyens nécessaires. Donnez-les moi ces forces, ces moyens; ils sont tous dans vos mains. Je mets de ce nombre la confiance de mes concitoyens, toujours indispensable à un général d'armée, et surtout dans les moments de grandes crises. Alors je marche, j'entreprends de sauver la République ou je périrai avec elle.

Je vous offre de nouveau, citoyens représentants, la démission de mon emploi de général d'armée, mais dans ce moment il faut agir et ne pas consulter les pénibles sentiments dont je suis affecté. Si je péris, tout est fini pour moi et l'honneur me survivra. Si je suis assez heureux pour faire triompher la République, ma retraite est la seule récompense que je demande et que sans doute on ne s'opiniâtrera pas à me refuser [1].

(Orig., Arch. de la guerre, armée des Alpes.)

Page 116, note 1. M. Victor Barrucand a publié à la librairie Plon les mémoires du général Rossignol, sous ce titre : «La vie véritable du citoyen Jean Rossignol, vainqueur de la Bastille et général en chef des armées de la République dans la guerre de Vendée.» M. Barrucand donne comme date de naissance du général *7 novembre 1759*. La date exacte de mort est le *8 floréal an x (29 mars 1802)*.

Page 133. Intercaler la pièce suivante :

CHAMBÉRY, 11 SEPTEMBRE 1793.

LE GÉNÉRAL KELLERMANN AU COMITÉ DE SALUT PUBLIC.

Analyse. — Envoi d'une copie d'une lettre du général du Merbion. Il apprend à

[1] Cette pièce, quoique envoyée au Comité, ne porte pas la signature de Kellermann. — On sait que ce général n'obtint pas les satisfactions qu'il réclamait, mais fut destitué par le Comité de salut public et mis en arrestation.

l'instant que l'ennemi vient d'être repoussé par le général Le Doyen [1] à Aigue-belle en Maurienne.

    (Orig., Arch. de la guerre, armée des Alpes.)

Page 158. Intercaler les deux pièces suivantes :

LES MARCHES, 17 SEPTEMBRE 1793.
LE GÉNÉRAL EN CHEF KELLERMANN AU COMITÉ DE SALUT PUBLIC.

Au quartier général des Marches, le 17 septembre 1793, l'an 1 de la République,

LE GÉNÉRAL D'ARMÉES DES ALPES ET D'ITALIE
AUX REPRÉSENTANTS DU PEUPLE COMPOSANT LE COMITÉ DE SALUT PUBLIC.

J'ai reçu, citoyens représentants, votre arrêté en date du 24 août, par lequel vous prononcez la peine de destitution contre les officiers qui, dans le délai de huit jours à dater de la réception de cet arrêté, n'auront pas endossé l'uniforme national ou auront conservé quelques signes de l'ancien régime. J'ai fait immédiatement passer aux généraux des exemplaires de cet arrêté pour qu'ils le fissent mettre à exécution; mais je me permettrai de vous représenter qu'il est impossible aux bataillons qui font la guerre dans les Alpes de se conformer, aussi promptement que vous l'exigez, à la loi. Enfoncés dans des montagnes affreuses, dans les bois, dans la neige, séparés souvent de toute communication avec les villes, ils sont dépourvus non seulement des moyens de se faire habiller, mais de faire ré-

---

[1] Jean-Denis Le Doyen, né à Liège (Belgique) le 26 septembre 1751, volontaire au corps des carabiniers le 15 janvier 1765, enrôlé au régiment de Dauphiné-Infanterie le 16 mars 1768, caporal le 1er juin 1770, sergent le 1er septembre 1772, fourrier le 21 avril 1775, sergent-major de chasseurs le 21 juin 1776, congédié le 1er novembre 1778, sous-lieutenant au bataillon de garnison de Royal-Infanterie le 20 juin 1779, gendarme à la compagnie de la Reine le 26 mars 1780, quartier-maître du régiment du Colonel-général des hussards le 28 décembre 1783, lieutenant le 1er avril 1791, capitaine le 7 avril 1792, aide de camp du général Sheldon le 1er juillet 1792, adjudant général lieutenant-colonel le 3 septembre 1792 et chef de brigade le 12 avril 1793, général de brigade provisoire à l'armée des Alpes le 21 juin 1793, suspendu le 7 octobre 1793, relevé de sa suspension le 3 décembre 1794, confirmé dans son grade le 11 avril 1795, suspendu le 25 octobre 1795 et réintégré le 19 novembre suivant, commandant à Luxembourg le 19 décembre 1795, chef d'état-major de l'armée des Alpes le 4 mai 1796, commandant le département des Hautes-Alpes du 22 septembre 1797 au 11 février 1798, admis au traitement de réforme le 8 mai 1798, remis en activité à l'armée d'Italie le 6 avril 1799, inspecteur aux revues le 7 février 1800, employé à l'armée de Saint-Domingue le 29 octobre 1801, mort au Cap (île de Saint-Domingue) le 16 mai 1802. Il avait fait sous l'ancien régime la campagne de Corse en 1769.

parer les habits qu'ils portent. Ils ont adressé leurs réclamations aux représentants du peuple près cette armée, qui ont trouvé juste de leur accorder la possibilité de satisfaire à la loi et le temps de faire mettre en œuvre les draps achetés depuis longtemps pour cet objet. Je suis persuadé que vous sentirez la vérité de ces raisons et que vous voudrez bien y avoir égard.

Quant à ceux des officiers dont les bataillons ne sont pas dans la position dont je viens de vous parler, la loi sera exécutée dans toute sa rigueur à leur égard.

KELLERMANN.

(Orig., Arch. de la guerre, armée des Alpes.)

LES MARCHES, 17 SEPTEMBRE 1793.
LE GÉNÉRAL KELLERMANN AU COMITÉ DE SALUT PUBLIC.

Analyse. — Le fournisseur de la viande de l'armée ayant réclamé un acompte de 3 millions pour le trimestre de juillet, le Comité a demandé un état des hommes des armées des Alpes et d'Italie. Kellermann déclare que l'effectif de son armée est de 40,000 hommes, mais qu'il n'a pas ce nombre disponible de combattants, car il faut en défalquer notamment 5 bataillons et la légion des Allobroges, qui sont à Marseille avec le général Carteaux, et 14 bataillons et 2 régiments de troupes à cheval qui sont devant Lyon. Ce qui a le plus absorbé des moyens du munitionnaire, ce sont les fournitures aux gardes nationaux mis en réquisition, dont le nombre s'est élevé à 7,000 ou 8,000 hommes pendant le mois d'août. Ce nombre sera très supérieur pendant septembre si, comme on l'annonce, il arrive devant Lyon 20,000 hommes des départements du Puy-de-Dôme, de la Haute-Loire et du Cantal.

(Orig., Arch. de la guerre, armée des Alpes.)

Page 260, 21ᵉ ligne. Au lieu de *Dubreuil*, lisez *Dubreil*.

Page 290. Ajouter la notice suivante sur le général Lemaire :

Simon-Hubert Maire, dit *Lemaire*, né à Besançon (Doubs) le 12 juillet 1755, entré au régiment d'artillerie d'Auxerre le 3 février 1775, 2ᵉ canonnier le 1ᵉʳ janvier 1777, 1ᵉʳ canonnier le 3 février 1781, sergent le 15 juillet 1782, sergent-major le 28 octobre 1785, lieutenant le 18 mai 1792, capitaine le 1ᵉʳ novembre 1792, général de brigade provisoire en septembre 1793, confirmé le 8 pluviôse an II (27 janvier 1794), inspecteur général d'artillerie le 1ᵉʳ pluviôse an X (21 janvier 1802), membre de la légion d'honneur le 19 frimaire an XII (11 décembre 1803) et commandant le 25 prairial (14 juin 1804), retraité le 17 prairial an XIII (6 juin 1805), remis en activité et chargé du commandement de l'artillerie à Dunkerque du 15 août au 23 octobre 1809, commandant de la levée en masse du département de la Haute-Saône le 7 janvier 1814, mort à Besançon le 21 juin 1817.

TABLE DES LETTRES ET DOCUMENTS

DU TROISIÈME VOLUME.

La mention des lettres ou arrêtés de Carnot ou du Comité de salut public
est imprimée en italiques; celle des pièces justificatives en caractères romains.

CORRESPONDANCE MILITAIRE DU COMITÉ DE SALUT PUBLIC.

PIÈCES JUSTIFICATIVES.

ADDENDA DU TOME II.

ADDENDA DU TOME III [1].

[1] Ces pièces figurent à leur date dans la liste générale des documents.

TABLE ANALYTIQUE DES MATIÈRES.

Les noms des personnages cités sont en petites capitales; les noms de lieux et autres en italiques, et ceux des auteurs cités et des archives et bibliothèques en petites capitales italiques. — Les noms propres en italique, placés après le nom d'une ville, indiquent les personnages nés dans ce lieu. — Les noms propres en romain, sans indication de pages, renvoient à ces mêmes noms dans la table.

A

Accaparements. — Le navire hambourgeois *la Christine* est retenu dans le port de Dunkerque en vertu de la loi sur les accaparements, 428 à 430.

Acier. — La France est, pour la fabrication de l'acier, sous la dépendance de l'Angleterre et de l'Allemagne, 455. — Ouvrage pratique destiné aux maîtres de forges, 455. — Sa fabrication, 473.

Advielle (M. Victor). — Sa biographie du général Merle Beaulieu, 451, note 2.

Affaires étrangères. — Lettre du Comité au ministre Deforgues, 428. — Lettre de Deforgues au Comité, 429, note 1.

Affaires étrangères (Archives du ministère des). — Documents tirés de ce dépôt, 192, note 1 ; 193, 429, 430.

Aiguebelle (Savoie). — Kellermann se rend dans ce lieu avec les représentants Simond et Dumaz, 504. — Le général Le Doyen y repousse l'ennemi, 509.

Ain (Département de l'). — De Prez de Crassier, né à Divonne. — Gauthier, né à Bourg. — Vezu, né à Virieu-le-Grand.

Aire (Pas-de-Calais). — Lettre du Comité de salut public au Comité de surveillance de cette ville, 449. — Le Comité de surveillance met en arrestation le général Achille du Chastellet, 449, note 1.

Aisne (Département de l'). — Les approvisionnements faits pour l'armée du Nord dans ce département ont été enlevés pour Paris, 17. — Ravages faits aux environs de Saint-Quentin par la cavalerie ennemie, 87, note 2. — Mesures prises par le général Beaurgard pour la levée en masse, 155. — Lettre des administrateurs sur une attaque qui devait être faite par les généraux Parant et Beaurgard, 295. — Formation d'un camp à la Réunion-sur-Oise, 296. — Beffroy, né à Laon. — Belin, né à Berthenicourt. — Bertin, né à Ambrief. — Dubois, né à Guise. — Gougelot, né à Origny-sur-Oise. — Hédouville (Théodore de), né à Laon. — Liébert, né à Liesse. — Quinette, député. — Ronsin, né à Soissons. — Saint-Just, député. — Seron, né à Nogent-l'Arthaud.

Alais (Gard). — *Desponchés.*

Albitte (Antoine-Louis), député de la Seine-Inférieure. — Est à Lyon et travaille avec le général Doppet, 422. — Notice, 422, note 1.

Alençon (Orne). — *Ernouf.* — *Fromentin.* — *Hébert.*

Allemagne. — Le navire hambourgeois *la Christine* retenu à Dunkerque par ordre de Carnot, 428. — Dentzel, né à Durckheim. — Falck, né à Hasloch. — Hesse, né à Rothenbourg.

Allier (Département de l'). — Observations sur la manufacture d'armes de Moulins, 103. — Suspension de Party, chef du

B

les effets de la levée en masse, 181. — Notice, 181, note 3. — Indique les besoins des places de Bouchain et de Cambrai, 213. — Informe le Comité de l'approche de l'ennemi, 228. — Donne l'état des approvisionnements de Cambrai et demande de la poudre, 252. — Annonce que le conseil de guerre a décidé de commencer à étendre l'inondation, 294. — Avertit Jourdan de la prise d'Orchies et de Marchiennes, 386. — Envoie au camp d'Arleux 600 hommes de la garnison de Cambrai, 445.

CHARAVAY (M. Étienne). — Documents tirés de sa collection, 5, 8, 22, 40, 66, 75, 76, 77, 109, 121, 127, 171, 200, 220, 234, 235, 238, 243, 254, 281, 284, 444, 503. — Citations de ses ouvrages, 35, 53, 74, 90, 116, 128, 189, 236, 263, 354, 362, 390.

CHARAVAY (Jacques). — Citations de son livre sur les généraux morts pour la patrie, 74, 162, 241, 270, 358, 490.

CHARAVAY (M. Noël). — Document communiqué par lui, 126.

Charente (Département de la). — Bellegarde, né à Angoulême. — Chancel, né à Angoulême. — Dumesny, né à Angoulême. — Dupont, né à Chabanais. — L'Échelle, né à Puyreaux. — Montalembert, né à Angoulême. — Resnier-Goué, né à Angoulême. — Salomon, né à Bourg.

Charente-Inférieure (Département de la). — Beaulieu, né à la Rochelle. — Beauregard, né à Saint-Palais. — Billaud-Varenne, né à la Rochelle. — Bréard, député. — Dufresse, né à la Rochelle. — Eschassériaux, né à Corme-Royal. — Niou, né à Rochefort. — Ruamps, né à la Motte-Aubert.

Charleroi (Belgique). — Cette ville ne hait point les Français, 408. — Jourdan espère en être bientôt maître, 431, note 2. — Les divisions Fromentin et Desbureaux marchent sur cette ville, 444. — *Lamy.*

Charleville (Ardennes). — O'Shée, commandant de cette ville, annonce une sortie faite par la garde nationale, 322.

— Le Comité envoie des ouvriers parisiens à la manufacture d'armes de cette ville, 477. — *Dubois-Crancé.*

Chartres (Eure-et-Loir). — *Chasles.*

CHASLES (Pierre-Jacques-Michel), député d'Eure-et-Loir à la Convention. — Propre à animer le courage des soldats, 9. — Lettre du Comité à lui adressée, 40. — Donne des détails sur l'armée du Nord, 40, note 3. — Se plaint du remplacement du commissaire des guerres Petitjean, 82, note 2. — Expédition ordonnée par lui, 252.

CHASSIN (M. Ch.-L.). — Citations de ses ouvrages, 49, 50, 51, 70, 71, 106, 108, 116, 120, 126, 148, 149, 207, 270.

CHASTELLET (Achille-François, marquis DU), lieutenant général. — Mis en arrestation par le Comité de surveillance de la ville d'Aire, demande à conserver ses chevaux, 449, 450. — Le Comité de salut public refuse de les lui laisser, en raison de la loi qui met en réquisition tous les chevaux de luxe, 450. — Notice, 450, note 1. — Donne sa démission, qui est acceptée, 450, note 2.

CHÂTEAUNEUF-RANDON (Alexandre-Paul-Guérin DE), député de la Lozère à la Convention. — Lettre du Comité à lui adressée sur la nécessité de la reddition de Lyon, 245. — Le Comité lui enjoint de faire exécuter la destitution de Kellermann, 255, note 1.

Château-Salins (Lorraine). — *Tricotel.*

Châtelaudren (Côtes-du-Nord). — *Kermorvan.*

Chatenay (Isère). — *Gilot.*

Châtillon-sur-Seine (Côte-d'Or). — *Petiet.*

CHÉNIER (Louis-Sauveur DE), adjudant général. — A de l'esprit et des moyens, mais n'est pas sûr, 10. — Notice, 10, note 4.

CHÉRIN (Louis-Nicolas-Hyacinthe), général de brigade. — Attaché à Dumouriez et à Custine, 14.

CHEVRILLON. — Agent du Conseil exécutif près l'armée des Alpes, 248.

Chinon (Indre-et-Loire). — *Champmorin.*

Choisies (Nord). — Une des colonnes du

relation avec lui, 34. — Le général des Bruslys est mis hors de cause pour l'affaire de Custine, 34.

Custine, neveu du général. — Avis donnés sur lui par les représentants à l'armée du Nord, 65.

Cysoing (Nord). — Jourdan y dirige des troupes, 386. — Levée du camp, 430.

D

Dabray (Joseph-Séraphin), député des Alpes-Maritimes à la Convention. — Envoi d'une lettre de lui, 236. — Lettre du Comité à lui adressée, 236, note 1.

Daendels (Hermann-Willem), lieutenant-colonel de la légion franche étrangère. — Doit amener au général D'Avaine une colonne de 2,000 hommes, 439. — Notice, 439, note 1. — Se retire sur Menin au lieu de venir rejoindre D'Avaine, 440, 492. — Déclare que le siège d'Ypres est une folie, 492.

Dagobert (Luc-Siméon-Auguste), général de division. — Donne des détails sur les opérations de l'armée des Pyrénées orientales, 97. — Notice, 97, note 1. — Le général en chef Puget-Barbantane le recommande pour son successeur, 145, note 2. — Commande l'armée des Pyrénées orientales, 177. — Attaque l'ennemi, mais est repoussé, 204. — Se plaint qu'on ait voulu le sacrifier, 204. — Expose les raisons qui lui font quitter le commandement et se plaint des représentants du peuple, 240. — Les Espagnols le considèrent comme un démon, 241. — Les représentants le déclarent inférieur à sa tâche, 241, note 2. — Annonce la prise de Camprodon et donne des détails sur ses opérations, 265. — Déclare n'avoir pu empêcher le pillage et l'incendie, malgré ses efforts, 335. — Rappelé de Mont-Libre par Turreau, qui en fait l'éloge, 399. — Jouit de l'estime générale, 400.

D'Albarade (Jean), ministre de la marine. — Informe le Comité que le général Carteaux a saisi sur le Rhône les subsistances destinées aux départements du Midi, 60. — Lettre à lui adressée par le Comité, 77.

Dalesme (Jean-Baptiste), chef du 2ᵉ ba-taillon de la Haute-Vienne. — Jourdan demande son frère pour aide de camp, 210. — Notice, 210, note 3.

Dalesme, sous-lieutenant au 1ᵉʳ bataillon des chasseurs du Hainaut. — Demandé pour aide de camp par Jourdan, 210.

Damas-et-Bettegney (Vosges). — *Perrin.*

Damousies (Nord). — La garnison de Maubeuge croit voir un combat se livrer près de ce lieu, 354.

Damvillers (Meuse). — *Loison.*

Danican (Louis-Michel-Auguste Thévenet, dit), colonel de hussards. — Décide la victoire par son intrépidité, 117. — Notice, 117, note 2. — Chasse les rebelles de Thouarcé, 118.

Dardenne (Charles-Antoine), adjudant général chef de bataillon. — Créature de Dumouriez, 13. — Notice, 13, note 3. — Se plaint de la suspension prononcée contre lui par Bouchotte, 243. — A servi en Autriche et a eu des liaisons avec les généraux Le Veneur et Rosières, 243, note 3.

Dauvers, chirurgien aide-major à l'armée du Nord. — Dénonce le général O'Meara, 44.

D'Avaine (Jean-Baptiste), général de division — Sert sous Houchard, 10. — Notice, 10, note 5. — Ne peut envoyer de secours à la garnison de Cambrai, 142. — Envoyé par Houchard à Cassel, 201. — Jourdan lui demande 10,000 hommes, 239. — Jourdan lui recommande de faire une diversion vigoureuse, 301, note 1. — Attend les ordres de Jourdan pour agir, 311, note 1. — Jourdan lui réitère l'ordre d'agir sur la Flandre maritime, 366. — N'a pas exécuté les ordres de Jourdan, 371. — Reçoit l'ordre d'envoyer le général Hoche au camp de la Madeleine, 388, note 1.

— Commente les ordres de Jourdan à ce sujet, 388, note 1. — Reçoit une lettre de Vandamme sur le départ du général Hoche, 388, note 1. — Est informé par Hoche de son départ pour l'armée de la Moselle, 388, note 1. — Reçoit l'ordre d'envoyer des renforts au général Ransonnet, 401. — S'est emparé de Poperinghe, 401, note 5. — Force par ses dispositions militaires le général Vandamme à abandonner le siège de Nieuport, 419, note 1. — Reçoit une lettre du représentant Isoré, 419, note 2. — Félicité par le Comité sur ses succès, 422. — Rend compte de ses opérations au général Jourdan, 422, note 3. — Le Comité lui recommande d'agir en masse, 423. — Mis en arrestation par le représentant Duquesnoy, 424, note 1. — Jourdan et Souham lui reprochent d'entraver toutes leurs opérations, 424, note 1. — Remplacé par Souham, 424, note 1. — Ses lenteurs ont retardé les opérations de Jourdan, 431. — Suspendu par le représentant Isoré, 431, note 2. — Plusieurs généraux témoignent en sa faveur, 431, note 2. — Souham fera mettre à exécution les ordres le concernant, 433, note 1. — Se plaint de Souham, qui lui rend la pareille, 434. — Mémoire justificatif de sa conduite, 437 à 440. — A mis toute la célérité possible dans ses opérations, 440. — A trop morcelé ses forces et n'a rien fait du tout, 443. — Envoie un mémoire au Comité sur la campagne de la Flandre maritime, 490. — Déclare que son insuccès n'est pas de son fait, mais de celui de ses lieutenants, 497. — Se défend d'avoir été écuyer des haras de la maison d'Autriche, 497. — Donne des détails sur sa carrière, 498.

DAVID (Jean-Antoine), adjudant général. — Se distingue à l'armée des Pyrénées orientales, 241. — Notice, 241, note 1.

Dax (Landes). — Le général La Bourdonnaye meurt dans cette ville, 269.

DE BELLE (Jean-François-Joseph), capitaine d'artillerie. — Sauve ses canons et

ses caissons à l'affaire de Pirmasens, 198. — Notice, 198, note 2.

Decize (Nièvre). — *Saint-Just.*

DECLAYE (Nicolas), général de brigade. — Commandant la place de Cambrai, 35. — Notice, 35, note 4. — Est bon républicain et a répondu énergiquement à la sommation qui lui a été faite de rendre la ville, 36. — Doit concourir à une expédition pour dégager le Quesnoy, 123, note 2. — Fait une sortie avec la garnison de Cambrai et est battu, 140 à 142. — Rapport fait par lui sur cette affaire, 140, note 4. — Se plaint de la lâcheté des charretiers, 140, note 4. — Rentre à Cambrai, 142. — Traduit devant un conseil de guerre, 142, note 1. — Remplacé par le général Chapuy, 142, note 1. — Commandant de la ville de Lyon, 142, note 1. — Date de sa mise en liberté, 502.

DEDON (François-Louis), commandant en chef de l'artillerie à Landau. — Suspendu par les représentants, 345. — Notice, 345, note 4.

DEFORGUES (François-Louis-Michel), ministre des affaires étrangères. — Chef de bureau au Comité de salut public, adjoint au ministère de la guerre pour la 5e division en remplacement de Français, III, note 5. — Nommé ministre des affaires étrangères et remplacé par Jourdeuil, III, note 5. — Lettre à lui adressée par le Comité sur le navire hambourgeois *la Christine* retenu à Dunkerque, 428. — Réclamations faites à ce sujet par le résident La Flotte, 429, note 1. — Transmet la réclamation au Comité, 429, note 1. — Rivalz lui exprime son contentement de l'acceptation par Pichegru du commandement de l'armée du Rhin, 435, note 1.

DEGAULLE (Le citoyen). — Mémoire sur une nouvelle levée, 85.

DELACROIX (Charles), député de la Marne à la Convention. — Réclame 8,000 vieux fusils, 437.

DELACROIX (Jean-François), député d'Eure-et-Loir à la Convention. — Demande au Comité de salut public de donner son

crit au général Duquesnoy d'enlever la petite ville de Beaumont, 348. — Est informé qu'on lèvera la destitution prononcée contre le général Cordellier, 436.

Eschassériaux (Joseph), député de la Charente-Inférieure à la Convention. — Lettre du Comité signée par lui, 193.

Espagne. — Le général Dagobert bat les Espagnols le 28 août 1793, s'empare de Puicerda et remporte un nouveau succès le 4 septembre, 98.

Espionnage. — Doit être organisé à l'armée du Nord, 17. — Bouchotte recommande à Jourdan d'y apporter le plus grand soin, 248, note 2. — Jourdan se plaint d'être mal servi en espions, 251. — L'adjudant général Aubert est chargé de cette partie à l'armée du Nord, 251. — Bouchotte recommande à Pichegru de bien monter l'espionnage à l'armée du Rhin, 259, 405; — fait la même recommandation à Hoche, 390. — Jourdan n'a pas de moyens d'améliorer la partie secrète, 433; — n'a pu trouver de gens intelligents pour servir la République dans cette partie, 444.

Esprit public. — Est mauvais dans les départements du Nord et du Pas-de-Calais, 17. — Doit être réchauffé par les représentants du peuple, 18.

Estienne (Antoine), adjudant général des corps belges, un des vainqueurs de la Bastille. — Se distingue par sa valeur pendant la malheureuse expédition du général Élie contre Beaumont, 359. — Notice, 359, note 2.

Estrées (Nord). — Le général Duquesnoy y campe, 500.

Étampes (Seine-et-Oise). — *Duverger.*

Étoile (Drôme). — *Fontbonne.*

Etreux (Meuse). — Le général Belair doit se porter sur cette ville, 301, note 1; 305, note 1; — écrit de cette ville, 425.

Étrœungt (Nord). — L'avant-garde de l'armée du Nord se porte sur cette ville, 273. — Le général Duquesnoy y va camper, 291.

Eure (Département de l'). — Delacroix, né à Pont-Audemer. — Du Roy, né à Bernay. — Francastel, député. — Lindet, né à Bernay. — Tilly, né à Vernon. — Turreau, né à Évreux.

Eure-et-Loir (Département d'). — Le 2e bataillon des volontaires se distingue à l'attaque du camp retranché de Nothweiler, 164. — Chasles, né à Chartres. — Delacroix, député. — Sabrevois, né à Trancrainville.

Évreux (Eure). — *Turreau.*

F

Fabre (Claude-Dominique-Côme), député de l'Hérault à la Convention. — Fait l'éloge du général Giacomoni, 124, note 1. — Force le général Dagobert à attaquer l'ennemi, 204. — Protège le général Goguet, 205. — Donne son opinion sur le général Dagobert, 241, note 2. — Propose de faire une campagne d'hiver en Espagne et est en désaccord avec le général Turreau, 399. — Donne son opinion sur les généraux Turreau et d'Aoust, 400, notes 1 et 2.

Failly (Jacques-Louis), chef du 4e bataillon des volontaires de la Marne. — Se distingue pendant la malheureuse expédition du général Élie contre Beaumont, 358. — Notice, 358, note 4.

Falaise (Calvados). — *Legot.*

Falck (Philippe-Casimir de), général de division. — Se plaint de ne pas recevoir de réponse du ministre de la guerre, 7. — Bouchotte déclare que ce général prend indûment le titre de commandant en chef de l'armée du Haut-Rhin, 24. — Le même écrit à Alexandre Beauharnais de pourvoir aux besoins de la division de Falck, 24, note 4.

Farconet, capitaine du génie à Dunkerque. — Houchard lui adjoint le capitaine Casimir Poitevin, 64.

Faremoutiers (Seine-et-Marne). — *Cordel-*

G

H

Signale la difficulté de faire agir les généraux, par crainte de responsabilité, et annonce qu'il se prépare à attaquer les Anglais, 92. — A remporté un grand succès à Hondschoote, 114. — Annonce la victoire de Hondschoote, 122. — Réponse de Bouchotte, 123, note 2. — Donne la relation de la bataille d'Hondschoote, 128. — Fait charger les ennemis dans les rues d'Herzeele, 129. — Envoie Vandamme jusque sous Hondschoote, 130. — Marche sur Hondschoote le 8 septembre, 130. — Félicité de sa victoire par le Comité, 134. — Aurait pu écraser l'armée anglaise, 135. — Expose la situation délicate faite aux généraux, 139, note 2. — Est averti de la malheureuse sortie de la garnison de Cambrai, 142. — Arrêté avec Berthelmy, 199. — Détails sur son attitude au moment de son arrestation, 201 et 202. — Accusations portées contre lui par Barère, 199, note 4. — Les représentants et le général Duquesnoy annoncent son arrestation aux soldats, 202, note 1. — N'est pas regretté à l'armée,

211. — Arrive à Paris et demande à être entendu, 213. — Envoie l'exposé de sa conduite à Bouchotte, 228. — Exposé de sa conduite, 228 à 234. — Proteste contre l'accusation de trahison, 232; contre les accusations de Barère, 233. — Son interrogatoire, 233, note 2. — Déclare n'avoir jamais désiré aucun grade supérieur, 234. — Lettre écrite de l'abbaye à sa femme, 234, note 1. — Lettre à son défenseur l'avocat Montroui, 235.

Houel (Le citoyen). — Chargé du transport des soldats envoyés de l'armée du Rhin à celle du Nord, 60.

Houël (Nicolas), adjudant général chef de bataillon. — Est en chemin pour joindre l'armée du Rhin, 404. — Notice, 404, note 4.

Houtkerque (Nord). — Houchard s'y trouve en présence des ennemis, 129.

Hubert (Auguste), architecte. — Chargé de construire à Paris des ateliers pour la fabrication des armes, 90, 91, note 1.

Huningue (Haut-Rhin). — Manque de bateaux dans cette ville, 165.

I

Ihler (Jean-Alexandre), général de division. — Les espions rapportent que ce général a battu les Autrichiens vers le Quesnoy, 29. — Se retire sur Maubeuge, 20. — Ne peut être chargé de la division de Maubeuge, 66, note 2. — A évacué la forêt de Mormal, 72. — Pourrait remplacer Gudin dans le commandement de la division de Maubeuge, 99. — Démissionnaire, demandera sa retraite, 101, note 3. — Plan de campagne proposé par le capitaine Malassez, son aide de camp, 147. — Envoi de la copie d'un de ses rapports, 170.

Imprimerie. — Bouchotte se plaint de l'inobservation de la loi qui met en réquisition tous les imprimeurs, 173.

Indre-et-Loire (Département d'). — Champmorin, né à Chinon. — Menou, né à Boussay. — Ruelle, né à la Chapelle-

Blanche. — Villemanzy, né à Amboise. — Ysabeau, député.

Irlande. — Le Comité expulse les Irlandais des armées, 199, note 4. — Kilmaine, né à Dublin. — O'Moran, né à Elphin.

Isère (Département de l'). — Balland, né au Pont-de-Beauvoisin. — De Belle, né à Voreppe. — Gilot, né à Châtenay. — Simien, né à Roybon. — Soland, né à Meyzieu.

Isoré (Jacques), député de l'Oise à la Convention. — Part pour Maubeuge, 127, note 3. — Expédition ordonnée par lui, 252. — Jourdan lui recommande de faire une diversion vigoureuse de son côté, 301, note 1. — Efforts faits par lui pour approvisionner Maubeuge, 339. — Lettre de lui à Jourdan transmise au Comité, 386. — Écrit au général

J

K

L

M

N

O

____
[1] Ce village était autrefois orthographié *Oost-Dunkerke*, mais son nom actuel est *Oost-duynkerke.*

P

Q

R

Raindre, capitaine d'artillerie. — Participe à la malheureuse sortie de la garnison de Cambrai, 140, note 4.

Ramscappelle (Belgique). — Le général Vandamme y envoie un bataillon, 387.

Ransonnet (Jean-Pierre), général de brigade. — Fait un rapport sur la malheureuse sortie de la garnison de Cambrai, 142. — S'empare de Marchiennes, 386, note 1. — Doit recevoir des renforts du général D'Avaine, 401. — Fait un rapport sur le combat de Marchiennes, 401, note 4. — S'est emparé de Marchiennes et d'Orchies, 401, note 5. — Rejette sur le colonel Fontenille et le 71ᵉ régiment la responsabilité de la perte de Marchiennes, 445. — Annonce à Jourdan la perte de Marchiennes, 445, note 2. — Fait envoyer par le général Chapuy 600 hommes au camp d'Arleux, 445. — Déclare que le camp d'Arleux est la clef du département du Pas-de-Calais, 445, note 3. — Prend Marchiennes, 490.

Raon-l'Étape (Vosges). — *Ferry.*

Raoul (Charles-François), commandant du 1ᵉʳ bataillon du district de Mouzon-Meuse. — Se distingue à la prise du camp retranché de Nothweiler, 166. — Notice, 166, note 2. — Certificat à lui délivré par le général Ferey, 166, note 3.

Rapin, capitaine au 2ᵉ bataillon des Vosges. — Destitué par Carnot et Duquesnoy, 280.

Ratel (Le citoyen). — Choisi par Kellermann pour capitaine de la compagnie de guides du Mont-Blanc, 503.

Réalmont (Tarn). — *Frégeville.*

Reichstett (Bas-Rhin). — L'ennemi s'empare du bois situé en avant de ce lieu, 412. — Ce poste est repris, 427.

Reims (Marne). — *Desbureaux.*

Reninghelst (Château de). — Le général Vandamme s'en empare, 129.

Renkin. — Agent du Conseil exécutif près l'armée du Rhin, 248.

Rennes (Ille-et-Vilaine). — Le général Beysser est dans cette ville, 49. — Les canonniers de cette ville protestent contre les propos contre-révolutionnaires qu'on leur a prêtés, 51. — Le général Vergnes écrit de cette ville, 396, 449.

Resnier-Goué (André-Guillaume), général de brigade. — Annonce la bataille de Peyrestortes et la victoire des Français, 167.

Reubell (Jean-François), député du Haut-Rhin à la Convention. — Envoie le général Joly représenter au Comité les dangers de l'arrêté envoyant à Nantes l'armée de Mayence, 60.

Reubell (Henri-Thomas), chef de brigade. — Envoi de son rapport sur l'affaire de Ketterich, 81. — Notice, 81, note 1. — Accusé d'avoir abandonné son poste, se justifie, 81, note 3.

Réunion-sur-Oise. — Voir *Guise.*

Rexpoède (Nord). — Pris par les Français, 130.

Rey (Gabriel-Venance), général de division. — Annonce un succès remporté à Thouars sur les Vendéens, 205. — Notice, 205, note 2.

Reynier (Jean-Louis-Ebenezer), adjudant général chef de bataillon. — Accompagne le général Souham à Cassel, 433, note 1.

Rhin. — Le général Landremont essaie vainement de passer ce fleuve, 186.

Rhône (Département du). — Bombardement de Lyon, 58. — Belle conduite du 2ᵉ bataillon, commandé par Campagnol, à l'attaque du camp retranché de Nothweiler, 161, 166. — Desgrange, né à Lyon. — Drut, né à Lyon. — Goullus, né à Lyon. — Vignon, né à Lyon.

Ribeauvillé (Haute-Alsace). — *Beysser.*

Richard (Joseph-Étienne), député de la Sarthe à la Convention. — Lettre du Comité à lui adressée, 106. — Notice, 106, note 2. — Écrit à la Convention à l'occasion du combat de Chantonnay, 149, note 1. — Justifie le général Guillaume des accusations portées contre lui, 297, note 1.

Ricord (Jean-François), député du Var à la Convention. — Lettre du Comité à lui adressée, 42. — Réclame en faveur

néral de brigade. — Chef de brigade
au 35ᵉ régiment, est nommé général de
brigade par les représentants du peuple,
504, 505. — Notice, 504, note 2. —

Prend le commandement de toutes les
troupes rassemblées dans le Faucigny,
505.

Rumilly (Haute-Savoie). — *Simond.*

S

Saarwerden (Bas-Rhin). — Rassemblement
de troupes dans ce lieu, 403, 436,
445, 446. — Arrêté du Comité à ce
sujet, 403, note 2.

Saboureux (Georges-Philippe), général de
brigade. — Rend compte des ressources
de la place de Calais, 6.

Sabrevois (Jacques-Henri de), général
d'artillerie. — Est un des lieutenants
de d'Hangest, 12. — Notice, 12,
note 5.

Saint-André-d'Hébertot (Calvados). — *Vauquelin.*

Saint-Basile-de-Meyssac (Corrèze). —
Borie.

Saint-Dizier (Haute-Marne). — *Delalain.*

Saint-Domingue (Île de). — *Dumas*
(Alexandre), né à Jérémie.

Saint-Éloy (Belgique). — Ce poste est pris
par les Français, 439.

Saint-Esprit (Landes). — Cette ville est
épurée par les représentants Pinet et
Monestier, 377.

Saint-Gérard (Belgique). — Siège d'un
camp ennemi, 432. — La garnison de
Givet contiendra ce camp, 444.

Saint-Germain-en-Laye (Seine-et-Oise). —
Coquebert de Montbret.

Saint-Gervais (Tarn). — *Serviez.*

Saint-Hillier (Antoine de), général de
division. — Est redemandé pour commandant par les habitants de Thionville,
mais passe pour un aristocrate, 303. —
Notice, 303, note 1.

Saint-Jean-de-Luz (Basses-Pyrénées). —
Le général Frégeville est chargé du commandement de la division de cette ville,
260. — Défaite des Espagnols près de
ce lieu, 395, note 1.

Saint-Jean-Pied-de-Port (Basses-Pyrénées).
— Les Espagnols sont battus près de ce
lieu, 395, note 1.

Saint-Just (Antoine-Louis-Léon de), député de l'Aisne à la Convention. —
Signataire de lettres du Comité de salut
public, 4, 7, 8, 235, 243, 503. —
Signe une proclamation à l'armée du
Nord sur la prise de Lyon, 283. —
Part pour le quartier général de l'armée
du Rhin, 344, 367, note 2. — Reçoit
la nouvelle du déblocus de Maubeuge
et des succès remportés en Vendée et à
Lyon, 367. — Reçoit la nouvelle de la
nomination de Hoche au commandement
de l'armée de la Moselle, 390. — Son
éloge par Bouchotte, 392. — Reçoit les
instructions du Comité relativement au
rassemblement de troupes à Bouquenom
et Saarwerden, 403. — Est véritablement attaché au système populaire, 405.
— Le Comité le félicite sur ses mesures
de sagesse et de vigueur, 413. — On
lui envoie des chevaux et des armes,
426. — Reçoit les instructions du Comité pour le déblocus de Landau, 435.
— Reçoit une lettre de Bouchotte,
445.

Saint-Léger (Lot-et-Garonne). — *Campagnol.*

Saint-Léonard (Haute-Vienne). — *Gay de
Vernon.*

Saint-Liguaire (Deux-Sèvres). — *Gigaux.*

Saint-Lô (Manche). — *Houël.*

Saint-Malo (Ille-et-Vilaine). — La garnison est réduite par le représentant Carrier, et la ville est exposée aux insultes
des Anglais, 125. — Envoi par le Comité à Bouchotte d'une lettre du procureur de la commune, 175. — Ordre de
remplacer les bataillons que lui a enlevés
Carrier, 257, note 2.

Saint-Martin (Alexis), général de brigade.
— Attaché à Dumouriez et à Custine,
14. — Notice, 14, note 6.

Chaque commune a équipé un cavalier et la Société populaire demande que cette troupe soit envoyée aux frontières, 76. — Découverte d'une fonderie de canons près de Rouen, 105. — Albitte, né à Dieppe. — Collombel, né à Argueil. — Philippeaux, né à Ferrières.

Semousies (Nord). — Le général Jourdan y établit son quartier général, 301.

Seron (Gabriel-Antoine-Ovide), capitaine au bataillon des chasseurs du Mont-de-Cassel. — Remplit les fonctions d'adjudant général et de chef d'état-major de Vandamme, 518. — Vandamme réclame pour lui un brevet d'adjudant général chef de bataillon, 518. — Notice, 518, note 1.

Serviez (Emmanuel-Gervais de Roergaz de), général de brigade. — Remplace Delmas dans le commandement de Landau, 80, note 2. — Promu général par le représentant Dentzel, il se plaint d'avoir été suspendu par le général Laubadère, 218. — Notice, 218, note 1. — Suspendu par les représentants, 344.

Seurre (Côte-d'Or). — *Trullard.*

Seyne (Basses-Alpes). — *Colomb.*

Sézanne (Marne). — *Thuriot de la Rozière.*

Sierck (Lorraine). — *Hentz.*

Sigean (Aude). — Le général Puget-Barbantane y transporte son quartier général, 145.

Signy (Louis), architecte. — Chargé de construire à Paris des ateliers pour la fabrication des armes, 90, 91, note 1.

Sijas (Prosper), chef aux bureaux de la guerre. — Adjoint du ministre de la guerre pour la 4e division, III, note 5.

Silenrieux (Belgique). — Le général Élie s'avance sur ce lieu, 313; — y entre, 357.

Simien (Jean-Louis), chef du 2e bataillon du 47e régiment. — Se distingue pendant la malheureuse expédition du général Élie contre Beaumont, 359. — Notice, 359, note 1.

Simon (Henri), chef du 4e bataillon des volontaires nationaux. — Proposé par Hoche pour le grade d'adjudant général

chef de brigade, 448. — Notice, 448, note 4.

Simond (Philibert), député du Bas-Rhin à la Convention. — Se rend à Aiguebelle avec Kellermann, 504.

Siscé (Jean-Baptiste de Bressolles de), chef du 1er bataillon du 46e régiment. — S'est vaillamment conduit à l'attaque du camp retranché de Nothweiler, 161. — Notice, 161, note 1. — Loué par Landremont, 166.

Sociétés populaires. — Leur influence est nulle dans les départements du Nord et du Pas-de-Calais, 19. — Les représentants du peuple doivent les fréquenter, 18. — On épure celle de Bayonne, 183.

Soissons (Aisne). — Le général Beaurgard se retire dans cette ville, 290. — *Ronsin.*

Soland (Guillaume), lieutenant-colonel du 6e régiment de cavalerie. — Nommé général de brigade et commandant de la cavalerie à l'armée du Nord par Carnot et Duquesnoy, 294. — Notice, 294, note 2. — Sa nomination est notifiée par Jourdan, 301, note 1.

Solesmes (Nord). — L'ennemi y a beaucoup de cavalerie, 215. — Le camp de l'ennemi est placé entre ce lieu et Assevent, 353.

Solre-le-Château (Nord). — Ordre au général Beauregard de s'y rendre, 301, note 1. — Ce général débouche par cette ville, 313; — se retire dans les bois en avant de cette ville, 316; — campe sur ses hauteurs, 330, note 2. — Le représentant Perrin écrit de cette ville, 341.

Somme (Département de la). — Les citoyens d'Abbeville forment un bataillon de volontaires, 78. — Approbation d'un arrêté du Directoire portant qu'on ne rassemblera aux chefs-lieux des districts que des hommes non mariés, 110. — Boubers, né à Lihons. — Folleville, né à Manancourt. — Louchet, né à Longpré. — Scellier, député. — Tuncq, né à Conteville.

Sommesous (Marne). — *Prieur.*

Sorlus (Nicolas de), chef du 2e bataillon de la Gironde. — Nommé général de brigade sur le champ de bataille de Wat-

T

U

V

W

Y

Z

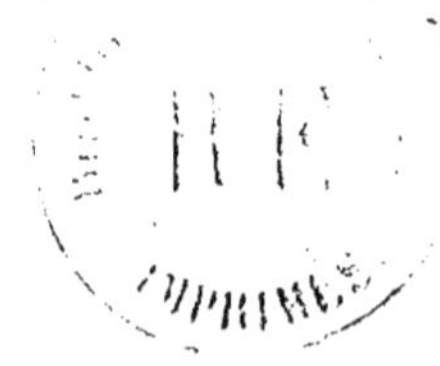

TABLE GÉNÉRALE.

MINISTÈRE DE L'INSTRUCTION PUBLIQUE
ET DES BEAUX-ARTS.

COLLECTION

DE

DOCUMENTS INÉDITS

SUR L'HISTOIRE DE FRANCE.

I. — Chroniques, mémoires, journaux, récits
et compositions historiques.

[1] ✳ 1. Chronique des ducs de Normandie par Benoît, trouvère anglo-normand du xiiᵉ siècle, publiée par Francisque Michel. — 1836-1844, *3 vol.*

✳ 2. Les Familles d'outre-mer de Du Cange, publiées par E.-G. Rey. — 1869, *1 vol.*

[2] — 3. Histoire de la croisade contre les hérétiques Albigeois, écrite en vers provençaux, publiée par C. Fauriel. — 1837, *1 vol.*

4. Histoire de la guerre de Navarre en 1276 et 1277 [chronique rimée], par Guillaume Anelier de Toulouse, publiée par Francisque Michel. — 1856, *1 vol.*

✳ 5. Chronique de Bertrand Du Guesclin, par Cuvelier, trouvère du xivᵉ siècle, publiée par E. Charrière. — 1839, *2 vol.*

✳ 6. Chronique du religieux de Saint-Denys, contenant le règne de Charles VI, de 1380 à 1422; publiée et traduite par L. Bellaguet. — 1839-1852, *6 vol.*

[1] Les volumes précédés du signe ✳ sont presque épuisés.
[2] Les volumes précédés du signe — sont épuisés.

7. Chroniques d'Amadi et de Strambaldi [615-1458], publiées par R. de Mas-Latrie. — 1891-1893, 2 *vol.*

✳ 8. Mémoires de Claude Haton (1553-1582), publiés par F. Bourquelot. — 1857, 2 *vol.*

9. Journal d'Olivier Lefèvre d'Ormesson et extraits de mémoires d'André Lefèvre d'Ormesson [1643-1672], publiés par A. Chéruel. — 1860-1861, 2 *vol.*

10. Mémoires de Nicolas-Joseph Foucault [1641-1718], publiés par F. Baudry. — 1862, *1 vol.*

II. — Cartulaires et recueils de chartes.

— 11. Cartulaire de l'abbaye de Saint-Père de Chartres, publié par B. Guérard. — 1840, 2 *vol.*

✳ 12. Cartulaire de l'abbaye de Saint-Bertin, publié par B. Guérard. — 1840, *1 vol.*

13. Appendice au Cartulaire de l'abbaye de Saint-Bertin, publié par F. Morand. — 1867, *1 vol.*

— 14. Cartulaire de l'église Notre-Dame de Paris, publié par B. Guérard, Géraud, Marion et Deloye. — 1850, *4 vol.*

✳ 15. Cartulaire de l'abbaye de Saint-Victor de Marseille, publié par B. Guérard, Marion et Delisle. — 1857, 2 *vol.*

— 16. Cartulaire de l'abbaye de Redon en Bretagne, publié par A. de Courson. — 1863, *1 vol.*

17. Recueil de chartes de l'abbaye de Cluny, formé par Aug. Bernard, publié par Alex. Bruel; tomes I-V. — 1876-1894, 5 *vol.*

18. Cartulaires de l'église cathédrale de Grenoble, dits Cartulaires de Saint-Hugues, publiés par J. Marion. — 1869, *1 vol.*

19. Cartulaire de Savigny, suivi du petit cartulaire de l'abbaye d'Ainay, publiés par Aug. Bernard. — 1853, 2 *vol.*

✳ 20. Cartulaire de l'abbaye de Beaulieu (en Limousin), publié par M. Deloche. — 1859, *1 vol.*

21. Archives de l'Hôtel-Dieu de Paris (1157-1300), publiées par L. Brièle et E. Coyecque. — 1894, *1 vol.*

✹ 22. Privilèges accordés à la couronne de France par le Saint-Siège [1224-1622, publiés par Ad. et J. Tardif]. — 1855, *1 vol.*

23. Recueil des monuments inédits de l'histoire du Tiers-État (1ʳᵉ série, région du Nord), publié par Augustin Thierry. — 1850-1870, *4 vol.*

— 24. Archives administratives de la ville de Reims [ivᵉ-xivᵉ s.], publiées par P. Varin. — 1839-1848, *3 vol.*

✹ 25. Archives législatives de la ville de Reims [xiiiᵉ-xviᵉ s.], publiées par P. Varin. — 1840-1852, *4 vol.*

✹ 26. Archives administratives et législatives de la ville de Reims; table générale des matières, par L. Amiel. — 1853, *1 vol.*

III. — Correspondances et documents politiques ou administratifs.

✹ 27. Lettres de rois, reines et autres personnages des cours de France et d'Angleterre, depuis Louis VII jusqu'à Henri IV, tirées des archives de Londres par Bréquigny et publiées par J.-J. Champollion-Figeac. — 1839-1847, *2 vol.*

28. Rôles gascons, publiés par Francisque Michel et Ch. Bémont; tome I et supplément [1242-1255]. — 1885-1896, *2 vol.*

✹ 29. Les *Olim,* ou registres des arrêts rendus par la Cour du roi sous les règnes de saint Louis–Philippe le Long [1254-1318], publiés par le comte Beugnot. — 1839-1848, *4 vol.*

— 30. Règlements sur les arts et métiers de Paris, rédigés au xiiiᵉ s. sous le nom de Livre des métiers d'Étienne Boileau, publiés par G.-B. Depping. — 1837, *1 vol.*

31. Correspondance administrative d'Alfonse de Poitiers, publiée par Aug. Molinier; tome I [1268-1270]. — 1894, *1 vol.*

✹ 32. Paris sous Philippe le Bel, notamment d'après le rôle de la taille de Paris en 1291, publié par H. Géraud. — 1837, *1 vol.*

✴ 33. Procès des Templiers, publié par J. Michelet. — 1841, 2 vol.

34. Mandements et actes divers de Charles V (1364-1380), publiés ou analysés par L. Delisle. — 1874, 1 vol.

35. Itinéraires de Philippe le Hardi et de Jean sans Peur, ducs de Bourgogne (1363-1419), publiés par Ernest Petit. — 1888, 1 vol.

✴ 36. Journal des États généraux de France tenus à Tours, en 1484, sous le règne de Charles VIII, par Jehan Masselin, publié et traduit par A. Bernier. — 1835, 1 vol.

37. Procès-verbaux des séances du Conseil de régence du roi Charles VIII (août 1484-janv. 1485), publiés par A. Bernier. — 1836, 1 vol.

38. Procédures politiques du règne de Louis XII, publiées par R. de Maulde. — 1885, 1 vol.

39 Négociations diplomatiques de la France avec la Toscane [1311-1610], documents recueillis par Giuseppe Canestrini et publiés par Abel Desjardins. — 1859-1886, 6 vol.

✴ 40. Négociations diplomatiques entre la France et l'Autriche durant les trente premières années du xvi⁰ siècle, publiées par A. Le Glay. — 1845, 2 vol.

— 41. Négociations de la France dans le Levant [1515-1589], publiées par E. Charrière. — 1848-1860, 4 vol.

✴ 42. Captivité du roi François Iᵉʳ, par A. Champollion-Figeac. — 1847, 1 vol.

— 43. Papiers d'État du cardinal de Granvelle [1516-1565], publiés par Ch. Weiss. — 1841-1852, 9 vol.

44. Lettres de Catherine de Médicis, publiées par Hector de La Ferrière; tomes I-V. — 1880-1895, 5 vol.

✴ 45. Négociations, lettres et pièces diverses relatives au règne de François II, publiées par Louis Paris. — 1841, 1 vol.

✴ 46. Relations des ambassadeurs vénitiens sur les affaires de France au xvi⁰ siècle, recueillies et traduites par N. Tommaseo. — 1838, 2 vol.

✴ 47. Procès-verbaux des États généraux de 1593, publiés par Aug. Bernard. — 1842, 1 vol.

✶ 48. Recueil des lettres missives de Henri IV [1562-1610], publiées par Berger de Xivrey et Guadet. — 1843-1876, *9 vol.*

✶ 49. Lettres, instructions diplomatiques et papiers d'État du cardinal Richelieu [1608-1642], publiés par Avenel. — 1853-1877, *8 vol.*

50. Négociations, lettres et pièces relatives à la Conférence de Loudun [1615-1616], publiés par Bouchitté [et Levasseur]. — 1862, *1 vol.*

✶ 51. Correspondance de Henri d'Escoubleau de Sourdis, archevêque de Bordeaux, chef des conseils du roi en l'armée navale, publiée par Eugène Sue. — 1839, *3 vol.*

52. Lettres du cardinal Mazarin pendant son ministère [1642-1661], publiées par A. Chéruel et G. d'Avenel. — 1872-1894, *8 vol.*

✶ 53. Correspondance administrative sous le règne de Louis XIV, recueillie par G.-B. Depping. — 1850-1855, *4 vol.*

54. Mémoires des intendants sur l'état des Généralités, dressés pour l'instruction du duc de Bourgogne. Tome I, Mémoire de la Généralité de Paris, publié par A. de Boislisle. — 1881, *1 vol.*

— 55. Négociations relatives à la Succession d'Espagne sous Louis XIV [1662-1679], publiées par F. Mignet. — 1835-1842, *4 vol.*

— 56. Mémoires militaires relatifs à la Succession d'Espagne sous Louis XIV [1701-1713], publiés par les lieutenants généraux de Vault et Pelet. — 1835-1862, *11 vol.*, et atlas in-fol.

57. Remontrances du Parlement de Paris au xviiie siècle, publiées par J. Flammermont, tomes I et II. — 1888-1895, *2 vol.*

IV. — Documents de la période révolutionnaire
[gr. in-8°].

58. Recueil de documents relatifs à la convocation des États généraux de 1789, publié par A. Brette; tomes I et II. — 1894-1896, *2 vol.*

59. Correspondance secrète du comte DE MERCY-ARGENTEAU avec l'empereur Joseph II et le prince de Kaunitz [1780-1790], publiée par A. D'ARNETH et J. FLAMMERMONT. — 1889-1891, 2 *vol.*

60. Procès-verbaux du Comité d'instruction publique de l'Assemblée législative, publiés par J. GUILLAUME. — 1889, 1 *vol.*

61. Procès-verbaux du Comité d'instruction publique de la Convention nationale, publiés par J. GUILLAUME; tomes I-III. — 1891-1897, 3 *vol.*

62. Recueil des actes du Comité de salut public, publié par F.-A. AULARD; tomes I-X. — 1889-1895, 10 *vol.*, et table des tomes I-V, 1 *vol.*

63. Correspondance générale de CARNOT, publiée par Ét. CHARAVAY; tomes I-III. — 1892-1897, 3 *vol.*

V. — **Documents philologiques, littéraires, philosophiques, juridiques, etc.**

✳ 64. L'Éclaircissement de la langue française, par Jean PALSGRAVE [1530], publié par F. GÉNIN. — 1852, 1 *vol.*

✳ 65. Les quatre livres des Rois, traduits en français du XIIe siècle, publiés par LEROUX DE LINCY. — 1841, 1 *vol.*

66. Le livre des Psaumes, ancienne traduction française, publié par Francisque MICHEL. — 1876, 1 *vol.*

67. Ouvrages inédits d'ABÉLARD, publiés par Victor COUSIN. — 1836, 1 *vol.*

68. Li livre dou Tresor, par Brunetto LATINI, publié par P. CHABAILLE. — 1863, 1 *vol.*

69. Li livres de Joslice et de plet, publié par P. CHABAILLE. — 1850, 1 *vol.*

✳ 70. Le Mistère du siège d'Orléans, publié par F. GUESSARD et E. DE CERTAIN. — 1862, 1 *vol.*

71. Lettres de PEIRESC [1602-1637], publiées par Ph. TAMIZEY DE LARROQUE; tomes I-VI. — 1888-1896, 6 *vol.*

72. Lettres de Jean CHAPELAIN [1632-1672], publiées par Ph. TA-
MIZEY DE LARROQUE. — 1880-1883, 2 *vol.*

73. Documents historiques inédits tirés des collections manuscrites
de la Bibliothèque royale, etc., publiés par CHAMPOLLION-
FIGEAC. — 1841-1848, *4 vol.*, et table (1874), *1 vol.*

74. Mélanges historiques, choix de documents [publiés par divers].
— 1873-1886, *5 vol.*

VI. — Publications archéologiques.

75. Recueil de diplômes militaires, publié par L. RENIER; 1ʳᵉ li-
vraison. — 1876, *1 vol.*

76. Étude sur les sarcophages chrétiens antiques de la ville d'Arles,
par Edm. LE BLANT. — 1878, *1 vol.* in-fol.

77. Les sarcophages chrétiens de la Gaule, par Edm. LE BLANT. —
1886, *1 vol.* in-fol.

78. Nouveau recueil des inscriptions chrétiennes de la Gaule anté-
rieures au viiiᵉ siècle, par Edm. LE BLANT. — 1892, *1 vol.*

✶ 79. Architecture monastique, par Albert LENOIR. — 1852-1856,
2 *vol.*

✶ 80. Étude sur les monuments de l'architecture militaire des Croisés en Syrie et dans l'île de Chypre, par Guillaume REY.
— 1871, *1 vol.*

✶ 81. Monographie de l'église Notre-Dame de Noyon, par L. VITET
et D. RAMÉE. — 1845, *1 vol.*, et atlas in-fol.

— 82. Monographie de la cathédrale de Chartres [par LASSUS et
Amaury DUVAL]. Explication des planches par J. DURAND.
— 1867-1886, atlas in-fol., et *1 vol.*

✶ 83. Notice sur les peintures de l'église de Saint-Savin, par P. MÉ-
RIMÉE. — 1845, *1 vol.* in-fol.

— 84. Statistique monumentale (spécimen). Rapport sur les monuments historiques des arrondissements de Nancy et de
Toul, par E. GRILLE DE BEUZELIN. — 1837, *1 vol.*, et atlas
in-fol.

85. Statistique monumentale de Paris, par Albert LENOIR. —
1867, *1 vol.*, et atlas in-fol.

86. Inscriptions de la France du vᵉ au xviiiᵉ siècle. Ancien diocèse
de Paris, par F. DE GUILHERMY et R. DE LASTEYRIE. — 1873-
1883, *5 vol.*

✳ 87. Iconographie chrétienne. Histoire de Dieu, par DIDRON. —
1843, *1 vol.*

88. Recueil de documents relatifs à l'histoire des monnaies frappées
par les rois de France, depuis Philippe II jusqu'à François Iᵉʳ, par F. DE SAULCY; tome I [1179-1380]. — 1879,
1 vol.

89. Inventaire des sceaux de la collection Clairambault à la Bibliothèque nationale, par G. DEMAY. — 1885-1886, *2 vol.*

90. Inventaire du mobilier de Charles V, roi de France [1380],
publié par J. LABARTE. — 1879, *1 vol.*

91. Comptes de dépenses de la construction du château de Gaillon
[1501-1509], publiés par A. DEVILLE. — 1850, *1 vol.*,
et atlas in-fol.

92. Comptes des bâtiments du Roi sous le règne de Louis XIV,
publiés par J. GUIFFREY; tomes I-IV. — 1881-1896, *4 vol.*

VII. — Rapports, instructions, etc.

93. Rapports au Roi [par F. GUIZOT]. — 1835, *1 vol.*

94. Rapports au Ministre [par divers]. — 1839, *1 vol.*

95. Instructions du Comité historique des arts et monuments
[par divers]. — 1839-1843 et 1857, 4 fasc., et *2 vol.*

96. Rapports au Ministre sur la Collection des documents inédits
de l'histoire de France [par divers]. — 1874, *1 vol.*

97. Le Comité des travaux historiques et scientifiques; histoire et
documents, par X. CHARMES. — 1886, *3 vol.*

98. Dictionnaires topographiques des départements. — 1861-1891, *21 vol.*

1. Aisne, par Matton. — 1871.
2. Alpes (Hautes-), par Roman. — 1884.
3. Aube, par Bouliot et Socard. — 1874.
4. Calvados, par Hippeau. — 1883.
5. Dordogne, par A. de Gourgues. — 1873.
6. Drôme, par Brun-Durand. — 1891.
7. Eure, par le marquis de Blosseville. — 1878.
8. Eure-et-Loir, par L. Merlet. — 1861.
9. Gard, par Germer-Durand. — 1868.
10. Hérault, par Thomas. — 1865.
11. Marne, par Longnon. — 1891.
12. Mayenne, par Maître. — 1878.
13. Meurthe, par Lepage. — 1862.
14. Meuse, par Liénard. — 1872.
15. Morbihan, par Rosenzweig. — 1870.
16. Moselle, par E. de Bouteiller. — 1874.
17. Nièvre, par G. de Soultrait. — 1865.
18. Pyrénées (Basses-), par Raymond. — 1863.
19. Rhin (Haut-), par Stoffel. — 1868.
20. Vienne, par Rédet. — 1881.
21. Yonne, par Quantin. — 1862.

---

99. Répertoires archéologiques des départements. — 1861-1888, *8 vol.*

1. Alpes (Hautes-), par Roman. — 1888.
2. Aube, par H. d'Arbois de Jubainville. — 1861.
3. Morbihan, par Rosenzweig. — 1863.
4. Nièvre, par G. de Soultrait. — 1875.
5. Oise, par Woillez. — 1862.
6. Seine-Inférieure, par l'abbé Cochet. — 1872.
7. Tarn, par Crozes. — 1865.
8. Yonne, par Quantin. — 1868.

---

100. Bibliographie générale des travaux historiques et archéologiques publiés par les Sociétés savantes de la France, par R. DE LASTEYRIE, E. LEFÈVRE-PONTALIS et E.-S. BOUGENOT; tomes I et II, et fasc. 1 du tome III. — 1888-1897, *3 vol.*

Sous presse.

1. Histoire de la Guerre sainte, poème de la troisième croisade (1190), publié par G. Monod et G. Paris.

2. Recueil de chartes de l'abbaye de Cluny, publié par Alex. Bruel; tome VI.

3. Rôles gascons, publiés par Ch. Bémont; tome II.

4. Correspondance administrative d'Alfonse de Poitiers, publiée par Aug. Molinier; tome II.

5. Documents relatifs aux comtés de Champagne et de Brie (xiie-xive siècle), publiés par A. Longnon.

6. États généraux de Philippe le Bel, publiés par G. Picot.

7. Journaux du trésor de Philippe de Valois, publiés par J. Viard.

8. Lettres de Catherine de Médicis, publiées par Baguenault de Puchesse; tome VI.

9. Lettres du cardinal Mazarin, publiées par G. d'Avenel; tome IX.

10. Lettres de Peiresc, publiées par Ph. Tamizey de Larroque; tome VII.

11. Les Médailleurs français, du xve siècle au milieu du xviie; documents publiés par F. Mazerolle.

12. Comptes des bâtiments du Roi sous le règne de Louis XIV, publiés par J. Guiffrey; tome V.

13. Missions archéologiques françaises en Orient aux xviie et xviiie siècles; documents publiés par H. Omont.

14. Remontrances du Parlement de Paris au xviiie siècle, publiées par J. Flammermont; tome III.

15. Recueil de documents relatifs à la convocation des États généraux de 1789, publié par A. Brette; tome III.

16. Procès-verbaux du Comité d'instruction publique de la Convention nationale, publiés par J. Guillaume; tome IV.

17. Recueil des actes du Comité de salut public, publié par F.-A. Aulard; tome XI.

---

18. Dictionnaire topographique du département du Cantal, par Amé.

---

19. Bibliographie générale des travaux historiques et archéologiques publiés par les Sociétés savantes de la France, par R. de Lasteyrie et E.-S. Bougenot; tome III, fascicule 2.